KB260538

세계의
발화지점들

세계의 발화지점들

제국주의와 신자유주의에 대한 반발

리오 패니치, 콜린 레이스 엮음 | 이고성 옮김

필맥

〈소셜리스트 레지스터〉는 1964년에 출범한 지 20년가량이 지난 1980년대부터는 해마다 특정한 하나의 주제에 초점을 맞추게 됐지만, 그 전에는 해마다 책표지에 '운동과 사상에 대한 개관'이라고 썼다. 그때 '개관'의 대상은 세계 각지의 공산당 및 사회당의 활동, 노동운동, 새로 떠오르는 사회운동, 제3세계의 민족해방주의나 좌파민족주의 세력 등이 만들어내는 정치지형이었다. 이런 정치지형이 그동안 크게 바뀌어 오늘날에는 사회주의의 관점에서 운동 및 사상의 세계지도를 그려낸다는 것이 쉽지 않은 과제가 됐다. 그렇지만 신자유주의의 반혁명이 시작된 지 30여 년, 미국의 제국주의가 공공연하게 본모습을 드러낸 지는 10여 년이 지났으니 이제는 그러한 과제를 수행해야 할 필요가 있으며, 44번째 〈소셜리스트 레지스터〉인 이 책은 바로 그러한 과제를 수행하려는 하나의 시도다.

지금의 상황은 자본주의적 세계화의 밀물이 모든 배를 다 끌어올리지 못할 뿐만 아니라 미국이라는 제국이 제멋대로 군사력을 휘두를 수도 없다는 사실이 점점 더 분명해지면서 신자유주의와 제국주의 둘 다의 모순이 점점 더 커지는 국면으로 규정될 수 있다. 신자유주의 기획과 '새로운 미국의 세기'를 위한 제국주의 기획은 처음 시작될 때에는 의기양양하고 자신만만한 태도를 보였지만 이제는 그러한 기세가 꺾인 것이 분명하며, 이는 자본주의의 정치경제적 권력구조에 중대한 균열이 생겼음을 말해주는 것이다. 신자유주의의 경제적 추동력은 여전히 유지되고 있고, 미국 제국의 토대도 여전히 강고하다. 그렇지만 혹은 반동적이고 혹은 진보적이며 때로는 사회주의적인 성격을 갖기도 하는 저항과 도전도 그동안 확산되면서 강화돼 왔다.

실로 놀라운 점은 끔찍한 고통과 피해가 이와 같은 도전을 불러일으키고 있음에도 제국주의와 신자유주의를 은혜롭고 유익한 것으로 분칠하려는 사람들이 수많은 지식인의 뒷받침을 받아가며 저 높은 곳에 존재한다는 것이다. 그들의 태도는 이교도의 땅에 문명을 가져다주어야 한다던 옛 식민주의 사명의 현대판이며, 이렇게 볼 때 옛 식민주의 사명 자체가 지금 되살아나고 있다고 말할 수도 있다. 예를 들어 영국의 총리인 고든 브라운은 2005년에 "영국이 식민주의 역사에 대해 사죄해야 하는 시대는 지났다"면서 "이제 우리는 영국에서 자라나 전 세계에 영향을 준 영국적인 가치, 즉 관용, 자유, 시민의 의무 등에 대해 이야기해야 하며, 이렇게 하는 것이 옳다"고 선언했다. 또한 노예무역 금지 200주년을 맞아(영국 의회는 1807년 3월에 노예무역 폐지를 위한 법률을 제정했다—옮긴이) 최근에 치러진 여러 기념행사는 대부분 윌리엄 윌버포스(1759~1833, 노예무역 폐지를 위한 입법에 앞장섰던 영국의 정치인—옮긴이)와 영국정부의 자비로운 노력에 초점을 맞추었을 뿐 예를 들어 아이티에서처럼 유럽의 노예무역업자와 식민지의 노예소유자에 맞서 자기들도 인간임을 주장하고 나섰던 아프리카인들의 역할을 무시한 게 사실이다. 아무리 깎아서 말하더라도 오늘날 식민주의와 신자유주의에 대항해 전개되고 있는 용감한 투쟁은 과거와 현대의 역사에 대한 그러한 부끄러운 왜곡조작이 거짓의 행위임을 증명한다.

이 책에서 우리는 오늘날 제국주의와 신자유주의에 대항해 생겨나고 있는

'반발의 발화지점'들에 주목하고, 그러한 발화지점들을 만들어내는 정치적 추세에 대한 신중하고도 냉정한 분석을 시도하는 것을 목표로 삼았다. 분석의 초점은 전적으로는 아니더라도 주로 중동과 중남미에 맞췄다. 반발의 발화지점들이 집중돼 있는 이들 두 지역 가운데 하나는 제국의 모순이 가장 첨예하게 나타나는 곳이고, 다른 하나는 신자유주의의 모순이 가장 첨예하게 나타나는 곳이다. 그렇지만 제국적 권력의 모순과 신자유주의 세계화의 모순이 서로 연결돼 있다는 점에서는 두 지역에 차이가 없고, 이 두 가지 모순에 대한 반발의 움직임도 두 지역 모두에서 서로 연결돼 있음은 물론이다. 이러한 반발을 뒷받침하고 있는 정치운동의 잠재력과 한계에 대해 면밀한 검토를 하는 것도 또한 우리의 목표다.

이 책의 맨 앞에 실린 글이 강력히 상기시켜주듯이 중동의 대치상황을 '이슬람주의(또는 이슬람교) 대 서구'라는 틀을 통해 설명하는 것은, 그리고 부시가 '테러에 대한 전쟁'을 선언한 뒤로는 전 세계 모든 곳으로 확대된 대치상황을 그렇게 설명하는 것은 이데올로기로 하여금 역사와 이성에 대해 승리를 거두게 해주는 것이다. 그렇게 해서는 팔레스타인에서 인도네시아까지 여러 이슬람 국가에서 과격한 이슬람주의가 득세하고 급진적인 정교분리주의 세력이 파괴될 수 있는 조건을 창출하는 데서 서구의 이익집단과 국가가 해온 역할은 망각될 수밖에 없고, 모든 사람의 다양성, 인간성, 자연권은 물론이고 진보적인 정교분리주의 세력까지도 '이슬람교도'라는 포괄적인 호칭 속에 파묻혀 버리고 만다. 종교의 정치적 역할은 결코 '자연적'이지 않으며, 중동에서 종교가 하는 역할을 살펴본 이 책 속의 두 글이 충분히 보여주겠지만 오히려 그것은 내적, 외적인 역사적 추세가 낳은 것으로 봐야 한다.

물론 오늘날 반제국주의의 표현이 점점 더 많이 이슬람 정치세력을 통해 이루어지고 있는 것은 사실이며, 이런 사실은 이스라엘의 팔레스타인 포위공격에 대한 저항이 어떻게 변모하고 있는지를 검토한 이 책 속의 글을 읽어보면 알 수 있다. 진지한 상황분석을 해보려는 좌파라면 이러한 사실이 사회주의와 여성주의의 관점에서는 어떤 의미를 갖느냐 하는 점을 솔직하게 다뤄야 한다. 또한 오늘날 존재하는 다양한 형태의 이슬람세력 가운데 일부는 그 정치적인 성격으로 볼 때 신자유주의에 친화적이라는 점도 놓쳐서는 안 된다. 이 점은 터키에 관한 이 책의 글에 나오는 새로운 이슬람 자본가들의 태도로 예시된다. 이라크에서 미제국은 베트남에서 겪었던 좌절보다 더 큰 역사상 최대의 좌절을 겪었다. 베트남전쟁은 옛 제국의 잔당을 몰아내고 공산주의의 확산을 저지하기 위한 것이었지만, 이라크전쟁은 베트남전쟁과 다르다. 오히려 이라크전쟁은 '새로운 미국의 세기' 기획의 첫 단계에 해당하는 조치로 여겨진다. 미국이 이라크를 점령할 때 갖고 있었던 목적은 이차대전 직후에 독일과 일본을 점령했을 때 갖고 있었던 목적 못지않게 야심찬 것이었다. 그것은 궁극적으로 이라크를 재구성해 미제국에 편입하는 것이었다. 이런 기획이 좌절된 것이 얼마나 중요한 사실인지는 아무리 강조해도 지나치지 않겠지만, 이와 관련해서도 이 책의 한 글에서 지적된 이슬람 반제국주의의 모순된 성격을 신중하고도 냉정하게 살펴볼 필요가 있다. 이라크에 관한 우리의 글이 지적하듯이 이라크에서 벌어지고 있는 갈등은 이슬람 분파들 사이의 내전으로 볼 수 없으며, 오히려 그것은 저항에 직면한 부시 행정부와 이라크 내 여러 지배계급 사이에 정치적 권력 및 경제적 이익의 상관관계가 작동하는 방식을 반영하는 것으로 봐야 한다.

중동이 우리 시대 제국주의의 현실뿐만 아니라 그 한계의 일부까지도 가장 분명하게 보여주는 지역이라고 한다면, 중남미는 지난 10여 년 동안 신자유주의의 본질과 그 한계를 가장 분명하게 노출시킨 지역이라고 할 수 있다. 중남미의 이 나라 저 나라에서 전면에 등장한 정치세력들은 지금도 여전히 하층계급이 역사를 만들어갈 수 있음을 다시 한 번 입증했다. 중남미의 하층계급은 자기들이 필요로 하는 것들과 더 나은 세계에 대한 희망을 각국의 정치적 의제에 올려놓았고, 더 나아가 자기들의 지도자를 국가권력의 정점에 올려놓았다. 중남미를 휩쓸고 있는 '핑크색 밀물'의 변혁적 가능성을 살펴본 이 책의 글이 지적하듯이 "지금 중남미를 한바탕 휩쓸고 있는 사회적, 정치적 투쟁은 좌파의 사회적 운동과 국가, 그리고 세계자본주의 사이의 변화하는 관계를 조명해준다." 그러나 관련된 정치세력들은 서로 다른 정치적 기획을 대변하고 있으며, 따라서 그들의 약속과 잠재력뿐만 아니라 그 각각의 한계도 사회주의의 관점에서 신중하고도 냉정하게 분석해볼 필요가 있다.

우리의 시선은 우선은 자연스럽게 차베스 베네수엘라 대통령의 '21세기 사회주의' 기획, 그리고 미국의 지원 아래 이를 저지하고자 한 일련의 시도를 그가 극적으로 패퇴시킨 사실에 집중됐고, 이 책에 실린 두 개의 글이 차베스의 기획에 호의적이면서도 서로 다른 시각에서 이 주제를 다루고 있다. 이어 중남미에서 가장 큰 나라인 브라질도 우리의 시선을 집중시켰다. 이 책에서는 강력한 무토지농민운동(MST)의 지도자인 조앙 페드로 스테딜레를 좀 길게 인터뷰한 내용을 전하는 글을 통해 브라질의 상황을 들여다본다. 이 글에는 룰라 다 실바 브라질 대통령의 노동자당(PT) 정부에 대한 간접적인 비판의 논평도 들어있다. 에보 모랄레스 볼리비아 대통령의 사회주의운동당(MAS) 정부도 역시 이 책의 한 글에서 볼리비아 무토지농민운동의 경험에 비추어 비판적으로 검토된다. 또 다른 글은 아르헨티나의 키르치네르 정부 아래서 '민주적' 신자유주의가 '밑으로부터' 일어난 피케테로(집단적으로 도로를 점거해 차단하고 요구사항을 주장하는 방식의 시위에 참가한 사람―옮긴이)들의 항의시위를 상당한 정도로 포섭하고 무마시킬 수 있었던 점에 주목하고 그 방식을 분석한다. 중남미의 저항이 지닌 여러 측면 가운데 특히 멕시코에서 강력한 충격효과를 일으킨 측면에 초점을 맞춘 글도 이 책에 두 개가 실려 있다. 그 가운데 하나는 중남미의 저항에 강하게 내포돼 있는 '토착성'이라는 요소를 다룬다. 중남미의 저항에 토착성의 요소가 들어있다는 사실은 멕시코 치아파스 주의 사파티스타에 의해 널리 알려져 있다. 다른 하나의 글은 2006년에 교사노조를 지지하는 풀뿌리 노동계급의 봉기에서 유래된 오악사카 공동체의 특이한 경험을 살펴본다. 오악사카 공동체는 지역적으로 국한된 성격을 갖고 있는 탓에 불안정하기는 하나 개량적인 좌파 정당의 선거주의에 대한 대안이 될 뿐 아니라 '권력교체'에 초점을 두는 활동에 반대하는 사파티스타의 선거불참 노선에 대한 대안도 되는 모형을 제시해준다. 이 책에 실린 오악사카 공동체에 관한 글은 "기존의 자본주의적 국가기구를 관리할 수 있기를 희망하거나 아예 그것을 무시하는 것 중에서 전략적인 양자택일을 해야 한다고 생각하는 것"은 오류라고 지적하고 "민중적인 항거와 밑으로부터의 조직화를 통해 권력의 성격을 변혁하는 것"이 전략적 과제가 돼야 하며 이것만이 인민대중이 직접 통치를 하고 사회를 변혁시키면서 스스로도 변혁될 수 있는 유일한 방법이라는 결론을 내려 주목된다.

중동과 중남미가 가장 뚜렷한 저항의 지역이긴 하지만 이 두 곳에서만 저항이 일어나고 있는 것은 아니다. 2006년 노동자의 날에 미국 국내에서 600만 명이라는 전례 없이 많은 수의 중남미 출신 노동자가 행동에 나선 것은 '제국의 대가'로 볼 수 있는 것이었다. 우리의 관련 글이 보여주듯이 그것은 이주노동자들이 기본적인 인권을 인정받지 못하는 상황에서 아주 다양한 조직화가 이루어진 결과였고, 그러한 조직화 움직임 가운데 일부는 새로운 면모를 보여주고 있다. 동유럽과 서유럽에서도 의미 있는 반발이 일어나고 있으며, 이에 주목한 두 개의 글이 이 책에 실렸다. 그 가운데 하나는 2006년에 헝가리 중도좌파 정부의 체계적인 기만행위가 폭로된 뒤에 부다페스트에서 발생한 폭동과 그 뒤에 실시된 정부의 과격한 긴축정책에 대해 우선 살펴본다. 이 글은 이어 부다페스트 폭동의 특징인 '반유대인, 반서구, 반이주노동자' 선동은 동유럽 사람들의 생활수준과 자긍심을 훼손하는 신자유주의적 약탈에 대한 그들의 복잡하고도 흔히 왜곡된 형태의 반동적 대응방식임을 지적한다. 다른 하나의 글은 헝가리의 경우와는 크게 다르고 그보다 훨씬 더 발전적인 성격을 가진 프랑스의 경우를 살펴본다. 이 글이 다루는 것은 2005년과 2006년에 프랑스에서 신자유주의에 대한 저항으로 일어난 세 가지 주요 사건, 즉 유럽헌법을 부결시킨 국민투표, 도시외곽의 소외지역에서 일어난 젊은 이주노동자들의 폭동, 정부의 노동법 개혁안에 대응해 학생 주도로 펼쳐진 반대운동이다. 이 글은 이 세 가지 주요 사건을 한편으로는 그 전부터 전개돼온 '프랑스 사회모형의 점진적인 붕괴'와 관련시키고 다른 한편으로는 2007년 선거에서 사르코지가 승리하게 된 요인들과 관련시켜 살펴본다.

이 책은 신자유주의에 관한 심포지엄에서 발표된 세 개의 글로 마무리된다. 그것은 원래 '신자유주의에 대한 케인스주의의 비판과 마르크스주의의 비판에는 어떤 차이가 있는가?'를 주제로 2006년 12월에 영국 런던에서 〈역사적 유물론(Historical Materialism)〉(1997년에 영국 런던에서 창간된 마르크스주의 계간지—옮긴이)과 〈소셜리스트 레지스터〉가 공동으로 개최한 워크숍에서 발표된 글이다. 전체적으로 보아 이 세 개의 글은 신자유주의 기획에 효과적으로 저항하기 위해서는 반드시 고려돼야 하는 신자유주의 기획의 일관된 논리와 힘을 분명하게 인정하는 동시에 신자유주의 기획의 모순과 비용(세계무역의 불균형 확대, 군사적 점령의 반생산적인 성격, 점점 더 견디기 어려워지는 불평등, 민영화된 독점기업의 비효율성, 지구적 생태위기를 막을 능력의 부재 등)도 명확하게 지적하고 있다. 그러면서 다른 한편으로 이 세 개의 글은 그동안 그 모든 모순과 비용에 대항해 전개돼온 투쟁과 좌파에서 제시해온 분석이 지닌 한계를 부각시켜 지적한다.

그러한 투쟁은 옛 사회주의나 공산주의의 정당과 정치가 소진되거나 억압당하면서 생겨난 빈 공간에서 발달돼왔으며, 그 가운데 다수의 투쟁은 그 비전과 용기의 측면에서만이 아니라 과거의 오류를 되풀이하거나 낡은 조직형태를 취하지 않겠다는 결의의 측면에서도 높이 평가할 만하다. 그러나 다른 한편으로는 옛 정당들이 하려고 했던 것 가운데 일부, 즉 유권자들을 교육하는 것, 국가권력을 장악하는 것, 국가를 변혁시키는 것, 자치를 하고 정치적 대표자들로 하여금 책임성을 갖추게 할 대중의 능력을 발전시키는 것 등을 더 잘 해낼 수 있는 새로운 방법을 찾아내는 일을 해야 할 필요가 있다. 이런 일을 하지 않고서는 저항은 단지 저항에 그칠 것이고, 자본주의를 극복하는 과제는 수행되지 못하고 과제로 그냥 남을 것이다.

우리는 이 책에 기고해준 모든 필자에게 따뜻한 감사의 뜻을 전한다. 늘 해온 말이지만, 이 책에 실린 모든 내용에 대해 필자나 우리 모두가 반드시 다 동의하는 것은 아니다. 그러나 우리는 이 책이 성공적인 것이 됐다고 믿으며, 이렇게 성공적인 책을 만드는 과정에서 많은 어려움에도 불구하고 중요한 역할을 맡아준 여러 분께 감사를 드리고 싶다. 보조편집자인 앨런 주게, 표지 디자이너인 루이스 맥케이, 그리고 멀린(Merlin) 출판사에서 일하는 우리의 동료 애드리언 하우와 토니 저브럭이 바로 그들이다. 저브럭은 우리가 이 머리말을 쓰는 데도 도움을 주었고, 이 점에서도 그에게 감사한다. 특히 우리의 친구이자 중남미 분야의 편집자인 아틸리오 보론은 조앙 페드로 스테딜레와 직접 인터뷰를 하고 우리가 바버라 슈이즈먼로부터 번역 서비스를 받을 수 있도록 확실하게 주선해주었을 뿐만 아니라 이 책의 내용 가운데 중남미와 관련된 부분의 편집에서도 여러 가지로 우리를 도와주는 등 큰 기여를 해주었다는 점에서 각별한 감사의 뜻을 전하지 않을 수 없다.

마지막으로 우리는 〈소셜리스트 레지스터〉의 미래와 관련이 있는 중요한 발전을 독자들에게 보고하고자 한다. 그것은 캐나다 토론토에 거주하는 그레고리 앨보, 미국 뉴욕에 거주하는 비베크 치버, 영국 런던에 거주하는 알프레두 사드-필류 등 세 사람이 〈소셜리스트 레지스터〉의 부편집자로 임명된 것이다. 이 세 사람은 여러 대륙에 걸쳐 보다 젊은 세대의 사회주의자들과 〈소셜리스트 레지스터〉 사이의 관계를 강화한다는 목적을 염두에 두고 편집의 일을 우리와 같이 하기로 했다. 우리는 이들 세 사람이 〈소셜리스트 레지스터〉의 편집진에 합류하는 데 동의해주어 대단히 기쁘게 생각하며, 그들의 참여는 〈소셜리스트 레지스터〉의 높은 품질과 활기찬 발전을 보장해주는 것이라고 확신한다. 아울러 이 책을 준비하는 과정에서 우리도 또 다시 느꼈지만, 앞으로 그들도 세계 각지의 기고편

집자와 연락편집자들 모두의 지속적인 지원에 대해 신뢰할 수 있을 것이라고 우
리는 장담한다.

리오 패니치, 콜린 레이스.

2007년 7월.

이슬람교, 여러 이슬람주의와 서구

아이자즈 아마드

가장 넓은 의미의 정체성 정치(Identity politics, 종교적, 민족적, 사회적으로 동질적인 집단의 구성원들이 배타적으로 결속하고 자기들만의 이익을 추구하거나 그러한 경향을 부추기는 정치―옮긴이)가 이제는 아주 일반화됐다. 우파, 좌파, 자유주의적 중도파를 가릴 것 없이 그 어떤 정파의 정치적 이론과 분석, 그리고 그들의 실제 정치활동에서도 정체성 정치는 다양한 허울을 쓰고 나타나고 있다. 문화주의(Culturalism), 다시 말해 문화가 사회적 실존의 주된 규정요소라는 견해는 바로 이런 정체성주의에서 파생된 것이며, 정치와 종교가 서로를 자극하게 된 곳이라면 어디에서든 종교 그 자체가 문화와 같은 말이 되고 거꾸로 문화도 종교와 같은 말이 되고 있다. 그래서 이슬람교와 기독교가 각각의 권역에서 평등주의 정치를 펼 여지와 관련해 본질적인 차이가 있다는 주장이 좌파에서 나올 수 있는가 하면, 가장 강경한 지정학적 처방이 종교, 문화, 문명에 관한 담론의 허울을 쓰고 우파에서 나올 수도 있다.

무슬림(이슬람교도―옮긴이)이 다수여서 10여 년 전만 해도 일종의 약칭으로

'무슬림 국가(Muslim countries)'로 불리던 나라들이 이제는 '이슬람 국가(Islamic countries)'로 불린다. 이런 변화는 단순히 인구학적 의미만을 담고 있던 부드러운 호칭이 종교적 신앙의 의미를 담은 보다 딱딱하고 편협한 호칭으로 바뀌었음을 뜻한다. 무슬림들 스스로에게는 이 두 가지 호칭이 뚜렷하게 구별되는 것으로 받아들여진다. 대다수의 무슬림에게 '무슬림'이라는 것은 주로 무슬림 집안에서 태어났다는 사실을 가리키며, 그 의미를 최대로 넓힌다 해도 보다 폭넓은 민족문화(이집트 문화건 나이지리아 문화건 레바논 문화건 그 밖의 다른 어떤 문화건 간에) 안에 하나의 하위문화(sub-culture)로 존재하는 무슬림 문화 속에서 태어났다는 사실을 가리킬 뿐이다. 또한 종교적 신앙은 그것을 준수하는 경우에도 각 개인의 복합적인 사회적 정체성을 구성하는 수많은 요소들 가운데 하나로서만 삶의 일부가 되고, 각 개인의 사회적 정체성은 언제나 구체적이므로 언어, 지역, 관습, 계급 등과 긴밀하게 연결되며, 종교적 신앙이 있다면 그것은 대체로 지역적이고 개인적인 것으로 남아있다. 무슬림 문화를 이런 하위문화로 볼 경우 그것은 환경의 맥락 속에서 형성된 것으로 역사, 지리, 정치에 의해서는 물론이고 여러 종교가 병존하는 더 폭넓은 종교적 배경과 물질적 삶의 다양한 변화에 의해서도 규정된다. 인도의 서벵골 주에서 벵골어를 사용하는 무슬림이 되는 것은 인접한 방글라데시에서 벵골어를 사용하는 무슬림이 되는 것과 다르다. 삶의 직접적인 환경이 결정적인 변수가 되는 것이다. 무슬림이라는 하위문화 속에서 영위하는 삶의 종교적인 측면은 그 자체가 종파와 이념의 특수성에 의해 굴절될 수 있다. 예를 들자면 시아파와 수니파가 있고, 시아파 안에도 다양한 하위종파가 있으며, 와하브파나 알에하디스파가 속해 있는 수니파 가운데는 보다 금욕적인 여러 하위종파가 있다. 또한 초월적인 경향의 수피파 전통에 가까운 사람들도 있고 정교분리적 민족주의나 공산주의, 불가지론, 무신론으로 기울어진 사람들도 있지만 그들 모두가 스스로 실존적으로 무슬림 하위문화(이슬람 하위문화가 아니라)에 속한다고 느낀다.

인도네시아는 최대의 무슬림 국가이지만 국민 대다수의 일상적 삶의 문화에는 힌두교의 요소가 강하게 배어있고, 이 나라의 일부 지역에서는 특히 불교의 영향도 강하게 느껴진다. 인도는 무슬림 인구가 세계에서 두 번째로 많은 나라이지만 이 나라 정부의 인류학적조사청(Anthropological Survey of India)에서 발표한 조사결과 보고서를 보면 남부의 케랄라 주, 동부의 서벵골 주, 북부의 우타르프라데시 주 등 어느 특정한 지역을 봐도 그곳의 무슬림들은 일상적 문화관습의 80퍼센트 이상을 같은 지역의 이웃인 힌두교도들과 공유하고 있는 반면에 나라 안의 다른 먼 곳에 거주하는 무슬림들과는 일상적 문화관습을 거의 공유하고 있지 않다. 서로 다른 지역에 사는 인도의 무슬림들이 두루 공유하는 것은 일부 기도의 절차, 그리고 정치영역에서 이 나라를 휩쓴 힌두교도 중심의 다수 중심적 지역자치에 대한 두려움뿐이다.

무슬림 인구가 세계에서 세 번째로 많은 나라인 방글라데시는 30여 년 전에 공통의 종교가 민족국가를 세우는 데 충분한 토대가 된다는 관념(파키스탄 쪽의 관념)을 거부한 비종교적 민족주의에 의해 태어났다. 그 전인 1947년에 파키스탄의 독립이 다양한 이유에 근거를 둔 반대에 직면했던 것과 마찬가지로 방글라데시의 독립도 이슬람주의자들의 반대에 직면했다. 방글라데시에서 위협적인 이슬람주의 운동이 일어난 것은 최근의 현상이며, 이것은 미국의 카터 행정부가 아프가니스탄에서 수행한 반공산주의 '성전'에 의해 처음으로 생겨난 호전적인 이슬람주의 무장세력이 전 세계적으로 확산되는 과정의 일부로서의 성격을 다분히 갖고 있다. 이런 사실은 종교적, 문화적 정체성의 형성과 해체가 얼마나 정치적으로 부추겨지고, 역사적 조건에 구속되고, 이념적 허구성을 가질 수 있는지를 잘 보여준다.

범종교적인 성격을 가진 인도네시아의 대중적 이슬람교, 정교분리주의 사회 또는 다종교 사회인 인도에서 무슬림들이 실제 삶에서 보여주는 다양한 형태의 무슬림 하위문화, 파키스탄의 독립에 이념적 정당성을 부여했던 '무슬림 민족주의'의 변덕, 세속국가인 방글라데시를 탄생시킨 옛 동파키스탄 사람들의 언어민족주의가 지닌 비일관성…. 이 모든 것은 국가체제나 문화 그 자체에 어떤 '이슬람적인 것'이 내재한다는 생각이 얼마나 잘못된 것인지를 보여준다. 그 모든 사람을 다 '이슬람'이라고 부르는 것은 이슬람주의가 대체로 새로운 것이며 그 구체적인 형태가 다양하다는 사실을 보이지 않게 가린다. 또한 그것은 무슬림들은 극단적인 이슬람주의에 젖어있다고 상정하는 것이고, 종교적 우파와 오리엔털리즘의 사고방식을 가진 사람들이 퍼뜨린 관념, 즉 '종교는 문화의 본질적인 구성요소이며 따라서 문화의 사회적 존재형태와 그 정치적 운명도 좌우하는 요인'이라는 관념에 굴복하는 것이다.

사회를 이슬람화하기_아프가니스탄에서 이라크까지

이슬람 근본주의자들은 위와 같은 나라들은 그 법률체계, 사회규범, 지배적인 교육제도, 대중문화 등이 명백히 이슬람적이지 않으므로 이슬람 국가가 아니라고 주장한다. 그래서 이슬람화 기획이 필요하다고 한다. 그와 같은 나라의 무슬림인 국민을 이슬람화해야 한다는 것이다. 수니파 근본주의자가 보기에 이란은 압도적으로 시아파 인구가 많은 나라라는 단순한 이유 때문에 이슬람 국가가 아니다. 알카에다에 수많은 사우디아라비아 인력을 공급한 신와하브 반대파(neo-Wahhabi opposition)가 보기에는 사우디아라비아를 지배하는 사우드 가문도, 이 가문의 권력을 정당화해주는 기존 성직자들도 이슬람이라고 불릴 수 없다. 그러므로 사우디아라비아 자체를 진정한 이슬람 국가로 만들기 위해서는 이 나라를 탈환해야 한다는 것이다. 이런 사고방식이 나타나게 된 역사적 기원에 대해서는 나중에 살펴볼 것이다. 여기서는 1970년대 중반부터 여러 나라에서 두드러지게 나타나기 시작한 다양한 이슬람주의 집단은 거의 모두가 각각 다른 집단과 연결되지 않은 상태에서 각국의 특수한 여건 속에서 성장하면서 국가의 변혁을 추구해 왔다는 특징을 갖고 있다(이런 측면에서 주된 예외가 되는 것은 이흐완 알무슬리문, 즉 무슬림형제단일 것이다. 이 집단은 1920년대에 이집트에서만 활동을 시작했으나 1950년대에 나세르 정부 아래서 탄압을 받게 된 뒤로는 일부 걸프만 정권의 지원을 받게 됐고, 점차 아랍권 전체로 세력을 넓히면서 여러 나라에 지부를 두기에 이르렀다). 이런 특징은 1979년 11월에 메카에 있는 사원을 점거해 전 세계 언론에 크게 보도됐던 사우디아라비아의 신와하브파, 사다트(1918~81, 이집트의 2대 대통령—옮긴이)를 암살하는 극적인 행동에 나섰고 알자마아 알이슬라미야로 통칭되는 이집트의 여러 이슬람주의 집단들, 파키스탄에서 국가 주도의 이슬람화 과정을 시동시켰던 군 출신 독재자 지아 울 하크(1924~88, 전 파키스탄 대통령—옮긴이) 장군에게서도 마찬가지로 드러난다. 물론 미국은 사우디아라비아의 정권이 와하브파를 통해 전제정치를 폈음에도 그 정권을 강력히 지원했고, 이와 동시에 트루먼 독트린(1947년 3월에 해리 트루먼 대통령이 발표한 미국 외교정책의 원칙으로 이차대전 이후 미국이 펼친 반소련, 반공산주의 대외정책의 기초가 됐다—옮긴이) 선포 이후로 공산주의와 급진적인 정교분리적 민족주의에 반대하는 여러 나라의 이슬람주의자들을 체계적으로 지원했다.

미국의 카터 행정부는 이집트와 사우디아라비아는 물론이고 인도네시아, 알제리, 필리핀, 수단과 같은 다양한 나라에서 활동하던 위와 같은 집단들로부터 인력을 끌어 모아 충분히 훈련시키고 자금과 무기도 넉넉히 지원하면서 그들을 단일의 군사력으로 조직해 아프가니스탄으로 보내는 독특한 '업적'을 남겼다. 이는 소련이 아프가니스탄에 직접 개입하고 나서기 전에 그들로 하여금 아프가니스탄에서 공산주의에 대항해 싸우게 하기 위한 조치였던 것으로 알려졌다. 그러나 카터의 국가안보보좌관이었던 브레진스키의 증언에 따르면, 사실은 그것이 소련을 아프가니스탄의 분쟁에 끌어들이기 위한 조치였다고 한다.[1]

오늘날 '이슬람 테러리즘', 또는 더 나아가 '이슬람 파시즘'이라고 불리는 것의 전부 다는 아니더라도 그 대부분은 위와 같은 카터 행정부의 조치가 낳은 결과다. 이란이슬람공화국이 거의 같은 시점에 전적으로 독립적으로 탄생했지만, 그 뒤에 이 나라도 사담 후세인(전 이라크 대통령—옮긴이)의 이란 침공, 이스라엘의 레바논 침공, 아프가니스탄 난민의 이란 유입 등이 가져온 여러 가지 압력에 밀려 중동의 전체적인 지역구도에 말려들었다. 레바논의 헤즈볼라는 '아프간의 아랍인들'(미국 중앙정보국(CIA)이 동원해 아프가니스탄의 '성전'에 투입한 아랍인 병사들은 나중에 이렇게 불리게 됐다)과는 관계가 없었고, 그 뒤로도 계속 그랬다. 아프간의 아랍인들과 관계가 있는 요소가 레바논의 팔레스타인 난민촌에 침투한 것은 최근의 현상이며, 헤즈볼라는 이런 현상이 지속되는 데 대해 반대하고 있다. 파키스탄의 여러 이슬람주의 정당들은 이미 오래전부터 존재했지만 파키스탄 사회의 주변적인 위치에 머물러 있었다. 그러던 그들 정당이 파키스탄 땅에 근거를 두고 아프가니스탄에서 수행된 '성전' 덕분에 갑자기 막대한 물질적, 조직적 자원을 갖춘 세력으로 등장해 파키스탄 사회의 한가운데에 서게 됐고, 나중에 탈레반이 되는 이념적 조직이 형성되는 과정에서 중요한 역할을 하게 된다.

아프간 성전이 전개되는 동안에 아프간의 아랍인들 가운데 일부가 카슈미르, 당시 소련에 속하고 무슬림 인구가 압도적으로 많았던 중앙아시아의 여러 공화국, 체첸, 보스니아와 같은 다른 지역으로도 침투했다. 미국의 아프간 성전 전략이 낳은 장기적인 결과는 그 성전에서 단련된 기간병력이 성전이 끝나 임무에서 해제된 뒤에 각자 자기 나라로 돌아가 자유롭게 혼란을 일으키면서 서로 간에 느슨한 연결망을 유지하는 것으로 우선 나타났다. 이 느슨한 연결망이 바로 오늘날 알카에다라고 불리는 것이다. 알카에다라는 말의 유래는 분명하지 않다. 이것은 원래 여러 외국에서 아프가니스탄으로 모인 외국인 병사들의 부대에서 각 병사의 이름과 보수지급액을 기록해두는 장부를 가리키는 말이었다고 한다. 그 거대한 집단에서 오사마 빈 라덴은 결코 중심적인 지도자가 아니었고, 아프간 성전이 끝나자 그 집단의 구성원 및 하위집단이 모두 뿔뿔이 흩어진 뒤에도 그것이 중앙지도부에 의해 지도되는 응집력 있는 집단으로 유지될 것이라고 설득력 있게 주장할 수 있는 사람은 아무도 없었다. 아프가니스탄 자체도 미국이 권좌에 올려놓은 무자혜딘의 여러 집단 사이의 살육전을 거쳐야 했고, 이들 무자혜딘의 여러 집단은 모두 다 새로 등장한 세력인 탈레반에 의해 무너졌다. 탈레반이 오사마를 숨겨주기는 했지만, 아프가니스탄이 다양하고 유동적이며 분산된 형태로 전 세계에 걸쳐 일어나는 움직임을 다 이끌어가는 일관성 있는 중앙지도부가 될 수는 없었다. 사실 탈레반은 세계적인 성전에 나서기보다는 아프가니스탄 안에서 그들 자신의 지배체제를 안정시키는 일에 몰두했다. 오늘날 알카에다라고 불리게 된 것은 기껏해야 뜻은 같이하지만 서로 간에 매우 약한 연계관계만을 갖고 있는 여러 집단 사이의 느슨한 네트워크일 뿐이다. 다만 아프가니스탄과 이라크에 대한 미국의 침공이 알카에다와 관련된 집단들의 세력을 크게 확장시키고 그 구성원 가운데 자발적인 순교자의 수를 늘리는 데 기여한 것은 분명하다.

미국의 언론을 중심으로 전 세계의 대중매체에 의해 '해방전사'로 널리 알려지게 되면서 그들은 세계적인 정당성과 위세를 얻기에 이르렀다. 이제 사람들은 '성전을 수행하는 사람들'이라는 뜻인 '무자혜딘'으로 불리는 사람들이 원래는 미국이 끌어 모아 아프가니스탄에 투입한 병력이었다는 사실도, 그 지도자들이 미국의 대통령 집무실을 방문했을 때 레이건 당시 미국 대통령이 그들을 "정신적으로 우리의 '건국의 아버지들'과 같은 사람들"이라고 소개했다는 사실도 잊고 있다. 그들의 세력이 확장되는 데 미국의 현 부시 행정부도 두 가지 큰 기여를 했다. 그 가운데 하나는 2001년 9월 11일의 소름끼치는 사건을 그 범죄자 가운데 살아남은 사람들이 개인적으로나 집단적으로 책임을 져야 할 국제범죄로 다루지 않고 그에 대항해 세계적인 보복전쟁을 선언해야 하는 전쟁행위로 다룬 것이다. 이에 따라 아프가니스탄과 이라크의 정부는 그 범죄와 전혀 관계가 없음에도 미국은 이 두 나라를 침공했고, 이 두 나라의 인근지역에 있는 다른 나라들도 강압과 위협을 받게 됐으며, 이스라엘은 점령지역에서 제멋대로 할 수 있는 권한을 부여받았다. 이렇지 되지 않았다면 미국뿐만 아니라 전 세계의 모든 법집행 당국에 의해 추적을 당하게 된 범죄자들은 일망타진됐거나 숨을 죽이고 잠적해야 했을 것이다. 그러나 오히려 전 세계적인 문명전쟁의 대상이 되면서 그들의 위세는 엄청나게 강화됐다. 그때까지만 해도 전 세계에서 오사마라는 이름을 들어본 사람이 거의 없었고, 뉴욕의 세계무역센터 빌딩의 폭파를 반기는 반응은 일부 무슬림 국가의 일부 광적이고 극단적인 사람들에 국한됐다. 테헤란에서는 미국인들에게 연대의 뜻을 전하는 거리시위가 벌어졌고, 아라파트와 같은 무슬림 국가 지도자들이 동정과 위로의 메시지를 미국에 전달했으며, 탈레반도 세계무역센터 빌딩을 폭파한 행위를 비난했다. 오사마가 누구나 익숙하게 아는 전설적인 이름이 되고 더 나아가 많은 사람들에 의해 영웅으로까지 여겨지게 된 것은 미국이 오사마의 이름을 배후조종자로 거론하면서 매우 공격적인 대응의 태도를 취하고, 오사마가 도전적인 성명을 발표하는 모습을 〈알자지라〉와 같은 매체들이 영상으로 전 세계에 전한 결과였다. 일부 무슬림 국가가 실제로 침공을 당하고 그 밖의 여러 다른 무슬림 국가가 침공의 위협을 받게 되자 이슬람신학교 출신에서 영국의 런던정경대학(LSE) 졸업생에 이르기까지 자유분방한 무슬림 청년들이 너도나도 끝도 없이 새로운 성전에 참여하기를 자원하고 나서기에 이르렀다. 무슬림 청년들의 이런 성전참여 행동은 미국이 스스로 유행시킨 것이었고, 그 유행은 미국 자신을 겨냥한 행동으로 지금도 계속되고 있다는 사실을 여기서 다시 한 번 지적해둘 필요가 있겠다.

알카에다와 관련된 집단들의 세력확장에 기여한 결과가 된 부시 행정부의 또다른 조치는 이라크를 점령한 뒤에 취해졌다. 미국은 이라크를 점령하자마자 '종파별 지역화'를 통해 이 나라를 재편성하는 작업에 착수했다. 그 과정에서 미국은 처음에는 미국의 캘리포니아와 영국의 런던에 망명해 있었던 명망가나 기술관료들에 의존했고, 그 다음에는 미국 중앙정보국의 지원을 받아온 이야드 알

라위를 잠시 이용했으며, 결국에는 참으로 역설적이게도 오래전부터 이란의 신
정정권이 양육해온 알다와당과 이라크이슬람혁명최고위원회(SCIRI)와 같이 노
골적으로 근본주의를 표방하는 시아파 조직을 활용하기에 이르렀다. 알다와당이
정확히 언제 결성됐는지는 불확실하지만 1960년대부터 별로 영향력이 없고 규모
가 작은 시아파 분파조직으로 이라크 안에 존재했던 것은 분명하다. 알다와당의
구성원 대부분은 이란에서 이슬람혁명이 일어나고 이란과 이라크 사이에 전쟁이
벌어지자 이란으로 넘어갔으며, 그때 이란혁명방위군(이란군―옮긴이)이 그들
을 상당한 규모의 민병대로 조직해주었다. SCIRI는 이보다 나중에 이란에서 설
립됐으며, 그 설립은 아야톨라 호메이니(1900~89, 이란 이슬람혁명의 지도자―
옮긴이)의 명시적인 지시에 의해 이루어진 것으로 알려져 있다. 이란은 SCIRI의
민병대를 각별하게 보살펴주고 육성했다. 선동적인 젊은 성직자인 무크타다 알
사드르는 알다와당에도 SCIRI에도 가담하지 않았으나, 그 역시 때때로 이란 정
부의 후원을 받았고, 시아파는 아니지만 사담의 적인 쿠르드족 지도자 잘랄 탈라
바니도 마찬가지였다. 미국이 사담을 적대시하기 시작한 뒤에는, 특히 1차 걸프
전쟁 뒤에는 이란이 알다와당 및 SCIRI와 미국 사이의 우호적인 관계를 촉진하
는 역할을 했다. 미국이 이라크를 침공하기 직전에 미국의 지도자들이 시아파는
미군의 침공을 환영할 것이라고 한 주장은 빈말이 아니었다. 당시에 미국의 지도
자들은 이라크의 시아파 대중이 제국주의에 대항하는 싸움에 나서는 것을 알다
와당이나 SCIRI와 같은 조직과 고위 성직자들이 막아줄 것이라고 확신하고 있었
다.

한편 범아랍적인 이흐안 알무슬리문(무슬림형제단)에 의해 고무되고 이 조직
을 중심으로 집결해 사담 후세인에 맞서 싸워오던 수니파의 여러 근본주의 집단
이 이제는 미국에 맞서 싸우는 쪽으로 방향을 돌렸고, 은퇴했던 바스당원들도 곧
바로 이들 세력에 가담했다. 이들 바스당원은 처음에는 '사담의 충성분자들'이
라고 불렸지만 이내 '바스당의 잔여세력'으로, 그 다음에는 결국 '수니파 반란세

력'으로 불리게 된다. 이런 과정은 두 가지 추가적인 요인으로 인해 크게 복잡해졌다. 그 가운데 하나는 새로이 수립되고 있었던 헌정제도 아래서는 권력과 후견의 체제가 종파와 민족을 토대로 구성되게 돼있었고, 그런 체제는 불확실성이 팽배한 시기에 모든 세력이 다른 모든 세력에 맞서 가능한 한 최대의 우위를 확보하기 위한 경쟁을 벌이게 하는 것이었다는 점이다. 매우 잔인한 또 하나의 요인은 이라크 국가의 체계적인 해체, 보안군을 비롯한 이라크군 전체의 해산, '탈바스당화'라는 구실 아래 이루어진 민간제도의 파괴가 이라크로서는 대단히 어려운 역경의 시기에 전개되면서 사회의 완전한 붕괴를 가져왔다는 점이다. 미국이 이라크를 침공하기 전에 '대이라크 제재조치'를 취하던 시기와 미국이 이라크를 침공하고 점령해온 시기 전체에 걸쳐 이라크 인구 가운데 거의 10퍼센트가 죽었고, 이라크 안에서든 밖에서든 난민이 된 사람들은 이보다 더 많았던 것으로 추정된다. 일부 집계에 따르면 현재 이라크의 실업률은 거의 70퍼센트에 이르고, 보건시설과 교육시설은 그동안 많이 파괴돼 최저한의 수준으로 줄어든 상태이며, 무기가 도처에 깔려있는 가운데 범죄조직들이 횡행하면서 때로는 민병대를 자처하기도 한다. 이런 상황에서 종파 간 분쟁이 이라크 역사상 전례 없는 수준으로 확산되면서 곳곳에서 끔찍한 유혈극이 벌어지고 있다.

미국의 국무장관인 콘돌리자 라이스는 이스라엘의 레바논 침공에 대해 새로운 중동이 태어나는 과정에서 있을 수 있는 '젖니가 나는 정도의 사소한 초기적 문제(teething problem)'일 뿐이라고 말한 바 있다. 이와 마찬가지로 지금 미국은 자국이 이라크에서 야기한 지역적 학살극도 '젖니가 나는 정도의 사소한 초기적 문제'인 것처럼, 시아파와 수니파 사이의 갈등은 태곳적부터 이라크에 늘 존재해온 문제인 것처럼, 그러한 갈등이 지금 전면에 부각되고 있는 것은 오스만 제국, 영국의 위임통치 당국, 하심 가문의 왕, 그리고 그 뒤의 다양한 '수니파' 독재자들이 씌워놓은 덮개 아래 억눌려 있었지만 속으로 들끓던 감정이 미국에 의한 사담 정권의 붕괴가 그 덮개를 걷어내자 분출하게 됐기 때문인 것처럼 말하고 있다. 그러나 이는 위험하고도 터무니없는 말이다.

사담의 통치는 광포한 독재정치였다. 사담 정권이 가장 기본적으로 요구했던 것은 개인적인 충성이었다. 사담은 자기가 가장 신뢰하는 측근이라도 그의 충성심을 의심하게 되면 심지어는 자기의 친인척이라 하더라도 그를 제거하곤 했다. 사담의 고향인 티크리트(바그다드의 북서쪽에 있는 도시—옮긴이) 출신으로 사담과 같은 씨족에 속하는 사람이면 힘 있는 자리에 기용되곤 했고, 이는 사담이 그런 사람을 가장 신뢰할 수 있었기 때문이다. 그리고 사담은 바스당을 통한 일당통치를 했고, 때로는 바스당이 이미 무력화된 '동맹세력'과 연대하기도 했다. 권력의 중심에서 멀어질수록 권력의 크기는 작아졌고, 바스당원이 아니면 아무런 권력도 가질 수 없었다. 열렬한 바스당원이자 사담에게 개인적인 충성을 바친 타리크 아지즈는 내각의 중요한 자리에 오르면서 사담의 측근실세 집단의 일원이 됐는데, 그가 기독교도라는 점은 그 과정에서 아무런 문제도 되지 않았다. 시아파 성직자들은 사담을 결코 인정하지 않았고, 수니파 근본주의자들도 마찬가지였다. 그래서 사담은 시아파 성직자들과 수니파 근본주의자들 모두를 잔혹하게 탄압했다. 이들 두 집단 가운데 훨씬 더 큰 제도적 권력을 행사하고 있었던 시아파 성직자들과 그들을 따르던 사람들이 힘을 과시하기 위해 대중적 종교행사를 벌이기도 했지만, 이 때문에 그들은 훨씬 더 집중적인 탄압을 받았다. 그러는 동안에도 이라크 남부의 도시인 카르발라는 전 세계 시아파 무슬림이 순례하러 오는 주된 성지로 남아있었고, 나자프(바그다드에서 남쪽으로 150킬로미터에 있는 도시—옮긴이)도 이슬람교의 주된 신학도시로 남아있었다. 특히 나자프에는 알시스타니(시아파 지도자—옮긴이)의 스승인 아야톨라 호이가 있었고, 그는 이란의 이슬람혁명 이후에 호메이니가 막강한 세속권력을 갖게 된 뒤에도 이란의 다른 어떤 성직자보다도 전 세계의 시아파 무슬림들에게 훨씬 더 큰 영향력을 행사하고 있었다. 나자프는 또한 호메이니가 망명해 살았던 곳이기도 하다. 사담이 이란 국왕의 압력에 굴복해 호메이니에게 이라크를 떠나달라고 요구할 때까지 호메이니는 이라크의 땅이자 바스당의 지배를 받는 나자프에서 편안하게 망명생활을 했다. 결국 호메이니는 이라크를 떠나 프랑스로 갔고, 그로부터 몇 달 뒤에 혁명의 영웅으로서 이란으로 돌아갔다.

그 뒤에야 사담은 호메이니 정권을 무너뜨리는 것을 명시적인 목표로 내걸고 이란을 침공했다. 사담으로서는 이라크와 인접한 곳에, 게다가 이라크와 오래전부터 영토분쟁을 포함해 갖은 분쟁을 벌여온 강력한 나라인 이란의 땅에 이슬람 정권이 계속 존재하는 것을 원하지 않았기 때문이었다. 사담의 군대는 주로 수니파 출신의 바스당원 장교들이 지휘했지만 중간간부와 병사들 가운데는 수니파만 있었던 것이 아니라 시아파도 많았다. 이라크의 역사에서 이라크의 시아파가 시아파의 국가인 이란과 싸우기를 거부한 적은 거의 없다. 게다가 이때의 전쟁은 주민의 대다수가 시아파인 지역에서 치러졌다. 또한 우리는 사담이 저지른 끔찍한 여러 범죄에도 불구하고 그가 쿠르드족을 다룬 방식이 유럽화된 현대적 민주주의 국가라는 터키가 쿠르드족을 다룬 방식보다 눈에 띄게 더 심하지는 않았다는 사실을 기억할 필요가 있다. 그렇다고 해서 여기서 내가 이미 처형당해 죽은 독재자에게 죄가 없었다고 주장하려는 것은 아니다. 다만 모든 것을 객관적인 관점에서 바라보자는 것이다.

모든 것을 객관적으로 바라보는 관점이 특히 필요한 것은 이라크의 시아파 지배층과 미국에 본거지를 둔 이슬람연구 산업이 만들어낸 최근 이라크 역사에 대한 관점, 즉 최근의 이라크 역사를 고도로 이슬람화한 형태로 이해하는 견해와 놀라울 정도로 유사한 관점을 채택하는 경향이 심지어는 일부 좌파에도 퍼져 있기 때문이다. 사담이 통치하던 시기에도 시아파와 수니파 사이에 결혼을 하는 일이 흔했다. 그러나 미국의 후원을 받아 시아파와 쿠르드족의 동맹세력이 권력을 장악하게 되면서 시아파와 수니파가 결합한 부부는 총구 앞에서 이혼하라는 강요를 받게 됐다. 이러한 강요를 받게 된 부부 100쌍 정도가 결혼생활을 계속 유지할 권리를 공동으로 지키기 위해 협회를 결성했지만 몇몇 회원이 총격을 당했고,

협회는 결국 해체됐다. 사담이 통치하던 시기에 훗날 사드르시티로 불리게 되는 바그다드 내 동남부 구역으로 수십만 명의 시아파 인구가 몰려들었어도 지역적 긴장은 거의 발생하지 않았고, 미국이 이 구역을 점령한 뒤에 수니파의 사원에서 최초의 대규모 반점령 시위가 일어났을 때에는 시아파와 수니파가 모두 참여한 시위대를 시아파 성직자들이 이끌었다. 그러나 그로부터 4년 뒤에는 이 구역의 모든 주민이 종파 간 갈등에 휘말려들었다. 실상이 이런데도 사담의 독재체제를 '수니파 정권'으로 규정짓는 관점이 자리를 잡았고, 심지어는 좌파의 일부 그룹에도 자리를 잡았다. 그러나 사담이 이라크를 통치한 사반세기 가까운 기간 중 정확히 언제부터 사담의 정권이 '수니파 정권'으로 불리게 됐는지를 이 글의 독자들은 다시 한 번 확인해볼 필요가 있다.

이라크 침공이 준비되고 있을 때 유명한 일부 좌파 쪽 지식인들이 주목할 만한 주장을 내놓았다. 사담은 히틀러와 같은 부류의 광포한 독재자이고 서구는 명백히 자유민주주의 진영이므로 서구는 사담의 정권을 무너뜨리고 이라크를 해방시켜 자유민주주의 국가로 만들기 위한 전쟁을 벌일 권리를 갖고 있다는 것이었다. 그들은 이런 주장을 하면서 나치즘과 파시즘의 동맹세력을 패퇴시키기 위한 자유민주주의 국가들의 전쟁이었던 이차대전에 이라크전쟁을 비유했다. 이런 주장에는 미국은 평화와 정의를 위해 제삼세계 국가를 침공했던 적이 전혀 없고 오히려 늘 이와 반대되는 이유로 제삼세계 국가를 침공했음을 보여주는 모든 역사적 증거가 끼어들 여지가 없다. 좌파 쪽에서 나온 이런 주장이 제국적 질서의 옹호자인 마이클 월처(미국 프린스턴대학 부설 고등연구소 정치학 교수—옮긴이), 마이클 이그나티에프(캐나다 자유당 소속의 정치인이자 역사학자—옮긴이)와 같은 사람들로부터 들을 수 있는 '정당한 전쟁'에 관한 사이비철학적 헛소리와 놀랄 정도로 비슷하다는 점은 주목되지도 않았다. 전쟁을 실제로 겪고 난 지금도 점령군의 총부리 앞에서, 그리고 종파와 민족을 구분하는 선거인명부에 토대를 두고 미국인들이 만든 헌법 아래에서 실시된 선거가 민주주의로 나아가는 하나의 발전이며 그 결과로 수립된 정부는 합법적인 정부라고 믿으려고 하는 사람들이 좌파 쪽에도 있는 것 같다. 여기서 우리는 잠시 마르크스주의는 잊어버리고, 이라크에서 벌어진 일과 같은 것을 금지한 제네바협약(전쟁으로 인한 희생자 등을 보호하기 위해 1949년에 스위스 제네바에서 채택된 4개의 조약—옮긴이)도 잊어버리자. 보통의 자유민주주의 기준에 따르더라도 종파와 민족의 구분에 토대를 두고 실시되는 선거, 그리하여 다수 종파에 자동적으로 의회의 다수의석을 보장해주는 선거는 종파적 분열을 영속시키고 자유로운 비종교적 민주주의의 실현을 가로막기 위한 수단으로 여겨질 것이다. 프랑스가 이와 비슷한 헌정체제를 지배층의 종파 간 권력분점 기제로 남겨놓았던 레바논의 경험을 반면교사로 삼아야 했다. 그러한 지배층 내부의 권력분점 체제가 무너지자 레바논이 내전에 휩싸이게 됐다는 사실이 다른 곳에서는 레바논의 선례를 답습하지 말아야 함을 일깨워주는 교훈이 될 수 있었다. 그러나 반대로 이라크에서는 그와 같은 정치의 레바논화가 민주주의의 발전을 향한 일보전진으로 지지를 받는 일이 벌어졌다. 이런 상황을 어떻게 설명해낼 수 있을까?

이라크의 이와 같은 상황을 설명해내려면 먼저 몇 가지 주장을 해야 한다. 우선 사담의 정권은 파시즘의 성격을 워낙 강하게 갖고 있었기 때문에 그 파시즘을 영구히 매장하는 것이라면 그게 무엇이든, 다시 말해 외국군에 의한 일시적인 점령이든, 조작된 선거든, 종파와 민족에 토대를 두고 구성된 의회든 모두가 다 사담의 정권보다는 낫다는 주장을 해야 한다. 또한 이라크 사회 전체는 물론이고 시리아, 이집트, 이란을 비롯한 다른 모든 중동지역 국가의 사회도 독재자들에 의해 크게 시달려왔기 때문에 서구와 같이 민주주의를 운용할 능력이 없다는 주장도 해야 한다. 그렇다면 그들 나라는 이행의 기간 내지 후견을 받는 기간을 갖는 것이 필요하고, 그 기간에 민주주의를 운용하는 법을 배워야 하며, 그 과정은 우선 그들의 기존 현실, 특히 종교적 현실에서 시작돼야 한다는 주장이 뒤따라야 한다. 이런 주장의 맥락에서는 이라크의 다수 종파인 시아파가 아주 오랜 세월에 걸쳐 수니파의 지배를 받으며 살아왔다는 점이 부각된다. 그들은 오스만제국의 지배를 받은 데 이어 위임통치의 시기에 하심왕조의 지배를 받았고, 그 뒤에 이어진 정권들은 그런 수니파의 지배가 연장된 것에 불과했으며, 결국은 사담의 '수니파' 정권이 수립됐다. 그러므로 종파로 보나 민족으로 보나 이라크에서 가장 수가 많은 수니파가 그들에게 정당하게 돌아가야 할 권력을 우선 맛이라도 볼 수 있는 기간이 이라크에 필요하다는 것이다. 얼마간의 헌법적 보호장치를 만들고 그 틀 속에서 종파별 집단들로 하여금 서로 협상을 해보게 하는 것이 민주적 통치의 핵심인 세밀한 협상의 기술을 그들에게 가르치는 방법이 되리라는 것이다. 이집트만 제외하면 대다수 아랍 국가의 무슬림을 다 합친 수보다 더 많은 무슬림이 거주하는 인도의 경우에는 식민지의 처지에서 벗어난 시점에 지금의 이라크보다 문맹률이 훨씬 더 높고 국민소득은 훨씬 더 낮은 상태였지만 곧바로 보통선거와 비종교적 민주주의를 제도화했다. 하지만 이런 인도의 반대사례는 별로 중요하지 않다는 것이고, 그 이유는 인도의 인구 가운데 압도적인 다수는 힌두교도인데 힌두교는 문화적으로 이슬람교와 다르기 때문이라는 것이다. 다시 말해 무슬림이 다수인 나라는 인도와 같은 문화적 정서를 갖고 있지 않다고 주장된다. 무슬림이 다수인 나라의 종교나 과거역사에는 그 나라 국민에게 평등주의적 세계관을 갖게 할 만한 것이 전혀 들어있지 않고, 그들의 지적인 삶은 언제나 중세적인 성직자들에 의해 좌우된다는 것이다. 대충 이런 식의 주장이 계속 이어진다.

이와 같이 주장하는 사람들은 스스로 고결하고 용감한 체하지만 역사지식에 토대를 두고 있지 않으므로 원하든 원하지 않든 원초주의(primordialism, 민족적 공동체는 원래부터 있었던 것이고 사람은 누구나 특정한 민족성을 갖고 태어난다는 사고방식— 옮긴이)와 문화적 차별주의에 빠져 종말론적 심판론으로 기울어진다. 이런 시각에서는 모든 사람이 종교적 특성에 따라 규정되고, 종교적 또는 종파적 구분을 기준으로 정치권력을 배분하는 것이 다문화적 또는 다면적 민주사회의 본질이라고 주장되며, 왜 특정한 역사적 조건 아래서 파시즘의 성격을 지닌 특정한 이슬람 극단주의 집단이 불거져 나오는가가 모호하게만 이해된 종교 그 자체에 의해 설명된다. 이렇게 되면 특정한 상황에서 생겨난 사실이 이슬람교 그 자체와 관련된 영속적이고 원초적인 실체의 한 지역적 표현인 것처럼 보이게 된다. 문화의 차이는 어떻게 해도 바뀌지 않는다는 이런 완고한 사고방식, 특히 기독교는 원래부터 이슬람교보다 우월한 종교라는 신성화된 관념은 이슬람교의 초기 및 중세 역사에 존재하는 이상사회적인 여러 사회정치 체제도, 이슬람교와 마르크스주의가 양립할 수 있으며 사유재산제는 비이슬람적인 제도라고 본 근현대의 수많은 이슬람 신학자나 신자들의 존재도 깡그리 무시하는 것이다. 기독교가 보다 평등주의적인 종교이고 가난한 사람들의 종교라는 관념은 좀처럼 사라지지 않고 있다. 그리고 여하튼 간에 유감스러운 일이지만, 오늘날 중남미의 많은 부분이 봉기의 바람에 휩싸여 있음에도 중남미 대도시의 빈민촌 거주자들 사이에 퍼지고 있는 것은 해방신학이 아니라 복음주의 또는 펜테코스트파의 기독교라는 것이 부인할 수 없는 사실이다.

'무슬림'과 서구

이슬람 부흥주의자, 이슬람 근본주의자, 이슬람 순교자가 되고자 하는 자 등은 우리로 하여금 이슬람교는 예외적인 특이성을 갖고 있고, 무슬림들은 과도하게 종교적인 몰입을 하며, 이슬람교는 나름의 차별적인 특징을 갖고 있다고 믿게 한다. 그런데 주요 자본주의 국가의 정부, 대중매체, 그리고 일부 좌파의 학자까지 포함한 학계의 상당부분도 똑같이 우리로 하여금 그렇게 믿게 만들려고 하는 시대에 우리는 살고 있다. 서구의 비종교적 지식인들은 이렇게 수렴하는 두 극단 사이에 갇혀 있다. 인종적 또는 민족적 편향을 갖고 있는 주요 자본주의 국가에 외국인 노동자들이 유입되면서 생겨나는 긴장으로 인해 자유주의적 양심에 혼란이 일어남에 따라 위와 같은 경향은 더욱 분명해지고 있다. 게다가 오늘날과 같은 탈근대적 분위기 속에서는 인종이나 민족도 종교가 되고 문화가 된다. 외국인 노동자들이 유입되는 나라에서 생겨나는 긴장은 인종관계 관리 또는 민족관계 관리의 대상이 되거나(예를 들어 영국에서처럼) 다문화주의적 관리의 대상이 되면서(캐나다에서처럼) 사회적, 정치적, 학문적, 종교적 기획가 또는 기업가들에게 '지역공동체(community) 지도자'인 체할 수 있는 기회를 제공해주고 있다. 왜냐하면 모든 종류의 차별을 당하며 살아가는 대중을 관리하는 일은 다른 어떤 방식보다도 '지역공동체 지도자와의 대화'라는 방식을 통해서 하는 것이 훨씬 수월하기 때문이다. 모두에게 편안한 겉모습을 갖춘 정부정책과 탈근대적 수사가 내세우는 다문화적 지역주의의 관점에서 보면 '지역공동체'(이는 '정체성'과 같은 뜻을 가진 말이다)라는 말이 신성하면서도 가시적이고 행정적 관리의 가능성도 보장하는 것처럼 여겨진다. 그러나 예를 들어 소말리아인과 방글라데시인, 도시지역에 사는 인도인과 농촌지역에 사는 파키스탄인, 교사나 레스토랑 주인인 이란인, 노동자나 가두판매대 소유자인 아랍인 등으로 다양하게 구성된 이주자 대중은 모두 다 '무슬림 지역공동체'로 뭉뚱그려지고, 그들 스스로가 남의 권유에 따라, 또는 스스로 '재오리엔트화(re-Orientalize)'해야 할 필요성에 따라 그렇게 이슬람화된다. 왜 그러냐면 그들은 원래의 민족적 정체성은 이미 잃어버린 상태인 동시에 자기가 새로 거주지로 선택한 나라의 인종적 또는 민족적으로 편향된 사회 속에서 백인들과 같은 정도로 자기의 정체성을 찾아내지도 못하기 때문이다.

다양한 구성의 이런 이주자 계층은 따라서 어떤 허구적인 집단적 정체성을 만들어내야 한다. 그 정체성은 배타적인 거부의 태도를 연출하는 데 효과가 있는 모든 것을 응집시킨다. 그것은 예를 들어 다른 사람들의 눈에 잘 띄게 옷을 입게 만드는 복장규칙, 출신부족이 같은 남자들끼리 모이는 곳으로 지정된 특정한 사원, 음식과 술을 가려서 먹는 습관, 과도하게 의식화된 개인적 신앙생활, 역사적으로 공통된 뿌리를 전혀 갖고 있지 않은 사람들끼리 이주생활상의 필요로 인해 새로 형성하는 사회적 유대관계 등이다. 이와 비슷한 과정이 서구의 여러 나라에 거주하는 힌두교도 이주자들 사이에서도 일어난다. 그들도 의복, 의식, 사원건립, 청년의 배필로 고국인 인도에서 전통적인 처녀를 찾아주기 등 종교적 정체성의 표징이 되는 것들을 이용한다. 그리고 이주자들 가운데 일부는 파시즘과 비슷한 성향을 가진 인도 국내의 여러 극단주의 조직에 상당한 금액의 기부를 하고, 서구사회에서 제기되는 비판에 맞서 그런 조직을 방어해주며, '힌두 디아스포라(Hindu diaspora) 지역'이라고 불리는 곳에 그런 조직의 지부를 개설하기도 한다. 그렇지만 이런 힌두화한 정치적 극단주의 움직임에 대해 서구의 정부기관이나 대중매체에 자주 얼굴을 내미는 학자가 분노를 표시하는 일은 없다. 그 이유는 인도가 미국의 중요한 전략적 동맹국인 동시에 이스라엘의 무기를 가장 많이 사가는 나라인데다가 1989년 이후 인도의 신자유주의 정부가 거대한 인도시장을 서구자본에 활짝 개방했기 때문일 것이다. 게다가 인도의 통치자들은 힌두교도의 테러행위에 대해서는 나름의 방식으로 무시하고 이슬람교도의 테러행위에만 초점을 맞추는 태도를 취해왔으며, 이런 태도는 미국의 입맛에 딱 맞는 것이었다.

이삼십 년 전만 해도 인종이나 민족 그 자체가 정체성의 주된 범주가 될 수 있었고, 상이한 인종이나 민족의 집단들이 공동으로 그런 범주에 속하는 것으로 간주되기도 했다. 그래서 '유색인'이니 '비백인'이니 하는 말이 사용됐다. 자유주의적이고 다문화적인 사회인 캐나다에서는 지금도 이런 말이 사용되고 있으며, 다소 도발적인 어감을 갖고 있는 '유색의 소수민족(visible minorities)'이라는 말도 사용된다. 오늘날에는 사람들이 공적인 장소에서 하는 발언이나 당사자들의 자기표현에서 인종이나 민족이라는 말이 문화라는 말로 점점 더 대체되고 있고, 이슬람 사회 출신인 사람들과 관련해서는 문화가 종교와 동의어가 되고 있다. 무슬림 가운데 다수는 피부색이 아주 어둡지는 않은데도 오늘날에는 유태인이 아닌 아랍인을 대상으로 하는 반셈족주의(antisemitism)의 표적이 되고 있다는 점에서 민족이나 문화라는 말 대신 문화라는 말을 사용하는 것이 더 편리할 수 있다. 이러한 상징적 언어표현에서 이란인을 비롯해 피부색이 밝은 무슬림은 아랍인이 되며, 그렇더라도 어쨌든 그들은 모두 무슬림이다.[2] 이주생활의 환경이 강요해 이주자들이 갖게 된 그러한 사회적 위치는 그들의 고국을 서구의 정부와 대중매체가 '이슬람'으로 표현하면서 더욱 굳어졌고(그들 스스로가 "텔레비전에 그렇게 나왔으니 우리는 분명 이슬람이야"라고 생각하는 식으로), 그들의 고국에서 좌파의 세력이 위축되는 동안에 이슬람주의 기성세력이 확보하게 된 권력과 명성도 이주자들의 그러한 사회적 위치를 강화시켰다. 이슬람주의에 관한 뉴스는 늘 크게 취급됐다. 서구에서 파키스탄에 대해 '이슬람'이나 '독재'와 관련이 없는 내용, 또는 무샤라프 대통령(또는 '장군')이 '이슬람'과 '독재'를 왔다갔다하는 것과 관련이 없는 내용을 텔레비전에서 본 지가 얼마나 오래됐는가를 생각해보라. 지금 파키스탄에 노동자들이 있기나 한가? 파키스탄에 아직도 농민들이 있는가? 어떤 것은 전면에 부각시키고 어떤 것은 뒤로 감추는 조작의 효과는 거의 요술과 같다.

　게다가 최근의 현상이자 특수한 상황의 산물이기도 한 억지 이슬람주의가 이제는 '지역공동체'로 새롭게 규정된 사회집단에 속하는 사람들 자신의 자의식 속에서조차 어떤 '초국가적 문화'의 영속적 상징물이 돼버렸다. 이주해서 위협적인 새로운 환경 속에서 살게 된 다양한 사람들이 실제로는 존재한 적이 없는 어떤 과거를 공유하고 있다고 스스로 생각하고 있다. 어쨌든 그들은 사회적으로 분류되고 사회적 낙인이 찍히며, 심지어는 뒤를 봐주는 듯한 묵인의 표현에 의한 낙인('무슬림이라고 해서 다 테러범은 아니다'라는 표현에 의한 낙인을 예로 들 수 있다. 그렇다면 무슬림 가운데 상당수는, 아니 대부분은 테러범이라는 말인가?)까지 찍힌다. 일상적으로 되풀이되는 이런 식의 낙인찍기는 그들의 분노를 증폭시키고, 그들의 결의를 강화시키며, 문화적 차별에 대한 그들의 감각을 예민하게 만든다. 이렇게 해서 굳어진 이슬람 정체성은 그들이 한때 마음속에 품었으나 이제는 더 이상 품지 않게 된 희망, 다시 말해 새로운 시민증이 약속해준 대로 자기도 백인인 이웃이나 학교친구와 같은 그저 보통의 정상적인 서구인(영국인, 캐나다인, 미국인, 프랑스인 등과 같은 서구인)이 되겠다는 희망에 대한 헛된 집착에서 벗어나는 탈출구가 되고 있다. 이런 과정에서 이슬람 정체성을 채택하려고 하지 않거나 다문화주의 공동체에 편입되려고 하지 않는 정교분리주의 무슬림 개인들은 배척되거나 사회적으로 보이지 않게 가려진다. 그런 사람들은 주목을 받지도 못하지만, 널리 알려지기에 충분한 정도의 말썽을 부리지도 않는다. 이슬람주의자들도, 정부기관이나 대중매체와 같은 이슬람주의자들의 적도, 더 나아가 서구의 정교분리주의적이고 탈근대적이며 다문화적인 환경 속에서 살아가는 그들의 친구도 그들을 진정한 무슬림이라고 보지 않는다. 그들은 오직 그들 개인 자신일 뿐이지 어떤 '문화'도 '문명'도 아니며 위협이 되지도 않기 때문이다. 그들 가운데 일부는 민족차별적 또는 인종차별적인 서구의 자유민주주의가 자기에게 허용하지 않는 어떤 소속감을 찾아 이슬람주의 쪽으로 이끌려가게 된다.

포위공격을 당하고 있다고 느끼는 사람이라면 누구나 다 마찬가지이겠지만 온갖 종류의 이슬람주의자들과 이슬람주의자가 되고자 하는 사람들은 가장 온건한 사람에서부터 가장 과격한 사람에 이르기까지 모두 다 실제의 적이든 상상된 허구의 적이든 간에 적들이 그들 자신에 대해, '우리'에 대해, 그리고 그들 자신과 '우리' 사이의 차이와 적대의 토대에 대해 무슨 말을 하는지에 대단히 예민하게 주의를 기울인다. 물론 과거에도 늘 그랬다. 그러나 과거에는 문맹률이 높았고, 특히 식민지 시대에는 대륙 간 통신을 위한 시설이 상대적으로 덜 발달된 상태였으며, 위와 같은 정보를 입수할 수단이 제한돼 있었기에 높은 수준의 교육을 받은 소수만이 서구의 지배적인 담론을 어느 정도라도 알 수 있었다. 이제는 더 이상 그렇지 않다. 식민지 시대가 종식된 뒤로 문맹률의 하락과 교육의 보편화가 전 세계적으로 크게 진전됐고, 전자미디어가 대대적으로 발전하고 지구화한 결과로 나타난 효과의 하나로 이제는 미국의 힘이 굳이 노골적인 전쟁이나 강압의 형태를 취하지 않더라도 그 힘의 많은 가시적인 측면이 모든 곳으로 전달된다. 이주자들은 텔레비전을 통해 서구가 힘을 행사하는 모습, 서구의 정체성, 서구의 문화적 차별성, 서구문화의 우월한 지위를 보고 듣는다. 그들은 〈소셜리스트 레지스터〉도 알고 있고 부시, 럼스펠드, 파월, 라이스, 헌팅턴, 울포위츠 등이 하는 행동과 말을 보고 듣는다. 그들은 그들 자신의 나라를 포함해 서아시아 전쟁 참전국들을 미국의 대중매체가 어떻게 그려 보이는지를 알고 있다. 그들 가운데 다수는 미국에서 종교적 권리가 갖는 힘을 알고 있고, 일부는 텔레비전을 통해 복음주의 목사가 하는 설교를 들어보기도 했을 것이다. 이렇게 해서 얻게 된 인상은 그들로 하여금 서구에 어떤 기본적인 종교적 중립성이나 선의의 기독교가 존재한다고 확신하지 못하게 한다.

극단적인 이슬람주의자들 가운데는 대학을 졸업한 사람도 아주 많고, 그들은 모두 유럽 열강의 식민지였거나 그 지배를 받았던 나라 출신이며, 그 가운데 일부는 오늘날에는 미국에 의해 점령된 나라 출신이다. 그들은 자기 고국의 역사에서 연속성을 본다. 그들은 고국을 침공한 나라에서 군사적, 정치적, 종교적, 학문적 권력을 갖고 있는 자들이 무슨 말을 하고 있는지를 알고 있고, 그런 자들이 하는 말과 행동 사이에 어떤 연관관계가 있는지를 파악하고 있다. 문명의 담론은 쌍방향 통행로가 되고 있어 어느 한쪽으로의 질주는 방향이 반대인 다른 한쪽으로의 질주를 낳는다. 지식수준이 높은 이슬람주의자라면 서구의 전통과 사회가 지닌 복잡성을 충분히 인식하고 있을 것이고(예를 들어 이란 의회의 현 의장은 칸트의 저작을 번역한 사람이다), 무슬림 사회의 환경 속에서 비종교적인 지식인의 역할을 수행하는 사람이라면 문명이라는 것이 어떤 고정된 실체라기보다 매우 신축적이고 담론에 이용되는 기능적인 범주일 뿐이어서 우리 시대에 정치적

동기에서 펼쳐지는 문명의 담론은 본질적으로 기만행위일 뿐이라는 점도 이해하고 있을 수 있다. 그러나 이슬람주의 전사들은 특히 모든 일을 단순화하고 경전을 문자 그대로 받아들이는 사람들이며, 자기 눈으로 직접 본 것들에 대해 특이한 해석을 내린다. 이런 이슬람주의 전사들은 전자미디어를 접하게 된 뒤로 미국 사회에 대해 기본적으로 두 가지 이미지를 갖고 있다. 그 가운데 하나는 엔터테인먼트 산업을 통해 전달된 이미지이며, 이슬람주의 전사의 금욕적인 상상은 그 모든 것을 순전히 부패하고 타락한 것으로 해석한다. 다른 하나는 이슬람교와 무슬림에 대해 끊임없이 전쟁을 거론하면서 온갖 험한 말을 해대는 모습이다. 그들의 과열된 상상 속에서 서구는 그 종교적인 삶에서는 십자군전쟁을 벌이는 기독교왕국이 되고, 그 세속적 삶에서는 죄악의 온상이 된다. 이런 상상은 심리적으로는 증오, 공포, 분노로 굴절돼 나타난다. 그래서 무기를 들자는 호소가 나오는 것이다.

적어도 왕정체제의 이란을 비롯한 아랍권에서는 통치자가 나라의 자원을 서구에 저당 잡히고 올린 불로소득과 그렇게 쌓은 재산을 그 자신과 가족의 사치품 소비에 흥청망청 쓰거나, 외부에서 침공해오거나 점령해오는 적과는 결코 싸우지 않고 자기들끼리만 싸우는 군대를 키우는 데나 나라의 재정을 지출하는 모습을 이슬람주의 전사들은 보아왔다. 또한 그들은 자기들의 비종교적 민족주의 지도자들의 군대가 괴물과 같은 미국-이스라엘 연합군과의 전쟁에서 연전연패하는 것을 보아왔다. 그들에게는 믿고 입대할 만한 군대가 없다. 그래서 그들은 자기들의 군대를 극비리에 국적이 없는 느슨한 조직으로 만들어야 하며, 그 군대는 무장의 수준이나 병력의 수가 적에 비해 크게 미흡할 수밖에 없으므로 본격적인 전쟁을 수행하는 조직이 되기보다는 선전과 선동의 효과가 있는 극적인 행동을 하는 조직이 된다. 힘의 균형이 워낙 적에게 기울어진 비대칭적인 상황에서 그들이 동원하는 방법은 그러한 비대칭성을 반영하는 것일 수밖에 없다. 그리고 그들은 수도 없이 많은 민간인이 미군이나 이스라엘군에 의해 죽임을 당하는 광경을 보아왔기 때문에 거꾸로 자기들이 민간인을 죽이는 것도 테러행위가 아니라고 생각하며, 적국의 민간인이 자기들의 손에 죽는 것은 고국의 동포가 그동안 당해온 것에 견주면 아무것도 아니라고 생각한다.

이슬람주의 전사들은 모두 이슬람교에 헌신하지만, 특히 그들 가운데 가장 극단적인 사명에 삶과 죽음을 다 바치는 사람들은 이슬람교의 교리에 대해 제대로 아는 것이 거의 없다. 이슬람교의 교리에는 민간인을 죽이는 것은 물론이고 자살도, 따라서 자살폭탄 테러도 금지하는 내용이 들어있고, 이런 교리는 그들의 마음을 불편하게 만든다. 그래서 그들은 도피하면서 새로운 교리를 만들어내어 그 교리에 근거를 두고 이슬람교가 금지하는 것을 설교하거나 수행하는 것을 이슬람교의 이름으로 정당화한다. 이런 점에서 보면 그들 가운데 다수는 이슬람 근본주의자나 이슬람 부흥주의자라는 말의 그 어떠한 정확한 의미에서도 이슬람 근본주의자나 이슬람 부흥주의자가 될 수 없는 사람들이다. 그들은 혁신자일지는 모르나 그들의 혁신이 낳는 결과는 이슬람교의 역사 속에 존재하는 어떤 다른 시기나 사건을 연상시키기보다는 러시아의 차르시대에 활동했던 혁명적 테러리스트 엘리트 집단을 연상시킨다. 특히 전쟁으로 황폐화된 아프가니스탄에서 탈레반은 사람들에게 끔찍할 정도로 가혹한 징벌을 내리는 은폐된 정권을 '예언자의 진정한 이슬람교'라는 이름 아래 수립했는데, 그 정권은 이 세상의 다른 무엇보다도 아프가니스탄과 마찬가지로 전쟁으로 황폐화된 캄보디아에 수립됐던 폴 포트의 정권과 닮았다. 때로는 이슬람교가 내세워지고, 때로는 공산주의가 내세워진다. 두 경우 모두에 미국의 제국주의적 공격이 전쟁으로 인한 파괴, 국내 모든 집단이 받은 정신적 충격, 사회조직의 완전한 붕괴, 일상적 삶을 위한 물질적 수단의 결핍을 초래한 가장 큰 원인으로 지목된다. 이런 상황이 바로 폴 포트나 물라 오마르(탈레반의 지도자—옮긴이)와 같은 사람이 등장하는 데 배경이 된다. 이라크도 이와 비슷한 상황에 빠지는 것이 아니냐는 우려가 제기되고 있다.

그러나 이 지점에서 나는 전쟁과 그 결과에 대한 논의를 중단하고 가장 세속적인 부분에서부터 가장 종교적으로 기울어진 부분에 이르기까지, 더 나아가 무장한 전사들 가운데 일부에 이르기까지 이슬람 세계의 모든 부분에서도 추적하면서 점검하고 있는 고차원의 문명담론이라는 문제에 대한 논의로 돌아가고자 한다. 여기서 가장 분명한 사실은, 문명의 차이라는 관념은 '동방의 이슬람권'에 관한 모종의 개념뿐만 아니라 담론상 이와 정반대인 '서구'에 관한 모종의 개념에도 뿌리를 두고 있다는 점이다. 문명을 자주 입에 담는 사람들 가운데 그래도 가장 정교한 사고를 하는 이들은 자본주의, 계몽운동, 기독교의 합리주의적 세속화, 이슬람권의 미흡한 자본주의와 서구의 성숙한 자본주의, 기독교에 내재하는 평등주의적이고 합리주의적인 핵심, 계몽주의 사상가들에 의한 기독교 사회의 철저한 정교분리, 프랑스혁명 등에 대해 특정한 견해를 갖고 있다. 그리고 그들은 이런 모든 것을 '이슬람 사회가 결여하고 있는 것들'에 비추어보고, 이슬람교를 세속적 이성과 격리시키는 '건널 수 없는 심연'도 살핀다. 이런 이들보다 조금 덜 정교한 사고를 하는 사람들은 전통과 근대화의 대립에 대해 이야기하고, 탈근대적 사고를 하는 사람들은 문화의 순수성이라는 측면에서 여러 문화가 병존하는 문화의 다양성과 상호침투가 불가능한 문화의 특성에 대해 이야기하고, 극우파도 문화를 이야기하되 생물학적으로 규정된 인종주의가 늘 작동하는 틀을 들이댄다. 이처럼 각자의 입장에 따라 보는 관점이 다르다. 오늘날 사회적, 정치적 문제를 이해하기 위한 그 많은 인식론을 활성화시키고 있는 문화적 차이론(cultural differentialism)은 위와 같은 관점의 경향들 가운데 일부가 서로 교차하기도 하고 어떤 측면에서는 서로 이반하기도 하는 데 토대가 되고 있다.

지정학_교황, 대통령, 학자

좌파에서 우파까지의 스펙트럼 전체에 걸쳐 서구에 매우 친화적인 하나의 관념이 떠오르고 있다. 서구는 그 자신의 규준에서 벗어난 모든 일탈에도 불구하고, 그리고 현재의 형태에서는 분명히 본질적으로 정교분리주의적이고 자유주의적이며 민주적인 동시에 유대기독교적(Judeo-Christian, 유대교와 기독교에 공통된 요소에 토대를 둔—옮긴이)이라는 관념이다. 극우파는 서구가 비종교적이고 과도하게 자유주의적이라면서 분개할 것이고 좌파는 서구가 충분히 자유주의적이거나 민주적이지 않다고 생각하겠지만, 서구의 특징을 위와 같이 파악하는 관념은 폭넓은 동의를 얻고 있다. 특히 '서구'에 대한 '유대기독교적'이라는 표현은 프레드릭 제임슨(Fredric Jameson)과 같은 엄밀한 문화이론가의 저작에서도 나타난다. 그러나 어쨌든 서구라는 것이 그 모든 것이라고 한다면, 그리고 서구만이 특이하게 그렇다고 가정한다면(이렇게 가정해야 하는 것은, 만약 서구가 아닌 다른 사회도 모두 그렇다고 하면 그러한 모든 장점을 서구만이 갖고 있다고 말할 수가 없기 때문이다), 그러한 모든 장점이 서로 연관되면서 어떤 하나의 통합적인 전체를 구성하고 있으며 그 통합적인 전체를 가능하게 하는 무언가가 서구의 기원 그 자체에 들어 있었다는 주장으로 나아가는 데는 그다지 많은 것이 필요하지 않다.

내가 보기에는, '기독교 사회'인 서구가 문화, 종교, 정치가 교차하는 모든 영역에서 스스로를 '유대기독교 사회'라고 묘사하기를 폭넓게 시작한 것은 몇십 년 전부터이고, 이런 현상은 본질적으로 이스라엘을 받아들이기 위한 것이며, 특히 1967년에 이스라엘이 전쟁에서 아랍 국가들에 막대한 피해를 입히면서 승리를 거둔 뒤에는 한편으로는 그 전쟁에서 빚어진 대규모 학살극과 관련된 죄의식을 달래고 다른 한편으로는 미국이 베트남에서 패배에 직면하고 있는 상황이었으므로 서구가 스스로를 다른 어떤 군사적 승리와 동일시하기 위한 것이었다. 그 전에는 유대기독교적 정체성에 대한 자부심보다는 유태인에 대한 배척심이 서구의 규준에 훨씬 더 가까웠다. 뿐만 아니라 이차대전 이전의 유럽 역사를 잊어버려야만 자유민주주의가 서구의 상대적으로 보편적인 정치적 관행이라고 생각할 수 있다(여기서 내가 정치적 관행이라는 말을 사용했지만 우리가 사는 문화주의 시대에는 이것보다 '가치'라는 말이 더 많이 사용된다. 예를 들어 서구에 존재해온 모든 인종주의, 파시즘, 나치즘 등에도 불구하고 민주주의는 서구가 영구히 지켜나가고자 하는 하나의 가치라고 말하는 경우처럼). 또한 비종교적이면서 동시에 유대기독교적일 수도 있다는 흥미로운 관념도 엿보인다. 그렇다면 비종교적이면서 동시에 이슬람적일 수 있다는 말도 가능하다는 것인가?

더 나아가 유대교와 기독교는 현대의 세속주의(정치나 사회 등 종교가 아닌 영역과 종교가 서로 독립된 상태 또는 독립돼야 한다는 생각—옮긴이) 및 자유주의와 완전히 양립할 수 있지만 이슬람교는 본질상 그렇지 않다는 선험적인 가정만 더하면, 서구의 자칭 유대기독교 사회는 세속주의 및 자유민주주의와 마찰 없이 융합될 수 있는 반면에 무슬림이 인구의 다수를 점하고 있고 현대의 자기 정체성에 이슬람교의 유산이 포함돼 있다고 생각하는 사회는 명백히 비세속적이며 세속주의 사회가 될 수 없다는 관념이 성립된다. 이런 맥락에서 보면 서아시아의 지리적 중심에 위치한 서구문명의 전초기지인 이스라엘이 헌법상으로나 정서적으로 스스로를 '유대국가'라고 말하는 것(국민 가운데 3분의 1은 유대인이 아니며 민족적, 종교적으로 달리 규정됨에도 불구하고)은 물론이고, 그런데도 이 나라가 독재체제와 근본주의의 바다 한가운데 떠있는 세속주의적, 자유주의적, 서구적 민주주의의 모범으로 간주되고 있는 것은 놀라운 일이다.

지금의 상황에서는 미국의 종교적 우파가 하는 말에 주목하기보다는 오히려 오사마 빈 라덴이 하는 말에 주목하는 편이 더 나으며, 사실 빈 라덴이 하는 말 가운데 다수는 미국의 종교적 우파가 하는 말보다 더 예리하고 더 받아들일 만하다. 그러나 서구사회가 서구와 기독교, 그리고 이성 사이의 연결을 얼마나 공들여가며 단호하게 구축해왔는가(이렇게 한 것은 부분적으로는 합리적인 기독교 사회인 서구와 이슬람 세계를 구별하기 위한 것이었다)를 알기 위해서는 현재의 교황(베네딕토 16세—옮긴이)이 최근에 한 강연을 살펴볼 필요가 있을 것 같다.

이전에 '라칭거 추기경'으로 널리 알려진 인물이었고 가톨릭교회 내 좌파의 유머로는 '래트 추기경(Cardinal Rat, 이름인 요제프 라칭거(Joseph Ratzinger)의 성 가운데 앞부분만을 딴 약칭으로 시궁쥐(rat)를 연상시키는 표현임―옮긴이)'으로 불렸던 교황의 그 강연이 특히 흥미로운 것은 그가 교황의 자리에 오르기까지 가톨릭교회 안에서 그를 지지해온 사람들 사이에서는 그가 박식한 것으로 유명했기 때문이다.

교황은 곧 널리 알려지게 되는 그 강연을 2006년 9월 12일에 독일의 레겐스부르크대학에서 했다. 그 강연은 매우 다양하게 해석될 수 있는 것이었다. 교황이 강연에서 간략하고 모호하게 인용한 구절이 자기들을 도발했다고 주장하는 무슬림들 사이에 폭넓게 퍼져 있는 극단적인 종교적 감정의 맥락에서 그 강연을 해석할 수도 있다. 이렇게 해석하는 경우에는 터키나 팔레스타인에서 무슬림 자경단이 몇몇 기독교 교회를 불태우는 정도까지 나아간 무슬림들의 분노표출이 무슬림 사회 전체와 이슬람교 신앙 그 자체의 불관용적 태도를 보여준 증거로 제시될 수도 있을 것이다. 그런가 하면 교황 자신이 우리에게 요구한 대로 그의 강연을 한편으로는 기독교와 이슬람교 사이의 본질적인 차이, 다른 한편으로는 기독교와 유럽 사이의 깊은 일치성에 관한 정치적으로 중립적인 신학적 고찰로 해석할 수도 있다. 나로서는 그 강연과 관련된 모든 것을 역사적인 관점에서, 그리고 '서구'에서 가장 존중받는 설교의 연단 가운데 하나에서 이루어진 그 강연이 주목을 받게 된 상황적 맥락 속에서 그 강연을 해석하고자 한다.

무슬림들에게 도발이 된 인용문부터 살펴보자. 그 내용은 이렇다. "무하마드가 가져다주었다는 새로운 것들을 보여 달라. 거기에서 찾아볼 수 있는 것은 그 자신이 설교한 믿음을 검으로써 전파하라는 명령과 같이 사악하고 비인간적인 것들뿐이리라."[3] 14세기의 이 논평(인용된 논평은 1391년부터 1425년까지 재위한 비잔틴제국의 마누엘 2세 팔라이올로고스 황제가 1391년에 한 발언이다―옮긴이)은 나름의 구체적인 맥락을 갖고 있다. 이 논평을 한 비잔틴제국 황제는 투르크족과의 전쟁에 휘말려든 상태였지만 무장병력이 열세여서 유럽의 여러 강대국에 도와줄 것과 새로운 십자군의 조직을 요청하고 있었고, 그 대가로 자신은 동서 양쪽의 교회를 통합시킬 것이라고 약속했다. 그러나 아무 성과가 없었다. 결국 문제의 논평을 한 황제가 사망한 뒤 얼마 지나지 않아 콘스탄티노플(비잔틴 제국의 수도— 옮긴이)은 오스만투르크의 군대에 의해 함락되고 만다. 어쨌든 여기서 중요한 점은 문제의 논평이 전쟁의 시점에 나왔다는 것이고, 그 논평에 들어 있는 이슬람교 비방은 바로 그 전쟁과 관련된 목적에 부응하는 것이었다. 그러므로 그 논평의 모호한 구절이 오늘날 또 다른 교황, 그것도 로마제국의 부흥을 내세웠던 민족의 후손인 교황에 의해 다시 끄집어내어진 이유가 무엇일까 하는, 그리고 이제 '이슬람 파시즘'으로 불리게 된 것에 의해 야기된 전 세계적 테러에 대항해 민주적인 유대기독교 사회인 서구가 서구 전체의 단합을 호소하며 또 다른 지구적 전쟁을 전개하고 있는 가운데 그렇게 된 이유가 무엇일까 하는 의문이 드는 것도 당연한 일이다. 그것은 말하자면 종교적인 영역에서 이루어지는 세속적인 전쟁의 일환은 아닌가 하는 의문이 드는 것이다.

교황이 한 강연의 전후 맥락을 살펴보면, 문제의 구절은 기독교와 이슬람교 사이의 근본적인 종교적, 문명적 차이에 관한 대체로 신학적인 설명을 하던 도중에 인용됐다. 교황에 따르면 기독교 신앙은 그것이 창시된 시점부터 언제나 '로고스(Logos, 이성— 옮긴이)'라는 그리스적 개념과 깊이 관련돼왔고, 따라서 신앙과 이성의 일치는 기독교 신앙의 근본에 속한다고 말할 수 있다는 것이다. 반면에 이슬람교는 이성과는 아무런 통합적 관계도 갖고 있지 않은, 사실상 절대적인 존재로서의 초월적인 신을 설정하며, 따라서 그 신은 교황에 따르면 기독교에는 근본적인 요소인 '신앙의 합리성'이라는 측면에서 결코 정당화될 수 없는 명령을 내릴 수 있을 뿐만 아니라 실제로 그런 명령을 종종 내린다는 것이다. 그렇다면 검으로써 이슬람교를 전파하라고 했다는 명령은 이슬람교 신앙의 과격한 비합리성을 보여주는 증거가 된다. 분명 교황은 강연에서 쿠란에 '신앙에 강제는 없다'는 문구가 들어있다고 인정했다. 하지만 그는 이것을 '무하마드가 아직 무력하고 위협을 당하던 초기'와 관련된 문구라고 설명했다. 그러면서 그는 강연 내내 마치 기독교는 이단자 심판의 역사는 물론 그 어떤 폭력의 역사도 갖고 있지 않은 것처럼 말했다.[4]

이슬람교와 기독교 사이의 신학적 논쟁은 여기서 우리의 관심사가 아니다. 다만 교황의 발언에 대해 터키의 총리는 비판을 한 반면에 독일의 총리와 그의 동료들은 교황을 강력히 옹호하고 나섰다는 점은 지적해둘 만한 가치가 있겠다. 그렇다면 헌팅턴 식으로 국가의 수반인 터키의 총리와 독일의 총리가 종교나 문명을 대표해 그렇게 했다고 생각해야 할까, 아니면 두 총리는 국가를 대표하며 따라서 각각의 나라 안에서 생겨난 정치적 압력(이런 압력이 종교적 고려에 의해 채색된 것일 수는 있지만)을 받아서 그렇게 했을 뿐이라고 생각해야 할까. 이런 의문을 전후맥락 속에서 풀어보려고 한다면, 교황이 되기 전에 라칭거 추기경은 바티칸의 최고 신학자였고 그런 자격으로 프랑스 신문인 〈르 피가로〉와의 인터뷰에서 터키는 무슬림 국가이기 때문에 유럽연합(EU)의 회원국으로 받아들여서는 안 된다고 말했던 사실을 상기하는 게 도움이 된다. 그는 이렇게 말했다. "역사적으로 터키는 언제나 유럽과는 대조되는 다른 대륙을 대표해왔다. … 터키는 이웃하고 있는 아랍 국가들과 함께 하나의 문화적 대륙을 세우고, 나름대로 고유한 정체성을 가진 그 문화를 주도하는 나라가 되려는 시도를 할 수도 있다."[5] 여기서 그는 또 다시 '건널 수 없는 깊은 심연'이 가로놓인 문명 간 차이를 말하고 있다. 유럽연합에 가입하려는 터키의 시도를 겨냥한 이와 같은 그의 발언은 이슬람교 그 자체를 교황이 최근에 은근히 비꼰 말에 대해 터키의 총리가 왜 이의를 제기할 수밖에 없었는지를 설명해준다. 이 모든 것은 새뮤얼 헌팅턴과 같은 학자들이 설정한 '문명의 충돌'이라는 요소를 내포한 채 전개되는, 그리고 교황 자신이 이슬람권인 동방과 기독교권인 서구를 신학과 문명의 차원에서 같은 잣대로 비교할 수 없다는 뜻의 발언을 할 수 있게 하는 서구중심적 담론과 상당히 잘 맞아떨어진다.

교황이 한 발언의 다른 측면들도 마찬가지로 놀랄 만하다. 교황은 기독교가 본질적으로 지닌 헬레니즘적 성격은 기독교의 절대적 핵심요소이며 기독교에, 그리고 유럽에도 그 고유의 정체성을 부여해준다고 말한다. 더 나아가 그는 과거의 종교개혁에서부터 다원주의와 다문화주의라는 지금의 개념(다른 문화의 경우라면 이는 스스로를 헬레니즘화해야 한다는 의무감에서 벗어날 수 있게 해줄 법한 개념이다)에 이르기까지 기독교를 탈헬레니즘화하려고 해온 유해한 시도를 몇 가지 지적했다. 그러고는 다음과 같이 말했다.

"성경에 입각한 신앙과 그리스의 철학적 탐구 사이의 화합은 결정적으로 중요한 사건이었다. ⋯ 그러한 수렴을 이루어졌음을 고려할 때 기독교가 동방에서 기원하고 그 의미 있는 발전 가운데 일부가 동방에서 이루어졌음에도 불구하고 결국에는 오로지 유럽에서 그 역사적으로 결정적인 성격을 갖추게 된 것은 놀랄 일이 아니다. 우리는 이 점을 거꾸로 말할 수도 있다. 그러한 수렴은 그 뒤에 로마인들의 유산이 더해지면서 유럽을 창출했고, 지금도 여전히 유럽이라고 불러 마땅한 것의 토대로 유지되고 있다."[6]

그러나 이제는 무슬림이건 아니건 교육받은 많은 사람들이 그리스의 사상이 서구 유럽에 전달되는 데서 중세 무슬림들의 철학적 합리주의가 불가결한 역할을 했다고 믿고 있다. 이러한 역할이 가능했다는 것은 유럽에서 인문주의 고전연구와 르네상스 운동이 펼쳐지기 전에 이미 이슬람권에서 신플라톤주의가 형성돼 자리 잡고 있었기 때문이었다. 그러나 이것이 여기서 내가 주장하고자 하는 것은 아니다. 내가 주장하고자 하는 것은 무슬림들의 종교적 감정에 그토록 도발이 되는 구절을 교황이 인용한 것은 이슬람교를 두려워하는 심리나 이슬람 파시즘이라고 불리는 것에 의한 전쟁이라는 넓은 맥락에서만 봐야 할 것이 아니라는 점이다. 그러한 인용은 종교개혁, 다원주의와 다문화주의, 유럽과 기독교의 일체성, 이슬람교와 동방 기독교의 열등성, 터키는 유럽연합의 완전한 회원국이 되는 데 필요한 문명적 자격을 갖추지 못한 나라라는 관념 등에 대한 그 자신의 견해라는 맥락에서도 바라봐야 한다. 그는 일찍이 해방신학을 진정한 기독교에서 벗어난 '일탈'로 규정했던 일도 있다. 바티칸의 수석 신학자로 있을 때 그는 교회에 대한 해방신학의 도전은 막아야 한다면서 이렇게 말한 바 있다. "지금 도전받고 있는 것은 주님의 의도에 따라 성립된 교회의 제식절차와 위계구조다. 성직자들은 사람들로부터 나오고 신앙에 대한 그 어떤 확인도 궁극적으로는 정치적인 기준에 종속된다는 것이 그들의 주장이다."[7] 그 자신이 속한 교회 안에서 개방적이지 않은 사람에게 다른 종교에 대해 관용적이기를 기대하기는 어렵다.

그러나 우리는 이런 그의 태도를 특별히 비개방적인 인물의 분개로만 보고 무시해버릴 수가 없다. 터키가 문명이라는 측면에서 유럽연합의 회원국이 되기에 적절한가의 여부, 유럽이 그토록 많은 터키의 무슬림을 받아들이고도 유럽 고유의 문화적 성격을 잃지 않을 수 있는가의 여부, 유럽이 규모가 매우 크고 강력한 무슬림 병력을 갖고 있는 나라를 수용하는 것이 현명한 일인가의 여부는 유럽의 전역에 걸쳐 모든 계층에 불안감을 불러일으킬 수 있는 문제다. 교황이 말한 것은 그의 개인적인 의견일 뿐만 아니라 유럽인들의 상식에서 상당히 큰 비중을 차지하는 것이기도 하다. 이와 비슷하게 서구 학자집단의 주요 부분도 유대기독교의 종교적 유산과 그리스적인 이성 및 정치사상이 서로 연결돼 있다는 점이 유럽의 근본적인 토대를 이루고 있는 동시에 유럽의 고유한 특징이자 민주주의적이고 세속주의적인 유럽의 전통에 그 특유의 성격을 부여하고 있다는 교황의 주장을 전적으로 인정하고 뒷받침하려고 했다. 교황이 한 문제의 강연에는 등장하지 않았지만 그가 추기경이자 수석 신학자였을 때에 그의 주된 관심사였던 해방신학이라는 문제는 결코 교회의 내부에 국한된 문제가 아니었다. 이 문제에 대한 그와 같은 사람의 경고는 미국의 지도자들이 명심하지 않을 수 없는 것이었다.

로널드 레이건이 공화당의 후보로 나선 가운데 미국의 대통령 선거가 진행되던 1980년 5월에 공화당을 위해 일하는 전문가 집단이 하나의 문건을 작성했다. 그것은 바로 레이건에게 기본적인 정치교과서가 된, 저 유명한 '산타페 문서(Santa Fe Document)'였다. 이 문서의 내용 가운데 '내부의 전복활동'이라는 제목이 붙은 두 번째 부분의 세 번째 권고는 다음과 같다.

"미국의 외교정책은 해방신학에 대해 사후적인 반응만 보이지 말고 정면으로 맞대응하기 시작해야 한다. 중남미에서는 정치적 자유라는 개념에 교회의 역할이 매우 중요한 요소로 포함돼 있는데도 유감스럽게도 마르크스레닌주의 세력이 기독교보다는 공산주의에 가까운 사상을 가지고 종교적인 공동체에 침투해 교회를 사유재산과 자본주의적 생산체제를 무너뜨리기 위한 정치적인 무기로 이용해 왔다."

아프가니스탄이 자본주의가 '이슬람 파시즘'의 도움을 받아 승리해야 하는 자본주의와 공산주의 간 대결의 장소였다고 한다면 중남미, 특히 중미는 북미의 헤게모니와 중남미의 혁명적 반발이 맞서는 무대가 됐다. 그런데 그 무대의 혁명가들에게 힘과 자양분을 공급하는 원천으로 해방신학이 지목된 것이었다. 또한 그러한 해방신학에 대항해 그것과는 종류가 다른 온갖 다양한 기독교 세력, 특히 미국의 종교적 우파를 동원하고 그들에게 자금을 지원해야 하며, 필요하다면 그들을 무장시키기도 해야 한다는 것이었다. 그리고 이렇게 하는 것을 바티칸은 명시적으로든 암시적으로든 승인하리라는 것이었다.

교황이 인용한 무하마드에 관한 구절은 그가 한 강연의 논지에 부합하는 것이 전혀 아니었다. 명민하고 고도로 정치적인 인물인 그는 오늘날 벌어지고 있는 '이슬람 파시즘'과의 전쟁에서 '서구', 다시 말해 '헬레니즘화되고 합리적이며 기독교 사회인 서구'가 위험에 처해 있다는 주장이 널리 퍼져 있음을 알고 무리

해서 그 구절을 끼워 넣었던 것이다. 사실 누구보다도 그 자신이 그러한 관념으로 서구를 규정한 장본인이기도 했다. 문명전쟁이라는 것이 실제로 있다면 그의 강연이 바로 문명전쟁이었던 게 아닐까.

교황은 교회의 영적 위계구조에서 가장 높은 지위에 있는 사람이기 때문에 그 자신의 신학적 견해가 정책적으로 어떤 의미를 가진 것인지를 직접 자세히 말해서는 안 된다. 그러나 미국의 워싱턴 정가에 대해 영향력을 갖고 있는 새뮤얼 헌팅턴과 같은 학자에게는 그러한 부담이 없다. 헌팅턴의 유명한 저서 《문명의 충돌과 세계질서의 재구성(The Clash of Civilizations and the Remaking of the World Order)》은 1996년에 출간됐다. 출간 당시 이 책에 대해 브레진스키와 키신저가 동시에 호평을 했다. 이는 헌팅턴의 전략적 비전에 대해 미국인들이 보기 드물게 초당적으로 지지하는 분위기였음을 보여준다(브레진스키는 민주당 정부, 키신저는 공화당 정부를 위해 일했다—옮긴이). 헌팅턴의 이 저서를 여기서 거론하는 것은 그것이 깊이가 있기 때문이 아니라 널리 알려지고 영향력도 있기 때문이다. 학문적 관점에서 보면 이 책은 조잡한 수준이다. 헌팅턴은 계몽주의 사상가들이 언젠가는 결국 보편적인 문명이 수립될 것이라는 환상을 만들어냈다는 이유로 그들을 꾸짖고, 21세기는 문명(그는 문화(culture)와 문명(civilization)을 서로 바꿔 쓸 수 있는 말인 것처럼 사용한다)들 사이의 전쟁에 시달릴 것이라고 예언한다. 그러나 그는 문명이라는 것이 몇 개나 되는지를 분명히 알 수 없었고, 그저 일곱 개 내지 여덟 개의 문명이 존재한다고만 말했다.

헌팅턴은 서구 문명을 가톨릭과 신교를 포함하는 서구의 기독교와 동일시하고 그것을 이슬람 세계와는 물론이고 정교회(Orthodox Church)와도 분명하게 구분한다. 그 이유는 정교회를 서구 문명에 포함시킨다면 러시아, 세르비아, 레반트(시리아, 이스라엘, 요르단, 팔레스타인, 레바논이 있는 지중해의 동쪽 연안 지역—옮긴이) 등의 기독교까지 끌어들이게 된다는 데 있다. 그런데 중남미 지역은 오히려 가톨릭이나 신교의 기독교도가 압도적으로 많기 때문에 그에게 문제가 된다. 그는 중남미는 근본적으로 서구와 다른 사회이며, 따라서 하나의 독자적인 문명이거나 서구문명의 보조적인 부분이라고 봐야 한다고 주장하기 위해 (그러나 사실 그는 중남미를 이 두 가지 중 어느 쪽으로 봐야 하는지를 단언할 수 없었다) 온갖 종류의 왜곡을 서슴지 않았다. 그는 아프리카에 대해 언급한 두 개의 구절을 괄호 안에 '아마도'라는 말을 써넣고 나서 시작한 다음에 "브로델을 제외하고는 문명에 대해 연구하는 대부분의 주요 학자들은 별도의 아프리카 문명을 인정하지 않는다"라고 썼다. 그 뒤에 이어지는 그의 글은 어쩌면 아프리카 문명이 있을지도 모르지만, 실제로 그런 문명이 있다면 그것은 아프리카 대륙의 남쪽 절반에만 존재할 것이며 아프리카 대륙의 북쪽 절반과 동쪽 해안을 따라 얇은 띠 모양에 해당하는 지역은 아프리카 문명에 속한다기보다는 이슬람 문명의 일부로 봐야 한다는 식의 주장을 편다. 그의 머릿속에 들어있는 지도에서는 아프리카의 기독교도들은 그 어떤 문명에도 속하지 않는 모양이다. 인도의 국민 가운데 2억 명 정도는 힌두교가 아닌 다른 종교를 갖고 있을 뿐 아니라 인도는 정교분리주의에 입각한 자국의 헌정체제에 대해 자부심을 갖고 있음에도 그는 인도가 분명한 힌두교 문명의 나라라고 말한다. 하지만 내가 이 글을 쓰는 시점에 인도의 대통령(2007년 7월에 임기를 마치고 퇴임한 압둘 칼람 전 대통령—옮긴이)은 무슬림, 총리(만모한 싱—옮긴이)는 시크교도이고, 이탈리아 출신으로 로마가톨릭교도인 여성(인도의 집권당인 국민회의당의 당수 소냐 간디—옮긴이)이 인도에서 가장 막강한 인물이다. 헌팅턴은 정교회와 관련해서는 나름의 정교회를 갖고 있는 그리스가 서구 문명에 필수적이라고 자기가 생각하는 안보동맹 조직인 북대서양조약기구(NATO)에 회원국으로 가입돼 있고, 서구의 기독교 국가만 가입해야 하는 유럽연합에도 회원국으로 가입돼 있다는 사실은 변칙적인 것이라고 개탄한다. 그는 심지어 그리스 국민은 종교적 성향의 측면에서 볼 때 진정으로 서구에 속하는 사람들이 아니기 때문에 그리스에서 미국의 정책과 북대서양조약기구의 역할에 대해 반기를 드는 일이 아주 많이 발생한다고까지 말한다. 그는 각 문명의 표징은 종교이며, 따라서 유교도 실제적인 목적을 위해서는 마치 종교인 것처럼 다루어야 한다고 주장한다.

헌팅턴의 분류법은 모순되고 일관성이 없지만 그의 정책권고 내용은 다음과 같이 분명하다.

"보편주의를 가장하는 태도로 인해 서구는 다른 문명과, 특히 심각하게는 이슬람 문명 및 중국 문명과 갈등을 빚게 된다. … 서구의 생존은 미국인들이 자기들의 서구적 정체성을 재확인하는 데, 그리고 서구인들이 자기들의 문명이 보편적인 것이 아니라 독특한 것이라는 사실을 받아들이고 비서구 사회의 도전에 대항해 자기들의 문명을 혁신하면서 보존하기 위해 단합하는 데 달려 있다. … 냉전이 막을 내린 뒤의 세계에서 각국 국민을 구분하는 가장 중요한 요소는 이데올로기, 정치, 경제가 아니라 문화다. … 우리가 어떤 사람들이 아닌지를 우리 스스로가 알 때에만, 그리고 흔하게는 우리가 맞서는 상대방이 어떤 사람들인지를 우리가 알 때에만 우리는 우리가 어떤 사람들인지를 알 것이다."[8]

여기서 헌팅턴이 내세우고 있는 것은 사실은 '친구와 적', '우리와 그들'을 가르는 슈미트(독일의 법학자이자 정치이론가인 칼 슈미트(1888~1985)―옮긴이)적인 구분이 내재된 영구적 갈등, 즉 문명담론이라는 이름을 내건 영구적 갈등의 지정학적 시나리오다. 우리의 적이 누구인지를 알 때에만 우리는 우리 자신을 알게 된다는 것이다. 그에게는 서구의 주적이 이슬람교와 중국인 것이 분명하지만, 이보다 세부적인 부분에는 다소 복잡한 점도 있다. 그가 보기에 서구는 유럽과 북미 외에 멀리 있는 사촌 격인 호주 및 뉴질랜드와 같은 '이주정착민 국가'들까지 포함하는 개념인 반면에 유럽 안에는 '중앙분리선'이 존재한다. 철의 장막이 걷히면서 동쪽으로 이동한 이 중앙분리선은 이제 종교적인 성격도 갖게 됐다고 그는 주장한다. "이제 그것은 이쪽에 있는 서구의 기독교 국민들과 저쪽에 있는 무슬림들이나 정교회를 갖고 있는 국민들을 구분하는 선"[9]이 됐다는 것이다. 이슬람교, 정교회, 중국과 기독교 사이의 충돌에서 미국은 지도를 하는 역할을 맡아야 하고 서구는 스스로를 방어하기 위해 단합해야 한다는 게 그의 생각이다. 그가 보기에 그동안 서구의 문제점은 보편주의를 가장해왔다는 데 있다. 따라서 그의 비전에서 보편주의를 버리는 것은 다양한 문화가 서로를 수용하고 존중하는 상태를 가져오는 게 아니라 영구적인 서구의 복지국가를 가져온다. 이런 그의 비전에는 탈근대주의도, 호혜의 상대주의도 없다! 헌팅턴을 뒤집으면 바로 오사마 빈 라덴이 보일 것이다.

다양한 이슬람교_역사에 주목하기

지금까지 우리는 '문명'이라는 잣대로 이슬람교를 포함한 여러 쟁점을 제기해온 다양한 담론을 살펴보았다. 여기서 우리는 이슬람주의자들의 집단이 대결방법으로 선택해온 테러 또는 폭력이라는 문제를 논의하지 않을 수 없다. 좌파의 담론이든 우파의 담론이든 오늘날 서구를 지배하고 있는 여러 담론은 우리로 하여금 테러 또는 폭력에 초점을 맞추도록 강요해 왔다. 이런 식의 초점 맞추기는, 이슬람주의자들의 나라에서 최근까지도 주변적인 요소에 지나지 않았고 지금도 대부분의 경우에는 여전히 주변적인 요소로 남아있는 경향들에 주의를 집중하게 한다는 점에서 특히 유감스럽다. 서구의 담론이 보여주는 이런 식의 초점 맞추기는 만연한 서구중심주의(Occidentalism)에 뿌리를 두고 있다. 서구중심주의는 무슬림의 세계를 단순한 이분법으로 세속주의자들과 이슬람주의자들로 구분하고, 이슬람주의자는 모두 다 개념적으로나 이념적으로나 동일한 세계에 속한다고 보며, 아무리 부패하거나 독재적인 세속주의자라고 해도 세속주의자이기만 하다면 그가 누구든 아무리 나쁘게 보아도 사악함이 덜한 자로 간주하고 봐줄 뿐 아니라, 모든 이슬람주의자를 적어도 잠재적으로는 테러를 저지를 수 있는 자로 취급한다. 여기서 지난 50여 년 동안에 정치적인 행동에 적극 나선 이슬람주의자들 가운데 대다수가 친서구적인 성향을 갖고 있었지만 극단적으로 공격적인 서구와 이스라엘의 태도가 그들 가운데 그토록 많은 사람들로 하여금 반서구 진영으로 몰려가게 했을 뿐임을 입증해주는 역사적 증거를 살펴볼 여유는 없다. 다만 나는 1967년에 이스라엘이 서구의 지원을 받아 전쟁에서 승리한 이래로, 특히 지금 '이슬람 파시즘'으로 불리는 것을 상대로 서구가 전쟁에 나선 이래로 이슬람주의자들이 점점 더 반서구 진영으로 돌아섰음을 지적해두고자 한다. 그리고 여기서 나는 단지 이슬람주의(또는 근본주의)라는 말이 편리한 만사형통의 범주로 이용되고 더 나아가 남용돼 왔다는 문제만을 살펴보고자 한다.

상당한 대중적 기반과 복합적인 이념을 가진 다른 모든 정치적 운동과 마찬가지로 이슬람주의도 어디에서나 다양한 조류를 내포하고 있다. 그 가운데 이슬람주의 정치에서 그동안 지배적이었던 것은 선거를 포함한 정치적 과정을 통해 자기들의 목적을 달성하려고 하는 조류였고, 그러한 정치적 과정을 거부하고 총으로, 또는 총을 통해서만 이슬람교를 강요하고자 하는 조류는 극히 소수에 국한된 것이었다. 시아파의 경우 빌라야테 파키(Vilayat-e Faqih, 이슬람교 율법학자들이 세속권력을 행사하는 신정정치—옮긴이) 이론을 내세운 호메이니주의(Khomeinism)의 부상은 놀라운 변화였다. 호메이니주의자들은 성직자 집단이 세속의 정부를 직접 장악해야 하고, 이를 위해서는 무장봉기가 정당한 수단이 된다고 생각했다. 그때까지만 해도 시아파에서 지배적이었던 견해는 12번째 이맘(이맘은 무슬림 사회의 지도자를 지칭하는 말이고, 시아파에 따르면 12번째 이맘은 알라가 보내준 12명의 이맘 가운데 마지막 이맘이며, 은둔에 들어간 그가 다시 나타나 인류를 궁극적으로 구원한다고 함—옮긴이)이 은둔하고 있는 동안에는 그 어떤 정부도 근본적으로 정당하지 못하며, 사람들은 그 12번째 이맘이 다시 나타나 만사를 옳게 바로잡기를 기다리는 도리밖에 없다는 것이었다(이런 견해가 바로 메시아 이론과 비슷한 은둔(Occultation)과 인테자르(Intezar, 기다림—옮긴이)의 이론이며, 영어로 씌어진 문헌에서는 이 이론이 '정적주의(Quietism)'로 불려왔다). 그리고 그렇게 되기 전에는 성직자들이 정치권력 행사를 삼가고 종교적, 사회적, 문화적 삶을 꾸려나가는 신자들의 공동체를 지도하는 것을 의무로 삼아 최선을 다해 그 의무를 수행해야 한다는 것이었다. 현대의 용어로 말하면 이 이론은 시민사회에 대한 종교조직의 직접적인 권력을 효과적으로 제약하는 동시에 국가정치의 법률적 구조를 이슬람교가 상정하는 기본적인 정의의 원칙에 최대한 가까워지게 만들 수 있다는 기대를 갖고 세속권력의 수립을 용인하는 것이라고 말할 수 있다.

필자의 의견으로는 이란에서 호메이니주의 세력이 성공을 거둔 것은 ① 미국 중앙정보국(CIA)이 지원한 1953년의 쿠데타와 그 뒤에 수립된 정권에 의해 이란의 좌파와 세속주의적 반제국주의 세력이 억압되고 ② 이란 국왕이 극단적인 전제정치를 펴고 ③ 이란 국왕의 정권과 미국 사이에 매우 긴밀한 관계가 유지된 덕분이었다. 또한 왕정에 대한 세속주의 반대세력이 성공적으로 제거됐기에 그 밖의 다른 가능성은 차단된 상태였던 것도 그 배경이었다. 시아파의 인구가 많은 곳에서도 호메이니주의가 아닌 다른 전통, 즉 이슬람교와 현대의 정치가 보다 온건한 관계를 맺어야 한다고 믿는 전통이 여전히 살아있긴 했지만, 자유로운 선택과 합리적 대화가 더 이상 가능하지 않게 된데다 극단적인 형태를 띤 서구의 공격에 부닥치게 되면서 그런 전통은 대체로 퇴각하는 분위기였다. 수니파가 인구의 다수를 점하는 나라에서도 이와 똑같은 성격의 흐름과 관점의 변화가 압도적으로 나타났다.

최근에 이슬람주의자들과 정부 사이에 격렬한 싸움이 벌어졌던 알제리에서는 대다수의 이슬람주의자들이 전국적으로 실시된 선거에 참여해 1차 투표에서 승리를 거둔 데 이어 후속 투표에서도 승리를 거두고 정부를 구성하려고 했을 때에 정부가 유럽과 미국의 떠들썩한 지지를 받아가며 선거절차를 전면 중단시켰다. 이런 사태는 알제리의 이슬람주의 안에서 성전을 불사하는 요소가 상당한 규모로 늘어나 지배적인 부분이 되도록 하는 데 기여했다. 이집트의 경우에는 총기로 무장한 이슬람주의 전사와 조직들 가운데 가장 유명한 일부가 두각을 나타내고 있긴 하지만, 의회에 진출한 무슬림형제단이 오늘날에도 그들과는 비교할 수 없을 정도로 더 많은 지지자들을 거느리고 있다. 아랍권에서 미국의 총애를 가장 많이 받는 축에 드는 무바라크 이집트 대통령은 최근에 부정선거를 자행했고, 무슬림형제단의 지도자들을 투옥했으며, 어떤 이슬람주의자도 선거에 참여하기 어렵게 만드는 입법을 추진하고 있다. 무슬림형제단이 선거에서 승리할지 모른다고 두려워하는 정부의 공작으로 선거에 참여하는 길이 막힐 경우에 이집트 무슬림형제단의 대부분이 과연 알제리 이슬람주의자들과 같은 길로 가게 될까? 이는 시간이 지나봐야 알 일이다.

팔레스타인에서는 하마스(팔레스타인의 이슬람주의 무장조직이자 정당—옮긴이)가 오슬로협정(이스라엘과 팔레스타인해방기구(PLO)가 1993년에 상호인정을 뼈대로 체결한 협정—옮긴이)을 투항문서라는 이유로 받아들이기를 거부했다. 냉정하고도 시야가 넓으며 독립적인 지식인인 에드워드 사이드 같은 사람도 똑같은 입장을 취했지만, 하마스의 정치적 강령은 모두 다 이스라엘이 1967년에 점령한 팔레스타인 지역에서 물러나고 점령 이전의 경계선을 최종적인 경계선으로 수용해야만 '두 개의 국가' 해법이 가능하다는 생각을 전제로 삼고 있다. 궁극적인 해결책에 관한 이런 관점은 팔레스타인 사람들 대다수의 열망을 반영하는 것이다. 사십 년 동안 계속된 이스라엘의 점령과 오슬로협정의 참담한 실패를 겪은 팔레스타인 사람들은 자기들이 직접 무장하고 저항함으로써 이스라엘에 압박을 가하지 않는 한 이스라엘은 결코 그와 같은 관점에 동의하지 않을 것이라고 믿게 됐다. 게다가 파타(팔레스타인의 주된 정당인 '팔레스타인민족해방운동'의 약칭—옮긴이)가 이끄는 팔레스타인당국(PA, 오슬로협정에 따라 요르단 강 서안과 가자지구의 일부를 관리하는 임시 행정당국으로 설치된 자치조직으로 '팔레스타인 자치정부'라고도 불린다―옮긴이)의 부패와 무능은 팔레스타인의 일반 대중으로 하여금 대안을 찾게 만들었고, 그 대안을 하마스가 제시했다. 하마스는 팔레스타인당국이 제공하려고 하지 않은 사회적 서비스를 조직해냈을 뿐 아니라 그 지도자들이 가자지구의 대중 속에 섞여 살면서 검소한 삶의 태도를 분명히 보여주면서 자기들은 부패할 수 없는 사람들이라는 인상을 대중에게 심음으로써 대안세력으로 떠올랐다. 선거에서 점령지역의 대중이 하마스에 압도적으로 많은 표를 던졌고, 이에 따라 완전히 합법적인 하마스의 정부가 구성됐다. 하지만 그때부터 서구의 정부들은 자기들이 선호하는 압바스 팔레스타인 자치정부 수반과 그의 악명 높은 수하이자 안보 책임자인 달란을 투표로 패퇴시킨 팔레스타인의 유권자들에 대해 경제적으로 목을 조이기로 결정했고, 압바스와 달란으로 하여금 공정하든 불공정하든 무슨 수단을 써서라도 대중에 의해 선출된 정부를 무너뜨리도록 압박했다. 그러는 동안에 이스라엘은 자국의 강제적인 명령에 따르지 않는 팔레스타인 지도자들을 대상으로 이른바 '표적살해' 정책, 쉬운 말로 '암살' 정책을 밀어붙였다. 상당수의 하마스 소속 의원과 각료들이 이스라엘에 의해 투옥됐고, 심지어는 총리(이스마일 하니예 전 팔레스타인당국 총리―옮긴이)의 자택이 포격을 당하기도 했다. 선거정치 영역에서의 활동을 주된 의사표현 방식으로 삼으며 무장투쟁은 민병대의 몫으로 남겨둔다는 것이 하마스의 입장이라고 팔레스타인의 일반 대중은 확신하고 있는데, 과연 하마스는 이런 일반 대중의 확신을 얼마나 오래 더 유지시킬 수 있을까?

레바논에서는 헤즈볼라(시아파의 무장 정치조직―옮긴이)가 많은 변화를 거쳤다. 적어도 나스랄라가 이 조직을 확실하게 장악한 뒤로는 이 조직의 정책이 분명했다고 말할 수 있다. 그것은 이스라엘이 레바논의 영토를 조금이라고 점령하고 있거나 많은 수의 레바논 국민을 자기네 감옥에 가둬두고 있는 한 이스라엘에 대항해 선별적이고 제한적인 무장투쟁을 계속하되 레바논 사회 안에서는 정치적 목적을 달성하기 위해 무슬림 여부를 가리지 않고 다른 모든 정치세력과 복합적인 동맹관계를 맺고 때로는 대중적인 시위와 길거리 투쟁도 벌이면서도 엄격하게 선거를 비롯한 정치적인 수단만 이용한다는 것이었다. 그러나 미국은 헤즈볼라를 레바논의 정치에 합법적으로 참여하는 정당으로 간주하지 않고 단순히 '테러조직'으로 분류하는 정책을 선언했다(게다가 미국의 이런 정책에 대해 프랑스를 비롯한 주요 유럽 국가들뿐만 아니라 사우디아라비아와 같이 미국과 동맹관계에 있는 아랍 국가들도 지지하고 있다). 이로 인해 헤즈볼라의 내부에서 "이스라엘을 포함한 서구는 무슬림 국가의 선거정치 과정을 전혀 존중하지 않으며, 따라서 유일하게 남은 유효한 투쟁수단은 총"이라고 주장하는 경향이 다시 강화되고 있다.

이와 비슷한 상황이 소말리아, 수단, 파키스탄과 같은 다른 여러 나라에서도 전개되고 있다. 선거정치로 기울어진 온건한 이슬람주의에서 무장투쟁을 내세우는 극단적인 이슬람주의로 옮겨가는 이슬람주의 내부의 경향이 정확하게 어떤 형태로 나타나고 있는지는 각국의 구체적인 상황에 따라 다르다. 그러나 한편으로는 국내의 반좌파 정권(대부분은 독재적인 우파 정권), 다른 한편으로는 제국주의와 시온주의에 입각한 단호한 정책의 결합이 많은 곳에서 '온건한' 민주적 이슬람주의에 대해 적대적인 형태로 존재하면서 그러한 이슬람주의가 극단적이고 메시아적인 종류의 이슬람주의에 의해 밀려나게 만드는 객관적인 여건을 만들어내고 있다는 말은 분명히 할 수 있다. 이런 맥락에서 볼 때 서구는 그동안 대략 반세기에 해당하는 기간 동안 저지른 세 가지 죄에 대해 책임을 져야 한다. 첫 번째 죄는 서구가 이슬람주의 세력을 '공산주의'에 대항할 하나의 세력으로 동원해 투입함으로써 이슬람주의가 번성하도록 도운 것이다. 그 과정에서 서구는 무슬림들 사이에서 광범하게 일어난 공산주의 운동뿐만 아니라 서구의 기업자본에 맞서 경제적 민족주의를 내세운 정권까지도 '공산주의'에 포함시켰다. 그런가 하면 서구의 좌파는 대체로 그러한 모든 역사적 사실을 '냉전' 속에서 발생한 사소한 사건으로 평가절하했다. 사실 냉전이라는 말 자체가 제국주의적 용어인데도 서구의 좌파는 그것을 그대로 받아서 사용했다. 서구의 두 번째 죄는 공산주의 정권이 아닐 뿐만 아니라 대부분은 반공산주의 정권이지만 공산주의를 용인한 정권(인도네시아의 수카르노 정권), 서구와 동맹관계를 맺기를 거부한 정권(인도네시아의 수카르노 정권과 이집트의 나세르 정권), 심지어는 경제의 영역에서 온건한 민족주의를 내세운 정권(이란의 모사데크 정권)까지 포함한 무슬림 국가의 세속주의 정권들이 전복되도록 한 것이다. 이로 인해 세속주의 정치가 발을 디딜 여지가 확실하게 좁아졌고, 그 결과로 온건한 이슬람주의에서 전투적인 이슬람주의에 이르기까지 다양한 종류의 이슬람주의가 등장했다. 나세르의 뒤를 이어 집권해 이집트를 미국이 주도하는 진영에 집어넣은 사다트는 무슬림형제단 가운데 온건파를 후원했지만, 그가 미국과 동맹관계를 맺고 이스라엘 문제에서 투항하는 태도를 취한 점을 받아들일 수 없다는 이유로 무슬림형제단에서 이탈한 무장세력이 그를 암살했다. 서구의 세 번째 죄는 수많은 나라에서 이슬람주의의 부상이 강력한 추세가 된 상황에서 극단적인 실용주의를 내세우는 모순된 게임을 벌였다는 것이다. 이런 실용주의에 따라 서구는 사우디아라비아와 같은 나라의 정권을 계속 뒷받침해주었고, 아프가니스탄에서 전개되는 상황은 그저 '소련의 침공'일 뿐이며 거기에 국내적 토대는 전혀 없는 것처럼 말하며 이 나라의 공산주의에 대항하는 성전을 조직했고, 이슬람주의자들에 대항해 이집트의 무바라크 정권과 같은 가장 독재적인 정권을 지원함으로써 결과적으로 이슬람주의자들의 '반제국주의' 주장에 힘을 실어주었으며, 알제리와 팔레스타인의 점령지역, 그리고 레바논에서 선거정치에 대한 신뢰를 적극적으로 밝힌 이슬람주의자들에 대해 경멸하는 태도를 과시하면서 그들을 그저 '테러리스트'로만 다루었다.

이런 모든 것이 매우 긴밀하게 응집되어 이스라엘 문제로 이어졌다. 여기서 이스라엘 문제란 팔레스타인의 영토에 대한 이스라엘의 장기적인 점령, 팔레스타인 주민을 다루는 이스라엘의 태도, 가자지구를 거대한 감옥처럼 만든 이스라엘의 조치, 점령지역의 40퍼센트가량을 이런저런 형태로 이스라엘 쪽에 병합시킨 요르단 강 서안지구의 분할, 이스라엘의 정책에 대한 미국의 지지와 유럽의 공모, 팔레스타인의 대중이 선거를 통해 성립시킨 하마스의 정권에 대한 서구와 이스라엘의 거부, 서구와 이스라엘이 잔혹한 수단까지 동원해가며 팔레스타인당국(PA) 안에 있는 자기네 친구들을 후원한 행위 등을 말한다. 이로 인해 생겨난 상처는 깊다. 과거를 돌아보면 아시아와 아프리카의 대부분이 식민지 상태에서 벗어나던 시기에 팔레스타인에서는 이스라엘의 학자인 일란 파페(Ilan Pappe, 이스라엘 하이파대학 국제관계학부의 역사학 교수—옮긴이)가 '전면적인 인종청소'라고 부른 과정을 거쳐 일종의 '이주정착민 국가'가 수립됐다. 그 결과로 사십 년의 세월 동안 점령이 계속돼왔고, 그 점령은 피점령 주민들에게 주기적으로 만행을 저지르는 체제였을 뿐만 아니라 국제법을 터무니없이 우롱하는 체제이기도 했다. 이슬람주의자들은 서구의 법, 즉 서구의 담론에서 문명화된 삶의 토대로 간주되는 법이 자기들에게 정의를 가져다줄 것이라고는 결코 믿지 않는다.

그렇다면 위와 같은 맥락에서 우리는 거의 불가능에 가깝다고 할 정도로 복잡한 변증법적 분석을 시도해야 한다. 다시 말해 그러한 이슬람주의자들의 견해를 만들어낸 역사를 충분히 고려하되 어떤 특정한 경향의 사고방식이나 결론 또는 그 경향이 선호하는 행동노선에 빠져들지 않으면서 다양한 경향들을 분간해내고, 그러면서도 적어도 그 경향들이 '문명화'된 우리가 수행하는 '정의로운 전쟁'에 의해 억제되거나 규율돼야 하고 어쩌면 절멸까지 돼야 할 필요가 있는 원시적인 것으로 보이게 되지 않도록 우리 스스로 어느 정도의 감정이입은 해야 하지만 각각의 경향 그 자체의 관점에서 그 역사를 바라보는 시도를 해야 한다. 각각의 경향에 속하는 특정한 종류의 사람들이 문명, 종교적 열광, 숙명에 의해 빚어진 존재가 아니라 역사에 의해 빚어진 존재로 보이게 된다면 적어도 그때에는 역사에 주목하는 것이 가능할 것이다.

그런데 이슬람주의의 다양한 조류에 두루 적용될 수 있는 것을 많이 들기는 매우 어렵다. 그 다양한 조류는 이슬람교가 본질적으로 갖고 있는 어떤 특징(또는 일부에서 주장하듯 그러한 특징의 결여)의 다양한 표현이기는커녕 각각의 조류가 그것을 낳은 역사에 의해 서로 뚜렷하게 구별되는 형태로 형성된 것이다. 논란의 대상이 되고 있는 '근본주의'라는 개념에 대해서도 똑같은 말을 할 수 있다. 의문스러운 가정이기는 하지만 논의의 편의상 '근본주의자'라는 용어를 이슬람주의의 다양한 조류 모두에 적용할 수 있다고 가정한다고 하더라도 우리는 이 근본주의와 저 근본주의를 분명하게 구별해야 한다. 바로 이 지점에서 다양한 이슬람 종교가 아니라 다양한 이슬람주의에 대한 초보적인 비교사회학적 분석이 시작된다. 나는 여기서도 어떤 일반화를 하기보다는 전체적인 요점을 잘 보여주는 단 하나의 비교분석을 시도하고자 한다. 비교의 대상은 아프가니스탄의 '근본주의'와 이란의 '근본주의'다. 아프가니스탄과 이란은 국경을 맞대고 있는 인접국이며, 거의 같은 시기에 혁명(아프가니스탄은 공산주의 혁명, 이란은 이슬람주의 혁명)을 겪었다.

아프가니스탄의 이슬람교는 파키스탄 지역과는 영국의 식민주의로 인해, 중앙아시아 지역과는 러시아제국의 팽창주의로 인해 각각 역사적 관계가 단절됐고, 그 뒤 20세기에 들어서는 대체로 토지가 메마른 산악지대나 고원지대에서 성장했다. 지리적 환경이 이러했기에 농산물 자원이 늘 부족했고, 그 어떤 공업도 발달될 수 없었으며, 사회적으로는 부족에 토대를 둔 연대와 위계의 체제가 지배적이었다. 근대적 중산계급은 몇몇 큰 도시에서나 소규모로 형성될 수 있었다. 이런 아프가니스탄 사회를 하나로 묶어준 것은 카불(아프가니스탄의 수도—옮긴이)의 온건한 무슬림 군주였지만 그 군주는 이 나라 국토의 대부분을 이루는 외곽지역에 대해서는 제한적으로만 직접통치를 할 수 있었다. 카불에서 멀리 떨어진 외곽지역은 각 지역의 총독이 지배하고 있었다. 공산주의 쿠데타가 일어난 1978년에 아프가니스탄에는 60명당 1명씩의 물라(율법학자—옮긴이)가 있었고,

글을 읽을 줄 아는 사람들이 전체 인구의 9퍼센트(여성의 경우는 1퍼센트)에 불과했다. 또한 국민의 대부분이 부족이나 종족에서 요구하는 원시적인 충성의 의무에 의해서만이 아니라 채무관계에 의해서도 각 지역의 실력자들에 의존한 채 농촌에서 살고 있었고, 이런 상황은 파슈툰 지역(파슈툰족이 주로 거주하는 아프가니스탄의 남동부 지역—옮긴이)에서 특히 두드러졌다. 공산주의 쿠데타가 일어나자 각 지역의 실력자들과 도시의 지배계층은 나라 밖으로, 주로 파키스탄으로 도피했고(이란으로 간 난민은 이들과 다른 경우다), 그들에게 의존하고 있었던 농민들도 함께 이동했다. 이에 따라 부자들은 호화로운 별장주택에서, 가난한 사람들은 비참한 난민촌에서 일종의 망명생활을 하게 됐고, 그들 사이에서 이슬람주의가 성장했다. 이들의 이슬람주의는 부족적인 관행을 진정한 이슬람교의 관습으로 간주하는 사회의 특징을 모두 갖춘 것이었고, 그 부족적인 관행은 물라와 평신도 사이의 관계와 같은 지배와 종속의 관계를 유지시켰다. 구심력을 갖춘 국가가 없는 가운데 파키스탄이라는 외국에서 근근이 생존을 이어가야 하는 망명생활의 조건은 가난한 난민들이 기존의 실력자들에게 의존하는 관계를 강화시켰다. 반공산주의 성전에 동원될 아프가니스탄인 집단의 실질적인 핵심(이는 미국 중앙정보국과 그 동맹기관들이 조직한 수만 명의 외국인 성전용병과는 다른 인력이었다)이 조직된 것은 바로 이와 같은 여건에서였다.

이렇게 해서 수십만 명이 가난하고 근대적 교육을 받지 못했으며 봉건적, 종교적 지배계층에 예속된 상태에서 망명의 현실과 난민촌의 비참한 삶의 조건을 두려움 속에서 견뎌야 했다. 미국이 아프가니스탄을 탈취한 공산주의 무신론자들에 대항해, 그리고 군사적 개입에 나선 소련에 대항해 이슬람 성전을 개시하기로 결정함에 따라 이들 수십만 명은 그 성전에 동원될 사회적 대중기반이 됐다. 게다가 그때까지만 해도 파키스탄 사회에서 주변적인 요소로 남아있었던 이 나라의 이슬람주의 정당들도 '성전'을 위한 이데올로기적 조직을 만들기로 결정했다. 그 결과로 생겨난 것이 바로 아프가니스탄 이슬람주의의 첫 번째 형태였다.

이 이슬람주의는 소련 군대가 철수하고, 공산주의자들이 패배하고, 아프가니스탄 역사상 최초의 이슬람주의 정부인 무자헤딘(아랍어로 '무슬림 전사'라는 뜻이며, 아프가니스탄에서는 1980년대에 미국의 지원을 받아 공산주의 정권 및 소련에 대항해 싸운 여러 무장집단을 통칭하는 말로 사용된다—옮긴이)의 정부가 수립되면서 절정에 이르렀다. 이 이슬람주의는 군벌과 도시 지배계층의 이슬람주의였고, 그들은 이제 양귀비를 재배하기도 하고 미국이 공급한 무기를 세계 무기시장이나 지역 무기시장에 내다팔기도 하는 등 온갖 종류의 돈 버는 일에 매달리기 시작했다.

아프가니스탄 이슬람주의의 두 번째 형태는 탈레반이다. 탈레반이라는 말은 '학생들'이라는 뜻이다. 탈레반은 실제로 파키스탄의 난민촌에 설치됐던 초보적인 여러 메드레사(이슬람 신학교—옮긴이)의 학생들이었다. 궁핍한 난민의 아이들이 다닌 메드레사는 미국인들, 사우디아라비아를 비롯한 걸프만 국가의 통치자들, 국제 시민단체(NGO) 등이 지원한 자금으로 설치됐고, 사실상 파키스탄의 이슬람주의 정당들에 의해 운영됐다. 메드레사를 다닌 아이들은 부족주의 사고방식에서 벗어나지 못한 부모에게서 태어나 자란데다가 전쟁 속에서만 살았기에 안정된 삶이라는 것이 무엇인지를 전혀 알지 못했다. 그들은 진흙집에서 살았고, 글을 제대로 읽지 못하는 상태에 머물러 있었고, 가장 격렬한 종류의 광신적 신앙에 순치돼 있었고, 이슬람교의 신학, 율법, 경전해석에 대해 무지했고, 청소년기 내내 총을 들고 영원한 성전의 병사가 되기 위한 훈련을 받았다. 그들은 바로 이런 환경 속에서 성장해 청년이 되어 자기들보다 교육을 조금 더 많이 받고 도시화, 세속화된 사람들과 결합하게 된다. 미국이 들여앉힌 아프가니스탄의 군벌 무자헤딘 정부가 부패와 강간, 살인, 암투의 진구렁에 빠져 결국 무너져버리자 미국의 감독을 받는 파키스탄 정부가 이제는 '탈레반'이 된 이전의 메드레사 학생들을 아프가니스탄에 개입하기 위한 병력으로 조직화했다. 탈레반은 질풍과 같은 기세로 아프가니스탄으로 진격했고(이때 대부분의 실제 전투는 파키스탄

군이 수행했다고 한다), 신속하게 아프가니스탄을 점령했다.

탈레반은 그들 자신의 삶이 그들 자신을 위해 준비해준 독특한 종류의 이슬람 정권을 수립했다. 그것은 금욕적이고, 글을 제대로 읽을 줄 모르고, 경직적이고, 복고적인 성격의 정권이었다. 그 전의 정권과 지배층은 수많은 여성을 강간했지만 탈레반은 그런 종류의 행동을 전혀 하지 않았다. 탈레반은 그 대신 여성들을 가정 안에만 머물게 하고, 그들에게 공적인 삶의 권리를 인정하지 않고, 그들을 궁핍과 기아의 상황에 방치함으로써 아프가니스탄을 여성에게는 거대한 감옥과 같은 것으로 바꿔놓았다. 나중에 탈레반이 미국의 눈 밖에 나게 되면서 여성에 대한 그들의 가혹한 사회적 태도와 조치가 마치 전설처럼 세상에 전해졌다. 그러나 북부동맹(1996년에 아프가니스탄 정부가 미국의 지원을 받아 결성한 아프가니스탄 내 반탈레반 세력의 연합조직—옮긴이)의 병사들이 대대적으로 저지른 강간은 언급되지도 않았다. 그 이유는 북부동맹의 강간범들도 공산주의자들이 패배한 뒤에 미국이 이 나라에 들여앉힌 지배동맹의 일부인 동시에 미국이 아프가니스탄을 침공하고 카르자이(2004년 12월에 취임한 아프가니스탄의 대통령—옮긴이)의 정부를 공인해준 뒤에 구축된 동맹에도 그 일부로 참여했다는 데 있다. 탈레반의 통치는 끔찍한 것이었지만 탈레반이 통치하던 시기는 공산주의 정권 이후에 아프가니스탄에서 지배계층이 여성을 강간한 일도, 통치자가 뇌물을 받아먹은 일도, 양귀비가 재배되거나 헤로인이 제조된 일도 전혀 없었던 유일한 기간이다.

이런 아프가니스탄의 '근본주의'를 이란에서 등장한 '근본주의'와 비교해보자. 이란은 수자원이나 비옥한 토양을 비롯해 모든 종류의 자연자원이 풍부한 나라이며, 이슬람 문명 이전에 존재했던 화려한 옛 문명의 고향이자 여러 세기에 걸쳐 융성했던 이슬람 문화의 고향이기도 하다. 문학적, 예술적 성취의 위용이라는 측면에서 이란이 복합적인 서남아시아 문화에서 차지하는 위상은 유럽에서 이탈리아가 차지하는 위상과 같다. 파르시어(이란, 아프가니스탄, 우즈베키스탄

등에서 사용되는 페르시아어 계열의 언어—옮긴이) 문학에서 가장 위대한 시인으로 꼽히는 두 사람 가운데 루미(Rumi, 1207~73. '루미'는 파르시어로 '로마인'이라는 뜻이며, 그가 생애의 대부분을 비잔틴제국의 일부였던 아나톨리아 지역에서 살았다고 해서 붙여진 호칭이다—옮긴이)의 무덤은 아나톨리아 지역의 동쪽 부분에 있는 작은 마을이자 순례지인 코네아에 있고, 지금도 무슬림 세계 전체의 수피파 타리카(교단—옮긴이)들에 그를 따르는 사람이 많다. 다른 한 사람인 하피즈(Hafiz, 1320년 전후에 태어나 1390년 전후에 사망한 것으로 알려진 페르시아의 신비주의자이자 시인—옮긴이)는 노년에 뱅골 지역의 궁전에 초청받아 간 일이 있다고 한다.

이란에 처음으로 근대적 개혁의 바람이 불어닥친 시기는 20세기의 첫 사반세기였다. 이는 오스만투르크에서 그러한 일이 있은 지 거의 한 세기 뒤였지만, 부르주아 문화가 덜 발전되고 그 밀도도 낮은 이란 사회에 큰 영향을 주었다. 터키에서 왕정이 폐지되고 정교분리를 내세운 민족주의 공화국이 수립된 1920년대에 이란에서는 팔레비 왕조가 권력을 장악하면서 왕정체제가 유지됐고, 왕정체제는 그 뒤에 더욱 강화됐다. 국왕과 관계를 맺지 못한 부르주아는 성장할 수 없었고, 이런 현상과 관련해 현대 이란의 훌륭한 역사가인 에르반드 아브라히미안은 '왕정부르주아(monarcho-bourgeoisie)'라는 적절한 개념을 제시해주었다. 왕정부르주아 집단은 왕정체제에 동화된 반면에 사회의 나머지 부분과는 격리된 집단이자 대략 2천 개 가문으로 구성된 하나의 계급이다.[10] 석유대금 수입 덕분에 크게 부유해져 무위도식하게 된 정부와 그 수혜자들은 서구의 열강들(이차대전으로 인해 영국이 이 지역에서 패권국의 지위를 잃어버린 뒤에는 주로 미국)과 정치적으로 동맹관계를 맺고 그들에게 의존했으며, 자기들의 문화를 과도하게 서구화했다. 그러나 석유로 벼락부자가 된 걸프만의 여러 소국들과 달리 이란은 단지 석유가 전부인 나라가 아니었다. 이 나라에서는 그 전에 이미 다른 여러 형태의 축적을 통해 매우 강력한 전통적 시장부르주아가 생겨났다. 그들은 왕정부르주아보다 재산은 적을지 몰라도 더 넓은 사회적 기반을 갖고 있었고, 서구에 대한 경제적, 문화적 의존관계를 비롯한 왕정부르주아의 각종 커넥션과 특권에 대해 분개했다. 이차대전 뒤에는 이란에 전문적인 직업에 종사하는 상당한 규모의 도시 중산계급과 활력 있는 지식인 계층, 그리고 노동계급이 생겨났고, 노동계급의 규모는 점점 더 커졌다. 무위도식하는 정부와 시민사회 사이에는 유기적인 관계가 형성되지 않았고, 덕분에 성직자들은 궁정 및 그 연계세력과 거리를 두면서 일반대중에게 영향력을 발휘할 공간을 폭넓게 확보할 수 있었다. 성직자들은 특히 지배계층에 속하는 상인이나 지주들과 매우 정교한 혼맥을 구축했고, 잘 조직된 위계적 종교제도를 통해 일반대중과도 밀접한 관계를 맺었다. 이런 상황에서 공산주의자들, 정교분리를 내세우는 민족주의들, 더 나아가 온건한 이슬람주의들까지 포함해 왕정체제에 반대하는 세력들이 서로 경합하기도 하고 협조하기도 하는 복잡한 관계망을 형성하면서 성장해갔다.

이차대전 뒤에 처음으로 왕정체제에 반대하고 나선 세력의 중심은 공산주의자들과 정교분리를 주장하는 민족주의자들이었다. 이 세력은 민족전선에 의해 인도되는 정부를 수립했고, 중동의 역사상 최초로 석유를 국유화했다. 석유를 국유화할 당시의 총리는 귀족 출신인 모사데크였다. 그는 좌파 그 자체와는 아무런 관계도 없었지만 이란의 주요 자연자원에 대한 외국의 통제권에 제약을 가하기를 원한 동맹세력을 이끌었고, 특히 어느 정도 영국을 본떠 왕정체제가 의회의 통제를 더 많이 받게 하는 조치를 취하기 시작했다. 그러나 미국이 중앙정보국(CIA)의 배후조종을 통해 쿠데타를 일으켜 이란의 국왕을 복위시키는 동시에 왕정체제를 뒷받침하기 위해 훗날 중동지역에서 가장 흉포한 정보기관이 되는 사바크(SAVAK)를 조직하기 시작했다. 사바크는 기본적으로 무장경찰의 역할도 수행하도록 조직됐다. 쿠데타 이후 좌파와 정교분리 민족주의자들에 대해 사바크가 가한 극단적인 탄압은 반왕정, 반미 감정을 폭넓게 강화시켰다. 이러한 대중적 감정을 대신 표출할 수 있는 시민사회의 세속집단은 충분히 강력하지 못했거나 탄압을 받았고, 종교적 지배계층은 거의 아무런 제재도 받지 않았다. 국왕과 그를 지지하는 사람들은 물론이고 그를 후원하는 외세도 20세기 이란의 역사에서 세속의 세력이 강력했던 점에만 신경을 썼고, 이 때문에 이제는 더 이상 경쟁세력이 없게 된 성직자 집단의 영향력이 확대되는 점을 과소평가했다. 이슬람교 율법학자인 물라들이 이끄는 운동이 왕정체제를 전복할 수 있다고는 그 누구도 생각하지 못했다.

여기서 이란혁명의 세부적인 내용까지 이야기할 필요는 없다. 여기서 주목해야 할 점은 이란혁명의 과정에 비종교적인 세력과 좌파의 세력이 상당한 규모로 참여했다는 사실과, 그 세력은 호메이니가 권력을 확실하게 굳힌 뒤에야 매우 폭력적인 수단도 동원되는 가운데 체계적으로 제거됐다는 사실이다. 또한 이슬람주의 세력도 결코 획일적이지 않았다는 사실에도 주목할 필요가 있다. 이슬람주의 세력 안에는 성직자들이 지배적인 위치에 있었지만 그들 외에 전문직에 종사하는 중산계급이나 보다 전통적인 시장부르주아 출신도 있었다. 이들은 사회적으로 보수적인 성향을 갖고 있었지만 극단적인 형태의 이슬람화에는 공감하지 않았다. 또한 현대적인 대학에서 학생운동을 하던 젊은이들도 있었고, 좌파운동에 환멸을 느꼈지만 여전히 좌파사상의 영향을 받고 있는 지식인들도 있었다. 게다가 고위 성직자들 사이에 이념적, 신학적 노선에 따른 분열이 존재하고 있었다. 호메이니 외에도 나름대로 영향력이 있는 다른 아야톨라(시아파에서 최고위 성직자에게 붙여주는 존칭—옮긴이)가 여럿 있었다. 그 가운데 아야톨라 탈레카니(Taleqani)가 갖고 있었던 이슬람 정치경제에 관한 구상은 현대의 좌파 사회민주주의에 가까운 것이었고, 따르는 신도가 많았던 아야톨라 샤리아트마다리(Shariatmadari)는 상당히 가부장적이고 전통주의적인 견해를 갖고 있었지만 호메이니의 관점에는 동의하지 않았다. 혁명 이후 첫 정부는 메흐디 바자르간과 베니 사드르가 이끌었지만 둘 다 성직자가 아니었다. 의회는 토지개혁을 어느 수준까지 해야 하는지를 놓고 심각하게 분열됐고, 새로 구축할 경제구조에 관한 정부의 구상은 주요 경제부문을 공적인 영역에 남겨두는 나세르의 모형과 비슷했다.

모든 면에서 타협이 이루어졌다. 이란은 이슬람 국가여야 하지만 헌법을 갖춘 공화국이기도 해야 했다. 이에 따라 역사적으로 볼 때 초기의 이슬람교에서는 물론이고 중세의 이슬람교에서도 공화국의 헌법을 낳을 만한 요소를 전혀 찾아볼 수 없음에도 불구하고 '이란 이슬람공화국'이 탄생했다. 또한 성직자들이 주도하는 최고회의의 승인을 받은 사람들만 선거에 입후보할 수 있게 됐지만, 선거 그 자체는 자유로운 분위기에서 공정하게 실시돼야 했다. 현재 이란의 대통령인 아흐마디네자드가 선거에 입후보했을 때 원로 성직자들이 불쾌해 했던 것으로 알려져 있다. 하지만 그는 선거에서 확실한 승리를 거두었고, 그가 선거에서 승리하는 것을 누구도 막으려고 하지 않았다. 이로써 이란의 성직자들은 알제리의 세속세력인 민족해방전선(FLN)보다도 헌법질서와 선거과정을 더 존중하는 태도를 보인 셈이다. 콤(이란의 중부에 있는 도시─옮긴이)에 있는 여러 이슬람 신학교에서는 이제 서구의 사회과학과 철학을 가르치고 있고, 이들 신학교의 도서관은 완전하게 현대적인 장서체계로 구축되고 전산화되고 있으며, 칸트나 헤겔의 저서를 새로 번역한 책이 나오면 아무도 모른 체하지 않는다. 히자브 밑으로 머리카락을 내보이는 여성이 사회적으로 질책을 당하긴 하지만 미국 캘리포니아에서 교육을 받은 이슬람 여성주의자들이 정부의 공무원 일자리를 어렵지 않게 얻기도 한다. 이슬람 정권 아래에서 대중적인 계급에 속하는 여성이 고등교육을 받거나 전문적인 직업을 갖는 경우가 혁명 이전의 이란에서 서구화된 국왕의 세속적 통치를 받던 시절보다 크게 늘어난 것도 사실이다. 이란의 정치제도 전체는 민주주의와 이슬람 신학, 권위주의와 대중주의, 개발주의와 극단적인 사회적 보수주의가 특이하게 혼합된 형태다. 이란의 정권 내부에 있는 가장 극단적인 분파가 정부에 대한 일반대중의 지지를 유도하고 정부에 대한 비판을 차단하는 데 '서구의 가시적인 위협'을 이용할 수 있게끔 서구와 이스라엘이 처신하지만 않는다면 이란 국내에서 민주화와 정교분리를 위해 싸우는 세력이 성공을 거둘 가능성이 훨씬 더 커질 것이라는 주장까지 할 수 있을 정도다.

내가 여기서 이란의 성직자들을 옹호하려고 하는 것이 아님을 다시 한 번 말해두어야겠다. 나는 단지 아프가니스탄의 '근본주의'와 이란의 '근본주의'가 각각 성장해온 맥락에는 차이가 있음을 말하고자 하는 것뿐이다. 한 걸음 더 나아가 현대 터키의 경우까지 거론해볼 수도 있겠다. 국민 중 안정적 다수의 지지를 받으면서 집권하고 있는 터키의 이슬람주의 여당(정의개발당(AKP)— 옮긴이)이 애초에 정당으로서 성장하는 데 배경이 된 것은 지방도시 소자본가들의 불만이었다. 특히 동부지역 해안도시를 중심으로 한 지방도시의 소자본가들은 이스탄불에 본거지를 두고 있는 자본가들이 지배력을 행사하는 데 대해 불만을 품고 있었다. 이들은 이스탄불에서도 자기들의 힘이 충분히 강해지자 이스탄불 자본가들의 헤게모니에 본격적으로 도전하고 나섰다. 그 과정에서 지방도시 소자본가들과 이슬람주의의 관계는 마치 독일의 기독교민주당과 기독교의 관계와 비슷해지게 됐다.

동방에서도 서구에서도 무너진 세속주의

무슬림이 인구의 다수를 차지하는 나라들을 이차대전 직후의 지도, 말하자면 1945년부터 1965년까지의 지도에서 살펴보면, 사우디아라비아와 걸프만 연안의 토후국들만 제외하고는 인도네시아에서 알제리에 이르기까지 대부분의 무슬림 국가들이 공산주의와 마르크스주의 사상, 보다 일반화하면 '세속주의와 통하는 사상'에 대단히 우호적이었음을 알 수 있다. 세속주의가 압도적이고 좌파가 공세를 취하던 그와 같은 세계가 1960년대 중반(인도네시아의 쿠데타, 1967년의 세속주의 아랍국가 군대 파괴 등이 있었던 시기)부터 1970년대 후반(1978년의 이란혁명, 1979~80년의 아프가니스탄 성전 개시 등이 있었던 시기) 사이에 심각한 위기에 처하게 되면서 모든 무슬림 국가의 체제가 이란과 사우디아라비아에서 경쟁적으로 일어난 여러 가지 근본주의로부터 포위공격을 당하게 됐다. 이란에서 한 세기의 4분의 3에 해당하는 기간 동안 지속된 공산주의 좌파와 정교분리 민족주의자들의 근대화, 세속화, 반왕정의 운동에도 불구하고 혁명적인 성직자들이 지배하는 체제가 들어서게 되는 극적인 변화가 일어났지만, 이에 못지않게 극적인 변화가 사우디아라비아에서도 일어났다. 사우디아라비아는 과거 아랍의 역사에서 주변적이고 불안정한 존재였다. 그러던 사우디아라비아가 아랍세계 전체에 근대화의 움직임이 일어남과 동시에 아랍세계의 중심국가로 변모했다. 1967년에는 이스라엘이 나세르의 군대를 파괴함으로써 아랍세계의 정교분리 민족주의와 권위주의적 사회주의의 조류를 대표하던 나세르주의가 퇴각하게 됐다. 그 결과로 지중해 연안지역의 도시적 이슬람교의 중심국가였지만 이제는 패배하고 타격을 입은 이집트와 석유자원이 풍부하고 왕정체제 아래 있으며 금욕적인 와하브주의가 지배하는 사막의 왕국인 사우디아라비아 사이의 세력균형이 급격하게 바뀌었다. 사막과 오아시스가 있는 지역에 근거를 둔 이슬람교 세력이 카이로, 다마스쿠스, 바그다드, 베이루트, 알레포, 그리고 팔레스타인 점령지 내 도시 등 대도시, 바다의 연안지역, 토지가 비옥한 계곡(나일강, 티그리스강, 유프라테스강의 유역)에 근거를 둔 국제적 성격의 이슬람교 세력을 압도하게 된 것은 아마도 천년 만에 처음일 것이다.

　1990년을 전후해 소련군이 아프가니스탄에서 철수하고 소련체제와 카불의 공산주의 정권이 붕괴한 데 이어 미국의 후원 아래 아프가니스탄에 근현대 역사상 최초의 이슬람주의 정권이 등장하는 일이 일어났다. 이즈음에 무슬림이 인구의 다수를 차지하는 나라들에서 나중에 버나드 루이스(미국 프린스턴대학 명예교수로 있는 중동역사 전문가—옮긴이)가 '이슬람의 재부상'이라고 부른 것, 또는 헌팅턴이 '이슬람 세계와 유대기독교 사회인 서구 사이의 문명충돌'이라고 묘사한 것이 지배적인 흐름으로 나타났다. 세속주의와 좌파가 거대한 공세를 전개하던 국면에서 이처럼 이슬람주의가 지배적인 세력으로 급속하게 부상하는 국면으로 결정적인 역사적 급변이 일어난 과정을 보다 자세하게 알아보고 분명하게 파악하는 것은 우리의 논의에 도움이 될 것이다. 이를 위해 몇 가지 구체적인 사실을 들어보자.

■ 1948년에 영국의 테헤란 주재관은 본국 외무부에 보낸 비밀보고에서 투데당(1920년에 창설된 이란의 공산당—옮긴이)은 평화적인 방법으로도 권력을 잡을 수 있으므로 혁명을 일으킬 필요가 없는 상태라고 했다. 투데당은 폭이 넓은 겉치장을 하고 있긴 했지만 공산당이었고, 영국의 테헤란 주재관은 다소 흥분해서 투데당이 곧 권력을 장악할 것이라고 상상했던 것이다. 그러나 결국 정부를 구성하고 석유의 국유화를 추구하면서 국왕과 충돌한 세력은 모사데크가 이끄는 세속적 자유주의 성향의 민족전선이었다. 여기서 중요한 것은 1950년대 초만 해도 이란의 정치영역은 공산주의자들과 세속적 자유민주주의자들이 완전히 지배하고 있었다는 점이다. 공산주의자들과 세속적 자유민주주의자들은 많은 쟁점을 놓고 맞섰으나, 일종의 급진적인 경제적 민족주의를 공유했다는 점에서는 같은 입장이었다. 이런 경제적 민족주의를 없애기 위해 미국 중앙정보국이 1953년에 배후조종한 쿠데타로 인해 왕정이 복원됐고, 이어 사바크라는 피에 굶주린 국내 보안부대가 창설됐다. 공산주의자들과 자유민주주의자들이 전면적으로 제거됨에 따라 넓은 정치적 공백이 생겨났고, 그 공백 속에서 쿠데타에 반대하는 성직자들이 지배적인 영향력을 발휘하게 됐다. 성직자들이 대신 나서게 된 것이었다. 그들 가운데는 아야톨라 탈레가니와 같은 좌파도 있었고, 아야톨라 샤리아트마다리와 같은 우파도 있었다. 또한 알리 샤리아티(1933~77, 이란의 사회학자—옮긴이)나 잘랄 알레 아흐메드(투데당 출신의 지식인)와 같은 '급진적'인 인물이 그들을 지지하기도 했다. 결국 그들은 1978년에 아야톨라 호메이니의 지도 아래 이슬람혁명을 성공

시켰다. 그 과정은 매우 복잡했고, 시아파 성직자 조직의 특수한 위계구조도 그 과정에 하나의 요소로 작용했다. 그러나 전체적으로 보면, 미국 중앙정보국이 주도한 쿠데타가 일어난 1953년에는 그 누구도 이란이 그로부터 사반세기 뒤에 이슬람혁명을 맞을 것이라고 예상할 수 없었다고 말할 수 있다.

■ 1965년에 세계 최대의 무슬림 국가인 인도네시아는 중국과 소련을 제외하고는 가장 규모가 큰 공산당을 가진 나라였고, 반식민주의 운동의 지도자이자 비동맹 외교의 주역 가운데 한 명인 수카르노가 대통령으로서 이 나라를 이끌고 있었다. 인도에서 네루가 인도의 전통적 역사에서 힌두교와 불교가 이룬 업적을 상기시키곤 했던 것과 비슷하게 인도네시아에서는 수카르노가 연설을 할 때 이슬람교에 대해 자주 언급했다. 하지만 인도네시아의 정치는 정교분리가 거의 전적으로 실현된 형태였던데다가 이 나라의 무슬림 문화 자체가 매우 개방적인 성격을 갖고 있었기에 인도의 정치에 이슬람교의 요소가 스며든 것보다 더 깊숙하게 인도네시아의 정치에 힌두교와 불교의 요소가 스며들어 있었다. 이런 인도네시아에서 1965년에 반공산주의, 반민족주의의 쿠데타가 일어났다. 이차대전 이후의 역사에서 단일의 사건으로는 가장 많은 수인 50만 명 이상의 공산주의자를 살육한 이 쿠데타로 수하르토의 독재정권이 수립됐다. 지금 우리가 보는 인도네시아, 즉 사회의 정점에는 매우 경건하고 정치적으로 온건한 이슬람교가 자리 잡고 있고 사회의 하위계층에는 천년왕국의 도래를 믿는 이슬람 절대주의가 퍼져 있는 형태의 인도네시아는 군부가 그 전의 사회를 파괴한 다음에 들여앉히고 번성시킨 것이다.

■ 1948~52년에 이집트에는 이미 존재하고 있거나 새로 등장하는 네 개의 권력 중심이 있었다. 그것은 국왕, 가장 넓게 보아 '와프드(Wafd, 이는 대표단(delegation)이라는 뜻으로, 1919년에 일차대전의 전후처리를 위해 열린 파리

강화회의에 이집트의 대표단을 보내기 위해 벌어졌던 운동에서 유래한 말로 1924년에 결성된 민족주의 정당의 이름이기도 하다—옮긴이)'라는 말로 상징된다고 볼 수 있는 온건한 자유주의적 민족주의 세력, 공산주의 세력, 그리고 이흐완 알무슬리문(무슬림형제단)이었다. 그러나 나기브와 나세르가 일으킨 쿠데타가 세속적 민족주의 성향의 권위주의적 정권인 나세르 정권을 성립시키면서 위와 같은 네 개의 권력중심이 모두 파괴됐고, 그 권력중심에 있었으나 살아남은 요소는 모두 새로 들어선 정권에 순응하도록 길들여졌다. 이 새로운 정권의 위세는 수에즈운하를 국유화하고 영국, 프랑스, 이스라엘의 군사적 공격을 성공적으로 막아낸 1956년에 절정에 이르렀다. 이 시점과 1967년의 패배(3차 중동전쟁에서의 패전— 옮긴이) 이후에 이 정권이 결국 몰락하게 된 시점 사이에 사이드 쿠트브(1906~66, 이집트의 이슬람주의 지식인—옮긴이)가 처형당하는 사건이 있었다. 쿠트브는 오늘날 수니파 내부의 정치적 조류인 이슬람 절대주의의 영웅으로 간주되는 인물이지만, 당시에 그의 처형은 이집트 사회에 직접적인 반향은 거의 일으키지 않았다. 1967년에 이집트에 침공해온 이스라엘은 이집트 군대를 궤멸시키고 시나이반도를 점령함으로써 나세르에게 굴욕을 안겨주었다. 이에 따라 아랍권 안에서 나세르가 이끌던 이집트로부터 와하브주의 왕정체제의 사우디아라비아 쪽으로 세력균형이 기울어졌고, 그런 와중에 '타크피르 왈 하지라(1960년대에 이집트에서 결성된 극단적 이슬람주의 단체)'와 같은 '자마아티 이슬라미야(이슬람 결사)'들이 생겨났다. 사다트 암살과도 관련이 있는 이들 조직이 오늘날 이집트의 종교적 정치에서 가장 극단적인 부분을 지배하고 있지만, 선거정치의 영역에서는 독실한 무슬림들의 온건한 정당인 무슬림형제단이 강한 영향력을 발휘하고 있다. 아랍권에서 왕정체제를 유지하고 있지 않은 나라의 정권들 가운데 미국이 동맹의 대상으로 가장 선호하는 무바라크 정권이 잔혹행위와 선거부정을 저질렀음에도 불구하고 이집트의 선거정치에서 무슬림형제단의 위상이 높다는 사실은 주목할 만하다.

이상은 두드러진 사례들을 대단히 응축해서 제시한 것이며, 더 많은 사실들이 추가될 수 있다. 각각의 사례는 그 의미의 미세한 차이, 세부적인 사실, 복합성과 모순에 대한 인식 등으로 더 충실하게 보완될 수 있고, 그 하나하나의 사례가 그동안 단행본 서적 한 권에 담길 만한 정도의 연구에 주제가 되기도 했으며, 실제로 그런 연구의 결과로 발간된 서적 가운데 일부는 꽤 훌륭하다. 그러나 여기서 우리는 무모한 일일지는 모르나, 실제로 벌어진 바와 다른 가정을 해보는 여유를 한번 부려보자. 다시 말해 무용하고 우울한 시도일지는 모르지만, 실제로는 실현되지 않았으나 실현될 수는 있었던 역사를 상상해보자. 예를 들어 미국 중앙정보국이 이란에서 쿠데타를 일으키지 않고 공산주의자들과 자유주의적 민족주의자들이 이란의 정치에서 그들 나름의 역할을 하도록 놔뒀다고 가정해보자. 이 경우에는 이란의 왕정체제가 성직자 집단이 아닌 비종교적인 세력, 다시 말해 공산주의자들과 자유주의자들의 동맹세력이나 그 가운데 어느 한 쪽 세력에 의해 전복됐을 것이다. 그랬다면 이란은 어떤 종류의 나라가 됐을까? 또한 인도네시아의 역사에서 쿠데타의 성공, 공산주의 세력이나 반제국주의적 민족주의 세력과 같은 비종교적 정치세력에 대한 살육, 수하르토 정권의 수립이 없었다고 가정해보자. 그랬다면 인도네시아가 보다 자유주의적이거나 좌파적인 동시에 확실하게 정교분리가 이루어진 계몽된 나라가 되고 종교적 다원주의도 완전히 평화롭게 자리잡지 않았을까? 어쩌면 인도네시아에는 알카에다의 지부가 생겨나지 않았을 수도 있고, 발리 섬의 대규모 학살사건(2002년 10월에 발리 섬에서 일어난 폭탄테러로 200여 명이 사망하고 200여 명이 부상당한 사건—옮긴이)이 일어나지 않았을 수도 있다.

이번에는 이집트의 경우를 들어보자. 1954년에 이집트가 내부의 동력에 따라 세계로 나아가는 나름의 길을 찾도록 허용됐다면 어떻게 됐을까? 실제로 벌어진 일들로부터 우리는 나세르주의 정권이 사회주의 정권을 자처했지만 실제로는 기껏해야 그것의 모조품에 지나지 않는 정권이었고, 그 정권의 민족주의는 권위주의에 의해 크게 오염된 것이었음을 알고 있다. 그렇지만 사실과 다른 가정을 해서 이집트의 나세르주의 정권이 외국의 침공을 실제로 받게 될 가능성에, 아니 적어도 해외로부터 과격한 정권전복 음모로 인해 실제로 전복당하게 될 가능성에 끊임없이 시달리지 않았고, 그래서 국민소득 가운데 상당부분을 어쩔 수 없이 군사력 증강에 투입해야 하는 처지가 아니었고, 부단히 전쟁에 대비하는 태세를 유지할 필요가 없었고, 1967년의 전쟁을 치르지 않았거나 그 전쟁에서 그렇게 결정적으로 패배하지는 않았다고 상상해보자. 이집트가 1967년의 전쟁에서 패배한 뒤에 부상한 이집트의 이슬람주의는 나세르에게 변명할 수 없는 비난을 가했다. 나세르는 아랍권이 이스라엘에 대항해 승리를 거두도록 지도력을 발휘하고, 이집트의 국가적 명예와 영토를 지키고, 이스라엘이 팔레스타인 땅을 더 많이 점령하지 못하게 하는 데 완전히 실패했다는 것이었다. 이런 비난이 변명할 수 없는 것인 이유는 그것이 사실이라는 데 있었다. 이슬람주의자들은 나세르에게 이런 비난을 가한 뒤에 구원에 대한 천년왕국적인 약속을 내세웠다. 그 약속은 이런 것이었다. '우리가 당신들에게, 즉 이집트인이건 아랍이건 모든 곳의 무슬림들에게 나세르가 가져다주지 못한 것을 가져다주겠다. 신이 우리 편이므로 우리는 성공할 것이다. 나세르는 세속주의자이고 간단히 말하면 이단자이기 때문에 신이 그의 편을 들 리가 없다.' 1967년의 패전에 의해 극단적인 사회적 혼란이 팽배하게 된 상황에서 이와 같은 천년왕국적인 약속은 효과를 발휘했고, 많은 청년들이 그와 같은 종말론에 사로잡혔다. 그랬던 청년들 가운데 상당수는 10년 뒤에 사다트를 암살한 범인들에 대한 재판이 열렸을 때 "우리는 그 당시에 나세르주의자였고, 1967년 이후에 이슬람주의자가 됐다"고 말했다.

1970년에 나세르는 하르툼(수단의 수도— 옮긴이)에서 사우디아라비아 국왕과 강화조약을 체결했고, 이로 인해 1971년 9월에 요르단에서 서구지향적인 국왕과 팔레스타인해방기구(PLO)가 힘겨루기를 하는 와중에 학살극이 벌어졌을 때 팔레스타인 사람들을 보호해주기 위한 조치를 취할 수 있는 입장이 아니었다. 이 때의 학살극에 이어 1982년에 이스라엘이 레바논을 침공하는 과정에서 사브라와 샤틸라(둘 다 레바논의 수도 베이루트에 있었던 팔레스타인 난민촌임―옮긴이) 에서 또 다시 학살극이 벌어진 뒤로는, 그리고 특히 1993년에 미국이 후원하는 가운데 오슬로협정이 체결된 뒤로는 팔레스타인 사람들 사이에 이슬람주의가 갈 수록 더 강해졌다. 그러는 동안에 PLO는 약화되어 결국에는 이름값도 하지 못하 는 조직이 됐고, 만연하게 된 부패로 안에서부터 무너지기 시작했다. 이로 인해 생겨난 공백을 메우고 나선 것이 하마스(이슬람저항운동. 이 조직은 1987년에 가 자지구의 무슬림형제단 지부조직의 아흐메드 야신에 의해 창설됐다―옮긴이) 였다.

어쨌든 사실과 다른 역사적 가정을 해보는 우리의 작업을 계속하자. 이집트에 서 1967년의 패전으로 인해 과거의 세속주의자들 가운데 그토록 많은 사람이 이 슬람주의 진영으로 넘어가는 일이 벌어지지 않았다고 우리가 가정할 수 있으려 면, 이스라엘도 실제와 다른 종류의 이스라엘이었다고 가정해야만 한다. 이를테 면 마르틴 부버(1878~65, 유대인 종교철학자― 옮긴이)가 주장했던 종류의 이스 라엘을 상상해볼 수 있다. 부버는 유럽에서 벌어졌던 유대인 대학살만으로도 살 아남은 유대인들은 그러한 학살의 위협에서 벗어난 삶을 확보하기 위해 자기들 의 조국을 가져야 할 필요성이 성립된다고 믿었던 것으로 보인다. 그러면서도 그 는 벤구리온(1886~1973, 이스라엘의 시온주의 지도자이자 총리를 지낸 정치인 ―옮긴이)과는 달리 유대인들이 다른 민족의 땅을 점령하게 됐다는 점, 그 다른 민족은 나중에 그 땅으로 이주한 유대인들의 권리보다 시기적으로 앞서는 그들 나름의 정당한 권리를 갖고 있다는 점, 그러므로 이주한 유대인들이 같은 땅에서 이웃이 된 다른 민족도 자기들과 절대적으로 똑같은 권리를 갖는 국가에서 그 이 웃들과 평화롭게 사는 것이 정의에 부합하는 자세라는 점도 역시 믿었던 것으로 보인다. 그 시절에는 많은 유대인들이 민족적으로 순수한 국민국가를 추구하는 방향으로 규격화된 유럽식 민족주의에 대해서는 물론이고 국가의 영토 안에서 민족적, 종교적으로 다수에 속하는 사람들이 특별한 권리를 갖는 종류의 다수중심적 민족주의에 대해서도 깊은 회의감을 갖고 있었다. 그런데 시온주의는 바로 그러한 종류의 규격화된 유럽식 민족주의였다. 당시에 반시온주의의 견해를 갖고 있었던 많은 유대인들은 이스라엘(또는 팔레스타인) 땅에 유대인들의 공동체를 건설하되 그 공동체에 사는 유대인들은 스스로를 유럽의 바깥에 거주하게 된 서구인이라고 여기는 사람들이기보다는 그 땅에 오래전부터 살아온 기존의 주민들 사이에서 같이 살아가게 된 새로운(또는 오래전부터의) 중동인이라는 소속의식을 새롭게 배울 필요가 있는 사람들이라고 생각했던 것이 분명하다.

간단히 말해 유대인과 아랍인의 공존을 위해서는 다른 사람들이 이미 아주 오래전부터 살아온 땅에 새롭게 들어가 살게 된 유대인들이 시온주의에 입각한 민족주의를 크게 완화시킬 필요가 있다. 다시 말해 유대인들이 다른 요소가 스며들 수 없는, '유대인주의'라고 부를 수 있을 만한 원초주의적인 민족적, 종교적 정체성 의식에 매달리고 그러한 정체성의 관점에서 스스로를 규정하기보다는 '유럽에서 고난을 겪었던 과거'와 '서아시아에 소속된 지금'에 토대를 두고 자유롭게 선택할 수 있는 현대적 삶을 추구해야 한다는 것이다. 이런 관점에서 보면 유대인, 기독교도, 무슬림으로 구성된 다민족의 세속주의 민주국가에서 특정한 인종이나 민족에 특권을 부여하지 않는 정치체제 아래 모두가 같이 살아가는 사회, 말하자면 영구히 개방적인 사회에 대한 비전을 가질 수 있다. 이스라엘이란 무엇인가, 무엇이 돼야 하는가, 무엇이 될 수 있는가와 관련된 문제의 대부분은 이런 측면에 놓여 있고, 그러한 문제에 대한 해법의 대부분도 역시 마찬가지다.

그렇다면 이번에는 이슬람교와 이슬람주의를 '원초적이고 시대를 초월한 소속'이라는 관점에서가 아니라 '세속의 정의를 박탈당한 탓에 현재의 삶을 제대로 누릴 수 있게 해주는 그 어떤 의미 있는 방법도 발견할 수 없기에 위태로운 삶의 조건'이라는 관점에서 바라본다고 해보자. 이런 위태로운 상태에서 악의적인 환경이 증가한다면 모든 종류의 암적인 요소가 성장하게 될 것이다. 거꾸로 말하면 이렇게 된다. 인류가 물질적 세계의 일을 관리해나가는 과제를 올바로 수행하려고 한다면 종교의 경전을 독점하고 있는 사람들이 제시하는 정의보다는 더 폭넓고 완전한 정의를 널리 실현할 수 있어야 한다. 세속의 세계는 두 겹으로 정의로워야 한다. 한편으로는 세속의 세계가 스스로를 규정하는 바에서 정의로워야 하고, 다른 한편으로는 신이 뭔가 더 나은 정의를 가져다준다는 주장을 경계하는 데서 정의로워야 한다. 다시 말하자면 불경한 자들의 불의에 대항해 신의 정의를 끊임없이 불러들여야 할 필요가 없도록 세속의 세계 그 자체 안에 정의가 충분히 존재해야 한다. 말하자면 근본적인 평등의 정치가 실현돼야 한다는 것이다.

주석

1 〈르 누벨 옵세르바퇴르〉의 1998년 1월 15~21일호에 따르면 브레진스키는 다음과 같이 말했다. "소련이 공식으로 국경을 넘은 날 나는 카터 대통령에게 이런 내용의 전보를 보냈습니다. '지금 우리는 아프가니스탄판 베트남전쟁을 소련에 안겨줄 기회를 맞았습니다. … 세계의 역사에 가장 중요한 것이 무엇이겠습니까? 탈레반일까요, 아니면 소련제국의 붕괴일까요? 얼마간의 선동된 이슬람교도일까요, 아니면 중부유럽의 해방과 냉전의 종식일까요?'"

2 선진자본주의 사회로 이주한 이슬람교도가 처하게 되는 삶의 조건과 이슬람적 정체성 사이의 이와 같은 관계에 대한 초기의 예리한 고찰로는 영국의 경우를 분석한 다음 글을 보라. 'Prologue: Muslim "Culture" and the European Tribe', in Aziz al-Azmeh, Islams and Modernities, London: Verso, 1992.

3 교황의 강연을 바티칸에서 영어로 번역한 것이 '탈헬레니즘 프로그램의 3단계(Three Stages in the Program of De-Hellenization)'라는 제목으로 www.zenit.org에 게시돼 있다.

4 같은 자료. '신앙에 강제는 없다'(2:256)는 무슬림 통치자가 다른 신앙을 갖고 있는 피통치자에 대해 어떤 권리를 부여하고 어떤 보호조치를 취해야 하는지를 결정할 때에 주요 이슬람 율법가들이 자주 거론하는 쿠란의 문구다.

5 〈가톨릭 월드 뉴스(Catholic World News)〉의 2004년 8월 11일자에 게재된 '라칭거, 터키의 유럽연합 가입과 유럽의 세속주의에 대해 말하다(Ratzinger on Turkey in EU, European Secularism)'라는 기사에 인용돼 있다. 이 기사는 www.cwnews.com에서 찾아 볼 수 있다.

6 탈헬레니즘 프로그램의 3단계

7 Paul Kokoski, 'Avoid "Challenge the Church"', Catholic New Times, 1 December 2002에 인용돼 있음.

8 Samuel P. Huntington, The Clash of Civilizations and the Remaking of the World Order, New York: Simon and Schuster, 1996, pp, 20~21.

9 같은 책, p. 28; pp. 36, 46도 보라.

10 특히 Ervand Abrahimian, Iran between Two Revolutions, Princeton: Princeton University Press, 1982를 보라.

이슬람주의의 반제국주의가 지닌 모순된 성격

아세프 바야트

지금 이슬람주의 운동이 신자유주의적 제국주의에 대항하는 운동 전체에서 어떤 위치를 차지하고 있는가에 관한 토론이 좌파와 우파는 물론이고 이슬람주의자들 사이에서도 활발하게 전개되고 있다. 우파에서는 이슬람주의를 '자유세계'에 가장 큰 위협이 되는 퇴행적이고 반근대적이며 폭력적인 운동이라고 보는 견해를 분명히 하고 있다. 그들의 견해로는 이슬람주의가 '파시즘과 공산주의의 사촌' 격인 '전체주의 이데올로기'이며 자본주의적 자유세계에 내장된 근대성과 계몽주의적 가치에 반한다.[1] 그들은 '문명의 충돌'이 서구의 근대성 및 그 보편화라는 사명과 이슬람교 및 이슬람주의 사이의 '객관적인 모순'을 포착한 개념이라고 생각한다.

좌파에서는 집단에 따라 의견이 갈리는 것으로 보인다. 좌파의 일부 집단은 이슬람주의 운동이 '파시즘과 비슷'하며, 따라서 최선의 사회주의자가 기대할 수 있는 것은 이슬람주의 진영에서 개인들을 떼어내어 그들을 진보진영으로 유인하는 것뿐이라고 생각한다.[2] 그런가 하면 좌파의 다른 일부 집단은 이슬람주의가 좌파 쪽에서도 얼마간의 공통의 토대를 찾아낼 수 있는 반제국주의 세력이라고 본다. 예를 들어 영국의 사회주의노동자당(Socialist Workers' Part)은 서구에 이슬람공포증이 고조된 지금의 상황에서는 비종교적인 사회주의자들에게 '인종주의와 제국주의에 대항해 무슬림들과 같은 편에 서야 하는 국제주의적 의무'가 있으며, 따라서 그들은 영국무슬림협회(Muslim Association of Britain)와 같이 용인할 수 있는 보수적인 조직과는 동맹관계를 맺어야 한다는 입장을 취한다.[3] 그러다보니 무슬림 사회에서 사회적 성(젠더)의 문제와 관련해 여성혐오적 성향을 드러내는 그들의 태도가 종종 문화적 '상대주의'에 근거해 묵과되기도 한다.[4]

다른 한편으로 "이슬람교는 인종적, 민족적 정체성의 토대가 되는 동시에 자본주의 세계경제의 지시에 예속되는 것을 거부하는 저항운동의 토대가 되기도 한다는 장점을 갖고 있다"고 주장하는 사람들도 있다.[5] 이런 사람들에 따르면 이슬람주의자들은 구조조정에 대항해 시민사회를 동원함으로써, 그리고 국가의 의무인 것이 실현되는 데서 국가 스스로가 하는 역할이 줄어드는 상황에서 대안적인 복지체계를 제공함으로써 지구적 신자유주의에 가장 중요한 도전이 되고 있다는 것이다. 일부 관찰자들에게는 프롤레타리아의 성격을 다분히 갖고 있는 것으로 보이는 이슬람주의자들의 모습과 그들의 대중주의적인 수사로 인해 이슬람주의가 사회적으로 소외된 사람들의 운동으로 비치기도 한다. 이런 시각에서 보면 종교적인 언어와 결합된 이슬람주의자들의 반제국주의적 자세가 도드라지고, 그래서 이슬람주의 운동이 가난한 사람들의 해방을 중심적인 도덕적 목적으로 삼았던 1960~70년대 중남미의 해방신학과 비슷하게 보인다.[6] 예를 들어 마이크 데이비스는 자신의 영향력 있는 저서인 《슬럼, 지구를 뒤덮다(Planet of Slums)》에서 오순절주의(Pentecostalism)와 더불어 전투적 이슬람주의도 팔레스타인의 가자지구나 바그다드와 같은 곳의 비참한 슬럼에서 삶을 이어가는 소외된 자들의 '노래'이며, 그들은 '카오스의 신', 일상적인 폭탄투척, 자살폭탄 테러를 통해 제국의 오웰적인 억압기술에 도전하고 있다고 묘사한다.[7] 그렇다면 이슬람주의가 신자유주의적 제국주의에 대항하는 지구적 반발의 중동 버전이라는 것인가?

‘반제국주의’는 오래전부터 규범적인 의미를 가진 개념이자 지구적 자본주의와 제국주의의 경제적, 정치적, 문화적 지배에 대항해 피지배 인민을 해방시키고, 자치와 사회정의를 수립하고, 노동계급과 여성, 소수자, 소외집단을 지원하기 위해 세속의 진보세력이 벌이는 정의로운 투쟁을 가리키는 말로 흔히 사용돼 왔다. 예를 들면 ‘새로운 제국’의 명령에 맞서는 지금의 반세계화 운동도 반제국주의의 요소를 내포하고 있다. 여기서 ‘새로운 제국’은 자유주의에서 말하는 제국이라는 개념과 다르다. 자유주의는 제국을 ‘어느 한 사회의 지도자들이 그 사회를 통치하는 데 사용하는 수단과 그 밖의 다른 수단을 사용해 하나 이상의 다른 사회를 직접 또는 간접으로 통치하는 것’으로 보며, 다른 사회를 통치하는 데 사용하는 수단이 반드시 자기들의 사회를 통치하는 데 사용하는 수단보다 반드시 더 권위주의적이지는 않다고 본다.[8] 제국을 이러한 자유주의적 개념으로 받아들이면 제국이라는 것이 그렇게 나쁜 게 아니게 된다. 영국의 제국은 의회민주주의 제도를 지구 전체에 퍼뜨렸고, 미국의 제국은 하버드대학의 역사학자인 니얼 퍼거슨이 강조하듯이 미국의 국가안보를 확실하게 하고 자연자원을 획득하는 것만을 추구하는 게 아니라 평화나 세계질서와 같은 ‘공공재’를 공급하는 것과 상품과 지식의 수출을 통해 세계를 ‘미국화’하는 것도 추구한다는 것이다.[9] 이에 비해 좌파의 비판적인 개념인 ‘새로운 제국’은 데이비드 하비에 따르면 ‘지구 전체의 상황과 각국의 다양한 상황에 두루 관철되는 일관성 있는 규범적 질서를 수립하고 유지하려는 신보수주의의 시도와 신자유주의적 구조조정의 결합’이다.[10] 새로운 제국은 획득한 잉여를 처분해야 하는 자본의 필요가 낳은 결과로서 자본의 지리적 팽창을 수반한다. 간단히 말해 자본은 국가로 하여금 보다 안전하고 성가신 일이 적은 해외투자의 길을 열게 해야 한다는 것이다.

신자유주의적 제국주의와 오늘날의 이슬람주의 운동은 어떤 관계에 있을까?

이슬람주의 운동은 신자유주의적 제국주의에 진정한 도전이 되고 있을까, 아니면 그러한 제국주의에 대한 반발에 지나지 않을 뿐 아니라 오히려 유감스럽게도 신자유주의의 헤게모니를 정당화해주고 있을까? 근본적인 문제는 이슬람주의자들이 제국에 대한 저항세력이 되고 있느냐 그렇지 않느냐도, 그들이 반제국주의 세력이냐 파시즘 세력이냐도 아니라고 나는 생각한다. 이보다는 무슬림 대중에게 이슬람주의의 반제국주의가 어떤 의미를 갖느냐는 질문을 던져보는 것이 보다 적절할 것이다.

이슬람주의란 무엇인가?

반제국주의에서 이슬람주의가 차지하는 위상을 살펴볼 때 부닥치게 되는 문제들 중에는 이슬람주의의 다양한 측면과 그 의미에서 비롯된 문제들도 있다. 이슬람주의를 관찰하는 사람들 가운데 일부는 어떤 특정한 이슬람주의 조류의 정치경제적 측면을 주로 들여다보고는 그것이 주류 신자유주의에 맞서고 있다는 결론을 내린다. 그런가 하면 다른 일부는 이슬람주의 운동이 수행하는 복지기능을 강조하면서 그것이 프롤레타리아에 유리한 성격을 갖고 있다는 데 초점을 맞추고, 또 다른 일부는 이슬람주의의 이데올로기, 도덕규범, 그리고 종교적인 동시에 정치적인 비전에 관심을 집중하면서 그것이 보수적이고 퇴행적이며 심지어는 파시즘에 가깝다고 주장한다.

이슬람주의는 다양한 측면을 갖고 있을 뿐만 아니라 다양한 유형의 조직, 이슬람적 질서에 대한 다양한 견해, 그러한 질서를 달성하기 위한 다양한 방법도 갖고 있다. 무슬림형제단과 알제리, 시리아, 수단, 쿠웨이트, 팔레스타인, 요르단에 있는 그 파생조직과 같은 점진주의적이고 개량주의적인 조직의 이슬람주의자들은 직종별 단체, 비정부 조직, 각 지역의 사원, 자선단체 등을 통해 비폭력적으로 시민사회를 동원하는 방식을 추구하는 반면에 이집트의 알자마아 알이슬라미야나 알제리의 이슬람구국전선(FIS)과 같은 전투적인 조직의 이슬람주의자들은 국가기관, 서구에 있는 표적물, 시민 등에 대한 폭력과 테러를 통해 레닌주의식 대중봉기를 유도하려고 한다. 이런 전투적 이슬람주의와 또 다른 이슬람주의로 알카에다와 연계된 여러 조직과 같은 지하드(원래는 '알라가 가리키는 길을 가기 위한 분투와 노력'이라는 뜻의 아랍 말이며 영어권에서는 흔히 성전(holy war)으로 번역된다―옮긴이)의 조류가 있다. 전투적 이슬람주의는 특정한 국가 안에서 이루어지는 정치적 운동으로서 주로 세속주의 국가를 표적으로 삼는 데 비해 지하드주의는 그 사상과 활동에서 초국적인 성격을 갖고 있고, 매우 추상적인 개념인 '서구'와 이슬람교를 믿지 않는 모든 사회에 맞서 싸우는 '문명적' 투쟁에 참여하는, 근본적으로 종말론적인 '윤리적 운동'이다. 지하드주의자들은 예외 없이 자기 자신(자살폭탄 테러의 경우)과 자기들이 표적으로 삼은 것에 대해 극단적인 폭력을 행사하곤 한다.[11]

이슬람주의적 성향을 가진 집단 가운데는 엄격하게 말해 이슬람주의가 아닌 집단도 많다. 내가 '탈이슬람주의(post-Islamism)'라고 부르는 점점 더 성장하고 있는 조류는 배타적이고 획일적인 이데올로기로서의 이슬람주의를 넘어서려고 하며, 그 대신에 포용의 태도, 다원주의, 경전에 대한 다양한 해석의 가능성을 주장한다. 이란에서는 이런 조류가 '개혁운동'의 형태로 나타났고, 그 가운데 일부가 1997~2004년의 '개혁정부'로 이어졌다. 뿐만 아니라 레바논의 헤즈볼라, 이집트의 알와사트당, 터키의 덕성당과 정의개발당, 인도의 자마아트 이슬라미를 비롯해 점점 더 많은 수의 이슬람 집단이 변화의 흐름을 보여주면서 갈수록 '탈이슬람주의'의 성격을 더 많이 드러내고 있다. 탈이슬람주의 운동은 세속주의 국가가 수립되기를 바란다는 점에서는 모두 같지만, 사회적으로는 종교적 윤리를 증진하고자 하고 경제에 대해서는 자유시장을 촉진해야 한다는 입장에서부터 일종의 사회민주주의 정책을 선호하는 입장에 이르기까지 그 입장이 다양

하다.[12]

　발칸반도의 민족 간 분쟁, 러시아의 체첸 점령, 이스라엘의 요르단강 서안 및 가자지구 재점령, 그리고 특히 9.11 테러사건 이후 서구의 반이슬람 감정 고조 등 1990년대 후반 이후에 일어난 세계적인 사건과 변화는 무슬림들 사이에 극심한 불안감과 고립감을 불러일으켰다. 이런 분위기로 인해 무슬림들이 종교적 정체성과 공동체적 유대에 더 많이 의존하게 되면서 '적극적 신앙심'을 강조하는 새로운 경향이 생겨났다. 이것은 일종의 선교주의 경향이지만 매우 개인적이고 분산적이며 살라피즘(이슬람교 초기의 종교적 신념과 실천으로 돌아가자고 주장하는 이슬람교의 한 종파―옮긴이)으로 기울어진 성격을 갖고 있다는 점에서 이슬람 선교운동의 하나인 타블리그히(Tablighi) 운동과는 구별된다. 타블리그히 운동은 고도로 조직화되고 강력한 '비정치적 이슬람 운동'으로 무슬림의 영적 각성을 추구하며, 많은 무슬림들이 이 운동에 활발하게 참여하고 있다. 타블리그히 운동을 지지하는 무슬림들은 이슬람 국가의 수립이 아닌 자아의 회복과 고양을 목표로 삼고 있고 다른 무슬림들에게도 그러한 목표를 추구하라고 권장하고 있다.[13]

　이 글에서 내가 이슬람주의라는 말로 가리키는 것은 이슬람교에 입각한 종교국가, 법, 도덕규범을 아우른 '이슬람 질서'를 수립하는 것을 목표로 하는 다양한 이념과 운동이다. 사회적 정의를 실현하는 것과 같은 사안에 대한 관심은 단지 그런 전략적 목표에서 파생되는 것일 뿐이다. 역사적으로 볼 때 이슬람주의는 소외계층의 정치적 언어이기만 했던 것이 아니라 특히 성취욕구가 높은 중산계급의 언어이기도 했다. 자본주의적 근대성과 사회주의적 유토피아 둘 다의 실패로 인해 사회적 평등과 정의에 대한 자기들의 꿈이 배신을 당했다고 생각하게 된 중산계급이 이슬람주의를 내세우게 된 것이다. 그들은 대안의 사회정치적 질서를 열망했고, 그 질서가 이슬람 문화의 '토착적'인 역사, 가치, 사상에 뿌리를 둔 것이기를 바랐다. 가난한 사람들도 이슬람주의가 자기들에게 더 나은 삶의 기회를 가져다준다고 느끼게 될 때에는 이슬람주의를 지지했다. 이슬람주의의 다양한 조류가 각기 나름의 궁극적인 목표를 달성하기 위해 서로 다른 다양한 방법을 채택해 왔지만 종교적이고 이슬람적인 언어와 개념틀을 사용하고, 보수적인 사회적 도덕률과 배타적인 사회적 질서를 선호하고, 가부장적인 성향을 보이고, 다른 사상과 삶의 양식에 대해 대체로 비관용적인 태도를 취한다는 점에서는 똑같았다. 그러므로 이슬람주의는 신앙과 의무의 혼합에 근거를 둔 하나의 이데올로기이자 운동이었고, 권리의 문제에는 거의 관심을 두지 않았다.

반제국주의 운동의 하나인가?

그렇다면 그러한 운동이 새로운 제국에 대해서는 어떤 의미를 갖는 것일까? 이슬람주의자들의 담론과 실천을 개괄적으로라도 살펴보노라면 거기에서 현실비판적이고 반제국주의적인 여러 경향들을 발견할 수 있다. 큰 거리에서 그들이 벌이는 항의시위에서부터 이슬람 사회의 대도시 뒷골목에서 그들이 전개하는 사회복지 활동에 이르기까지, 그리고 이스라엘과 중동에서 미국이 수행하는 역할에 대한 그들의 저항에서부터 대중주의적인 그들의 반세계화 발언에 이르기까지 모든 것이 새로운 제국에 대한 이슬람주의 운동세력의 비타협적인 반대를 보여주는 것 같다. 사실 최근 몇 년 동안에 경제적, 지정학적, 물리적으로 서구 세력에 전투적 이슬람주의 세력보다 더 큰 손상을 입힌 다른 정치적 세력이 있었던가?

1979년에 이란에서 이슬람혁명이 승리하고 학생들에 의해 미국 대사관이 점거되는 동시에 미국 외교관들이 억류된 사건은 새로운 제국에 대한 새로운 반대세력의 등장을 알리는 것이었다. 이 혁명은 서구의 주된 동맹이었던 이란의 국왕을 권좌에서 밀어냈고, 비슷한 다른 여러 운동을 부추겨 무슬림들이 사는 중동지역에서 미국이 누리던 이익과 중동지역에 대한 미국의 영향력에 위협을 가하게 만들었다. 국왕이 물러난 뒤에 이란의 국가권력을 운영한 혁명가 세대는 소르본대학에서 교육을 받은 대표적인 반제국주의 무슬림 지식인인 알리 샤리아티의 저작물로부터 큰 영향을 받았다. 샤리아티 자신은 1960년대 후반에 등장한 '신을 숭배하는 사회주의자들' 가운데 한 사람으로서 프란츠 파농과 마르크스의 사회이론으로부터 큰 영향을 받은 인물이다. 그는 '계급', '계급투쟁', '혁명', '무계급사회' 등의 근대적인 마르크스주의 개념을 시아파 이슬람교의 담론에 끌어들였고, 이를 통해 그 자신이 '붉은 시아주의' 또는 '혁명적 시아주의'라고 부른 것에 학문적 정당성을 부여했다.[14] 그러면서도 그는 마르크스주의와 그 밖의 다른 서구 철학의 유물론적 인간관에 대해서는 비판적인 입장을 유지했다.[15] 그러나 그는 단순한 종교적 정체성이 아닌 제국주의에 대한 혁명적 투쟁이 정치적 동맹을 인도해야 한다고 생각했다. 1979년의 혁명 직후 상황에서 주된 역할을 한 조직 가운데 하나인 인민무자헤딘(무자헤딘할크)도 바로 이런 종류의 견해를 받아들여 '이슬람 마르크스주의'로 무장하게 된 것이다.[16] 이와 같은 이란의 상황에 영향을 받은 레바논의 헤즈볼라는 1980년대 후반 이후 레바논을 점령해온 이스라엘군을 몰아내는 투쟁을 부단히 전개함으로써 세계 급진정치 무대의 중심에 서게 됐다. 헤즈볼라의 최고 지도자인 셰이크 하산 나스랄라는 프란츠 파농과 체 게바라를 비롯해 반식민주의를 대표하는 인물들의 저작물을 열심히 읽었다고 한다.

　혁명적 제삼세계주의는 시아파의 전투적인 부분에만 국한되지 않았다. 아랍권에서 가장 오래되고 규모가 큰 이슬람주의 운동조직인 무슬림형제단의 지도자 사이드 쿠트브는 인도의 사상가인 아불 알라 마우두디(1903~79, 인도에서 태어나 인도와 파키스탄에서 활동한 철학자— 옮긴이)로부터 '자힐리야(Jahiliyyah, '신의 인도를 알기 전의 상태'라는 의미이며 이슬람교를 받아들이지 않은 사회나 국가를 지칭하는 말— 옮긴이)'라는 개념을 받아들였고, 마우두디 자신은 조직과 국가에 대한 레닌의 관점으로부터 영향을 받았다. 마우두디가 말한 '이슬람 신정민주주의'는 자본주의 경제가 '정의'의 원칙에 굴복한 뒤에 수립되는 공산주의 국가와 그리 다르지 않았다. 사이드 쿠트브는 '이슬람교와 자본주의의 갈등'이라는 제목의 긴 글에서 자신의 전투성을 드러내며 무슬림들에게 '스탈린의 기적', 즉 공산주의를 기다리지 말고 직접 들고일어나 스스로의 해방과 존엄성 회복, 그리고 사회적 정의의 실현을 위해 싸우라고 촉구했다.[17] 오늘날의 터키인 이슬람주의자인 압두르라흐만 딜리파르크는 그람시의 저작을 읽었다고 하지만, 무슬림형제단의 창립자인 알반나(하산 알반나, 1906~49, 이집트의 사회개혁가로 1928년에 무슬림형제단을 창립했다—옮긴이)도 그람시의 저작을 읽었다는 증거는 없다. 그러나 알반나의 전략은 기동전과 헤게모니라는 그람시의 개념과 매우 비슷했다. 보다 최근의 예를 들면 1980년대 이후로 이집트에서 다수의 수니파 마르크스주의자들(타리크 엘비시리, 모하마드 에마라흐, 무스타파 마흐모우드, 아델 후세인, 압둘와하브 엘마시리 등)이 이슬람주의로 돌아서면서 마르크스주의의 비전과 용어를 이슬람 정치에 대거 유입시키는 동시에 이슬람주의를 제국주의, 시온주의, 그리고 특히 세속주의에 대항하는 토착적 제삼세계주의 이데올로기로 제시하고 있다.[18]

이슬람주의자들은 이슬람 사회의 경제와 정치체제는 물론이고 특히 문화까지도 '서구 열강'과 미국이 주도하는 세계화의 지배를 받게 되고 이슬람 사회의 핵심적인 가치가 세계화에 종속되게 됐다고 본다. 지금 이집트 무슬림형제단의 지도자인 모하마드 마흐디 아키프는 그동안 미국이라는 나라는 언제나 중동의 세속주의 독재자를 후원하는가 하면 사회를 부패시키는 자국의 문화상품을 중동지역 전체에 퍼뜨려왔다는 이유로 중동에 대한 미국의 구상과 '민주화' 호소에 대해 크게 의심하고 있다.[19] 에삼 엘 에리얀을 비롯해 무슬림형제단의 보다 온건한 젊은 세대 지도자들도 미국이 세계화의 가면을 쓰고 '지구적 제국'을 구축[20]하고 있을 뿐 아니라 무슬림들의 땅에 이슬람 국제체제를 세우려는 무슬림형제단의 목표를 가로막고 있다[21]는 비난을 계속하고 있다. 사실 '세계화'의 과정 그 자체가 전 세계의 무스타자핀(피억압계층)을 지구적 제국에 예속시킬 뿐 아니라 특히 현대적 기술을 통해 움마(이슬람 공동체)까지도 그 제국에 예속시키는 '덫'에 지나지 않는다고 그들은 생각한다.[22] 이슬람주의자들이 볼 때 제국주의는 단지 군사적 정복과 경제적 통제로만 나타나는 것이 아니다. 제국주의는 세속주의 사상, 비도덕성, 외국어, 상표, 이름, 식량, 유행을 전파하는 것을 통한 문화적 지배로도 나타난다는 것이다.[23]

이란 내 강경파의 대표적인 이론가인 아야톨라 메스바흐 야즈디는 쿠파르('이교도들'이라는 뜻으로 '서구'를 지칭하는 표현)가 무슬림들을 억압하는 메커니즘을 네 가지 영역에 걸쳐 정식화했다. 그에 따르면 이런 억압의 메커니즘에는 십자군전쟁과 같은 '군사적 정복'도 있지만 이에는 '정치적 지배', 즉 연줄정권이나 대리정권을 통한 정치적 지배가 수반되고 소비자문화의 변경, 물질자원의 착취, 경제의 종속화 등을 통한 '경제적 지배'도 수반된다는 점이 주목돼야 한다. 그러나 가장 파괴적인 것은 '문화적 지배'라고 그는 지적한다. 문화적 통제는 과학, 기술, 영화, 오락산업, 낯선 사상과 가치 등을 통해 수립되는 일종의 부드러운 제국주의이며 이슬람교의 헤게모니를 교묘하게 무너뜨린다는 것이다. 서구가 몰락할지도 모른다고 두려워하는 서구인들 자신의 의식이 이러한 문화적 지배를 부추기는 부분적인 원인이 되고 있고, 이는 곧 어느 문화든 자신이 몰락하지 않으려면 지배적인 위치를 장악해야 한다는 식의 다원주의적 상호투쟁의 상황이 빚어지고 있다는 뜻이다.[24] 이집트인 학자인 아델 후세인은 '지구촌'이라는 개념은 한 사람의 촌장 격인 미국에 의한 세계지배 체제, 달리 말하면 지구 전체의 미국화를 가리키는 것일 뿐이라고 지적한다. 이슬람교는 인간의 다양성을 믿는다는 점만으로도 미국이 주도하는 세계화의 획일화 경향에 불가피하게 도전이 될 수밖에 없다는 것이다.[25]

그렇다면 이슬람주의와 제국주의 사이에는 객관적인 모순이 실제로 존재하는 것이 분명하다. 이슬람주의자들이 설교하고 실천하는 정치나 가치체계에는 오늘날의 신자유주의 헤게모니 세력이 소중하게 여기는 종류의 '자유'가 허용될 여지가 거의 없다. 이슬람주의자들이 제시하는 금욕적이고 배타적인 모습의 사회 질서는 세계화가 풀어놓는 문화적 상품이나 사상의 자유로운 흐름을 용납하지 못한다. 이슬람주의자들은 자기들이 보기에 문화적 다양성을 없애고 획일화를 강요하는 세계화의 습격을 비난한다. 하지만 그들도 자기들이 통치하는 사회 안에서는 획일적인 사고와 삶의 양식을 강요하려고 한다. 그들은 대부분의 민주주의자들과 마찬가지로 유럽에서는 무슬림 여성이 자기가 원하는 옷을 입을 권리를 옹호한다. 하지만 그들 가운데 다수는 그들 자신의 사회 안에서는 무슬림이든 아니든 여성의 그런 권리를 부정한다. 이슬람주의자들은 자기들이 이렇게 하는 것을 정당화하는 교리상의 논리로 "이슬람교는 무슬림이 '이교도'의 지배에 예속되는 것을 용납하지 않는다"는 주장을 내세운다.[26] 그러나 '이교도'라는 개념은 종종 너무 넓게 해석되기에 무슬림이 아닌 모든 서구인을 다 포괄할 수 있고, 이 때문에 '무슬림의 대의명분'에 대해 연대의 태도를 취할 수 있는 사람들까지도 '이교도'로 분류될 수도 있다. 그렇다면 결국 이슬람주의로 하여금 반제국주의의 성향을 갖게 하는 핵심적인 요인은 헤게모니를 둘러싼 충돌이라는 말이 된다. 이슬람주의자들이 무슬림의 공동체에 대한 자기들의 권위를 강화하기 위해 배타적인 도덕과 문화를 함양하려는 욕구는 서구의 문화적, 담론적 관행의 침투와 확산에 의해 좌절당할 수 있다. 이런 관찰은 이슬람주의의 반제국주의에 내포된 모순적인 성격을 어느 정도 들여다볼 수 있게 해준다.

권위주의적인 반제국주의자들

이슬람주의가 부상하게 된 원인을 미국의 냉전정책, 다시 말해 공산주의를 무너뜨리기 위해 이슬람주의자들을 후원한 미국의 정책에서만 찾는 것은 분명 지나친 단순화일 것이다.[27] 이슬람주의의 부활은 무슬림 사회 내부에도 중요한 뿌리를 갖고 있다. 또한 특정한 상황에서는 이슬람주의자들과 '자유세계'가 중동의 비종교적인 반제국주의 운동에 대항해 암묵적인 동맹관계를 맺기도 하는 것이 사실이다. 1960년대에 이집트에서 일어난 나세르주의자들의 혁명을 계기로 비종교적인 민족주의와 공화주의가 중동을 휩쓸자 사우디아라비아가 이에 대항하는 이데올로기적 방벽으로 와하브주의를 키우려고 했을 때 미국은 그러한 사우디아라비아의 시도에 간섭하지 않았다. 1960년대와 1970년대 초에는 이슬람주의자들이 비종교적인 좌파, 공산주의 세력, 여성운동에 대해서뿐만 아니라 오만에서 그랬듯이 혁명적인 운동에 대해서도 맞서는 태도를 취했다. 미국과 영국이 아프가니스탄에서 소련과 싸우기 위해 이슬람주의 무자헤딘과 어떻게 동맹을 맺었는지, 그리고 특히 탈레반이 처음 형성되는 시기에 미국의 후원을 받는 파키스탄 정부가 어떻게 그들을 보호해주었는지는 이제는 널리 알려져 마치 공공연한 비밀처럼 됐다. 바꿔 말하자면 상황에 따라 특정한 시기에는 제국주의가 전투적인 이슬람주의 집단의 도움을 받기도 한다는 것이다. 그러나 이처럼 상황에 따라 제국주의와 이슬람주의가 가까워진다고 해서 위에서 살펴본 대로 양쪽 세력 사이에 깊은 적대감이 존재한다는 사실이 가려지지는 않는다. 중요한 문제는 무슬림 사회의 하층계급 대중과 새로운 제국에 대항해 싸우는 이슬람주의 집단 이외의 다른 사회적 세력에게 이슬람주의가 어떤 의미를 갖는가다. 이슬람주의자들의 투쟁이 서구의 물질적, 전략적 이익에 손상을 입히는 것은 분명하다. 그러나 그렇다고 해서 그 투쟁이 반드시 지구 전체에 걸친 서구의 이데올로기적 헤게모니를 잠식하고 있다고 말할 수 있을까? 이슬람주의자들의 투쟁이 무슬림 국가들을 외세의 지배에서 해방시키는 데 기여하고 있다고 말할 수는 있다. 그러나 그렇다고 해서 그 투쟁이 무슬림 국가들의 국내에 자유, 민주주의, 행복한 삶의 전망을 가져다주고 있다고 말할 수 있을까?

이란의 이슬람주의자들은 서구 열강의 지원을 받는 국왕의 독재체제를 무너뜨리고 외세의 영향력에 큰 타격을 가한 1979년의 대중적 혁명에 가담했다. 그러나 혁명 뒤에 집권한 새로운 지배엘리트 집단은 종교적인 권위주의 국가, 배타적인 사회질서, 인구의 대다수를 굴종시키는 엄격한 도덕적 규율을 수립했다. 그들은 사회주의자, 비종교적인 여성운동 단체, 독립적인 노동운동 조직, 운동권 학생 등 자기들과 경쟁관계에 있다고 볼 수 있는 '반제국주의 세력'을 체계적으로 탄압하면서 시민적 자유를 많이 침해하고 폭압적인 사회적 통제체제를 갖추었다. 이란의 이슬람주의 정부당국에서 승인하지 않은 모든 것에 아야톨라 메스바흐 야즈디가 말한 '서구의 문화적 침략'이라는 딱지가 붙었다는 것은 특히 젊은 층과 여성들이 억압과 체계적인 규율에 의한 통제를 받았음을 뜻한다.[28]

이슬람주의 정권 내부의 분파갈등이 때로는 사회 저변의 반대세력에 숨 쉴 틈을 열어주었던 것도 사실이다. 그러나 밑으로부터의 반대가 고조될 때면 언제나 이슬람주의 정권 내부의 여러 분파가 상층의 동맹을 형성했다. 그들은 포용성 있는 민주주의, 다양한 의견, 독립적인 목소리에 반대했다. 모하마드 하타미(1997~2004년에 재임한 이란의 전 대통령―옮긴이)가 이끄는 개혁주의 세력이 집권하고서야 비로소 민주정치에 대한 새로운 희망이 생겨났다. 그러나 2004년의 선거에서는 개혁주의 세력이 패배했다. 선거 자체가 부정행위와 개혁주의 후보에 대한 대대적인 자격박탈 조치로 얼룩지기도 했지만 개혁주의 정부의 경제정책 실패에 대해 대중이 불만을 품었기 때문이다. 이어 들어선 아흐마디네자드 정부는 사회적 억압에 나섰다. 2005년 이후 수십 개의 독립적 비정부기구(NGO)가 폐쇄당했고, 주요 활동가들이 투옥됐고, 지식인과 언론인들이 감금당했고, 정부에 대해 비판적인 태도를 보인 교수와 학생들이 대학에서 쫓겨났고, 여성 활동가들이 감옥에 갇혔고, 교사와 버스운전사들의 대중적 시위가 진압당했다. 선거 때 아흐마디네자드는 부패를 척결하고 일자리를 창출하겠으며 석유로 번 돈을 보다 많이 국민에게 분배하겠다는 등의 대중영합적인 구호를 내걸었다. 그러나 그가 대통령에 취임한 뒤에 빈곤선 이하의 인구가 13퍼센트나 늘어났다.[29] 군부, 첩보기관, 안보조직과 관계가 밀접한 그의 정부는 각 지역의 가난한 사람들뿐만 아니라 퇴역군인과 혁명수비대의 관리자 등도 지지세력으로 끌어들였고, 비공식부문의 신용조합 등에도 지지기반을 구축했다.[30] 팔레스타인 사람들을 계속해서 굴종시키려는 이스라엘의 태도에 대한 아흐마디네자드의 반대는 정당한 것으로 여겨질 수도 있었지만, 그의 반이스라엘 발언이 유대인 대학살이라는 역사적 사실까지 부인할 정도에 이른 것은 또 다른 문제였다. 유대인 대학살을 부인한 발언으로 그는 쿠클럭스클랜(KKK)의 지도자였던 데이비드 듀크와 같은 가장 험악한 백인우월주의자들과 같은 반열에 올랐다.[31] 그런가 하면 이란은 핵무기 기술을 개발할 권리를 갖고 있다고 주장하는 이란 내 강경파의 선동적인 발언은 중동지역의 반미감정을 고조시킬 수도 있지만, 다른 한편으로는 워싱턴과 텔아비브에 진을 치고 있는 완강한 주전론자들에 의해 악용당함으로써 파국적인 결과를 초래할 수도 있다.[32]

이란에서만 이슬람주의의 반제국주의가 모순되고 이기적인 성격을 갖고 있는 것이 아니다. 이집트의 자마아 알이슬라미야는 유권자들을 도덕적으로 교화하고 지지자들의 행동을 규율하는 활동에 나섰을 뿐만 아니라 히자브를 쓰지 않은 여성들과 무슬림이 아닌 사람들에게 테러를 가하고 수십 명의 콥트교도(이집트의 토착 기독교인 콥트교의 신자—옮긴이)와 외국인 관광객을 살해하는 한편 미국이 후원하는 무바라크 대통령의 정부에 대항하는 싸움을 맹렬하게 벌여왔다. 알카에다의 엘리트주의와 여성혐오의 태도, 알카에다를 비판하는 사람이나 세속주의자, 시아파 무슬림 등에 대한 알카에다의 폭력행사는 잘 알려져 있으므로 여기서 자세히 다룰 필요가 없겠다. 1990년대 초에 세르비아의 공격을 받는 보스니아의 무슬림들을 돕겠다고 달려간 아랍권 무자헤딘의 '반제국주의'도 결과적으로 그곳 희생자들에게는 아무런 의미도 없었다. 이 국제적인 이슬람주의 조직의 구성원들은 이슬람화라는 나름대로 추구하는 의제를 갖고 있었고, 이에 대해 보스니아의 무슬림들은 분개했다. 그들은 인도주의적인 목적에 초점을 맞추기보다는 군사작전과 선교활동에 집중하면서 인쇄매체, 텔레비전 방송, 웹사이트 등을 통해 살라피즘 사상을 전파했다. 그들은 각 지역의 종교당국에 도전했고, 보스니아를 서구에 대항하는 기지로 만들려고 했으며, 보스니아 분쟁을 이슬람교 대 기독교의 전쟁으로 전환시키려고 했다.[33] 그들의 이런 활동이 유럽 한가운데에 '백인 무슬림 사회'가 들어서게 될지도 모른다는 공포감을 유럽인들 사이에 불러일으킨 것은 놀랄 일이 아니었고, 그렇지만 않았다면 정당화될 수도 있었던 보스니아에 대한 그들의 개입 명분이 훼손됐다. 이런 종류의 이기적인 반제국주의가 종교적인 영역에서만, 특히 이슬람주의와 관련된 영역에서만 나타난 것이 아니었음은 물론이다. 비종교적인 영역에서 나타난 이기적인 반제국주의의 대표적인 사례로 로버트 무가베 짐바브웨 대통령의 경우를 들 수 있다. 사회주의에 입각한 비종교적인 반제국주의를 주창했던 무가베의 정부 아래서 짐바브웨는 하루에 20시간 동안이나 전력공급이 중단되고, 인플레이션율이 세 자릿수에 이르고, 가난한 사람들의 집이 대대적으로 파괴되는 나라가 됐다.[34]

그러므로 근본적인 문제는 이슬람주의가 제국주의의 이익에 타격을 입히는가의 여부가 아니다(물론 이슬람주의가 제국주의의 이익에 타격을 입히는 것은 사실이다). 오히려 문제는 이슬람주의의 반제국주의 투쟁이 무슬림 사회의 하위계층에 해방을 가져다주는가의 여부다. 그리고 중동의 이슬람주의와 중남미의 해방신학이 비슷한 종교적 언어를 구사하고 똑같이 반제국주의 성향을 보여주고 있지만 그럼에도 불구하고 이 둘 사이에 존재하는 핵심적인 차이는 중요한 문제다.

해방신학의 하나인가?

이슬람주의 운동은 다양한 형태로 나타나고 있으나 이슬람적 질서, 즉 샤리아법

(이슬람 사회의 종교법—옮긴이)과 이 법에 따른 도덕규범을 갖춘 종교국가를 수립한다는 공통의 목표를 갖고 있다. 이슬람주의자들은 바로 이런 이슬람적 질서가 사회적 정의의 원천이고 이를 통해 가난한 사람들의 삶도 개선될 수 있다고 생각한다. 반면에 해방신학은 '가난한 사람들의 해방'을 출발점으로 삼으며, 이 근본적인 목표를 달성하기 위해 복음서를 다시 읽고 재해석해야 한다고 생각한다. 해방신학에서 으뜸가는 질문은 '비참한 이 세상에서 우리는 어떻게 해야 기독교도가 될 수 있는가'다. 이에 대한 해방신학의 답변은 "해방을 실현하는 방향으로 우리의 믿음을 삶 속에서 실천해야만 우리는 기독교도, 진정한 기독교도가 될 수 있다"고 대답한다.[35]

해방신학은 원래 중남미 기독교가 남긴 끔찍한 제국주의적 유산에 대한 반발인 동시에 그에 대한 반작용으로 시작됐다. 예컨대 중동에서 반식민주의 투쟁에 대거 참여했던 이슬람교의 울라마(학자) 집단과 달리 중남미의 가톨릭교회는 이베리아 반도의 스페인과 포르투갈에 부를 가져다주는 동시에 이 두 나라의 중남미 식민지를 기독교화한 '이베리아 식민주의'의 도구였다. 중남미의 가톨릭교회는 이베리아 식민주의의 중남미 지배를 뒷받침했고, 나중에 중남미 국가들이 독립을 달성한 뒤에는 보수적인 부유한 계급들을 떠받쳐주었다. '새로운 기독교 국가(New Christendom)' 운동이 등장하고 뒤이어 여러 기독교민주당이 등장하는 데 영향을 준 1930년대의 기독교 재검토 움직임도 중남미 가톨릭교회의 오래된 보수적 성향을 깨뜨리지 못했다. 그러나 빈곤과 억압, 군사쿠데타, 권력자와 재산소유자에 대한 미국의 후원, 기독교민주당의 실패, 급작스러운 쿠바혁명의 승리, 대중적인 게릴라 운동의 파도 등으로 이어진 극적인 사회적, 정치적 상황과 사건들이 가톨릭교회를 무력화시켜 그 사회적 위상이 거의 상실될 정도에 이르렀다. 이에 따라 가톨릭교회 지도층의 보수주의로부터 가톨릭을 구해내기 위한 운동이 필요하게 됐다.[36]

그러므로 이슬람주의와 달리 해방신학은 지배세력으로서의 서구라는 '외세'

에 대항해 자기보존을 추구한다는 의미에서 문화적 정체성이 표현된 것이 아니었다. 오히려 해방신학은 당시에 중남미에서 치열하게 토론되던 주제인 개발, 저개발, 종속에 관한 토착적 담론에 깊이 뿌리를 내리고 있었다. '해방신학'이라는 말 자체도 성직자들이 '개발신학(theology of development)'을 모색하는 과정에서 생겨난 것이었다. '개발신학'을 '해방신학'으로 대체시킨 사람은 구스타보 구티에레스(페루의 신학자―옮긴이)다. 그는 1969년에 스위스에서 열린 세계교회협의회(WCC) 회의에서 '해방신학'이라는 말을 처음 사용한 데 이어 자신의 저서인 《해방신학》을 통해 해방신학이라는 개념을 널리 퍼뜨렸다. 그의 해방신학 개념의 중심은 물론 하층계급의 해방이었다.[37]

이슬람주의는 해방신학과는 다른 배경과 장소에서 탄생했다. 대체로 보아 이슬람주의는 지배적인 경제적, 정치적, 문화적 과정에 의해 스스로 주변화됐다고 느낀 사람들(그 대부분은 성취욕구가 강한 중산계급이었고, 일부 하층계급으로부터 이해관계에 근거를 둔 지지를 받았다), 그리고 자본주의적 근대성과 사회주의적 유토피아가 모두 실패하자 정치의 언어 대신 도덕(종교)의 언어를 중시하게 된 사람들로 하여금 행동에 나서게 한 자기주장의 언어로 생겨난 것이다. 어떤 의미에서 이슬람주의는 중산계급 무슬림들이 자기들을 사회적으로 배제한 주역들, 즉 국내의 지배계층, 세속주의 정부, 그리고 그 정부와 동맹관계에 있는 서구 세력에 대해 반대의 목소리를 내는 하나의 방식이었다. 그래서 그들은 서구의 문화적 지배와 그 정치적 합리화 논리, 서구의 도덕과 문화적 상징 등을 거부했다(그러면서도 그들 가운데 다수는 실제로는 넥타이, 음식, 첨단기술 제품 등을 사용하는 데서 서구화된 모습을 보였다). 그들은 기존의 질서를 대체할 대안의 유토피아적 사회와 무슬림들에게 알맞은 국가의 형태를 제시하려고 애썼다. 그것은 서구의 문화적 제국주의와 이미 감지된 그 한 가지 요소인 시온주의에 맞서 무슬림들의 자존심을 회복하는 것을 목표로 한 기획이기도 했다. 그리고 이 모든 열망은 공산주의와 비종교적 민족주의에 대한 두려움이 미국으로 하여금 이슬람

주의 운동과 가까워지게 만든 냉전의 상황에서 생겨났다.[38]

이슬람주의자들은 자기들의 사회, 정치, 경제를 이슬람화하고자 하는 반면에 해방신학자들은 자기들의 사회나 국가를 기독교화하고자 한 적이 전혀 없으며 이보다는 오히려 헐벗은 사람들의 관점에서 사회를 변화시키고자 했다. 이런 측면에서 해방신학은 노동조합, 농민단체, 학생, 게릴라집단 등의 인본주의적, 민주적, 대중적 운동과 많은 공통점을 갖고 있었고, 실제로 그런 운동세력과 함께 각종 캠페인, 파업, 시위, 토지점거, 지역개발활동 등을 조직했다. 해방신학은 이처럼 폭넓은 대중운동의 일부가 됐지만 사람들을 개종시키려고 하거나 동맹의 상대방을 기독교 신자로 만들려고 하지 않았고, 단지 해방운동 전체의 대의가 증진되도록 돕기만 했다. 보다 중요한 점은 해방신학이 인본주의적 마르크스주의와 공유하는 바가 많았다는 것이다. 사실 중남미의 마르크스주의와 해방신학은 남미에서 생겨나 1960~70년대에 중남미 전역으로 확산된 급진적 성격의 종속이론으로부터 영향을 받았다는 공통점을 갖고 있다. 브라질의 보프 형제, 페루의 구티에레스, 베네수엘라의 보니노, 콜롬비아의 토레스와 같은 중남미의 저명한 해방신학자인 신부들은 종속이론과 마르크스주의의 인본주의 담론으로 무장한 지식인이기도 했다.

기독교 신학에 대한 재해석은 해방이라는 목표의 달성을 촉진하기 위한 것이었다. 해방신학자들은 해방의 실천부터 시작한 뒤에 그 실천을 반영하는 것으로서 해방신학을 구축했다. 보니노 신부는 "인간이 주체적인 요소로 참여한 가운데 전개되는 구체적인 역사적 사건의 바깥에는, 그리고 그러한 역사적 사건을 넘어선 곳에는 어떠한 진리도 없다"고 주장했다.[39] 해방신학의 주역들은 미래에 대한 청사진을 내세우려고 하지 않았다. 그들이 제시한 것은 전반적인 방향과 기본적인 구조, 다시 말해 '역사적 기획'이었고, 그것은 '유토피아'로 가기 위한 중간디딤돌과 비슷한 것이었다. 그들의 '인본적 기획'은 자본주의의 극복을 추구했고, 일종의 민주적 사회주의를 꿈꾸었다. 그 기획의 실현은 보통사람들, 즉 풀뿌리 대중이 직접 이루어야 할 과제였다. 그 꿈속의 사회는 참여와 협력의 정신으로 가득 채워져야 했다. 인민대중은 평등과 정의를 위한 투쟁을 넘어서서 사랑이라는 개념을 중심으로 구축된 진정한 사회적 연대가 존재하는 사회를 향해 나아가야 했다.

이와 대조적으로 이슬람주의 활동가들 가운데는 스스로 의식적으로 마르크스주의 개념을 자기의 이념에 도입한 사람이 거의 없다. 앞에서 주목했듯이 이란의 알리 샤리아티와 그를 지지한 무자헤딘할크(Mujahideen Khalq) 조직은 마르크스가 수행한 경제적 분석과 자본주의 비판으로부터 영향을 받았다. 그들은 '계급투쟁', '착취', '무계급 사회'와 같은 개념을 받아들여 그것을 프란츠 파농과 에메 세제르를 비롯한 반식민주의 지도자들의 제삼세계주의 언어와 결합시켰다.[40] 그러나 1980~90년대에 이르면 이슬람주의 지식인들 사이에서 그나마 미미하게 존재했던 마르크스주의의 이런 영향마저 사라져버렸다. 이슬람주의 지식인들이 전래의 토착적인 사상과 쿠란, 수나(무하마드의 언행에 관한 기록에 근거를 둔 이슬람교의 전통적인 율법—옮긴이), 오래전부터 전승돼온 파트와(이슬람교 율법에 대한 고명한 신학자의 해석—옮긴이)와 논문으로 돌아섰기 때문이다. '자아로의 복귀' 또는 사유근거의 자립화가 이슬람주의의 새로운 이념적 특징이 됐다. 이로써 중남미에서는 대부분의 해방신학자들이 해방에 관한 마르크스주의 개념을 받아들인 반면에 중동에서는 무슬림 마르크스주의자들 가운데 다수(예를 들어 아델 후세인, 무스타파 마흐모우드, 엘 메시리, 베흐자드 나바비, 모하마드 에마라 등)가 그동안 품고 있었던 이념을 버리고 사회변혁을 위한 토착적인 모형을 이슬람교에서 찾는 방향으로 돌아섰다.[41]

그 결과로 하위계층의 사회적 해방 대신에 배타적인 도덕적, 이념적 공동체를 건설하는 것이 목표가 됐다. 또한 '다와', 즉 '이슬람교로의 초대'가 이슬람주의자들의 주된 목표가 됐다. 이슬람주의자들의 경제적 비전은 분배를 강조하는 대중주의에서부터 혼합경제론, 프리드먼류의 자유시장주의에 이르기까지 다양했지만 전반적으로는 폐쇄적인 사회질서, 샤리아법에 근거를 둔 정치체제, 문화적 토착주의에 대한 집착으로 수렴된다는 공통점을 갖고 있었다. 이집트와 요르단 의 무슬림형제단, 터키의 복지당, 알제리 이슬람구국전선(FIS) 등의 점진주의적 이슬람주의자들은 정당을 결성하고 직업별 단체, 지역공동체, 교육기관, 의회 등 에 활발하게 참여했지만 정략적인 동시에 중산계급에 치우친 성격을 보여 왔다. 이란의 무자헤딘, 1992년에 선거가 취소된 뒤의 알제리 내 무자헤딘, 이집트의 전투적 이슬람주의자들, 페르시아만 연안지역의 이슬람주의 집단 등의 급진적 이슬람주의자들은 무장투쟁을 통한 국가권력 장악을 추구하는 전위주의 기획으 로 기울었다. 이집트의 하산 하나피(Hasan Hanafi)나 인도의 아스가르 알리 엔 지니어(Asghar Ali Engineer)와 같은 소수의 무슬림 지식인들이 이슬람교 나름 의 해방신학을 구축하기 위한 토대를 만들어보려고 했지만 이런 시도는 점점 더 확산되는 이슬람주의 조류의 대중주의적 근본주의에 밀려 자취를 감추고 말았 다. 이로써 지배계층 중심의 엘리트주의가 이슬람주의 정치의 주된 특징으로 유 지됐다.

결론: 반제국주의인가 해방인가?

그렇다면 이슬람주의 운동의 반제국주의를 어떻게 규정할 수 있을까? 이슬람주 의는 새로운 제국에 대해 강력하게 반대하는 모습을 일정하게 보여줌으로써 서 구의 강대국들, 특히 미국의 전략적 이익에 흠집을 내는 역할을 해온 것이 사실 이다. 이슬람주의자들은 미국의 중동정책, 그중에서도 특히 이스라엘을 지원하 는 미국의 정책에 대해 오랜 세월 이어져온 대중적 항의의 선봉에 서왔다. 그들 은 중동지역의 비종교적 권위주의 정권과 맞섰고, 중동지역 가운데서도 특히 이 란, 이라크 및 아프가니스탄에 대한 미국의 통제체제를 위축시키거나 교란시켜 그 체제가 안정화하지 못하게 방해했다.

그러나 과연 그동안 이슬람주의가 현실적으로나 이론적으로나 제국주의의 지배에 대한 실현가능한 대안을 제시할 수 있었던가? 사회주의는 현실적으로는 결국 실패했지만 사회적 정의와 피억압 계층의 해방을 위한 강력한 이론적 모형을 만들어냄으로써 일정 기간 영향력을 유지했고, 그 모형은 자본주의의 헤게모니에 대한 견고한 대안을 제시했다. 한동안은 사회주의가 부르주아적 가치의 이데올로기적 토대와 자본주의 경제모형에 타격을 가할 수 있었다. 그러나 이슬람주의의 경우는 달랐다. 이슬람주의의 반제국주의가 대체로 갖고 있는 핵심적인 문화적 요소들을 보면, 정치경제의 영역에서는 이슬람주의의 반제국주의가 제시해 주는 것이 거의 없음을 알 수 있다. 운동의 단계에 있는 이슬람주의는 분배를 강조하는 대중주의의 특징을 보이는 데 그치고 있고 이란, 사우디아라비아, 수단, 아프가니스탄과 같은 이슬람주의 국가의 경제정책은 국가와 시기에 따라 다양하지만 국민소득 수준이 비슷한 다른 비이념적 개발도상국의 경제정책과 별로 다르지 않다.

게다가 배타적이고 자기중심적인 문화적, 종교적 투쟁에 몰두하다보니 이슬람주의는 환경, 생계, 복지제도와 같은 보다 폭넓은 관심사를 다루는 지구적인 운동과 손잡을 여지를 거의 갖고 있지 않다. 이러한 이슬람주의의 문화주의는 국가별로, 그리고 국제적으로도 어떤 동맹관계를 형성하기보다는 분열과 적대를 초래해왔다. 이슬람주의 운동이 대중주의의 자세를 취하고, 어느 정도 괜찮은 복지혜택을 제시하고, 도덕적 언어를 구사하고, 중동의 부패한 정권에 격렬하게 반대함으로써 지지세력을 끌어 모을 수는 있었다. 하지만 사회질서에 대해 가부장적이고 배타적이며 권위주의적인 비전을 갖고 있지만 경제에 대해서는 견실한 비전을 갖고 있지 못한 탓에 이슬람주의는 실현가능한 대안을 만들어내지 못했다. 이슬람주의, 특히 과격한 이슬람주의는 기껏해야 제국주의 세력에 이용당해왔을 뿐이고, 이슬람주의의 정책은 개인적 자유와 개방적 사회질서를 설교하는

적, 즉 신자유주의 세력을 정당화해주는 동시에 그 위상을 높여주는 기능을 해온 게 사실이다. 이슬람주의 집단 대부분의 비민주적인 규율과 관행은 이슬람권에 대한 반발, 안전조치, 비관용적 정책, 지구적 감시 등을 확산시켰고, 이로 인해 서구에 사는 무슬림은 물론이고 무슬림 국가 내부의 무슬림까지 포함한 무슬림 일반대중이 피해를 입고 있다.

1979~80년에 이란이 미국인들을 인질로 억류한 것은 대담한 조치였고 미국의 자존심에 상처를 입혔지만 미국으로 하여금 국내의 감시망을 강화하고 해외에서 적대적인 행동에 더 많이 나서게 하는 결과를 초래했다. 전투적인 이슬람주의자들이 이란 내 미국 대사관의 담장을 오른 바로 그날에 테헤란의 거리에서는 수많은 실업자들이 일자리와 사회적 보호를 요구하며 시위행진을 벌였다. 그러나 그들의 절박한 호소는 '대악마(Great Satan, 이란의 이슬람주의자들이 미국을 가리킬 때 사용하는 말—옮긴이)'와의 싸움에 몰두한 전투적 이슬람주의자들의 민족주의적 외침에 압도당하고 말았다.[42] 이란의 인질극은 미국으로 하여금 이란–이라크 전쟁을 뒷받침하게 했고, 그 전쟁은 수백만 명의 생명을 앗아가고 막대한 경제적 파괴를 낳았다. 최근에야 비로소 일각에서 '당시의 인질극으로 이익을 본 쪽이 움마(이슬람 공동체—옮긴이)인가, 제국주의인가'라는 공개적인 의문제기가 이루어지기 시작했다. 그런데 그로부터 사반세기가 지난 지금 또 다시 역사가 반복되려고 하고 있고, 실제로 반복된다면 이번에는 그 결과가 더욱 비극적일 것으로 예상된다. 유대인 대학살에 관한 아흐마디네자드 이란 대통령의 발언과 대중주의적인 그의 언어가 이미 워싱턴과 텔아비브의 가장 위험한 주전론자들에 의해 악용되고 있다. 그들은 이슬람 공화국을 표방하고 있는 이란에 대한 대대적인 공습을 꿈꾸고 있다.[43]

그나마 좋은 소식은 세월의 시련을 겪은 이슬람주의 운동이 이제는 나름의 민주적인 정서, 다원주의 원칙, 보다 포용적인 목표 아래 기존의 입장을 수정할 수 있게 됐을 뿐 아니라 실제로 수정하고 있다는 것이다. 예를 들어 최근 몇 년 동안에 이집트와 요르단의 무슬림형제단에서, 레바논의 헤즈볼라에서, 그리고 특히 1990년대 말께 이론과 실천에서 '탈이슬람주의'로 돌아선 이란 내 1980년대 세대의 이슬람주의자들 사이에서 분명한 변화의 조짐이 관찰된다. 탈이슬람주의의 반제국주의는 예를 들어 이슬람주의가 추구해온 전 지구적 지하드의 반제국주의와는 다를 뿐만 아니라 하층계급 무슬림들에게 보다 큰 의미가 있을 것이다.

의미 있는 반제국주의는 자발적 행동에 대한 요구나 선동과는 거리가 멀다. 그것은 정의, 포용, 인간의 존엄성에 근거를 둔 헤게모니를 건설하는 일과 관련된 것이며 명쾌함, 솔직성, 그리고 무엇보다도 자신감을 전제조건으로 요구한다. 그것은 끈질기고 철저하며 면밀한 전략 아래서 새로운 제국의 요구에 저항하기 위해 전 세계 인류의 마음을 얻어내는 것이다. 이는 곧 서로 마음을 열고, 관계를 맺고, 협의를 하는 것을 의미하는 동시에 해방을 위해(외세의 제국주의적 지배로부터의 해방을 위해서뿐만 아니라 국내의 정치적, 가부장적, 경제적, 종교적 지배로부터의 해방을 위해서도) 투쟁하는 지구상의 모든 사람(인종, 민족, 종교, 사회적 성을 불문하고)과 함께할 수 있는, 그리고 그들 모두를 위한 하나의 지구적 강령을 만들어내는 것을 의미한다. 이는 또한 토착주의, 배타주의, 권위주의, 외국인혐오주의를 넘어서는 것을 의미한다.

제국주의적 패권 대신에 국내의 억압체제를 만들어내는 투쟁이라면 그것이 제아무리 영웅적인 투쟁이라 하더라도 대다수 무슬림들의 이익에 도움이 되지 않을 것이다. 중동에서는 대부분의 사람들은 물론이고 대부분의 해방의 사상들도 지난 수십 년에 걸쳐 민족주의, 식민주의, 바스당 노선(바스당은 1940년대부터 범아랍주의와 민족주의를 표방하고 중동의 여러 나라에서 결성된 정당. 대표적인 바스당 정권이었던 사담 후세인 전 이라크 대통령의 정부는 독재정권으로 변질됐고 미국과의 전쟁에서 패배했다—옮긴이), 제국주의 등의 십자포화에 시달려왔고, 이제는 이슬람주의와 신자유주의적 제국의 협공을 받고 있는 가운데 그 협공에서 벗어나려는 시도를 하고 있다. 이렇게 볼 때 '제국에 어떻게 도전할 것인가'뿐만 아니라 '해방을 어떻게 실현할 것인가'도 진보세력이 답변해야 할 핵심적인 물음이다. 왜냐하면 진보세력의 궁극적인 목표는 반제국주의가 아니라 해방이기 때문이다.

주석

1 이는 '테러전쟁: 우리는 어떻게 해야 이길 수 있을까(The Terror War: How We Can Win)'를 주제로 2004년 11월 15일에 열린 심포지엄에서 극우적 논평가인 글라조프(Gamie Glazov)가 한 말이다. 그 내용은 www.frontpagemagazine.com에서 볼 수 있다.

2 예를 들어 Edward Ellis, 'The Left and "Reactionary Anti-imperialism"–The Theory of Accommodation', Workers' Liberty, 30 March 2002를 보라. 이 글은 www.workersliberty.org 에서 찾아 볼 수 있다.

3 Dave Crouch, 'The Bolsheviks and Islam', International Socialism, 110, Spring 2006, p. 38.

4 예를 들어 Chetan Bhatt, 'The Fetish of the Margins: Religious Absolutism, Anti-Racism and Postcolonial Silence', New Formations, 59, Autumn 2006에 나오는 흥미로운 비평을 참고하라.

5 Paul Lubeck, 'The Islamic Revival: Antinomies of Islamic Movements under Globalization', CGIRS Working Paper Series, Number 99-1, University of California, Santa Cruz를 보라. 이 글은 www2.ucsc.edu/cgirs에서 찾아 볼 수 있다.

6 예를 들어 J. Haynes, Religion in Third World Politics, Buckingham: Open University Press, 1993; Phil Marfleet, 'Globalization and Religious Activism', in Ray Kiely and Phil Marfleet, eds., Globalization and the Third World, London: Routledge, 1998, pp. 185~215; John Esposito, 'Religion and Global Affairs: Political Challenges', SAIS Review: A Journal of International Affairs, 18(2), Summer/Fall 1998를 보라.

7 Mike Davis, Planet of Slums, London: Verso, 2006.

8 Kenneth Pomeranz, 'Empire and "Civilizing Mission": Past and Present', Daedalus, Spring 2005, pp. 34~35를 보라.

9) Niall Ferguson, 'The Unconscious Colossus: Limits of (and Alternative to) American Empire', Daedalus, Spring 2005, p. 20. See also Ferguson, Empire: How Britain Made the Modern World, London: Allen Lane, 2003, p. 358.

10 Interview with David Harvey, by Alberto Toscano, Development and Change Forum, 2007, forthcoming.

11 Asef Bayat, 'Is There a Future for Islamic Revolutions? Religion, Revolt, and Middle Eastern Modernity', in John Foran, David Lane, and Andreja Zivkovic, eds., Revolution in the Making of the Modern World: Social Identities, Globalization and Modernity, London, Routledge (forthcoming). 알카에다를 윤리적 운동으로 분석한 괜찮은 글로는 Faisal Devji, Landscapes of the Jihad: Militancy, Morality, and Modernity, New York: Cornell University Press, 2005가 있다.

12 Asef Bayat, Making Islam Democratic: Social Movements and the Post-Islamist Turn, Stanford: Stanford University Press, 2007을 참고하되 특히 1장을 보라.

13 Asef Bayat, 'Is There a Future for Islamic Movements?'를 보라.

14 Ali Shariati의 Shi'eh-ye Alavi and Shi'e-ye Safavi, Tehran, 1979와 Jahat-guiri-ye Tabaqati-ye Islam, Tehran, 1980을 보라.

15 Ali Shariati, Insan, Islam, va Marxism, Tehran, 1977.

16 Ervan Abrahamian의 'The Guerrilla Movement in Iran, 1963~1977', 86 MERIP Reports, 86, March-April 1980와 Radical Islam: The Iranian Mojahedin, London: I.B. Tauris, 1989를 보라.

17 Sayyid Qutb, Ma'rikat al-Islam wa al-Ra'sulmaliya, Cairo: Dar al-Shorouk, 2006.

18 사실은 이미 1954년에 버나드 루이스(Bernard Lewis)는 이슬람교의 윤리와 공산주의의 정신이 어떻게 양립할 수 있는지를 설명하는 내용의 글을 쓴 바 있다. Lewis, 'Communism and Islam', International Affairs, 30(1), January 1954를 보라.

19 2006년 2월 www.ikhwanonline.com에 실린 아키프(Akif)의 글 'al-Wilayat al-Muttahida' 및 2006년 3월, 4월에 같은 웹사이트에 실린 그의 글을 보라.

20 Esam el-Eryan, 'Al-Ikhwan al-Muslimun wa Amrika', December 2005, in www.ikhwanonline.com.

21 같은 자료.

22 Adel Hussein, 'Al-'Awlama wa Sera'atna Ma'a al-Gharb', in Muhammad Ibrahim Mabruk, et al., eds., Al-Islam wa al-Awlama, Cairo: Dar al-Qawmiya al-Arabiya, 1999.

23 Ahmad Abdelrahman, 'Al-'Awlama: Wojhat Nazar Islamiya', in Mabruk, Al-Islam wa al-'Awlama, pp. 91~100.

24 같은 자료.

25 Adel Hussein, 'Al-'Awlama wa Sera'atna Ma'a al-Gharb'.

26 Mesbah Yazdi, Tahajom-e Farhagui, Tehran, 1997(아랍어 번역서는 Al-Ghazw al-Thiqafi)을 보라.

27 예를 들어 Mahmood Mamdani, Good Muslims, Bad Muslims, New York: Pantheon, 2004를 보라.

28 Asef Bayat, 'Islamism and the Politics of Fun', Public Culture, vol. 19, no. 3, October 2007을 보라.

29 Reported in Kargozaran, 17 Ordibehesht 1386, p. 1.

30 For a good analysis see Kaveh Ehsani, 'Iran's Populist Threat to Democracy', Middle East Report, 241, Winter 2006, pp. 4~9.

31 Richard Landes, 'Strange Bedfellows: The Islamists and the far…What?', 18 May 2006. 이 글은 www.theaugeanstables.com에서 볼 수 있다.

32 이들 주전론자의 주장에 대해서는 Norman Podhoretz, 'The Case for Bombing Iran', Commentary, June 2007을 보라.

33 Onder Cetin, 'The Bosnian Ulema and the Negotiation of Islamic Revivalism in Multi-Ethnic Bosnia', unpublished paper, ISIM Seminar, Leiden, 23 January 2007을 보라.

34 Nelosn Banya, 'Zimbabwe Heads for Dark Days as Power Cuts Loom', Reuters News Agency, 9 May 2007.

35 L. Boff and C. Boff, Salvation and Liberation, New York: Orbis Books, 1988, p. 13. 중남미의 해방신학에 관한 이 부분의 논의는 이 책과 다음의 책들을 주로 참고해 전개했다. Christian Smith, The Emergence of Liberation Theology, Chicago: University of Chicago Press, 1991; Michael Lowy, The War of Gods: Religion and Politics in Latin America, London: Verso Press, 1996.

36 이런 의미에서 해방신학자들은 이슬람주의자들과 비슷하다기보다는 중동의 탈이슬람주의 지식인들이나 사회의식을 갖춘 이란의 성직자들과 비슷했다. 중동의 탈이슬람주의 지식인들과 사회의식을 갖춘 이란의 성직자들은 이슬람교를 근본주의적 이슬람주의의 권위주의적 관행으로부터 구해내어 관용적인 종교로 복원하는 것을 사명으로 삼았다. 이슬람주의의 핵심에는 비민주적인 정치체제가 자리 잡고 있지만, 탈이슬람주의의 종교적 담론에서는 '공화주의 신학(republican theology)'이 중심적인 개념으로 떠올랐다. Asef Bayat, Making Islam Democratic을 보라.

37 G. Gutierrez, A Theology of Liberation, New York: Orbis Books, 1988. Martin Lee and Pia Gallegos, 'Gustavo Gutierrez with the Poor', Christianity and Crisis, 47(5), 1987.

38 이 점에 대한 보다 자세한 설명은 Bayat, Making Islam Democratic에 들어 있다.

39 Jose Miguez Bonino, Doing Theology in a Revolutionary Situation, Philadelphia: Fortress, 1976, p. 88.

40 Asef Bayat, 'Karl Marx and Ali Shariati', Alif: Journal of Comparative Poetics, 9, April 1990을 보라.

41 하지만 현대화를 지향하는 이슬람주의 지식인들은 계속해서 이슬람교의 바깥에서 새로운 요소를 받아들이고 있다. 예를 들어 레바논의 셰이크 파드룰라(Sheikh Fadlullah)는 파농의 저작을 읽었다고 하고, 터키의 압두르라흐만 딜리파크(Abdurrahman Dilipak)는 안토니오 그람시와 나눈 대화를 전하기도 했다.

42 Asef Bayat, 'Workless Revolutionaries: The Unemployed Movement in Revolutionary Iran', International Review of Social History, 42(2), August 1997을 보라.

43 Seymour Hersh, 'The Iran Plans', New Yorker, 17 April 2006을 보라.

마르크스주의의 관점에서 본 오늘날의 종교와 정치

질베르 아슈카르

내가 베이루트에 있는 한 고등학교의 졸업반 학생이었을 때 그 학교에는 훌륭한 역사 선생님이 한 분 계셨다. 그 분이 우리 반 학생들에게 들려주는 러시아혁명에 관한 이야기를 숨죽이고 귀 기울여 듣던 일을 나는 아직도 기억하고 있다. 그 해는 1967년이었다. 혁명에 관한 소문이 떠돌고 있던 때였고, 나는 마르크스주의로 '개종'한 상태였다. 다른 훌륭한 역사 선생님도 다 그러겠지만 우리의 역사 선생님도 과거, 현재, 미래의 여러 가지 문제에 대해 학생들과 토론을 하곤 했고, 그 토론은 수업시간에만 한 것이 아니라 방과 후까지도 이어졌다.

그때의 토론 가운데 하나가 내 기억 속에 생생하게 남아있다. 쉬는 시간에 벌어진 종교에 관한 토론이었다. 우리가 무엇 때문에 그 토론을 하게 됐는지는 기억나지 않는다. 그러나 실증주의적 마르크스주의자로서 내가 완전히 확신하고 있었던 생각, 즉 21세기에는 과학과 교육의 발전이 종교를 쓸어낼 것이라는 생각을 밝히자 그 역사 선생님이 반박을 했던 사실과 그 반박이 내게 안겨준 깊은 좌절감은 지금도 기억난다. 그때 나는 몇십 년 안에 전 세계적으로 사회주의 혁명이 승리를 거둘 수 있을 것이라고 기대했고, 따라서 당연히 21세기는 그 승리의 결과가 실현되는 세기가 될 것이라고 상상했다. 그러나 역사 선생님은 사회가 물질적으로 부유해지는 과정이 계속 진행되다 보면 사람들이 영적인 것을 찾는 경향이 강화될 것이라는 견해를 갖고 있었다. 내 기억이 맞는다면 그 선생님은 앙드레 말로가 한 말로 알려져 있는 유명한 선언이자 그 뒤로 많은 논란의 대상이 되기도 한 명제를 긍정적인 태도로 인용했다. 그것은 21세기는 '종교적'인 세기가 될 것이라는 명제였다.[1]

결과적으로 그 선생님의 생각이 옳았던 것일까? 지금 종교적인 신조, 운동, 분파가 보여주는 활력은 21세기의 종교성을 증명해주는 것 아닌가? 어쨌든 내가 어렸을 때 품었던 기대가 그릇된 것이었음은 의심할 나위도 없다. 그렇지만 나는 당시에 내 생각과 정반대였던 견해가 승리했다고 인정하고 싶지도 않다. 내 생각과 그 선생님의 견해, 둘 다 그릇된 것이었음이 그동안 입증됐다고 보는 게 옳다. 나와 그 선생님은 21세기의 사회는 풍요로운 사회일 것이라고 똑같이 가정했고, 이런 가정을 토대로 서로 다른 예상을 했던 것이다. '21세기가 무신론적인 세기가 될 것인가, 아니면 종교적인 세기가 될 것인가?'는 그러한 기본적인 가정에서 도출된 하나의 물음이었을 뿐이다. 이 물음은 이렇게 바꿔 표현해볼 수 있다. '물질적 욕구의 충족은 종교적 영성에 대한 욕구를(또는 그러한 욕구라고 간주되는 것을) 강화시키는가?'

우리는 이 물음에 대한 정답을 가까운 미래에는 알 수 없을 것이다. 왜냐하면 '결핍으로부터 자유로운 세계'는 '공포로부터 자유로운' 세계만큼이나 먼 미래에나 가능할 것으로 전망되기 때문이다. 결핍으로부터의 자유와 공포로부터의 자유는 프랭클린 루스벨트가 1941년에 자기가 희구하는 세계를 떠받치는 기둥이 될 것이라고 말한 '네 가지 자유' 가운데 세 번째와 네 번째 자유다. 그가 첫 번째 자유로 꼽은 '언론의 자유'는 비록 아직 완전한 실현에는 많이 못 미치는 수준이긴 하지만 그동안 크게 신장된 것이 분명하다. 그가 두 번째 자유로 꼽은 '각자 자신의 방식으로 신을 섬길 자유'는 루스벨트의 시대에는 주로 스탈린주의가 강요하는 독단적인 '무신론'으로부터 위협을 받고 있다고 사람들이 생각했지만 이제는 그렇지 않다. 그 대신 광신도들, 다시 말해 다양한 종류의 종교적 근본주의자들이 신 또는 어떤 신적인 존재를 숭배하는 단일의 방식을 강요하고 있고, 이제는 이런 강요가 루스벨트가 말한 두 번째 자유를 주로 위협하고 있다. 오늘날 세계의 대부분에서 가장 결여돼 있고 가장 위협을 받고 있는 것으로 보이는 자유는 그 어떤 신도 숭배하지 않으면서 자기 나름의 방식으로 살아갈 자유다. 이런 자유가 위협을 받게 된 것은 결코 진보가 아니며, 오히려 역사적으로 무시할 수 없는 이념적 퇴보의 조짐이라고 봐야 할 것이다.

'과학혁명'(1543년에 코페르니쿠스가 발표한 지동설을 시작으로 16~17세기에 걸쳐 이어진 여러 과학적 발견을 지칭—옮긴이) 이후 다섯 번째 세기의 초엽에 종교가 탄력성을 보이며 되살아나는 현상은 세계에 대해 실증주의적 견해를 갖고 있는 사람들 모두에게 하나의 수수께끼다. 그러나 세계에 대해 진정으로 마르크스주의적인 이해를 하는 사람들에게는 그렇지 않다는 것을 나는 마르크스주의 이론을 좀 더 깊게 알게 되면서 깨닫게 됐다. 이 글에서 나는 일반적으로 종교가 지닌 탄력성을 이해하는 데 필요한 실마리를 제시하는 것과 역사의 상이한 시대에 생겨난 다양한 종교적 이데올로기와 그 구체적인 특징에 대해 설명하는 것을 목표로 삼고자 한다. 이런 목표를 설정하는 것은 종교가 우리의 시대에도 '지배 이데올로기'의 일부로 살아남아 있을 뿐만 아니라 다른 한편으로는 기존의 지배적인 사회적, 정치적 조건에 대항하는 전투적 이데올로기도 만들어내고 있기 때문이다. 그와 같은 전투적 이데올로기 가운데 두 가지가 특히 최근에 주목받아 왔다. 그것은 기독교의 해방신학과 이슬람교의 근본주의다. 나는 이 두 가지 현상에 대해 그동안 종교사회학의 기여로 더욱 충실해진 마르크스주의 이론의 관점에서 비교분석하고 평가하려고 한다. 이런 일은 해볼 만할 뿐 아니라 정치적인 깨우침을 얻게 해줄 수 있는 시도라고 생각된다.

종교에 대한 마르크스의 견해

종교라는 주제에 대한 마르크스의 사고범위는 그가 '청년 헤겔학파'의 철학에서 계급투쟁을 중시하는 급진적인 유물론, 즉 지금 우리가 마르크스주의라고 부르는 사상으로 이행하기 시작했을 때 그 자신이 정립한 이론적 강령에 나타나 있다. 그의 저서 《헤겔 법철학 비판》의 '서문'에 나오는 구절이자 그동안 수없이 인용된 종교에 관한 구절은 그의 사상이 형성되는 과정에서 결정적이었던 전환점의 표현이다. 그는 1843년 여름에 《헤겔 법철학 비판》(이 책 전체는 그의 생전에는 출판되지 못했다)의 초고를 쓴 다음에 같은 해 연말과 다음 해 초에 걸쳐 '서문'을 써서 1844년에 〈독불연보〉를 통해 발표했다. 그는 이 '서문'이 발표해도 좋을 만큼 잘 씌어졌다고 생각했던 것이 분명하다. 왜냐하면 그는 평생 자기의 저작물 가운데 스스로에게 완전히 만족스럽지 않은 것은 발표하기를 꺼렸기 때문이다. 그 다음 해에 그가 쓴 《포이어바흐에 관한 테제》라는 유명한 글과 함께 이 '서문'은 나중에 안토니오 라브리올라(1843~1904, 이탈리아에 처음으로 마르크스주의를 도입한 이탈리아의 철학자— 옮긴이)가 '실천의 철학(philosophy of praxis)'이라고 부르게 되는 것으로 나아가는 그의 사유경로를 잘 보여준다.[2] 1844년에 발표된 '서문'에서 마르크스는 다음과 같이 밝혔다.

"인간이 종교를 만드는 것이지 종교가 인간을 만드는 것이 아니다. 이것이 바로 비종교적인 비판의 토대다. 사실 종교는 아직 자기 자신을 찾지 못했거나 이미 자기 자신을 다시 잃어버린 사람의 자의식이자 자만심이다. 그러나 인간은 세계의 바깥에 웅크리고 앉아있는 추상적인 존재가 아니다. 인간은 인간의 세계, 즉 국가이고 사회다. 이 국가, 이 사회는 뒤집어진 세계이며, 따라서 세계에 대한 뒤집어진 의식인 종교를 만들어낸다. 종교는 이런 뒤집어진 세계에 대한 일반적인 이론이고, 그 백과사전식 개요이고, 그 통속적인 형태의 논리이고, 그 영적인 명예가 걸린 문제이고, 그 열광이고, 그 도덕적 승인이고, 그 엄숙한 보완물이고, 그 위안과 정당화의 보편적 토대다. 그것은 인간의 본질을 허구적으로 실현한 것이다. 왜냐하면 인간의 본질은 아직 그 어떤 현실성도 획득하지 못했기 때문이다. 그러므로 종교에 대항하는 투쟁은 간접적으로 종교라는 영적 향기를 두른 세계에 대항하는 투쟁이 된다."[3]

여기서 마르크스는 종교에 대한 루트비히 포이어바흐의 비판에 들어있는 핵심적인 사상 하나("인간이 종교를 만드는 것이지 종교가 인간을 만드는 것이 아니다")를 진술한 다음에 그 진술이 담고 있는 의미를 끌어내어 보여주면서 포이어바흐가 그렇게 하지 못했다고 질책한다. 그 뒤에 이어지는 진술, 즉 "인간은 세계의 바깥에 웅크리고 앉아있는 추상적인 존재가 아니다"는 포이어바흐에 대한 직접적인 반박이다. 인간의 세계 그 자체, 다시 말해 사회와 국가 그 자체가 '뒤집어져' 있기 때문에 종교는 '세계에 대한 뒤집어진 의식'이라는 것이다. 헤겔의 변증법과 관련해 마르크스가 말한 바 있는 다른 비유를 차용한다면 인간의 세계는 물구나무선 모습을 하고 있다는 것이다.

청년 마르크스(《헤겔 법철학 비판》의 '서문'을 발표한 1844년에 마르크스의 나이는 26살이었다—옮긴이)는 포이어바흐의 사상을 따라, 그리고 주로 기독교를 염두에 두고 저속한 '허위의식'으로서 종교가 지닌 본질과 함께 종교가 수행하는 심리적(영적)인 역할을 완전히 인정했다. 이 점은 "종교는 이런 뒤집어진 세계에 대한 일반적인 이론이고, … 그 통속적인 형태의 논리이고, … 그 열광이고, … 그 위안과 정당화의 보편적 토대"라는 구절에서 드러난다. 그럼에도 불구하고 종교에서 인본주의(휴머니즘)의 한 형태("인간의 본질을 허구적으로 실현한 것")를 발견할 수 있다면 그것은 "인간의 본질은 아직 그 어떤 현실성도 획득하지 못했기 때문"에 허구적이라는 것이다. 그렇기에 "종교에 대항하는 투쟁은 간접적으로 종교라는 영적 향기를 두른 세계에 대항하는 투쟁"이 된다.

이어 마르크스는 다음과 같은 통찰을 제시한다.

"종교적 고난은 실제의 고난을 표현하는 것인 동시에 실제의 고난에 대한 항의다. 종교는 피억압자들의 한숨이자 무정한 세계의 영혼인 동시에 정신이 없는 상황의 정신이다. 그것은 인민의 아편이다. 인민에게 행복의 환상일 뿐인 종교를 극복하라는 것은 인민의 진정한 행복을 요구하는 것이다. 인민에게 그들 자신의 여건에 대한 환상을 포기하라고 요구하는 것은 필연적으로 환상을 낳는 그들 자신의 여건을 포기하라고 요구하는 것이다. 그러므로 종교에 대한 비판은 종교의 후광을 둘러쓴 눈물의 계곡에 대한 맹아 단계의 비판이다."

종교는 '고난'의 한 가지 표현, 다시 말해 실제 고난의 승화된 표현인 동시에 그 고난에 대한 '항의'라는 것이다. 이는 실로 대단한 통찰력을 보여주는 진술이다. 그러나 마르크스는 유감스럽게도 종교가 지닌 '고난에 대한 항의' 부분을 더 추적하지 않았다. 이어지는 두 개의 문장에서 그는 '고난의 표현'이라는 측면만 강조했다. 그 두 개의 문장은 종교에 관한 마르크스의 문장 가운데서 가장 많이 인용되는 것이다. "종교는 피억압자들의 한숨이자 무정한 세계의 영혼인 동시에 정신이 없는 상황의 정신이다. 그것은 인민의 아편이다." 만약 마르크스가 애초에 자신이 통찰한 바를 그대로 고수했다면, 그래서 '아편'의 진통효과로 비유된 종교의 체념적 측면뿐만 아니라 종교의 행동유발적 측면도 파악하려고 했다면 두 개의 문장 중 뒤엣것, 특히 종교를 각성물질에 비유한 표현은 이렇게 달리 씌어졌을지도 모른다. '종교는 인민의 아편인 동시에 인민의 코카인이다.'[4]

인민이 '행복의 환상'으로 작용하는 종교를 극복하기를 우리가 원한다면 그것은 인민이 '실제의 행복'을 누리게 하기 위해서일 것이다. 인민이 '그들 자신의 여건에 대한 환상'을 떨쳐내기를 우리가 원한다면 그것은 인민이 그들의 실제 여건을 근본적으로 변화시켜 더 이상 필연적으로 환상을 초래하지 않는 여건을 실현해야 한다고 생각한다는 뜻일 것이다. 바로 여기에 종교에 대한 비판이 '종교의 후광을 둘러쓴 눈물의 계곡', 즉 '실제의 고난'에 대한 비판으로 이어질 잠재력을 갖게 되는 이유가 있다. 그리고 마르크스가 말한 '맹아'가 계속 자라나도록 허용된다면 종교에 대한 비판이 '실제의 고난'에 대한 비판으로 실제로 발전할 것이다. 그러므로 종교에 대한 비판은 인간의 세계, 다시 말해 국가, 사회, 법률, 정치에 대한 비판으로 이어져야 한다. 그리고 철학은 '성스러운 형태'의 인간소외를 폭로한 다음에는 '성스럽지 못한' 세속적 형태의 인간소외도 폭로하려고 노력해야 한다.

"일단 성스러운 형태의 인간소외가 폭로됐다면 성스럽지 못한 형태의 인간소외를 폭로하는 것이 철학의 으뜸가는 과제다. 그러므로 천상에 대한 비판은 지상에 대한 비판으로, 종교에 대한 비판은 법률에 대한 비판으로, 신학에 대한 비판은 정치에 대한 비판으로 전환된다."

이런 방향의 사색은 1845년에 씌어진 《포이어바흐에 관한 테제》에서 시도되고, 그 결과는 혁명적 실천, 다시 말해 '혁명적이고 실천비판적인 활동'에 관한 결론으로 이어진다.

"포이어바흐는 종교적 자기소외라는 사실, 즉 세계가 종교적인 상상의 세계와 세속적인 세계로 이중화된다는 사실에서 출발한다. 그의 작업은 종교적인 세계를 그 세속적인 토대에 귀착시키는 것이다. 그러나 그러한 작업이 완수된 뒤에도 수행돼야 할 중요한 일이 남아있게 된다는 점을 그는 간과했다. 세속적 토대가 그 자신으로부터 이탈하고 떠올라 구름 속에서 하나의 독립된 영역으로 자리 잡게 된다는 사실은 그 세속적 토대의 내부적 갈등과 내재적 모순에 의해서만 설명될 수 있다. 그 세속적 토대는 우선 그 자체의 모순 속에서 이

해돼야 하고, 그런 다음에 그 모순의 제거를 통해 변혁돼야 한다. … 그동안 철학자들은 세계를 다양한 방식으로 해석해왔을 뿐이다. 중요한 것은 세계를 변화시키는 일이다."[5]

공교롭게도 지난 40여 년 동안 두 가지 종교적 운동이 각각 나름의 '신의 왕국' 또는 '천상으로 가는 대기실'을 지상에 세우기 위해 전복적인 방식으로 '세계를 변화시키는 일'을 해왔다. 그 두 가지 종교적 운동은 기독교 해방신학과 이슬람교 근본주의다. 그 성격은 각각의 종교적 운동의 등장과 각각의 종교적 운동이 등장한 지역에서 비종교적 좌파가 겪은 운명 사이의 상관관계에서 엿볼 수 있다. 해방신학의 운명은 중남미에서 비종교적 좌파가 겪은 운명과 거의 병행했다. 사실 중남미에서 해방신학은 전반적인 좌파의 한 구성부분으로 활동했고 그렇게 여겨졌다. 반면에 이슬람주의의 근본주의는 무슬림이 인구의 다수인 나라들 대부분에서 좌파에 대한 경쟁세력이자 대안세력으로 발전했다. 실제로 이슬람주의의 근본주의는 무슬림들로 하여금 '비참한 현실'과 그러한 현실에 대해 책임이 있는 국가와 사회에 항의를 하도록 유도하려고 애썼다. 좌파와의 상관관계가 이렇게 상반된다는 것, 즉 기독교 해방신학의 경우에는 좌파와 같은 방향의 상관관계를 갖고 있고 이슬람교 근본주의의 경우에는 좌파와 반대 방향의 상관관계를 갖고 있다는 것은 이 두 가지 역사적 운동 사이에 큰 차이가 있음을 시사한다.

오늘날의 종교와 급진주의: 해방신학

해방신학은 미셸 뢰비가 기독교와 사회주의 사이의 '선택적 친화성'이라고 부른 것의 현대적 구현을 대표한다. '선택적 친화성'이라는 표현은 원래 막스 베버가 만들어낸 것이며, 괴테가 자기의 작품에 붙인 제목이기도 하다. 뢰비는 이 표현을 되살려 기독교와 사회주의 사이의 관계를 묘사하는 데 적절히 사용했다.[6] 보다 정확하게 말하면 '선택적 친화성'이 이미 사라진 초기 기독교의 유산을 끌어모아 기존의 사회적 지배질서를 뒷받침하는 제도화된 이데올로기나 코뮌주의적 유토피아주의로 전환시켰다고 할 수 있다. 여기서 코뮌주의적(communistic)이라는 말은 산업자본주의가 등장하면서 정식화된 공산주의 이론과는 무관한 표현이다. 베버 자신도 초기 기독교의 이런 측면을 썩 훌륭하게 묘사한 바 있다.

"종교가 카리스마(창시자의 초인간적인 특징 등을 토대로 해서 인정되는 권위—옮긴이)를 유지하는 기간에는 토지재산 소유를 거부하는 사람만이 그 종교의 사도가 될 수 있고, 일반 신도도 토지재산 소유에 대해 무관심한 태도를 갖도록 권유된다. 이렇게 권유되는 태도는 예루살렘의 초기 기독교 공동체에 존재했던 것이 분명한 사랑에 토대를 둔 카리스마적 코뮌주의의 완화된 형태다. 예루살렘의 초기 기독교 공동체에서는 그 구성원들이 재산을 소유하되 '마치 그 재산을 소유하지 않고 있는 듯이' 소유했다. 선교사들, 특히 사도 바울로 하여금 경제적 이익을 거부하는 예루살렘의 공동체를 위해 해외로 나가 성금을 모으도록 한 것은 곤궁한 형제들과 그러한 무제한적이고 비이기적인 공유를 한다는 정신이었다. 많은 논란의 대상이 된 기독교 전통의 바탕에 깔려 있는 것은 그 어떤 이른바 '사회주의' 조직이나 공산주의적 '집단소유'가 아니라 아마도 바로 그러한 공유의 정신일 것이다. 그러나 종말론적 기대가 사라지고 나면 모든 형태의 카리스마적 코뮌주의는 쇠퇴해 수도사 집단에 한정되며, 그러한 집단에서 모범적으로 신을 따르는 소수만 특별히 존중하는 관심사가 된다."[7]

16세기 초에 토마스 뮌처(1490~1525, 독일의 종교개혁기에 농민봉기를 이끈 성직자이자 신학자—옮긴이)는 훗날인 1850년에 프리드리히 엥겔스가 '공상에 의한 공산주의 '예견'[8]이라고 부른 정책강령을 기독교의 언어로 정식화했다. 뮌처가 그렇게 할 수 있었던 것은 카리스마적 단계의 기독교와 코뮌주의적 사회정책 사이의 '선택적 친화성' 덕분이었다. 그러나 엥겔스는 지배적인 역사적 조건에 부합하지 않는다고 스스로 생각한 것은 모두 '인간의 공상'이라고 규정했다는 점에 비추어 그가 뮌처의 정책강령을 '공상에 의한 공산주의 예견'이라고 한 것은 문제가 있는 표현이었다. 엥겔스는 뮌처의 '코뮌주의'와 애초의 기독교 사이에 친화성이 있음을 인정했지만 어설프게 결정론적인 동시에 기이하게 이상주의적이기도 한 모순된 결론을 다음과 같이 내렸다.

"이 점에서 애초의 기독교에서 볼 수 있는 천년왕국적인 환희는 우리의 출발점으로 삼기에 알맞다. 그러나 다른 한편으로 그것은 현재뿐만 아니라 미래도 넘어서는 것이며, 지나치게 공상적이라고 하지 않을 수 없다. 그것은 최초의 실천적 적용에서부터 지배적인 조건에 의해 설정되는 좁은 한계 안에 갇혀버렸다. … 공상에 의한 공산주의 예견은 현실에서는 근대의 부르주아적 조건을 예견한 것이었다."[9]

엥겔스는 그 자신이 '애초의 기독교에서 볼 수 있는 천년왕국적인 환희라고 부른 것'과 '사회적 격변과 심각한 생활난에 직면한 독일 농민들의 역사적 조건' 사이의 친화성에서 그 자신이 '공상에 의한 예견'과 '천재의 예견'이라고 부른 것의 단서를 찾아낼 수도 있었지만 그렇게 하지 못했다. 엥겔스가 봉기한 농민들의 사회적 정책강령에 대해 미래의 상태에 대한 공상적인 예견이라고 평가한 것은 그가 '역사적 유물론자'라는 점에 비추어 실로 놀라운 일이다. 독일 농민들의 다양한 강령적 선언은 사실은 '공상'의 산물이 아니라 두 가지 기본요소가 다양하게 결합한 결과였다.

그 두 가지 기본요소 가운데 하나는 애초의 기독교에서 발견되는 유토피아적

'코뮌주의' 정신이었고, 다른 하나는 고대 게르만족의 공동체적 재산소유 체제를 '낭만적'으로 그리워한 농민들의 태도였다. 중세 사회가 점차 해체돼간 결과로 궁핍화와 프롤레타리아화에 직면하게 된 독일의 농민들이 그러한 태도를 보였다. 이는 350여 년 뒤에 오브시치나(러시아의 전통적인 촌락공동체—옮긴이)를 그리워한 러시아 농민들의 태도와 같은 것이었고, 다만 러시아에서는 나로드니키들이 그러한 농민들의 심정을 대변했다. 둘 다 '역사의 수레바퀴를 거꾸로 돌리려고 하는 일부 중산계급의 반동적 시도'라고 마르크스와 엥겔스가《공산당 선언》에서 규정한 것의 구체적인 사례다.[10] 그러나 마르크스가 러시아의 경우에 대해 훗날 인정했듯이[11] 과거의 사회형태에 대한 집착이 집단적 소유의 보존을 의미할 때에는 역사의 수레바퀴를 거꾸로 돌리는 것도 적어도 이론상으로는 용수철 효과를 통해 큰 폭의 전진을 촉진하는 강력한 추동력을 만들어낼 수도 있다.

애초의 기독교가 갖고 있었던 코뮌주의적 측면은 뮌처의 정책강령에 대한 엥겔스의 평가에 의미를 부여한다.

"당시에 존재하던 평민들의 요구를 모은 것이라기보다는 평민들 사이에서 막 발전하기 시작한 프롤레타리아적 요소의 해방에 필요한 조건에 대한 한 천재의 예견인 그의 정책강령은 신의 왕국, 즉 예언된 천년왕국을 지상에 즉각 수립할 것을 요구했다. 이는 교회를 그 원래의 모습으로 되돌리고, 뮌처가 애초의 기독교라고 생각한 것에 어긋나는, 그러나 사실은 교회에 대한 매우 근대적인 개념에 어긋나는 모든 제도를 폐지하는 것에 의해 달성돼야 했다. 신의 왕국이라는 말로 뮌처가 이해한 것은 계급차별과 사유재산이 없고 사회구성원들의 뜻에 반해 행사되는 국가권력이 없는 상태의 사회와 다르지 않았다. 모든 기존의 권위는 혁명에 승복하고 동참하지 않는 한 전복돼야 하고, 모든 노동과 모든 재산은 공유돼야 하며, 완전한 평등이 이루어져야 한다고 그는 가르쳤다."[12]

여기서도 젊은 엥겔스의 어설픈 역사적 유물론이 너무도 명백하게 드러난다. 엥겔스는 자기의 어설픈 유물론을 지켜내려고 애썼고, 이를 통해 '코뮌주의적' 정책강령을 자본주의 아래에 있는 프롤레타리아만의 것으로 규정하려고 했다. 이와 같은 독단적인 생각을 유지하기 위해 엥겔스는 두 가지 사실을 사실로 인정하면서도 무시했다. 그것은 ① 과거의 역사에서 다양하게 제기된 프롤레타리아적 항의에서 코뮌주의의 경향이 거듭 나타났다는 사실[13]과 ② 그 경향이 대변하는 열망과 애초의 기독교 사이에 존재하는 친화성으로 인해 그 경향 자체가 기독교의 언어로 쉽게 표현될 수 있다는 사실이었다. 엥겔스는 그 대신 토마스 뮌처를 '공상에 의한 공산주의 예견'의 사례로, 뮌처의 기독교적인 측면을 역사적 상황으로 인해 걸치게 된 겉옷으로 각각 어설프게 설명하려고 했다.

"당시의 계급투쟁이 종교적 특징을 가진 것으로 보인다고 하더라도, 그리고 당시에 다양한 계급의 요구가 종교적인 가리개 뒤에 숨어 있었다고 하더라도 그것은 당시의 시대적 조건에 의해 설명돼야 하며 실제 상황이 달라질 것은 거의 없다.

중세는 순전한 원시상태로부터 발전돼 나왔다. 중세는 모든 측면에서 새롭게 시작하기 위해 과거의 문명, 즉 과거의 철학, 정치, 사법제도를 내버렸다. 중세가 파괴된 과거의 세계로부터 건져내어 유지한 것은 과거의 문명을 박탈당하고 절반은 파괴된 다수의 도시와 기독교뿐이었다. 그 결과로 성직자 집단이 지적 교육을 독점하는 상태가 유지됐다. 이는 모든 발전의 원시적 초기단계에서 발견되는 현상이며, 이로 인해 교육 그 자체가 압도적으로 신학적 성격을 갖게 됐다.

정치와 사법제도, 그리고 그 밖의 다른 학문들이 성직자 집단의 손 안에서 신학의 일부로 유지됐고, 신학의 지배적인 원칙에 따라 다루어졌다. 교회의 독단적인 교리가 동시에 정치의 원칙이기도 했고, 성경 구절이 모든 법정에서 법률의 효력을 인정받았다. 법률가라는 특별한 계급이 형성된 뒤에도 사법제도는 오랜 세월 신학의 후견 아래 남아있었다. 지적 활동에서 신학이 누린 이같은 우위는 교회가 기존의 봉건적 지배질서를 조율하고 승인하는 가장 보편적인 세력으로 존재하는 상황의 논리적 귀결이기도 했다.

그러한 상황에서는 봉건주의에 대한 모든 보편적이고 공공연한 공격, 특히 교회에 대한 공격, 그리고 모든 혁명적인 사회이론과 정치이론은 필연적으로 신학상의 이단이 됐을 것이 분명하다. 기존의 사회적 조건이 공격을 당하게 되려면 먼저 그 신성함의 후광이 벗겨져야 했다."[14]

이 주장은 두 가지 질문을 피해가는 것이다. 첫째, 중세에 종교적 이단에 의해 고무된 여러 반란과 달리 평민들이 일으킨 몇몇 반란은 그 어떤 종교적 이단도 만들어내지 않았고, 신학적인 성격은 고사하고 그 어떤 종교적 성격도 갖고 있지 않았던 이유는 무엇인가? 예를 들어 1378년에 피렌체에서 일어난 치옴피의 난(양모를 가지런하게 다듬는 일을 하는 소모공들(치옴피)이 일으킨 난―옮긴이), 1380년에 프랑스에서 일어난 마요탱의 봉기(프랑스 파리에서 일어났던 민중봉기. 당시 파리의 시청 건물에서 수백 개의 납망치(마요탱)가 발견됐다고 해서 마요탱의 봉기로 불리게 됐다고 함―옮긴이), 1381년에 영국에서 일어난 농민들의 반란, 1982년 프랑스에서 일어난 아렐의 폭동(프랑스의 루앙에서 과도한 세금에 항의해 일어난 폭동. 주동자들이 사람들의 시선을 끌기 위해 '아로(Haro)!'라고 외쳐댔다고 해서 아렐(Harelle)의 폭동으로 불리게 됐다고 함―옮긴이), 15세기에 카탈루냐에서 일어난 농노들의 봉기 등이 다 그러했다. 16세기에 슈바르츠발트와 슈바벤 지역에서 일어난 농민들의 봉기도 사실 처음에는 그 어떤 종교적인 성격도 없는 사회적 요구에 바탕을 둔 것이었다. 둘째, 토마스 뮌처가 이끈 농민반란은 중세 유럽에서 일어난 평민들의 봉기 가운데 사회적으로 가장 급진적인 것이었지만 기독교적 '이단'과 가장 직접적으로 연결된 것이기도 했던 이유는 무엇인가?

　이 두 가지 질문에 대한 답변은 '중세는 종교적 이데올로기의 지배가 워낙 확고했기에 무신론적 이데올로기가 평민대중 사이에 의미 있는 정도로 퍼지기를 기대할 수 없었던 시대'라는 엥겔스의 명제를 상대적인 것으로 만든다. 종교적인 세계관이 사고의 모든 측면을 압도하는 시기에는 사회적 이반자들이 종교적 교리의 한계 안에서 의사표현을 하는 경향이 지배한다. 그러나 그렇다고 해서 엥겔스가 주장했듯이 "모든 사회적, 정치적 운동이 신학적 형태를 취하게" 되는 것은 아니다. 종교적 교리에 대한 새로운 해석이 사회적 이반자들이 자기들의 열망을 표현하는 데 안성맞춤이 아닌 한 그들은 새로운 신학적 이론을 내세우는 태도를 취하지 않고, 절반은 세속적인 자세로 사회적인 쟁점과 자기들의 사회적인 요구에 초점을 맞추면서 기존의 종교적 교리에서 벗어나지 않는 행동을 보일 수도 있다.

　중세의 사회질서에 대항한 평민의 이데올로기 가운데 가장 급진적이었던 뮌처의 코뮌주의적 이데올로기는 종교개혁의 시기에 등장했고, 기독교의 이단이라는 형태를 취하면서 '교회가 애초의 상태로 돌아가야 한다'는 주장을 내세웠다. 이런 뮌처의 코뮌주의가 중세의 마감과 근대 초기의 시작을 알리는 것이었다는 사실은 종교가 사상에 시대적인 제약을 가한다는 점을 보여준다기보다는(뮌처는 마키아벨리와 같은 시대의 인물이었음에 주목하라!) 역사적 시기에 따라서는 기독교의 어떤 측면이 뮌처의 사상과 같은 코뮌주의에 편리하게 이용될 수도 있다는 점을 보여주는 것이다.

　어니스트 벨포트 백스(1854~1926, 영국의 사회주의 언론인이자 철학자―옮긴이)는 농민반란의 역사를 다룬 주목할 만한 저서에서 16세기의 독일 농민반란 지도자 가운데 급진적인 인물이자 티롤과 잘츠부르크의 봉기를 이끈 미카엘 가이스마이르(Michael Gaismair)가 제기했던 요구사항들(그 가운데는 상업을 금지하라는 요구도 들어있었다)을 요약해 소개하고는 다음과 같이 올바르게 덧붙였다. "이 모든 것이 성서적인 색깔을 띠었다는 점과 초기 기독교의 조건 또는 그런 조건이라고 믿어지는 것의 부활을 추구했다는 점에서 볼 때 그것은 대체로 중세 코뮌주의 사상의 일반적인 경향이 낳은 결과였다."[15] 독일의 농민반란 전체에 대한 백스의 다음과 같은 지적은 적절하다. "그것이 주로 사회적, 경제적 선동이었던 것은 사실이지만, 그러면서도 그것은 종교적 색채를 강하게 띠었다. 기독교의 교리와 성서적 감정을 환기시킨 것은 단순한 겉치장이 아니라 그 운동의 본질을 구성하는 일부였다."[16]

애초의 기독교와 코뮌주의적 유토피아주의 사이의 이같은 '선택적 친화성'은 반드시 종교적인 시기였다고 할 수도 없는 1960년대부터 좌파의 정치적 급진화가 전 세계적으로 확산되면서 부분적으로 기독교적인 측면을 갖추게 된 이유를 설명해준다. 1960년대 이후의 이런 경향은 인구의 대다수가 가난하고 억압당하는 '주변부', 그 가운데서도 특히 기독교도가 인구의 다수를 차지하는 지역에서 두드러지게 나타났다. 그 대표적인 곳이 중남미다. 중남미에서는 쿠바혁명과 그 사회주의적 인본주의 메시지로 인해 1960년대 벽두부터 급진화의 움직임이 강한 역동성을 보여주었다. 이런 현대의 급진화 물결과 중세 농민운동 사이의 가장 큰 차이점은 특히 중남미의 경우에는 기독교적인 종류의 코뮌주의적 유토피아주의가 어떤 과거의 공동체 형태를 그리워하는 정서와 결합됐다기보다는(물론 원주민 운동에서는 그런 정서의 측면을 발견할 수 있지만) 쿠바의 혁명가들과 다양한 마르크스주의 운동가들이 품었던 것과 같은 현대의 사회주의적 열망과 결합됐다는 사실에서 찾을 수 있다.

오늘날의 종교와 급진주의: 이슬람 근본주의

이제는 이상의 논의에서 파악된 것들에 비추어 1970년대에 본격적으로 일어난 이슬람 근본주의의 물결을 점검해보자. 이슬람 근본주의와 관련해 가장 먼저 눈

길을 끄는 것은 무슬림이 인구의 다수를 이루는 나라들 대부분이 그렇지 않은 다른 나라들에 비해 상대적으로 종교의 위상이 우세하다는 특징을 보인다는 점이다. 엥겔스가 《독일의 농민전쟁》에서 묘사한 중세의 특징, 즉 '성직자 집단이 지적 교육을 독점'하고, '정치와 사법제도가 신학의 일부로 유지'되면서 '신학에서 지배적인 원칙에 따라 다루어'지고, 사법제도가 '신학의 후견 아래' 남아있다는 특징이 오늘날 무슬림이 인구의 다수를 이루는 나라들의 지배적인 상황에 문자 그대로 똑같이 적용된다.

이렇게 적용되는 데에는 여러 복잡한 이유가 있다. 그러나 간단히 말한다면 그 이유는 무슬림이 인구의 다수를 이루고 있는 주요 지역에는 자본주의 이전의 사회구성체가 강력하게 존속하고 있다는 사실, 이슬람교는 초창기 이래로 하나의 정치적, 사법적 체계의 성격도 강하게 가져왔다는 사실, 서구의 식민주의적 자본주의 열강이 그 지역에 역사적으로 존속하고 있는 것들과 그 지역의 종교적 이데올로기를 이미 이용해 왔으면서도 새삼스럽게 그런 것들에 자극을 가하기를 원하지 않았을 뿐 아니라 자기들의 지배체제에 대항하는 대중적 반란을 부추길 만한 일은 하지 않으려고 신경을 써 왔다는 사실, 그럼에도 불구하고 그 지역을 지배하는 종교와 식민주의 외세의 종교가 명백히 대조된다는 점으로 인해 그 지역을 지배하는 종교가 반식민주의적 반란의 손쉬운 도구가 됐다는 사실, 그 지역에서 서구의 지배체제와 그것이 의존하는 토착 지배계급에 대한 민족주의 부르주아와 소부르주아의 항거가 방금 말한 것 외에도 순전한 기회주의에서 이슬람교라는 종교와는 맞서지 않았다는 사실 등에서 찾을 수 있다(이런 설명이 적용되지 않는 예외는 케말주의(터키의 초대 대통령으로 1923년부터 1938년까지 집권한 무스타파 케말 아타튀르크의 정치노선이자 정책노선―옮긴이)라는 주변적인 경우 하나뿐이다. 케말주의는 제국주의 국가에서 개발된 것으로서 그 목표는 사실상 터키의 서구화에 있다).

이 모든 이유로 인해 무슬림이 다수인 나라들의 상황은 엥겔스가 중세 유럽에 대해 묘사한 내용의 틀을 완전히 벗어난 적이 전혀 없다. 이런 나라들에서는 과거 몇십 년 동안에 비록 제한적이긴 했지만 정교분리를 비롯한 세속화의 방향으로 나아가는 움직임이 실제로 전개됐지만 그 뒤로, 특히 최근에는 이슬람 근본주의의 대대적인 부활과 팽창에 힘입어 이슬람교의 이데올로기적, 사회적, 정치적 우위가 극적으로 강화됐다. 이런 이슬람교의 부활에 대해 마르크스주의에 입각한 설명이 그동안 다양하게 제시돼 왔다.[17] 여기서 우리가 주목해야 할 점은 일반적으로 말해 이슬람 근본주의는 그것이 팽창하려는 곳에서 진보적인 운동의 썩어가는 시체를 먹고 자라며, 그러면서 진보적인 운동의 요소 가운데 아직 남아있는 것을 다 태워 없앤다. 가말 압델 나세르가 1967년에 이스라엘에 패배한 뒤 1970년에 사망한 사실로 상징되는 급진적 중산계급 민족주의의 몰락과 더불어 1970년대 초부터는 이슬람교를 이데올로기적 기치로 활용하는 반동적인 세력이 무슬림이 인구의 다수인 나라들 대부분을 장악했다. 그러면서 그 반동적인 세력은 좌파의 요소 가운데 아직 남아있던 것들에 대한 해독제로 이슬람 근본주의를 내세우고 부추겼지만 그 자체가 강한 독성을 가진 것이었다. 이슬람 근본주의는 엄청나게 퇴행적인 역사적 전환이었던 게 분명한 이런 과정의 중심적 특징 가운데 하나였던 것이다.

이슬람 근본주의는 좌파의 몰락으로 생겨난 빈 공간을 메웠고, 곧이어 서구의 지배에 대한 가장 강력한 반대세력으로 떠올랐다. 이슬람 근본주의는 서구의 지배에 반대하는 측면을 처음부터 갖고 있었지만, 세속주의 민족운동의 시대에는 이슬람 근본주의의 이런 측면이 약했다. 그러다가 시아파 이슬람교에서는 1979년에 이란에서 일어난 이슬람혁명 이후에, 수니파 이슬람교에서는 1990년대 초 이후에 각각 서구에 대한 강한 반대가 지배적인 조류가 됐다. 특히 수니파의 경우에는 소련이 미국과의 경쟁에서 패배하면서 해체되고 미국이 군사적으로 중동에 복귀한 뒤로 전투적인 이슬람 근본주의자들이 싸움의 대상을 소련에서 미국으로 바꿨다.

　　이렇게 해서 무슬림이 인구의 다수인 나라들이 모여 있는 넓은 지역(중동지역—옮긴이)에 이슬람 근본주의의 주된 두 종류가 나란히 존재하게 됐다. 그 가운데 하나는 서구의 이해관계자들과 협력하는 이슬람 근본주의이고, 다른 하나는 서구의 이해관계자들에 적대적인 이슬람 근본주의다. 서구의 이해관계자들과 협력하는 이슬람 근본주의의 근거지는 모든 이슬람 국가 가운데 가장 근본주의적이고 반계몽주의적인 사우디아라비아이며, 서구의 이해관계자들에 적대적인 이슬람 근본주의 가운데 시아파는 이란을 근거지로 삼고 있고 수니파에서는 현재 알카에다가 선봉에 서 있다. 이들 두 종류의 이슬람 근본주의는 이슬람교 경전을 자구 그대로 엄격하게 해석하고 근본주의적 정책노선을 갖고 있다는 점에서뿐만 아니라 좌파에 대해 적대적(상황에 따라서는 좌파와 가까워지는 경우도 일부 있긴 했지만[18])이라는 점에서도 같은 태도를 취하고 있다.

　　이슬람 근본주의는 종류를 불문하고 기본적으로 '중세회귀적인 유토피아'인 것, 즉 미래보다는 중세적인 과거를 지향하는 공상적이고 신비주의적인 사회적 기획에 매달린다는 공통점을 갖고 있다. 이슬람 근본주의는 모두 다 이슬람교의 초기 역사에 존재했다는 신화화된 사회와 국가를 지상에 다시 수립하고자 한다. 이런 점에서 이슬람 근본주의는 그 형식으로만 본다면 초기 기독교를 거론하는 기독교 해방신학과 공통의 전제 위에 서 있는 것 같다. 그러나 기독교 해방신학의 경우와 달리 이슬람 근본주의의 정책강령은 사회의 주변부에서 사는 가난하고 억압받는 사람들의 공동체 집단에서, 또는 초기 기독교에서와 같이 그 창시자가 당대의 권력자들에 의해 잔혹하게 죽임을 당한 공동체 집단에서 유래한 이상주의적인 '사랑의 코뮌주의'를 뒷받침하는 원칙들의 조합이 아니다. 또한 그것은 16세기의 독일 농민봉기에서 부분적으로 나타났던 것과 같은 공동체적 재산 소유의 어떤 고대적 형태에 근거를 둔 것도 아니다. 이슬람 근본주의자들이 공통으로 헌신하는 목표는 비록 신화화되긴 했으나 한때 '실제로 존재했던' 계급지배의 중세적 사회정치 모형을 실현하는 것이다. 그 계급지배의 모형이 처음 수립된 지 이미 14세기에 가까운 세월이 흘렀고, 상인 출신의 예언자였던 그 모형의 창시자는 전쟁의 지도자가 되고 국가와 제국을 건설했지만 자기의 정치적 권력이 절정에 있을 때 사망했다.

그토록 오래된 과거의 계급사회와 계급정치를 복원하려는 시도라면 어느 경우나 다 그렇겠지만, 이슬람 근본주의의 기획도 필연적으로 '반동적인 유토피아'에 해당된다. 굳이 상상의 나래를 펴지 않아도 '이슬람교를 그 원래의 모습으로 되돌리고, 이슬람주의자들이 애초의 이슬람교라고 생각하는 것과 어긋나는 모든 제도를 폐지하는 것'(이는 뮌처의 정책강령에 대한 엥겔스의 묘사를 필자가 수정한 것임)은 '계급차별과 사유재산이 없고 사회구성원들의 뜻에 반해 행사되는 국가권력이 없는 상태의 사회'로 이어질 것임을 알 수 있다. 그러나 그것은 단지 거대한 역사적 퇴보만을 의미하는 것일 수 있다.

이 단계에서 자연스럽게 떠오르는 의문이 있다. 그 의문은 위에서 전개한 논의의 맥락에서 이렇게 표현될 수 있을 것이다. 우리 시대에 이슬람 근본주의가 무슬림 공동체를 휩쓸어온 방식을 설명하는 데 도움이 될 만한 '선택적 친화성'의 요소가 샤리아법에 대한 엄격한 충성이 특징인 정통 이슬람교와 '중세회귀적 유토피아주의' 사이에 존재하는가? 이런 선택적 친화성이 실제로 존재한다고 주장할 수 있게 하는 몇 가지 이유가 있다. 현재 이슬람교 안에서 가장 강력한 흐름인 정통 이슬람교는 특히 쿠란을 비롯해 신의 마지막 말씀을 기록한 것으로 간주되는 경전을 유례가 없을 정도로 숭배한다는 점에서 경전을 문자 그대로 받아들이는 종교적 축자주의를 촉진한다.[19] 대부분의 다른 종교에서는 소수의 조류에 불과하며 기본적으로 종교적 경전에 대한 축자적 해석의 실천을 주장하는 이론인 '근본주의'의 영역에 속하는 것들이 정통 이슬람교에서는 주류의 규범으로 유지되면서 제도화된 이슬람교 안에서 폭넓은 역할을 하고 있다. 정통 이슬람교가 고수하려고 하는 경전의 내용 자체가 특정한 역사적 맥락을 가진 것이기 때문에 정통 이슬람교는 특히 이슬람교에 기반을 둔 정부를 수립하는 것(이슬람교의 예언자 자신이 바로 이런 정부의 수립을 위해 힘들여 싸웠다)이 이슬람교의 충실한 실천에 포함된다고 간주하는 근본주의 교리를 강화시킨다. 같은 이유에서 정통 이슬람교는 특히 비이슬람 세력의 지배에 대항하는 무장투쟁에 도움이 되며, 이런 점은 애초부터 이슬람교가 스스로 팽창하기 위해 다른 종교적 신조에 대항하는 싸움을 벌여온 역사를 갖고 있다는 사실에서도 드러난다.[20]

종교에 대한 마르크스주의 비교사회학을 위해

앞에서 초기 기독교와 코뮌주의적 유토피아주의 사이의 '선택적 친화성'을 강조한 다음에 정통 이슬람교와 중세회귀적 유토피아주의 사이의 '선택적 친화성'을 인정한 것은 그 어떤 가치판단에 따른 것이 아니다. 오히려 나는 마르크스와 엥겔스, 그리고 이슬람교에 대한 마르크스주의적 분석에 가장 크게 기여한 막심 로댕송(Maxime Rodinson, 1915~2004, 프랑스의 역사학자이자 사회학자—옮긴이)을 포함하는 전통 속에서 기독교와 이슬람교라는 두 종교 모두에 대해 역사적 비교사회학의 관점에서 수행돼온 연구에 근거를 두고 위와 같은 결론을 내린 것이다.[21] 종교에 대해 적어도 막스 베버의 유명한 역사적인 비교사회학적 분석에 필적할 만한 규모로 마르크스주의 관점의 역사적인 비교사회학적 분석이 이루어져야 할 필요가 있다. 이런 분석을 해보려는 시도[22]가 없지는 않았고, 마르크스와 엥겔스, 그리고 막스 베버 자신의 깊이가 있고 내용도 풍부한 유물론적 분석에서도 그러한 시도를 하는 데 도움이 되는 흥미로운 통찰을 많이 발견할 수 있다. 그러나 아직은 그러한 시도가 충분한 성과를 얻지 못했고, 앞으로 충분한 성과를 얻기 위해서는 그러한 시도를 집단적으로 해볼 필요가 있다. 모든 종교가 궁극적으로는 제도화된 계급지배의 이데올로기로 수렴된다고 하더라도 각 종교의 경전에 내재된 상이한 '친화성'은 각 종교의 역사적 발전과정, 특히 그 역사적 생성

과정의 상이한 특징에 뿌리를 두고 있기 때문이다. 이 점을 베버는 다음과 같이 정확하게 지적했다.

"큰 규모의 체계화된 종교들은 지배의 구조에서는 물론이고 각각의 행동규범에서 나타나듯이 기본적인 윤리에서도 서로 크게 다른 것이 사실이고, 특히 각각의 초기 단계에서 크게 다르다. 이렇게 볼 때 이슬람교는 전투적인 예언자와 그의 승계자들이 이끌고 그들의 카리스마가 유지되고 있었던 전사들의 공동체에서 발전돼 나왔고, 이교도를 강제로 복속시키는 것을 승인했고, 영웅주의를 찬양했고, 진정한 믿음을 위해 싸우는 전사에게는 이승에서는 물론이고 내세에서도 감각적인 즐거움을 누리게 될 것이라고 약속했다. 반면에 불교는 죄악에 젖은 사회질서와 개인적인 죄악으로부터는 물론이고 삶 그 자체로부터도 각자 자신의 구원을 추구하는 현자와 수행자들의 공동체에서 자라 나왔다. 유대교는 예언자와 사제들, 그리고 나중에는 신학으로 단련된 지식인들이 이끄는 신정체제의 부르주아 공동체에서 발전돼 나왔고, 내세를 완전히 무시하면서 세속 민족국가를 다시 수립한다는 목표를 추구하는 동시에 사안별 법리의 적용에 순응하는 것을 통해 부르주아적 복리를 추구해왔다. 마지막으로 기독교는 그리스도가 베풀었다는 신비적인 최후의 만찬에 참여한 사람들의 공동체에서 자라 나왔고, 처음에는 그 공동체가 보편적인 신의 왕국에 대한 종말론적 기대로 가득 차서 모든 권세를 거부하면서 종말이 임박한 것으로 여겨지는 사회질서에 대해 무관심한 태도를 보였으며 예언자들의 카리스마와 관리들의 신정정치에 의해 다스려졌다. 이렇게 서로 다른 시작은 경제제도에 대한 서로 다른 태도를 낳았고 각 종교의 역사적 운명도 서로 다르게 만들었지만 사회적, 경제적 삶에 대해서는 신정정치가 어느 종교에서도 비슷한 영향력을 행사하는 것을 가로막지 않았다. 이는 신정정치의 배경이 된 여건이 모든 경우에 비슷했다는 점을 반영하는 것이며, 그러한 여건은 어느 종교든 카리스마가 인정되는 영웅적인 시기가 지나고 일상적 삶에 대한 적응이 이루어지면 조성되기 마련이었다."[23]

기독교와 이슬람교에서 발견되는 '선택적 친화성'이 서로 다름을 인정한다고 해서 각각의 종교 내부에 그 선택적 친화성을 거스르는 반대경향이 존재하지 않는다고 주장하는 것은 아니다. 기독교에는 그 초창기부터 그러한 반대경향이 존재했고, 그 뒤 중세에 교회가 억압적인 제도로 발전하면서 그런 반대경향을 제압하는 쪽으로 수많은 문헌과 매우 강력한 전통을 만들어내면서 다양한 종류의 반동적인 교리와 기독교 근본주의를 배양했다.[24] 반면에 이슬람교의 경우에는 최초의 무슬림들이 억압받는 공동체를 이루고 살아가던 시기의 평등주의적 요소 가운데 훗날까지 전승된 것들이 '사회주의적' 이슬람교를 고안해내려는 시도에서 활용됐다.

뿐만 아니라 기독교와 이슬람교가 상이한 '선택적 친화성'을 갖고 있다고 해서 그런 사실이 각 종교의 실제 역사적 발전이 '자연적으로' 각자의 '선택적 친화성'을 따랐음을 의미하는 것은 아니다. 각 종교의 실제 역사적 발전은 각 종교와 얽히게 된 계급사회의 실제 상황에 자연스럽게 따랐다. 그리고 그러한 계급사회와 각 종교의 기원이 됐던 사회현실 사이의 차이는 기독교의 경우에는 매우 컸고, 이슬람교의 경우에는 상대적으로 작았다. 그래서 여러 세기에 걸쳐 역사상 '실제로 존재한' 기독교는 역사상 '실제로 존재한' 이슬람교에 비해 많은 측면에서 덜 진보적이었다. 그리고 그와 같은 기독교, 보다 좁혀 말하면 그와 같은 가톨릭교회라는 영역 안에서 오늘날 한편에는 현재의 교황인 요제프 라칭거로 대표되고 제도상 지배적인 위치에 있고 대단히 반동적인 종류의 기독교가, 다른 한편에는 중남미에서 전개되는 새로운 좌파적 급진화에서 새로운 추동력을 발견하고 있는 해방신학을 떠받치는 기독교가 존재하면서 서로 격렬하게 대치하고 있다.

정통 이슬람교와 중세회귀적 유토피아주의 사이에 '선택적 친화성'이 있음을 인정하는 것은 에드워드 사이드가 '오리엔털리즘'이라고 부른 것과는 아무런 관계도 없다.[25] 아마도 사디크 잘랄 알아즘(시리아 다마스쿠스대학의 철학 및 문화사학 교수—옮긴이)이 '거꾸로 된 오리엔털리즘(Orientalism in Reverse)'이라고 적절하게 이름붙인 것[26]을 존중하는 사람들의 마음속에서나 그런 관계가 존재할 수 있을 것이다. 현대의 정치적 이데올로기와 어느 한 종교의 경전이나 역사적 문헌에 들어있는 특징적인 것 사이에 '선택적 친화성'이 있다고 인정하는 것이 '본질주의', 즉 종교가 정치적으로 이용되는 현상을 시대의 조건과 무관하게 바라보는 견해와 같은 것은 아니다. 오히려 이 두 가지는 서로 다르다고 생각하는 것이 맞다. 이런 점을 가장 분명하게 보여주는 사례는 앞에서 이야기한 기독교와 사회주의 사이의 '선택적 친화성'이다. 아무리 상상력을 발휘한다고 해도 기독교와 사회주의 사이의 선택적 친화성을 인정하는 것과 역사적으로 존재해온 기독교가 본질적으로 사회주의였다고 믿는 것이 같을 수는 없다! 그것이 같다고 하는 것은 터무니없는 주장이 된다는 사실은 '선택적 친화성'에 관한 이 글의 논의가 '본질주의'와는 얼마나 멀리 떨어진 것인지를 입증한다. 마찬가지로 이슬람교의 경전 및 문헌과 이슬람 근본주의라는 형태로 나타난 현대의 중세회귀적 유토피아주의 사이에 '선택적 친화성'이 있다고 인정하는 것과 역사적으로 존재해온 이슬람교가 본질적으로 근본주의라고 믿는 것, 또는 역사적인 조건이 어떻든 간에 무슬림들은 근본주의의 제물이 될 운명이라고 믿는 것은 조금도(아니 절대로!) 같지 않다.

기독교 또는 원래의 기독교와 이슬람교 또는 원래의 이슬람교가 가진 상이한 '선택적 친화성'에 대한 인정은 각각의 종교가 역사적으로 항의의 깃발로 이용돼온 상이한 방식을 이해하는 데 하나의 실마리가 된다. 이것이 바로 엥겔스가 죽기 직전에 쓴 글에서 간략하게나마 설명하려고 했던 것이다. 그 글에서 엥겔스는 초기 기독교에 대해 자기가 오래전부터 갖고 있었던 견해를 다음과 같이 요약해 서술했다.

"초기 기독교의 역사와 현대 노동계급의 운동에는 주목할 만한 유사점이 있다. 현대 노동계급의 운동과 마찬가지로 기독교는 원래 피억압 인민의 운동이었다. 기독교는 처음에는 노예와 해방된 노예의 종교로, 모든 권리를 박탈당한 가난한 인민의 종교로, 로마제국에 의해 굴종당하거나 흩어진 민족의 종교로 등장했다. 기독교와 노동자들의 사회주의는 둘 다 구속과 비참으로부터의 구원이 있을 것이라고 설교한다. 다만 기독교는 그 구원을 내세에, 죽은 뒤에, 하늘나라에 두는 반면에 사회주의는 그 구원을 이 세상에, 사회의 변혁에 둔다. 둘 다 박해를 받고 괴롭힘을 당했으며, 그것을 따르는 사람들은 경멸을 당하고 배타적인 법률의 집행대상이 됐다. 다만 기독교도는 인류의 적으로 간주돼 그런 일을 당한 데 비해 사회주의는 국가의 적이자 종교, 가족, 사회질서의 적으로 간주돼 그런 일을 당했다는 차이가 있을 뿐이다. …

이 두 가지 역사적 현상 사이의 유사성은 일찍이 중세에 억압받던 농민들이 처음으로 봉기했을 때, 그리고 특히 도시에 거주하던 평민들이 처음으로 봉기했을 때 이미 드러났다. 이들 봉기는 중세의 다른 모든 대중적 운동과 마찬가지로 종교의 가면을 쓸 수밖에 없었고, 확산되는 타락으로부터 초기 기독교를 구해내 원래대로 복원하는 운동의 모습으로 비쳤다."[27]

바로 이곳에서 엥겔스는 이슬람교에 관한 흥미로운 주석을 길게 달았다. 이 주석은 14세기의 무슬림이자 아랍의 역사가였던 이븐 할둔의 유명한 이론과 매우 유사한 통찰을 담고 있지만, 사회적 항의에 기독교가 이용된 점에 대해 환원론적으로 '깃발과 가면'론을 되풀이하는 것으로 마무리된다.

"이에 대한 특이한 반대사례로 무슬림 세계, 특히 아프리카에서 일어났던 종교적 봉기를 들 수 있다. 이슬람교는 동방인, 특히 아랍인에게 맞춰진 종교다. 따라서 그것은 한편으로는 상공업에 종사하는 도시주민에게, 다른 한편으로는 떠돌아다니는 유목민에게 맞춰져 있다. 하지만 바로 이 점에 주기적으로 재발하는 충돌의 싹이 들어 있다. 도시주민들은 부자가 되고, 호화로운 생활을 하게 되고, '법'을 잘 지키지 않게 된다. 가난하기에 엄격한 도덕을 가진 유목민들은 도시주민들이 누리게 된 부와 쾌락을 바라보며 질투와 선망의 감정을 갖는다. 그래서 그들은 어떤 예언자나 마흐디(구세주— 옮긴이)의 인도 아래 뭉쳐 그 배교자들을 징벌하고, 종교의례를 준수하는 관행과 진실한 신앙을 되살리고, 배교자들의 재산을 몰수하는 것을 통해 스스로 보상을 받는다. 백년 정도가 지나면 자연스럽게 그들도 그 배교자들이 앉아 있었던 자리에 똑같이 올라앉게 된다. 그러면 신앙에 대한 새로운 정화가 요구되고, 새로운 마흐디가 등장하면서 똑같은 일이 처음부터 다시 시작된다. 이것이 바로 알모라비드(11~12세기에 북아프리카와 이베리아반도를 지배한 북아프리카 베베르족의 왕조—옮긴이)와 알모하드(알모라비드 왕조에 이어 12~13세기에 북아프리카와 이베리아반도를 지배한 베베르족의 왕조— 옮긴이)가 에스파냐에서 정복전쟁을 벌였을 때부터 가장 나중에 등장한 마흐디(아프리카의 수단에서 마흐디를 자처했던 종교지도자 무하마드 아흐마드(1844~85)를 가리킴— 옮긴이)가 하르툼에서 영국군을 성공적으로 막아냈을 때까지 일어났던 일이다. 이와 같거나 비슷한 일이 페르시아를 비롯한 여러 무슬림 국가에서 일어난 봉기에서도 되풀이됐다. 이 모든 운동은 종교의 옷을 걸치고 있지만 그 원천은 경제적인 원인에 있다. 그러나 그런 운동은 승리를 거두어도 기존의 경제적 조건을 건드리지 않고 그대로 놔둔다. 그래서 기존의 상황이 변함없이 계속 유지되고, 충돌이 주기적으로 되풀이된다. 반면에 기독교권인 서구의 대중봉기에서 종교적 위장은 낡은 것이 된 경제질서를 공격하기 위한 깃발과 가면일 뿐이다. 낡은 것이 된 경제질서는 결국 무너지고 새로운 경제질서가 들어서면서 세계는 진보한다."[28]

종교별로 상이한 '선택적 친화성'에 대한 인식은 우리로 하여금 기독교의 해방신학은 중남미에서 좌파의 중요한 구성요소가 될 수 있었던 반면에 그와 같은 일의 이슬람 버전을 만들어보려는 모든 시도는 주변적인 것으로 남아있는 이유를 이해할 수 있게 해준다. 이런 인식은 또한 오늘날 무슬림 공동체에서 이슬람 근본주의가 그토록 큰 중요성을 획득할 수 있었던 이유가 무엇인지, 그리고 이슬람 근본주의가 비록 반동적인 사회적 조건을 토대로 하고 있긴 하지만 서구의 지배에 대한 거부를 구현하는 데서 좌파를 성공적으로 대체한 이유가 무엇인지를 이해하는 데도 도움을 준다. 특히 정통 이슬람교와 중세회귀적 유토피아주의 사이의 '선택적 친화성'을 인정한다면 현대에 이슬람 근본주의가 쉽게 확산된 하나의 이유, 다시 말해 압델와하브 메데브가 '이슬람교의 질병(the malady of Islam)'이라고 부른 것이 생겨난 이유가 눈에 들어오게 된다.[29]

무슬림이 인구의 다수인 나라들에서 근본주의가 확산된 다른 이유들, 즉 역사적인 이유들에 대해서는 나는 다른 곳에서 이미 다소 긴 분량으로 설명해놓은 바 있다.[30] 그 이유들은 기본적으로 ① 중산계급 민족주의의 실패와 급진좌파의 결함 ② 사우디아라비아와 이 왕국을 뒷받침하는 미국의 지원세력이 좌파에 대항해 이슬람 근본주의를 다년간 조장했던 사실 ③ 중동 전반에서 점점 더 심화돼온 경제적, 사회적, 정치적 위기 ④ 신자유주의의 공세와 소련 '공산주의'의 붕괴로 인해 야기된 세계적인 아노미 상태 등 네 가지로 분류된다. 그러나 이 밖에 상황적 요인들도 추가돼야 할 것이다. 그것은 이란에서 일어난 '이슬람혁명'의 자극, 아프가니스탄 전쟁에서 소련이 겪은 패배, 중동지역에 대한 미국의 침공이 중동 전반에 걸쳐 이슬람 근본주의에 불러일으킨 거대한 활력, 이스라엘이 '2차 인티파다(인티파다는 팔레스타인 사람들의 반이스라엘 저항운동. 1차 인티파다는 1987년부터 1993년까지 전개됐고, 2차 인티파다는 2000년부터 시작됐으며 2007년 현재까지도 공식적으로 종결되지 않았다—옮긴이)'를 억압한 조치 등이다.

이슬람 근본주의에 대한 피상적인 오리엔탈리즘적 인상, 다시 말해 이슬람 근본주의를 무슬림들의 '자연적'이고 비역사적인 성향으로 간주하는 사고방식이 지금 폭넓게 퍼져 있지만 이것은 완전히 허무맹랑한 생각임은 물론이다. 이런 사고방식은 기초적인 여러 역사적 사실을 간과하고 있다. 최근에 나는 다음과 같은 글을 쓴 바 있다.

"오늘날 이슬람 근본주의가 무슬림들 사이에서 가장 눈에 띄는 정치적 조류라는 사실에 '자연적'이거나 비역사적인 것은 전혀 들어있지 않다는 점을 이해하지 못하는 서구인들이 많다. 그들은 현대의 역사 가운데 다른 시기에는 상황이 전혀 달랐다는 사실을 잊어버렸거나 무시하고 있다. 예를 들어 몇십 년 전만 해도 무슬림 인구가 가장 많은 나라인 인도네시아에 전 세계에서 비집권 공산당 가운데 가장 규모가 큰 당(인도네시아공산당(PKI)—옮긴이)이 있었고, 그 당은 당연히 무신론적인 당론을 공식적으로 갖고 있었다(이 당은 미국의 지원을 받는 인도네시아 군부가 1965년에 개시한 살육전에 의해 파괴됐다). 같은 종류의 사례를 또 하나 들면, 1950년대 말부터 1960년대 초까지 이라크에서, 특히 그 남부지역에서 가장 규모가 큰 정치조직을 이끌었던 집단은 성직자들이 아니라 공산당이었다는 사실을 서구인들은 잊어버렸거나 무시하고 있다."[31]

위와 같은 사실은 무슬림들이 진보적인 정치적 견해를 밝히기 위해서는 종교를 제거해야 한다는 점을 증명하는 것일 뿐이라고 반박하는 이들도 있을 것이다. 그러나 이러한 반박에 대해서는 이차대전 이후 몇십 년간에 걸쳐 세계 자본주의가 장기호황을 누리는 동안에는 무슬림이 다수인 나라들에서 일어난 대중시위에서 급진적인 종류의 중산계급 민족주의가 지배적이었고, 그 민족주의는 종교의 현대화를 촉진하면서 종교와 조화를 이루려고 했다는 사실을 지적해주는 것만으로 충분한 답변이 될 것이다. 나세르도 나중에 근본주의자들의 적이 되긴 했지만 이슬람교를 진지하게 믿고 실천하는 무슬림이었던 것은 의심할 나위가 없다. 아랍 국가들 사이에서 그의 권위가 절정에 이르렀을 때 그가 발휘한 영향력은 그 뒤로 지금까지도 그 유례가 없을 정도였다.[32]

정치적 결론

환원론적인 '깃발과 가면'론은 기독교의 경우에는 그다지 타당하게 적용되지 않는 게 분명하고, 이슬람 근본주의에 적용될 경우에는 정치적으로 매우 그릇된 결론으로 이어질 수 있다. 예를 들어 레바논의 헤즈볼라나 팔레스타인의 하마스와 같은 운동에 대해 이슬람교를 '깃발과 가면' 또는 '언어'로만 이용해서 대중의 사회적, 정치적 항의를 드러내는 특수한 표현형태일 뿐이라고 주장하는 것은 그러한 운동에 참여하는 집단이 이슬람 근본주의의 교리를 확고하게 지킴으로써 그 구성원들이 급진화할 가능성에 매우 중대한 반동적 제약을 가한다는 점을 과소평가하는 것이다.

다른 어떤 종교도 마찬가지이겠지만 이슬람교가 이용되고 있을 경우에 그 이용이 어떤 의미인지를 이해하려면 그 이용이 이루어지는 상황의 구체적인 사회적, 정치적 조건이라는 맥락 속에서 그 이용의 의미를 파악할 필요가 있고, 이렇게 함으로써 '억압적인 계급적, 성적 지배의 이데올로기적 도구로서의 이슬람교'와 '서구의 여러 나라에서 억압받는 무슬림 이주자 공동체의 경우처럼 억압받는 소수집단이 자기정체성을 드러내는 표징으로서의 이슬람교'[33]를 분명하게 구별할 필요가 있고, 이슬람 근본주의도 서로 대조되는 다양한 종류가 있으므로 그것들을 구별해야 할 필요가 있다. 예를 들어 이슬람주의자들은 이라크에서 한편으로는 미국의 점령에 대항해 싸우지만, 다른 한편으로는 유혈의 종파 간 전쟁도 벌이고 있다. 이슬람 근본주의의 경우에는 한편으로는 사회와 정치제도에 대해 그야말로 전체주의적인 관념을 갖고 있는 가장 반동적인 이슬람 근본주의 조직인 알카에다도 있지만 이란 '이슬람공화국'을 세속의 최고 모범으로 간주하면서도 이스라엘의 점령과 침공에 대항해 싸워야 한다는 명분을 내걸고 '정치적 종파주의'를 비난하는 동시에 국내에서 종교적 다양성을 인정하고 의회민주주의의 원칙을 지지하는 레바논의 헤즈볼라도 있으며, 이 둘 사이에는 커다란 차이가 있다.[34]

또한 어떤 경우든 진보세력의 입장에서는 이슬람 근본주의에 대항하는(하나의 종교로서 이슬람교가 갖고 있는 기본적인 정신적 교리에 대항하는 것이 아니라 이슬람 근본주의의 사회적, 도덕적, 정치적 견해에 대항하는) 이데올로기적 투쟁을 무슬림 공동체와 관련된 의제의 우선순위에 두어야 한다.[35] 그러나 기독교 해방신학의 사회적, 도덕적, 정치적 견해에는 진보세력의 입장에서 반대할 만한 것이 거의 없으며, 해방신학에 들어있는 엄격하게 영적인 요소도 급진적인 좌파의 입장에서는 아무리 강경한 무신론자라고 하더라도 이데올로기적 투쟁의 우선적인 대상으로 삼을 만한 것은 아니다.[36]

주석

1 Brian Thompson, 'The 21st Century Will Be Religious or Will Not Be: Malraux's Controversial Dictum', Revue André Malraux Review, 30(1/2), 2001을 보라.

2 이 단계에서 마르크스의 사상이 거친 과정을 그 뒤에 성숙한 '마르크스주의'의 주춧돌 역할을 한 개념인 '프롤레타리아의 자기해방'이라는 관점에서 논의한 책으로 미셸 뢰비(Michael Löwy)의 The Theory of Revolution in the Young Marx, Leiden: Brill, 2003이 있다. 같은 저자가 '마르크스와 종교'라는 주제에 대해 입문자가 읽을 만하도록 탁월하게 설명해 놓은 글이 중남미 해방신학에 관한 그의 다른 저서인 The War of Gods: Religion and Politics in Latin America, London: Verso, 1996의 1장(pp. 4~18)에 들어 있다. 내가 좋아하는 오랜 친구인 그는 필자의 이 글 초고를 읽고 도움이 되는 논평을 해주었다. 그래서 나는 그에게 빚을 진 셈이지만 이 글의 내용에 대해서는 그가 책임질 바가 전혀 없다.

3 이 구절을 비롯해 이 글에서 《헤겔 법철학 비판》의 서문에서 인용한 구절들은 누구나 구해 볼 수 있는 영어 번역본의 해당 부분을 독일어 원본과 대조해가며 현대화하고 수정한 것이다. 독일어 원본으로는 Karl Marx, 'Zur Kritik der Hegelschen Rechtsphilosophie', in Marx Engels Werke, Volume 1, Berlin: Dietz Verlag, 1956, pp. 378~379를 이용했다.

4 나는 이 주제에 관해 이전에 쓴 글('Marxists and Religion—Yesterday and Today', ZNet, 21 March 2005)에서는 종교의 행동유발적 측면을 '헤로인'에 비유했다. 그런데 의사인 내 친구가 '헤로인'보다는 '코카인'이 더 적절한 비유라고 말해주었다. 코카인은 "중추신경에 자극을 주어 … 행복감과 활력이 강화됐다는 느낌을 불러일으키는 각성물질"(www.wikipedia.org)로 정의되므로 여기서 코카인을 비유의 대상으로 삼는 게 옳다. 다만 헤로인이든 코카인이든 그러한 비유 자체가 가진 한계는 분명이 존재한다.

5 《포이어바흐에 관한 테제》의 4번째 테제와 11번째 테제. 'Theses on Feuerbach', translation by Cyril Smith and Don Cuckson, 2002, on Marxists Internet Archive. 이 자료는 www.marxists.org에서 볼 수 있다.

6 미셸 뢰비가 이 표현을 사용한 것은 앞에서 인용된 바 있는 그의 책 The War of Gods에서다. 이 책은 마르크스주의 사회이론의 관점에서 해방신학을 다룬 것으로는 대표적인 저작이다. 기독교 문헌에서는 초기부터 갈등하는 '친화성'이 발견되는 것이 사실이다.

7 Max Weber, Economy and Society, ed. by Guenther Roth and Claus Wittich, Volume 2, Berkeley: University of California Press, 1978, p. 1187.

8 Friedrich Engels, The Peasant War in Germany, ch. 2, available on Marxists Internet Archive.

9 같은 자료에서. 강조 표시를 한 부분은 독일어 원전(Marx Engels Werke, Volume 7, Berlin: Dietz Verlag, 1960, p. 346)을 기준으로 해서 수정한 것이다. 엥겔스는 독일 농민봉기의 지도자였던 뮌처의 기독교적인 측면을 '가리개'로 취급하는 경향이 있었고, 이 때문에 미셸 뢰비

는 뮌처에 대한 엥겔스의 평가보다 에른스트 블로흐가 Thomas Münzer als Theologe der Revolution(1921)이라는 저서에서 제시한 평가를 선호했다. 블로흐의 이 책은 영어로 번역된 적이 없고, 가장 최근의 독일어판은 1989년에 출간됐다(Leipzig: Reclam, 1989).

10 Marx and Engels, Manifesto of the Communist Party (1848), ch. 1, available on Marxists Internet Archive.

11 "그러므로 이론적으로 말하면 러시아의 '농촌공동체'는 그 자신의 토대인 토지공유제를 발전시킴으로써, 그리고 그 자신 안에 역시 갖고 있는 사유재산의 원칙을 제거함으로써 스스로를 보존할 수 있으며, 근대사회가 지향하는 경제체제로 나아가기 위한 출발점이 될 수 있습니다." Marx, 'First Draft of Letter to Vera Zasulich' (1881), available on Marxists Internet Archive.

12 Engels, The Peasant War in Germany.

13 '프롤레타리아'라는 말 자체가 '연속성'의 의미를 내포하고 있다. 이 말은 고대 로마에서 평민 가운데서도 세금을 내지 않을 뿐 아니라 가진 재산이라고는 자식밖에 없는 최하위 계급 구성원들을 가리켰던 라틴어 단어 프롤레타리우스(proletarius)에서 유래했다. 자식(offspring)이라는 뜻을 가진 프롤레스(proles)라는 말이 프롤레타리아의 어근이 된 것은 바로 이런 이유에서다.

14 Engels, The Peasant War in Germany. 엥겔스는 36년 뒤에 쓴 Ludwig Feuerbach and the End of Classical German Philosophy(1886, Marxists Internet Archive에서 볼 수 있음)에서도 똑같은 생각을 밝혔다.

15 Ernest Belfort Bax, The Peasants War in Germany 1525~1526, London: Swan Sonnenschein & Co., 1899, p. 86, also available on Marxists Internet Archive. 인터넷에 게시된 글에는 오류가 일부 섞여 있으므로 여기서 인용된 구절은 책에서 가져왔다.

16 같은 자료, p. 33. 강조 표시는 필자가 한 것임.

17 이런 노력에 필자가 나름대로 기여한 부분에 대해서는 특히 다음 자료를 보라. Gilbert Achcar, 'Eleven Theses on the Current Resurgence of Islamic Fundamentalism' (1981), in Achcar, Eastern Cauldron: Islam, Afghanistan, Palestine and Iraq in a Marxist Mirror, New York: Monthly Review Press and London: Pluto Press, 2004, pp. 48~59; Achcar, The Clash of Barbarisms: The Making of the New World Disorder, Boulder: Paradigm Publishers and London: Saqi, 2006, ch. 2.

18 이런 맥락에서 이란의 호메이니주의자들은 왕정을 제거하고 국가에 대한 통제력을 확보할 때까지는 좌파를 용인했다. 그 뒤에 이란의 좌파가 겪은 비극적인 운명은 널리 알려져 있다.

19 쿠란을 문자 그대로 받아들이는 축자주의(literalism)는 오늘날 이슬람 근본주의자들처럼 쿠란을 이용하는 태도로 쉽게 이어진다. 이 점에 대해서는 압델와하브 메데브(Abdelwahab Meddeb)가 다음과 같이 적절하게 설명한 바 있다. "쿠란을 문자 그대로 읽는다면 그 안에 씌어져 있는 것이 근본주의 기획에 의해 한정된 공간 안에서만 울리게 될 수 있다. 그러면 그렇게 한정된 좁은 공간 안에서만 그것이 말을 하게 만들기를 원하는 사람의 뜻에 따르게 될 수

있다. 그것이 그 좁은 공간에서 벗어날 수 있으려면 해석자의 의지가 개입할 필요가 있다." The Malady of Islam, Cambridge: Basic Books, 2003, p. 6. 메데브가 이 저서의 목표로 설정한 주요 과제 가운데 하나는 그 첫대목에 다음과 같이 규정돼있다. "우리는 정확하게 어디에서 문자(쿠란과 전통의 문자)가 근본주의적 독해를 불러올 소지를 갖고 있는지를 알아내야 한다."(p. 3)

20 경전에 대한 축자적 해석과 교조적인 의존이 어느 정도 필연적으로 낳은 이슬람교의 특징으로 이와 다른 것도 많이 있음은 물론이다. 다만 이 글의 한계 안에서 그런 것을 다 다루지 못할 뿐이다.

21 마르크스주의의 역사적 비교사회학에 토대를 둔 사유가 어떤 것인지를 엿보게 해주는 표본적인 글로는 약 20년 전에 내가 로댕송을 인터뷰한 내용을 정리한 다음 글을 추천한다. 'Maxime Rodinson on Islamic Fundamentalism: An Unpublished Interview with Gilbert Achcar', Middle East Report, 233, Winter 2004.

22 예를 들어 Paul N. Siegel, The Meek and the Militant: Religion and Power Across the World, London: Zed Press, 1986을 보라.

23 Weber, Economy and Society, p. 1185.

24 초기 기독교의 '프롤레타리아적' 성격에 반하는 억압적인 요소들이 이미 누가와 바울에 의해 어떻게 기독교에 도입됐던가를 증명하려는 시도로는 Anton Mayer, Der zensierte Jesus: Soziologie des Neuen Testament, Olten: Walter Verlag, 1983이 있다.

25 잘 알려져 있듯이 에드워드 사이드(Edward Said) 자신은 저서 《오리엔털리즘: 동방에 대한 서구의 개념(Orientalism: Western Conceptions of the Orient)》(1978; 후기를 새로 쓴 새로운 판본은 London: Penguin Books, 1995)에서 마르크스에게 '오리엔털주의자(Orientalist)'라는 딱지를 붙였다. 이는 사이드가 엥겔스의 저작을 완전히 무시했기 때문일 것이다. 그러나 동방(the Orient)에 관한 엥겔스의 저작은 마르크스의 저작보다 더 중요하다고는 말할 수 없을지 몰라도 적어도 마르크스의 저작과 같은 정도로 중요하다고는 말할 수 있다. 이 문제와 관련해 사이드의 글을 비판한 책으로 Aijaz Ahmad, In Theory: Classes, Nations, Literatures, London: Verso, 1992가 있다.

26 Sadik Jalal al-'Azm, 'Orientalism and Orientalism in Reverse', Khamsin, 8, 1981.

27 Engels, 'On the History of Early Christianity' (1894), available on Marxists Internet Archive.

28 같은 글. 엥겔스를 이븐 할둔(Ibn Khaldun)과 비교한 글로는 Nicholas S. Hopkins, 'Engels and Ibn Khaldun', Alif: Journal of Comparative Poetics, 10, 1990을 보라.

29 Meddeb, The Malady of Islam.

30 위의 주석 17을 참조하라.

31 Noam Chomsky and Gilbert Achcar, Perilous Power: The Middle East and US Foreign Policy, ed. by Stephen Shalom, Boulder: Paradigm Publishers, 2007, p. 213.

32 1960년대에 나세르가 발휘했던 영향력과 2006년 여름의 '33일전쟁' 때 헤즈볼라의 지도자인 하산 나스랄라가 발휘했던 영향력이 비교되곤 했다. 그러나 수천만 명에게 '영웅'으로 인

식됐을 뿐 아니라 실제로 그들의 지도자였던 나세르의 영향력이 훨씬 더 의미가 있는 것이었던 게 사실이다.

33 나는 이슬람교에 관한 글을 쓸 때에는 언제나 이런 차이를 강조해왔다. 이주자 공동체의 이슬람교에 대해서는 Achcar, 'Marxists and Religion'을 보라.

34 알카에다에 대한 필자의 견해는 Achcar, The Clash of Barbarisms에, 헤즈볼라에 대한 필자의 견해는 Achcar with Michel Warschawski, The 33-Day War: Israel's War on Hezbollah in Lebanon and its Aftermath, London: Saqi and Boulder: Paradigm Publishers, 2007에 각각 서술돼 있다.

35 나는 1981년에 쓴 '오늘날 이슬람 근본주의의 부활에 관한 11가지 가설(Eleven Theses on the Current Resurgence of Islamic Fundamentalism)'이라는 글을 다음과 같이 마무리했다. "이슬람 근본주의가 순전히 반동적인 형태를 취하더라도 혁명적 사회주의자들은 그것에 대항해 싸우는 데서 전술적인 주의를 기울여야 한다. 특히 종교적인 문제에 관한 싸움을 부추기려는 근본주의자들의 함정에 빠져서는 안 된다. … 하지만 민주적인 정책강령의 기본요소인 비종교적인 세속주의 사회에 대한 지지는 분명하게 선언해야 한다. 무신론적 주장을 하는 목소리는 낮춰도 되지만, 마르크스를 무하마드로 완전히 대체하기를 원하는 게 아닌 한 세속주의를 주장하는 목소리는 결코 낮추지 말아야 한다!"

36 심지어는 낙태의 권리와 같은 문제에 대해서도 영적인 신념에 관한 문제제기를 하지 않고도 얼마든지 이데올로기적 투쟁을 전개할 수 있다.

이라크 이해하기

사바 알나세리

이라크에서 벌어진 전쟁은 종파갈등으로 볼 수도 없고 내전으로 볼 수도 없다. '이라크전쟁은 종파갈등'이라는 관념은 점령자들이 퍼뜨린 것이다. 이 관념은 폭력의 확산이 점령 때문이 아니라 이라크 사회의 내적 논리가 겉으로 드러난 것이라고 암시한다. 그렇다면 책임이 전쟁의 희생자들에게 돌아간다. 동시에 이 관념은 통치하고 지배하는 계급과 그들의 정적이 국내에서 권력투쟁을 벌이고 있음을 암묵적으로 강조한다.

점령된 상태에서는 내전이 있을 수 없다. 이라크에서 내전이 벌어지고 있다는 관념은 점령자들과 이라크의 통치집단이 자기들의 권력을 유지하기 위해 점령과 점점 더 증가하는 병력 등 무력의 주둔을 정당화하기 위해 유포시킨 것이다. 오늘날 이라크에서 벌어지고 있는 폭력은 내전이기는커녕 미국의 부시 행정부와 이라크를 통치하고 지배하는 집단 사이에 존재하는 정치적 권력 및 경제적 이익의 상관관계를 반영하는 것이다.

역사적 편견은 오래 간다. 부시 행정부와 이라크의 현 지배계급이 사담 후세인에게서 배운 역사적 편견이 있다. 그것은 유프라테스 강과 티그리스 강 사이에 거주하는 민족은 바빌로니아(지금 이라크가 있는 지역에 있었던 고대의 국가—옮긴이) 시대에 그랬던 것처럼 지금도 폭력, 테러, 모욕 등 야만적인 힘의 행사를 통해서만 다스려질 수 있다는 생각이다. 아부 그라이브에서 저질러진 포로학대 행위는 실수도 아니었고 예외적인 사건도 아니었다. 그것은 의식적으로 선택된 방법이었다. 부시 행정부의 전략적 전쟁 시나리오에 들어있는 또 하나의 중심적 요소는 제국주의 세력이 직접 통치할 수 있는 초법적, 초영토적 구역을 설정하고 거기에 감옥, 수용소, 군사기지를 설치해 운영하는 것이다. 이런 계획이 실행될 수 있으려면 필요한 땅이 확보돼야 했고, 그 계획에 협조적인 이라크 국내의 세력이 생겨나야 했다. 이라크에서 벌어진 제국주의 전쟁의 맥락에서는 '민주주의'가 통제기술을 의미하는 말이 됐다. 점령군의 병력 등 무력의 주둔, 민간 안보 서비스 기업들과 용병의 활동, 국제기구와 그 요원들의 주재에다 다양한 이라크 내 정치세력의 움직임이 겹치면서 이라크의 정치지형이 사회경제적으로는 물론이고 영토상으로도 분열되고 있다. 무역금지 조치에 이어 벌어진 전쟁으로 인해 통신시설, 보건제도, 전력 및 물 공급 인프라가 파괴됐고, 나라는 여러 가지의 점령구역으로 분할됐다. 경제, 이데올로기, 안보와 관련된 국가기구는 해체됐고, 공무원들은 대거 해고됐다. 이런 일들은 권력과 지배의 질서를 전통적인 형태로 되돌렸다.

이라크의 갈등을 종교적, 문화적 문제로 다루는 대중매체의 보도는 실제의 현실, 투쟁, 저항을 선정적인 방식으로 잘못 전하는 것이다. 그런데 바로 이런 방식으로 새뮤얼 헌팅턴의 저 유명한 '문명충돌'과 같은 관념이 지정학적, 전략적, 경제적으로 중요한 지역에 있는 이라크에 대한 제국주의의 통제와 통치를 합리화하는 데 동원되고 있다. 이 지역을 위험하고 테러가 빈발하며 문명화되지 않은 곳으로 규정하는 담론을 구축하는 것도 제국주의의 통제와 통치를 확고하게 하고 영속시키기 위해 필요했다.

이라크를 이해하고 이 나라에서 저질러지는 극단적인 폭력과 테러를 그 적절한 맥락 속에서 파악하기 위해서는 구체적인 흐름 두 가지를 먼저 알아야 한다. 하나는 이라크를 관타나모화하는 것이고, 다른 하나는 식민주의적 지배구조와 사회세력을 새로운 상황에서 다시 활성화시키는 것이다. 점령자들에게는 유감스러운 일이겠지만 이런 시나리오에는 두 가지 독립변수가 개재된다. 그것은 지배하고 통치하는 지배계급의 능력과 하위계층의 저항이다. 이 두 가지 독립변수는 사전에 점검될 수 있는 것이 아니며, 제국주의 기획 전체를 위태롭게 만들 수 있다. 이라크의 주요 집단들은 대부분 정부를 운영해본 경험도, 제도화된 정치에 참여해본 경험도 없다. 사분오열된 그들은 국가를 어떻게 활용해야 하는지를 제대로 이해하고 있지도 못하다. 그러나 그들은 시민사회와의 관계에서는 부족, 종교, 지역, 가족과 관련된 다양한 권력망을 갖추고 있고 민병대와 준군사조직과도 연결돼 있다.[1] 그 가운데 주된 인물들은 모두 사담 후세인 정권 아래서 특권적인 혜택을 누렸거나(알라위의 경우), 사담 후세인 정권과의 관계를 통해 이익을 취했거나(탈라바니와 바르자니의 경우), 이라크 사회의 강력한 가문(씨족)을 대표한다(알사드르, 알하킴, 알찰라비의 경우). 이들 집단은 각각 자기들이 이라크 인구의 일부를 배타적으로 대표한다고 강조하거나 자기들이 국가기구의 일부를 차지해야 한다고 주장한다. 국가는 단지 이익집단들이 합쳐진 것처럼 되고 있다. 범죄집단과 민병대가 점령군과 지배집단을 통해 조직화되기도 했고, 지배집단이 정치적, 사회적 권력을 확고하게 하기 위해 부족세력과 동맹을 맺기도 했다. 그 결과로 정치권력을 향한 싸움이 의회에서 벌어지고 있고, 정치적으로 중요한 자리를 차지하기 위한 암투도 일어나고 있으며, 심지어는 정치적인 살인까지 저질러지고 있다.

그렇지만 지구상에서 가장 강력한 국가(미국—옮긴이)와 그 국가가 보내준 군병력, 여론조작 전문가, 그리고 엄청난 보수를 받는 컨설턴트 등의 뒷받침을 받고도 알말리키는 물론이고 알라위나 알자파리도 유효한 통치능력을 보여주지 못했다. 정부가 무능력과 무기력을 점점 더 많이 드러내면서 반발이 더욱 더 늘어나고, 상황이 점점 더 폭력화되고, 정치적 동맹관계의 변화가 갈수록 빨라지고 있다. 정부라는 방정식의 차수가 점점 더 높아지면서 방정식 자체가 와해될 지경에 이르고 있다. 이로 인해 각 집단별로 무장병력에 의존하는 경향이 확산되고 있고, 바로 이런 경향이 현 단계의 특징을 이루고 있다. 이라크에서는 그동안 60만 명 이상이 죽었고,[2] 그 두 배의 인구가 부상당하거나 불구가 됐으며, 그 세 배의 인구가 난민이 되거나 해외로 이주했다. 이것이 바로 4년간의 해방제국주의(liberation imperialism)와 이라크 국민에게 말 그대로 폭탄처럼 투하된 민주주의의 결과다.

쿠르드애국동맹(PUK), 쿠르드민주당(DPK), 통합이라크연맹(UIA; 알다와당, 이라크이슬람혁명최고위원회(SCIRI), 알찰라비가 이끄는 이라크국민회의(INC) 등의 연맹)으로 구성된 현재의 지배블록은 당면한 난국을 극복하기 어렵다. 수많은 이해관계가 위태롭게 엇갈리고 있는데다가 점령상태가 지속되고 있기 때문이다. 이로 인해 '영속적인 이행'이라고 부를 수 있을 만한 상황이 빚어지고 있다. 베이커해밀턴위원회(흔히 '이라크연구단(ISG)'이라고 불리는 조직으로, 이라크의 상황을 평가하고 향후의 정책을 권고하는 것을 임무로 해서 미국 의회가 2006년 3월에 구성한 초당적 위원회. 같은 해 12월에 최종보고서를 발표했다—옮긴이)의 구성, 병력 증강, 지역적 또는 국제적 회의 개최 등으로 다양하게 구사된 전술적 변화는 이라크 안의 정치세력 구도를 재편하고 중동지역에 새로운 질서를 형성하는 것을 목표로 한 것이다.

부시 행정부의 신보수주의자(네오콘)들이 구사하는 전술은 잘 기능하는 이라크 국가를 수립하려는 것이 아니라 군사적, 경제적, 그리고 '민주적'인 다면적 통제체제로 이라크의 국가적 통합성은 유지시키되 '약화된 이라크'가 자리 잡도록 유도하려는 것이다. 이라크의 경제적 기반인 석유부문에 사유재산제를 도입하는 동시에 이 부문의 이권을 영국과 미국의 전쟁장사꾼과 이라크 국내의 전쟁모리배에게 유리하게 재배분하는 것을 통해 이 부문을 변형시키는 조치는 중동 지역의 강국이었던 이 나라의 위상을 약화시킬 뿐만 아니라 석유수출국기구(OPEC)에도 큰 타격이 될 것이다. 그런데 이라크가 점점 더 정치적, 군사적 통제가 불가능한 나라가 돼가고 있다는 데 문제가 있다. 하층계급, 특히 도시지역의 하층계급을 규율하기 위해서는 점령군 병력 외에 민간 치안회사, 지역 민병대, 용병 등에 점점 더 많이 의존할 수밖에 없다. 실제로 이런 인력이 정치적으로 불편한 반대파는 물론이고 노조활동가, 인권운동가, 비판적 언론인 등을 억누르는 데, 그리고 중요한 자연자원, 무역로, 수송로의 안전을 지키는 데 활용되고 있다.

요약해 말하자면 이라크에서 폭력이 난무하는 이유를 어떤 광적인 집단이나 정치적 극단주의자들에게 돌려서는 안 된다는 것이다. 오히려 점령세력이 모든 종류의 잔혹한 행위가 조장되는 상황을 만들어냈다고 봐야 한다. 불균등한 경제개발, 대다수 인구의 위태로운 상태, 상황의 극적인 성격, 경제개발과 관련된 불확실성 등이 이라크 국민으로 하여금 각자 나름의 후견자나 자기에게 도움을 줄 제도와 연결된 가족의 연줄이나 지역의 연줄, 또는 부패와 범죄에 다시 의존하게 만들고 있다. 일단 국가의 조직이나 제도 안으로 들어가게 된 사람이 그 조직이나 제도에 내재된 제약조건과 선별적 도태의 기제, 그리고 국가 자체의 작동논리 아래서 살아남거나 자기의 정치적 권력을 굳히기를 원한다면 민족적, 종교적 정체성을 내세우지 말아야 한다. 문화적, 민족적 범주로 이라크의 상황을 설명하는 것이 그다지 타당성이 없는 이유가 바로 여기에 있다. 현재의 점령세력이 혼란에 빠진 것은 점령세력 스스로 '제국주의의 해방전쟁', 아니 사실은 '제국주의의 트로이목마'인 것을 통해 정치적 정화의 과정을 시동시켰기 때문이다. 그 과정에서 새로 등장한 지배계급은 잘 굴러가는 새로운 국가를 창출할 수 없었다. 허약한 리더십, 극심한 부패, 갈수록 무법적으로 되어가는 민병대의 폭력으로 인해 현재의 알말리키 정부는 엄청난 압박을 받고 있다. 따라서 다음 선거(또는 폭동) 때까지의 이행국면에서 치안의 문제, 보다 정확하게 말하면 인구 전체가 안전하지 못하게 된 문제가 가장 중요한 이슈가 될 것이다.

그렇다면 현재 이라크의 실제 상황은 어떠한가? 첫째, 제국주의 군대, 민간인 용병, 반관반민의 민병대 등이 이라크를 점령하고 있고, 이들 세력 모두가 아무런 법적 제약도 받지 않는 가운데 활동하고 있다. 둘째, 시민의 권리나 국가적 합의보다는 지배와 예속의 관계망에 토대를 둔 지역적 정치체제가 형성돼있다. 셋째, 선거와 헌법제정에도 불구하고(또는 그것 때문에) 정부가 권위도 정당성도 인정받지 못하고 있다. 과거의 사회적 계급을 대표하는 집단들이 의기양양하게 복귀해 정부행정을 장악하고 국가기구를 지배하고 있다. 이는 커다란 역사적 퇴보에 해당한다. 넷째, 2003년 3월 이후로 엄청난 사회적, 경제적, 인간적, 환경적, 제도적 파괴가 수반되는 전쟁의 상황이 계속 이어지고 있다. 이 전쟁은 이전의 지배집단을 상대로 하는 전쟁이 아니라 국민 모두를 상대로 하는 전쟁이다.

지배집단과 통치계급들은 전시경제 체제에 이어진 이번 전쟁은 민간 종파분쟁의 결과라고 선전하면서 각 그룹별로 자기들의 정책을 뒷받침해줄 것을 지지자들에게 호소하고 있다. 이들 세력은 모든 국가기구에 침투했고, 각자 나름의 인적 조직을 갖추었다. 이 전쟁은 그동안 여러 단계를 거쳤고, 그러는 사이에 국가기구의 안과 밖 모두에서 세력판도가 거듭 변화했다. 끝도 없이 이어지는 이 전쟁은 '신봉건적 독재'라고 부를 수 있는 새로운 유형의 정치체제가 필요로 하는 여건을 만들어내고 있다.

배경

이라크의 사회구조를 압도적으로 민족적, 종교적인 것으로 그려 보이는 현재의 방식은 오해를 초래한다. 1958년부터 2003년까지 지속된 공화제 정권 아래에서 뿐만 아니라 그 전의 왕정과 영국 식민주의 아래에서도 시아파와 쿠르드족은 억압을 당한 반면에 아랍계가 압도적으로 많은 수니파는 경제와 사회는 물론이고 국가기구도 지배했다는 주장이 이어지고 있다. 물론 역사는 승자가 자기의 권력을 정당화하는 방식으로 다시 쓴다. 이라크의 경우도 마찬가지다.

이라크의 역사를 보면 사회경제적 관계 재편의 첫 단계는 오스만제국의 통치에 의해 시작됐다.[3] 셰이크(부족장)와 사이드(사드르 가문처럼 예언자 무하마드의 후손으로 간주되는 시아파 가문의 남자)가 공동소유였던 땅을 역사상 처음으로 자기 개인의 이름으로 등기할 권리를 갖게 됐고, 이에 따라 와크프(종교적으로 소유된 재산)가 셰이크나 사이드의 개인재산으로 바뀌었다. 집단적 소유제의 폐지는 극단적으로 불평등하고 위계적이며 비대칭적인 권력구조를 낳았고, 이는 다시 강력한 지주계급과 철저히 착취당하는 농민계급을 새로이 발생시켰다.

일차대전 이후에 식민주의 열강이 자의적으로 그어놓은 이라크의 국경 안에서 영국의 점령당국이 토지소유 관련법을 변경한 뒤로 지주들의 권력이 크게 강화됐다. 이어 무질서한 공업화, 원자재 생산의 확대, 상업화의 진전, 농민의 프롤레타리아화, 단작농업의 확대, 시장의 창출이 진행되면서 비자본주의적이었던 생산양식과 생산형태가 자본주의적인 것으로 변모했다. 주로 지주들로 구성된 새로운 지배계급은 더 많은 자본과 정치권력을 축적하는 동시에 의회, 내각, 치안조직, 행정관청 등 국가기구의 중요한 자리를 차지했다. 다만 위임통치 기간(일차대전이 끝난 뒤에 영국이 국제연맹의 위임을 받아 이라크를 통치한 1921년부터 1932년까지의 기간—옮긴이)과 그 직후에는 영국인 전문가들이 국가기구에서 주역을 담당했다.

이라크의 공식적인 독립은 군사기지와 석유사업권을 외세에 내주는 것을 대가로 하여 1932년에 실현됐다. 그러나 새로운 지배계급의 경제적 이익과 정치적 지배는 여전히 영국이라는 제국의 보호에 의존했다. 지배계급과 그 정당들 내부의 분파갈등은 새로 성립된 국가와 사회에 속하는 모든 분파집단(시아파, 수니파, 쿠르드족, 아랍족, 유대족, 투르크멘족 등)의 지배예속 관계 및 가문들 사이의 경제적 이해관계와 정치적 권력관계를 둘러싸고 전개됐다. 지배계급은 국가기구에서 자기들이 확보하게 된 지배적인 지위를 이용해 이미 수중에 넣은 대규모의 땅에 대한 개인적인 권리를 제도적으로 확고히 하고, 도시의 상인과 금융자본가가 토지에 투자할 수 있는 길을 열고, 지주에게 폭넓은 사법적 권력을 부여하고, 농민의 권리를 크게 제한하는 일련의 법률을 제정했다. 예를 들어 지주에게 진 빚을 갚지 못한 농민은 살던 곳을 떠날 수 없게 됐다. 이들 법률은 농민을 노예화하는 동시에 농민이 내야 할 세금과 갚아야 할 빚을 증가시켰다. 그 결과로 파탄 지경에 이른 농민들이 1920년대 말부터 대규모로 농촌을 떠나 도시로 이주하기 시작했고, 이런 이주는 그로부터 30여 년 뒤까지도 계속 증가했다.

지배계급 내부의 사회적 합의는 셰이크(부족장)와 아가(Agha, 쿠르드족이 거주하는 쿠르디스탄 지역의 지주)들에게 세금감면 혜택, 소작농민을 부릴 법적 권한, 토지등기 허용, 관개시설에 대한 권리(이는 물의 분배를 통제할 수 있게 해주므로 부를 대규모로 축적하는 데 도움이 되는 것이었다) 등을 부여하는 것을 바탕으로 성립됐다. 1940년대 말의 새로운 지배계급 가운데 경제적 지배력을 확보한 집단에는 압도적으로 시아파가 많았다. 그들은 주로 성직자, 상공인, 지주인 부족장 등이었고, 마찬가지로 시아파가 많이 포함된 현대적인 '진보파' 지식인, 민족주의자, 좌파는 그들을 주된 비난의 표적으로 삼았다.[4] 시아파는 전통적으로 국가기구에 많이 참여하지 않았음에도(그 이유는 부분적으로는 시아파가 오스만제국의 지배에 대해 그 정당성을 인정하지 않았던 데 있다) 1958년 혁명 직전의 왕정 말기 10년 동안에는 시아파가 정부 각료직의 3분의 1 이상을 차지하고 있었다. 1958년에 이라크의 대지주 7명 가운데 6명은 시아파였다. 그중에는 16만 에이커의 땅을 소유한 시아파 샴마르 부족의 최고 부족장인 아흐메드 아질 알야웨르와 강수량이 많은 지역에 6만 4천 에이커의 땅을 소유한 바그다드 출신의 부유한 상인인 압둘하디 알찰라비도 있었다. 알야웨르의 손자인 가지 아질 알야웨르는 2004년 6월에 이라크의 대통령으로 지명됐고, 알찰라비의 아들인 아흐메드 알찰라비는 2003년 이전에는 미국 워싱턴에서 활약했고 지금은 이라크에서 가장 눈에 띄는 신자유주의 인물이다. 그러나 이런 지적도 있다. "1958년에 이라크에서 가장 부자인 사람들 가운데도 시아파가 많았지만, 가장 가난한 사람들 가운데도 시아파가 압도적으로 많았다. … 종파의 차이와 계급의 분화가 완전히 일치했던 적은 전혀 없다. … 매우 가난한 수니파 사람들도 늘 있었다. … 그들과 가난한 시아파 사람들은 곤궁한 처지를 같이 겪는 형제지간이었다."[5]

독립 이후에 전개된 이라크의 사회적, 구조적 재편성과 계층분화는 지주들이 도시로 거주지를 옮겨 부재지주로 변신하면서 그 내용이 더욱 복잡해졌다. 마름(세르칼) 계층이 새로 생겨나 농민을 더 강도 높게 착취하는 역할을 맡게 됐고, 노예제와 자본주의적 생산양식이 혼합된 형태였던 당시의 착취체제는 중동지역에서 가장 극심한 빈곤이 이라크에 나타나게 한 원인 중 하나였다. 이런 착취체제로 인해 1950년대에 이르면 이라크는 중동지역에서 빈곤율이 가장 높은 나라이자 일인당 소득이 전 세계에서 가장 낮은 나라 가운데 하나가 된다. 이런 상황이 거의 20년간이나 지속된 뒤에야 이라크의 하층계급이 비종교적 정당, 즉 민족주의 정당과 좌파 정당을 통해 조직되면서 계급투쟁이 형태를 갖추기 시작했다. 농민들이 도시로 이주하면서 농민들이 납부하는 세금이 크게 줄어든데다가 도시에 위치한 성지를 찾는 순례자의 수도 감소함에 따라 이라크의 시아파 교단은 위기에 몰리게 된다. 나라의 방방곡곡에서 노동자와 농민들이 비종교적인 세속주의 정당, 특히 이라크 공산당(ICP) 쪽으로 돌아섰다. 이라크 공산당은 1950년대에는 시아파의 성지가 있는 여러 도시까지 포함해 이라크 전역에서 지배적인 정치세력이었고, 사회적으로도 남녀를 불문하고 아랍족, 크루드족, 수니파나 시아파의 이슬람교도, 기독교도, 유대족 등 모든 부문에 걸쳐 하층계급을 대변하고 있었다.

세속주의 운동에서는 성직자가 아닌 시아파의 비종교적 지식인들이 주된 역할을 했다. 1950년대에는 민족주의 정당인 독립당과 바스당을 시아파 지식인들이 이끌었다. 당시 시아파 지식인들은 이라크 공산당 안에서 일반 당원의 분위기를 주도했고, 그 지도부에도 압도적으로 많이 포진해 있었다. 이들 외에 쿠르드족도 이라크 공산당의 지도부에서 두드러진 역할을 수행했다. 쿠르디스탄에서 이라크 공산당은 강화된 착취에 대항하는 농민봉기를 지원했다. 쿠르디스탄의 농민들은 지주계급의 지배적인 지위에 처음으로 도전해 계급 간 타협을 지주계급에게 강요할 수 있었다. 1940년대와 1950년대에는 쿠르디스탄의 주민들 사이에서 이라크 공산당이 쿠르드 민족주의자들보다 더 인기가 있었고, 오늘날 쿠르드민주당(KDP)의 지도자인 마스우드 바르자니의 아버지인 물라 무스타파 바르자니와 같은 당시의 민족주의 지도자들은 주변으로 밀려나 있었다.

왕정 정부는 일찍이 1940년대 말에 주로 시아파 농민과 노동자들이 지지하는 민족주의 운동의 위험성을 인식했고, 이 때문에 이라크에서 처음으로 1948년에 시아파 인물인 살리흐 자브르를 총리에 임명했다. 그러나 그는 얼마 지나지 않아 총리직에서 밀려나야 했다. 그는 분명한 친영국적 입장을 갖고 있었고, 이런 그의 입장이 1948년의 시아파 봉기에 한 가지 원인이 됐기 때문이었다. 그 대신에 또 다른 시아파 지도자인 무하마드 알사드르가 총리에 기용됐다. 알사드르는 1920년대에 영국에 대항하는 봉기를 이끈 사람이었지만 이번에는 시아파의 봉기를 진압해야 하는 정부를 이끌게 된 것이었다. 그러나 그 역시 정부의 권위를 의문시하는 시아파 농민과 노동자들을 효과적으로 통제하는 데 실패했다. 한편 공산주의와 민족주의가 성직자 집단에 가하는 위협에 대응해 1957년에 나자프(안나자프 주의 주도—옮긴이)의 하위 성직자인 모하마드 사데크 알사드르가 알다와당을 창립하고 역사적 유물론을 대체할 이슬람주의 경제이론 및 철학이론의 개발에 나섰다.

1958년에 카심 장군이 공산주의자들의 지원을 받아 일으킨 민족주의 군사쿠데타로 이라크의 왕정이 무너졌다. 이 혁명의 주된 성취는 석유산업과 관련된 것이었다. 그 전의 왕정체제 아래서 영국은 이라크석유회사(IPC; Iraq Petroleum Company)를 만들었다. 이 회사는 영국, 네덜란드, 프랑스, 미국의 석유회사들이 공동으로 소유하는 구조였다. 카심은 이 회사의 사업권을 회수하고 대신 이라크 국영석유회사(INOC; Iraq National Oil Company)를 설립했으며, 석유수출국 기구(OPEC)의 결성에 힘을 보탰다. 이 혁명으로 인해, 특히 농촌의 착취관계를 혁파하는 것을 목표로 한 토지개혁법이 1958년 10월에 집행되기 시작한 것을 계기로 이라크의 사회구조에 변화가 일어났고, 이에 따라 기존의 지배집단과 지배계급의 지위가 약화된 반면에 하위계층과 프티부르주아의 지위가 강화됐다. 1958년의 혁명에 대항해 쿠르디스탄 지역에서 일어난 저항은 토지개혁이 이 지역으로 확장되는 것에 대한 두려움 때문이었다는 점에서 민족적인 성격보다는 계급적인 성격을 가진 것이었다. 쿠르디스탄에서도 토지개혁이 실시된다면 바르자니와 같은 지배적인 봉건지주의 지위를 허물어뜨릴 것이 분명했다. 어쨌든 토지개혁을 계기로 쿠르디스탄의 농촌지역을 포함한 이라크의 모든 지역에서 계급투쟁이 강화됐고, 아랍족 농민들은 물론이고 쿠르드족 농민들도 직접 토지를 점거하기 시작했다. 그러나 시아파 교단과 알다와당은 일관되게 반공산주의 및 반민족주의 입장을 유지하면서 토지개혁에 강력히 반대했다. 그들에게 토지개혁은 부족장들의 수입이 줄어들고, 따라서 성직자들에게 돌아가는 종교적 세금의 납부액도 줄어들며, 상속법상 남녀의 권리가 평등해짐을 의미하는 것이었기 때문이다. 그들은 또한 국유화, 공적소유, 범아랍주의에 대해서도 반대했다.

카심 정권은 1963년에 무너졌고, 바스당의 지배와 공산주의자들에 대한 탄압을 거쳐 군사적 지배체제가 다시 들어서서 5년간 불안정하게 유지됐다. 이 시기에 이라크가 휩싸인 정치적 불안정은 1968년에 바스당이 집권해서 일당통치 체제를 수립하고서야 종식됐다. 이후 바스당의 지배체제 아래서 이라크가 안정을 유지할 수 있었던 것은 비교적 큰 규모의 중산계급이 창출된 덕분이었다. 바스당의 지배체제는 주로 공공부문에서 중산층을 많이 만들어냈고, 그 중산층은 1970년대에 상당한 수준의 번영과 사회적 특권을 누렸다.[6] 바스당 정권 아래서 빈부의 차이가 결코 정확하게 민족적, 종교적 정체성의 차이와 일치하지는 않았다는 사실에 주목하는 것이 중요하다. 게다가 그 어떤 집단에 속하는 개인이라도 정치적으로 민족주의 정권에 반대하지 않는 한 크게 개선된 국가복지제도의 혜택을 받을 수 있었다.

1979년에 사담 후세인이 집권함과 더불어 바스당은 안보기구 아래로 들어갔고, 하층계급을 통제하는 수단으로 기능하는 규율기관으로 전락했다. 공산주의자들을 비롯한 반대파 세력은 1970년대 내내 정치무대에서 활동했지만 후세인이 집권한 뒤로는 잊혀지거나 가혹한 탄압을 받았다. 국가는 지배계급 및 지배계급과 동맹관계에 있는 사회적 집단들의 전일적인 정당인 것처럼 기능했다. 이라크 국가는 1980년대에 이란과 전쟁을 벌이는 과정에서 전시경제의 영향으로 점점 더 혈연, 지연, 파벌, 관료집단, 군부 사이의 연결망에 의존하게 됐다. 이념의 측면에서 보면 후세인 정권은 이슬람교 이전의 요소, 아랍적인 요소, 이슬람주의적 성격과 민족차별주의적 성격을 동시에 가진 요소, 반제국주의적인 요소 등이 결합된 신화적이고 역사적인 전쟁민족주의 담론을 발전시켰다. 그러는 동안에 사회구조가 급격하게 바뀌었다. 해외자본의 유입, 다른 가난한 아랍 국가 노동자 수백만 명의 유입, 정권과 동맹관계에 있는 부족이나 씨족 집단에 유리하게 실시된 토지재분배 및 그 가운데 일부가 농업자본가가 되는 것을 허용한 조치, 금융과 무역, 서비스업의 부분적인 민영화, 군산복합체의 발달 등을 통해 후세인 정권은 이라크 사회 가운데 보다 넓은 부분을 동원해낼 수 있었다.

1950년대 이후에 이라크 내 갈등의 주된 축은 수니파, 쿠르드족, 시아파 사이의 갈등이 아니었다. 1970년대에는 비종교적인 쿠르드족 사람들이 바스당과 공산당이 구축한 민족전선에 대거 참여했다. 뿐만 아니라 바르자니(1903~79, 쿠르드족의 민족지도자로 쿠르드족의 분리독립을 추구했다—옮긴이)에 반대하는 쿠르디스탄 지역의 봉건적 가문들과 그들의 민병대는 후세인 정권의 덕을 보는 입장이었다. 시아파의 경우는 시아파의 지역사회를 지배하던 지위를 잃어버렸고, 교단의 신학자 수도 20세기 초에는 1만 명이 넘던 것이 1970년대에는 몇백 명 수준으로 줄어들었다. 시아파 신도들 대부분은 사회복지 혜택과 미래에 대한 희망을 주는 세속주의 정당을 지지했다. 1982년에는 이란의 알다와당 당원들과 이라크의 시아파 이슬람주의자들이 이라크이슬람최고위원회(SCIRI)를 결성했다. 이것도 부분적으로는 그들 자신의 세력이 위축된 데 대응하는 조치였다. 이란-이라크 전쟁 때 SCIRI는 알바드르 여단이라는 이름의 민병대를 조직했다. 그 대원들은 이란 첩보기관의 도움 아래 이란에 거주하고 있는 이라크 난민들로부터 충원됐다. 이란-이라크 전쟁의 발발은 많은 이라크 시아파 신도들로 하여금 알다와당과 SCIRI를 불신하게 만들었다. 알다와당과 SCIRI는 이란 편에 서서 이라크와 싸웠기 때문이었다. 바스당 지배체제의 이라크 국가는 추가적인 토지개혁, 농민들의 도시 이주, 시아파 교단의 재산 몰수 등을 통해 시아파 교단과 그 성직자들, 그리고 시아파 교단과 가까운 가문들을 주변화시켰다. 이라크 시아파의 무게중심은 나라 밖으로 옮겨갔고, 그들은 나라 밖에서 알호에이 재단과 알시스타니 재단과 같이 재원이 풍부한 조직을 만들었다. 그들의 주된 자금줄은 지주, 상인, 금융업자였다. 그들은 대부분 1970년대 말과 1980년대 초에 이란으로 추방된 사람들이었다.

이란과의 전쟁이 끝나자 사담 후세인 정권은 큰 위기를 맞았다. 그 위기는 새로운 위기를 만들어내는 것을 통해서만 해소될 수 있는 것이었고, 이런 맥락에서 볼 때 쿠웨이트에 대한 이라크의 침공은 예정된 것이나 다름없었다. 이란-이라크 전쟁 뒤에 미국이 이라크에 대해 취한 금수조치는 1991년 이후에 사담 후세인 정권이 안정을 되찾는 데 결정적인 역할을 했다. 이 금수조치로 이라크는 13년간에 걸쳐 약 3천 억 달러에 달하는 수출대금 수입을 상실했다. 이라크 국민은 1995년부터 사담 후세인 정권이 협상해 타결하고 운영한 '석유-식량 교환 프로그램'(미국의 주도 아래 유엔이 이라크와의 협상을 거쳐 1996년 말부터 2003년까지 실시한 대이라크 정책으로, 그 주요 내용은 이라크가 식량이나 의약품 등 인도주의적 목적에 필요한 물품을 구입하는 대가로 석유를 국제시장에 내다팔 수 있도록 허용하는 것이었다―옮긴이)에 의존하는 처지가 됐다. 후세인 정권은 오래되고 권위주의적이며 반봉건적인 요소들을 되살려냈고, 그 정권의 기반이 된 가문이나 집단은 그런 요소들을 통해 시장을 독점하거나 밀수와 지하경제에 손을 댈 수 있었다. 금수조치는 이라크에 탈공업화를 강요하는 동시에 규제되지 않는 무법적인 도시경제를 낳았으며, 그 도시경제는 주로 비공식부문에서 일하는 일용노동자, 이농노동자, 아동, 여성의 노동에 토대를 두었다. 그 결과는 대대적인 해외이주와 인구감소로 나타났다.

사담 후세인은 바스당이 사실상 속빈 강정처럼 된 다음인 1992년에 정권의 정당성을 보다 강화하기 위한 수단으로 국내의 종교적 반발을 누그러뜨리고 수니파와 시아파의 교단이나 교육시설의 위상을 높이는 조치를 취하기 시작했다. 그는 이란의 성직자들이 행사하는 영향력에 대항해 아랍족 성직자인 모하마드 사데크 알사드르를 제도적, 재정적으로 공공연히 뒷받침해주었다. 시아파의 종교적 기관은 하나하나 어느 한 가문이 주로 해외에 있는 다른 가문 및 그 다른 가문과 관련된 성직자들을 밀어내고 대신 장악하게 됐다. 이때 알사드르가 파트와(종교적 칙명―옮긴이)를 내려 시아파의 부유한 신도들에게 훔스(소득이나 이익의 5분의 1을 내도록 하는 이슬람교의 세금)를 그동안과 같이 교단에 내지 말고 가난한 사람들에게 직접 지급하도록 했다. 이 파트와는 알사드르의 대중적 인기를 크게 높였다. 이로 인해 그는 사담 후세인뿐만 아니라 특히 시아파의 교단 및 지역사회 안에 있는 그의 적들의 분노를 샀다. 이런 점으로 미루어 1999년에 알사드르와 그의 두 아들이 살해된 것은 사담 후세인의 공작이었다고 볼 수도 있고, 시아파 안에서 알사드르에 반대하던 가문들의 공작이었다고 볼 수도 있다.

미국의 침공 덕분에 오늘날 이라크의 권좌에 오른 사람들은 주로 후세인에 대해서는 물론이고 알사드르에 대해서도 반대하던 이라크 밖의 시아파 출신이다. 시아파 가문들 사이의 정치적 분열은 현재 젊은 성직자인 무크타다 알사드르에 의해 봉합되고 있다. 그는 한편으로는 농민들과 알사드르 시에 거주하는 가난한 실업자들의 지지를 받고 있지만, 이와 동시에 다른 한편으로는 매판세력과 중산계급에 지지기반을 두고 있고 시아파가 압도적으로 많이 포진된 정권의 지지도 받고 있다.

점령의 상태

이라크에 대한 제국주의적 지배의 목표는 국가를 다시 건설하는 것이 아니라 그동안 정치적으로 통합돼있던 국가적 공간을 조각내는 것이다. 그 결과로 민족별, 문화별, 종교별 조각들의 모자이크와 같은 것이 형성되고 있고, 이런 상황은 다시 정치적 질서 회복을 명분으로 하는 개입을 정당화하는 이유로 제시되고 있다. 그 과정에서 새로운 정부가 제국주의 군대와 정치적, 경제적 국제기구는 물론이고 다양한 비정부기구(NGO)의 도움까지 받아가며 주어진 역할을 수행하고 있다. 정치제도의 배열과 국가기관의 형태가 이라크 국민에 의해서가 아니라 제국주의 세력과 그 세력을 대변하는 조직에 의해 결정되고 있다. 그리고 그 결정은 신자유주의적 헌법의 적용에는 물론이고 넓은 범위의 국가에 속하는 정당, 노조, 시민단체의 활동에도 적용된다.

이런 양상은 이중의 전략, 즉 기존의 국가기구를 해체하는 동시에 새로운 국가기구를 건설하는 전략을 반영하는 것이다. 그 전략은 기존의 사회적 범주를 해체(행정부, 안보기관, 이데올로기 기구의 기존 관료들을 해고)하고 그 대신 위와 같은 목적에 맞게 기능적으로 단련된 새로운 인력을 기용하는 것을 포함한다. 그 전략은 또한 공화주의 정권이 지배계급을 정치적으로 대표하던 방식을 무너뜨리고 그 대신 과거의 지배계급과 그들의 정당을 다시 활성화하는 데 도움이 되는 정치적 대표의 방식을 창출한다는 뜻이기도 하다. 이에 따라 국가는 지배계급 전체의 전일적인 정당이 되고 있다. 그 과정에서 약탈, 도둑질, 부패, 토지재분배를 통한 공적 재산의 분할을 포함한 집단적 자본의 새로운 분배를 통해 새로운 유형의 자본주의적 관계가 형성되면서 새로운 부르주아 분파의 기반이 될 새로운 사유재산 부문이 생겨나고 있다. 이런 부문에는 국가기구, 정당, 경제제도가 워낙 긴밀하게 얽혀들기 때문에 지배계급의 정당과 관계를 맺지 않고는 그 어떤 경제활동이나 경제정책도 가능하지 않다. 전국 곳곳에 있는 정당조직은 기존의 계급을 대변한다기보다는 새로운 계급을 창출하는 기구가 되고 있다. 이런 점은 국가의 고위 관직을 맡고 있는 동시에 계급적 지도자이기도 한 바르자니, 탈라바님 알하킴, 알찰라비와 같은 인물들에게서 전형적으로 드러난다.

이런 형태의 지배와 통치가 재생산되면서 장기적으로 유지되려면 내부화돼야 한다. 사회적 배열의 해체와 정치적 공간의 분할은 '내부 식민지화'의 길을 닦는다. 그리고 그 과정에서 치안기구, 이데올로기기구, 경제기구 등 특정한 제도와 구질서에 속하던 세력이 보존되거나 재활성화된다. 왜냐하면 그런 제도와 세력은 국가를 새롭게 다시 구성하는 기획에 도움이 되기 때문이다. 그런 제도와 세력은 전시와 전후에 제정된 법률에 의해 수립된 권위주의적 안보기관의 위세에 스스로 순응하기 때문에 중요한 정치적, 군사적, 법률적, 경제적 기능이나 결정에 대한 권한이 국제기구에 돌아가도록 보장한다. 국내의 세력들은 상이한 층위의 권력들 사이에 존재하면서 지역적, 국가적, 국제적으로 그러한 권한의 효력을 전달하는 전동벨트로 기능할 뿐이다. 점령당국과 북대서양조약기구(NATO)가 이라크의 치안인력을 대상으로 실시하는 이른바 '경찰훈련'은 하층계급을 규율하는 것, 다시 말해 제국주의 세력의 생각, 기대, 이익에 맞는 통치를 실현하는 것을 목표로 제국주의적 지배질서를 수립하겠다는 뜻이다.

치안의 강화는 새로운 계급적 관계나 새로운 양성 간 관계의 형성에서 큰 역할을 한다. 치안정책을 편다는 것은 자본의 자유로운 이동을 보장하고, 임금노동자나 비임금노동자에 대해 완전한 통제, 다시 말해 경찰, 군대, 감옥, 수용소, 검문소, 도로차단, 철조망, 야간통행 금지, 자의적이고 집단적인 체포 등을 이용하는 통제를 추구한다는 뜻이다. 팔루자와 같은 다른 도시들의 전례에 따라 바그다드의 몇몇 구역에도 '치안상의 이유'로 높고 긴 콘크리트 장벽이 설치됐다. 나라 전체가 감옥처럼 변하고 있다. 점령당국은 이런 기법들을 통해 이라크의 모든 국민을 효과적으로 통제하고 감시할 수 있고, 그들의 이동이나 통신을 효과적으로 제한할 수 있다고 생각하는 듯하다. 이와 같은 관점에서는 오로지 지정학적, 전략적, 경제적으로 매력적인 구역들만 관심의 대상이 된다. 이는 곧 민족적, 종교적, 문화적, 성차별적으로 도구화될 수 있는 그 밖의 다른 많은 구역과 그런 곳에 거주하는 사람들은 관심의 대상에서 배제된다는 뜻이다. 그렇다면 민족주의는 여러 가지가 혼합된 복합적 정체성 담론의 용어가 될 수밖에 없다.

점령세력이 '민주주의' 담론을 퍼뜨린 데 이어 2005년 1월에 실시한 선거는 새로운 이라크 국가의 전개과정에서 중요한 계기였다. 이때 전미민주주의연구소(NDI; National Democratic Institute)와 국제공화주의연구소(IRI; International Republican Institute) 같은 미국의 정치적 재단들이 이라크의 6대 정당에 적극적으로 자문을 제공했다. 선거에 참여한 6대 정당은 임시총리인 이야드 알라위가 이끄는 이라크국민합의(INA; Iraqi National Accord), 미국 국방부의 총애를 받는 아흐마드 알찰라비의 이라크국민회의(INC; Iraqi National Congress), 알다와당, SCIRI, 그리고 쿠르드족 정당인 쿠르드민주당(DPK; Democratic Party of Kurdistan)과 쿠르드애국동맹(PUK; Patriotic Union of Kurdistan)이었다. 111명의 의원을 뽑는 이 선거에 모두 7471명이 입후보했다. 이 가운데 27명만 무소속이고 나머지는 모두 75개의 정당과 9개의 선거동맹 소속이었다. 후보자들 가운데 10분의 1 정도만 이름이 공표됐다. 이는 안전상의 이유로 대다수의 후보자가 유권자들에게 자기의 신분을 드러내기를 꺼렸기 때문이다! 수많은 후보자들을 분간할 수 있게 해준 것은 이름이나 정책공약이 아니라 각종의 상징이었다.

선거 자체가 민족별, 종파별 분열 속에서 치러진 탓에 단합된 정부가 구성되기가 어려웠고, 점령상태의 종식은 물론이고 미해결 상태로 남아있는 연방제 도입, 민영화, 양성 간 관계의 개혁과 같이 전략적으로 중요한 문제들에 대한 사회적 타협이 이루어지기란 더욱 어려웠다. 이 때문에 점령세력의 군사기지를 해체하고 병력철수의 시간표를 제시하라는 요구가 제기되기란 거의 불가능했다. 오히려 새로 들어선 정부는 내전이 발생할 가능성을 두려워한 나머지 점령세력에게 주둔군 병력을 당분간 그대로 유지해달라고 요구했다.

2005년 10월에 헌법안에 대해 실시된 국민투표에서 유권자들이 선택할 수 있는 범위는 의원선거 때보다도 좁았다. 헌법안을 작성한 과정 자체가 온 국민이 참여한 가운데 공개적이고 투명하게 진행되지 않았다는 사실로 인해 이 나라의 분열이 더욱 심화될 위험이 있었다. 유권자들이 보다 폭넓게 민주적으로 참여해야만 새 헌법이 그 정당성을 인정받을 수 있었지만 공공장소가 출입금지 구역으로 지정되는 등 공간적 격리 조치가 취해져 그러한 국민적 참여가 제대로 이루어지지 않았다. 몇몇 권력집단들이 손을 잡고 과두체제를 형성함으로써 그들 사이에 미리 공모된 헌법안의 제도화가 촉진됐다. 헌법안 작성에 참여한 사람들 가운데 다수는 국가나 정부기관에서 일해 본 경험이 전혀 없었고, 그래서 미국의 전문가나 조언자들에 의존했다. 그러나 그런 미국인들은 점령과 그들 자신의 이익을 동일시했고, 현지의 상황을 잘못 이해하고 있었다. 그래서 그들은 잘못 설정된 우선순위에 입각해 조언했다. 이렇게 작성된 헌법안은 사회적 영역에 퇴보를 가져오는 것이었다. 기존의 헌법이 1972년부터 보장해온 노동, 교육, 보건, 연금, 양성 간 평등을 비롯한 모든 영역의 사회적 권리가 새 헌법안에서는 체계적으로 제외됐다. 옛 가부장적 정신과 사유재산에 대한 식민주의적 숭배가 새 헌법안의 구석구석에 스며들었다. 새 헌법안은 사법적 문서라기보다는 테러대응용 문서로 봐야 할 정도였다. 이런 헌법안에 대해 실시된 국민투표는 '민주적 사기'의 결작이었다. 게다가 의회에서 승인된 헌법안은 애초에 국민에게 제시됐던 헌법안과 달랐다. 그 사이에 행정명령으로 헌법안이 수정됐던 것이다.

새 헌법은 가부장적, 신학적 담론을 그대로 반영한 것이고, 그 내용은 특히 여성에게 불리하다.[7] 이 헌법에 우호적인 성직자와 종교기관들은 이슬람 민주주의[8]의 건설이라는 새로운 이데올로기를 국가에 제공했다. 그러나 이것은 모순적인 개념으로 이미 갈등의 불씨가 돼왔고, 앞으로도 그러할 것이다. 이처럼 새 헌법은 사회의 통합보다는 사회의 분열을 가져올 요소들을 담고 있다. 새 헌법에 따르면 국가는 소수집단들에 일종의 거부권을 부여하게 돼있어 민족별, 종파별 공간구획이 제도적으로 고착화되고 있고, 이는 갈등의 증폭을 촉진하는 요인이 되고 있다. 미국의 폴 브레머 이라크 최고행정관이 시행했던 헌법과 마찬가지로 현재의 새 헌법도 임시적인 성격을 갖게 됐다. 2005년 12월 15일의 의원선거 이후에 헌법 수정안을 마련해 제안하는 것을 임무로 한 위원회가 구성됐기 때문이다. 새로 제안되는 헌법안에 대한 국민투표가 또 치러져야 한다. 이런 정치적 상황은 '영속적인 이행'의 한 형태라고 할 만하다.

세력관계

국가기구 내부의 이런 '영속적인 이행' 상태는 정치적 세력관계를 포함한 국가기구 외부의 모든 세력관계를 반영하는 것이다. 이는 곧 지금과 같은 상태에서는 안정적인 세력판도와 통일된 정치적 기획이 성립될 수 없으며, 오히려 유동적인 사회적 토대와 지속적으로 변하는 정치적 대표성을 갖고 서로 모순되는 관계에 있는 여러 개의 국가적 기획이 병존하고 있다는 뜻이다. 그래서 여러 개의 권력 중심, 여러 개의 서로 모순되는 제도, 그리고 다양한 세력집단이 존재한다. 하지만 그 어떤 세력집단도 실천적인 정책은 갖고 있지 않고, 단지 싸우겠다는 의지로만 가득 차있다. 옛 사회계급과 그 정치적 대표자들이 복귀한 것은 도시가 다시 농촌에 예속되게 된 것을 뜻함과 동시에 국가에서 지역으로, 세속주의 집단에서 부족이나 가문으로, 공업에서 상업으로, 시민적인 제도에서 반봉건적인 제도 및 가부장적인 법과 관습으로 자리바꿈이 일어난다는 뜻이기도 하다.

현재 이라크의 권력집단은 다음과 같은 범주들로 구성돼 있다. 우선 첫 번째 범주로 1958년에 왕정이 무너지기 전에 지배적인 지위를 갖고 있었던 옛 사회계급에 속하는 가문의 자손들이 있다. 이들을 대표하는 인물은 알하킴, 바르자니, 차데르치, 호에이, 파차치, 사드르, 시라지, 루바이, 알사둔 등이다.[9] 이들의 가문은 공화주의 정권 덕분에 사회적, 경제적, 정치적 권력을 갖게 됐고, 지금 의기양양하게 복귀하고 있다. 이런 움직임은 시아파 교단이 부활하고 그 성직자들의 지위가 강화되는 형태로도 나타나고 있다. 현재의 상황에서 이런 변화는 지리전략적으로나 지리정치적으로나 중요한 의미를 가진 것이다. 또한 나자프나 케르발라와 같은 종교도시들은 전 세계에서 수많은 시아파 신도들이 찾아오는 순례지로 되살아났고, 그 결과로 종교적 세금수입이 증가함에 따라 시아파 교단과 무역, 상업, 공업, 수공업 분야에 종사하며 시아파 교단에 의존하는 사람들에게 돌아가는 경제적 이익이 크게 늘어나는 동시에 이라크 성직자들의 정치적, 문화적 지위도 높아지고 있다.

이라크에서 시아파 문화가 다시 강화되는 것은 지정학적으로 볼 때 '수니파'로 대칭되는 민족주의, 사회주의, 범아랍주의 세력에게 타격이 된다. 현재 '시아파'와 '수니파'라는 말은 각각 '지역주의'와 '민족주의'라는 의미로 사용되고 있다. 사담 후세인 정권과의 갈등은 이제는 정치적 갈등이었다기보다는 민족적, 종파적 갈등이었던 것으로 규정되고 있다. 이런 관점에 따르면 후세인 정권 시절의 희생자들은 민족적, 종파적으로 배타적인 집단이었고, 그들이 이제는 국가에 대한 그들만의 배타적인 권리를 주장하고 있는 것이 된다. 그러나 시아파와 수니파는 정치적인 범주가 아니다. 시아파인 석유장관이 신자유주의 법률을 도입한 것은 그의 시아파 정체성 때문도, 그가 속한 공동체나 지역의 이익을 위해서도 아니었다. 그것은 국가의 재산소유 관계 재편성에 의해 사유재산 소유자 계급의 이익을 증가시키기 위한 것이었다. 쿠르드족을 비롯한 다른 집단에 대해서도 거의 같은 말을 할 수 있다.

각 종파의 교단, 성직자 집단, 그리고 특히 알하킴 가문이나 알사드르 가문과 같이 경합하는 지배적 가문과 관련된 인물들이 중심적인 위치를 차지하게 됐다. 그들의 조직형태와 사회적, 정치적 의제로 볼 때 그들이 중심적인 위치를 차지하게 된 것은 외부로부터의 조작이라는 측면을 다분히 갖고 있다. 이라크 사회 내부의 공동체에 깊은 뿌리를 갖고 있지 않았던 그들은 자기들의 사회적 기반을 구축하기 위해 영속적인 폭력의 상황을 활용했고, 그 과정에서 이라크 사회 내부의 공동체를 대표하는 집단과 갈등을 빚었다. 알하킴 가문과 알사드르 가문 사이, 그리고 그 각각의 민병대인 알바드르와 알마흐디 사이의 마찰은 바로 그러한 갈등을 보여주는 징후다. 성직자들은 보수적 자유주의 집단의 지식인들이라고 말할 수 있다. 성직자들은 선거 때 보수적 자유주의 정당들이 다수 유권자들의 지지를 받도록 지원해주고 종교적, 문화적 관습을 활용해 그들 자신의 신자유주의 기획을 추진하면서 좌파와 세속주의 운동을 무신론자나 서구화된 자들의 준동으로 몰아붙임으로써 좌파와 세속주의 운동에 대한 대중의 불신을 유도한다.[10] 그들의 이야기를 바꿔 말하면, 자본주의적 생산관계가 서구적인 것이 아니라 좌파가 서구적인 것이라는 것이다! 이렇게 해서 '서구'라는 말에서 이데올로기적으로 제국주의와 연관된 의미가 제거돼버렸다.

권력집단에 속하는 두 번째 범주는 사담 후세인 정권 덕분에 사회적, 경제적, 정치적인 지위가 상승한 옛 민족주의 중산계급이다. 특히 알라위처럼 바스당원이었던 사람들이 이제는 해산된 치안기관 출신들, 시리아와 이라크에 잔존하는 바스당원들, 그리고 공산주의자, 범아랍주의자, 자유주의자와 같은 세속주의 세력과 긴밀한 관계를 맺고 있다.

권력집단의 세 번째 범주는 금수조치와 전쟁에서 이익을 취하며 새로이 중산계급의 핵심을 이루게 된 사람들이다. 이들 가운데는 특히 금수조치가 유지되는 기간에 이라크 경제가 붕괴한 데서 오히려 이득을 올리면서 다양한 형태로 거대한 규모로 자본을 축적한 망명자 집단 출신이 많다. 이라크 경제가 붕괴하면서 전개된 통화의 평가절하, 해외채무의 증가, 달러화 암시장의 형성, 1990년대의 민영화 물결 등이 이들에게 이득을 가져다주었지만, 그 이득은 하층계급의 희생을 대가로 한 것이었다. 하층계급은 1990년대의 극심한 인플레이션과 구조적 실업으로 인해 생활수준이 크게 하락하면서 고통을 겪었다.[11]

권력집단의 네 번째 범주는 사담 후세인 정권 아래서 이미 신분상승을 이룬 각 지역 부족세력이다.[12] 그들 가운데 일부는 민족적, 종교적으로 배타적인 성격을 띠었던 1980년대와 1990년대의 사회경제적 구조조정 과정에서 농업자본가가 되어 부르주아 계급의 일원으로 변신했다. 정치 영역에 대한 지역 부족세력의 영향력 증대는 1990년대에 정부가 지역 부족들 가운데 우호적인 동맹부족을 늘리고 정권에 반대하는 부족은 고립시키기 위해 많은 자금을 들여가며 추진한 이른바 '부족장 사무소'의 설치와 부족 족보에 대한 연구에 의해 더욱 촉진됐다.

권력집단에는 이상과 같은 국내의 사회적 세력들 외에 신자유주의적 국제주의자들, 다시 말해 점령세력도 있다. 다국적기업, 각종의 전문가, 기술자, 정치나 군사 분야의 컨설턴트, 기업 경영자 등이 그들이다. 이들 외부세력은 이라크 국내의 세력균형 형성에서 중심적인 역할을 하면서 법률, 경제, 정치와 관련된 모든 층위에서 의사결정을 좌우하는 위치에 있다. 바그다드에 있는 미국 대사관은 직원이 2천 명이나 되는 세계 최대 규모를 자랑하며, 이른바 '녹색구역(Green Zone, 바그다드 중심부에 있는 면적 10제곱킬로미터의 구역으로 미국이 2003년 4월 바그다드를 함락한 뒤에 설치했다. 이곳에 이라크의 행정기관과 미군시설이 집중돼있다―옮긴이)' 안에 마치 요새처럼 자리 잡고 있다. 미국은 이라크 정부와 각종 기관의 곳곳에 미국인 전문가나 자문관을 배치해놓고 있다.

권력집단에 속하는 지배세력은 현재 이라크의 폭력적이고 불안정한 상황은 주로 외부세력(알카에다)이 유발한 것이라고 주장하고 있다. 점령세력도 이런 식의 설명을 내세우면서 이라크의 지배계급과 그 대표자들에게 정치적, 경제적으로 자기들에게 복종할 것을 요구한다. 이 나라의 정치 영역은 점령세력과의 협상을 거쳐 결정되고 그 점령세력에 의해 실행되는 제도화된 기제에 의해 규정되며, 그 제도화된 기제는 필요하다면 심지어는 의회의 해산과 국가비상사태의 선언까지 포함한 그 어떤 쟁점에 대해서도 이라크 정부가 의회에서 다수의 지지를 받도록 보장해준다. 이는 곧 입법부는 사실상 존재하지 않고 다만 정부를 통제할 힘을 전혀 갖추지 못한 자문기구로서의 의회만 존재할 뿐이고, 실질적인 행정부는 존재하지 않고 다만 미국인 전문가 및 국내의 지배적 가문이나 민병대에 의한 행정만 존재할 뿐이고, 치안과 안보를 담당하는 조직을 통제할 수 있는 독립적인 사법부는 물론 치안과 안보에 대해 책임을 지는 효과적인 다른 국가기구도 존재하지 않고 다만 시민들에게 폭력을 행사하는 민병대나 사적인 조직만 존재한다는 뜻이다. 시민들은 모두 다 지속적으로 의심의 대상이 되므로(점령군이나 정부에 반대하는 이라크 사람은 누구나 잠재적인 테러리스트로 간주된다) 정부, 민병대, 점령군의 자의적인 행동에 대한 시민들의 통제가 이루어질 수가 없다. 바로 이런 점으로 인해 시민들이 폭력과 무장투쟁에 의존하지 않을 수 없게 되는 것이다.

지배계급은 한편으로는 군중과 폭도를 동원해 다수를 복종시키거나 규율하고, 다른 한편으로는 폭력과 부패를 이용해 국민적 단합을 깨뜨리는 식으로 시민들의 저항에 대응한다. 이런 정치적 공작의 의도는 국민을 양분하고, 국민으로 하여금 자기들끼리만 좌절감을 쏟아내게 하려는 것일 뿐만 아니라 지배계급이나 점령세력이 국민을 학살해도 그 죄를 추궁받지 않아도 되는 상태를 유지하면서 국민을 협박하거나 볼모로 삼거나 인간방패로 이용하려는 것이기도 하다. 테러는 국가의 내부에서도 나온다. 여러 지배계급과 그들을 대변하는 정당들(쿠르드민주당, 쿠르드애국동맹, 알다와당, SCIRI 등)은 물론이고 이들에 대해 반대하는 세력(예를 들어 알사드르)도 민병대나 준군사조직을 만들어 운영하고 있다. 이런 민병대나 준군사조직은 수백만 명에 달하는 실업 상태의 산업예비군이나 사회적으로 배제되고 주변화된 청년들로부터 인력을 충원하며, 비중은 상대적으로 낮지만 여성들을 끌어들이기도 한다. 이라크는 도시의 인구밀도가 매우 높은 나라임을 감안하면, 도시에 대한 대규모 폭격과 도시민의 생활에 대한 테러위협의 배후에는 도시인구 가운데 상당부분을 정부나 점령군이 통제할 수 있는 구역 안으로 이동시키고, 이와 동시에 저항세력으로부터 그 사회적 기반을 박탈하려는 의도가 깔려 있을 수도 있다는 생각이 든다.

이런 의미에서 테러는 하나의 통치기법이자 민관합동의 '창조적 파괴'다. 한편으로는 대중적인 저항(무장한 저항이든 비무장의 저항이든)을 분열시키고 저지하기 위한 억압이 이루어지고 있고, 다른 한편으로는 군부대, 성직자, 민병대가 이동하는 것은 돕되 대다수의 국민은 이리저리 돌아다니거나 파업, 항의시위와 같은 행동에 나서지 못하게 하는 장애물로 바리케이드와 검문소를 설치해 공적인 공간을 조각내는 일이 벌어지고 있다. 공공장소를 이용하는 것은 권력을 나눠 가진 자들만의 배타적인 권리가 되고 있다. 이런 폭력적인 상황은 국민의 사회적, 경제적, 정치적 권리를 침해하고, 국민에게서 공적인 삶의 권리를 빼앗고, 대중매체를 통해 국민을 순치시켜 지적, 정치적으로 무기력한 상태로 만들고 있다. 이런 상황은 정치 전반에 대한, 그리고 특히 해방에 대한 수동적이고 회의적인 태도를 국민 사이에 확산시키고 있다.

이런 이유들로 인해 민병대가 지배계급과 지배집단의 핵심적인 조직형태가 되고, 그들의 사회적, 정치적 권력에 토대가 되고 있다.[13] 지배집단의 민병대 부대원이 된 사람들은 오랜 기간의 망명생활을 거쳤고, 그러는 동안에 이라크 사회의 현실에서 격리돼 있었다. 그들이 폭력을 휘두르게 된 것은 민병대 자체가 애초부터 군사적이었기 때문이 아니라 무엇보다 그들 자신이 옛 정권에 대해서뿐만 아니라 사회 전체에 대해 적개심을 품고 있기 때문이다. 그들에게 사회는 새로운 정신적, 정치적 전위세력에 의해 정화돼야 할 대상이다. 의회에 참여하는 집단과 민병대는 일종의 전략적 분업관계를 맺고 있어, 의회에 참여하는 집단이 민병대의 불법행위를 사회적으로 보이지 않게 가리는 덮개의 역할을 해준다. 국방 및 내무와 관련된 정부부서에서 정확하게 누가 치안분야의 정책을 수립하고 집행하는가가 끊임없는 논란의 대상이 되고 있다. 이런 혼란은 주로 지배집단의 민병대와 의회에 참여하는 집단에 의해 야기되고 있지만 점령군의 지휘관, 북대서양조약기구의 전문가, 민간의 치안회사, 여러 지역적 강대국에서 파견한 비밀요원 등에 의해 야기되기도 한다. 이들은 치안조직 안의 여러 요소들에 강력한 영향력을 미치고 있다.

민병대들은 정부부서의 명령을 따르기보다는 각각 소속된 집단이나 지역 지휘관의 명령을 따르면서 대개는 자율적으로 움직인다. 이로 인해 민병대들이 어떤 법률적 권한과 제약조건 아래 체포, 수색, 감금, 징벌, 납치, 집단살인, 처형과 같은 일을 하는지가 불분명한 경우가 많고 종단, 부족동맹, 범죄조직이 상대적으로 더 정당화되고 있다. 이런 맥락에서 볼 때 폭력과 테러는 치안정책으로 다뤄야 할 문제가 아니다. 민병대들을 해체시키는 것은 지배집단의 동맹화된 조직을 해체시키는 것이고, 따라서 국가를 해체시키는 것이 된다. 그러므로 민병대들이 시민들에게 가하는 참극은 전쟁에 수반되는 우발적인 피해가 아니라 실질적으로 정치질서를 유지하는 수단이 되고 있다고 할 수 있다. 폭력은 정화를 위한 힘의 행사이며 해방과 카타르시스의 수단이라는 게 파농의 주장이었지만, 이라크에서는 이런 파농의 주장과 반대되는 방향으로 폭력이 행사된다. 이라크에서는 폭력이 점령군과 지배계급이 행사하는 '반정화의 힘'이 되면서 해방이 불가능하고 무익한 것처럼 여겨지는 분위기가 조성되고 있다.[14]

점령당한 이라크의 정치경제적 상황

탈바스당화(de-Baathification), 자유화, 종파전쟁, 내전과 같은 이데올로기적

용어가 횡행하는 가운데 삶의 안전성까지 제거되는 상태에서 국가와 사회의 관계가 재구성되는 것이 어떤 의미인지는 2007년 초에 내각이 채택한 뒤 국회에 승인을 요청하면서 제출한 석유와 천연가스 관련 법안(의회의 심의결과가 어떻게 나오든 이 법안은 행정부에 의해 시행될 것이 분명하다)이 잘 보여준다.[15] 이 법안에서 가장 문제가 되는 부분은, 법안의 표현을 그대로 옮기면 이라크 기업이나 해외 기업의 '임원급 경영자와 전문가들'로 구성되는 '독립적인 자문기구'로 '연방석유가스위원회'를 설치한다는 대목이다. 이 위원회는 해외 기업들에게 매우 장기적인 계약으로 평균적으로 높은 이익을 보장해주는 내용으로 체결되는 생산물분배협정(PSA; Production Sharing Agreement)의 이행상황을 관리하고 감독하는 기구다. 이 법안은 이라크 전역에 걸쳐 대대적인 저항을 불러일으켰고, 특히 노조의 저항이 거셌다. 또한 의회가 이 법안을 승인하는 것은 이라크의 핵심적으로 중요한 자원을 유권자들에 의해 선출된 조직도 아닌 기구에 통째로 넘기는 것이므로 의회의 정치적 자살이 되는 일이다. 뿐만 아니라 이 법안이 실제로 시행되면 석유를 생산하는 지역들이 중앙정부보다 더 많은 사법적 권력을 갖게 되기 때문에 일종의 '구역화' 과정이 시작될 것이고, 그 과정에서 이라크가 더욱 조각조각 분열되어 신자유주의적 축적전략의 관철, 선진국들로의 가치 이전, 착취당하는 다수 국민의 주변화, 옛 계급이든 새로운 계급이든 각 지역의 부패한 계급을 위한 번영의 오아시스 형성으로 나아가는 길이 닦여질 것이다.[16] 그리고 그렇게 되면 불안정한 상태가 더욱 심화되고 새로운 갈등과 폭력적인 관계가 조장되어 점령군의 계속적인 주둔이 요구될 것이다.

나라를 외국인투자자들에게 개방하고, 공적이거나 사회적인 재화와 서비스를 상품화하고, 더 나아가 나라의 자연자원에 대한 제약 없는 접근권을 해외자본에 보장해주기 위해서는 길게 보아 신자유주의적 헌법이 필요한데, 이 조건은 이전의 이라크 행정당국이 2004년 3월 8일 미국의 설계에 따라 작성된 '임시헌법'에 조인함으로써 충족됐다. 또한 전 연합군임시행정처(CPA; Coalition Provisional

Authority) 최고행정관이자 이라크 사람들에 의해 '바그다드의 칼리프'로 불렸던 폴 브레머는 2004년 6월에 이라크를 떠나기 전에 100개 항의 신자유주의적 행정명령을 발령해 놓기를 잊지 않았다. 그 가운데 '특허, 산업디자인, 미공개정보, 집적회로, 식물다양성'에 관한 81호 명령은 수천 년 동안 이어져온 집단적 경작의 관행을 불법으로 규정했다. 또한 "이라크 국내에 품질이 좋은 종자가 공급되도록 보장하고 이라크의 세계무역기구(WTO) 가입을 촉진하기 위한 새로운 법률이 필요하다"는 주장이 나오고 있다. 이에 대해서는 "그러한 법률이 새로 제정된다면 그것이 실제로 하게 되는 역할은 몬샌토, 신젠타, 바이에르, 다우케미컬 등 전 세계의 종자무역을 좌지우지하는 거대기업들의 이라크 침투를 촉진하는 일일 것"[17]이라는 비판이 나왔다. 어쨌든 이제 종자는 더이상 지역공동체에 속하는 것이 아니라 국제적인 기업들의 사유재산으로 간주되고 있다.

새로 제정된 헌법 가운데 중앙은행의 '독립성', 관세와 세금의 인하, 공공재와 산업의 사유화 등과 관련된 새로운 조항들은 이전의 정권 아래서 누적된 이라크의 대외채무를 여러 국제기구와 해외세력들이 어떻게 활용했는가를 보여준다. 그들은 이라크의 대외채무를 지렛대로 삼아 이 나라에 사유화와 규제완화를 강요하고 국제자본의 이익을 보호하는 조치를 취하게 했다.[18] 노동시장에 대한 규제완화는 유동적인 산업예비군 집단을 창출함으로써 임금삭감을 가능하게 해주는 고실업 구조를 초래하고 있고, 지방의 지역경제에 대한 보조금의 폐지는 이라크에서 활동하는 외국기업들을 국내기업들과의 경쟁으로부터 보호해주는 효과를 낳고 있다. 이처럼 여러 점령국의 다국적기업들이 이라크 국민의 재산을 장악하는 동시에 다른 제국주의 경쟁국 기업들에 비해 상대적으로 자기들의 위상을 높이기 위한 사유화 기준과 기술표준을 이라크에 설정하고 있다. 국영이었던 산업, 서비스, 공공시설, 인프라에 대한 사유화 내지 민영화는 물론이고 노동자와 관료들에 대한 대대적인 해고가 이른바 '탈바스당화'라는 이름 아래 이루어지고 있다. 사실 '탈바스당화'라는 말은 이라크 사회의 각계각층을 희생양으로 만드는 데 대단히 효과적인 코드로 작용해왔다. 외국자본, 세금, 관세, 투자, 고용, 그리고 이익의 제약 없는 해외송금과 관련된 정책으로 이라크를 급격하게 신자유주의 국가로 만들려는 시도가 국내법을 대대적으로 개편하는 방식으로 이루어지고 있으며, 그 규모는 국제법과 국제관습에서 전례가 없을 정도다.

이런 점은 석유와 가스 관련 법안에서 가장 분명하게 드러난다. 그러나 이 법안은 아직은 미래에 관한 것이다. 현재 이라크에서 유일하게 가동되고 있는 경제부문은 '치안경제'와 '재건경제'이고, 유일하게 번성하고 있는 사업분야는 국민생활의 불안전성과 불안정성, 그리고 대중에 대한 약탈과 관련이 있는 사업들이다. 자본축적은 한편으로는 제국주의 군대가 민간의 치안회사나 용병들과 손을 잡는 구조, 다른 한편으로는 범죄집단을 비롯한 다양한 사회적 집단과 부족세력이 약탈적인 경제활동을 위해 단합하는 구조 속에서만 가능하다. 이런 세력과 집단들에게 전쟁이 더 긴요한 것이 될수록 그들은 전쟁이 더 오래 지속되기를 원한다. 이와 같은 탈법적 약탈활동은 정부의 일부 관리들 및 그들과 공생관계에 있는 자들, 또는 그들을 후원하면서 이득을 취하는 기생집단들에 의해 국내외에 걸쳐 더욱 촉진되고 있다. 그들은 마피아 조직처럼 움직이면서 가공의 회사나 각종 위원회를 통해 이라크의 석유와 관련된 사업권을 팔아먹고 있다. 한편으로는 이른바 이라크의 '재건'을 위한 자금이 점령국에 본부를 두고 있는 다국적기업들에 배분되고 있고, 그 다국적기업들은 가공의 회사들에 하청을 주는 방식으로 자금을 빼돌려 이라크에 자기들의 사회적, 경제적 기반을 닦는 데 이용하고 있다.

결론

'충격과 공포(Shock and Awe, 미국이 2003년 3월에 시작한 이라크 침공 작전에 스스로 붙인 이름. 개전 초기에 압도적인 화력을 집중해 이라크군을 충격과 공포에 휩싸이게 해 그 전쟁의지를 꺾는다는 뜻임—옮긴이)'는 이라크를 상대로 미국과 영국이 벌인 전쟁의 암호명이기도 했지만, 이보다는 이라크에서 지배의 기법으로서 폭력과 제도화된 테러가 무제한적으로 이용되는 상황을 가리키는 말로 더 적합해 보인다. 민간인의 희생은 그저 우발적으로 수반되는 피해에 그치는 것이 아니다. 이 전쟁의 맥락에서는 이라크 민간인의 목숨 그 자체가 공갈협박 전술인 집단적 징벌을 통해 이용되는 군사적 잉여가치다. 그리고 그 집단적 징벌은 의식적으로 저질러지는 전쟁범죄다.[19] 이 전쟁은 한 이라크인 여성이 미국의 이라크 점령에 대해 "이것은 테러와의 전쟁이 아니라 테러전쟁"[20]이라고 한 말 그대로다. 테러의 희생자는 주로 여성, 임금노동자, 실업자, 농민, 빈민, 홈리스 등이다. 테러의 배후에 누가 있는지와 상관없이, 그 배후가 제국주의 군대이든 용병이든 민병대이든 범죄집단이든 저항세력이든 청부살인업자이든 간에 이라크 사회의 그 어떤 부문에 속하는 사람도 테러의 표적이 될 수 있다. 차량폭탄, 자살폭탄, 아파치 미사일, 급조폭발물(IED), 네이팜탄, 집속탄 등이 누가 희생자가 되는지를 따지지 않고 동원된다. 점령군의 철수 또는 강요된 퇴각이 앞당겨질수록 이라크에 평화가 회복될 가능성이 높아질 것이다. 점령군이 철수하거나 퇴각하면 곧바로 평화가 찾아올 것이라고 말하려는 것은 아니다. 점령군이 철수하거나 퇴각하면 이라크 사회 안의 극단적인 정치적 분열이 더 심화되지는 않을 것이며, 이는 곧 평화가 회복되는 데 필요한 전제조건 하나가 충족됨을 의미하게 된다는 말이다.

수십만 명에 달하는 민간인이 사망한데다가 아부 그라이브 수용소에서 수많은 민간인이 고문을 당한 사실까지 알려짐에 따라 피해를 입은 민간인 수천 명과 이제는 실업자가 된 옛 정권의 군인 수천 명이 저항세력에 가담했다. 2003년 5월에 이라크군을 해체하기로 한 브레머 미국 행정관의 결정으로 인해 50만 명가량이 생계수단을 박탈당하고 실업자로 전락했지만 그들 손에는 무기가 쥐어져 있었다. 이들 전직 군인 가운데 상당수는 마흐디군(Mahdi Army, 이라크의 시아파 성직자인 무크타다 알사드르의 민병대—옮긴이)이나 비종교적 저항운동 세력에 이끌렸다. 무크타다 알사드르는 자기 아버지인 무하마드 사디크 알사드르에게서 물려받은 사회경제적 복지활동 네트워크를 물질적 기반으로 갖고 있다. 그가 2003년 7월에 창설한 민병대인 마흐디군은 점령세력에 대항하는 군대라기보다는 시아파의 다른 정치적, 종교적 세력에 대항해 그 자신이 벌이는 권력투쟁의 도구라는 성격을 더 많이 갖고 있다.

점령세력에 대한 진짜 저항은 대개 비종교적인 성격을 갖고 있고, 무장투쟁에서부터 시민적 불복종, 파업, 사보타주에 이르는 다양한 형태를 취하고 있다. 그 저항의 주역은 대부분 옛 중산계급 출신의 자유주의자이거나 민족주의자, 범아랍주의자, 그리고 다양한 종류의 사회주의자나 공산주의자 등이다. 이라크 공산당 자체는 저항세력에 속해 있지 않다. 이라크 공산당은 1950년대 이래로 문제가 있는 정치적, 전략적 결정을 거듭한데다가 지도부가 제대로 지도력을 발휘하지 못한 탓에 심각한 분열을 거쳐 결국은 여러 개의 당과 독립적인 집단들로 쪼개졌다. 그들 대부분은 현재 미국의 이라크 점령에 대해 반대하고 있다. 그러나 이라크 공산당 지도부는 점령 초기부터 점령당국에 적극적으로 참여함으로써 1950년대부터 1970년대까지 되풀이한 전략적, 정치적 오류를 또다시 반복했다. 이라크 공산당은 이제 사회민주주의적인 정당으로 그 성격이 바뀌었다. 그 주된 이유는 당의 계급적인 기반이 노동계급으로부터 망명했다가 돌아온 옛 공산주의자들을 비롯한 새로운 중산계급으로 옮겨간 데 있다.

지하드주의자, 살라피스트, 와하브주의자, 빈라덴주의자와 같은 '신의 투사들'은 사실 소수파다. 이들의 행동이 부각된 것은 대중매체의 선정적인 보도 때문이다. 저항이 종교적인 행동으로 묘사되는 것은 현재의 정부에 득이 된다. 왜냐하면 그 덕분에 현재의 정부가 자신의 권력이 종교적으로도 정당하다고 강조할 수 있기 때문이다. 이런 묘사는 미국 네오콘의 이데올로기적 목적에도 부합한다. 왜냐하면 그 덕분에 미국 네오콘이 자기들이 벌인 전쟁을 '문명의 충돌'이라고 선전할 수 있기 때문이다. 저항세력이 비종교적인 성격을 갖고 있다고 한 나의 주장은 저항세력에 속하는 모든 집단이 진보적이라는 뜻은 아니고, 그들은 서로에게 적대적인 계획을 추구하지 않는다는 뜻도 아니며, 점령에 반대하는 태도 그 자체가 해방적인 것이라는 뜻도 아니다. 나의 주장은 단지 근본적인 악은 점령에 있으며, 일단 점령이 제거되면 상황이 내부적으로 풀려나갈 수 있게 된다는 뜻일 뿐이다. 저항세력이 지금까지 분열해온 데는 몇 가지 원인이 있다. 그것은 반대파, 즉 현재의 정부를 반대하는 세력의 내부에서 힘의 균형이 계속 변해왔다는 점, 반대파 내부에 공존할 수 없는 이해관계 간 갈등이 존재해왔다는 점, 전쟁이 사회적, 구조적 자리이동을 초래하고 이에 따라 반대파의 사회적 토대가 약해졌다는 점, 해외로 나가는 이주의 행렬이 꾸준히 이어지면서 난민이 크게 늘어났다는 점, 그리고 중동지역의 이익집단과 국제적인 이익집단이 개입하고 나서려고 했다는 점 등이다.[21] 그렇지만 반대파에 속하는 다양한 요소나 범주 전부를 어떻게 집중시키느냐가 중요한 문제인 것은 아니다. 이보다는 가장 핵심적인 요구, 즉 점령의 무조건적이고 즉각적인 종식에 대한 요구로 반대파의 그 모든 요소나 범주의 목소리를 어떻게 수렴시키느냐가 중요한 문제다.

그렇게 될 전망은 있는가? 지배집단은 그들 자신의 이익만 내세우고 있고, 대중에게는 전혀 인정받지 못하고 있다. 이런 점은 폭력에 대해서만이 아니라 대안의 기획에 대해서도 정치의 영역이 열려있음을 말해준다. 권력집단 안에서는 상황을 통제해낼 수 있는 지배적인 세력이 생겨날 조짐이 전혀 보이지 않는다. 게다가 2006년에는 종파전쟁에 관한 선전이 펼쳐지던 바로 그때에 부족세력 내부의 분열이 확대됐고, 이로 인해 정권과 가까운 부족세력과 대중정치를 지지하는 부족세력이 갈라섰다. 이것은 대단히 중요한 발전이다. 왜냐하면 부족세력의 사회적 지위 덕분에 부족세력의 지도자들은 농촌사람들을 행동에 나서게 할 수 있고, 농촌사람들이 행동에 나서는 것은 대중정치적 기획이 정당성을 확보하는 데 반드시 필요하기 때문이다.

또한 이라크의 노조와 노동자위원회들이 그동안에는 지역적, 정치적으로 분열하면서(종교적으로는 분열하지 않았다) 서로 모순되는(특히 점령과 사유화에 대해) 전략을 채택하고 서로 충돌하는 조직형태(민주적이고 풀뿌리에 토대를 둔 조직형태와 위계적이고 가부장적인 조직형태)를 취해왔지만, 최근 들어 일부 긍정적인 발전의 양상을 보여주고 있다. 2006년 1월에는 이라크의 여러 노조가 세계은행과 국제통화기금의 정책 프로그램에 대해 반대하는 공동성명을 발표했다.[22] 그리고 2006년 12월에는 석유와 천연가스 관련 법안에 대해 이라크에서 최초로 모든 노조가 반대를 선언했다. 이 모든 현상과 행동은 아직은 잠정적인 것이긴 하지만 정치적인 입장의 차이를 넘어서는 새로운 정치적 사고와 폭넓은 협력의 자세가 생겨나고 있음을 의미한다.

여성의 상황과 관련해서도 일부 공동투쟁이 긍정적인 결과를 낳고 있다. 국가와 사회에서 종교가 우위를 점하고 있는 탓에 과거의 가부장적, 부족적 관행이 되살아나는 양상이 나타났던 게 사실이다. 여성은 가족인 남성이 허락하고 동행하지 않는 한 자유롭게 돌아다닐 수 없다. 시아파의 전통적인 관습인 '한시결혼(temporary marriage, 일종의 계약결혼으로 일정한 기간을 미리 정하고 그 기간에만 결혼상태를 유지하는 방식의 결혼제도―옮긴이)'은 여성에 대한 성차별적이고 계급이기주의적인 착취의 한 형태인데도 그대로 제도화되어 주로 재산이 많은 남성에게 짧은 기간 동안 젊은 여성을 성적으로 착취할 수 있도록 허용하는 수단이 됐다. 이런 성차별적인 관행은 가난한 여성과 그 가족들의 사회적인 권리를 박탈하고 그들을 경제적인 곤경에 빠뜨리는 결과를 초래했다. 이 모든 현실에도 불구하고 의회 의석 가운데 4분의 1이 여성 몫으로 할당된 것은 이라크 여성들이 거둔 의미 있는 성취라고 할 수 있다.[23]

이라크에서 펼쳐지는 모순된 상황전개가 어떤 경로를 밟아 어떤 결과를 낳을지는 결국에는 이라크 국민 스스로가 결정할 것이다. 그러나 그들이 수동적인 태도에서 벗어나서 지금 이라크를 지배하는 야만적인 상태를 종식시키는 일에 다

함께 나서지 않는 한 인간으로서의 존엄성을 지킬 수 있는 삶의 실현은 가능하지 않다. 이라크 사회의 여러 가지 모순이 구체적으로 어떻게 발전되는가, 그런 모순이 위기로 이어지는가, 하층계급은 어떻게 대응하는가가 갈등의 방향과 정치적 변화의 형태를 좌우할 것이다. 주관성을 배제한 객관주의나 문화주의에 입각한 분석을 내세워 이라크의 현 상황에 내포된 새로운 가능성의 지평을 닫아걸어서는 안 된다. 권력관계에 대한 비판적인 관점에서 그 가능성의 실현에 어떤 전제조건이 요구되는지를 파악해내는 노력이 필요하다. 평화를 가져오는 정의로운 해법을 찾아내는 과정에 아무런 갈등도 수반되지 않는다고는 말할 수 없지만, 그러한 해법을 찾아내는 것은 얼마든지 가능하다. 그렇게 되기 위해서는 이라크 국민이 진보적인 형태의 조직을 구축하고 근본적으로 민주적인 정치적 실천을 시도함으로써 이라크 국가의 내부에서, 그리고 국제적인 영역에서 추구되는 대안의 정치적 기획에 참여해야 한다. 이는 폭력적이고 파괴적인 성격을 띤 현재의 상황, 점점 더 많은 수의 민간인 희생자 발생, 매일같이 대중매체가 쏟아내는 절망스러운 소식에 비추어 순진한 말로 들릴 것이 분명하다. 그러나 나는 그렇지 않다는 말로 이 글을 마무리하고자 한다. 지금 이라크에서 전개되고 있는 투쟁을 핵심에 놓고 분석해보면 방금 내가 말한 해법을 찾아내는 것이 얼마든지 가능함을 알 수 있을 것이다.

주석

1 Faleh A. Jabar, 'Postconflict Iraq', United States Institute of Peace, Special Report 120, May 2004, available from www.usip.org을 보라.

2 존스홉킨스대학 부설 블룸버그보건대학(Bloomberg School of Public Health)과 바그다드에 있는 알무스탄시리야대학(al-Mustansiriya University)이 실시한 조사에 따르면 2003년 3월 이후 사망한 이라크의 민간인은 65만 4965명에 이른다. 이 조사는 2006년 5월부터 7월까지 이라크 전국에 걸쳐 1880가구를 대상으로 직접 사망자에 관한 정보를 적극적으로 수집하는 방식으로 실시됐다. 다음 자료를 참고하라. G. Burnham et al., 'Mortality after the 2003 invasion of Iraq: Across-sectional cluster sample survey', The Lancet, 368, 2006; Richard Horton, 'A Monstrous War Crime', The Guardian, 28 March 2007.

3 오늘날 이라크에 남아있는 부족들 가운데 다수는 19세기에 이르러서야 시아파가 됐고, 이는 당시에 아라비아반도를 휩쓴 공세적인 와하브운동(18세기의 이슬람교 신학자인 무하마드 이븐 압드 알와하브의 주장을 바탕으로 한 수니파의 이슬람교 개혁운동으로 원래의 이슬람교로 돌아가는 것을 목표로 삼았다—옮긴이)에 대한 반작용이었다. 이라크의 부족들은 복합적인 종교적 특징을 갖고 있으며, 이는 결혼과 개종 때문이다.

4 Sami Zubaida, Islam, the People, and the State, London: I.B. Tauris, 2001, pp. 91 ff.

5 Hanna Batatu, The Old Social Classes and the Revolutionary Movement in Iraq, Princeton: Princeton University Press, 1978, pp. 49~50.

6 그러나 이때의 중산계급은 그 뒤 1980년대와 1990년대에 전쟁과 경제제재로 인해 급속히 궁핍해졌고, 그 가운데 많은 사람들이 해외로 이주했다.

7 새 헌법안은 최고연방법원도 샤리아법(이슬람법)을 다루는 판사와 전문가들로 구성하도록 했고, 101조에서 "재단(종교재단)은 재정적, 행정적으로 독립된 결사체로 간주된다"고 규정했다.

8 이에 대해서는 Sabah Alnasseri, 'Die Konstruktion "islamische Demokratie" und der mögliche Übergang zu einer postislamitischen Situation', in Alnasseri, ed., Politik jenseits der Kreuzzüge, Münster: Westfälisches Dampfboot, 2004를 보라.

9 Batatu, The Old Social Classes를 보라.

10 Graham E. Fuller, 'Islamist Politics in Iraq after Saddam Hussein', United States Institute of Peace, Special Report 108, August 2003, available from www.usip.org.

11 Sabah Alnasseri, 'Die unendliche Geschichte. Die USA, der Irak und der Krieg', 2002 and 'Ende des Befreiungsimperialismus? Präzedenzfall(e) Irak, Teil I~IV', 2003/4, both available from www.links-netz.de.

12 Zabaida, Islam, the People, and the State를 보라.

13 치안조직이나 민간의 살인부대와 민병대 가운데 일부는 미국의 점령군이 직접 만들고, 자금
   지원을 하고, 훈련도 시켰다(엘살바도르 방식). 이는 저항세력과 성가신 반대세력에 대항하
   는 동시에 이라크 중앙정부의 힘을 약화시키기 위한 수단이다. 그러나 민병대들을 공식적으
   로 치안조직이나 지배집단에 예속시킨다고 해서 그들이 자체적인 판단에 따라 움직이는 것
   을 막지는 못하고 있다. 이로 인해 치안정책의 수립과 집행이 거의 불가능하다.

14 Frantz Fanon, 'Concerning Violence', in The Wretched of the Earth, New York: Grove
   Weidenfeld, 1991.

15 이 법안이 의회에 제출되기 전에는 단지 극소수의 선택받은 의원들만 그 내용을 볼 수 있었
   고, 누구든 그 사본을 입수해 공개하는 것은 은밀하게 해야 하는 위험한 일이었다. 그러나 라
   에드 자라르(Raed Jarar)라는 이라크의 블로거가 최초로 이 법안의 아랍어 사본을 입수해 자
   신의 블로그(http://raedinthemiddle.blogspot.com)에 공개하고 그 내용을 영어로 번역했다.
   이 법안에 대한 비판과 전 세계의 반대에 관해서는 www.handsoffiraqioil.org와
   www.iraqoillaw.com를 보라. 또한 Antonia Juhasz and Raed Jarrar, 'Oil Grab in Iraq',
   Foreign Policy in Focus, 22 February 2007(www.fpif.org)과 Kamil Mahdi, 'Iraqis will never
   accept this Sellout to the Oil Corporations', The Guardian, 16 January 2007도 참고하라.

16 Sabah Alnasseri, 'Ende des Befreiungsimperialismus? Präzedenzfall(e) Irak I, II & III', 2003,
   available from www.links-netz.de.

17 'Iraq's New Patent Law: A Declaration of War against Farmers', Foreign Policy in Focus,
   November 2004, available from www.fpif.org. 새로운 특허법이 이라크 안에서 유전자변형
   (GM) 종자의 상업화를 분명히 촉진할 것이라는 지적도 있다. Daniel Stone, 'The Assault on
   Iraqi Agriculture-US Agribusiness Targets the Fertile Crescent', August 2006, available from
   www.globalpolicy.org도 참고하라.

18 이 문제에 대해서는 다음 자료들을 보라. www.jubileeiraq.org/blog; Jeff Leys, 'Economic
   Warfare: Iraq and the I.M.F.', 19 September 2006(www.commondreams.org); Basav Sen and
   Hope Chu, 'Operation Corporate Freedom: The IMF and the World Bank in Iraq', September
   2005, Global Policy Forum(www.globalpolicy.org).

19 Sabah Alnasseri, 'Falludscha: Über Kriegsverbrechen, Völker und Menschenrechtsver-
   letzungen', in Komitee für Grundrechte und Demokratie, Köln, Jahrbuch 20, 2004/2005, pp.
   61~72.

20 이는 유대인인 어머니와 이라크의 바스라 시 출신으로 이라크인인 아버지 사이에서 태어난
   달리아 와스피(Dahlia Wasfi) 박사가 미국의 이라크 점령에 대해 한 말이다. 그녀는 2006년 4
   월 27일에 미국의 워싱턴 시에서 열린 '이라크 포럼(Iraq Forum)'에서 한 연설에서 바스라
   시에 있는 자기 가족의 예를 들면서 미군의 점령 아래서 이라크인들의 일상생활이 어떠한지
   를 설명했다. 이 연설은 www.youtube.com에서 찾아 볼 수 있다.

21 이라크인들의 저항이 어떤 성격을 갖고 있는지에 대한 영문 분석자료 가운데 가장 나은 편에
   속하는 것으로 Susan Watkins, 'Vichy on the Tigris', New Left Review, 28, July~August

2004를 꼽을 수 있다.

22 이 공동성명에 서명한 노조는 이라크노동자총연맹(General Federation of Iraqi Workers), 이라크/바스라 석유노조연맹(Oil Unions Federation in Iraq/Basra), 이라크노동자위원회노조연맹(Federation of Workers Councils and Unions in Iraq), 쿠르드총노동자연합노조(Kurdistan General Workers Syndicate Union/Erbil), 이라크쿠르드노동자연합노조(Iraqi Kurdistan Workers Syndicate Union) 등이다. 선거 직전인 2005년 12월에는 알자파리 정부가 석유산업에 대한 공적인 재정지원을 사실상 폐지하는 내용이 포함된 이른바 '대기성차관 협정(Stand-By Arrangement)'을 국제통화기금(IMF)과 체결하기 위한 계약서에 조인했다. 그러자 석유의 가격과 관련 물가가 일제히 치솟았다. Jeff Leys, 'Economic Warfare'; Matthew Rothschild, 'IMF Occupies Iraq, Riots Follow', 3 January 2006(www.progressive.org)을 보라.

23 이라크 여성들의 현 상황에 대해서는 다음 자료를 보라. www.peacewomen.org의 이라크 섹션; www.acttogether.org에 실려 있는 코드핑크(CODEPINK)의 이라크 보고서; www.equalityiniraq.com에 실려 있는 이라크여성자유기구(Organization of Women's Freedom in Iraq)의 여러 보고서들.

이스라엘의 식민주의적 포위공격과 팔레스타인 사람들

바시르 아부-마네

오늘날 이스라엘에 의해 점령당한 상태에서 살아가는 팔레스타인 사람들의 현실을 한마디로 표현한다면 '영속적인 포위공격을 항복하지 않고 견뎌내기'일 것이다.[1]

이 글의 목적은 첫째, 바로 이 표현이 정확함을 보이는 것이다. 1993년에 오슬로협정이 체결된 이후로 요르단 강 서안지구와 가자지구에 대한 이스라엘의 점령은 일종의 식민주의적 포위공격으로 발전하면서 팔레스타인의 경제와 사회를 점점 더 원자화시키고 그 목을 죄어왔다. 국제적인 경제제재까지 겹치면서 현재 팔레스타인의 빈곤율은 70퍼센트와 80퍼센트 사이에 이르고, 실업률도 전례 없는 극단적인 수준까지 올랐으며, 식량원조에 대한 의존도가 점점 더 높아지고 있다.[2] 둘째, 1993년 이후로 팔레스타인 사람들의 생활조건을 급속하게 악화시켜온 책임은 주로 이스라엘의 정책에 있지만 팔레스타인의 비종교적 민족엘리트 집단도 책임을 면할 수 없음을 보이는 것도 이 글의 목적이다. 그들은 팔레스타인에 지금과 같은 새로운 체제를 들여앉힌 주역은 아니지만 그 과정에서 중추적인 역할을 맡아 한 게 사실이다. 그들은 팔레스타인 사람들에 대한 이스라엘의 지속적인 지배와 권리박탈 행위를 정당화시켜줌으로써 정의와 자결에 대한 팔레스타인의 민족적 열망을 훼손하고 말았다. 대안이 될 만한 좌파적 기획이 전혀 보이지 않으니 종교적 근본주의가 내버려진 민족주의의 옷을 주위 걸치고 등장해 대중 사이에 정치적 기반을 크게 넓혀나갈 것이 분명하다. 셋째, 이스라엘의 포위공격과 팔레스타인 민족엘리트 집단의 투항은 결국 대중적인 저항을 불러일으켰음을 지적하고자 한다. 1980년대 말에 시작되고 오슬로협정을 낳은 일차 인티파다(1987년에 시작돼 1993년까지 계속된 팔레스타인 사람들의 반이스라엘 봉기—옮긴이) 때처럼 지금 팔레스타인 사람들은 팔레스타인 지역이 식민지화되고 주권을 부정당하는 것에 대해 대중적인 항의와 봉기에 다시 나섰다. 그리고 2000년 9월에 알아크사 인티파다(이차 인티파다—옮긴이)[3]가 시작되면서 팔레스타인 사람들 사이에서 저항이 다시 정당성을 얻게 됐다. 그러나 이번에는 일차 인티파다 때에 비해 상황이 훨씬 더 나쁘다. 팔레스타인의 사회적, 정치적 힘이 그때에 미치지 못한다. 팔레스타인 사람들의 고립감과 절망감이 자살폭탄 공격으로 표출됐기도 했고, 대중의 정치적 참여가 강조됐던 일차 인티파다 때와 달리 이번에는 무장투쟁이 강조되고 있다. 나는 이런 새로운 형태의 저항을 살펴보고 이스라엘의 포위공격, 하마스(1987년에 창설된 팔레스타인의 반이스라엘 무장투쟁 조직이자 정당—옮긴이)와 파타(팔레스타인의 가장 큰 정당—옮긴이) 사이의 갈등, 통일된 전략의 부재가 지속되는 상황 속에서 그러한 저항이 탈식민지화를 달성하게 될 전망이 있는지를 검토해보겠다.

원자화되고 포위된 상태

포위(또는 폐쇄)는 팔레스타인에 대한 식민주의적 통제와 응징을 위해 이스라엘이 동원한 수단 가운데 가장 파괴적인 것이라고 할 수 있다. 팔레스타인에 대한 이스라엘의 포위란 우선 수백 개의 도로차단 시설과 모두 546개에 이르는 검문소를 설치하고 이를 통해 팔레스타인 사람들로부터 이동할 자유를 박탈한 것을 말한다. 이런 폐쇄조치는 요르단 강 서안지구와 가자지구 사이에 물자나 사람이 이동하는 것이나 이들 두 지구에서 이스라엘을 비롯한 외부세계로 나가는 것을 막는 데 그치지 않고 요르단 강 서안지구 안에서 이동할 자유까지 막는다. 일차 인티파다 때인 1991년부터 이스라엘이 취하기 시작한 이러한 조치는 오슬로협정에 반영되면서 더욱 강화됐고, 이차 인티파다가 시작된 뒤로는 더욱 더 대대적으로 강화됐다. 그 결과로 오늘날 요르단 강 서안지구의 40퍼센트에는 팔레스타인 사람들이 접근할 수 없다.

세계은행은 최근에 발표한 보고서에서 요르단 강 서안지구에서 이와 같은 이동제한 조치가 시행되는 방식을 강하게 비판했다. "그 지역을 더욱 더 크기가 작고 서로 간의 연결이 끊어진 조각들로 쪼개는 각종 정책과 관행의 복잡한 조합을 통해 폐쇄작업이 집행돼왔다"[4]는 것이다. 이 보고서는 비록 갈등의 보다 깊은 근본원인에 대해서는 언급하지 않았지만, 치안에 대한 이스라엘 쪽의 우려에 대해 "부정될 수 없으며, 고려돼야 하는 것"이라고 인정하면서도 다음과 같이 분명히 서술하고 있다. "치안을 목적으로 폐쇄조치를 시행하는 것과 이주정착민들(이스라엘 사람들—옮긴이)의 활동 및 비교적 제약 없는 요르단 강 서안지구 출입을 확대하고 보호하기 위해 그런 폐쇄조치를 이용하는 것을 구분하기가 어려운 경우가 많다. … 또한 구역구분 조치 및 팔레스타인 사람들이 거주하는 지역의 정상적인 성장과 발전에 이용될 수 있는 토지의 양을 최소화하는 규제를 취하는 조치를 차별적으로 집행하는 데 어떤 타당한 근거가 있는지 알기 어렵다." 그 결과로 팔레스타인의 경제는 철저히 파괴돼 이제는 거의 붕괴할 지경에 이르렀다. 세계은행은 이렇게 지적했다. "이 파괴된 경제공간이 가져올 실질적인 효과로 인해 언젠가는 직장, 학교, 가게, 보건시설, 농지로 가는 것마저 매우 불확실해지고,

자의적인 규제를 받게 되고, 시간적으로 지체될 것이다."

세계은행이 지적한 것들 가운데 다수는 이미 여러 해 전부터 알려진 것이다. 실제로 세계은행의 보고서가 발표되기 4년 전에 유엔의 수석 경제학자인 살렘 아즐루니(Salem Ajluni)는 점령지역에 대한 이스라엘의 경제적 목조르기에 대해 "대중의 궁핍화, 아니 대중의 비참화"를 고의적으로 추구하는 것이라며 "이는 팔레스타인의 현대사에서 전례를 찾아볼 수 없는 것"이라고 지적했다.[5] 2006년 1월의 선거에서 하마스가 승리한 직후에 팔레스타인 정부에 대해 취해진 경제적, 정치적 제재조치로 인해 한층 더 가혹해진 규제와 더불어 팔레스타인 사람들의 포위된 상태가 더욱 심화됐다. 이스라엘 점령지역의 인권상황에 대한 특별보고자인 존 더거드(John Dugard, 남아프리카공화국의 국제법 학자로 유엔의 인권위원회와 국제법위원회의 특별보고자(special rapporteur)로 일했다— 옮긴이)가 '정권교체를 위한 경제적 압박'이라고 표현한 것의 일환으로 팔레스타인 사람들에 대한 목조르기가 더욱 강화됐다. 더거드는 이렇게 보고했다. "사실상 팔레스타인 사람들이 경제제재 조치의 대상이 됐다. 점령된 지역의 주민이 그렇게 다뤄지기는 이번이 처음이다. … 그들은 아마도 현대에 취해진 국제적 제재조치 가운데 가장 가혹하다고 할 수 있을 제재조치의 대상이 됐다."[6]

이처럼 처음에는 "군사적, 관료적인 임시조치로 시작된 것"이 결국에는 "분명한 정치적 목적 아래 완전히 의식적으로 실행되는 이스라엘의 전략"이 됐으며, 그 정치적 목적은 "정치적 구분을 하는 모양새로, 그러나 사실은 이스라엘 정부라는 단 하나의 정부 아래에서 두 국민을 분리하는 것, 그리고 이스라엘 정부가 두 국민 모두의 운명을 좌우할 실질적인 권력을 행사하게 되는 것"이다.[7] 일차 인티파다 이전에는 이스라엘의 전략이 팔레스타인의 노동계급을 '일용노동을 제공하는 이주노동자들'로 이스라엘 경제에 부분적으로 포섭하고 그들을 착취하는 것이었다면, 1991년 이후에는 이스라엘이 그들을 완전히 배제하는 시온주의의 원래 목표로 돌아섰다.[8] 그 시온주의는 아파르트헤이트와 달리 정치적 분리와 경제적 배제를 결합한 것이다. 아즈미 비샤라(Azmi Bishara, 이스라엘의 아랍민족주의 정당인 발라드당의 지도자로 2007년에 의원직을 사퇴한 뒤 해외로 망명함—옮긴이)는 시온주의적 식민주의의 논리를 '분리 안에서의 분리(separation within separation)'라고 규정하면서 이렇게 지적했다. "이 식민주의는 사람들을 땅에서 쫓아내고 그들의 땅을 몰수하거나 그들을 우회(이 낱말은 흔히 도로에 대해 말할 때 사용되지만 시온주의적 식민주의에도 적절하게 들어맞는다)한다. 그러고는 그 땅을 원래 그곳에서 살아온 사람들을 위해서가 아니라 이주정착민들을 위해 '개발'한다."[9] 따라서 시온주의의 정복과 포위공격 과정은 백인들이 남아프리카공화국에서 아파르트헤이트 체제로 흑인들을 다루던 과정보다는 백인들이 북미에서 인디언 원주민들을 다루던 과정을 더 많이 연상시킨다.[10] 파예즈 사예그(Fayez A. Sayegh, 1922~80, 유엔의 외교관으로 활약한 중동 출신의 철학자—옮긴이)는 다음과 같이 쓴 바 있다. "팔레스타인 사람들은 자기들의 나라에 대한 정치적 통제권뿐만 아니라 물리적 점유권도 잃었다. 그들은 자결권이라는 천부의 권리뿐만 아니라 자기들의 땅에서 살아갈 권리라는 기초적인 권리도 박탈당했다!"[11]

그와 같이 버림받은 상태와 불평등, 그리고 격리당한 처지가 낳은 가장 큰 효과는 사회적, 정치적 소외감의 증대다. 점령당한 팔레스타인 사람들은 그들 자신의 지도자들로부터도 소외당했다. 그 지도자들은 팔레스타인 사람들에게 정치적 독립을 가져다주지 못하면서도 그들 자신은 어느 곳에나 갈 수 있는 VIP용 여권의 혜택을 계속 누렸다. 뿐만 아니라 팔레스타인 사람들은 자기들 자신의 집단적인 힘과 능력으로부터도 소외당했다. 그들은 아미라 하스(Amira Hass, 요르단강 서안지구와 가자지구에 거주하면서 이스라엘과 팔레스타인 간 갈등에 대해 취재하고 보도해온 이스라엘의 저널리스트이자 작가—옮긴이)가 '공간과 시간을 훔친 이스라엘의 도둑질'이라고 부른 것을 관료적 조치와 자의적 규제가 뒤얽힌 미로의 형태로 경험해왔다. 팔레스타인 사람들 개개인이 매일같이 빠져들게 되는 그 미로는 팔레스타인 사람들의 자발적인 태도와 계획하는 능력은 물론이고 정상적인 일상생활까지도 파괴한다. 이로 인해 안전과 미래에 대한 각 개인의 불안감과 무력감이 커지면서 '점령의 개별화'가 초래되고 있다고 하스는 지적했다.[12] 이렇게 계층화되고 개별화됨에 따라 팔레스타인 사람들은 이제 포위된 상태가 가해오는 무거운 압박을 한 민족이라는 집단 차원에서가 아니라 개인이나 가족 단위로 견뎌내야 하는 처지가 됐다. 하스는 언젠가 팔레스타인 사람인 한 카메라맨이 이런 말을 자기에게 했다고 전했다. "한때 나는 국가를 꿈꾸곤 했다. 그러나 이제 나는 에레즈 검문소(가자지구에 설치된 5개의 출입검문소 가운데 하나—옮긴이)를 통과하는 꿈을 꾼다."[13] 이러한 원자화와 무력감은 뒤에 다시 설명하겠지만 궁극적으로는 매우 특수한 형태의 저항, 다시 말해 조직적인 대중정치로부터 격리되어 고립된 형태의 저항을 생성시킬 것이다.

이런 상태가 사실은 애초부터 의도된 오슬로협정의 결과라는 점은 2002년에 이스라엘의 인권단체인 브첼렘(B'Tselem)이 발표한 보고서에서 매우 분명하게 드러났다. '토지탈취: 요르단 강 서안지구에 대한 이스라엘의 이주정착 정책'이라는 제목의 이 보고서는 요르단 강 서안지구의 식민지화가 이스라엘 정부에 의해 줄곧 '적극적이고도 체계적으로' 지원되고 추진된 사업이었음을 보여준다.[14] 이스라엘은 1967년 이후에는 리쿠드당이 집권했을 때나 노동당이 집권했을 때나 군대를 앞세워 '대대적인 개입'을 하면서 팔레스타인의 토지를 탈취하기를 계속했고, 그렇게 해서 확보한 지역에는 팔레스타인 사람들의 접근을 막으면서 이주정착촌을 세우거나 확장시켰다. 이스라엘의 이런 조치는 국제법과 유엔의 여러 결의에 위반되는 것이었다. 오슬로협정은 이와 같은 과정을 촉진했고, 그 결과로 1993년부터 2001년 사이에 요르단 강 서안지구에서 "이주정착촌의 수가 급속히 늘어났고, 이주정착민의 수도 거의 두 배로 늘어났다"고 브첼렘의 보고서는 지적했다. 그리고 "그 기간 중 이주정착가구 수가 가장 많이 증가한 해는 에후드 바라크가 총리로서 정부를 이끌던 2000년이었는데, 바로 그해에 이주정착촌의 신규주택 착공이 거의 4800건에 달했다"고 한다. 이 보고서는 이스라엘이 점령한 팔레스타인 영토에 이주정착촌을 건설하는 것은 "점령군은 자국 국민 가운데 일부를 점령한 지역으로 추방하거나 이주시켜서는 안 된다"고 규정한 4차 제네바 협약 49조에 대한 중대한 위반이라고 분명히 밝혔다. 이주정착촌 건설은 물론이고 우회도로 설치도 팔레스타인 사람들의 자결권, 국가주권, 평등권, 재산권, 그리고 적절한 생활수준을 누릴 권리, 자유롭게 이동할 권리 등을 침해하는 것이다. 식민지화가 계속 추진된 결과로 팔레스타인은 영토적 통합성이 파괴되고 경제발전이 저지됐으며, 토지와 자연자원에 대한 이용권을 박탈당했다. 브첼렘은 이스라엘 정부가 이스라엘 대법원의 묵인 아래 "이주정착촌들을 이스라엘 국가에 사실상 병합"하면서 "그러한 법률적 병합이 특히 국제적인 차원에서 초래하는 문제점을 무시"하고 있다고 비난했다.

브첼렘의 보고서는 지금으로부터 5년 전에 발표된 것이다. 오늘날의 상황은 훨씬 더 심각하다. 지금 요르단 강 서안지구와 동예루살렘의 이주정착민은 45만 명에 이르며, 이는 2001년 이후 거의 10만 명이나 늘어난 숫자다. 토지몰수와 이주정착의 메커니즘은 5년 전이나 지금이나 대체로 비슷하지만, 그동안 한 가지 큰 변화가 있었다. 그것은 바로 장벽이 설치된 것이다. 거의 완성된 이 장벽은 길이가 703킬로미터에 이르고 대부분의 이주정착촌에 걸쳐 있다. 또한 장벽 전체의 85퍼센트는 요르단 강 서안지구 안에 설치되면서 이 지구 전체의 16퍼센트를 이스라엘 쪽으로 편입시켰다. 국제사법재판소의 한 자문보고서는 다음과 같이 분명히 밝히고 있다. "점령된 팔레스타인 영토에 거주하는 이주정착민 가운데 80퍼센트 정도에 해당하는 32만 명과 팔레스타인 사람 23만7천 명은 장벽이 설치된 그곳에 살게 된다. 게다가 장벽이 설치된 결과로 팔레스타인 사람 16만 명이 추가로 완전히 격리된 그곳에서 살게 됐다."[15] 인구 4만 명의 도시인 칼킬리야는 이미 장벽으로 둘러싸였고, 사람들은 매일 아침 7시부터 저녁 7시까지만 문을 여는 단 하나의 군 검문소를 통해서만 이 도시를 출입할 수 있다. 이 장벽이 최종적으로 완성되면 40만 명 이상의 팔레스타인 사람들이 장벽에 의해 완전히 또는 부분적으로 둘러싸이게 된다. 이러하니 국제사법재판소가 점령지 팔레스타인 사람들의 일상적인 생계유지와 생존이 위협받고 있으며, 더 중요하게는 "몇몇 지역에서 팔레스타인 사람들이 떠나게 될" 가능성이 있다고 경고한 것도 무리가 아니다.[16] 그렇다면 이스라엘은 식민주의적 목적의 실현을 촉진하고 팔레스타인 땅에 대한 사실상의 병합을 확대하기 위해 기존의 주민들을 강제적으로 대거 몰아내는 데 필요한 조건을 갖춘 셈이다.

팔레스타인 사람들에 대한 포위와 계속되는 권리박탈이 얼마나 가공할 만한 것인지는 관련된 사실들에 관한 기록이 잘 보여준다. 이런 점에서 이스라엘은 국제적인 규준과 관습을 지속적으로 위반하고 있다. 인권에 관한 보고서들은 이주 정착촌 건설, 장벽 설치, 자의적인 통행허가제 실시, 가옥 파괴, 암살, 인명 살해, 유대인 전용 우회도로 운영, 검문소와 도로차단시설 설치, 그리고 끝없는 군사작전과 주기적으로 되풀이하는 대규모 침공[17] 등 일련의 국제법 위반행위를 어김없이 나열하고 있다. 뿐만 아니라 알아크사 인티파다가 시작된 뒤로 모두 4천 명 이상의 팔레스타인 사람이 살해됐고, 특히 2006년에는 전년에 비해 세 배나 되는 650명의 팔레스타인 사람이 살해된 반면에 살해된 이스라엘 사람 수는 27명(그 가운데 6명은 군인)으로 전년의 54명에 비해 절반으로 줄었다. 또한 이스라엘은 1967년 이후로 팔레스타인 인구 전체의 거의 20퍼센트에 해당하는 65만 명 이상의 팔레스타인 사람을 자국의 감옥에 가두었고, 그 가운데 1만 명 이상이 여전히 감옥에서 풀려나지 못하고 있다.[18]

그렇다면 독립된 국가의 건설을 향해 팔레스타인 사람들을 이끈다고 하는 민족엘리트 집단은 어째서 위와 같이 팔레스타인 사람들의 생활여건을 악화시키고 팔레스타인 민족의 생존기반을 약화시키는(그 생존기반을 종국적으로 파괴했다고까지는 말할 수 없더라도) 결과를 초래한 과정에 1993년 이후 동참했던 것일까? 팔레스타인해방기구의 지도층은 위에서 설명했듯이 팔레스타인 사람들의 천부적 권리와 민족적 열망을 분명히 보호하고 보장해주는 국제법과 국제관습을 이스라엘에 대항하는 투쟁에서 왜 활용하지 않았던 것일까? 이런 질문에 대해서는 에드워드 사이드가 간단한 답변을 내놓은 바 있다. 그는 "역사상 그 어떤 해방운동 집단도 그들처럼 스스로를 적에게 팔아넘긴 적이 없다"고 썼다.[19] 정치적 투항 내지 점령자와의 '파트너십'이 바로 오슬로협정의 특징이었고, 이로 인해 팔레스타인 사람들 대부분은 이스라엘 식민주의에 의해 얼마든지 유린당할 수 있는 처지가 된 것이다.

지도층의 투항

여기서 나는 팔레스타인해방기구(PLO)와 팔레스타인당국(PA)의 외교적, 정치적 행적을 재검토하기보다는 요르단 강 서안지구와 가자지구에서 팔레스타인 사람들이 펼쳐온 저항의 성격을 이해할 수 있게 해줄 두 개의 주된 문제에 초점을 맞춰보고자 한다.[20] 그 가운데 하나는 법률적, 이데올로기적인 문제이고, 다른 하나는 보다 순수하게 정치적인 문제다. 법률과 이데올로기의 차원에서 볼 때 오슬로협정은 팔레스타인과 이스라엘 사이의 갈등을 해결하는 토대가 돼야 할 국제법의 정당성을 훼손했고, 이와 더불어 팔레스타인 사람들의 민족적 자결권과 점령에 저항할 권리를 효과적으로 불법화했다. 펜대를 한번 놀린 것만으로 팔레스타인 사람들의 자결권은 부정됐고, 그들의 저항은 범죄가 됐다. 정치의 차원에서 보면 팔레스타인당국은 이스라엘의 안보와 팔레스타인 땅에 불법으로 들어온 이주정착민들의 안전을 보장하기 위해 팔레스타인 사회를 체계적으로 감시하고 통제하는 역할을 수행했다. 팔레스타인당국의 지배는 정치적 억압과 권위주의, 그리고 경제적, 정치적 지역엘리트 집단의 포섭이 결합된 체제라는 특징을 갖고 있다. 식민주의에 대항하는 자발적인 조직과 저항운동은 무력화됐고, 독립을 지향하는 정치활동과 참여는 효과적으로 억압됐다. 지도층이 적과의 담합에서 이익을 취하는 동안 민심의 이반과 대중적인 절망이 확산되더니 마침내 알아크사 인티파다가 일어남으로써 비로소 저항이 새로운 활력을 얻게 됐다.

오슬로협정은 팔레스타인해방기구를 이스라엘의 식민지행정 집행기구로 변질시켰다. 1993년 9월 9일에 아라파트는 다음과 같이 선언했다. "팔레스타인해방기구는 원칙선포 문서(오슬로협정—옮긴이)에 서명하는 것은 역사적인 일이며 폭력을 비롯해 평화와 안정을 위협하는 모든 행동으로부터 자유로운 새로운 평화공존의 시대를 여는 시발점이 될 것이라고 생각한다. 따라서 팔레스타인해방기구는 테러를 비롯한 폭력적 행동을 이용하기를 포기하고, 팔레스타인해방기구의 모든 구성요소와 구성인력이 이 문서의 내용을 준수할 것임을 보장하는 동시에 위반행위를 예방하고 위반하는 자를 규율하기 위해 그들에 대한 책임을 맡기로 한다."[21] 아라파트는 인티파다에 대한 정치적인 종식 선언을 함으로써 이스라엘의 점령에 대해 팔레스타인 사람들이 저항할 권리를 분명하게 포기했다. 이에 대해 부르한 다자니(Burhan Dajani, 1921~2000, 아랍의 지식인—옮긴이)는 다음과 같이 쓴 바 있다. "팔레스타인해방기구가 이스라엘 정부에 보낸 합의서한은 팔레스타인 사람들의 투쟁에 요구되는 폭력행사의 권리를 사실상 포기하는 것이었다. 그 서한은 팔레스타인 사람들이 사용할 수 있는 가장 중요한 카드, 즉 이스라엘의 점령이 지닌 부당함에 팔레스타인의 투쟁이 지닌 정당함을 대치시키는 카드를 내버린 것과 같다. 그 결과는 한 쪽(팔레스타인—옮긴이)에서 어떤 간청을 하면 다른 쪽(이스라엘—옮긴이)에서 그 간청을 받아들이거나 거부하는 식으로 진행되는 일련의 협상으로 나타나고 있다."[22]

팔레스타인해방기구가 오슬로협정에 서명함으로써 사실상 점령국의 불법적 행위를 정당화해주고 팔레스타인 사람들의 민족적 권리를 훼손한 셈이 됐다. 이는 점령당한 사람들의 대표자들이 점령국의 국가주권을 '인정'하고 '존중'하게 됐다는 의미만 갖고 있는 것이 아니다. 이제는 오슬로협정에 따라 점령국이 점령

지역을 확대하거나 점령지역의 토지를 몰수하는 불법적 행위를 저지르는 것을
막을 권리가 점령당한 사람들에게 인정되지 않게 됐다는 의미도 있다. 다자니는
다음과 같이 분명히 예측했다. "오슬로협정이 가져올 유감스러운 결과 가운데
하나로 이스라엘의 추가적인 입법에 대해, 그리고 토지와 재산 몰수 및 권리와
자유 침해를 허용하는 이스라엘의 법률에 대해 점령군의 행동에 관한 제네바협
약에 토대를 두고 이의제기를 하기가 훨씬 더 어려워지게 될 것이다." 결국 이스
라엘의 불법적인 식민지 통치가 승인을 받게 된 것이었다.[23]

오슬로협정은 기존질서의 유지에 대한 애매한 표현과 모호한 규정으로 인해
이스라엘로 하여금 제네바협약과 그 밖의 인권 관련 국제법을 계속해서 위반하
도록 부추겼다. 이에 따라 팔레스타인당국은 동예루살렘에 대해 이스라엘이 계
속 통제권을 갖는다는 데 동의해야 했고, 요르단 강 서안지구의 60퍼센트를 불법
적인 점령자와 협상할 대상으로 돌려야 했고, 유대인들의 불법적인 이주정착촌
을 정당한 것으로 인정해줘야 했고, 우회도로 건설에 동의해줘야 했고, 이동의
자유를 금지하는 조치를 합법적인 것으로 간주해줘야 했다.[24] 팔레스타인 사람
들의 시민적 인권에 대한 이같은 침해행위는 제네바협약이 금지하는 것이다. 바
로 이 점은 팔레스타인당국이 국제법을 내세우거나 팔레스타인 사람들의 민족적
권리를 팔아치울 수 있는 권한을 분명히 손상시켰지만, 이와 동시에 팔레스타인
사람들의 권리와 그들의 반식민주의 투쟁에 다시 정당성을 부여해주는 중요한
근거가 되고 있다.

그렇다면 오슬로협정을 비판한 사람들이 옳았던 것으로 판명된 셈이다. 팔레
스타인당국은 바로 그런 비판자들이 예상했던 대로 양분된 두 개의 억압받는 지
역을 관리하는 부역정권이 됐다. 당시에 아슈카르는 이런 점을 다음과 같이 정확
하게 정식화했다. "아라파트가 이끄는 지도부가 말하는 '팔레스타인 자치정부'
는 간접적인 식민지행정의 극단적인 사례가 될 것이다. 그것은 탈식민지화 이후
의 신식민주의 정부보다는 '꼭두각시 정부'에 더 가까울 것이다. 그렇게 되지 않

으면 그 정부는 존속할 수 없을 것이다. 시온주의 정부(이스라엘 정부를 가리킴
—옮긴이)는 일을 단계적으로 진행시키기로 결정했다. 그래서 먼저 가자지구와
예리코(요르단 강 서안지구에 있는 도시—옮긴이)에서 아라파트의 조직이 위임
받은 주민억압이라는 과업을 효율적으로 수행하는지를 점검받게 된다. 만약 아
라파트의 조직이 그런 과업을 수행할 능력이 없는 것으로 드러나면 워싱턴협정
(오슬로협정을 가리킴. 이 협정은 1993년 8월 20일에 노르웨이의 오슬로에서 최
종적으로 타결됐으나 공식 조인식은 9월 13일에 미국 워싱턴에서 치러졌다—옮
긴이)은 쓰레기통에 버려지고 말 것이다."[25] 사이드가 "우리의 역사와 우리의 인
민에 대한 배신"이라고 부른 이 협정은 팔레스타인 사람들 사이에 환멸과 냉소
를 불러일으켰다. 이 협정은 민족적인 위기를 불러왔다. 사이드는 이 협정이 "도
덕, 문화, 정체성, 정치 등의 측면에서 팔레스타인 사람들과 그들의 정치제도를
더없이 심각한 위기에 빠뜨렸다"[26]고 지적했다.

　　팔레스타인의 민족적 삶이 얼마나 퇴화되고 위축됐던가는 팔레스타인당국이
그 자신의 투항과 기회주의적 행동을 통해 점령지 팔레스타인 사회를 재구성한
방식을 통해 엿볼 수 있다. 이런 고려는 내가 두 번째로 초점을 맞추고 싶은 문제
로 이어진다. 그것은 민족적 정당성 부정의 정치다. 팔레스타인해방기구는 일차
인티파다에 대해 보여준 태도에서 민주주의와 대중적 행동에 대해 불신하는 입
장을 다시 한 번 드러낸 바 있다. 팔레스타인해방기구를 승계한 조직인 팔레스타
인당국의 지도부는 확고한 정치적 지위를 유지하고자 했던 팔레스타인해방기구
의 방침을 더욱 밀어붙여서 그 논리적 결론으로 스스로 팔레스타인 국가를 대체
했다. 관료제와 권위주의가 규준이 됐고, 치안이 통제의 주된 수단이 됐다.[27] 팔
레스타인당국은 일차 인티파다를 일으킨 민주세력 내지 저항세력을 약화시키거
나 포섭하는 일에 적극적으로 나섰다. 글렌 로빈슨(Glenn Robinson, 미국의 정
치학자이자 중동문제 전문가—옮긴이)은 자신의 결론적인 의견을 다음과 같이
밝혔다. "직설적으로 말하면, 팔레스타인해방기구가 튀니스에 본부를 둔 채 요

르단 강 서안지구와 가자지구에서 정치적 권력을 확보하는 데 성공한 것은 혁명을 이끌었기 때문이 아니라 혁명을 종식시키겠다고 약속했기 때문이다. 팔레스타인당국은 자신의 정치적 기반을 구축해야 했고, 그 과정은 요르단 강 서안지구와 가자지구에서 새로운 엘리트 집단(이 집단은 대학교육을 받았고, 그 성향이 진보적이었다)의 위상을 축소시키면서 팔레스타인당국 자신의 권력을 강화하는 것이었다."[28] 이에 따라 전통적인 권력의 원천인 유력한 혈족이나 명망가 집안의 지원 아래 옛 형태의 정실주의와 통제체제가 다시 살아나고 활력을 회복하게 됐다. 팔레스타인당국의 지배체제에 대해 면밀하게 연구한 바 있는 나이젤 파슨스(Nigel Parsons)는 아라파트의 새로운 중앙집중형 지배조직을 다음과 같이 묘사했다.

"팔레스타인당국은 일차 인티파다가 진행되는 동안에 증대된 대중적 행동의 잠재력을 이용해 식민지화에 대한 저항을 이끌기보다는 정실주의를 통한 사회적 통제를 시도했다. 팔레스타인당국의 관료주의가 확대되면서 행정서비스 공급의 중앙집중화, 비국가부문으로의 자원배분 축소, 중산계급 출신의 전문가 및 기술관료 기용 등이 촉진됐고, 그 과정에서 팔레스타인 시민사회의 핵심이자 좌파의 근거지인 비정부기구(NGO)들의 정치적 활력이 약화됐다."[29]

이렇게 해서 팔레스타인 사람들 가운데 다수가 일자리를 전적으로 팔레스타인당국에 의존하게 됐고(지금은 그 수가 14만 명에 이른다), 이로 인해 팔레스타인의 전체 인구 가운데 상당부분이 주로 그들 자신의 주권과 정치적 독립을 부정하기 위해 존재하고 있는 정권과 얽혀들게 됐다. 게다가 노동운동이 억눌리거나 '정치적 침묵'[30]에 빠진 가운데 노동계급 자체가 이스라엘의 폐쇄정책에 시달리다 보니 취약해지고 파편화된 상태였기에 팔레스타인당국의 지배체제에 맞서거나 그것을 변혁시킬 사회적 동력은 거의 존재하지 않았다. 니나 소비치(Nina

Sovich, 프리랜스 저널리스트—옮긴이)는 이렇게 지적했다. "팔레스타인당국은 이따금씩 일어나는 풀뿌리 운동뿐만 아니라 노조 지도부도 포섭하거나 억압했고, 노조 지도부 자체가 노동자들을 행동에 나서게 할 만한 내부 규율, 전문성, 정치적 의지를 결여하고 있었다."[31] 노동계급의 그러한 운동력 상실은 오슬로협정 이후에 좌파가 방향감각을 잃고 우왕좌왕하게 되면서 더욱 심해졌다. 팔레스타인해방인민전선(PFLP; Popular Front for the Liberation of Palestine)의 지도자(아부 알리 무스타파—옮긴이)는 오슬로협정 이후 7년간을 회고하면서 비종교적인 반대파의 실패를 분명하게 인정했다. 그는 비종교적인 반대파가 팔레스타인의 정치무대에서 거의 아무런 역할도 하지 못한 것은 그들 자신의 분열과 분파주의 때문이었다면서 "정치적 담론을 실천적이고 구체적인 행동으로 전환시키는 데 실패했다"고 말했다.[32] 그 뒤로도 변한 것은 거의 없다.

정치적 불만이 퍼져 있음을 보여주는 상징적인 행동이 1999년 11월에 '20인 위원회'에서 나왔다. 파슨스는 팔레스타인의 반대파 안에서 일어난 이 중요한 에피소드를 되짚어본 뒤 그것은 알아크사 인티파다를 '예고'한 것이라고 해석했다. 그것은 아라파트 자신이 이끄는 파타 소속의 의원 9명을 포함한 주요 정치인들이 공동성명서를 발표한 것이었다. 그 성명서는 '조국이 우리를 부른다!'라는 제목 아래 '부패, 기만, 전제정치'를 공격하는 내용을 담고 있었다. 그 가운데 일부를 옮기면 다음과 같다.

"이주정착촌이 확장되면서 더 많은 땅이 도둑질당하고 있다. 난민들을 겨냥한 음모가 배후에서 가속화되고 있다. 우리의 아들과 딸들은 팔레스타인의 감옥에서 여전히 풀려나지 않고 있다. 예루살렘은 우리에게 돌아오지 않았고, 싱가포르는 실현되지 않았다(오슬로협정이 체결된 뒤에 팔레스타인당국 지도부가 '예루살렘에 수도를 둔 국가'를 수립하고 경제적인 기반을 확충해 팔레스타인을 '중동지역의 싱가포르'로 만들겠다는 말을 했다고 함—옮긴이).

팔레스타인 사람들은 두 개의 집단으로 갈라졌다. 그 가운데 하나는 통치하면서 도둑질하는 선택된 집단, 다른 하나는 불만을 토로하며 자기들을 구원해줄 누군가를 찾는 대다수의 집단이다."[33]

공동성명서에 서명한 사람들은 '수탈당한 사람들의 집단적인 노력'이 불의를 극복하고 오슬로협정의 굴욕을 종식시킬 날이 오기를 기대한다고 밝혔다.[34] 이에 아라파트는 서명자들 거의 모두를 감옥에 가두는 등 가혹한 탄압으로 대응했다. 이로 인해 대중적인 항의와 시위가 일어났고, 반대파의 모든 분파(이슬람지하드 그룹, 하마스, 팔레스타인해방인민전선, 팔레스타인해방민주전선 등)가 연대의 뜻을 밝혔다. 그로부터 일년이 지나기도 전에 점령지의 팔레스타인 주민들이 다시 봉기했다. 허구적인 평화협정에 의해 기만당하고 지도자들의 굴종적인 태도에 실망한데다가 더욱 확장된 식민주의에 의해 포위된 팔레스타인 사람들이 수천 명씩 거리에 쏟아져 나와 시위를 벌이고 항의의 목소리를 높였다. 그것은 바로 알아크사 인티파다(이차 인티파다—옮긴이)의 시작이었다.

만행과 포위에 대한 저항

그러나 이차 인티파다는 그 성격이 일차 인티파다와 매우 달랐다. 오슬로협정의 실제 결과 가운데 하나로 팔레스타인 사람들이 많이 모여 사는 주요 지역들의 외곽에 이스라엘 군대가 배치됐고, 이로 인해 일차 인티파다 때와는 달리 그런 지역들에 사는 팔레스타인 사람들이 점령군에 맞서 싸우기가 대단히 어려웠다. 검문소로 인해 서로 격리되고 지역적으로 고립된 상태에서는 "대중적인 행동이 사실상 불가능했다."[35] 이런 포위체제의 효과로 1990년대에 하나의 민족집단으로서 행동하고 조직화할 팔레스타인 사회의 능력이 체계적으로 약화됐다. 레마 하마미(Rema Hammami)와 살림 타마리(Salim Tamari)는 오슬로협정이 시민적 반역에 필요한 자원을 모두 파괴했다면서 다음과 같이 지적했다.

"시내에서 대규모 촛불시위나 장례행진을 하는 것 말고는 대중이 적극적으로 봉기에 참여할 방법이 사실상 거의 남아있지 않았다. 그것은 분명 그들이 원했던 상황이 아니었다. 그것은 풀뿌리 조직화가 일차 인티파다의 핵심, 적어도 초기 몇 년간 일차 인티파다의 핵심이 되게 했던 종류의 정치구조가 더 이상 존재하지 않게 된 상황의 결과였다. 일차 인티파다의 끝 무렵이 되면 대중적 조직은 물론이고 인민적 조직과 마을위원회도, 그리고 이런 조직들을 떠받쳤던 정치적 운동의 대부분도 봉기를 막기 위한 이스라엘의 대응조치가 가중되면서 무너지기 시작했다. 그와 같은 조직들의 부활은 걸프전쟁으로 인해, 그리고 더욱 심각하게는 오슬로협정과 이 협정이 가동시킨 국가형성 과정으로 인해 불가능해졌다. 최근의 봉기가 일어나기 전에는 대중이 이처럼 행동의 여력을 상실하고 정치활동에서 배제된 상태가 점점 더 심화됐고, 바로 이 점이 팔레스타인당국의 지배체제가 낳은 가장 특징적인 결과 가운데 하나였다."[36]

이로 인해 이차 인티파다는 매우 힘겹게 진행됐다. 조직화도 제대로 이루어지지 않았고, 지도부도 형성되지 못했다. 루벤버그(Rubenberg)는 이렇게 지적했다. "알아크사 인티파다는 기본적으로 지도부가 없었을 뿐만 아니라 조직화, 명시적인 목표, 그리고 전술도 없는 상태로 진행됐다. 4만 명의 무장경찰을 거느린 팔레스타인당국은 사실상 그 자신의 인민을 저버리고 그들을 이스라엘의 자의적인 보복에 내맡겼다."[37]

그리고 그 보복은 실로 즉각적이고도 무자비했다. 인티파다가 시작된 지 3주일 뒤에 이스라엘군 첩보기관의 수장인 아모스 말카 장군은 3주일 동안 이스라엘군이 탄환을 얼마나 많이 사용했는지를 알고 싶었다. 이에 관한 이야기를 〈마아리브〉(이스라엘의 히브리어 신문—옮긴이)의 벤 카스피트 기자는 다음과 같이 보도했다.

"정오에 답변보고가 올라왔고, 그때 그 자리에 있던 장교들 대부분의 얼굴이 하얘졌다고 한 목격자가 전했다. 인티파다가 시작된 뒤 처음 며칠 동안에 이스라엘군은 총탄과 포탄을 합쳐 유데아와 사마리아(요르단 강 서안지구)에서 70만 발, 가자지구에서 30만 발이나 썼다는 것이었다. 모두 100만 발가량의 탄환이 사용된 것이었다. 당시 중앙사령부의 일원이었던 사람은 훗날 그 작전은 '어린이 한 명당 총알 한 발'이라는 이름으로 불려야 할 것이라고 비꼬았다. 그 천문학적 숫자는 현장에서 어떤 일이 벌어졌는가를 분명히 보여준다."[38]

이차 인티파다가 시작된 뒤에 이스라엘이 가혹한 탄압조치를 취하면서 만행을 저지른 데는 분명한 정치적 목적이 있었다. 그것은 팔레스타인 사람들을 완전히 굴복시키자는 것이었다. 아라파트는 2000년 7월에 열린 캠프데이비드 협상에서 팔레스타인 사람들의 완전한 굴복을 이스라엘 쪽에 선사할 수 있는 입장이 아니었고, 따라서 이스라엘이 상응하는 수준의 양보를 하지 않는 한 미국과 이스라엘이 원하는 대로 다 해줄 수 없다는 태도를 취했다. 이에 이스라엘의 바라크 총리는 아라파트에게서 대화상대 내지 '평화를 위한 동반자'의 자격을 박탈하고 팔레스타인당국을 파괴하기 위한 장기전에 들어갔다.[39] 이에 따라 불과 몇 달 만에 아라파트는 '용기 있는 노벨평화상 수상자'에서 '반란과 테러의 주모자'로 바뀌었다.[40] 2000년 9월에 일어난 팔레스타인 사람들의 대중적 봉기에 대해 이스라엘이 즉각 대규모 무력을 투입해 진압에 나선 것은 곧바로 인티파다를 전투적인 행동으로 변화시키는 효과를 낳았고, 팔레스타인 사람들은 시민적인 참여와 운동을 지속시킬 수 있는 조건을 살려내려고 노력하기보다는 무장한 군사적 작전으로 나아갔다. 배신당하고 무방비로 포위된 상황에서 무장저항과 자살폭탄 공격에 대한 팔레스타인 사람들의 지지가 강화될 수밖에 없었다.

세 개의 주요 집단이 선두경쟁을 벌였다. 우선 환멸을 느낀 파타 내부의 저변에서 '탄짐-알아크사 순교자여단(Tanzim/al-Aqsa Martyrs Brigades)'이 생겨나 1990년대 중반 이래 오슬로협정에 반대하는 세력으로서 적극적인 활동을 벌였다. 라말라(요르단 강 서안지구에 있는 도시—옮긴이)에 본거지를 두고 이 집단을 이끌던 마르완 바르구티는 2002년 봄에 침공해온 이스라엘군에 의해 붙잡혔다. '이슬람지하드'는 1980년대 이래로 가자지구에서 활동해온 근본주의자들로 구성된 군사적인 민족주의 집단으로 사회적인 행동에는 관심이 없었고, 의회주의 선거에도 참여하지 않았다. 가장 강력한 저항집단인 하마스는 이슬람지하드와 마찬가지로 이스라엘의 점령으로 인해 생겨난 집단으로 일차 인티파다 이래로 활동을 벌여왔다. 하마스는 사회복지사업이나 자선사업을 군사조직과 결합시키는 운동방식을 취해왔고, 팔레스타인의 해방을 위한 팔레스타인해방기구의 정치적 강령과 비종교적 민족주의를 승계한 조직임을 자처해왔으며, 완전한 독립과 주권의 확립, 그리고 모든 이주정착촌의 철수와 해체에 토대를 둔 '두 개의 국가' 해법을 지지해왔다.[41]

2000년 9월부터 휴전이 이루어진 2003년 중반까지 이들 집단이 이스라엘에 대해 실행한 공격 가운데 96퍼센트는 요르단 강 서안지구와 가자지구에 있는 목표물에 대한 공격이었고, 단지 5퍼센트만이 이스라엘 국내에 있는 목표물에 대한 공격이었다.[42] 이는 알아크사 인티파다가 근본적으로 반식민주의 봉기임을 분명히 보여준다. 그러나 이스라엘은 봉기의 배후에 있는 진짜로 핵심적인 동기는 유대인에 대한 자살폭탄 테러라고 주장함으로써 알아크사 인티파다가 반식민주의 봉기라는 본질적인 사실을 잘 보이지 않게 가려버렸다. 바루크 키멀링(Baruch Kimmerling, 1939~2007, 이스라엘의 사회학자—옮긴이)은 이렇게 지적했다. "일차 인티파다의 상징이 돌을 던지는 팔레스타인 어린이였다면 알아크사 인티파다의 상징(양쪽 모두에게)은 자살폭탄 테러리스트다." 그리고 이스라엘은 "자국 군사력의 무제한 사용을 국내적, 국제적으로 정당화"하는 데 그러한 상징을 활용했다는 것이다.[43]

자살폭탄 공격은 그렇게 오해되고 활용되기 쉬운 것이었다. 녹색선(Green Line, 1948년에 일어난 아랍-이스라엘 전쟁이 1949년에 휴전상태로 들어갈 때 국제적 합의로 이스라엘의 경계선으로 설정된 선. 이스라엘 쪽에서 바라볼 때 요르단 강 서안지구와 가자지구는 이 선의 바깥에 속한다—옮긴이)의 안쪽에 거주하는 민간인들이 자살폭탄 공격의 표적이 됐다는 점에서 이스라엘이 그것을 유대인들의 삶과 이스라엘이라는 국가를 파괴하고자 하는 팔레스타인 사람들의 오래된 욕구가 표출된 것이라고 주장하기가 쉬웠다. 그러므로 저항의 한 형태로서 자살폭탄 공격은 극복하기 어려운 내적인 약점을 갖고 있었다. 레마 하마미(Rema Hammami)와 무사 부데이리(Musa Budeiri)는 '자살폭탄 공격에 대해'라는 탁월한 글에서 이스라엘의 테러행위와 폭력행사에 대한 보복의 수단으로도, 이스라엘의 철수를 강요하기 위한 전략으로도 자살폭탄 공격은 많은 비용을 치러야 하고 결함도 많은 방법임을 지적했다. 그것은 반생산적, 비효과적, 비도덕적이고 해방과 정의를 위한 팔레스타인 사람들의 투쟁이 지닌 정당성까지 무너뜨릴 위험이 있다는 것이다. 그러나 그 주된 효과는 팔레스타인 내부에서 나타났다. 하마미와 부데이리는 자살폭탄 공격에 대해 다음과 같이 썼다.

"그것은 팔레스타인 사회를 기꺼이 죽을 각오가 돼 있고 자기가 죽으면서 다른 사람도 죽일 사람들에게만 정치적인 역할이 주어지는 사회로 변모시킬 위험을 안고 있다. 그렇지 못한 나머지 사람들에게는 구경꾼의 역할만 주어지게 된다. 그런 나머지 사람들은 박수갈채를 보내겠지만 스스로는 해방과 독립을 향해 앞으로 계속될 투쟁에서 그 어떤 위험도 부담할 것을 요구받지 않는다. 그러한 행동(자살폭탄 공격—옮긴이)은 대중의 역할을 무시하고 대중을 무력감 속에 안주하게 만든다는 점을 정치적 투쟁의 역사는 우리에게 가르쳐준다. 그러한 행동은 착취당하고 억압받는 사람들 사이에 '저항은 극소수의 순교자들의 문제'라고 생각하는 정서를 확산시킬 뿐이다."[44]

자살폭탄 공격은 포위된 상태와 식민주의를 극복하는 수단이 되기는커녕 사람들의 원자화와 행동기피를 드러내는 징후일 뿐이다. 그것은 사람들을 다시 행동에 나서게 하기는커녕 행동기피의 태도를 더 심화시키고 집단적 참여의 잠재적 가능성을 훼손할 위험을 안고 있다.

마침내 팔레스타인의 저항집단들이 자살폭탄 공격에 대한 비판적인 평가를 하게 되면서 이스라엘 국내의 민간인을 표적으로 삼는 것을 중단한다는 선언이 나왔다. 알아크사여단의 지도자이자 이스라엘에 의해 일급 지명수배 대상으로 지목된 나세르 주마아(Nasser Jumaa)는 2005년에 한 인터뷰에서 다음과 같은 자신의 의견을 밝혔다. "우리는 팔레스타인의 저항을 위한 분명한 전략을 갖고 있지 못했다. 우리는 점령된 지역으로만 우리의 활동을 국한시키고 그 지역을 지키기 위해 거기에 있는 이주정착민과 군인만을 표적으로 삼아야 했다. 이런 식으로 했다면 이스라엘 사회에서도 우리를 지지하는 우군을 얻을 수 있었을 것이고, 우리의 땅을 우리 스스로 지킬 권리와 우리의 땅을 훔치고 점령한 자들을 우리가 축출할 권리를 외부세력이 부정하지 못하게 할 수 있었을 것이다."[45] 파타가 지배하는 팔레스타인당국에 의해 버림받은 알아크사여단은 여전히 파타를 민주화하지도, 개혁하지도 못하고 있을 뿐만 아니라 그 부패를 극복하지도, 매우 느슨하게 조직되고 지역화된 상태로 남아 있는 다양한 분파를 통합하지도 못하고 있다. 나세르 주마아는 "지금 우리는 이 비참한 구렁텅이에서 빠져나갈 전략을 찾고 있다"고 말했다.

전략의 부재

민족해방을 위한 명확한 전략의 부재는 오늘날 팔레스타인 사람들이 직면한 가장 긴급한 문제다. 이스라엘의 군사적 우위는 여전히 압도적이고, 오슬로협정은 팔레스타인 사람들의 욕구와 자연권을 불법화함으로써 전 세계에 걸쳐 이스라엘의 외교적 위상을 높여주었을 뿐이다. 오슬로협정 아래서 이스라엘에 대한 아랍권의 '관계 정상화'가 가속화됐고, 이슬람 국가나 제삼세계 국가의 대부분이 이스라엘에 대해 쳐놓았던 정치적, 경제적 장애물을 제거했다. 이로 인해 일차 인티파다 때에는 대단히 강했던, 팔레스타인의 대의명분에 대한 국제사회의 공식적인 공감대가 급격히 약해졌다. 팔레스타인 사람들에게 씌워진 구조적인 제약은 이처럼 강화되기만 했다. 팔레스타인의 민족적 기획이 붕괴한 것은 민족적 자기실현을 위해 요구되는 주관적 조건의 실현도 더욱 어려워지게 만들었다. 압바스가 이끄는 팔레스타인해방기구와 팔레스타인당국의 지도부는 난민의 권리와 정치적 대표권을 저버렸으며, 이는 팔레스타인의 대의명분이 퇴화됐음을 분명히 보여준다.[46]

상황이 이처럼 위중한 가운데 여전히 풀리지 않는 문제들이 있다. 팔레스타인 사람들은 식민주의에 의해 포위된 상태도 극복하고 팔레스타인당국의 투항도 극복해낼 수 있는 해방의 전략을 마련할 수 있을 것인가? 현 시점에서 수행해야 할 정치적 과제는 무엇이며, 민족적 기획이 재구성될 경우에 그 속에서 군사적 저항이 맡아 해야 할 역할이 있다면 그것은 무엇인가? 그리고 마지막으로, 어떻게 해야 팔레스타인 문제를 대중적인 정치적 논쟁의 영역으로 돌려보낼 수 있을까?

2006년 1월에 실시된 의원선거 과정에서 하마스는 점령지 팔레스타인 유권자들 대다수에게 한 가지 답변을 내놓았다. 하마스는 '개혁과 변화'의 목록을 제시한 문건에서 요르단 강 서안지구와 가자지구 주민들의 자결권과 모든 팔레스타인 난민의 귀환권을 포함한 팔레스타인 사람들의 양도불가능한 권리를 명확하게 선언했다. 하마스는 이스라엘의 점령에 대한 저항을 확고하게 지원한다는 입장에서 팔레스타인당국을 개혁하고, 부패와 기회주의를 청산하고, 단합을 위한 노력을 기울이고, 정치적 다원주의를 수호하고, 팔레스타인의 안정과 활력을 뒷받침할 것을 맹세했다.[47] 하마스는 팔레스타인 사회를 이슬람화하겠다는 퇴행적인 사회적 의제도 내걸었지만 이를 지지하는 팔레스타인 사람들은 전체의 13퍼센트에 지나지 않았다. 하마스가 점령지에 거주하는 팔레스타인 사람들 대부분의 마음을 끌어당긴 것은 정교한 복지정책 공약 때문도, 종교적 근본주의 때문도 아니었다(물론 이 두 가지 다 부분적인 원인으로 작용하기는 했다). 이보다는 오히려 하마스가 팔레스타인 민족주의를 되살려 승리로 이끌 것이라고 약속했기 때문이었다고 봐야 한다.

이로써 오슬로협정의 틀은 위기를 맞았다. 오슬로협정은 진정한 민주주의를 촉진할 의도에 따라 체결된 것이 아니었다. 오슬로협정의 틀에서는 선거도 식민주의 체제의 유지를 보장해주는 범위 안에서만 환영받을 수 있었고, 그런 보장을 해주지 못하는 선거는 실시할 필요가 없는 것이었다. 이스라엘은 이런 점을 잘 알고 있었기에 2006년에 선거를 실시하는 데 대해 반대했다. 그러나 미국은 모순에 빠졌다. 중동의 민주적 변화에 관한 미국의 메시아적 언어구사는 팔레스타인 민족주의와 하마스에 대한 그 자신의 적대적 태도와 충돌을 일으켰다. 미국은 위험부담을 안고 선거를 허용하면서 여론조사에서 예측된 대로 파타가 승리하기를 기대했다. 이런 기대와 달리 선거에서 하마스가 승리를 거두자 미국 제국주의의 모든 완력이 팔레스타인 사람들에게 더욱 거세게 행사됐다. 경제적, 외교적 제재 조치가 팔레스타인 사람들의 포위된 상태를 더욱 심화시켰다. 〈뉴욕타임스〉가 지적했듯이 팔레스타인 사람들은 자신들의 선택으로 인해 '굶어죽어야' 할 처지가 됐다. 그리고 과거에도 이런 경우에 흔히 그랬듯이 이때부터 이스라엘과 그 동맹국들이 팔레스타인의 '정권교체'를 위해 가능한 모든 수단을 다 동원했다. 동원된 수단에는 이스라엘이 군사적인 공격에 나서고 대규모 학살극을 벌이는 것,[48] 활동가들을 암살하는 것, 새로 구성된 의회의 의석수 가운데 거의 3분의 1에 해당하는 의원들을 체포하는 것, 미국 쪽으로 편향된 압바스가 새로운 선거를 실시하겠다고 위협하는 것, 압바스가 그 자신의 정부를 구성하고 있는 각료들을 적극적으로 소외시키는 것, 그런 각료들이 제대로 일을 하지 못하도록 공무원들의 파업을 정치적으로 부추기는 것, 압바스 휘하의 치안책임자인 무하마드 다흘란이 나서서 하마스를 파괴하겠다고 끊임없이 협박하는 것 등이 포함됐다.[49] 그리고 결국에는 다흘란이 무력으로 정부를 전복시키려고 시도했다가 심각한 분파 간 무장충돌을 빚었고, 그 과정에서 수십 명의 팔레스타인 사람이 죽고 내전의 위험이 고조됐다.[50] 하마스는 이런 압박으로 인해 가자지구에 군사적 기반과 안전망을 구축하지 않을 수 없게 됐고, 대중적 행동과 조직화는 또 다시 하마스의 우선순위에서 밀려나게 됐다. 이에 따라 하마스가 인민을 도와 그들이 감옥과 같은 체제에서 스스로 벗어나게 하는 노력을 기울이기보다는 그러한 체제 안에서 빵부스러기를 놓고 싸워야 하는 처지로 끊임없이 몰리게 될 위험이 있다.

이 모든 것에도 불구하고 하마스는, 그리고 전반적으로 팔레스타인 사람들은 세계적인 습격을 견뎌냈다. 이스라엘, 미국, 팔레스타인의 투항자들 모두 하마스의 승리를 뒤집는 데 실패했다.[51] 이라크에서 수렁에 빠져 발이 묶인 미국은 사우디아라비아의 지원 아래 권력을 나눠 갖는 형태의 새로운 통합정부가 팔레스타인에 구성되는 것도 막지 못했다. 사우디아라비아는 이란이 하마스를 지원하는 것에 두려움을 느끼고 새로운 통합정부를 지원하고 나섰다. 어쨌든 새로운 통합정부가 구성됨에 따라 충돌은 때때로 일어나더라도 내전과 민족적 와해로 치닫는 경향은 완화됐다. 그러나 이 새로운 정부는 국제적인 제재조치를 종식시키는 데는 실패했다. 이스라엘은 팔레스타인당국에 넘겨줘야 할 세금징수액 7억 달러를 넘겨주지 않았고, 팔레스타인에 대한 국제사회의 경제적, 정치적 제재조치도 그대로 유지됐다. 이스라엘과 미국은 팔레스타인의 새로운 정부가 붕괴하거나 제대로 작동하지 못하게 하기 위해 가능한 모든 일을 다 했다. 하마스에 의해 '친

미반란파의 수괴'로 불리는 다흘란으로 인해 내부갈등이 심각하게 악화됐다. 실제로 미국과 이스라엘로부터 무기를 공급받는 등 지원을 받은 다흘란은 통합정부를 적극적으로 방해하면서 무장충돌과 내전을 획책했다.[52]

하마스와 파타 사이의 갈등은 2007년 6월 14일에 무력에 의해 결말이 났다. 미국이 지원하는 군사쿠데타가 일어날 것을 우려한 하마스는 다흘란의 조직을 와해시키고 가자지구에 대한 치안권을 장악했다.[53] 이런 조치는 군사쿠데타가 아니라 팔레스타인의 단합과 민족적 화해를 가로막는 '장애물'을 제거하기 위해 '필요한 것'이었다고 하마스는 매우 분명하게 선언했다. 그러나 팔레스타인의 다른 모든 분파는 하마스의 그러한 행동을 불법적인 공격으로 간주했고, 팔레스타인의 정치에서 폭력을 사용하는 데 대해 반대한다는 뜻을 밝혔다.[54] 압바스는 하마스의 전략적 실수를 이용해 전국적인 비상사태를 선언했다. 또한 그는 통합정부를 해체하고 미국이 선호하는 살람 파이야드를 총리로 내세우면서 기술관료 중심의 새로운 정부를 출범시켰다. 이스라엘과 서구세계는 이런 위헌적 조치를 환영하면서 압바스에게 지지와 제재조치의 중단을 약속했다. 이로 인해 고립된 하마스는 자기들이 지배하는 가자지구와 팔레스타인당국이 지배하는 요르단 강 서안지구의 정치적 분리를 두 지구의 지리적 분리와 결합시키는 무모한 움직임을 보이고 있다. 그것은 이스라엘이 1991년 이래 추구해온 것과 같은 것이다.[55] 이처럼 파타와 하마스라는 두 개의 권력중심이 존재하는 상황은 팔레스타인의 정치적 분리와 분열을 고착화할 뿐이다.

통합이 다시 이뤄지든 새로운 선거의 실시가 선포되든 한 가지는 분명하다. 압바스는 팔레스타인 사람들 대부분이 원하는 독립된 국가와 탈식민지화를 가져다주지 않을 것이고, 하마스는 점령에 대항해 대중적인 행동을 조직해낼 수 없을 것으로 보인다.[56] 실현성 있는 대안은 아직 드러나지 않고 있고, 팔레스타인 민족 전체가 불만 속에서 지켜보고 있다. 팔레스타인 사람들 대부분은 현재의 위기 상황에 대해 하마스와 파타 둘 다를 비난하고 있지만, 팔레스타인의 군사화된 정치를 극복하면서 이스라엘의 점령에 대항하는 행동에 나서지는 않고 있다.[57] 현재로서는 집단적인 자발적 조직화가 유일한 희망으로 팔레스타인에 남아있다고 할 수 있다.

한 가지 긍정적인 최근의 발전은 장벽에 대한 대중적인 비폭력 시민투쟁이 강화되고 있다는 점이다. '빌린'이라는 마을이 이러한 저항운동의 상징으로 떠올랐다. 이 마을에서 팔레스타인 사람들의 주도로 전개되고 있는 평화시위가 이스라엘의 활동가들을 포함한 국제사회의 활동가들을 끌어들이고 있고, 그들은 팔레스타인 사람들의 생명과 땅을 보호하기 위해 이곳의 평화시위에 동참하고 있다. '부드루스'라는 마을을 제외하고는 마을의 땅을 되찾은 경우는 거의 없지만 팔레스타인의 대의명분에 대한 대중적 지지기반을 국제사회와 이스라엘 국내에도 구축하고, 팔레스타인 문제의 급박성을 널리 알리고, 그 정의로운 해결책에 관한 의견을 나누는 데서는 그와 같은 집단적인 정치적 실천이 매우 가치가 있다는 점을 많은 사람들이 확인하고 있다.[58]

하지만 포괄적인 해방전략이 부재한 상태는 여전히 계속되고 있다. 이 점에서는 지배층의 민족주의도 종교적 근본주의도 성공하지 못했다. 2006년 1월의 선거는 정치적 기획으로서의 저항을 어떻게 해나가야 하느냐는 문제를 다시 제기했다. 아즈미 비샤라(Azmi Bishara)가 말했듯이 "사람들이 정신적, 물질적, 정서적, 정치적, 경제적, 사회적으로 감내하고자 하지 않거나 감내할 수 없는 점령에 대해 점령자들이 그 대가를 치르게"[59] 하려면 어떻게 해야 하느냐는 것이다. 단기의 과제와 장기의 전략적 목표를 분명하게 조화시키는 것과 더불어 일관된 민족적 목표를 중심으로 팔레스타인 사람들 모두가 집단적으로 행동에 나서는 것이 여전히 필요하다. 이런 일은 팔레스타인의 내부와 외부 모두의 풀뿌리 세력이 민주적으로 다시 활성화되기 전에는 이루어질 수 없다. 에드워드 사이드가 "현대의 역사 전체에서 가장 특출한 대중적인 반식민주의 무장봉기의 하나"라고 부른 일차 인티파다 때에 팔레스타인 사람들은 바로 그러한 민족적, 대중적 행동에 가장 가까이 다가섰다.[60] 일차 인티파다에 대한 혁명적인 기억이 미래를 향한 팔레스타인 사람들의 정치적 조직화에 활력을 불어넣게 될 경우에야 비로소 이스라엘로 하여금 40년간 지속시켜온 점령에 대한 대가를 치르게 하고 팔레스타인 사람들에게 저지른 잘못을 스스로 교정하는 일에 나서게 하기에 충분한 수준의 정치적 역량이 창출될 수 있다. 진보적인 정치적 주체의 새로운 등장이 지금 절박하게 요구되고 있다. 한 억압받는 민족의 생존 자체가 위기에 처해 있다.

주석

1 이는 아미라 하스(Amira Hass)의 표현을 빌린 것이다. 그는 이렇게 썼다. "오슬로협정 시절에 그랬듯이 지금도 300만 명의 개인들이 포위공격을 당하는 고난을 항복하지 않으면서 견뎌내기 위해 엄청난 인내력을 발휘하고 있다." 'Israel's Closure Policy: An Ineffective Strategy of Containment and Repression', Journal of Palestine Studies, 31(3) Spring 2002, p. 20.

2 이스라엘이 철수한 뒤에 가자지구가 어떤 상태에 있는지에 대해서는 Gisha's report, Disengaged Occupiers: The Legal Status of Gaza, Tel Aviv, January 2007을 보라. 또한 Patrick Cockburn, 'Gaza is Dying', The Independent, 8 September 2006도 참고하라. 이스라엘이 격리된 땅이나 다름없는 팔레스타인 지역을 철저하게 포위하고 있는 탓에 이 지역 주민들은 거의 굶어죽을 지경이다. 지중해 연안에 있는 이 지역에서 엄청난 비극이 전개되고 있으나, 국제사회는 이를 무시하고 있다. 그 이유는 레바논과 이라크에서 벌어진 전쟁에 세계의 관심이 쏠리고 있기 때문이다.

3 2000년 9월의 봉기가 '알아크사 인티파다(al-Aqsa Intifada)'로 불리게 된 것은 샤론이 수천 명의 경찰병력을 거느리고 바위의 돔(Dome of the Rock) 사원을 '방문'한 것을 계기로 일어난 봉기였기 때문이다(바위의 돔 사원을 팔레스타인 사람들은 '알아크사 사원'이라고 부른다―옮긴이).

4 Movement and Access Restrictions in the West Bank: Uncertainty and Inefficiency in the Palestinian Economy, 9 May 2007. 이 자료는 www.worldbank.org에서 찾아 볼 수 있다. 이 글에 인용된 구절들은 3절과 37절에서 가져온 것이다. 이에 대해 이스라엘의 에프라임 스네(Ephraim Sneh) 국방차관은 세계은행이 '편파적'인 보고서를 냈다고 비난하고 이동에 대한 규제는 테러행위를 예방하기 위한 것이라고 말했다. Avi Issacharoff, 'Sneh: World Bank Report Slamming Israel One-Sided', Haaretz, 10 May 2007을 보라. 반면에 새로 임명된 팔레스타인의 무스타파 바르구티(Moustafa Barghouti) 공보장관은 환영의 뜻을 밝히고 세계은행의 이 보고서는 요르단 강 서안지구에 대한 이스라엘의 신종 아파르트헤이트 체제를 정확하게 묘사하고 있다고 덧붙였다. Joshua Brilliant, 'World Bank Pessimistic on Palestinian Economy', World Peace Herald (Online), 9 May 2007을 보라. 이 자료는 www.wpherald.com에서 찾아 볼 수 있다.

5 Salem Ajluni, 'The Palestinian Economy and the Second Intifada', Journal of Palestine Studies, 32(3), Spring 2003, p. 69. 또한 Sara Roy, Failing Peace: Gaza and the Palestinian-Israeli Conflict, London: Pluto, 2007, 특히 'Ending the Palestinian Economy', pp. 250~293을 보라.

6 United Nations General Assembly, 'Report of the Special Rapporteur on the Situation of Human Rights in the Palestinian Territories Occupied since 1967, John Dugard', United Nations Human Rights Council, 29 January 2007, p. 21.

7 Hass, 'Israel's Closure Policy', p. 18.

8 팔레스타인 문제에 대해, 그리고 시온주의 이주정착민들의 식민주의와 남아프리카공화국의 아파르트헤이트의 차이에 대해 탁월한 계급적 분석을 제시한 책이 있다. 그것은 Mona N. Younis, Liberation and Democratization: The South African and Palestinian National Movements, Minneapolis: University of Minnesota Press, 2000이다.

9 Azmi Bishara, 'A Short History of Apartheid', Al-Ahram Weekly Online, 8~14 January 2004, available from http://weekly.ahram.org.eg.

10 이런 역사적 비교에 대해서는 Norman G. Finkelstein, The Rise and Fall of Palestine, Minneapolis: University of Minnesota Press, 1996, pp. 104~121을 보라.

11 Fayez A. Sayegh, Zionist Colonialism in Palestine, Beirut: Palestine Liberation Organization Research Centre, 1965, p. v.

12 2005년 4월 11일에 미국 뉴욕의 바너드대학(Barnard College)에서 한 강연. Hass, 'Israel's Closure Policy', 특히 p. 10도 참고하라.

13 Amira Hass, Drinking the Sea at Gaza, New York: Henry Holt, 1999, p. 235.

14 B'Tselem, Land Grab: Israel's Settlement Policy in the West Bank, Jerusalem, May 2002, p. 69. 이어지는 여러 인용구절은 이 보고서의 pp. 15~16, 37, 69에서 가져온 것이다.

15 International Court of Justice, 'Legal Consequences of the Construction of a Wall in the Occupied Palestinian Territory', 9 July 2004, clause 122.

16 같은 자료, p. 122.

17 그 최악의 사례는 2002년 3월과 4월에 걸쳐 실시된 방패작전(Operation Defensive Shield)이다. 이 작전에서 이스라엘은 팔레스타인의 모든 주요 도시를 다시 점령하면서 220명을 죽였다. Muna Hamzeh and Todd May, eds., Operation Defensive Shield: Witnesses to Israeli War Crimes, London: Pluto Press, 2003을 보라.

18 Amnesty International, Amnesty International Report 2007, London: Amnesty International Publications, 2007, pp. 147~150을 보라.

19 Edward Said, The End of the Peace Process: Oslo and After, New York: Vintage, 2000, p. 345. 오슬로협정이 체결된 뒤에 에드워드 사이드는 팔레스타인해방기구(PLO)에 대한 비판에 앞장섰다. Edward Said, Peace And Its Discontents, New York: Vintage, 1996을 보라.

20 이런 측면에 대한 설명으로 가장 최근에 발표된 학자들의 글은 다음과 같다. Nigel Parsons, The Politics of the Palestinian Authority: From Oslo to al-Aqsa, London: Routledge, 2005; Cheryl A. Rubenberg, The Palestinians: In Search of a Just Peace, Boulder, CO: Lynne Rienner, 2003; Sara Roy, Failing Peace: Gaza and the Palestinian-Israeli Conflict, London: Pluto, 2007. 오슬로협정을 제대로 이해하기 위해서는 에드워드 사이드(Edward Said)가 쓴 여러 글과 함께 타냐 라인하트(Tanya Reinhart)가 쓴 다음 두 책도 반드시 읽어볼 필요가 있다. Israel/Palestine: How to End the War of 1948, New York: Seven Stories, 2002; The Roadmap to Nowhere: Israel/Palestine since 2003, London: Verso, 2006.

21 'Israel-PLO Recognition: Exchange of Letters Between PM Rabin and Chairman Arafat', U.S. Department of State. 이 문서는 2003년 7월 www.state.gov에 게시됐다.

22 Burhan Dajani, 'The September 1993 Israeli-PLO Documents: A Textual Analysis', Journal of Palestine Studies, 23(3), Spring 1994, p. 22.

23 같은 자료, pp. 18~19.

24 여기에 열거된 것들은 알레그라 파체코(Allegra Pacheco, 이스라엘의 변호사—옮긴이)의 다음 저서에 나오는 소제목 가운데 일부다. 'Flouting Convention: The Oslo Agreement', in Roane Carey, ed., The New Intifada: Resisting Israel's Apartheid, London: Verso, 2001, pp. 181~206. 파체코는 자신이 관여한 한 소송사건에서 이렇게 진술했다고 한다. "오슬로협정의 가장 큰 결함 가운데 하나는 이스라엘로 하여금 제네바협약을 준수하고 인권침해를 중단하게 하지 못한 점이다."(p. 186).

25 Gilbert Achcar, 'The Washington Accords: A Retreat Under Pressure', in Achcar, ed., Eastern Cauldron: Islam, Afghanistan, Palestine and Iraq in a Marxist Mirror, New York: Monthly Review Press, 2004, p. 201.

26 Samih K. Farsoun with Christina E. Zacharia, Palestine and the Palestinians, Boulder, CO: Westview: 1997, p. 255에도 인용된 이 말의 출처는 Edward Said, The Politics of Dispossession: The Struggle for Palestinian Self-Determination, New York: Pantheon, 1994, p. xxxii다.

27 그레이엄 어셔(Graham Usher, 파키스탄의 이슬라마바드에서 활동 중인 저널리스트이자 작가—옮긴이)는 이처럼 치안이 통제의 수단이 되는 것을 '치안화(securitisation)'라고 불렀다. 그에 따르면 치안화는 '팔레스타인 사회의 탈정치화'와 팔레스타인 민족주의의 쇠퇴를 불러왔다. Dispatches from Palestine: The Rise and Fall of the Oslo Peace Process, London: Pluto, 1999, p. 79.

28 Glenn E. Robinson, Building a Palestinian State: The Incomplete Revolution, Indianapolis: Indiana University Press, 1997, p. 177. 또한 그 과정은 마드리드의 강화협상(1991년 스페인의 마드리드에서 열린 중동평화협상—옮긴이)에 대한 외교적인 발목잡기도 포함하는 것이었다. 이 강화협상에 참석한 팔레스타인의 협상가들은 국제법이 존중돼야 하며 이스라엘은 모든 점령지에서 철수하고 점령지의 이주정착촌을 모두 해체해야 한다고 주장하고 있었다. 라시드 할리디(Rashid Khalidi)가 팔레스타인의 마드리드 협상단을 이끈 하이다르 아브드 알샤피(Haydar Abd al-Shafi) 단장과 가진 인터뷰('Looking Back, Looking Forward', Journal of Palestine Studies, 32(1), Autumn 2002)를 참고하라.

29 Parsons, The Politics of the Palestinian Authority, p. 222.

30 같은 책, p. 184.

31 Nina Sovich, 'Palestinian Trade Unions', Journal of Palestine Studies, 29(4), Summer 2000, p. 66.

32 'The Palestinian Secular Opposition at a Crossroads: Interviews with PFLP's Abu Ali Mustafa

and DFLP's Nayif Hawatimah', Journal of Palestine Studies, 29(2), Winter 2000, p. 84.

33 Parsons, The Politics of the Palestinian Authority, pp. 185~186. 팔레스타인당국의 표현의 자유 억압과 고문행위에 대해서는 Amnesty International, 'Palestinian Authority: Silencing of Dissent', September 2000을 보라. 이 자료는 www.amnesty.org에서 찾아 볼 수 있다.

34 'The Homeland Calls Us!', News from Within, January 2000을 보라.

35 Rubenberg, The Palestinians, p. 329. 파슨스(Parsons)는 이차 인티파다에 적극적으로 참여한 사람들의 수가 전체 팔레스타인 인구의 5퍼센트에 지나지 않는다는 추정을 인용했다(p. 265).

36 Rema Hammami and Salim Tamari, 'The Second Intifada: End or New Beginning?', Journal of Palestine Studies, 30(2), Winter 2001, p. 17.

37 Rubenberg, The Palestinians, p. 330.

38 Ben Kaspit, 'Jewish New Year 2002: The Second Anniversary of the Intifada', Part I, Ma'ariv, 6 September 2002. 이스라엘의 만행은 이스라엘 국내에 거주하는 팔레스타인 사람들로 하여금 점령지의 동포들에 대한 연대의 표시로 항의시위에 나서게 만들었다. 이에 이스라엘은 시위자 가운데 13명을 살해하고 수백 명에게 부상을 입히는 것으로 대응했다.

39 바로 이런 맥락에서 이스라엘은 2002년 봄에 방패작전(Operation Defensive Shield)을 개시했고, 그 절정은 루벤버그의 설명(Rubenberg, The Palestinians, p. 351)대로 이스라엘이 팔레스타인의 민간시설을 대대적으로 파괴한 것이었다. 2차 캠프데이비드 협상에서 이스라엘이 과장하는 태도로 제시한 '관대한 제안'에 대해서는 Reinhart, Israel/Palestine을 보라.

40 샤론 이스라엘 전 총리의 전기를 쓴 유리 댄(Uri Dan, 2006년에 사망한 미국의 언론인—옮긴이)은 아라파트가 2004년 11월에 이스라엘에 의해 암살되지 않았다고 가정한다면 그 이유는 오직 이스라엘이 그렇게 할 준비가 되지 않았기 때문이었을 것이라고 지적했다. 댄은 2004년 9월에 당시 총리직을 연임 중이었던 샤론에게 아라파트에 대한 그의 정확한 의도가 무엇인지를 물었다. 그때 샤론은 다음과 같이 대답했다고 한다. "우리는 적절한 시기가 됐을 때에 하마스의 지도자들(셰이크 아흐메드 야신, 압델 아지즈 알란티시 등)과 그 밖의 다른 테러집단 수괴들을 제거했다. 야세르 아라파트에게도 동일한 원칙이 적용된다. 우리는 그를 다른 자들과 똑같이 다룰 것이다. 나는 그와 야신 사이에 그 어떤 차이도 없다고 생각한다. 둘 다 유대인들을 살해했다. 아라파트에 대해서도 우리는 우리에게 가장 알맞은 시간을 선택할 것이다. 모두 다 응징될 것이다. 하마스의 지도자들의 경우와 마찬가지로 그에 관한 문제도 적절한 시간이 되면 논의될 것이다." Uri Dan, Ariel Sharon: An Intimate Portrait, New York: Palgrave Macmillan, 2006, p. 234. 댄은 샤론이 암살을 계획하고 있다는 것을 부시 미국 대통령도 알고 있었다면서 이렇게 말했다. "2004년 4월 14일에 샤론은 마침내 자기가 2001년 3월에 미국 대통령에게 마지못해 했던 약속, 즉 야세르 아라파트를 건드리지 않겠다고 한 약속에서 몸을 뺄 수 있었다." (p. 246)

41 팔레스타인의 이슬람 근본주의를 다룬 책들에 대한 훌륭한 서평의 글로 Musa Budeiri, 'The Nationalist Dimension of Islamic Movements in Palestinian Politics', Journal of Palestine

Studies, 24(3), Spring 1995가 있다. 하마스에 관한 할레드 호로우브(Khaled Hroub)의 다음 두 저서는 반드시 읽어볼 필요가 있다. Hamas: Political Thought and Practice, Washington: Institute of Palestine, 2000; Hamas: A Beginner's Guide, London: Pluto, 2006.

42 Parsons, The Politics of the Palestinian Authority, p. 271. 파슨스는 이렇게 덧붙였다. "녹색선 (Green Line)의 바깥(이스라엘 쪽에서 볼 때—옮긴이)에서 355명, 그 안에서 393명의 사상자 가 각각 발생했다. 이처럼 녹색선 안팎의 사상수가 대체로 비슷했던 것은 녹색선 안(이스라 엘 쪽—옮긴이)의 목표물에 대한 공격이 그 횟수는 훨씬 적었지만 자살폭탄 테러의 형태를 취한 경우가 훨씬 많았고, 따라서 훨씬 더 치명적이었기 때문이다."

43 Baruch Kimmerling, Politicide: Ariel Sharon's War Against the Palestinians, London: Verso, 2003, pp. 161, 137.

44 Rema Hammami and Musa Budeiri, 'On Suicide Bombings', al-Quds Newspaper, 14 December 2001 (in Arabic). 이 글의 영어번역이 www.musabudeiri.net의 '신문기사 (newspaper articles)' 부분에서 찾아 볼 수 있으며, 나도 이 영어번역을 인용했다.

45 'From the Heart of the Struggle', Al-Ahram Weekly Online, 14~20 April 2005, available from http://weekly.ahram.org.eg.

46 Randa Farah, 'Palestinian Refugees', Interventions: International Journal of Postcolonial Studies, 8(2), July 2006.

47 하마스의 선거공약에 대한 자세한 분석으로 Khaled Hroub, 'A "New Hamas" Through its Documents', Journal of Palestine Studies, 35(4), Summer 2006이 있다.

48 존 더거드(John Dugard, 유엔 인권위원회의 특별보고자—옮긴이)가 보고했듯이, 가자지구 만 해도 이스라엘은 2006년 6월부터 11월까지 364차례의 군사적 습격을 해서 팔레스타인 사 람을 400명 넘게 죽이고 1500명에게 부상을 입혔다. 이스라엘은 또한 "2006년 11월 한 달 동 안에만 요르단 강 서안지구를 656차례 공습했다"(유엔 총회에 2007년 1월 29일자로 제출된 '특별보고자의 보고서(Report of the Special Rapporteur)')고 한다. 이스라엘에 따르면, 이 모든 일이 단 한 명의 이스라엘 병사를 구해내기 위한 것이었다. 그러나 이스라엘은 포괄적 인 휴전과 포로교환 협상을 일체 거부하고 있었다.

49 Khaled Amayreh, 'Dahlan Vows to Decimate Hamas', Al-Ahram Weekly Online, 8~14 June 2006, available from http://weekly.ahram.org.eg.

50 이는 선거 직후에 질베르 아슈카르가 예측한 그대로였다. 'First Reflections on the Electoral Victory of Hamas', Znet, 27 January 2006, available at www.zmag.org.

51 2006년 6월 하마스와 파타가 '포로문제에 관한 화해문서(the prisoners' conciliation document)'에 합의한 정치적 조치도 간과될 수 없다. 이 합의는 저항에 정당성을 부여하고, 대중적 참여를 주창하고, 팔레스타인 사람들의 권리를 옹호하는 의미를 가진 것이었다. 이에 대한 보다 자세한 설명을 보려면 내가 쓴 'Occupied Palestine: Prisoners, Colonial Elites, and Fundamentalists', Znet, 11 June 2006을 참고하라.

52 새로 임명됐던 카와스메(Kawasmeh) 내무장관이 최근에 사임한 이유도 주로 다흘란

(Dahlan)에게 있다. 카와스메는 새로 합의된 치안계획을 실행하면 무장세력에 의한 가자지
구의 혼란을 종식시킬 수 있으나 자기에게 그것을 실행할 권한이 주어지지 않고 있다고 항의
했다. 대니 루벤스타인(Danny Rubenstein)은 The Original Sin', Haaretz, 22 May 2007에서 하
마스가 선거에서 승리를 거둔 이후를 회고하면서 다음과 같은 결론을 내렸다. "정치적, 경제
적, 사회적 이유를 비롯한 여러 가지 이유가 이런 문제들을 팔레스타인 사람들에게 안겨주었
음은 의심할 여지가 없다. 그러나 지금 가자지구에서 벌어지고 있는 일들의 직접적인 원인은
팔레스타인의 전통적인 지도부(즉 파타의 상층부)가 하마스라는 선출된 지도부로 권력을 넘
길 준비가 돼있지 않았다는 점에 있다." Scott Wilson, 'Fatah Troops Enter Gaza with Israeli
Assent', Washington Post, 18 May 2007도 보라.

53 Jonathan Steele, 'Hamas Acted on a Very Real Fear of a US-sponsored Coup', The
Guardian, 22 June 2007.

54 망명 중인 하마스의 지도자 할레드 미샬(Khaled Mishal)이 2007년 6월 15일에 가진 기자회
견.

55 Akiva Eldar, 'Sharon's Dream', Haaretz, 20 June 2007.

56 논평가들은 악화되는 상황으로 인해 보다 극단적인 형태의 이슬람 근본주의가 가자지구에
둥지를 틀게 될 수도 있다고 경고해왔다. 예를 들어 Gideon Rachman, 'Missed
Opportunities, Gaza and the Spread of Jihadism', Financial Times, 18 June 2007을 보라.

57 팔레스타인 정책조사연구센터(Palestinian Center for Policy and Survey Research)에 따르면
팔레스타인 사람들 가운데 75퍼센트는 선거를 다시 실시할 것을 원하고 있고, 59퍼센트는 하
마스의 가자지구 장악으로 이어진 극렬한 분파다툼에 대해 하마스와 파타 양쪽이 똑같이 책
임이 있다고 보고 있다. Avi Issacharoff, Haaretz, 21 June 2007.

58 이에 관한 강력한 설명을 Reinhart, The Roadmap to Nowhere, pp. 174~217에서 볼 수 있다.
라인하트(Reinhart)는 "앞으로 몇 달 동안[2004년 초] 점령에 반대하는 이스라엘의 거의 모든
그룹이 장벽을 따라 팔레스타인 사람들의 투쟁에 동참할 것"(p. 198)이라고 쓰기도 했다. 이
때 '타아유슈(Ta'ayush, 아랍인과 유대인, 팔레스타인과 이스라엘의 평화로운 공존을 목표
로 내걸고 2000년에 이스라엘에서 결성된 시민단체—옮긴이)'와 '장벽에 반대하는 아나키
스트들(Anarchists Against the Wall)'도 동참했다.

59 Azmi Bishara, 'The Quest for Strategy', Journal of Palestine Studies, 32(2), Winter 2003, p.
43.

60 Said, The Politics of Dispossession, p. 137.

이슬람 윤리와 오늘날 터키 자본주의의 정신

일디즈 아타소이

터키는 신자유주의적 개혁조치를 1980년대 초에 처음으로 취한 나라들 가운데 하나다. 강력한 규제당국과 국유산업의 존재로 인해 민영화는 다소 느리게 진행됐지만, 그 뒤 20년 동안 시장경제로의 전환이 점차 대세로 굳어졌다. 1980년 말 이후로는 신자유주의 구조조정이 일련의 큰 위기를 초래했다. 가장 최근의 위기는 2000년과 2001년에 걸쳐 발생했고, 이때 국내총생산(GDP)이 9.4퍼센트나 감소했다. 그 부담의 대부분은 전문직 봉급생활자, 중소기업인, 가난한 취약계층에게 돌아갔다. 교육을 많이 받은 숙련노동자들이 직장을 잃었고, 소규모 기업들의 도산이 급증했다. 터키에서 처음으로 수공업자, 상점주인, 소상인 등이 가게나 회사의 문을 닫고 신자유주의 정책에 반대하는 시위에 나섰다.

혹독한 경제위기의 여진이 남아있는 상황에서 친이슬람 성향의 정의개발당(AKP)이 부유계층과 소외계층 모두의 지지를 받아 권력을 잡았다. 정의개발당은 폭넓은 지지기반 덕분에 신자유주의에 대한 대중의 불만을 이용할 수 있었고, 이와 동시에 신자유주의 경제모형을 뒷받침하는 모순된 태도를 취할 수 있었다.

정의개발당은 빈곤을 줄이고 극단적인 불평등을 완화하겠다고 약속하는 동시에 공기업 민영화, 무역자유화, 기업가정신, 민간투자를 내세웠다.

정의개발당과 더불어 '페트홀라를 따르는 사람들(Fethullahçilar, 페트홀라는 터키의 이슬람신학자이자 공동체운동가인 페트홀라 귈렌을 가리킴—옮긴이)' 이라고도 불리는 '귈렌 공동체운동(Gulen Community Movement)' 등 다른 이슬람 집단들도 신자유주의의 제도화에 참여했고, 그 과정에서 특히 경제에 대한 시민의 참여를 확대해야 한다는 구호를 내걸었다. 그들은 극심한 계급 간, 지역 간 불평등에 시달리거나 케말주의(터키의 민족운동 지도자이자 건국자로 초대 대통령을 지낸 무스타파 케말 아타튀르크(1881~1938)의 이념을 중심으로 그가 죽은 뒤에 정식화된 이데올로기—옮긴이)에 대해 문화적 불만을 갖고 있는 다양한 사회집단들을 파고들었다. 그 사회집단들은 서로 정도는 다르나 모두가 불평등의 물질적 조건을 만들어낸 세계 시장경제의 부침에 종속된 상태다. 터키에 비종교적인 문화를 균일하게 퍼뜨림으로써 아나톨리아(터키의 소아시아반도 내륙 쪽 고원지역—옮긴이)의 풍성한 문화적 유산을 제거해왔다고 하는 케말주의 이데올로기는 그동안 불평등에 시달리거나 문화적 불만을 가진 사회집단으로 하여금 사회적 불의의 희생자라는 자의식을 갖게 했다. 이에 대해 마이크 데이비스(Mike Davis, 미국 캘리포니아 어바인대학 교수이자 〈뉴 레프트 리뷰〉의 편집위원—옮긴이)는 전혀 다른 맥락에서 '사회집단들 사이에 존재하는 주어진 것의 불평등함'에 대한 불만이라고 규정했다.[1] 어쨌든 강력한 좌파운동이 없는 상태에서 물질적 갈등과 문화적 갈등이 연결되면서 이슬람교가 호소력 있는 정치적 기획의 요소로 떠오를 수 있었다. 이슬람교는 이스탄불에 본거지를 둔 대기업들 쪽으로 기울어진 케말주의적 개발주의에 대한 저항과 민과 군이 복합된 국가 관료 집단의 권위주의적이고 획일적인 문화로 구체화된 비종교적 세속주의에 대한 저항 둘 다에 힘이 되고 있다. 케말주의적 관료집단이 '서구적' 현대화에 문화적으로 부합하지 않는다고 간주해 소외시킨 사람들에게 특히 이슬람교가 호소력을 발휘하고 있다.

그렇게 소외된 사람들 중에는 아나톨리아의 중소도시 자본가, 이스탄불에 자리 잡은 일부 대기업 경영자, 아나톨리아의 중산층 출신으로 교육을 많이 받고 전문직에 종사하는 무슬림, 가난하거나 주변화된 도시민 등이 포함된다. 이들 모두는 국가조직 속에서 자신의 위치를 높이기를 원하고 있고, 국가조직 자체가 신자유주의 노선에 따라 재편되더라도 무슬림인 자신들의 문화적 차이와 지역적 배경이 수용되는 방식으로 재편돼야 한다고 생각한다.[2] 경제적 혜택을 받는 사람들이 터키를 세계 자본주의 경제에 더 많이 통합시키는 데 중점을 두는 정책을 지지하는 이유는 이해하기 어렵지 않다. 이해하기 어려운 것은 경제적 약자들의 태도다. 이와 관련해 중요한 점은 경제적 혜택에 대한 그들의 '접근권' 요구를 신자유주의라는 보다 폭넓은 이데올로기 틀과 연결시키는 이슬람적 지향이 다시 정치적 의미를 갖게 됐다는 것이다. 그러므로 국가의 국내적 맥락 속에서 무슬림의 전통을 존중해야 할 필요성이 '지구적인 권리와 자유'라는 자유민주주의적 담론과 연결되고, 그러한 담론을 이용하며, 그러한 담론에 섞여 들어간다.

정의개발당과 신자유주의

정의개발당은 계급 간 동맹을 구축하는 과정에서 블레어, 클린턴, 슈뢰더의 정책을 모방한 '제3의 길'을 당의 이미지로 내세우고 이에 맞춰 당의 이슬람적 도덕을 재구성했다. 정의개발당은 '신자유주의 시장경제'와 '국민의 역량을 강화시키는 정치'를 통합하는 노선을 추구했다. 정의개발당은 이런 방식으로 경제의 신자유주의적 구조조정과 국가의 자유민주주의적 혁신이라는 현대 터키 정치의 두 가지 중심적인 과제를 풀어나가고 있다. 이 두 가지는 터키의 유럽연합(EU) 가입을 위해 정의개발당 정부가 기울이고 있는 노력의 핵심이기도 하다. 유럽연합에 가입하기 위해서는 터키의 '정치문화'도 폭넓게 변화돼야 한다. 오늘날 터키에서 벌어지고 있는 논쟁에서 이슬람적 정치가 상당한 기반을 확보해온 것은 바로 이러한 변화와 관련이 있다.

사회적 취약집단과 세계적인 경쟁력을 갖춘 대기업을 하나로 묶어내는 정의개발당의 능력은 터키의 국가와 사회 간 관계를 재조정하겠다는 약속에서 나오는 것이다. 정의개발당의 계급 간 동맹 구축은 '정의와 인권이라는 보편적인 원칙의 토대 위에서 사회와 국가 사이의 유기적인 협조를 촉진하는 새로운 사회계약'[3]을 명시적으로 전제하고 있다. 정의개발당은 '개발과 민주화에 관한 정책강령'에서 강조하고 있듯이 유럽연합이 가입을 희망하는 나라에 요구하는 정치적 조건인 '코펜하겐 기준'과 그 밖의 '보편적인 기준'에 부합하는 기본적 권리와 자유를 실현해야 한다고 주장하고 있다. 정의개발당의 정책강령은 전반적으로 유럽연합의 '세계화' 및 '민주화' 담론과 매우 비슷하다.[4]

유럽적 기준을 존중하는 이러한 태도는 세계은행이 '인간자본의 성장'이라고 부르는 것의 이슬람적 형태와 신자유주의적인 정책이 연결되면서 정치문화에 일어난 특수한 변화와 더불어 생겨난 것이다.[5] 그러면서도 그 태도는 '인간자본의 성장'이라는 것을 사회 안에서 합리적 선택을 하는 자유로운 행위주체들의 총합으로 개념화하는 수준을 넘어서며, 국가가 부과하는 정치적, 문화적, 행정적 제약을 제거하는 수준도 넘어선다. 정의개발당은 정책강령에서 "세계의 경제적 규준 및 유럽의 민주적 규준을 터키의 문화적 가치와 도덕적 규범에 결합시키면 경제의 모든 측면에서 영속적인 성장을 위해 요구되는 윤리가 실현된다"[6]고 주장한다. 이슬람적 도덕원칙을 자산형성의 전략으로 간주하고 사회적 연대를 확충하기 위해 권위주의적인 케말주의 전통을 혁신하는 작업에 그러한 도덕원칙을 결합시킨다는 것이다.

이런 맥락에서 에르도간 총리는 코펜하겐 기준을 실현하는 것을 통해 터키는 고유의 '진정한' 이슬람적 가치를 민주주의, 인권, 개인적 자유와 같은 '보편적'인 유럽적 자유주의 원칙과 조화시킬 수 있고, 그렇게 해서 경제성장을 달성할 수 있다고 생각한다.[7]

'강한 경제로의 이행'이라는 정의개발당의 정책강령은 개발을 세계시장에 참여하는 것으로 재정의하면서 신자유주의 정책을 명시적으로 열거하고 있다. 이것은 이전 정권이 국제통화기금(IMF)으로부터 기존의 융자금 110억 달러에 더해 2001년에 추가로 80억 달러의 구제금융을 받으면서 국제통화기금과 체결한 위기관리 협정에 들어갔던 내용과 거의 다르지 않다.[8] 그 가운데 가장 먼저 눈에 띄는 것은 터키 사회의 주변화되고 궁핍화된 부문인 '비공식부문'에 금융적 규율이 폭넓게 작동하게 만들기 위한 정책이다. 정의개발당 정부는 이런 정책을 실행하겠다고 약속한 뒤에 국제통화기금으로부터 260억 달러의 융자를 더 받을 수 있었다.[9]

정의개발당이 "자유시장 경제 및 그 모든 규칙과 제도를 지지하며, 국가는 경제활동에 직접 개입해서는 안 된다는 원칙을 받아들인다"[10]고 공개적으로 선언한 것은 국제통화기금의 압력 때문이 결코 아니었다. 정의개발당은 이미 공기업 민영화의 속도를 높여왔다. 이에 따라 1984년 이후 170개 정도의 공기업이 완전히 민영화됐고, 240개 기업에 부분적으로 남아있던 정부지분이 민간에 매각됐다.[11] 통신뿐만 아니라 석유화학을 비롯한 에너지 관련 분야의 기반산업도 민영화의 대상이 됐다. 하지만 민영화를 통한 재정상의 이득은 95억 달러로 미미했다.[12] 민영화가 낳은 가장 중요한 결과는 재정수입이 창출됐다는 점보다는 국제적인 융자기관들의 영향으로 정부의 규모를 축소하고 규제정책을 탈정치화하기 위한 여건이 조성됐다는 점일 것이다. 그러나 국제통화기금의 대기성차관 협정과 세계은행의 융자조건에 부합하는 정책을 채택해야 했다는 것만으로 정의개발당의 정책노선을 설명할 수는 없다. 정의개발당은 1930년대 이래 터키 경제의 중추였던 국유기업 체제의 해체를 원할 만한 이유를 갖고 있었다.

터키 자본의 재편

신자유주의가 득세하면서 정의개발당의 이슬람적 정치로 구체화하는 과정에서
민간자본이 어떻게 재편됐는가를 평가해보는 것이 중요하다. 이 점은 터키상공
인협회(TUSIAD; Turkish Industrialists' and Businessmen's Association)의 내
부에서, 그리고 이 협회와 독립상공인협회(MUSIAD; Independent Industrialists'
and Businessmen's Association) 사이에 생겨난 이해관계의 균열에서 가장 잘 드
러난다. 이스탄불 지역에 집중돼 있고, 비종교적 세속주의의 성향을 갖고 있으
며, 케말주의적 정부기관과 긴밀하게 연결된 대기업들의 이익을 대변하는 단체
인 터키상공인협회는 정의개발당 정부의 신자유주의 정책을 지지하지만 정의개
발당의 이슬람적 정치와는 대체로 거리를 두고 있다. 이와 달리 대체로 아나톨리
아의 소도시들에 본거지를 두고 있고, 케말주의적 정부기관과의 관계가 매우 약
한 무슬림 기업가들이 운영하는 대기업이나 중소기업들의 이익을 대변하는 단체
인 독립상공인협회는 정의개발당의 계급 간 동맹에서 핵심적인 역할을 하고 있
다. 그러나 이제는 정치적 이슬람주의가 이스탄불에 본거지를 둔 세속주의 부르
주아에 맞서는 '중소기업' 및 아나톨리아 지역의 신흥자본과만 연결돼 있다고
볼 수 없다. 1980년대 중반 이후 성공해 대자본의 반열에 오른 친이슬람 기업들
가운데 일부는 이스탄불로 활동의 본거지를 옮긴 뒤에도 아나톨리아의 도시나
농촌마을과 강력한 혈연적 관계를 유지하고 있다.[13] 그러나 역사적으로 아나톨
리아의 소자본들을 주변화시킨 케말주의적 개발주의의 정치적 유산이 이스탄불
에 본거지를 둔 대자본가와 아나톨리아의 소자본가 간 격차가 재생산되도록 하
는 이데올로기적 영향을 여전히 크게 미치고 있다. 이런 점은 '새로운 무슬림'이
라는 문화적 관념과 관계되는 것이며, 기업인들 가운데 세속주의자들과 이슬람
주의자들 사이에 터키 사회가 나아갈 최선의 방향에 관한 토론이 벌어지게 했다.
이 토론에서 친이슬람 기업인들은 자기들의 경제적 성공스토리를 이슬람적인 사

회정의라는 주제와 연결시킨 반면에 세속주의 기업인들은 케말주의 국가의 정치적 미래에 관심을 갖고 있다.

터키상공인협회는 1971년에 이스탄불 지역의 상공업 대자본가들에 의해 창립됐다. 이 협회는 이스탄불에 본부를 두고 있고, 아나톨리아에 단 하나의 지부를 두고 있다. 아나톨리아 지부는 2000년에 앙카라에 개설됐다.[14] 터키상공인협회의 회원사는 2005년 현재 458개이며, 이들 기업은 터키 경제가 생산하는 부가가치 총액 가운데 43.2퍼센트, 터키의 수출에서는 38.2퍼센트의 비중을 차지한다.[15] 이들은 1930년대에 국가 주도로 추진된 공업화 과정에서 생겨나 주로 가족에 의해 소유되고 경영되는 복합기업의 형태로 돼있다. 사실 국가의 고위 관료들이 이런 기업들이 설립되는 단계에 적극적으로 관여하면서 그들 스스로가 민간의 산업 부르주아로 변신했다. 터키에서는 공업화가 오래전부터 민족주의와 동의어였고, 세속주의의 방향으로 사회를 변화시켜왔다. 터키상공인협회가 세속주의의 정치적 성향을 갖게 된 데는 국가 관료집단과의 밀접한 관계와 국가의 지원에 대한 의존이 원인으로 작용했다.

터키상공인협회의 회원사들은 지금도 여전히 국가조직과 밀접한 관계를 유지하고 있고, 정부의 지원을 쉽게 얻어낼 수 있다. 이런 혜택은 그들이 군과 합작으로 탄약, 소규모 무기, 군사용 차량, 로켓 시스템 등 군수품뿐만 아니라 철강, 시멘트, 자동차, 펄프와 종이, 식품까지 포함한 다양한 분야에서 벌이는 사업을 뒷받침하고 있다.[16] 터키상공인협의의 일부 회원사들은 군이나 정부의 관료들과 맺고 있는 긴밀한 관계로 인해 군의 잦은 정치개입에 대해 무관심한 태도를 취하며, 이 때문에 이 협회에 내부적 갈등이 종종 빚어진다. 1997년 2월 28일에 군부가 쿠데타를 일으켜서 '선거를 통해 친이슬람 성향의 복지당을 중심으로 구성돼 있었던 연립정부'를 무너뜨렸을 때 터키상공인협회의 주요 구세대 회원사들은 그 쿠데타를 환영했다. 그때 친이슬람 기업인들이 다수 체포됐고, 친이슬람 기업 100개사가 블랙리스트에 올랐다. 블랙리스트에 오른 기업들은 세속주의 국가에 대항해 '이슬람 근본주의 활동'을 벌인다는 의심을 받았고, 이런 이유로 군의 물자나 서비스 조달에 참여하기 위해 입찰할 자격을 박탈당했다.[17] 그러나 국가기관과의 관계가 긴밀하지 않은 터키상공인협회의 신세대 회원사들이 보기에 이러한 조치는 민주주의를 저해하는 것이었다. 친이슬람 기업들에게 씌워진 혐의가 입증되지 않았음에도 군부가 취한 그러한 조치는 이슬람 자본가들의 경쟁력을 약화시키는 작용을 했다. 또한 터키상공인협회는 시장 주도의 정책을 강력히 지지하고 있었지만, 내부분열로 인해 경제에 대한 비정치적인 관리와 국가에 대한 보다 민주적인 기준을 통일된 목소리로 요구하지는 못하는 경향이 있었다.[18]

1970년대에는 터키상공인협회가 전후의 수입대체 모델 대신에 수출지향 공업화의 제도화에 활동의 초점을 맞추었다. 터키상공인협회는 국가의 과도한 규제가 터키의 경제문제를 낳고 있다고 거듭 주장했다. 1980년대에는 터키상공인협회가 시장지향의 구조개혁을 폭넓게 추진했고, 사유화 및 증대하는 불평등과 관련해 불거진 정통성의 위기 문제에는 그다지 주의를 기울이지 않았다. 다만 중소규모의 수출지향 기업들이 빠르게 성장하면서 터키상공인협회의 다른 회원사들을 압박했으므로 이 협회가 주저하는 태도를 갖게 되어 그러한 시장지향의 구조개혁을 강력하게 밀어붙이지는 못했다. 1990년대 이후에는 신세대 기업집단들의 영향이 작용하는 가운데 터키상공인협회의 회원사들이 대체로 유럽연합을 '국제적 규율을 대변하는 기구'로 평가하면서 터키의 유럽연합 가입을 원했으므로 이 협회가 코펜하겐 기준에 규정된 법치주의, 인권 존중, 소수자 보호와 같은 민주화 개혁 요건의 수용을 지지했다. 이리하여 터키상공인협회는 오래된 회원사들이 긴밀한 관계를 맺고 있었던 옛 케말주의 국가체제의 억압적인 사회제도, 문화제도, 입법제도에서 벗어나는 듯한 모습을 보이게 됐다.[19]

터키상공인협회는 이런 입장에서 정의개발당의 '개발과 민주화 프로그램'을 대체로 지지했지만, 오랜 세월 유지돼온 국가기구와의 연결관계 때문에 정의개발당의 계급 간 동맹에는 참여하지 못했다. 이와 달리 정치적으로 분명한 이슬람적 성향을 갖고 있는 독립상공인협회는 그러한 계급 간 동맹에서 중심적인 자리를 차지했다. 정의개발당의 창당멤버 가운데 10명이 독립상공인협회 회원사의 소유자였고, 2002년의 선거에서는 독립상공인협회 회원사의 소유자 가운데 20명이 정의개발당 소속으로 입후보해 의원에 당선됐다.[20] 독립상공인협회는 이스탄불에 본부를 둔 대기업들에 특혜를 주는 케말주의의 문화적 위계체제를 거부해왔다. 독립상공인협회의 주요 회원사 가운데 다수가 자사의 사업활동에서 이슬람적 상징을 사용하기를 삼가고 있지만, 이 협회는 케말주의의 문화적 위계체제 속에서 그동안 주변화돼온 사람들을 하나의 정치적 범주로 포괄하는 개념으로서의 '무슬림들'을 대변하는 단체를 자처하고 있다. 독립상공인협회는 1990년에 '아나톨리아의 호랑이들'이라고 불린 젊은 사업가들에 의해 창설됐다. 그들은 대체로 무슬림 가문 출신이었지만, 아나톨리아의 농촌 출신으로 대도시 주변에 밀집한 케세콘두(판잣집)에서 살던 사람의 자손도 그들 가운데 일부 포함돼 있었다.[21] 독립상공인협회의 회원사 수는 현재 4천 개가 넘으며, 그 대부분은 종업원 수가 50명 미만인 중소규모의 수출지향 기업이다. 터키상공인협회는 회원사의 80퍼센트가 1980년 이전에 설립됐지만, 독립상공인협회는 회원사의 70퍼센트가 1980년 이후에 설립됐다.[22] 또한 터키상공인협회와 달리 독립상공인협회는 아나톨리아의 전역에 다수의 지부를 갖고 있다.

독립상공인협회의 회원사들은 전통적으로 섬유, 의류, 가죽제품, 카펫, 건설, 건축자재, 식품가공, 수송과 같은 노동집약적인 산업에 집중돼 있었고, 1990년대 중반 이후에는 대형 식료품매장, 가구, 컴퓨터와 전자제품, 금융, 미디어 등의 분야에도 진출했다. 독립상공인협회의 회원사 가운데 가장 많은 523개 기업이 이스탄불에 본사를 두고 있긴 하지만 대부분의 회원사는 여전히 아나톨리아 지역의 여러 작은 도시들에 흩어져 있다. 독립상공인협회의 회원사들이 국내총생산(GNP)에서 차지하는 비중은 10퍼센트로 터키상공인협회 회원사들의 40퍼센트 이상에 비해 훨씬 낮다. 하지만 그들은 수출경쟁력에서 강점을 갖고 있다.[23] 그들은 터키의 유럽연합 가입과 더불어 이슬람권이나 중앙아시아 지역의 국가들과의 교역관계 개선도 추구하고 있다. 독립상공인협회는 이슬람권을 대상으로 하는 '이슬람 국제비즈니스포럼'과 '이슬람 세계경제포럼'을 정기적으로 열고 있고, 이슬람회의기구(Organization of Islamic Conference) 차원의 국제무역박람회도 매년 열고 있다. 독립상공인협회는 이슬람 국제비즈니스포럼의 본부 역할을 맡고 있고, 이 포럼은 이슬람교의 윤리적 덕목을 이용해 부를 창출하고 이슬람 국가들 사이의 세계적인 기업 네트워크를 뒷받침하는 것을 주요 활동목표로 삼고 있다.

독립상공인협회는 정치와 경제의 영역에서 국가권력을 축소시키고자 하는 시민사회조직을 자처하고 있다. 독립상공인협회는 2000년 4월에 〈헌정체제의 개혁과 정부의 민주화(Constitutional Reform and Democratization of Government)〉라는 보고서를 발표한 이래 이러한 국가권력의 축소를 거듭 강조해왔다.[24] 이 보고서를 비롯한 독립상공인협회의 보고서들은 정의개발당의 〈개발과 민주화 프로그램〉과 마찬가지로, 그리고 유럽연합의 민주화 담론과 일맥상통하는 방향에서 코펜하겐 기준의 즉각적인 이행과 군부의 정치권력 축소를 요구해왔다.[25] 독립상공인협회는 정부의 재정긴축 정책에 대해서는 그것이 중소규모 자본가들에게 불리하다는 이유에서 비판적인 태도를 취하고 있지만, 정부가 이슬람식 금융조직을 주류의 금융산업에 통합시키고 경제에 대한 국가의 개입을 축소시키는 방향으로 국제통화기금(IMF)이 처방한 정책을 실행하려는 것에 대해서는 지지하고 있다.[26]

독립상공인협회가 국가와의 관계가 약한 아나톨리아 출신의 신흥 부르주아를 대변하는 조직이라는 점을 고려하면, 이 협회가 국제통화기금이 처방한 정책을 지지하고 세계은행이 '인간자본의 성장'이라는 개념 아래 제시한 정책, 특히 그 가운데서도 국가기구에 의존하는 성장보다 개인의 자율성에 의존하는 성장에 초점을 맞추고 인간의 경제적 합리성을 우선시하는 정책[27]을 수용하는 태도를 보이는 것이 이해된다. 독립상공인협회는 아나톨리아 지역의 중산층 내지 하층계급 사이에 기업가정신을 함양하기 위해 필요한 전제조건으로 그와 같은 정책을 수용하는 것이라고 볼 수 있다. 그러나 독립상공인협회의 이런 태도는 개인의 우위를 주장하는 이슬람 윤리와도 연결된 것임을 놓쳐서는 안 된다. 독립상공인협회는 인간이 잠재력과 재능을 완전히 발휘하기 위해서는 정치적, 행정적 구속에서 벗어나야 한다는 이슬람교의 가르침과 개인의 우위에 대한 세계은행의 주장을 결합시키고 있다. 독립상공인협회의 한 문서는 "알라는 이성, 지성, 자유를 갖춘 개인에게만 종교적 의무를 완수하도록 요구한다"고 주장하고 있다.[28] 이는 터키공화국의 초기에 국가가 경제분야에서 큰 역할을 하고 그 과정에서 도시화, 공업화, 서구화를 지향함으로써 지방의 부르주아 사이에 문화적인 문제와 관련된 분노를 불러일으키는 정치를 낳았다는 인식을 바탕으로 한 주장이다. 독립상공인협회의 회원사 소유자들은 이슬람교도이고 아나톨리아의 농촌지역 출신이라는 자기들의 배경 때문에 정부의 관료들이 자기들을 멸시하고 차별해왔다고 생각하는 경향이 있다. 그들은 자기들이 케말주의 국가를 건설하는 과정에 참여하기에는 후진적일 뿐 아니라 세속적, 도시적, 현대적인 문화적 요건을 갖추지 못한 사람들로 취급돼왔다고 생각한다. 그래서 그들은 자기들 스스로에게는 물론이고 자식들에게까지 이슬람적 노동윤리를 강하게 요구하는 것을 통해 경제적 성공을 이루고자 했다. 이스탄불의 옛 부르주아는 케말주의의 국가 개념을 받아들인 반면에 아나톨리아의 부르주아는 케말주의 국가를 억압적 관료체제로 보고 받아들이기를 거부했다. 자본가들 가운데서 따로 구별되는 문화적 성격을 가진 분파로서의 아나톨리아의 부르주아는 기존의 공적 영역이 포용성을 갖고 있는지에 대해 의문을 품고 있다.

독립상공인협회는 부를 창출하는 전략을 개인 차원의 교육과 규율에서 찾고 있다. 이런 태도는 '인간자본의 성장'이라는 개념을 수용하는 입장과도 부합하는 것이며, 그 결과로 이슬람적 노동윤리가 기술교육 분야에서 높은 수준의 교육을 받아야 할 필요성과 결합된다. 독립상공인협회의 회원사 소유자들의 사회적 신분상승은 대체로 보아 국가가 재정지원을 한 공립대학에서 교육을 받은 덕분이지만, 종교적 교육은 대개 자기들이 태어난 마을의 쿠란을 가르치는 사립학교나 가정에서 받았다. 그들은 규율의식과 책임감이 있는 개인들을 육성한다는 목적을 달성하기 위해 이슬람교의 윤리를 수용해서 '높은 도덕성과 윤리적 가치를 현대적 기술에 연결시키는' 자본축적 문화를 구축하고자 한다.[29] 독립상공인협회는 예언자 무하마드의 가르침으로 알려진 "가난은 이단과 가깝다"거나 "신은 일을 해서 돈을 버는 사람을 사랑한다"[30]는 등의 말을 종종 인용한다.

터키상공인협회의 회원사 소유자들과 달리 독립상공인협회의 회원사 소유자들은 경제에 대한 국가의 개입으로부터 직접적으로 얻은 이익이 거의 또는 전혀 없다. 그래서 그들이 신자유주의 경제개혁을 강력히 지지하는 것이고, 그들 가운데 다수가 국제경쟁력을 갖추고 강화하는 데 이슬람적 자산형성 전략이 도움이 된 것으로 보이는 것이다. 독립상공인협회의 회원사들에게 가장 도움이 된 투자자본 출처는 경건한 무슬림들이 귀금속의 형태로 축적한 이른바 '숨겨진 부', 유럽으로 이주한 터키인 노동자들이 국내로 송금한 돈, 그리고 대중의 주식투자다. 해외이주 노동자들의 국내송금은 주식투자 또는 주로 비공식적인 종교조직을 통해 여행용 가방으로 반입되는 현금의 형태로 이루어진다.[31] 콤바산 홀딩(Kombassan Holding), 임파스(YIMPAS), 뷔위크 아나돌루 홀딩(Buyuk Anadolu Holding), 사이하(Sayha), 이티팍(Ittifak) 등은 모두 다 해외에 나가 있는 터키인 노동자들이 저축해서 국내로 주식투자를 하거나 현금으로 기부한 돈으로 성장한 지주회사다. 60개의 공장과 100개의 기업을 거느리고 있는 콤바산 홀딩은 코니아(터키 남부에 있는 도시—옮긴이) 출신의 교사인 바이란 하심(Bayran Hasim)에 의해 설립됐고, 해외에 나가 있는 터키인 노동자들이 송금해온 돈으로 빠르게 성장했으며, 현재 3만 명 이상의 노동자들을 고용하고 있다. 하심은 해외로부터 송금받는 돈의 액수나 그러한 송금과 관련된 인맥을 밝히지 않고 있으나, 회사의 주주 가운데 유럽에 거주하는 터키인 노동자들이 가장 큰 비중을 차지한다고 말한 바 있다.[32] 또한 터키인들의 친이슬람 조직인 '유럽신세계관협회(Association for a New World View in Europe)'가 유럽의 터키인 이주노동자들이 그곳의 이슬람 사원에 기부한 현금을 모아 사적인 인편으로 이슬람 기업들에게 보내온다는 것도 널리 알려진 사실이다. 콤바산 홀딩, 임파스, 울케르 그룹(ULKER Group)과 같은 지주회사들은 1990년대 중반 이래 독일, 네덜란드, 덴마크 등에서 합작사업을 벌여왔다. 터키의 군부와 자본시장위원회(Capital Market Board)는 이들 지주회사가 종교단체를 통해 미등록 자금원으로부터 거액의 투자자금을 모금한다는 혐의를 제기했다. 그 뒤 1997년 2월 28일의 '소프트 쿠데타' 직후에 콤바산 홀딩과 임파스의 은행계좌에 대한 수사가 이루어졌으나, 그러한 혐의를 입증해주는 증거는 발견되지 않았다.[33]

현재 터키에는 이자가 없는 이슬람식 은행이 다섯 개 있다. 그 가운데 두 개는 1980년대에 사우디아라비아 및 쿠웨이트의 자본과 합작으로 설립된 은행이고, 세 개는 1990년대에 터키인 무슬림들에 의해 설립된 은행이다. 예를 들면 1991년에 이스티크발 그룹(Istikbal Group)이 설립한 아나돌루 은행(Anadolu Finance House), 1995년에 이흘라스 홀딩(Ihlas Holding)과 터키종교기금(Turkish Religion Fund)이 설립한 이흘라스 은행(Ihlas Finance House, 이 은행은 2001년에 파산했다), 1996년에 페트홀라 귈렌 공동체가 설립한 아샤 은행(Asya Finance House), 2001년에 울케르 그룹이 설립한 패밀리 은행(Family Finance)[34] 등이 그러한 이슬람식 은행이다. 이들 이슬람식 은행은 터키 내 금융기관 전체의 예금 총액에서 4퍼센트 정도의 비중을 차지하고 있다(이들 은행은 공식적으로 이자는 지급하지 않지만 손익분배가 이루어지는 계좌가 전체 예금의 85~90퍼센트에 이른다).[35] 종교조직의 미등록 금융거래까지 고려한다면 터키의 이슬람식 은행들은 무슬림들의 '숨겨진 부'를 끌어내어 터키의 국내로, 그리고 유럽의 이슬람식 금융기관으로 공급하는 데서 상당히 중요한 역할을 하고 있다고 볼 수 있다.

신흥 중소기업들이 비공식 노동인력을 고용하는 경제부문에서 매우 성공적인 실적을 보여왔다는 점은 주목할 만하다. 국제노동기구(ILO)는 2002년에 발표한 〈괜찮은 일자리와 비공식 경제(Decent Work and the Informal Economy)〉라는 보고서에서 '비공식 경제'를 '임금노동력을 고용하는 미등록 사업장'뿐만 아니라 '노동보호와 사회보장 관련법의 효력이 미치지 않지만 노동에 대한 대가는 지급되는 미등록 사업장'까지 포함하는 개념으로 규정했다.[36] 이 규정에 따르면 터키의 비공식 고용은 전체 고용에서는 절반 정도, 도시지역의 고용에서는 3분의 1 정도를 차지하는 것으로 추산되며, 이는 유럽연합 15개국의 5퍼센트와 유럽연합 25개국의 11~15퍼센트보다 훨씬 높은 비율이다.[37]

독립상공인협회 회원사들 가운데 다수는 노동집약적인 경향이 있는 섬유 및 의류 부문에 특화하고 있다. 이런 기업들의 노무관리 철학은 도덕적 가치와 의무에 바탕을 둔 '상호간의 사회적 책임성'이라는 개념으로 표현되며, 이 개념에 따르면 미등록 임금노동 고용도 사회적으로 수용가능한 것이 된다.[38] 그러므로 임금소득자들은 어떤 사회계급의 구성원이 아니라 상호신뢰와 상호존중을 토대로 공통의 사회적 선(善)에 기여하는 서비스를 제공할 것으로 기대되는 '한 가족의 구성원'으로 간주된다.[39] 터키상공인협회의 지도부는 이런 비공식적인 유형의 자본동원과 노동력 사용을 불법이라고 규정했다.[40] 그러나 독립상공인협회는 '숨겨진 부'를 끌어내어 경제활동에 통합해 넣는 것, 해외이주 노동자들이 국내로 송금하는 것, 비공식 노동자들이 민간 자본축적의 과정에 참여하는 것은 변화무쌍한 시장경제 속에서 이슬람적 신뢰의 네트워크들의 통합을 촉진하며, 게다가 이러한 일들이 국가의 개입 없이 이루어진다는 부가적인 이득도 거둘 수 있게 해준다고 본다.

이슬람적 신뢰의 네트워크

앞에서 언급한 귈렌 공동체 운동, 즉 '페트홀라를 따르는 사람들'은 1970년대에 일어난 대중 기반의 시민사회운동 가운데 하나다. 이 운동의 이름은 국가에서 운영하는 학교에서 수준 높은 이슬람 학문을 배운 이맘(이슬람 사회에서 지도자나 대학자에게 붙여주는 호칭—옮긴이)이자 아나톨리아 지역 쿠르드족 출신의 이슬람 지식인인 사이드 누르시(Said Nursi, 1876~1960)의 가르침을 따르는 인물인 페트홀라 귈렌의 이름을 따서 붙여졌다. 누르시는 쿠란을 재해석해서 자연에서 발견되는 질서와 조화의 법칙에 관한 과학적인 지식이 쿠란에 이미 담겨 있으며, 따라서 이슬람교는 과학과 진보라는 개념과도 잘 어울리는 종교라고 주장했다.[41] 누르시의 이런 주장은 이슬람적 가치와 과학적 지식을 창조적으로 결합시키는 데서 이슬람적 현대성을 창출해낼 수 있다는 '페트홀라를 따르는 사람들'의 신념에 토대가 되고 있다.

또한 '페트홀라를 따르는 사람들'은 인도파키스탄 아대륙의 '타블리기 자마트(무슬림들의 영적 각성을 목표로 이슬람교를 선교하고 정신수양 운동을 하는 조직—옮긴이)'의 전통 속에서 이루어지는 다와(설교)에도 참여한다.[42] 그들은 자기들이 하는 활동을 히즈멧(hizmet, 사명)이라고 말하곤 하며, 그들의 주된 관심사는 도덕적 자기갱생이다. 귈렌 공동체 운동의 성공요인은 간단하고 직접적이며 개인적인 호소에 있다. 이 운동은 형식적인 가입요건을 두고 있지 않고, 지지하고 따르는 사람들에게 이슬람교 신앙을 실천하라고 요구하지 않는다. 오히려 지역사회에 기반을 둔 소규모 집단에 개인적으로 참여해 종교적 학습을 비롯한 경건한 활동을 하도록 권유한다. 이런 활동에 참여하는 사람들은 정기적으로 모여 '리살레이 누르(Risale-I Nur)', 즉 쿠란에 대한 주해나 해설, 또는 페트홀라 귈렌의 저서를 읽고 토론한다. 이 모임은 사람들 사이의 개인적 관계를 강화시키고, 각자가 자신을 돌아보고 종교적 규율을 지키는 분위기 속에서 정서적 귀속감을 느낄 수 있게 해준다.

이 운동은 케말주의에 대해 비정치적인 태도를 유지해왔고, 그 덕분에 정부의 간섭을 거의 받지 않으면서 성장할 수 있었다. 오히려 이 운동의 관행은 케말주의의 '사회적 연대'라는 개념과 어느 정도 유사한 측면을 지니고 있다는 점에 주목할 필요가 있다. 케말주의의 이 개념에는 지야 괴칼프(Ziya Gökalp, 1876~1924, 터키의 민족주의 이론가이자 사회학자—옮긴이)[43]와 사회 내 종교의 역할에 관한 그의 사상이 끼친 영향이 반영돼있다. 케말주의는 국가로 하여금 종교적 지식의 생성과 전파를 통제하는 것을 포함해 국가의 문화를 관리하는 책임을 지도록 했다. 귈렌 공동체 운동은 이와 같은 유산을 더욱 발전시켜 이슬람교는 자기계발의 종교로서 국가사회가 도덕적인 힘을 갖추게 하는 데 기여한다고 주장해왔다.

귈렌에 따르면 이슬람교는 법치주의를 촉진하고, 사회 안의 그 어떤 부분에 대한 억압에도 반대한다. 그는 이슬람교는 사회를 전체주의적으로 재구성하는 이데올로기와는 무관하고, 불변의 국가형태에 대한 청사진을 제시하지도 않는다면서 이렇게 주장한다. "쿠란은 우주라는 책의 번역이자 우주에 대한 해석이다. 쿠란을 정치나 국가형태에 관한 이론으로 축소시키는 것은 이슬람교의 정신을 모독하는 것이다."[44] 그가 볼 때 이슬람교는 민주주의를 보완해주며, 정부의 유형과 형태를 선택하는 것은 국민이 시대와 상황에 따라 스스로 알아서 해야 할 일이다.

귈렌 공동체 운동은 근본적으로 개인의 도덕적 갱생에 관심을 두고 있으며, 이런 측면에서 두 가지 주된 목표를 갖고 있다. 그중 하나는 이슬람교의 사상, 도덕적 가치, 규범적 기준에 맞게 개인의 사고방식을 개조하는 것이고, 다른 하나는 개인화된 신앙심을 통해 공적 영역에서 이루어지는 각 개인의 행동을 변화시키는 것이다. 이 두 가지 목표는 '이슬람교는 종교 이상의 것'이라는 믿음을 바탕으로 해서 성립됐다. 사실 이슬람교는 각 개인이 더 나은, 그리고 사회적 책임성을 갖춘 국민이 되게 하는 데 관심을 가진 '개인의 성장을 지향하는 문화'다.[45] 이슬람교는 정신적인 세계와 물질적인 세계를 연결시키는, 그러나 과시적인 종교적 태도를 요구하지는 않는 질 높은 교육을 통해 사람들이 더욱 경건한 신앙심을 갖추도록 해야 한다고 가르친다. 이슬람교에서 가장 중요한 실천은 금욕, 경건, 친애, 성실의 태도를 개인적으로 단련하는 것이다.[46]

'페트훌라를 따르는 사람들'은 각자가 시민사회의 일원으로서 살아가며 경제활동에서 물러나기보다는 경제활동에 더욱 깊이 관여하는 방식으로 자기 자신을 스스로 단련해야 한다고 믿는다. 이러한 자기단련은 각 개인이 자기의 몸과 감정을 스스로 통제할 수 있도록 돕는 가치관을 갖게 해주는 기능을 한다. 그리고 이러한 목적을 달성하기 위해 '페트훌라를 따르는 사람들'은 '누르 에블레리(nur evleri)'라고 불리는 소규모 공동체의 망을 구축해왔다. 1968년에 이즈미르(터키 이즈미르 주의 주도—옮긴이)에서 처음 생겨났고 지금은 2만 개 가까이에 이르는 누르 에블레리는 대개 대학생에게 임대되는 아파트들이 지역별로 묶여진 형태로 조직돼있다.[47] 누르 에블레리는 귈렌 공동체 운동에 참여하는 사람들 사이에 자기계발을 위한 경건한 신앙심과 도덕적 가치관을 강화시키고 상호연대감을 증진시킨다는 점에서 일종의 학교로서의 기능도 하고 있다.

귈렌 공동체 운동은 초등학교, 중고등학교, 대입준비 학습소, 대학 등을 설립해왔다.[48] 이들 학교나 교육시설은 사적으로 운영되고 있고, 종교를 가르치기보다는 철저하게 비종교적인 커리큘럼에 따라 교육을 실시하면서 과학기술에 초점을 두며, 학생들로 하여금 배운 지식을 경제를 발전시키는 일에 적용하게 한다. 이들 학교에서 배우는 젊은이들은 테블리그(teblig, 문자 또는 수업)보다는 템실(temsil, 모범사례)을 통해 스스로 의미 있는 삶을 사는 방법을 배운다. 이들 학교는 기업들로부터 자금지원을 받고 있다.

귈렌 공동체 운동은 현재 터키에서 가장 빠르게 성장하는 자본집단 가운데 하나이기도 하다. 이 운동조직은 500개 정도의 기업을 거느리고 있고, 그 가운데 다수가 수익성이 매우 좋으며 시장경제에 완전히 통합돼있다. 특히 주목할 만한 점은, 이 운동의 교육사업을 통해 함양되는 윤리적 규율이 이 운동의 부 창출 활동에 긴요한 요소로 작용한다는 것이다. 사실 이 운동의 세계관은 '자기이익의 추구는 도덕에 의해 통제돼야 한다'는 애덤 스미스의 견해와 비슷하다.[49] '페트흘라를 따르는 사람들'은 윤리적인 개인은 상업적인 일을 삼가기보다는 그것을 조화롭게 추구하는 태도를 가져야 한다고 생각한다.

귈렌은 이렇게 말했다. "종교적 사랑의 마음을 갖고 활동하는 사람은 만족감을 느끼며, 인간으로서의 정체성이라는 신비로운 영역에 들어가는 열쇠인 '개인의 자유'를 늘 존중하면서 자기가 얻은 지식과 자기가 이해한 것을 인류에게 도움이 되도록 사용한다."[50] 귈렌의 이슬람주의는 공적 영역에 대한 시민적 참여의 범위를 확대시키는 '개인의 정의로운 태도와 책임감의 문화'를 구축하고자 한다. 귈렌의 접근법 가운데 가장 의미심장한 측면은 아마도 민주주의와 정의, 그리고 서구의 자유주의 사상에서 정의된 개인적 자유 등과 같은 중요한 규준과 긴밀하게 연결되는 이슬람적 정치사상을 형성시킨 점일 것이다.

이슬람적 지향이 지닌 계급적 모호성

터키에서 많은 사람들이 신자유주의 아래에서 고통을 겪으면서도 귈렌식의 이슬람주의와 정의개발당의 계급간 동맹을 지지하는 이유는 어디에 있을까? 2000년대 초의 경제위기 이후에 놀랄 만한 성장이 이루어졌다는 사실이 한 가지 이유일 수 있다. 터키의 경제성장률은 2004년에 무려 9.9퍼센트에 이르렀고 2006년에도 6.1퍼센트로 높은 수준을 유지했다.[51] 터키가 이처럼 빠른 경제성장을 이루자 〈파이낸셜 타임스〉는 터키의 경제에 대해 "지난 5년간의 누적 성장률이 40퍼센트에 달하는데 이는 적어도 1970년 이후로는 가장 길고도 안정적이며 중단 없는 지속적 성장의 기록"이라고 찬양했다.[52] 게다가 정의개발당 정부의 재정긴축으로 인플레이션이 30여년 만에 처음으로 한 자릿수로 떨어졌다. 그러나 다른 한편으로 터키의 고도 경제성장은 단기자본의 유입에 의해 유지될 수 있었다. 유입된 단기자본은 이미 대규모로 누적된 외채(2002년에는 1300억 달러였는데 2006년에는 1840억 달러로 늘어났다)와 함께 터키의 경제를 위기에 취약한 상태로 만들고 있다.[53]

또한 고도 경제성장에도 불구하고 터키 정부는 사회적 정의를 내세운 정책 프로그램으로 약속한 것을 제대로 이행하지 못했다. 실업은 주된 사회적 문제로 남아있다. 터키의 실업률은 2006년 현재 11.9퍼센트에 이르고, 농촌지역 노동자들 가운데 87.4퍼센트가 실업자이며, 거의 모든 자영업자들이 사회보장 혜택을 받지 못하고 있다. 여성들이 실업의 고통을 가장 심하게 겪고 있다. 2007년 2월 현재 터키의 여성 경제활동인구 가운데 단지 23.4퍼센트만이 고용돼있는데 이는 남성 경제활동인구 가운데 고용된 비율 69.6퍼센트보다 훨씬 낮은 수준이다.[54] 지난 20년 동안 터키에서 노동가능 인구는 2300만 명 늘어났으나 그동안 창출된 일자리 수는 600만 개에 그쳤다.[55] 간단히 말해, 터키의 놀랄 만한 경제성장은 공식 경제부문의 고용이 제한적으로만 늘어나는 가운데 해외차입에 의존해서 이루어진 것이다.

그런데 비공식 경제부문은 공식 경제부문이 고용하지 못하는 노동력을 흡수하면서 번창하고 있다. 2004년 현재 고용된 노동력 가운데 미등록 노동자의 비중이 53퍼센트에 이른다. 도시지역에서는 고용된 노동자 3명당 1명, 농촌지역에서는 고용된 노동자 4명당 3명이 미등록 노동자다.[56] 세계은행의 추산에 따르면 2003년 현재 미등록 노동자 가운데 4분의 3은 미등록 작업장에서 일하고 있고, 등록 작업장의 신고에서 누락된 노동자 수와 임금의 비중은 각각 24퍼센트와 28퍼센트에 이른다.[57] 교육수준이 높은 사람들의 취업률이 특히 낮다. 2006년에 중학교 졸업 이상의 학력을 가진 사람들 가운데 20~24세의 취업률은 23.4퍼센트,

25~29세의 취업률은 12.2퍼센트에 그쳤다.[58]

식료품을 비롯한 기본적인 생활필수품을 구입할 능력을 기준으로 본 상대적 빈곤율, 구체적으로는 가정의 소비지출이 중앙값(메디안)의 60퍼센트에 미달하는 인구가 전체 인구에서 차지하는 비율로 본 상대적 빈곤율은 27퍼센트이며, 이는 유럽연합의 25개 회원국 가운데 그 어느 나라보다도 높은 수준이다.[59] 2005년의 통계는 극심한 소득불평등도 보여준다. 전체 인구 가운데 가장 부유한 20퍼센트의 소득은 가장 가난한 20퍼센트의 소득에 비해 평균 7.3배나 된다. 지역간 소득불평등은 더 심하다. 마르마라 지역에서 가장 부유한 도시인 코카엘리의 일인당 소득은 6165달러인데 이는 동부 아나톨리아 지역에서 가장 가난한 도시인 아그리의 일인당 소득 568달러에 비해 11배나 된다.

이처럼 터키의 경제성장은 점점 더 많은 사람들을 기본적인 수준에 미달하는 상황에서 살아가게 만들고 있고, 이에 따라 비공식 경제부문에서 일자리를 구하는 사람들이 점점 더 많아지고 있다. 그러나 하루에 1달러 미만으로 살아가는 사람들의 비중으로 계산한 빈곤율이 터키의 경우 사실상 영(0)이라는 점은 매우 유의미한 현상이다. 국가에서 정한 빈곤선의 소비내역 가운데 식료품만의 소비기준에 미달하는 인구의 비중도 1.35퍼센트에 그치고 있다. 이는 가정들 사이에 식료품, 의류, 주거 등이 이전되는 수준이 매우 높은 덕분이며, 이런 현상은 빈곤에 대응하는 사회적 연대의 수준이 매우 높음을 의미한다.[60] 전체 인구의 약 3분의 1은 하룻밤 사이에 뚝딱 지어진 불법주택인 게세콘두에서 살고 있고, 전체적인 빈곤율은 35퍼센트에 이른다.[61] 빈곤한 사람들은 살 집을 짓고 일자리를 구하는 데서 친지, 이웃, 동향인, 친구, 지인, 2차가족(혈연이나 결혼으로 형성된 가족은 아니지만 입양이나 개인적인 인연으로 가족관계가 된 사람들—옮긴이) 등의 도움을 받는다.

오늘날 터키 사회에서 신뢰의 감정을 빈곤 경감, 일자리 공급, 성실한 노동, 부의 창출로 연결시키는 데서 위와 같은 신뢰의 네트워크는 여전히 매우 중요한 의미를 갖고 있다.[62] '믿을 만하다'는 말은 터키 사회에서 도덕적 태도와 윤리적 연대가 갖는 중요성을 상징하며, 상호적 관계의 정치적 측면을 뒷받침한다. 게세콘두 거주자, 이주노동자, 빈민 등이 이런 방식으로 고도로 개인화된 소득과 고용의 네트워크에 통합돼있을 뿐만 아니라 자본가들도 이런 방식으로 믿을 만한 노동자를 찾는다. 소규모 자본가들은 동향인을 고용하기를 선호하는데 이는 동향인이 믿을 만하기 때문이다. 노동자들은 동향인, 지인, 친지 등의 인적 네트워크를 이용해 비공식적으로 일자리를 찾는다. 예를 들어 앙카라의 가죽제품 공장들은 앙카라 근처에 있는 작은 마을인 구둘 출신의 노동자를 많이 고용한다. 경제적으로 어려운 상황에서는 이런 신뢰의 네트워크가 일종의 문화적 합의를 만들어낸다. 그리하여 사용자들은 동향인들이 사회보장의 혜택 없이 낮은 임금만을 받고도 일을 해주기를 기대하고, 노동자들은 자기가 도움이 필요할 경우에 사용자가 '자선', 보살핌, 생계지원을 해주기만 한다면 기꺼이 그렇게 일을 하고자 하는 것이다.

결론

계속해서 거대한 불평등을 만들어내며 신자유주의적 경제를 지향하는 상황 속에서 사회적 응집의 전망을 제시하는 이슬람적 약속을 우리는 어떻게 평가해야 할까? 정의개발당 정부는 고용창출과 직업훈련 프로그램에 재원을 할당하고 소규모 기업가들에게 신용을 제공하는가 하면 소액금융도 지원해왔다. 하지만 정의개발당 정부의 이런 조치는 근본적인 문제는 거의 건드리지 않는 것이다. 주목해야 할 점은 정의개발당 정부가 대체로 가족적, 사회적 연대의 네트워크에 토대를 둔 사회복지 정책을 구사한다는 사실이다. 가족을 중심으로 한 정의개발당의 사회정책은 사회적 부조를 제공할 수 있는 시민사회를 동원하고 가동하는 데 초점을 맞추고 있다.[63] 데니즈 페네리(Deniz Feneri, '등대(Lighthouse)'라고도 함) 와 같은 비정부 자선조직은 무슬림 기업가들의 기부금을 가난한 사람들에게 전 달하는 창구의 역할을 하고 있다. 지방정부들도 사적 개인들의 기부금에 크게 의 존하는 예산을 가지고 사회적 부조를 제공하는 데서 중요한 기능을 담당함으로 써 각 지역의 가난한 사람들과 자선기부를 하는 무슬림들을 연결해주는 중개자 의 역할을 하고 있다. 이런 요소들은 사회문제를 해결하는 데서 개인의 정의로운 태도와 자선의 행동에 의존하는 '페트훌라를 따르는 사람들'의 이슬람적 윤리에 의해 보강되면서 신자유주의 아래에서 전개되는 사회복지의 민간화를 뒷받침하 고 있다.

상호적인 책임성, 존중, 신뢰라는 말로 상징되는 상호적 관계는 이슬람적 자 선행위의 역할을 강화시킬 수도 있지만 문제점도 갖고 있다. 자본가와 노동자 사 이의 관계는 고도로 착취적이다. 아나톨리아 지역의 부상하는 중산계급을 대표 하는 독립상공인협회의 회원사들 가운데 다수는 노동조합에 대해 매우 적대적이 다. 그들은 정부를 압박해서 종업원 30명 미만의 기업은 고용보장 대상 사업장에 서 제외하는 내용의 2003년도 노동법을 제정하게 만들었다(그 전에는 종업원 10 명 미만의 기업이 고용보장 대상 사업장에서 제외됐다). 친이슬람 노조 연합체인 HAK-IS는 정부와 비슷한 세계관을 공유하고 있음에도 정부가 파업은 수출을 위축시킨다는 이유를 들어 노동자들의 파업에 개입할 뿐 빈곤, 실업, 비공식 고 용 등의 문제는 진지하게 들여다보지 않고 있다며 정부를 비난하고 있다.[64] 아나 톨리아 지역을 중심으로 케말주의 국가에 반발하는 정치를 통해 중산계급의 신 자유주의적 재구성이 이루어져왔지만, 이런 움직임이 아직은 계급적 불평등에 대해 노동자와 빈민이 반발하는 움직임으로 이어지지는 않고 있다.

이에 따른 이슬람적 전망의 이중성으로부터 흥미로운 변증법적 논의가 가능 해진다. 한편으로는 유럽연합에서 유래한 자본가들의 자유민주주의적 사고방식 이 존재하고 다른 한편으로는 '선한 사회(good society)'를 추구하는 정의로운 개인을 내세우는 이슬람적 담론이 존재한다는 데서 터키의 이슬람적 전망이 지닌 이중성을 볼 수 있다. 이슬람주의 집단들은 자본주의 경제 안에서 개인의 능력을 제고하는 것을 목표로 삼는 동시에 시민사회에 토대를 둔 자선조직을 뒷받침한다. 이런 맥락에서 프로테스탄트 윤리와 자본주의에 관한 막스 베버의 유명한 명제를 재검토해보는 것이 유용할 수 있다. 형제애와 윤리적 규율을 강조하는 이슬람교의 요소는 경제적 합리성과 관련해 대단히 개인화된 문화적 과정에 스며들지만, 베버는 이런 측면을 무시했던 것으로 보인다.[65] 불평등 문제를 실질적으로 다루는 데서 이슬람교의 윤리가 어느 만큼이나 효과적일지는 히즈멧(사명)을 완수하는 데 헌신하고 그러한 일을 하는 것을 경제적 활동의 중심에 두는 신자들의 개인적 의지에 달려 있다.

이러한 개인적 의지는 더 많은 불평등을 만들어내는 신자유주의적 자본주의의 현실적인 동학을 조금도 상쇄시키지 못한다. 그럼에도 신자유주의적 자본주의가 낳는 불평등 그 자체가 취약하고 가난한 사람들을 신자유주의에 대한 사회적 항의운동에 나서게 하지 못한다. 그 이유가 반드시 상호성과 연대의 상징적 관계가 잠재적인 반대의 목소리와 행동을 억제하기 때문만은 아니다. 또한 터키의 이슬람 사회에서 신자유주의가 발달하는 데 외피가 되어준 상호성의 문화에 의해 가려진 불평등을 주변화된 사회구성원들이 인식하지 못하기 때문에만 그런 것도 아니다.

이런 점들과 마찬가지로 중요한 점은 '반발의 정치'가 작동하는 방식이라고 나는 생각한다. 반발의 정치는 언제나 전적으로 경제적 토대에 근거를 두지는 않지만 상황에는 늘 구속된다. 심각한 불평등이 존재한다고 해서 이슬람적 연대가 반드시 무너지지는 않는 이유를 이해하기 위해서는 도덕적인 반발의 정치를 고려할 필요가 있다. 문화적 긴장도 중요하다. 때로는 군부가 시민적 영역의 정치에 자주 개입하는 것을 통해 의도적으로 문화적 긴장을 조성하기도 한다. 친이슬람 후보의 부인이 히자브를 쓰지 않는다는 이유만으로 그 후보가 대통령으로 선출되는 데 대해 반대하고 나선 군부의 행동이 바로 그런 사례에 해당된다. 물론 이러한 군부의 입장을 지지하는 대규모 군중시위가 벌어진 것은 우리로 하여금 케말주의도 여전히 강력한 대중적 기반을 갖고 있음을 되새기게 한다. 분명한 것은, 신자유주의가 엄청난 착취와 예속을 초래하고 있음에도 불구하고 터키의 상황에서는 그러한 신자유주의의 작용이 케말주의적 국가에 대한 이슬람적 반발의 정치를 강화시켜왔고, 그 결과로 오히려 케말주의 이데올로기에 대한 대중적인 지지가 일어났다는 점이다. 신자유주의의 소용돌이 속에서 착취자들에 대한 반발은 아직 그러한 대중적인 지지를 얻지 못하고 있다.

주석

1 Mike Davis, Late Victorian Holocausts, London: Verso, 2001, p. 20.

2 See Yildiz Atasoy, 'Cosmopolitan Islamists in Turkey: Rethinking the Local in a Global Era', Studies in Political Economy, 71/72, 2003/2004, p. 139.

3 AK Parti, Development and Democratization Programme, Ankara, 2002, p. 21.

4 Yildiz Atasoy, 'Turkey, Islamism and the European Union: Neo-liberal Market Economy, Democracy and the State.' 이 논문은 2006년에 캐나다 몬트리올에서 열린 미국사회학회(American Sociological Association)의 101차 연례회의의 주제별 토론에서 발표된 것이다.

5 AK Parti, Development and Democratization, pp. 20~27. 이와 함께 World Bank, Turkey: Knowledge Economy Assessment Study, Washington: Private and Financial Sector Unit Europe and Central Asia Region, 2004도 보라.

6 AK Parti, Development and Democratization, p. 34.

7 Yalcin Akdogan, Ak Parti ve Muhafazakar Demokrasi, Istanbul: Alfa, 2004, p. 13.

8 Paul Blustein, 'Stopping the Bailout Buck Here: O'Neill Taking A Tough Stance on IMF Loans to Countries', The Washington Post Service, 5 June 2001, available from www.jubileeresearch.org.

9 여기서 국제통화기금의 융자액은 다음 자료를 토대로 계산한 것이다. IMF, Turkey: Fifth Review and Inflation Consultation Under the Stand-By Arrangement, IMF Country Report No. 07/161, Washington: IMF, 2007; BBC News, 'IMF Hands Over Turkey Loan', 16 April 2002, available from http://news.bbc.co.uk; Property Frontiers, 'Turkey: Economic Overview', available at www.propertyfrontiers.com.

10 AK Parti, Development and Democratization, p. 33.

11 TUSIAD, 'European Union and Turkey: Main Data', available from www.tusiad.org.

12 TOBB, Ekonomik Rapor 2004, Ankara: Aydogdu Ofset, 2005, pp. 87~91.

13 Tanil Bora, 'Istanbul of the Conqueror: The "Alternative Global City" Dreams of Political Islam', in Caglar Keyder, ed., Istanbul between the Global and Local, London: Rowman & Littlefield Publishers, 1999, 특히 p. 56을 보라.

14 해외지부는 두 개가 있다. 하나는 1995년에 브뤼셀에, 다른 하나는 1998년에 워싱턴에 각각 개설됐다.

15 터키상공인협회(TUSIAD)의 브로슈어를 참고하라. 이 브로슈어는 www.tusiad.org에서 찾아볼 수 있다.

16 1961년에 군인연금기금으로 설립된 오야크(OYAK) 지주회사의 웹사이트(www.oyak.com.tr)를 보라. 또한 Hulya Arac, 'International Market Research Reports: A Guide to Commercial

Military Sales and Contracting', Industry Canada, 30 January 2004, p. 7을 보라. 이 자료는 http://strategis.ic.gc.ca에서 찾아 볼 수 있다.

17 Ji-Hyang Jang, 'Taming Political Islamists by Islamic Capital: The Passions and the Interests in Turkish Islamic Society', Ph.D Thesis, The University of Texas at Austin, 2005, p. 203.

18 Ayse Bugra, 'Class, Culture, and State: An Analysis of Interest Representation by Two Turkish Business Associations', International Journal of Middle East Studies, 30(4), 1998.

19 TUSIAD, 'Press Release: Turkish Business Commits to Playing Key Role in EU Accession Talks Focusing on Democracy, Economy, Society and Technology', Brussels, 8 November 2005, available from www.tusiad.org. 터키상공인협회는 1997년과 2001년 사이에 터키의 민주화에 관한 3개 이상의 보고서를 발표했다.

20 Ji-Hyang Jang, 'Taming Political Islamists', pp. 227~228.

21 Wendy Kristianasen, 'No Delight for Turkey: New Faces of Islam', Le Monde Diplomatique, July 1997.

22 Ji-Hyang Jang, 'Taming Political Islamists', pp. 214, 217.

23 Rafi-uddin Shikoh, 'Turkish Business Association Drives Strong Muslim World Ties', Dinar Standard, 29 April 2006, available from www.dinarstandard.com.

24 MUSIAD, Anayasa Reformu ve Yonetimin Demokratiklestirilmesi, Istanbul, 2000.

25 Ibid., pp. 7~32.

26 Martha Starr and Rasim Yilmaz, 'Bank Runs in Emerging-Market Economies: Evidence from Turkey's Special Finance Houses', American University Department of Economics Working Paper Series, No. 2006~2008, May 2006, p. 5를 보라. 이 자료는 www.american.edu/cas/econ에서 찾아 볼 수 있다.

27 World Bank, Turkey: Knowledge Economy Assessment Study.

28 Sennur Ozdemir, MUSIAD: Anadolu Sermayesinin Donusumu ve Turk Modernlesmesinin Derinlesmesi, Ankara: Vadi Yayinlari, 2006, p. 162.

29 Ibid., p. 73.

30 이런 경구나 사고방식은 〈호모-이슬라미쿠스(Homo-Islamicus)〉(1993~1997)와 같은 독립 상공인협회의 정기간행물, 조사보고서 시리즈인 〈세르세브(Cerceve)〉, 일종의 뉴스레터라고 할 수 있는 〈무시아드 인 프레스(MUSIAD in Press)〉, 인터넷 기반의 정보은행(Information Bank) 등을 통해 널리 전파된다.

31 Omer Demir, Mustafa Acar and Metin Toprak, 'Anatolian Tigers or Islamic Capital: Prospects and Challenges', Middle Eastern Studies, 40(6), November 2004, p. 184. 중앙은행도 연간 40억 달러 정도를 해외로부터 송금받는 것으로 추정된다.

32 Gulay Dincel, 'Konya'nin Kombassan'i ve Hasim Bayram'in Yukselisi', in Oya Baydar and Gulay Dince, eds., 75 Yilda Carklari Dondurenler, Istanbul: Tarih Vakfi, 1999, p. 162.

33 Ji-Hyang Jang, 'Taming Political Islamists', p. 212~213.

34 터키와 사우디아라비아의 합작은행인 파이잘 은행(Faisal Finance House)은 1998년에 콤바산 홀딩에 인수됐다가 2001년에 다시 미국의 이슬람식 은행인 라리바(LARIBA)의 자금지원 아래 울케르 그룹(ULKER Group)에 인수됐고, 그 결과로 은행 이름이 패밀리 은행(Family Finance)으로 바뀌었다.

35 Ji-Hyang Jang, 'Taming Political Islamists', pp. 146~147, 165. Ayse Yuce, 'Islamic Financial Houses in Turkey', Journal of the Academy of Business and Economics, January 2003, p. 4도 참고하라.

36 ILO, International Labour Conference 90th Session 2002, Report VI: Decent Work and Informal Economy, Geneva: ILO, 2002, pp. 5~9.

37 ILO, Sosyal Diyalog Yoluyla Kayit Disi Istihdam Sorununa Cozum Bulunmasi, 2005~2007 EU-ILO Projesi Nihai Raporu, January 2007, pp. 31, 10~11, available from http://www.ilo.org; and World Bank, Turkey: Country Economic Memorandum: Promoting Sustained Growth and Convergence with the European Union, Report No. 33549-TR, Washington: World Bank Poverty Reduction and Economic Management Unit Europe and Central Asia Region, 2006, p. 137.

38 Engin Yildirim, 'Labor Pains or Achilles' Heel: The Justice and Development Party and Labor in Turkey', in Hakan Yavuz, ed., The Emergence of New Turkey, Utah: The University of Utah Press, 2006, p. 236.

39 나는 터키의 고용에 관한 정확한 통계는 갖고 있지 않지만 고용상황을 보여주는 부분적인 사례로 데니즐리(Denizli, 터키의 남서부에 있는 도시―옮긴이)의 수건 제조업 부문을 들 수 있다. 이 도시에서는 많은 여성이 가내수공업 방식으로 수건을 만드는 일을 하며, 도시 전체의 비공식 고용 비율이 50.2퍼센트에 이른다. 수건을 제조하는 이 도시의 수많은 기업들 가운데 거의 70퍼센트는 세계시장을 겨냥하고 있다. 가정에서 수건을 만드는 일을 하는 여성 중에는 미혼여성도 있고 아이를 낳은 기혼여성도 있지만, 어느 쪽의 여성이든 수건 만들기로 시간당 2달러 정도를 번다. 데니즐리의 여성들이 가정에서 순면이나 리넨을 재료로 삼고 터키의 독특한 전통적 무늬를 넣어 베틀로 짠 수건은 해외에서 좋은 평가를 듣고 있으며, 연간 15억 달러어치나 수출된다. 이곳의 여성들은 돈을 받고 일하기는 하지만 흔히 남성인 가족, 친척, 이웃인 수건 하청업체를 자기가 돕고 있다고 생각한다. Yildiz Atasoy, 'Explaining Local-Global Nexus: Muslim Politics in Turkey', in Yildiz Atasoy and William K. Carroll, eds., Global Shaping and Its Alternatives, Aurora: Garamond Press, 2003, pp. 74~75를 보라.

40 TUSIAD, Optimal State: Towards a New State Model for the 21st Century, Istanbul: TUSIAD Yayinlari, 1995.

41 사이드 누르시(Said Nursi)의 저작은 쿠란에 관한 6권짜리 논평집인 Koran, the Risale-I Nur, Kazan: Kul'turno-obrazovatel'ny. fond "Nuru-Badi", 2001에 실려 있다.

42 Mumtaz Ahmad, 'Islamic Fundamentalism in South Asia: The Jamaat-I Islami and the Tablighi Jamaat', in Martin E. Marty and R. Scott Appleby, eds., Fundamentalisms Observed,

Chicago: The University of Chicago Press, 1991, pp. 510~523.

43 지야 괴칼프는 영향력 있는 터키의 사회학자(에밀 뒤르켐의 저작을 터키어로 옮겼다)로서 이슬람교에 대한 국가의 통제가 유지된다면 그것은 사회를 응집시키는 작용을 할 수 있다는 케말주의적 사고방식이 형성되는 데 기여했다. Ihsan Yilmaz, 'State, Law, Civil Society and Islam in Contemporary Turkey', Muslim World, Special Issue: Islam in Contemporary Turkey, 95(3), 2005를 보라.

44 Fethullah Gulen, The Statue of Our Souls: Revival in Islamic Thought and Activism, Somerset: The Light, 2005, p. 456.

45 Turgay Sirin, Kisisel Gelisim Medeniyeti: Islam Medeniyetinin Kisisel Gelisim Dinamikleri, Istanbul: Armoni, 2005.

46 Gulen, The Statue of Our Souls, p. 452.

47 Latif Erdogan, Fethullah Gulen Hocaefendi: Kucuk Dunyam, Istanbul: Ad Yayincilik, 1998, p. 114.

48 귈렌 공동체 운동이 설립한 학교의 수와 그 학교를 다니는 학생의 수에 관한 공개된 통계자료는 없다. 그러나 학교의 수는 전 세계에 걸쳐 대략 500개 정도이고, 이 가운데 350개 정도는 터키의 국내에, 나머지 150개 정도는 해외에 있는 것으로 추정된다. 다만 귈렌 공동체 운동이 운영하는 대학이 터키의 국내에 7개가 있다는 사실은 잘 알려져 있다. Bayram Balci, Orta Asya'da Islam Misyonerleri: Fethullah Gulen Okullari, Istanbul: Iletisim Yayinlari, 2005, p. 191.

49 Adam Smith, The Theory of Moral Sentiments, New York: Oxford University Press, 1976.

50 다음 자료를 참고하라. Fethullah Gulen, 'An Ideal Society', 17 September 2001, pp. 2~ and 'What We Expect from the Righteous Generation', 31 May 2002, p. 4; Fethullah Gulen, 'Humanity, Science, and Globalization', 1 January 2003. 이들 자료는 http://en.fgulen.com에서 찾아 볼 수 있다.

51 TOBB, Ekonomik Rapor, 2004, Ankara: Aydogdu Ofset, 2005, p. 9.

52 'Turkish Growth boosts Erdogan ahead of Poll', Financial Times, 3 April 2007.

53 Turkiye Cumhuriyet Merkez Bankasi에서 구한 자료. 이 자료는 www.tcmb.gov.tr/ucaylik/ua10/a16.pdf에서 찾아 볼 수 있다.

54 T.C. Basbakanlik Turkiye Istatistik Kurumu, Haber Bulteni, Sayi 76, 15 May 2007. 터키의 이런 통계수치는 유럽연합 15개국과 크게 다르다. 2005년에 유럽연합 15개국 전체의 총고용률은 64.8퍼센트, 여성의 고용률은 57퍼센트였다(World Bank, Turkey: Country Economic Memorandum, p. 42).

55 World Bank, Turkey: Labor Market Study, Report No. 33254-TR, Washington: World Bank Poverty Reduction and Economic Management Unit Europe and Central Asia Region, 2006, p. ii.

56 같은 책, p. iii.

57 World Bank, Turkey: Country Economic Memorandum, pp. 37, 138.

58 World Bank, Turkey: Labor Market Study, p. iii.

59 터키는 국가통계연구소에서 가계예산에 대한 조사 결과를 2003년에 발표한 데 이어 2004년에 빈곤에 관한 공식 통계를 처음으로 발표했다. 터키는 이 통계에서 식료품을 비롯한 기본적인 생활필수품을 구득할 능력을 기준으로 '빈곤선'을, 기본적인 식료품을 구득할 능력을 기준으로 '기아선'을 정의했다. 이 부분에서 인용된 통계수치에 대해서는 다음 자료를 참고하라. Ayse Bugra and Caglar Keyder, 'Poverty and Social Policy in Contemporary Turkey', Bogazici University Social Policy Forum, January 2005, p. 20; EUROSTAT, 'At-persistent-risk-of-poverty rate', http://epp.eurostat.ec.europa.eu; T.C. Basbakanlik Turkiye Istatistik Kurumu, Haber Bulteni, Sayi 207, 25 Aralik 2006; Serkan Demirtas, 'Esitsizlikte Cozum Zor', Radikal Newspaper, 1 September 2005, http://www.radikal.com.tr; World Bank, Turkey: Joint Poverty Assessment Report, Report No. 29619-TU, Washington: Human Development Sector Unit Europe and Central Asia Region, 2005, p. 29.

60 World Bank, Turkey: Joint Poverty Assessment Report, p. 14.

61 같은 보고서, p. 34.

62 터키의 실업자 가운데 31.5퍼센트는 친구, 친지, 지역사회의 비공식 인적 네트워크 안에서 일자리를 찾는다. T. C. Basbakanlik Turkiye Istatistik Kurumu, Haber Bulteni, Sayi 76, 15 May 2007을 보라. 터키의 공장 내 조직에서 신뢰의 네트워크가 갖고 있는 역사적인 중요성에 대해서는 다음 자료를 참고하라. Alan Dubetsky, 'Kinship, Primordial Ties, and Factory Organization in Turkey: An Anthropological View', International Journal of Middle East Studies, 7(3), 1976.

63 Bugra and Keyder, 'Poverty and Social Policy', p. 32.

64 Engin Yildirim, 'Labour Pains', pp. 248~252.

65 Max Weber, The Protestant Ethic and the Spirit of Capitalism, London: George Allen & Unwin, 1930/1984. 형제애에 대한 베버 자신의 관심에 대해서는 다음 자료를 참고하라. Michael Symonds and Jason Pudsey, 'The Forms of Brotherly Love in Max Weber's Sociology of Religion', Sociological Theory, 24(2), 2006; Max Weber, 'Religious rejections of the World and their Directions', From Max Weber: Essays in Sociology, Edited by H. H. Gerth and C. Wright Mills, New York: Oxford University Press, 1946.

중남미에서 변혁의 가능성을 보여주는 현상들

윌리엄 로빈슨

중남미 지역은 그동안 신자유주의에 대항하는 전 세계적인 투쟁의 전선이었다. 지금 이 지역에서는 지구적 자본주의라는 지배적 모델에 대응하는 몇 가지 대안의 모델이 떠오르고 있는 것으로 보인다. 21세기를 위한 밑으로부터의 혁명적 투쟁 및 민중적 변혁이라는 새로운 모델이 떠오르고 있다. 그 모델은 우선은 베네수엘라의 경험에 토대를 두고 있으나, 보다 폭넓게 보면 에콰도르와 볼리비아를 비롯한 중남미의 다른 나라들에서 전개되는 민중적 투쟁에도 토대를 두고 있다. 그러나 아직은 지구적 자본이 위로부터 그러한 투쟁 가운데 일부의 예봉을 꺾을 수 있었고, 지구적 자본과 동맹관계를 맺은 개량주의 블록이 신자유주의 이후의 시대를 어떻게 편성할 것인가를 놓고 그러한 투쟁과 경합하고 있는 것으로 보인다. 신자유주의는 지구적 자본주의의 한 가지 모델에 지나지 않는다는 점을 우리는 상기해야 한다. 또한 신자유주의 모델에 대한 저항이 반드시 지구적 자본주의에 대한 저항인 것은 아니다. 중남미 지역을 휩쓴 이른바 '핑크색 밀물(pink tide)'의 배후에서 사회적, 계급적 세력과 이데올로기, 정책과 프로그램의 여러 가지 조합이 경합하고 있다. 지금 중남미가 이르러 있는 갈림길은 '개량이냐 혁명이냐'의 갈림길이라기보다는 어떤 사회적, 정치적 세력이 신자유주의에 반대하는 투쟁의 헤게모니를 쥐게 될 것인가, 그리고 어떤 종류의 프로젝트가 지난 25년간 이 지역을 황폐하게 만들어온 기존의 정통적인 프로그램을 대체할 것인가의 갈림길이다.

신자유주의가 지배력을 유지하고 신자유주의 국가들이 계속해서 불가침의 요새로 남아있는 동안에는 국가권력과의 거래를 거부하는 것이 합리적이라고 여겨졌다. 신자유주의 국민국가는 정치참여의 공간이 아니다. 그것은 기술관료적 행정을 통해 초국적 자본축적, 인프라스트럭처 구축, 그리고 사회적 통제가 이루어지는 장치다. 그런데 이런 맥락에서 볼 때 역사적인 상황은 어떠했는가? 중남미의 지배집단들은 1980년대와 1990년대에 정치사회(political society)에 대한 자신들의 통제력을 복구하고 공고하게 다졌다. 그러나 1990년대와 21세기 초에 새롭게 일어난 계급적 민중운동은 지배집단들이 시민사회(civil society)에 대한 헤게모니를 유지할 능력이 없다는 점을 보여주었다. 풀뿌리 수준의 피지배집단들이 정치적 행동력을 재구축한 것은 국가구조의 바깥에서, 그리고 대체로 보아 조직화된 좌파 정당과도 독립적으로 이루어져왔다. 정치사회에서 활동하는 조직화된 좌파가 대항헤게모니적 대안을 만들어내지 못하는 동안에 풀뿌리 사회운동이 시민사회에서 활발하게 번져나갔다. 좌파가 정치사회로부터 구조적 변화의 과정을 지도하는 데 실패함으로써 투쟁의 장이 훨씬 더 시민사회 쪽으로 옮겨졌다. 중남미는 1980년대 후반과 1990년대에 걸쳐 경합하는 사회세력들 사이의 '진지전'으로 넘어간 것으로 보인다. 이 점은 그 전에 피지배집단들이 혁명적 봉기를 통한 '기동전'에서 이기지 못했고, '위로부터의 권력장악'에서도 한계를 드러냈다는 사실에 비추어 보면 분명하다. 그러나 21세기 초에는 중남미 전역에 걸쳐 정통성의 위기, 영속적인 불안정, 국가기구의 붕괴 위험이 급속히 확산됨에 따라 지구적 경제와 사회의 새로운 상황 속에서 새로운 종류의 기동전이 전개될 공간이 열리는 조짐이 나타나기 시작했다.

배경

지금의 새로운 초국적 질서는 1970년대의 세계적인 경제위기에서 기원한 것으로, 그 뒤 20여 년간에 걸쳐 지구화(세계화)를 통해 기존 체제를 대대적으로 개편하는 데 필요한 추동력과 수단을 자본에 부여해왔다.[1] 중남미는 이런 체제개편의 위기에 깊숙이 말려들었다. 1960년대와 1970년대의 민중운동, 혁명적 투쟁, 민족주의 및 민중주의 프로젝트 등은 모두 다 나름대로의 내부적 모순을 갖고 있었고, 결국은 20세기의 마지막 10년 동안에 세계적인 경제침체, 외채문제, 국가의 억압, 미국의 개입, 사회주의적 대안의 붕괴, 신자유주의 모델의 부상에 직면한 가운데 각국별 지배집단과 국제적인 지배집단에 의해 격퇴당했다. 그리고 그 결과로 중남미 지역이 새로운 지구적 자본주의에 통합될 준비가 갖춰졌다.

그러한 준비의 예로는 무엇보다 먼저 마킬라도라(저임금을 활용하는 가공수출 공장이 밀집한 지역—옮긴이)가 미국과 멕시코 간 국경지대에서부터 남쪽으로 중남미의 상당부분에 이르기까지 확산됐다는 점을 들 수 있다. 또한 그러는 동안에 중남미에서 스페인어 두문자 약칭으로 피메스(PYMES)라고 부르는 중소기업들이 초국적 기업의 하청업체로 전락하면서 국내시장에서 국제시장으로 타깃시장을 바꾸었고, 일부 소수의 나라들은 어느 정도 발달된 국내 산업부문이나 금융부문을 통해 지구적 자본주의에 통합됐다. 두 번째 예로는 중남미의 모든 나라가 중남미를 대상으로 하는 지구적 관광산업의 폭발적인 성장에 휩쓸리게 됐다는 점을 들 수 있다. 이에 따라 오늘날 중남미에서는 수백만 명의 노동자가 관광산업에 종사하고 있고 국민소득과 국내총생산에서 차지하는 관광산업의 비중이 점점 더 확대되고 있을 뿐만 아니라 이런 과정에서 지구적 관광산업이 수많은

‘전통적’ 지역사회를 파고들면서 그런 지역사회를 지구적 자본주의에 연결시키고 있다. 세 번째 예로는 1990년대의 일차산품 호황 속에서 새로운 유형의 초국적 농업기업이 등장해 오래된 농산품 수출 및 국내 농업의 모델을 대체했다는 점을 들 수 있다. 이에 따라 각국의 농업체제는 새로운 지구적 농업-산업 복합체에 편입되고 있다. 브라질, 아르헨티나, 볼리비아, 파라과이에서는 이제 콩이 커피, 설탕, 쇠고기 등을 밀어내고 최대의 수출작물이 돼있다. 초국적 농업기업들이 세운 콩 플랜테이션이 수백만 명의 소규모 농지 보유자들을 땅에서 쫓아내는가 하면 열대우림마저 잠식하고 있다. 멕시코와 중앙아메리카에서는 옥수수와 콩 재배가 겨울철에 글로벌 슈퍼마켓에 공급하기 위한 과일과 채소 재배로 대체되고 있다. 에콰도르와 콜롬비아에서는 화훼, 칠레에서는 과일과 포도주가 그러한 대체작목이 되고 있다. 마지막으로 네 번째 예로는 노동시장의 초국적화가 중남미를 글로벌 경제에 노동자를 공급하는 곳으로 만들었다. 2006년에는 이렇게 해서 해외로 수출된 노동자들이 중남미로 송금한 돈이 약 600억 달러에 이르렀다.[2] 해외이주 노동자들이 송금한 돈이 많은 중남미 국가들에 하나의 외환 조달원이 되고 있다.

오늘날과 달리 1960년대에는 중남미의 여러 지역이 자본주의 이전의 상태였고, 적어도 국가 단위의 자본주의나 세계 자본주의에 대해 어느 정도의 자율성을 가진 지역사회가 중남미의 여기저기에 존재하고 있었다. 그러나 21세기에는 지구적 자본주의가 전 세계의 구석구석에 침투함에 따라 중남미에서도 자본주의적 관계가 사실상 보편화됐다. 자본주의적 발전의 이러한 새로운 국면은 국경을 넘어 움직이는 자본의 요구에 따라 20세기의 마지막 20년 동안에 쿠바만 제외하고 중남미의 모든 나라에서 시행된 신자유주의적 구조조정 프로그램에 의해 더욱 촉진됐다.

그러나 신자유주의는 심각한 구조적, 사회적 모순을 갈수록 더 많이 드러내고 있다. 첫째, 신자유주의 모델은 ‘금융투기의 요소를 다분히 갖고 있어서 쉽게 이동하고 안정성이 없는' 초국적 금융자본과 투자자본을 유인하는 데 크게 의존하고 있다. 둘째, 각 지역이 지구적 생산과 유통의 망에 편입됨으로써 생겨나는 일련의 비전통적인 활동에 토대를 두고 일어난 새로운 수출 붐은 지구적인 시장경쟁과 과잉생산, 그리고 지구적 경제의 연쇄적 생산구조가 지닌 비영속성 때문에 취약하며 생태적 재앙의 도래도 가속시킨다. 셋째, 지구적 경제로의 신자유주의적 통합을 기초로 한 개발모델은 국내시장의 확대나 사회적 기반의 확충을 필요로 하지 않거나, 적어도 새로운 축적의 잠재력을 그런 것과 조화시키지 못한다. 넷째, 위와 같은 이유에서 신자유주의가 만들어내는 사회적 모순이 이미 갈등을 고조시키고, 대중적인 계급운동을 활성화시키고, 정치적 불안정을 초래하고 있다.

1990년대 후반에 새로운 저항의 정치가 자리를 잡으면서 신자유주의의 헤게모니에 금이 가기 시작했다. 1980년대의 이른바 '민주주의로의 이행'을 통해 들어서게 된 '민주적 체제', 즉 취약한 다두체제(多頭體制)[3]는 신자유주의 모델의 양극화 및 궁핍화 효과에 의해 생겨나는 사회적 모순과 정치적 갈등을 억누를 수 있는 능력을 점점 더 상실해갔다. 유엔 중남미경제위원회(ECLAC)의 자료에 따르면 중남미의 일인당 소득은 이 지역에서 '잃어버린 10년'으로 불리는 1980년대에 연평균 0.9퍼센트의 속도로 감소한 데 이어 '회복의 10년'이라고들 하는 1990년대에는 오히려 연평균 1.5퍼센트라는 더 빠른 속도로 감소했다. 또한 그 20년 동안에 중남미의 대다수 나라에서 빈곤율 등 궁핍화의 정도를 보여주는 지표들이 가속적으로 악화됐다. 1999년과 2002년 사이에 이 지역을 덮친 경제침체는 기존의 헤게모니에 대항하는 사회적, 정치적 세력을 활성화시켰고, 이들 세력은 신자유주의에 대한 불신을 확산시키는 동시에 대중적인 투쟁과 변화의 새로운 시기를 열었다. 지금 중남미 전역에서 사회적, 정치적인 세력재편이 전개되고 있으며, 그 결과는 여러 가지 가능성을 안고 있어 아직은 불확실하다.

핑크색 밀물

소득과 재산 둘 다에서 분배구조를 변화시키는 압력을 형성하고 그런 변화를 실제로 일으키려면 국가의 개입이 확대될 필요가 있다고 주장하는 세력은 20세기가 저물기 전부터 신자유주의 질서와 관련해 각각 응집하기 시작한 여러 사회적, 정치적 세력들 가운데 하나일 뿐이다. 정치권과 경제계, 학계에 걸친 중남미의 지배엘리트 집단은 이 지역을 침체의 상태에서 건져내는 동시에 사회적, 정치적 소요를 예방하거나 적어도 더 잘 관리하기 위한 대안의 공식을 찾기 시작했다. 이러한 지역적 노력은 기존의 지구적 체제를 제한적으로 개혁하자는 초국적 지배엘리트 집단의 주장과 병행됐다. 대표적인 중도좌파 정당의 지도자들, 예를 들어 멕시코 민주혁명당의 쿠아우테목 카르데나스, 칠레 사회당의 리카르도 라고스, 브라질 노동자당의 루이스 이나시우 다 실바(룰라), 아르헨티나 국가연대전선(FREPASO)의 카를로스 알바레즈, 그리고 멕시코의 호르헤 카스타네다는 1998년에 같이 발표한 '부에노스아이레스 콘센서스'를 통해 중남미 지역에 새로운 사회민주주의를 실현해야 한다고 주장했다. 이 문건은 '평등과 성장의 동시 추구'와 '가난한 사람들을 돕는 국가의 역할 확대'를 요구했지만, 시장의 논리와 지구적 자본주의로의 개방적 통합은 훼손되지 말아야 한다는 입장을 분명히 했다.[4]

이처럼 사회민주주의 성향의 지배엘리트들은 신자유주의를 수정하기만 하려는 태도를 분명히 했지만, 부에노스아이레스 이니셔티브가 시작된 이후 10년 동안 다수의 나라에서 실시된 선거에서 민중이 승리함에 따라 적어도 담론상으로는, 그리고 적어도 처음에는 신자유주의에 반대하는 정부가 잇달아 들어섰다. 예를 들어 베네수엘라에서는 우고 차베스(1998), 브라질에서는 룰라와 노동자당(2002), 에콰도르에서는 루시오 구티에레스(2002, 구티에레스는 2005년의 민중봉기 직후에 권좌에서 밀려났다), 칠레에서는 라고스와 사회당(2002), 그리고 그 뒤를 이어 같은 당의 미첼 바첼레트(2006), 아르헨티나에서는 네스토로 키르치네르(2003), 볼리비아에서는 에보 모랄레스(2005), 우루과이에서는 타바레 바스케스와 범전선(2004), 에콰도르에서는 라파엘 코레아(2006), 나카라과에서는 다니엘 오르테가와 산디니스타 민족해방전선(2006)이 각각 집권했다. 또한 엘살바도르의 마르티 민족해방전선(FMLN), 멕시코의 안드레스 마누엘 로페스 오브라도르(2006), 코스타리카의 오톤 솔리스(2006), 페루의 오얀타 우말라(2006) 등은 부정선거 시비 등으로 얼룩진 선거에 참여해 승리하지는 못했으나 승자와의 표차는 작았다.

이른바 '핑크색 밀물'이라고 불리는 이러한 민중의 선거승리는 신자유주의 지배질서의 종언을 상징하는 것처럼 보였지만, 결국은 지구적 자본주의 시대에 의회를 통한 변화에는 한계가 있다는 사실도 부각시켰다. 브라질의 경우가 이 점을 가장 잘 보여주며, 민중적 계급에게 가장 비극적인 사례다. 세 차례에 걸쳐 대통령선거에 나섰다가 실패한 룰라는 마침내 2002년 선거에서 대통령에 당선됐지만, 이는 노동자당이 정치적으로 중도로 급전환한 뒤에 거둔 승리였다. 룰라는 중산계급에 자신의 지지기반을 형성했고, 좌파의 정책 프로그램도 승인할 수 없고 신자유주의의 부작용도 더 이상 방치할 수 없다는 입장을 지닌 중도파와 심지어는 보수파 정치세력까지도 자기편으로 끌어들였다. 그는 국가의 외채에 대해 디폴트 선언을 하지 않고 이전 정부의 구조조정 정책을 유지하겠다고 약속함으로써 브라질의 실질적인 권력은 초국적 금융자본이 쥐고 있음을 보여주었다. 앞으로 어떤 일이 벌어질 것인지를 예고하는 듯 그는 2003년에 취임하자마자 정부가 재정흑자를 유지해야 한다는 국제통화기금(IMF)의 요구에 순응해 보건예산과 교육예산을 대폭 삭감했다.

그 밖의 '핑크색 밀물 정부'들은 밑으로부터의 민중적 권력을 민중에게서 빼앗아 그 변혁적 잠재력을 약화시키려는 시도에 나섰다. 이런 시도가 가장 두드러지게 나타난 나라는 에콰도르와 아르헨티나다. 에콰도르에서는 육군 대령 출신인 구티에레스가 이전 정권들의 신자유주의 정책을 뒤집고 민중적 개혁을 실행하겠다고 약속한 뒤에 이 나라의 강력한 원주민운동 및 사회운동 세력의 지지를 받아 2002년 선거에서 승리했다. 그는 취임할 때 지방의 지배엘리트 및 초국적 자본을 대표하는 인사들과 함께 몇 명의 원주민 출신 인사들도 내각에 임명했다. 그러나 불과 몇 달 지나지 않아 그는 그런 연합정부 내 보수파 정치세력에 투항하고 공공연하게 신자유주의 정책으로 돌아섰다. 아르헨티나의 키르치네르는 이전 정권들의 신자유주의 정책을 강하게 비판했지만, 그 자신의 정책도 국내의 생산자나 소비자에게 유리한 방향이긴 하나 사소한 정책수정을 하는 데 국한됐다. 예를 들어 금리인하, 자본통제, 공공서비스 가격 억제, 일부 사회복지 프로그램의 복구, 그리고 피케테로를 비롯한 민중운동 세력 가운데 일부의 포섭 등이 그의 정책이었다.

가장 허구적인 핑크색 밀물 정부는 아마도 니카라과의 오르테가 정부일 것이다. 오르테가와 산디니스타의 잔존세력은 좌파적 담론을 내세워왔고, 신자유주의 이전의 시절에는 자본과 국가엘리트 집단의 헤게모니 아래 대중주의적인 계급간 정치동맹을 수립하려는 의례적인 시도를 했다는 데서 그 특징을 찾을 수 있었다. 1990년의 선거에서 패배한 뒤로 산디니스타의 사업부문은 초국적 지향의 자본가들과 긴밀한 사업적, 개인적 관계를 쌓았고, 산디니스타의 정치적 지도부는 역사적으로 니카라과를 지배해온 부르주아 과두정당 가운데 하나인 자유당과 정부권력을 나눠 갖기로 하는 '협약'을 협상해 많은 비판을 받았다. 산디니스타는 농민과 도시빈민들 사이에 비록 줄어들고 있기는 하지만 민중적인 지지기반을 여전히 갖고 있다. 그러나 오르테가의 주위에 모여 있는 산디니스타의 주요 당원들 가운데는 관광, 농산업, 금융, 무역, 그리고 마킬라도라에 대한 하청이나 납품 등의 분야를 포함한 새로운 초국적 축적모델에 투자를 해서 성공한 사업가들이 많다. 이런 사람들은 혁명적 담론을 유지하고 재분배적 개혁을 실시해야만 자신들의 정당성을 지킬 수 있지만, 새로이 갖게 된 계급적 이해관계 때문에 초

국적 자본에 대항하거나 변혁적 프로젝트를 조직하기를 삼가게 됐다.[5]

산디니스타 정부는 2007년 초에 집권한 뒤에 처음으로 발표한 주요 정책문서에서 정책추진을 위해 정치조직과 경제조직 등 두 개의 조직을 운영하겠다고 밝혔다. 그 가운데 정치조직인 '시민권력위원회(citizen power councils)'는 "마약의 제조와 거래, 조직범죄, 질병, 무지, 환경파괴, 인권침해에 대항하는 투쟁"에 지역사회를 동원하는 역할을 맡게 된다는 것이었다.[6] 그러나 이 위원회가 정치적 토론의 장이 될 것이라든가 민중이 자발적인 행동을 하는 통로가 될 것이라는 언급은 전혀 없었다. 이로 미루어 아마도 이 위원회는 국가의 사회적 통제와 행정적 프로그램에 풀뿌리 지역사회를 위로부터 통합시키기 위한 수단으로 구상된 것으로 보인다. 한편 경제조직인 '중소생산자 경제협회(economic associations for small and medium producers)'는 "경제정책의 타깃을 중소생산자들에 맞추고 그들을 대규모 민간경제 부문에 연결시키는" 일을 하게 된다는 것이었다.[7] 이는 곧 도시와 농촌의 중소생산자들에게 신용과 기술을 지원하는 것을 통해 그들을 지배적인 초국적 자본축적 회로에 '하청, 납품, 기타 보조적 활동을 맡는 부분'으로 통합시킨다는 것이었다. 산디니스타 정부의 이 정책문서는 "모든 형태의 재산을 존중할 것"이라고 밝힘으로써 초국적 기업투자를 유인하고 농산업 위주의 개발모델을 지향한다는 태도를 취했다.

공정하게 말하면, 산디니스타 정부의 정책 프로그램은 보건제도와 교육제도의 재국유화, 사회적 지출 확대, 누진적 조세제도 채택, 문맹퇴치 캠페인 전개 등 대중적인 복지정책도 거론했다. 그러나 산디니스타 정부는 온건한 내용이나마 재분배정책을 실시하겠다고 하면서도 기존의 지배적인 재산관계를 존중하는 동시에 지구적 자본주의 질서에는 도전할 능력이 없거나 그럴 의지가 없는 중남미의 선출된 좌파 대중주의 블록에 속하는 정부임이 분명하다. 이 정부의 노선은 부에노스아이레스 콘센서스를 규정한 사회민주주의적 사고방식의 틀과 그리 다르지 않다. 브라질의 노동자당, 우루과이의 범전선, 니카라과의 산디니스타와 같은 좌파 정당들은 신자유주의를 반대한다는 말은 계속 하지만 사회질서 그 자체의 근본적인 구조적 변화를 추구한다던 초기의 정책 프로그램은 이미 포기했다. 이런 핑크색 밀물 정부가 들어선 나라들에서는 다음과 같은 두 가지 현상이 두드러진다. ① 의미 있는 수준으로 소득이나 재산의 재분배가 이루어지지 않았고, 오히려 불평등이 여전히 증대하고 있다. ② 민중적 계급을 편드는 담론이 이어지고 온건한 개량주의적, 사회적 복지정책이 실시되고 있지만 기본적인 재산관계와 계급관계에는 아무런 변화가 없다. 예를 들어 아르헨티나의 경우 국민소득 가운데서 노동자에게 돌아가는 임금 및 실업자와 연금생활자에게 돌아가는 사회복지보조금과 연금의 합계액이 차지하는 비중이 경제위기가 터지기 전인 2001년에는 32.5퍼센트였지만 2005년에는 26.7퍼센트로 떨어졌다. 브라질에서는 불평등이 심화되면서 2005년에 부자의 수가 11.3퍼센트나 증가했다는 통계까지 나왔다.[8] 게다가 브라질의 '포메 제로(Fome Zero, '기아를 없앤다(Zero Hunger)'는 뜻으로, 기아와 극빈을 해소하기 위한 정책 프로그램의 이름—옮긴이)'와 '볼사 파밀리아(Bolsa Familia, '가족수당(Family Stipend)'이라는 뜻으로, '포메 제로'의 일부로 실시되는 정책이며 그 내용은 자녀에게 예방접종을 하고 자녀를 학교에 보내는 조건으로 가난한 가정에 보조금을 지급하는 것임—옮긴이)', 또는 아르헨티나의 '사회복지지급 계획'과 같이 빈민과 실업자에게 소비보조금을 지급하는 정책 프로그램의 재원은 자본에 대한 과세가 아니라 공식부문의 노동자와 중산계급에 대한 과세로 조달되고 있다. 재산관계의 근본적인 변화 없이 재분배 전략이 제대로 먹혀들 수 있을지가 갈수록 더 문제가 되고 있다. 이러한 새로운 사회민주주의의 밀물이 정통적인 신자유주의에 비해 지구적 자본주의에 대응해 지역적 관리를 더 잘 할 수 있을까? 낮은 수준의 재분배 정책이 반란의 밀물을 얼마나 오랫동안 더 저지할 수 있을까?

다른 한편으로 베네수엘라는 급진적인 반신자유주의 지역블록을 이끌고 있으며, 에보 모랄레스가 집권 중인 볼리비아와 라파엘 코레아가 집권 중인 에콰도르도 이 블록에 속하는 것으로 보인다. 베네수엘라는 핑크색 밀물 국가들 가운데 가장 깊이 있는 재분배적 개혁을 실시해왔고, 그 개혁은 나중에 다시 논의하겠지만 민중적 계급의 자립성과 능력을 진정으로 강화시키기 위한 국가구조 및 재산관계의 변혁이라는 목표와 연결돼왔다. 볼리비아와 에콰도르는 비록 그 결과를 말하기에는 아직은 너무 이르지만, 보다 급진적인 개혁의 경로를 밟고 있다는 점에서 서로 비슷하다. 이들 세 나라에서는 민중적인 투표를 거쳐 민중적 계급에 유리한 방향으로 헌법을 개정하기 위한 개헌의회가 소집됐고, 신자유주의 정책 가운데 가장 문제가 많은 정책들이 폐지됐으며, 에너지 자원이 다시 국유화돼 사회적 투자를 위한 재원을 조달하는 데 이용되게 됐다. 베네수엘라와 볼리비아에서는 토지재분배가 계속 진행되고 있고, 에콰도르에서는 정부가 토지재분배를 약속했다.

멕시코의 외무장관을 지낸 반공산주의, 반쿠바, 친워싱턴 성향의 인물로 사회민주주의 입장에서 중남미의 사회주의 좌파에 대한 비판을 주도하고 있는 카스타네다는 중남미 지역에는 '두 개의 좌파'가 있다고 최근에 주장했다. 그 가운데 하나는 브라질의 룰라, 칠레의 라고스와 바첼레트, 우루과이의 바스케스를 포함하는 '올바른 좌파(the right left)'이고, 다른 하나는 쿠바의 피델 카스트로는 물론 포함하고 그 밖에 베네수엘라의 차베스를 비롯해 볼리비아의 모랄레스, 멕시코의 로페스 오브라도르, 페루의 우말라를 포함하는 '그릇된 좌파(the wrong left)'라는 것이다. 카스타네다에 따르면 '올바른 좌파'는 "이전의 급진적 좌파가 재구축된 세력으로 교육, 빈곤퇴치 프로그램, 보건, 주거 등의 사회정책을 강조하지만 대체로 정통적인 시장의 틀 안에 머물고 있다"는 것이고, 이와 달리 '그릇된 좌파'는 "현대화 추세에 대한 대응력이 부족함이 입증됐다"는 것이다. 그는 이렇게 덧붙였다. "그릇된 좌파의 지도자들에게는 경제적 성과, 민주적 가치, 계획적 성취, 미국과의 좋은 관계는 긴요한 과제가 아니라 핵심을 벗어난 성가신 제약이다. 그들은 어떤 비용을 치르더라도 대중적인 인기를 유지하는 데 더 몰두

한다. 그래서 그들은 워싱턴과의 싸움을 가능한 한 많이 벌이고, 석유와 가스는 물론이고 외채에 대해 지불해야 할 이자까지 모든 세입원에 대한 통제권을 가능한 한 많이 확보하려고 한다."[9] 여기서 카스타녜다의 주장 가운데 이데올로기에 찌든 나머지 그가 터무니없게 주장한 부분에 신경 쓸 필요는 없다. 다만 반박을 위해 한 가지만 예를 들자면, 베네수엘라는 중남미 전역에서 경제실적이 가장 좋고 가장 민주적인 나라일 뿐 아니라 가장 인상적인 계획적 성취를 이루었음을 자랑하는 나라다. 그러나 중남미에 '두 개의 좌파'가 있다는 그의 주장은 맞다. 그 '두 개의 좌파'를 다시 규정한다면 하나는 핑크색 밀물의 지배적인 세력이자 중남미 지역의 지구적 자본주의 프로그램에 온건한 재분배의 요소를 재도입하고자 하는 개량주의적 좌파이고, 다른 하나는 사회구조, 계급관계, 국제적 역관계의 보다 의미 있는 변혁을 추구하는 급진적 좌파다.

대부분의 분석은 핑크색 밀물 국가들이 뚜렷한 역동성을 갖게 한 계급적 관계 및 사회적 투쟁의 변증법적 변화를 파악하지 못하고 있다. 진보적인 정부가 단기적인 민중적 목표를 추구하면 그 정부는 지배집단의 반발과 보다 근본적인 변화에 대한 피지배집단의 요구를 동시에 촉발시키게 된다. 그렇게 되면 새로운 기회와 갈등, 그리고 민중의 추가적인 정치적 행동을 가져오게 된다. 초국적 자본이 지구적 경제가 가하는 구조적 압력을 활용해 급진적인 정책 프로그램을 제거할 수도 있다. 반면에 선거에서의 민중적 승리나 승리에 가까운 민중적 지지표의 획득, 새로운 집단적 주체의 형성과 행동, 민중적 사회운동 등은 진보적인 세력이 초국적 지배엘리트 집단에 의해 쉽게 꺾이지는 않는다는 점을 입증해준다. 핑크색 밀물의 운명은 각국의 계급적, 사회적 세력들의 배치와 형세, 그리고 그러한 세력들의 지역적, 지구적 배치와 형세가 새로운 운신공간을 어느 정도나 열어주고, 각국의 정부로 하여금 얼마나 분명한 방향설정을 하게 하느냐에 의해 크게 좌우될 것이다. 21세기 초 현재 중남미는 갈림길에 서 있다. 즉 중남미는 지금 사회적, 정치적 세력들 사이의 투쟁이 새로운 저항의 정치를 온건한 사회민주주의적이고 대중주의적인 결과로 이어지게 만들 수도 있지만 보다 근본적이고 혁명적인 잠재력을 지닌 결과로 이어지게 만들 수도 있는 상황에 놓여 있다.

볼리바르 혁명과 사회주의적 의제의 부활

1999년에 베네수엘라에서 대단히 인기 있고 카리스마를 지닌 사회주의자인 우고 차베스가 대통령으로 선출되어 집권함으로써 '볼리바르 혁명'이 중남미를 덮쳤다. 이를 계기로 베네수엘라는 신자유주의 이후에 대한 개량주의적 제안들에 맞서 반자본주의의 대안을 제시하고 반신자유주의의 지역적 권력블록을 조직하는 역할을 하기 시작했다. 베네수엘라가 이런 역할을 통해 행사하는 영향력은 중남미의 사회적, 정치적 세력들로 하여금 온건한 개혁 이상의 목표를 추구하도록 고무함으로써 기존의 세력균형에 변화를 가져올 수 있을 정도에 이르고 있다. 볼리바르 혁명은 1980년대에 니카라과의 혁명이 좌절된 이후로는 중남미에서, 그리고 사실상 세계 전체에서도 최초로 사회주의를 지향하는 급진적 혁명이다. 차베스가 2005년에 처음으로 "볼리바르 혁명은 '21세기 사회주의'의 건설을 추구할 것"이라고 한 선언은 중남미와 세계 전체에 중대한 의미를 가진 것이었다. 왜냐하면 그 선언은 20세기 사회주의의 치욕적인 붕괴로 인해 사회주의 기획이라는 개념 자체의 신뢰도가 실추된 시점에, 그리고 20세기 말의 '지구적 정의 운동(global justice movement)'이 반자본주의라는 부정적 태도를 넘어서서 적극적인 운동이 되기가 어려움이 입증됨에 따라 그 운동이 정체상태에 빠진 시점에 사회주의를 다시 의제에 올린 것이기 때문이다.

베네수엘라의 혁명은 지구적 신자유주의와 미국의 개입주의에 도전장을 던진 것이라는 점 외에도 적어도 세 가지 측면에서 의미가 있다. 첫째, 베네수엘라의 혁명은 부르주아 민주주의의 관점에서 보아도 그 정당성에 흠결이 없다. 차베스는 1998년 대통령선거에서 선거사상 40여 년 만의 최고 득표율인 56.2퍼센트에 이르는 득표로 당선됐고, 그 뒤 1999년부터 2006년까지 모두 여덟 차례의 선거 또는 투표를 통해 자신의 민주적 정당성을 거듭 확인받았다. 2000년과 2004년의 대선에서는 각각 59퍼센트, 2006년 대선에서는 63퍼센트의 지지로 그가 대통령에 연임됐고, 이들 세 차례의 대선 외에 개헌안에 대한 국민투표, 의원 선거와 주지사, 시장 등을 뽑는 지방선거에서도 그에 대한 유권자들의 지지가 재확인됐다. 둘째, 혁명의 과정에서 옛 부르주아 국가가 '타도'되지 않았다. 오히려 반대로 차베스는 기존의 과두체제와 잘 제도화된 자본주의 국가 속에서 선거를 통해 대통령에 당선됐고, 그럼에도 빈민을 비롯한 민중적 계급의 지지를 얻어 미라플로레스궁(베네수엘라의 수도인 카라카스에 있는 대통령 관저—옮긴이)에 들어가 볼리바르 기획의 실행에 나섰다. 그리고 그 과정에서 그는 국가관료 집단을 손대지 않고 그대로 놔두었고, 이로 인해 오히려 그들이 그 뒤 몇 년간에 걸쳐 그의 볼리바르 기획의 실행에 저항하고 그것을 손상시키려는 움직임을 보였다. 셋째, 가난한 대다수의 대중이 자율적이고 종종 전투적인 태도를 보이면서 풀뿌리 조직 내지 지역사회 조직을 만드는 행동에 나섰다.

이 혁명의 민중적 기반은 볼리바르 기획의 실행을 지도하는 국가와 당에 종속되지 않았으며, 이는 베네수엘라의 민중이 20세기에 일어난 다른 어떤 혁명보다 더 혁명적인 변화를 경험하고 있다는 뜻이다. 지금 베네수엘라에서 전개되고 있는 상황은 국가와 당으로부터 아래로 수직으로 정치적 지휘(지배)가 실행되고, 생산수단이 국유화되어 관료적으로 관리되고, 자율적인 노동계급과 사회운동에는 운신공간이 주어지지 않았던 옛 소련식 국가주의 모델과 다르다. 볼리바르 모델은 지구적 정의 운동에서 큰 영향력을 발휘했던 아나키즘적 자율주의 사상과도 다르다. 차베스주의는 밑으로부터의 행동이 가능한 공간을 크게 열어놓았다. 사실 바로 이러한 민중적 기반의 지속적인 활성화야말로 차베스주의의 지도부를 앞으로 계속 나아가게 뒤에서 밀어주고 타락한 자본주의 국가와 사회질서에 대한 비판을 앞에서 이끌어가는 힘의 원천이 되고 있다. 계급투쟁이 도처에서 전개되고 있다. 시민사회에서 민중적 계급들이 조직화와 행동의 발원지가 되고 있다. 반혁명의 우파 세력들도 조직화와 행동에 나서고 있긴 하지만 그들은 주도권을 점점 더 잃고 있다.

베네수엘라는 아직 혁명 이전의 단계에 있는 것인지도 모른다. 베네수엘라의 혁명은 초기의 8년 동안 정치제도를 개혁하고, 새로운 사회를 위한 사법적 토대를 놓을 새로운 헌법을 제정하고, 미국의 지배를 물리치고 석유산업에서 정부의 세입을 확보하는 조치를 취하고, 재산관계를 변혁하면서 통합과 협력을 위한 중남미 지역 차원의 초국가적 정책 프로그램과 연결된 새로운 경제모델을 구축하는 일에 착수할 수 있었다. 이런 발전이 심화되면 국가가 더욱 극적으로 재창출되고, 생산수단과 생산관계가 변혁될 수 있을 것이다.

차베스는 "볼리바르 혁명은 '21세기 사회주의'를 건설하려는 것"이라는 선언을 2005년 1월에 브라질에서 열린 세계사회포럼(World Social Forum)에서 처음 했다. 그때 그는 이렇게 말했다. "자본주의로 우리의 목표를 달성하기는 불가능하다. 중간의 길을 찾는 것도 불가능하다. 나는 베네수엘라의 국민 모두에게 새로운 세기의 사회주의로 가는 길로 행진하기를 권한다. 우리는 21세기에 새로운 사회주의를 건설해야 한다."[10] 이어 그는 2006년에 실시된 대선에서 63퍼센트에 가까운 득표로 다시 대통령에 당선된 다음 2007년 초에 일련의 연설을 통해 이렇게 선언했다. "볼리바르 사회주의 혁명의 새로운 단계가 시작됐다. 1998년부터 2006년까지는 이행의 시기였다. 이제 볼리바르 사회주의를 구축하는 단계가 시작됐다."[11]

차베스는 혁명 안에서의 혁명이라고 할 수 있는 것을 내걸었다. 그것은 국가의 모든 조직을 밑으로부터의 민중적 권력에 개방하고, 국가기구를 비롯한 공적 기구에 대해 풀뿌리 민중이 '사회적 감시자'의 역할을 하게 한다는 것이었다. 그는 부패와 관료주의, 그리고 '혁명세력 내부의 반혁명적 조류'에 해당하는 관행에 대한 '결사적인 전쟁'을 수행할 것과 국가라는 지도 위에 '새로운 권력구조'를 그리고 '밑으로부터 인민의 권력과 지역공동체의 권력을 혁명적으로 폭발'시킬 것을 호소했다.[12] 그는 주민자치위원회(Consejos Comunales; Communal Councils)의 역할을 강화시키고 이 위원회의 조직을 지역별로, 그리고 전국적으로도 심화시켜 그것을 일종의 '밑으로부터 성립된 대안의 권력구조'로 만들겠다는 구상을 밝혔다. 이는 전국적인 차원의 파리코뮌이라고 할 만한 것이다. 그는 다음과 같이 말했다.

"우리는 공동체적 국가를 건설하는 과정에, 공동체적 국가, 사회주의 국가, 볼리바르 국가를, 다시 말해 혁명을 주도해나갈 능력을 가진 국가를 들여앉히는 과정에 방해가 되는, 아직 살아있는 옛 부르주아 국가를 점차 해체하는 길로 나아가야 한다. 그동안 거의 모든 국가는 혁명을 저지하기 위해 존재했다. 따라서 우리가 해내야 할 과제는 반혁명적인 국가를 혁명적인 국가로 전환시키는 것이다."[13]

베네수엘라의 혁명이 형식적인 민주적 정당성에서 흠결이 없다는 점은 이 혁명이 모순을 안고 있다는 뜻이기도 하다. 민중적인 부문이 밑으로부터 활성화, 의식화, 정치화함에 따라 민중적 투쟁을 억제하고, 희석시키고, 기존의 제도로 억누르고, 포섭하려고 하거나 옛 질서를 재생산하려고 하는 국가기구의 저항에 직면하게 되는 것이다. 베네수엘라의 국가는 구체제의 유산으로서 부패하고, 관료적이고, 예속적이며, 무기력하기도 하다. 공무원들의 관료집단과 옛 지배엘리트들이 국가의 상당부분을 여전히 통제하고 있다. 국가에 교두보를 확보한 민중적인 부문이 앞으로 그들과 대결해가면서 훨씬 더 깊이 있고 폭 넓은 토대를 갖추도록 국가를 재구성해야 할 필요가 있을 것으로 보인다. 이미 2만 개 이상 구성된 주민자치위원회는 이 나라의 혁명적 가능성을 보여주는 것이라고 말할 수 있다. 그러나 아무리 민중적 권력기관으로 구성된 것이라고 하더라도 주민자치위원회 가운데 일부는 국가의 명령에 종속돼있고, 또 일부는 부패한 지도자나 지역관료들에 포섭되기도 했다. 내가 만난 지역사회 지도자들은 주민자치위원회가 위로부터 탈취되는 것을 막기 위해서는 그것을 국가와 당의 기구에 대해 밑으로부터의 권력을 행사하는 지역 차원의 자율적 권력기관으로 전환시켜야 한다고 말했다. 그들은 "혁명의 과정이 너무 느리게 진행되고 있다"거나 "이행에 너무 긴 시간이 걸린다"고 불평했다. 그들은 위로부터 관료세력과 지배엘리트 세력이 아래로부터의 권력을 탈취할 위험성을 예민하게 의식하고 있는 것이다. 그들에게 그러한 위험성은 옛 지배엘리트 집단과 그들의 국제적 동맹세력이 펼치는 반혁명의 노력만큼이나 심각한 문제다. 각 지역의 활동가들 사이에는 "우리는 정부가되기를 원하는 게 아니라 밑으로부터 통치하기를 원한다"는 슬로건이 유행하고 있다.

베네수엘라 국내외의 좌파진영 가운데 일부는 차베스를 지지하면서도 그가 권위주의적이라고 비판하거나 그가 '개인적인 지배체제'를 구축하려고 한다고 비난하고 있다. 예를 들어 베네수엘라의 유명한 지식인인 마르가리타 로페스 마야(Margarita López Maya)는 차베스에 대해 "그는 혁명의 과정에 유일하게 필수적인 존재가 되려고 한다"며 "이는 영구집권을 위한 것"이라고 비난했다.[14] 그녀는 예를 들어 2007년 초에 차베스가 향후 1년 6개월 동안 11개 정책분야에 걸쳐 의회를 비롯해 그 어떤 국민의 대표기구에서의 심의도 거치지 않고 입법을 할 수 있는 특별한 권력을 자신에게 부여하는 내용의 수권법 제정을 의회에 요구해 실현시킨 것과 그가 무한정 대통령에 재선되는 데 장애가 되는 제약조건들을 제거하려고 한다는 점을 문제 삼았다. 이런 비판을 일축할 수는 없다. 좌파의 권위주의, 개인에 대한 숭배, 그리고 피지배계급의 이익을 위한다는 명목 아래 밑으로부터의 권력이 위로부터 탈취되는 것 등은 20세기만큼이나 21세기에도 무시하지 못할 위험으로 남아있다. 그렇지만 차베스에 대한 비판의 담론은 그 내용이 다소 모순적이다. 로페스 마야는 "차베스는 가난하고 사회에서 배제된 사람들을 일으켜 세워 스스로 당당한 시민이 되기 위한 싸움에 나서게 하는 데 성공했고, 그동안 정치와 사회에 전혀 참여할 수 없었던 대다수의 베네수엘라 국민 가운데 많은 사람들이 이제는 스스로 완전한 시민이라고 느끼고 있다"고 인정했다. 그러나 그녀는 차베스의 정책 중에서 역사적으로 가난한 대다수를 배제하거나 포섭해온 다두체제의 한계를 넘어서는 수준까지 베네수엘라와 이 나라의 민중적 계급을 끌어올리는 부분에 대해서는 수긍하지 못하고 있다.[15]

로페스 마야는 민중으로 하여금 자발적으로 행동에 나서게 한 조치에 대해 2007년 초에 이렇게 지적했다. "그것은 많은 갈등을 빚어내는 과정을 초래했다. 그래서 지금 베네수엘라는 심각한 양극대치 현상을 겪고 있다. 차베스가 과거와의 새로운 단절을 제안함에 따라 이런 상황이 더욱 심해졌다. 차베스의 제안은 본질적으로 보면 그 자신이 1999년의 개헌을 통해 탄생시킨 국가를 파괴하는 것이다."[16] 로페스 마야의 이 지적은 내가 보기에 문제의 핵심을 건드리고 있다. 그러나 양극대치는 차베스의 권위주의가 낳은 결과라기보다는 옛 질서와 혁명적 단절을 하려는 시도가 낳은 객관적이고도 불가피한 결과일 것이다. 차베스의 '권위주의'가 겨냥하는 표적은 대다수 민중이 아니라 부패하고 정실주의에 젖은 구체제 국가와 그 국가에 기생하는 관료집단이기 때문이다. 차베스는 바로 그러한 구체체 국가를 통해 집권했고, 첫 번째 임기 동안에는 그 국가를 거의 변화시키지 못했다. 차베스와 민중 사이에 강력한 개인적 연결이 생겨나 존재하고 있다면 그것은 '개인적인 지배체제'를 구축하려는 차베스의 욕망 때문이기보다는 제도권 좌파의 역사적 실패 및 제도권 좌파와 대다수 민중 사이에 존재해온 간극 때문이라고 보는 관점이 더 설득력이 있다.

국가권력을 통하지 않고 사회를 변화시킨다고?

베네수엘라가 자본주의 국가의 틀 안에서 혁명과 사회주의를 추구하는 데서 부닥치고 있는 문제점은 21세기의 지구적 자본주의에 대항하는 민중적 대안들이 처한 더 폭넓은 곤경을 부각시킨다. 지구적 시민사회에서 헤게모니 세력에 맞서는 투쟁의 열기가 고조되면서 국민국가들을 서로 연결시키는 통로인 초국가 기구나 포럼의 작용과 국민국가 자체를 포함한 국가권력이라는 문제와 그 국가권력을 어떻게 다루어야 하는가 하는 문제에 직면하지 않을 수 없다. 존 홀러웨이의 저서인 《권력을 잡지 않고 세계를 변화시키기(Changing the World Without Taking Powering)》[17]는 국가권력을 장악하려는 시도를 하지 않기로 한 사파티스타의 결정을 이론의 차원으로 올려놓았다. 시민사회로부터의 행동만으로도 사회적 관계가 변혁될 수 있다는 주장은 사회적, 정치적 세력이 정치적인 조직을 통해 행동에 나서서 기존의 국가를 전복시키고 권력을 잡은 뒤에 국가를 이용해 사회를 변혁해야 한다던 옛 전위주의 모델을 뒤집은 것과 같다. 1960년대와 1970년대에 중남미의 많은 좌파 세력이 종종 무장투쟁을 통해 추구했던 전위주의 모델은 실패했으며 21세기에는 그것이 막다른 골목길일 뿐이라고 대다수의 사람들은 생각한다.

최근에는 중남미의 원주민 운동이 밑으로부터의 풀뿌리 민주화 과정에서 수평적인 연결망을 통해 조직적 관계를 구축하는 새로운 모델을 선도해왔다. 그러나 민중적 운동은 일정한 단계에 이르면 수직적인 것과 수평적인 것을 어떻게 교차시켜야 하는지를 생각하지 않을 수 없게 된다. 사회적 관계를 변혁하고, 밑으로부터 대항헤게모니를 구축하고, 밑으로부터의 민중적 통제를 확실히 하기 위해서는 시민사회를 관통하는 '대장정'이 반드시 필요하다고 할 수도 있다. 그러나 대안의 기획 없이는 그 어떤 해방도 가능하지 않고 지배집단의 권력, 그 권력(강제력을 포함해)의 국가를 통한 조직화, 그리고 국가를 지배집단으로부터 빼앗

아 해체하고 그 대신 대안의 제도를 건설하는 것을 통해 지배집단을 무력화시켜
야 할 필요성 등의 문제를 다루지 않고는 그 어떤 대안의 기획도 가능하지 않다.
엄격한 수평주의는 한계가 있다는 점은 멕시코에서부터 아르헨티나에 이르기까
지 중남미의 최근 경험에 의해 분명해졌다.

사파티스타 모델은 1990년대에 중남미 사람들에게는 물론이고 전 세계의 수
백만 명에게도 희망과 영감을 주었다. 1994년 1월 1일에 멕시코의 치아파스 주에
서 일어난 봉기는 좌파 진영에서 많은 사람들이 '티나 증후군(TINA syndrome,
티나(TINA)는 '대안이 없다(There Is No Alternative)'라는 뜻임—옮긴이)'에
속수무책으로 빠지는 데 대한 참신한 긴급대응이었다. 사파티스타는 자기들의
혁명운동 내부와 자기들의 영향력이 미치는 지역사회 내부에서는 일련의 새로운
비위계적 관행을 수립하고 지켰다. 그들의 비위계적 관행은 남성과 여성 사이의
절대적 평등, 집단적인 리더십, 풀뿌리 민중에게 명령을 내리지 않고 오히려 그
들로부터 명령을 받기, 뒤따르고 귀기울여듣기를 통한 지도 등이었다. 그 어떤
해방적 기획에서도 핵심이 돼야 할 이러한 비위계적 관행은 '실존 사회주의'와
옛 국가주의적, 전위주의적 좌파가 붕괴한 이후 전 세계 급진세력 사이에 확산된
아나키즘적 조류에도 강한 호소력을 갖는 것이었지만, 아나키즘적 조류는 정치
제도와 국가라는 폭넓은 문제에는 관심을 갖지 않으려고 했다. 이런 아나키즘적
조류는 치아파스 주 이외의 다른 지역에서 사파티스타에 기지를 제공한 멕시코
의 급진적 청년들과 중산계급뿐만 아니라 지구적 정의 운동과 세계사회포럼에도
강력한 영향을 미쳤다.

그러나 사파티스타 운동은 노동계급을 민중적 기반으로 끌어들이지 못했고,
이로 인해 멕시코 사회에서 그 정치적 영향력이 줄어드는 결과가 초래됐다. 사파
티스타 운동은 치아파스 주 안의 일부 지역사회들에서는 대항헤게모니 세력으
로, 심지어는 헤게모니 세력으로 여전히 남아있을지 모른다. 하지만 1994년부터
2007년 사이에 사파티스타 운동이 정체돼가는 가운데 치아파스 주 안에서조차

지구적 자본주의가 훨씬 강화됐다. 이러한 난국은 2006년의 대통령선거 때 민주혁명당(PRD)의 마누엘 로페스 오브라도르 후보의 선거운동에 참여하기를 거부한 사파티스타의 나름대로 원칙에 입각한 결정으로 더욱 심각해졌다. 그 결과로 사파티스타는 멕시코의 국가기구 및 양대 지배정당인 제도혁명당(PRI)과 국민혁명당(PAN)이 저지른 부정선거에 대항해 일어난 대중적 투쟁을 뒷받침하고 나설 태세를 갖추지 못했다. 사파티스타의 생각대로 혁명에 청사진은 존재하지 않는 게 맞는다면 혁명가들은 역사가 실제로 전개되는 양상에 따라 전략과 전술을 변화시킬 줄 알아야 한다는 주장도 맞는 말이다. 그러나 사파티스타의 경우에는 수평주의가 보편적인 해방적 실천이 되기보다 경직적인 원칙이 되고 말았다.

아르헨티나에서 2001년 말에 일어난 봉기는 노동자, 실업자, 빈민이 최근에 몰락한 중산계급과 함께 민중적인 반란에 나서기 시작했음을 상징하는 사건이었다. 봉기의 와중에서 민중세력은 수백 개, 아니 어쩌면 수천 개일지도 모르는 주민집회를 조직했고, 노동자들은 수백 개의 공장을 점거하거나 접수했고, 실업자들은 피케테로 운동을 비롯한 풀뿌리 투쟁의 방식으로 행동의 강도를 높였다. 이 운동이 뚜렷한 지도부나 위계체제 없이 일어났고 그 속에서 정당과 지배엘리트들은 아무런 역할도 하지 못했다는 사실을 수평주의자들은 중요하게 생각한다.[18] 그러나 그 뒤 몇 년간의 상황을 보면, 노동자들에 의해 점거된 공장들은 경제에 대한 초국적 자본의 지배에 대응하는 대안은커녕, 그리고 아르헨티나가 특히 콩 농장에 기반을 둔 농업-공업-금융 복합체를 통해 지구적 자본주의에 점점 더 깊숙이 통합되는 경향에 대응하는 대안은커녕 조금이라도 대안의 기미만이라도 보이는 것도 제시하지 못했다. 또한 주민집회와 피케테로 운동은 은고주의(恩顧主義; clientelism, 권력자나 부자인 후견자(patron)가 피후견자(client)에게 일자리, 생계수단, 안전한 생활여건 등을 제공해주는 대가로 피후견자가 후견자에게 노동, 정치적 지지, 충성 등을 바치는 형태의 사회적 관계—옮긴이)적 관계망이 확대되고 키르치네르가 이끄는 페론주의 분파와 국가기구가 포섭전술을 구사하게 되자 분열되고 말았다. "그들 모두를 몰아내자!"라는 구호를 내건 아르헨티나의 자율주의자들이 지적하고 있듯이 이 나라의 정당들은 파산한 상태이거나 부패한 상태이며, 이 나라의 국가기구는 국내적, 지구적 지배엘리트 집단에 의해 통제되고 있다고 보는 게 맞다. 그러나 자율주의 운동도 경직된 수평주의의 입장을 취하고 있기에 그러한 지배엘리트 집단의 권력구조에 도전하지 않을 뿐만 아니라 지구적 자본주의의 습격을 저지할 능력도 갖추지 못했다.

정치조직과 국가는 위계체제, 통제, 억압의 수단이거나 쉽게 그런 수단이 될 수 있다는 이유에서 정치조직과 국가를 배제하는 것은 권력기관을 변혁하고 기존의 사회질서에 체계적으로 도전할 수 있는 능력을 민중적 계급들과 그들의 사회운동 및 민중조직으로부터 제거하는 것이다. 어느 정도의 정치적 완력과 정치적 수단 없이는 민중적 계급들이 정치사회에 효과적으로 압력을 가하거나 급진적 변혁의 과정을 진전시키는 데 필요한 힘의 동시적 결집을 이루어낼 수 없다. 베네수엘라의 경우가 보여준 바와 같이, 그리고 어쩌면 볼리비아와 에콰도르의 경우도 보여주었다고 할 수 있는 바와 같이 시민사회와 정치사회가 분열된 상황은 안정적이지 않다. 민중적인 세력과 계급들은 국가권력을 장악하고 그것을 이용해 생산관계, 그리고 더 폭넓게는 사회적, 정치적, 문화적 지배관계를 변혁해야 하며, 더 나아가 그들 자신의 자율성과 자신들을 대변해주는 조직을 국가에 종속시키지 않으면서 그렇게 해야 한다. 게다가 국민국가를 넘어 지구적 자본주의와도 대결하려면 국민국가의 권력이 필요하다.

에콰도르와 볼리비아의 원주민 운동이 사파티스타의 선례를 따르지 않았다는 사실은 주목할 만하다. 에콰도르와 볼리비아의 원주민 운동은 국가와 직접 대면하는 투쟁을 포기하고 고원의 산악지대와 아마존 강 유역에 머물러 있기로 하는 선택을 하지 않았다. 에콰도르 원주민연맹(CONAIE; Confederation of Indigenous Nationalities of Ecuador)이라는 강력한 조직이 이끄는 에콰도르의 원주민 및 민중 부문은 1990년대 이래 신자유주의에 대항하고 원주민의 권리를 쟁취하기 위한 민중적 활동을 지속적으로 벌여오고 있다. 그들은 1997년과 2005년 사이에 네 차례나 신자유주의 정부를 무너뜨렸다. 그러나 그때마다 제거된 신자유주의 정부 대신에 또 다른 신자유주의 정부가 들어섰고, 새로 들어선 정부도 원주민들에 대해 이전 정부와 마찬가지로 무책임했다고 2003년에 한 원주민 지도자가 내게 말했다. 그들이 이런 곤경에 처하게 된 것은 민중부문이 시민사회 내부로부터 반정부 선동을 하는 수준을 넘어 국가에 대해 제도적 통제를 할 수 있게 해주는 메커니즘으로서의 정치적 수단을 갖추지 못했다는 데 부분적인 이유가 있다. 이 때문에 2003년에는 원주민 운동이 육군 대령 출신인 루시오 구티에레스에 기대를 걸고 그와 동맹을 맺어야 했다. 당시에 구티에레스는 자밀 마후아드의 신자유주의 정부를 무너뜨리기 위한 민중운동에 참여하는 동시에 신자유주의를 대체할 대안을 마련하겠다고 약속했다. 그런데 구티에레스가 민중운동을 배반하고 나라를 지구적 자본주의에 헌납하다시피 했고, 이에 따라 에콰도르 원주민연맹의 신뢰도와 그 지지기반이 훼손됐다. 2006년 10월의 선거에서 원주민 세력은 딜레마에 직면했다. 또 다시 배반당할 위험을 무릅쓰면서까지 특정 후보를 지지해야 할 것인가? 아니면 볼리비아의 선례를 따라서 직접 원주민 후보를 내세워야 할 것인가? 그 전인 2005년의 선거에서 에콰도르 원주민연맹은 자체 후보를 내세웠다가 2차 투표에서는 코레아를 지지했다. 코레아가 집권한 뒤에 민중운동 세력은 나름의 자율적인 동원력을 보존하면서 코레아에게 비판적 지지를 보냈다. 이와 비슷하게 볼리비아에서도 원주민운동을 비롯한 민중운동 세력은 여러 차례에 걸쳐 신자유주의 정권을 축출하는 과정을 거치고 난 2005년에야 비로소 모랄레스가 집권할 수 있었고, 그 뒤에도 계속해서 자율적인 태도로 지배엘리트 집단과 우파에 대항해 자체적인 동원력을 행사하면서 모랄레스 정부에 압력을 가했다.

지구적 맥락

지구화의 시대에는 국민국가 차원에서 재분배 정책을 다시 도입하는 데 제약이 있다. 초국적 자본은 자신의 기획에 반대하는 세력이 장악한 국가에 대해서까지 자신의 구조적인 힘을 이용해 그 기획을 강요할 수 있는 능력을 갖고 있다. 이 점을 고려하면 어느 한 나라에 국한된 국가적 대안이 어느 정도나 효과를 거둘 수 있을지 분명하지 않다. 하나의 계급관계로서의 자본주의 국가가 점점 더 초국가화되고 있다면, 그렇게 해서 지구적인 성격을 띠게 된 자본주의 국가권력에 도전하는 행동도 초국가적 요소를 갖추지 않으면 안 된다. 물론 국민국가 차원의 투쟁이 무용한 것은 결코 아니며, 사회적 정의와 진보적인 사회적 변화에 대한 전망에서는 여전히 국민국가 차원의 투쟁이 중심적인 요소로 남아있다. 그러나 중요한 것은 그 어떤 투쟁도 초국가적 노조운동, 초국가적 사회운동, 초국가적 정치조직 등을 포함한 보다 확장된 초국가적 대항헤게모니 기획의 일부여야 하고, 지구적 시장을 통제하고 지구적 자본의 힘을 어느 정도 견제할 수 있는 초국가적인 제도와 관행을 수립하기 위한 노력을 기울여야 한다는 점이다.

지구적 질서를 개혁하기 위한 노력은 구체적으로 여러 나라의 계급관계와 재산관계 변혁과 연결될 때에만 성공적일 수 있다. 2003년에 브라질의 주도로 결성된 남미국가공동체(CSN; South American Community of Nations)와 부에노스아이레스 콘센서스를 진전시키기 위해 같은 해에 브라질의 룰라와 아르헨티나의 키르치네르가 내놓은 제안은 중남미 좌파의 일부에 의해 지구적 자본주의에 대한 진보적인 지역적 도전의 일보를 내디딘 것으로 찬양됐다. 그러나 남미국가공동체와 부에노스아이레스 콘센서스가 중남미 지역을 지구적 자본주의에 통합시키는 온건한 개량주의의 경로 이상의 것이 될 수 있을지 의문이다. 시장의 힘을 통제해서 지역 차원에서 보다 균형 잡힌 축적을 추구하고 제한적이나마 재분배를 실시하고자 하는 지역적 프로그램은 경직된 신자유주의 모델에서 벗어나 민중적 계급의 이익을 증진시키는 개선은 되겠지만 자본주의적 지구화에 대한 대항헤게모니적 대안이 되기는 어려울 것이다. 대항헤게모니적 대안은 중남미 각국 및 중남미 지역 전체 차원의 보다 근본적인 계급관계상 변화에 토대를 두어야 할 것이며, 잉여가치 순환 국면에서의 제한적인 사회적 재분배를 넘어서는 재산관계와 생산관계의 변혁을 포함해야 할 것이다. 이제는 지역 차원의 계급관계와 재산관계도 지구적인 의미를 갖고 있다. 상호의존의 관계망과 사회적 변화에 내포된 인과관계는 지구적인 것을 지역적인 것과 연결시키며, 따라서 지구적인 것과 지역적인 것 가운데 어느 한 쪽에서의 변화는 다른 한 쪽에서의 변화에 의존한다. 그러므로 지구적 자본주의에 대한 대안은 지역적인 것을 국가적인 것으로, 그리고 국가적인 것을 지구적인 것으로 연결시키는 전략, 프로그램, 조직, 제도를 포함한 초국가적인 민중적 기획이어야 한다.

베네수엘라에서 유행하고 있는 '내생적 발전(endogenous development)'이라는 말은 무역과 관련된 경제활동에 대해 종속적인 위치에 있으면서도 그런 경제활동과는 별도로 자율적으로 조직화된 지역사회들이 지역과 국가의 자원을 활용해서 지역적, 내부지향적, 통합적인 경제활동을 벌이게 하려는 경제전략을 가리킨다. 이 말은 여러 해 전에 사미르 아민(Samir Amin)이 사용한 '자기중심적 축적(autocentric accumulation)'이라는 표현과 같은 맥락의 용어다. 베네수엘라에서든 다른 어느 나라에서든 신자유주의에 대한 대안의 경제모델이라면 그것은 지역사회를 중심으로 하는 통합적이고 지속성 있는 모델이어야 한다. 그러나 그것이 국제무역과 국제적인 경제통합으로부터 탈피하는 것을 의미해서는 안 된다. 이와 관련해 차베스 정부가 스페인어 두문자 약칭으로 알바(ALBA)라고도 불리는 '미주 볼리바르 대안(Bolivarian Alternative for the Americas)', 즉 대안의 초국가적 개발 프로젝트를 제안했다는 점이 주목된다. 사실 베네수엘라에서 사회주의에 관한 토론은 국제무역도 하는 민중경제를 수립하려면 어떻게 해야 하느냐는 문제를 중심으로 이루어지고 있는 것 같다. 미주 볼리바르 대안은 모든 참여국가가 서로 협력해서 중남미 지역 전체 차원의 거래망과 개발기획에서 이익을 얻을 수 있도록 중남미와 카리브 연안의 국가들이 경제적으로 가장 취약한 나라들과도 연대해 이 지역 전체의 경제를 발전시키기 위한 개발계획으로 제안된 것이다.

'어느 한 국가에서만의 혁명'이라는 것은 20세기에 이미 가망이 없는 것으로 입증됐고, 21세기에는 더욱 가망이 없는 게 분명하다. 그동안 모든 나라의 경제가 새로운 지구적 자본주의 경제의 구성요소로 재편성되어 지구적 자본주의에 기능적으로 통합됐고, 모든 나라의 국민이 그들 자신의 사회적 재생산을 위해 더 큰 지구적 체제에 더 많이 의존하게 되는 경험을 했다. 베네수엘라의 경우에도 석유산업과 금융시스템이 지구적 자본주의에 완전히 통합됐다. 이러한 통합은 곧 지구적 자본이 구조적인 힘을 갖게 된 동시에 그 힘이 국내의 정치에도 영향을 줄 수 있게 됐음을 의미한다. 이제 지구적 자본은 도처에서 자기주장을 할 수 있고, 이러한 지구적 자본의 힘은 각 국가 안에서 지구적 자본에 유리한 방향의 압력으로 작용하고 있다. 지구적 자본에 가장 긴밀하게 연결된 집단, 즉 초국가적 지향을 가진 기업들이 영향력을 키워가면서 더 급진적인 변혁의 기획을 방해하거나 파괴하고 있다. 베네수엘라의 경우를 보아도 가장 큰 위협은 사실 우파의 정치적 반대가 아니라 혁명블록 가운데 일부가 사회주의 변혁보다 지구적 자본주의를 방어하는 데 더 깊은 이해관계를 갖게 되는 것, 그리고 국가기구의 관리자들이 지구적 자본주의와의 더 깊은 관계에 자기들의 사회적 재생산을 의존하게 되면서 관료화되는 것이다.

브라질에서는 대체로 보아 밑으로부터의 자율적인 대중적 행동 없이 노동자당이 국가권력을 확보했고, 그래서 브라질의 민중적 계급들은 노동자당 정부가 지구적 자본주의에 대항해 민중적 정책 프로그램을 실시하도록 대중적 압력을 가할 수 없다. 브라질 모델은 혁명적인 집단이 국가권력을 장악하더라도 그 집단으로 하여금 국가기구를 통해 민중적 계급들의 이해관계를 돌보도록 압력을 가할 밑으로부터의 민중적 대항력이 존재하지 않는다면 지구적 자본의 구조적인 힘이 국가권력에 직접 작용해서 지구적 자본주의의 기획을 강요할 수 있음을 보여준다. 다시 말해 바로 이런 방식으로 지구적 계급투쟁이 국민국가를 통해 관철되는 것이다. 이처럼 브라질에서 밑으로부터의 민중적 압력이 대중적으로 동원되지 않는다는 사실은 이 나라의 지배집단이 노동자당 정부를 통해 자기들의 이익에 대한 도전을 흡수해낼 수 있다는 뜻이다. 이와 비슷하게 베네수엘라에서 집권한 좌파도 구조적 변화를 위축시키려는 지구적 체제의 압력에 직면했다. 그러나 브라질에서와 달리 베네수엘라에서는 지구적 자본의 구조적 압력에 굴복하지 말고 사회적 변혁의 과정을 밀어붙이라는 밑으로부터의 대중적 압력이 국가기구에 포진한 혁명가들에게 가해졌다.

중남미에서 생겨난 변혁의 가능성은 조직화된 좌파와 민주적인 사회주의 프로그램이 없이는 실현될 수 없다. 그러나 무장투쟁이 수단에서 목적으로 바뀐 1960년대와 1970년대의 노선을 따라 좌파의 프로그램이 전위주의적 지휘와 군사적 수단을 내세워 위로부터 아래로 강요하는 형태로 전락한다면 변혁의 가능성은 실현되지 못하고 좌절될 것이다. 이런 위험은 다른 어느 곳보다도 콜롬비아에서 두드러지게 나타나고 있다. 이 나라에서는 독립적인 정치적 행동을 저항의 헤게모니화 노력에 대한 위협으로 간주하는 '콜롬비아 무장혁명군(FARC; Colombian Armed Revolutionary Forces)'의 '군사적 비대화'[19]가 지나치게 진전됐다. 21세기 초에 중남미에 조성된 변혁적 상황이 앞으로 어떻게 전개될 것인가는 이 지역의 좌파가 과거의 혁명시기에서 교훈을 얻을 능력이 있는가의 여부에 달려 있다. 특히 당과 국가를 내세우는 전위주의를 버리는 대신에 밑으로부터, 다시 말해 민중적 계급과 피지배 부문으로부터의 자율적 행동을 촉진하고 존중하면서 그러한 움직임에 스스로를 종속시켜야 할 필요성을 이 지역의 좌파는 인식해야 한다. 요약해 말하면, 현재 중남미에서 전개되고 있는 사회적, 정치적 투쟁은 우리로 하여금 좌파, 국가, 지구적 자본주의 각각의 사회적 운동 사이의 관계에서 일어나고 있는 변화에 주목하게 한다.

정치사회와 시민사회의 수직적 연결에 기여할 수 있는 중간 매개체로서 정치적 조직의 문제가 매우 중요한 이유가 바로 여기에 있다. 한편에는 민중적 세력이 있고 다른 한편에는 국가적 구조가 있다고 한다면 어떤 유형의 정치적 수단이 이 두 가지를 결합시킬 수 있을까? 사회운동의 자율적 동원을 약화시키지 않는 가운데 국가권력을 견제하면서 정치사회의 차원에서 작동하는, 그리고 자체적으로도 민주주의가 관철되는 정치적 수단은 어떻게 해야 발전시킬 수 있을까? 변혁의 잠재력은 밑으로부터의 대중적 사회운동이 국가에 가하는 독립적인 압력과 국가기구에 포진된 그러한 운동의 대표자나 동맹자들을 어떻게 결합시키느냐에 달려 있다. 다시 말하자면, 국가로 하여금 '국내' 차원의 변혁적 기획과 '국제' 차원의 초국가적이고 대항헤게모니적인 기획을 심화시키도록 압박하는 밑으로부터의 자율적이면서도 지속적인 행동이 매우 긴요한 이유가 바로 여기에 있다.

주석

1 이 글에서 다루어지는 문제들의 배경이 되는 지구적 자본주의에 대한 나의 이론은 다음 책에 서술돼 있다. William I. Robinson, A Theory of Global Capitalism: Production, Class and State in a Transnational World, Baltimore: Johns Hopkins University Press, 2004.

2 World Bank, Global Development Finance, 2006 Report, Washington: World Bank, 2006.

3 다두체제(Polyarchy)는 어떤 소규모 집단이 사실상 지배하고, 대중의 참여와 대중적인 의사결정은 서로 경합하는 지배엘리트들에 의해 신중하게 관리되는 선거에서 지도자를 선택하는 것에 국한된 체제를 가리킨다. William I. Robinson, Promoting Polyarchy: Globalization, U.S. Intervention, and Hegemony. Cambridge: Cambridge University Press, 1996를 보라.

4 관련 논의에 대해서는 Roberto P. Korzeniewicz and William C. Smith, 'Poverty, Inequality, and Growth in Latin America: Searching for the High Road to Globalization', Latin American Research Review, 35(3), 2000, pp. 7~54를 보라.

5 이 점에 대해 보다 자세히 알고 싶으면 William I. Robinson, Transnational Conflicts: Central America, Social Change, and Globalization, London: Verso, 2003을 보라.

6 Sandinista National Liberation Front, Cuaderno Sandinista No. 1: El Nuevo Proyecto Sandinista (Document de Consulta y Debate), Managua, May 2007.

7 같은 자료, p. 5.

8 Raul Zibechi, Raul, 'America Latina: La Nueva Gobernabilidad', ALAI news service, 23 June 2006 dispatch, datelined Montevideo, available at http://www.paginadigital.com.ar.

9 Jorge G. Castañeda, 'Latin America's Left Turn', Foreign Affairs, May/June 2006, pp. 28~43.

10 Gregory Wilpert, 'Chávez Affirms Venezuela is Heading Towards Socialism of 21st Century', Venezuelanalysis, 2 May 2005, available at www.venezuelanalysis.com.

11 Hugo Chávez, Entramos a Una Nueva Era: El Proyecto Nacional Simon Bolivar, p. 67. 이 문건은 우고 차베스가 2007년 1월 8일에 열린 취임식에서 한 연설을 담은 것으로, 베네수엘라 정부의 공보부(Ministry of Communications and Information)가 인쇄해 배포했다.

12 같은 자료, pp. 67, 69.

13 같은 자료, p. 72.

14 Fred Rosen, 'Breaking with the Past: A 40th-Anniversary Interview with Margarita Lopez Maya', NACLA Report on the Americas, 40(3), May~June 2007, pp. 4~8.

15 같은 보고서, pp. 6~7.

16 같은 보고서, p. 5.

17 John Holloway, Change the World Without Taking Power: The Meaning of Revolution Today, London: Pluto Press, 2005.

18 Marina Sitrin, ed., Horizontalism: Voices of Popular Power in Argentina, Oakland: AK Press, 2006.

19 '군사적 비대화(military hypertrophy)'는 포레스트 힐턴(Forrest Hylton)이 만들어 자신의 저서인 Evil Hour in Colombia, London: Verso, 2006에서 사용한 개념이다.

오늘날의 베네수엘라
_참여적이고 주체적인 민주주의인가?

마르가리타 로페스 마야

1998년 12월의 선거에서 차베스와 그를 지지한 이른바 '애국의 기둥(Polo Patriotico; Patriotic Pole)'이라는 조직이 승리한 이후 베네수엘라는 사회적 삶의 모든 측면에서 변화의 과정을 거쳤다. 차베스는 베네수엘라 국민에게 급진적인 정치적 제안을 내놓았다. 그것은 1958년 이후 권력을 유지해온 지배엘리트 집단을 몰아내자는 것, 만연해 있는 부패를 종식시키자는 것, 베네수엘라의 민주주의를 '참여적이고 주체적'인 것으로 바꿀 새로운 헌법을 제정하자는 것 등이었다. 반대파의 쿠데타도 겪고 재신임 투표도 거친 차베스는 첫 집권 이후 8년 만인 2006년 12월에 다시 대통령으로 선출됐다. 그 직후에 대규모의 정치적 시위가 벌어진 현장에서 그는 연설을 통해 베네수엘라를 '21세기의 사회주의'로 신속하게 이끌겠다고 한 선거공약을 재확인했다.

차베스가 처음 집권한 이후 8년 동안의 주요 사건들은 그런대로 잘 알려져 있다. 이 글에서 특히 주목하고자 하는 바는 '21세기의 사회주의'라는 개념에 들어있는 약속의 향후 전망과 그 가운데 특히 '참여적이고 주체적인' 민주주의에 대한 약속의 향후 전망이다. 차베스 대통령의 첫 임기 동안에 발전되기 시작한 이런 약속은 그 전의 수십 년간 가장 기본적인 인권도 박탈당했던 가장 가난한 계층 사이에 열광적인 반응을 불러일으켰을 뿐 아니라 1989년 이후 실존 사회주의의 붕괴로 인해 갖게 된 좌절감을 극복할 길을 여전히 모색하고 있었던 전 세계의 좌파로 하여금 높은 기대감을 품게 했다. 전 세계의 좌파는 처음에는 차베스를 신뢰하지 않았다. 군 출신이라는 그의 경력, 대중주의적인 그의 언어구사, 정치적 동맹을 결성해서 그를 지지한 세력이 매우 다양한 이념적 지향을 가진 인물들과 정당들의 혼합이라는 점 등이 거슬렸기 때문이다. 그러나 차베스가 신자유주의적 변화의 과정을 중단시키고 이 때문에 국제금융기구와 미국정부로부터 강한 공격을 받게 되자 전 세계의 좌파가 그에 대해 호기심과 흥미를 느꼈다. 오늘날에는 전 세계의 좌파가 자본주의에 맞서 생존력을 보여줄 수 있는 대안의 모델에 대한 희망을 베네수엘라의 변화과정에 걸고 있다.

베네수엘라의 국내로 눈길을 돌리면, 차베스는 집권 후 8년 동안에 참여적 민주주의라는 자신의 정치적 기획에 대한 민중의 지지를 유지시키고, 더 나아가 증대시키기까지 했다. 그가 2002년 4월 11일에 일어난 쿠데타와 같은 해 연말에 석유산업 부문에서 벌어진 태업과 파업을 극복한 뒤로는 그러한 참여적 민주주의 기획이 보다 분명한 형태를 갖추기 시작했다. 석유산업 부문의 개혁과 유가의 상승이 결합된 덕분에 재정에 여유가 생기자 차베스 정부는 새로운 사회경제정책을 적극적으로 추진하기 시작했다. 이 사회경제정책은 '미시온(Mision; Mission)'로 불리는 여러 개의 특별 태스크포스를 통해 추진됐고, 이에 따라 민중부문은 경제위기와 신자유주의적 구조조정이 거듭된 그 전의 몇십 년 동안 박탈당했던 권리들 가운데 일부를 실질적으로 되찾았다. 이 사회경제정책은 민중과 그들이 사는 지역사회의 조직화와 참여를 촉진하기 위한 방법으로 입안된 것이었고, 실제로 추진되면서부터는 민중적 열기를 폭발시켰으며, 그 열기는 지금까지 계속되면서 베네수엘라의 가난한 사람들로 하여금 경제침체, 정치적 무관심, 미래에 대한 비관이 지배한 20여 년의 세월이 초래한 후유증을 극복할 수 있게 해주었다.

그러나 이런 8년간의 정치적 과정은 갈등과 긴장으로 가득 찬 것이었고, 그것의 긍정적인 경향을 중기적으로 훼손할 수도 있는 부작용의 초기증상이 나타나기 시작했다. 그 정치적 과정은 베네수엘라 사회에서뿐만 아니라 더 넓게는 세계적으로도 강한 이해관계가 서로 충돌하면서 고도의 정치적 양극대치가 빚어지는 상황의 맥락 속에서 전개됐다. 그런데 베네수엘라의 변화와 관련해 외부에 알려지는 정보는 질적으로 빈약해서 그 내용을 평가하고 해석하기가 어려운 경우가 많았다. 이런 점을 고려할 때 지금 베네수엘라에서 전개되는 상황을 놓고 벌어지고 있는 토론에 조금이라도 더 분명한 관점을 제공함으로써 그 토론의 발전에 기여하기 위해서는 8년간 이 나라에서 전개된 정치적 과정의 장점뿐만 아니라 단점까지도 지적하는 비판적 분석을 해보는 것이 그만큼 더 긴요하다. 이 글은 바로 이런 시도를 하려는 것이다. 다뤄야 할 문제들을 적절한 맥락 속에 위치시키기 위해 나는 먼저 차베스의 집권을 가능하게 한 요인들 가운데 일부와 그가 대통령으로서 8년을 지내는 동안에 일어나거나 전개됐고, 따라서 그의 개헌 후 두 번째 임기를 전망하는 데 조건이 되는 중요한 사건이나 사회경제적 과정들 가운데 일부를 간략하게 설명하고자 한다.

차베스와 그의 운동이 집권에 이른 과정과 새 헌법

군인 출신의 아웃사이더로서 급진적인 사회적, 정치적 변혁을 약속하고 나선 차베스가 어떻게 해서 중남미에서 가장 안정적인 민주주의 국가들 가운데 하나로 여겨지던 베네수엘라를 뿌리째 뒤흔드는 데 성공했는지를 중점적으로 설명한 문헌은 이미 많이 쌓였다.[1] 이런 문헌을 보면 무엇을 강조했느냐의 차이는 있지만,

서로 상승작용을 한 여러 요인들이 결합되어 그러한 결과로 이어졌다는 데 대해서는 대부분 동의하고 있다. 그 요인들은 경제침체가 20년 동안 계속되고 있었음에도 그것을 극복할 해법이 분명하게 보이지 않았다는 점, 그렇지 않아도 소득분배의 불평등이 심한 상태에서 구조조정 정책이 그 불평등을 더욱 심화시켰다는 점, 이전의 경제개발 모델을 토대로 해서 그 위에 구축된 '현대적'인 사회구조가 허물어지고 있었다는 점, 비공식 경제부문이 확대되는 가운데 인구의 대다수가 사회적 지위상승을 이룰 수 있다는 전망이나 심지어는 사회에 포용될 수 있다는 전망을 갖지 못하고 있었다는 점 등이다. 이런 요인들이 모두 1998년의 급격한 변화가 일어나게 하는 데 기여했다. 그 요인들은 이미 1989년 2월에 일어난 민중봉기의 원인으로 작용한 바 있었다. '카라카소(Caracazo, '카라카스의 타격'이라는 뜻임—옮긴이)'라고 불린 이 민중봉기는 기존의 사회적, 정치적 질서에 대한 근본적인 거부와 대안에 대한 탐색의 시작을 의미하는 것이었다.

카라카소 이후에는 민중의 불만이 정치체제를 겨냥했다. 그때부터 점점 더 규모가 커지고 자주 일어난 거리시위는 지배정당들을 거부하는 태도가 폭넓게 점점 더 확대되는 상황을 반영하는 것이었고, 제도적 위기를 증폭시키고 기존의 정치적 대의체제를 허무는 결과를 가져왔다. 1992년에는 군부가 두 차례에 걸쳐 쿠데타를 시도해 그렇지 않아도 이미 폭발적인 상황을 더욱 급박하게 만들면서 국면을 새롭게 전환시켰다. 카를로스 안드레스 페레스 대통령을 축출하려는 시도는 그 자체는 좌절됐으나 페레스 대통령의 권력을 약화시켜 우선은 의회로 하여금 그를 축출하게 했고, 그 다음으로는 1993년 12월에 실시된 대통령선거에서 그동안 지배정당이었던 양대 정당 가운데 어느 쪽의 지지도 받지 않은 라파엘 칼데라가 승리하게 함으로써 양당체제를 무너뜨렸다. 그 뒤 1994년부터 1998년 사이에는 칼데라 정부가 경제침체를 타개하는 데 실패한데다가 일련의 새로운 신자유주의 조치에 의해 야기된 사회적 불균형이 갈수록 심각해짐에 따라 일반 국민의 정치적 태도가 급진화되는 결과가 초래됐다. 이런 상황에서 1998년에 마지막 결정적인 요소가 추가됐다. 그것은 세계시장에서 유가가 급락한 것이었다. 그해 12월에 유권자들은 1992년에 일어난 두 차례의 쿠데타 가운데 첫 번째 쿠데타를 주도했던 군부의 인물인 차베스를 선택했다. 그는 피아를 극명하게 구분하는 연설과 신뢰할 수 없는 기존의 지배엘리트 집단을 몰아내겠다는 약속을 통해 유권자들에게 기존의 정치인들을 징벌할 기회를 열어주는 듯했고, 더 나아가 그 전 20년간의 세월이 남긴 유산을 극복할 수 있는 과정을 시동시킬 기회까지도 열어주는 듯했다.

이렇게 해서 집권하게 된 차베스와 그의 운동은 선거운동 과정에서 약속한 대로 1961년에 제정된 기존의 헌법을 개정하기 위한 개헌절차를 개시하는 일부터 했다. 1999년 12월에 국민투표로 승인된 새로운 헌법은 베네수엘라의 '대의제의 민주주의'를 '참여적이고 주체적인 민주주의'로 바꾸는 것을 목표로 하는 일련의 메커니즘을 도입했다. 새 헌법에는 국가의 중심적 역할, 사회적 권리의 보편적 성격, 석유의 양도불가능한 국가재산화 등 지배적인 신자유주의 경향에 거스르는 내용도 들어갔다. 나라의 이름도 '볼리바르 베네수엘라 공화국'으로 바뀌었다. 국민의 참여를 촉진하기 위한 메커니즘으로 새 헌법은 승인투표, 의견투표, 소환투표, 폐지투표 등 여러 종류의 국민투표제, 헌법이나 법률의 승인 또는 개정을 위한 국민발의제, 공개 시의회와 시민회의제 등을 도입했다. 이런 조치들은 그 전 10년간의 신자유주의 정책들을 종식시켰다.

1999년부터 차베스가 개헌 후 두 번째 대통령 임기를 시작한 2006년 말까지 8년 동안에는 민중의 자발적 행동과 정치세력 간 갈등이 고조됐고, 2002년 4월 11일에 한 차례의 쿠데타 시도가 있었으며, 국유화된 석유산업 부문에 대한 관리책임을 맡은 지배엘리트 집단이 석유생산을 중단하는 사보타주에 나서서 2002년 12월부터 2003년 2월까지 석유산업이 마비되기도 했다. 이 가운데 석유산업 부문에서 벌어진 충돌은 정부의 승리로 귀결됐고, 이에 따라 정부가 석유산업 부문에 대한 통제력을 회복하고 간부급을 중심으로 이 부문의 종사자 가운데 절반가량을 해고했다.[2] 그 결과로 정부는 석유산업의 개혁을 밀어붙일 수 있었다. 개혁의 내용에는 석유회사 경영정책의 수립, 집행, 감독에 대한 국가의 통제권을 복구하는 것도 포함됐다. 1990년대에는 이런 통제권이 '석유개방(Apertura petrolera)'이라는 신자유주의 정책에 따라 해당 기업의 경영진에 주어졌다. 당시의 석유개방 정책은 대중의 이익은 무시하고 석유회사의 기업적 이익을 중시하는 경향을 보였고, 궁극적으로는 페데베사(PDVSA, 베네수엘라 국영석유회사)의 재민영화를 추구하는 것이었다. 차베스의 승리로 정부가 석유산업 부문에서 거두는 세입이 늘어났고, 차베스는 그 세입을 자기의 사회적, 정치적 정책 프로그램에 사용할 수 있게 됐다. 2004년 8월에 반대파는 대통령에 대한 소환투표를 발동시키는 데 성공했다. 하지만 유권자들은 소환투표에서 차베스를 재신임해서 그가 주어진 임기를 다 채울 수 있게 해줌으로써 결과적으로 차베스가 또한 차례 승리한 셈이 됐다. 앞에서 말한 대로, 그 뒤 2006년 12월에 차베스가 다시 대통령으로 선출됐다.

차베스 대통령의 집권 후 8년 동안에는 특히 '사회적 배제' 문제에 대한 대책으로 참여적 민주주의의 원칙이 사회경제정책에 도입됐고, 이 점은 차베스 정부의 주된 업적 가운데 하나다. 이 조치는 민중부문의 자율관리를 강화하는 데 필요한 여건과 제도적 메커니즘을 창출함으로써 가난한 지역사회들의 조직화를 촉진했다. 그 결과로 공적 부문의 효율성을 개선하고 민중의 자기계발 의지, 자존감, 귀속감, 연대감을 강화시키는 데 필요한 토대가 갖춰졌으며, 그 과정에서 시민의식과 민주주의가 확대되고 강화됐다.

1999년 이전에는 민중운동이 저자세였을 뿐만 아니라 조직적이지도 못했고, 그나마 조직화된 부분도 거의 20년간에 걸친 신자유주의 경제정책에 의해 큰 타격을 입은 상태였다.[3] 차베스가 집권하기 전에는 더구나 민중운동이 조직적인 기반과 전통을 갖고 있지 못했고, 자율적으로 활동하면서 국가권력에 맞서는 운동을 주도할 수 있을 만큼 강한 응집력도 갖추고 있지 못했다. 베네수엘라의 대의제 민주주의는 민중운동과 노조운동이 1960년대에 형성된 양당체제에 포섭되게 하는 방향으로 작용했다. 이로 인해 규모가 작고 제대로 조직되지도 못해 분산되고 분열됐던 민중운동 세력이 차베스 대통령이 집권한 뒤 8년 동안 추진한 여러 가지 정책과 사회정책 프로그램의 자극을 받아 넓은 범위에 걸쳐 조직화됐다. 이런 움직임은 특히 정부가 페데베사와 석유자원에 대한 통제권을 확보하는 조치를 취한 2003년 이후에 더욱 분명하게 나타났다.

차베스 대통령의 개헌 후 두 번째 임기의 초기에는 상황이 복잡했고, 미래에 대한 전망도 불확실했다. 정부가 지지기반의 조직화와 동원을 위로부터 추진하는 작업을 적절하게 해나갔음에도 한편으로는 석유자원을 풍부하게 갖고 있는 국가, 다른 한편으로는 기본적인 삶의 조건이 충족되지 못한 탓에 요구해야 할 것이 많지만 자율성에 관한 한 역사적으로 허약한 민중운동 사이에 커다란 비대칭성이 존재하고 있었다. 이 때문에 민중부문을 조직적, 참여적으로 활성화시키는 것이 정부의 주된 과제 가운데 하나가 됐다. 민중적 사회조직과 생산조직의 다양성을 보호하는 동시에 그런 조직들이 공적 기구의 행정에 더 높은 수준으로 참여하면서 통제력을 더 많이 발휘하는 방향으로 그런 조직들을 발전시키는 것이 필요했다. 민중운동으로 하여금 다양한 공적 행정기구의 상대역으로 활동하게 하고, 그렇게 함으로써 공적 행정기구를 통제할 능력을 갖출 정도로 민중운동을 강화시키려면 그렇게 하는 것이 필요했다. 그렇게 하지 않으면 대의제 민주주의에 입각한 기존의 베네수엘라 정치문화에서 지배적이었던 가부장적인 국가와 예속적인 민중부문이라는 관계형태가 되살아날 위험이 컸다.

2006년 12월 이후의 상황

개헌 후 두 번째 임기를 시작할 때 차베스가 갖고 있었던 주된 강점 가운데 하나는 2006년 12월의 선거에서 그가 얻은 높은 지지율이었고, 이는 그가 추진하는 정책 이니셔티브를 정당화시켜주는 중요한 힘으로 작용했다. 이 선거에서 차베스는 유효투표 기준으로 730만 9080표(62.9퍼센트)를 얻었고, 경쟁후보인 마누엘 로살레스는 429만 2466표(36.9퍼센트)를 얻는 데 그쳤다. 두 후보는 베네수엘라의 선거사상 가장 치열한 양자대결을 벌였다. 두 후보는 유효투표의 99.8퍼센트를 나눠 가졌고, 3위를 기록한 후보는 불과 5천 표 미만의 득표를 하는 데 그쳤다. 선거참여율은 74.9퍼센트로 높았고, 무효표의 비율은 1.4퍼센트에 지나지 않았다.[4] 차베스에 대한 지지율은 시간이 흐르면서 점점 더 높아지는 추세를 보였다. 차베스는 재신임을 묻는 국민투표에서 59.1퍼센트의 지지를 얻었고, 그 뒤 2006년에 실시된 선거에서는 62.9퍼센트의 지지를 얻었다.

차베스가 선거에서 이처럼 확실한 승리를 거둔 것에 대해서는 2004년에 격렬한 정치적 대결 국면을 극복한 뒤로 이 나라의 경제가 지속적으로 활기찬 성장세를 보였다는 점이 상당부분 설명해준다. 바로 그해에 베네수엘라의 경제는 석유 생산 중단의 충격에서 벗어나면서 17.9퍼센트의 국민총생산 성장률을 기록했고, 그 뒤 2년 동안에도 국민총생산 성장률이 연간 9퍼센트 이상을 유지했다(〈표 1〉을 보라).[5]

〈표 1〉

몇 가지 거시경제 지표(2003~2006)

연도	베네수엘라 석유의 배럴당 수출가격(달러)	외환보유액 (백만 달러)	물가상승률 (소비자물가 기준, 퍼센트)	국민총생산(GNP) 증가율(퍼센트)	환율 (볼리바르/달러)
2003	25.8	21.366	27.1	−7.7	1600
2004	33.4	24.208	19.2	17.9	1920
2005	45.5	30.368	14.4	9.3	2150
2006	55.9	31.917*	13.4**	9.6**	2150

* 1~6월, ** 1~10월

자료: Banco Central de Venezuela, 'Información estadística', 2006, available at www.bcv.org.ve/c2/indicadores.asp and Ministerio de Energía y Petróleo, 'Precios del petróleo', 2006, available at www.menpet.gob.ve/preciopetroleo.

<표 1>에서 볼 수 있는 인상적인 경제실적은 무엇보다도 국제시장에서 베네수엘라 석유의 가격이 상승한 덕분이었다. 선거의 해였던 2006년에 베네수엘라 석유의 국제가격은 배럴당 평균 55.9달러였다. 2003년 이후에 정부가 석유산업의 개혁을 추진할 능력을 갖춘 상황에서 이런 고유가가 유지됨에 따라 정부가 활용할 수 있는 세입의 규모가 늘어난 덕분에 정부가 여러 가지 사회정책을 실시할 수 있었다. 바리오 아덴트로(Barrio Adentro, 저소득층에 대해 하루 24시간 제공되는 무료의 일차의료 및 질병예방 서비스), 메르칼(Mercal, 국가의 보조금이 지원되는 식료품 공급), 로빈슨 1과 로빈슨 2(Robinson 1 and 2, 성인 대상으로 실시되는 문맹탈피 교육 및 기초수준의 교육), 리바스와 수크레(Ribas and Sucre, 중등교육이나 대학교육을 받지 못했거나 중단한 사람들을 위한 중등교육 및 대학교육), 부엘반 카라스(Vuelvan Caras, 취업을 위한 직업훈련) 등의 '미시온(Mission, 비협력적이거나 비효과적인 국가기관을 통하지 않는 정책 프로그램)'들과 매일 두 끼의 식사 및 두 번의 간식, 교복, 교과서를 무료로 지원하며 다시 종일수업을 개시한 '볼리바르 학교'들은 정치적으로 정부 쪽에 유리한 효과를 낳은 것이 분명하다. 정부는 국가부문에 상품과 서비스를 공급하기 위한 협동조합을 조직하도록 장려하기 위해 관련 투자를 하는 등 사회경제 분야에도 투자했고, 여성은행(Women's Bank)과 주권인민은행(Sovereign People's Bank)을 설립하는가 하면 저소득층에 소액의 대출을 해주는 소액금융(micro-financing) 제도도 만들어 가동시켰다.

이런 정책들은 최근에 베네수엘라의 빈곤율과 실업률이 떨어진 이유를 어느 정도 설명해준다. 이와 동시에 베네수엘라는 중남미에서 인간개발지수(Human Development Index)가 가장 높은 나라들 가운데 하나가 됐다. 공식 통계를 보여주는 <표 2>는 2006년 12월에 차베스와 그의 운동이 특히 저소득층을 중심으로 절반을 훨씬 넘는 국민의 지지를 받은 이유가 무엇인지를 잘 보여준다.

이러한 발전은 거의 전적으로 석유산업에서 정부가 거둔 세입에 토대를 둔 것

몇 가지 사회경제 지표(2003~2006)

연도	실업률(퍼센트)	빈곤가정 비율(퍼센트)	극빈가정 비율(퍼센트)	인간개발지수
2003	16.8	55.1	25.0	0.76
2004	13.9	47.0	18.5	0.80
2005	13.0	37.9	15.3	0.81
2006	9.9*	33.9**	10.6**	…

* 3분기, ** 1~6월

자료: Instituto Nacional de Estadìstica, 'Estadìsticas vitales', 2006, available at www.ine.gov.ve/registrosvitales/estadisticasvitales.asp.

이라는 데 주목할 필요가 있다. 베네수엘라의 중앙은행은 이렇게 밝혔다. "2006년에 우리의 수출 가운데 89퍼센트가 석유였다. 지금 우리는 과거보다 더 많이는 아니더라도 과거만큼은 석유에 계속 의존하고 있다. 페데베사(국영 석유회사)와 국가의 관계를 살펴보면, 2006년에 이 회사의 수입 가운데 68퍼센트는 국가로 이전되고 나머지 32퍼센트만 회사 안에 남았음을 알 수 있다. 석유부문은 국민총생산(GNP)에서 14퍼센트를 차지한다."[6]

21세기의 사회주의

2006년 12월의 선거에서 차베스의 주요 공약 가운데 하나였던 '21세기의 사회주의'에 관한 약속은 그때까지만 해도 제대로 정의되지 못한 포괄적인 공식이어서 다양한 해석이 가능한 것이었다. 차베스는 이 표현을 2005년 1월에 포르투알레그레에서 열린 5차 세계사회포럼에서 처음으로 사용했다. 하지만 그때 그는 이 표현이 경제발전 모델로서의 '제3의 길'을 폐기한다는 뜻이라고 선언했을 뿐 더 이상 자세한 정의는 밝히지 않았다. 그는 이 표현이 소련이나 동유럽의 국가들, 또는 쿠바에서 발전된 것과 같은 사회주의 국가와 혼동돼서는 안 된다고 주장했다. 이런 주장으로 미루어 그는 덜 국가중심적이고 보다 다원적인 사회를 생각하고 있었던 것으로 보인다.[7] 그는 2006년 중반에 오스트리아의 빈에서 열린 한 국제행사에서 자신이 생각하는 새로운 사회주의의 토대는 '연대, 형제애, 사랑, 정의, 자유, 평등'이라고 말했다. 그것은 사회주의가 전통적으로 지향해온 이상이었다. 중요한 문제는 미리 결정된 사회주의의 모델이 아니라 "건설돼야 할 사회주의의 방향으로 매일매일의 일상에서 생산양식을 변혁하는 것"이라고 그는 주장했다.[8]

이렇듯 여러 차례 암시가 있긴 했지만 2006년의 선거운동 과정에서도 '21세기의 사회주의'라는 표현에 대한 보다 자세한 정의는 거의 제시되지 않았고, 다만 이것이 민주적 참여의 심화라는 것과 모순되는 측면이 있음을 시사하는 발언이 있었다. 차베스는 자기가 선거에서 이기면 헌법을 고쳐서 현직 대통령의 재선을 무제한 가능하게 할 것이라고 여러 차례 말했다. 이와 동시에 그의 선거운동 관리자인 프란시스코 아멜리아치(Francisco Ameliach)는 반대파가 선거를 보이콧할 경우에는 비례대표제에 관한 조항을 헌법에서 제거할 것이라고 반대파를 위협했다.[9]

이런 두 가지 요소가 드러난 것 외에는 2006년 말까지도 차베스가 제안한 새로운 사회주의는 모호한 개념으로 남아있었다. 사실 2006년 12월의 선거 때까지 '21세기의 사회주의'는 각자가 자기의 충족되지 못한 욕구와 열망의 관점에서 이해할 정도로 모호하며 자세한 내용은 갖고 있지 않은 개념이었다. 에르네스토 라클라우(Ernesto Laclau, 아르헨티나의 정치철학자—옮긴이)가 주장했듯이 '21세기의 사회주의'와 같은 식의 표현은 풀리지 않은 문제가 누적된 사회에서 특히 매력을 발휘한다. 그런 사회에서는 많은 요구들이 '연쇄적인 등가'의 관계로 연결되고 결국은 어느 하나의 요구에 의해 대표된다. 그 하나의 대표적인 요구는 '공허한 시니피앙(empty signifier, 이는 고정된 시니피에(기의)가 없는 시니피앙(기표)을 뜻하는 표현임—옮긴이)'이며, 베네수엘라의 경우에는 '21세기의 사회주의'가 바로 '공허한 시니피앙'으로서 민중주의 담론의 핵심어가 되면서 변화를 향한 자발적인 행동을 불러일으킬 수 있는 주목할 만한 잠재력을 갖게 됐던 것이다.[10]

그러나 선거에서 승리한 뒤에 차베스 대통령은 '21세기의 사회주의'라는 개념에 보다 구체적인 내용을 부여하기 시작했다. 그는 선거 직후의 몇 주 간에 한 세 차례의 주요 연설에서 베네수엘라 사회의 깊이 있는 변혁을 이루기 위한 사상과 수단으로 자기가 생각해온 바를 보다 구체적으로 밝혔다. 12월 15일에 지지자들과 함께 선거승리를 자축하는 분위기 속에서 한 연설에서 그는 자기의 정부를 지지하는 모든 정당에 대해 스스로 해체하고 단일의 통합된 정당을 만들자고 제안했다. 그는 이렇게 말했다. "혁명이 필요로 하는 것은 통합된 정당, 우리로 하여금 민중을 기만하게 하는 두문자 약칭들의 잡탕이 아닌 단 하나의 통합된 정당을 필요로 한다." 이어 그는 만약 그렇게 하지 않는 정당이 있다면 그 정당은 "당연히 정부를, 나의 정부를 떠나야 한다"고 경고했다.[11] 그는 새로 만들어질 정당에 '베네수엘라 통합사회당(PSUV; Venezuelan United Socialist Party)'이라는 이름을 붙일 것을 제안했다. 그는 베네수엘라 통합사회당을 우선은 '선거전'의 수단으로 생각했지만, 그 정당은 단지 그런 수준에 그치지 않고 사상의 영역에서도 전투를 수행해야 한다고 주장했다. 그는 이렇게 말했다. "우리는 공부를 많이 해야 한다. … 우리는 많이 읽고 토론해야 하고, 원탁회의든 각탁회의든 사회주의단체의 회의나 독서모임의 회의를 열어야 한다."[12] 그는 베네수엘라 통합사회당이 베네수엘라 역사상 가장 크고 민주적인 정당이 될 것이라고 내다봤다.

그 직후에 차베스는 두 차례의 중요한 연설을 더 했다. 그 가운데 첫 번째 연설은 이듬해 1월 7일에 베네수엘라에서 가장 큰 극장인 테레사 카레노(Teresa Carreno)에서, 두 번째 연설은 1월 10일에 의회에서 열린 자신의 대통령직 취임식에서 각각 했다. 이 두 차례의 연설에서 차베스는 21세기의 사회주의로 나아가기 위한 자신의 전략에 대한 보다 자세한 생각을 밝혔다.[13] 그는 과거에 민영

화됐던 전략적 산업을 국유화하겠다고 선언하고, 볼리바르 혁명의 다음 단계를
추진할 '다섯 개의 원동기'에 대해 이야기했다.[14] 그는 의원들과 공적 당국의 대
표자들 앞에서 자신의 새로운 임기를 위한 슬로건을 밝혔다. 그것은 "조국이여,
사회주의가 아니면 죽음이다. 나는 맹세한다(Fatherland, Socialism or Death, I
swear it)"였다.[15]

그가 말한 다섯 개의 원동기는 베네수엘라를 사회주의로 나아가게 할 엔진을
돌리는 힘의 원천을 가리킨 것이었다. 첫 번째 원동기는 이미 헌법에 도입된 수
권법(Enabling Law) 조항이었다. 이 조항(203조)의 내용은 법의 효력을 가진 명
령을 내릴 수 있는 권한을 의회가 일정한 기간을 정해 대통령에게 부여할 수 있
다는 것이었다. 차베스는 이 조항을 가리켜 "혁명적 법률의 상위법이자 모든 법
률의 모법"이라고 말했다. 두 번째 원동기는 '통합적이고 깊이 있는' 개헌이었
다. 이것은 그 자신이 이미 제안해놓은 것이었고, 그 목적은 무엇보다도 경제적,
정치적 문제와 관련해 사회주의로 나아가는 데 장해물이 된다고 해석될 수 있는
헌법조항을 수정하는 데 있었다. 차베스는 이 두 개의 원동기는 연계되는 방식
으로 가동돼야 한다면서, 의회의장인 실리아 플로레스(Cilia Flores)에게 개헌위
원회를 주재하고 총괄조정하는 임무를 맡겼다. 혁명의 세 번째 원동기는 '도덕
과 계몽'이었다. 이것은 학교, 공장, 농촌, '내생적 핵심'[16] 및 그 밖의 민중적 공
간 등 사회의 모든 영역에 걸쳐 도덕적, 경제적, 정치적, 사회적 교육을 촉진하기
위해 전개할 캠페인을 가리키는 말이었다. 네 번째 원동기는 차베스가 '권력의
기하학(the geometry of power)'이라고 부른 것이었다. 이것은 국토와 도시들이
사회주의적 열망과 현실의 여건에 보다 잘 부합되도록 전국에 걸쳐 정치적, 경제
적, 사회적, 군사적 권력의 분포를 지리적으로 재편하자는 제안이었다. 마지막
으로 그가 가장 중요한 것이라면서 제시한 다섯 번째 원동기는 '지역사회의 힘
을 혁명적으로 폭발시키는 것'이었다. 이것은 국가 안에서 민중의 힘을 증대시
켜 그 힘으로 하여금 국가의 성격을 변화시키고 국가를 사회주의로 밀어가게 한

다는 의미였다. 특히 주민자치위원회는 민중의 힘이 일차적으로 표현되는 조직

이므로 거기에 아무런 제약도 가하지 않을 것이라고 차베스는 말했다.

차베스는 이 다섯 개의 원동기는 서로 연결된 것이라면서 이렇게 말했다. "지

역사회의 힘이 창조적으로 폭발해서 그 힘이 강화, 발전, 착근, 확장, 성공할 것

인지의 여부는 다른 네 개의 원동기가 잘 가동되는지에 달려 있다. 즉 개헌이 올

바르게 이루어지는지, 수권법과 '도덕 및 계몽의 국가적 캠페인'이 원활하게 가

동되는지, 새로운 권력의 기하학이 제대로 실현되는지 등이 관건이 될 것이다."[17]

그는 "새로운 시대를 향해 오늘 우리가 내딛기 시작한 걸음의 속도를 높이고 새

로운 공간을 열어야" 할 필요성을 여러 차례 강조했다.[18]

차베스 대통령은 취임한 지 불과 며칠 만에 수권법에 관한 자신의 계획을 의

회에 제출하고 시민의 안전, 민중의 참여, 금융과 조세, 경제정책과 사회정책, 정

부가 추구할 가치, 에너지, 국방과 안보, 과학과 기술, 국경의 조정 등 모두 10개

행정분야에 걸쳐 1년 6개월 동안 자기에게 입법권을 부여하는 결정을 내려줄 것

을 요구했다. 두 주일 뒤에 의회는 만장일치로 차베스 대통령의 요구를 수용하

기로 결정했고, 그 과정에서 석유산업 부문에 대한 입법권도 수권사항으로 추가

했다. 이에 따라 차베스 대통령은 1월 중순에 대통령 직속의 개헌위원회(CPRC;

Presidential Commission for the Constitutional Reform)와 민중권력위원회

(CPPP; Presidential Commission for Popular Power)를 구성하고 이 두 위원회

로 하여금 수권법에 따른 자신의 입법권 행사를 돕도록 했다.

새로운 조치의 의미

차베스 대통령이 취임 직후의 연설을 통해 발표하고 곧바로 실행한 전략적 기업

들의 국유화, 즉 전화공사(CANTV) 등의 재국유화와 카라카스전력(Electricidad

de Caracas) 등의 국유화는 개헌 없이도 이루어질 수 있었던 것임에 주목할 필요가 있다. 1999년에 개정된 기존의 헌법도 사회적 이익을 위해서는 사유재산권을 제한할 수 있는 권한을 국가에 폭넓게 부여하고 있었다. 그 헌법은 재산소유의 다양한 형태를 인정하고 있었고, 사회적 경제에 우선권을 주고 있었다. 이런 점에 비추어볼 때 전략적 기업들의 국유화에 관한 차베스 대통령의 조치는 주로 정치제도의 변화를 의미 있는 정도로 촉진하는 데 그 목적이 있었던 것으로 보인다. 정치제도상의 중요한 변화에 대해 살펴보자.

수권법

차베스 대통령이 첫 번째 원동기로 꼽은 수권법의 가동은 헌법에 근거를 두고 추진된 것으로, 법률을 입안하고 명령에 의해 그것을 발효시킬 권한을 대통령과 행정부에 부여하는 것이었다. 이렇게 볼 때 그것은 법치주의에 어긋나지 않았다. 그러나 1년 6개월의 기간 동안 폭넓게 정의된 10개의 행정분야(의회의 주도에 의해 결국 11개의 행정분야로 늘어났다)에 걸쳐 입법권을 갖게 해달라는 차베스 대통령의 요구는 그의 이전 임기 중에 이미 분명히 드러나기 시작한 경향, 즉 입법부가 약화되는 대신 행정부의 권한이 강화되는 경향을 재확인하는 동시에 가속시키는 것이었다. 이런 경향은 2005년 12월의 의원선거 때 야당들이 후보자들을 철수시키기로 결정한 결과로 볼리바르 세력이 의회를 백 퍼센트 장악한 뒤에 2006년부터 본격적으로 강화되기 시작했다.

헌법에 수권법에 관한 조항이 도입된 해는 1961년이었다. 그 조항은 '국가의 이익을 위해 필요할 경우에 경제적 또는 재정적 성격의 특별조치'(190조 8항)를 법으로 공포할 권한을 대통령에게 부여할 수 있다고 규정했다. 그렇게 하기 위해 의회가 승인하는 특별법이 곧 수권법이었다. 행정부에 입법기능을 위임할 수 있게 한 이런 내용의 수권법 조항은 1999년에 개정된 헌법에도 존치됐다. 개정된 헌법에도 적용대상 분야를 제한하는 조항은 전혀 없었고, 다만 수권법 발동의 기간만 미리 정해놓게 돼있었다. 1999년 이후에 행정부의 입법권 확대에 관한 이 헌법조항에 대한 논란이 헌법 전문가들 사이에서 벌어졌다. 차베스는 집권한 이후에 제기한 비슷한 유형의 요구 가운데 세 번째로 바로 이 수권법 조항의 발동을 요구했고, 그러한 요구 자체가 위헌이라고 보는 사람들도 일부 있었다. 그들은 수권법의 적용대상 분야가 너무 포괄적이고 그 발동기간이 너무 길다는 점이 입법부의 고유권한인 입법권을 침해하므로 수권법은 위헌이라고 생각했다.[19]

또한 정부를 지지하는 사람들이 의회에 대해 절대적인 통제력을 확보한 상태에서 행정부가 그렇게 폭넓은 권한을 부여해줄 것을 의회에 요구해야 할 필요가 있는가 하고 의아하게 생각하는 사람들도 많았다. 차베스 대통령은 변화가 시급하므로 의회에서 토론을 하느라 지체할 시간이 없다고 주장했다. 그러나 엄청난 변화를 초고속으로 추진하는 것이 적절한가 하는 문제는 제쳐놓더라도 의회가 불과 두 주일 만에 신속하게 차베스 대통령의 요구를 받아들이고 승인했다는 사실은 최고 입법기구인 의회가 행정부에 대해 얼마나 수동적인 태도를 취하고 있었는지를 보여준다. 이는 입법부가 개혁의 과정에서 스스로를 배제시켰다는 뜻이며, 차베스를 대통령으로 만든 차베스주의 대중의 관점에서는 '21세기의 사회주의'의 형태에 대해 숙고해서 결정권을 행사하는 데 필요한 가장 자연스러운 제도적 수단을 잃게 됐음을 뜻하는 것이었다. 게다가 참여 및 민중의 힘이라는 문제도 그 자체가 수권법의 적용대상에 포함됐다는 것은 민중의 힘과 관련된 제안마저도 차베스 대통령과 그의 내각, 그리고 그가 적절하다고 생각하는 조언자들에 의해 작성될 것임을 의미하는 것이었다. 이는 수권법이 촉진한다고 하는 참여적 민주주의 자체와 모순되는 것이 분명했다. 이 점에 대해서는 뒤에서 다시 논의하겠다.

개헌

차베스 대통령은 두 번째 원동기의 가동, 즉 '통합적이고 깊이 있는' 개헌의 추진을 위해 앞에서 말했듯이 대통령 직속의 개헌위원회(CPRC)를 구성했다. 의회 의장인 실리아 플로레스가 이끄는 이 위원회는 모두 19명의 위원으로 구성됐고, 그 가운데서 대법원장이 사무총장의 역할을 맡기로 했으며, 검찰총장을 비롯해 여러 정부기관의 수장이 위원으로 임명됐다. 개헌에 관한 대통령 명령의 2항은 개헌위원회는 논의한 내용을 비밀로 유지해야 하고, 위원들은 대통령의 허가를 받지 않고는 위원회에서 논의된 내용에 대한 자기의 생각이나 위원회에서 나온 제안 등을 공개해서는 안 된다고 규정했다.

새로 작성된 볼리바르 헌법은 국가의 이익과 관련해 특별히 중요한 정책문제에 관한 정부의 최고 자문기구로 국가위원회(State Council)를 둔다고 규정했다는 점에 주목할 필요가 있다. 이 국가위원회는 부통령이 총괄조정을 하는 역할을 맡고, 대통령이 임명한 5명의 위원과 의회, 대법원, 주지사 등이 지명한 위원들로 구성됐다. 따라서 행정부에 동조하는 사람들이 다수를 이루게 되지만, 행정부 이외의 다른 국가기구에도 각각의 대표를 자율적으로 지명할 권한을 인정하는 방식이었다. 그러나 차베스 대통령은 헌법에 근거를 두고 구성된 이 위원회를 무시했으며, 이런 사실은 수권법을 통해 전달된 메시지가 더욱 강화된 형태로 실행될 것임을 의미하는 것이었다. 행정부를 제외한 다른 모든 국가기구의 권력은 행정부에 종속될 것이라는 게 바로 그 메시지의 내용이었다.

더 나아가 차베스 대통령과 그의 대변자들은 개헌문제와 관련해 한 방향의 여러 제안을 내놓았다. 그 가운데 하나는 대통령의 무제한 연임을 가능하게 만들자는 제안이었다. 이 제안은 선거운동 과정에서 처음 거론된 데 이어 선거 뒤에도 차베스 대통령의 연설과 여러 정치지도자와 관료들의 선언을 통해 잇달아 거론됐다. 보다 최근에는 대통령 외에도 선출직인 공직에 대해서는 전면적으로 무제한 연임을 허용해야 한다는 제안도 나오고 있다. 이런 제안은 이전의 모든 민주적 헌법, 다시 말해 1947년, 1961년, 1999년의 헌법 모두에 규정됐던 권력교체의 원칙을 훼손하는 것임이 분명하다.

또 하나의 관련된 제안으로 비례대표제를 폐지하자는 제안이 있었다. 이 제안은 앞에서 보았듯이 2006년의 대통령선거 과정에서 야당들을 위협하기 위한 수단으로 나온 것이었다. 당시에 여당이 이런 제안을 했던 것은 야당들이 선거 과정의 막판에 일제히 후보자들을 사퇴시킴으로써 차베스를 유일한 후보로 남게 할 작정이라고 생각했기 때문이었다. 1947년의 헌법에 처음으로 도입된 비례대표제[20]를 폐지한다면 입법부에서 군소정당을 모두 내쫓는 결과가 초래될 것이 뻔했다. 차베스의 세 번째 제안은 자기가 임명한 부통령을 여러 명 두겠다는 것이었다. 그는 여러 명의 부통령을 국내의 이 지역 저 지역에 파견해서 각각의 지역에서 국가적 계획의 실행을 통합조정하는 역할을 맡기려고 했다. 이 제안은 보통, 직접, 비밀의 원칙에 입각한 투표로 선출된 주지사들의 위상을 약화시키거나 어쩌면 그들을 아예 무력화시킬 가능성도 안고 있다는 점에서 갈등의 원인이 될 소지를 갖고 있었다.

한편 개헌이 수권법의 발동과 동시에 추진됐다는 것도 문제가 아닐 수 없었다. 수권법 자체가 헌법에 의해서만 제약을 받을 수 있는 특별조치인데 그 발동이 개헌과 동시에 추진됨에 따라 차베스 대통령은 그 어떤 제약도 받지 않으면서 자기의 제안을 밀어붙일 수 있게 된 것이다.

주민자치위원회

21세기의 사회주의를 달성하기 위한 지침을 설명한 차베스 대통령의 연설을 보면 참여, 자율관리, 민중적 자율통치를 위한 수단인 주민자치위원회를 중심으로 한 새로운 민중권력의 구조가 핵심적으로 중요하게 취급되고 있다. 앞에서 이미 보았듯이 차베스 대통령은 2006년에 의회가 통과시킨 주민자치위원회법에 따라 대통령 직속의 민중권력위원회(CPPP)를 구성했다. 이와 함께 역시 앞에서 보았듯이 차베스 대통령은 참여와 관련된 모든 문제를 수권법에 통합시키면서 민중권력을 활성화하기 위해 주민자치위원회법을 개정할 필요성이 있다고 선언했고, 주민자치위원회법의 개정과 관련된 사항은 새로운 헌법에도 반영될 것으로 보였다.

기존의 법에 따르면 도시에는 지리적 공간을 공유하는 최대 400가족이 하나의 주민자치위원회를 구성하고, 농촌이나 원주민 마을에서는 이보다 훨씬 더 적은 수의 가족이 하나의 주민자치위원회를 구성하는 것으로 돼있다. 같은 지역 안에서 활동 중인 모든 조직, 즉 상수도 문제에 관한 원탁회의, 보건위원회, 도시나 농촌의 토지위원회, 스포츠클럽, 여성단체, 문화단체 등도 다 주민자치위원회에 참여해야 한다. 이 법은 주민자치위원회가 수행하게 될 지도적 역할을 고려해 위원회가 공식으로 가동되기 전에 거쳐야 할 준비단계를 다음과 같이 규정하고 있다. 첫째, 주민자치위원회를 구성하기 위한 준비위원회를 띄우기 위해 준비위원들을 선출할 주민총회를 소집한다. 준비위원회의 임무는 주민자치위원회를 공식으로 출범시키는 데 필요한 여건을 조성하고, 지역사회의 여론을 수렴하며, 선거위원회와 추진위원회를 구성하는 것이다. 이런 준비작업이 완료되면 유권자총회를 소집하고, 지역사회를 대표해 법에 규정된 여러 위원회에 참석할 대변자들을 선출한다.

주민자치위원회는 주민총회에서 의사결정을 하고, 비밀투표에 의해 위원회별 대변자를 선출한다. 선출된 대변자들은 주민총회에 의해 언제든 소환될 수 있고, 이 점에서 대변자 제도는 마을협회를 비롯한 과거의 대표제와는 그 종류가 다르다. 위원회별 대변자는 위원회들 사이의 연합체나 협의회와 같은 중간조직을 결성할 수 있다. 위원회별 대변자의 임기는 2년이다. 관료들 가운데 일부는 이런 구조는 행정부, 입법부, 사법부, 선거관리기구, 시민과 같은 반열의 6번째 헌법적 권력기구라고 말하기도 한다.[21]

현재의 법규정에 따르면 주민자치위원회는 대통령실에 등록해야 한다. 주민자치위원회가 추진할 프로젝트에 대한 감시와 주민자치위원회가 이용할 수 있는 재원에 대한 통제의 권한은 민중권력위원회에 있고, 민중권력위원회는 중앙의 전국적 위원회와 각 지역별 위원회를 통해 그러한 권한을 행사한다. 각급 민중권력위원회의 위원에 대한 임명권은 대통령에게 있다. 이와 같은 주민자치위원회와 민중권력위원회의 조직은 시장이나 주지사와는 아무런 관계도 갖고 있지 않다. 이와 동시에 각 지역은 정부로부터 재원을 공급받기 위해 협동조합의 형태의 지역은행을 설립하게 돼있었다. 그러나 이런 지역은행을 설립하는 일은 많은 혼란과 갈등을 불러일으켰다. 왜냐하면 협동조합은 조합원들이 돈을 출연하거나 노동을 제공하는 것에 토대를 둔 자발적인 시민적 결사체인 반면에 주민자치위원회는 국가조직의 일부로서 그 재정을 기본적으로 국가에 의존하는 기구라는 성격의 차이가 있기 때문이었다.[22]

민중의 참여가 진정한 자발적 능력의 강화에 기여하게 하려면 그 참여가 밑으로부터 이루어져 풀뿌리 조직과 그 구성원들의 자율성이 제고돼야 하고, 그런 참여가 결집되는 과정에서 중간조직이 창출되게 하는 유인이 있어야 한다는 것은 자명한 이치다. 그러나 주민자치위원회법의 내용에서 알 수 있듯이 오히려 이와 반대되는 상황이 전개되고 있다. 대통령에 대한 의존도가 높아지고 있고, 은고주의적 관계가 발달될 가능성이 농후하다. 2006년에 의회가 승인한 주민자치위원회법의 제정에 대한 민중의 참여가 매우 제한적이었던데다가 이 법에 따른 주민자치위원회의 구성이 너무 빨리 진행된 탓에 그 모든 과정이 주민자치위원회의 목적인 참여적 민주주의에 어긋나는 것이 돼버렸다. 사실 참여적 민주주의는 말 그대로 대중적인 참여를 필요로 하고 성숙한 참여를 위한 학습과정도 거쳐야 하므로 그만큼 더 많은 시간을 필요로 하는 것이다. 어쨌든 주민자치위원회라는 조직에 의해 추구되고 있는 것은 깊이 있는 문화적 변화이지만, 이런 변화는 불가피하게 오랜 기간에 걸쳐 쉽지 않은 과정을 거쳐야만 이루어질 수 있는 것이다.

사회적 참여의 관점에서 보면 베네수엘라는 지금 민중부문의 자율적 발전을 촉진한다는 목표 아래 다양한 조직형태가 창출되고 시도되는 일종의 실험실과 같다. 지금 당장 베네수엘라의 실험에 대한 평가를 내리는 것은 위험하다. 베네수엘라의 경험이 아직은 단편적인데다가 정부의 공식적 선언이나 통계와 독립적이면서 전체적인 상황을 알게 해주는 정보를 구하기가 어렵기 때문이다.

그러나 최근에 새로운 조직화의 움직임이 전반적으로 계속되고 있는 가운데 특히 주민자치위원회를 통한 조직화와 참여의 과정이 두드러지게 진전되고 있다는 말은 할 수 있다. 이런 양상은 주민자치위원회의 중요성을 강조한 차베스 대통령의 연설과 정부의 재정지원에 자극받은 결과다. 공식 자료에 따르면 최근까지 대략 2만 개의 주민자치위원회가 구성됐다. 보수적으로 추정해 4인가족 기준으로 평균 200가족이 하나의 주민자치위원회를 구성했다고 가정하면 베네수엘라의 전체 인구 가운데 3분의 2 이상이 주민자치위원회를 통한 참여적 활동에 편입됐다는 계산이 나온다. 또한 주민자치위원회 조직의 가용재원은 민중권력위원회가 구성된 시점을 전후해 20억 볼리바르에서 40억 볼리바르로 늘어났다.[23]

주민자치위원회는 큰 기대를 불러일으켰지만, 그와 동시에 의구심과 논쟁도 불러일으켰다. 주민자치위원회와 관련해 분명하게 답변될 수 없는 문제가 많이 남아 있다. 그 가운데 하나는 이미 앞에서 언급한 바 있지만 위로부터 정부의 자극에 의해 형성된 개념과 추동력이 과연 자율적인 민중권력을 진정으로 활성화시키는 데 효과적일 것인가 하는 문제다. 현장에서 관찰되는 다양한 주민자치위원회 가운데는 위로부터 또는 소수의 집단에 의해 목표의 우선순위가 부여되는 주민자치위원회도 있고, 국가가 석유산업에서 거둬들이는 세입에서 지원되는 자금을 이용해 특정한 개인적 이익을 도모할 목적으로 구성된 주민자치위원회도 있고, 성과는 지역마다 다르지만 자율관리를 증진시키거나 판자촌 주민의 생계에 도움을 주는 주민자치위원회도 있다. 주민자치위원회와 관련된 현행 법률이 명확한 규칙을 갖고 있지 않은 것은 현재 진행되는 과정의 성격이 신축성을 필요로 한다는 점에 비추어 그럴 수도 있다고 이해되기는 하지만, 그럼에도 불구하고 갈등과 혼란을 증폭시키고 주민자치위원회가 온갖 방식으로 악용될 가능성으로 이어지고 있는 게 분명하다. 따라서 관련 법률의 개선과 관련 절차의 제도화가 필요하며, 진정한 민주적 토론의 결과로 그런 조치를 취하는 게 바람직할 것이다.

민중과 지역사회의 시민적 참여를 유지하고 점점 더 그 수준을 높이는 문제가 어떻게 해결돼 나갈 것인지를 묻는 사람들이 많다. 높은 수준의 참여를 유지하는 것이 쉽지만은 않다는 사실은 잘 알려져 있다. 그동안에는 원활한 자금지원과 민중의 자율적 능력 강화의 결합이 중요한 유인으로 작용했다.[24] 그러나 지원된 자금에 대한 적절한 통제의 실패가 걱정을 불러일으키는 한 가지 원인이 되고 있고, 이 문제는 특히 은고주의적 관계에 익숙한 사회에서는 예전의 은고주의적 관계를 부활시키거나 새로운 은고주의적 관계를 만들어내는 결과로 이어질 수도 있다.

참여가 진정한 것이 되려면 참여하는 사람들이 연대의 가치를 함양하는 과정을 거쳐야 하기 때문에 참여가 뿌리를 내리는 시간이 필요하다. 게다가 사람들이 그러한 지역사회의 활동에 현실적으로 투입할 수 있는 시간의 한계와 그러한 형태의 참여가 부추기는 기대 사이의 긴장을 잘 처리해가는 과정이 요구된다. 이런 문제가 어떻게 해결될 수 있을지는 아직 분명치 않지만, 베네수엘라의 국가가 석유자원을 이용해 재원을 확보할 수 있다는 점은 이런 측면에서 분명 도움이 될 것이다.

주민자치위원회의 규모가 작다는 점도 논란거리가 될 수 있다. 왜냐하면 대도시 내 빈민촌의 개선과 같은 다소 폭넓은 차원의 문제는 작은 규모의 주민자치위원회로서는 적절한 관점에서 다뤄나갈 수가 없기 때문이다. 법률에 의해 400가족 이내로 제한된 주민자치위원회의 규모로는 3천 내지 4천 가구로 구성된 지역사회에 대해서는 그 근본적인 문제에 대한 해법을 제시하기가 거의 불가능하다. 그러한 지역사회에서는 상이한 관점과 다양한 이해관계를 중재해야 할 필요성이 있다는 점에서 보면 소규모 지역자치위원회는 오히려 효율적이고 신속한 해법을 찾는 과정에 장해물이 될 수도 있다. 또한 지역, 국가, 국제 차원의 정책을 결정하는 데 두루 참여하게 될 가능성을 추측해본다면, 지금과 같은 소규모의 조직형태로서는 주민자치위원회가 그러한 정책의 결정과정에 참여하게 되기보다는 그러한 정책의 결정과정과 격리된 상태로 남아 있게 될 것으로 보인다. 뿐만 아니라 소규모의 조직은 지역적 정체성이 강해서 구성원들이 어느 정도의 동질성을 갖추기를 요구하기 때문에 차이를 관용하는 다원적 문화를 육성하는 데는 적합하지 않다.

결론적 생각

혁명의 사회적 동학이 정치의 영역에서 활력과 개방적 성격을 그 특징으로 보여준다고 한다면, 지금 베네수엘라에서는 참여와 민주적 의사결정의 공간이 닫히는 방향으로 나아가는 일종의 퇴행적 진화의 현상이 나타나고 있는 것으로 보인다. 이런 의미에서 이 나라는 지금 정치적으로 덜 민주적인 사회로 움직이고 있다고 볼 수 있다.

　베네수엘라 통합사회당(PSUV)의 결성으로 이어진 일련의 과정은 우리가 지난 세기에 좌절된 사회주의 체제에서 보았던, 그리고 지금도 쿠바와 중국에는 여전히 존재하는 일당국가의 창출로 나아가는 새로운 정치적 체제 내지 경향이 나타나고 있음을 보여준다. 현재 베네수엘라 정부는 법률에 의해 부과되는 공식적 규제를 거의 존중하지 않으면서 공적 자금과 공적 통신수단 등 공적 자산과 더불어 미시온, 물 문제에 관한 기술적 원탁회의, 도시의 토지위원회 등에 의해 창출된 사회적 조직들을 이용해서 베네수엘라 통합사회당 조직을 강화하거나 조율하고 있다. 21세기의 사회주의가 지닌 국가주의 논리 속에서 국가, 정부, 베네수엘라 통합사회당, 주민자치위원회 사이의 경계선이 사라지는 경향이 나타나고 있다. 이런 경향에 대한 불평은 영향력이 별로 없고, 변화를 이루어낼 정치적 능력도 없다. 이런 변칙적 상황으로 인해 베네수엘라 유권자들의 표를 놓고 경합하고자 하는 어떤 다른 조직에 대해서도 정부가 우세한 입장에 있고, 그 결과로 정치의 영역에서 경쟁의 조건이 평등해야 한다는 민주주의의 원칙이 심각하게 훼손되고 있다.

차베스 대통령이 개헌 후 두 번째 임기를 시작한 뒤 처음 몇 달 동안에 내놓은 선언들은 그 전의 임기에 이미 가시화된 경향, 즉 사회의 미래에 영향을 끼치는 모든 중요한 문제에 대한 의사결정권이 대통령과 그에게 의존하는 충성스러운 지지자들의 소규모 집단의 수중에 집중되는 경향을 더욱 심화시켰다. 또한 주민자치위원회가 여섯 번째 국가권력이 되는 조짐이 나타나고 있고, 주민자치위원회가 종속적인 형태로 대통령과 관계를 맺음에 따라 지역정부와의 연결고리를 갖지 못하고 있으며, 이 때문에 기존의 지방자치행정 구조가 약화되어 차베스 대통령의 개헌 후 첫 번째 임기 중에 이미 보이기 시작한 권력의 재집중화 추세가 더욱 강화되고 있다. 차베스 대통령이 지배하는 행정부의 권력에 다른 모든 국가기구의 권력이 종속되는 경향도 역시 앞에서 보았듯이 이미 나타나고 있다. 이런 경향은 행정부 이외의 다른 헌법상의 국가권력 분점기구들의 대표가 개헌위원회의 피라미드형 구조 속에 편입된 데서 특히 분명하게 드러난다. 개헌위원회의 그와 같은 피라미드형 구조는 그동안 베네수엘라의 대의제 민주주의가 지니고 있었던 기본적인 특징 가운데 하나인 '서로 분리되고 독립된 복수의 권력기구들' 사이의 관계가 수평적이어야 한다는 논리와 충돌하는 것이다. 그러나 차베스 대통령은 이와 같은 경향들은 21세기의 사회주의로 가는 길, 다시 말해 더 깊이가 있고 폭넓게 평등하고 자유로운 사회로 가는 길을 열기 위해 필요한 것이라고 주장해왔다. 그러나 그러한 경향들이 정치적 민주주의를 제한하는 것이라면 수단이 목적에 부합한다고 말할 수 있을까?

이 질문에 대한 정답이 무엇인지는 권위주의적인 성격의 국가가 중요한 역할을 담당했던 20세기의 사회주의 시도가 실패했다는 사실에 비추어볼 때 분명하다고 생각된다. 그러나 베네수엘라에서는 물론이고 다른 곳에서도 현재 돌아다니는 주장들을 우선 검토해볼 필요는 있다. 차베스 대통령은 자신이 취한 조치들을 정당화해주는 하나의 이유로 제국주의, 보다 정확하게 말하면 미국의 부시 행정부가 베네수엘라의 혁명에 가하는 위협을 여러 연설에서 거듭 거론해왔다. 그는 이런 위협을 근거로 자신의 생각에 동조하지 않는 사람들은 베네수엘라의 국가와 그 혁명의 과정을 위태롭게 하거나 배반한 데 대한 책임을 져야 할 것이라고 비난하고 있다.

잘 알려져 있듯이 미국의 고위 관리들은 이런 베네수엘라의 상황을 잘 알기에 2002년의 쿠데타를 환영했고, 베네수엘라 야권의 조직과 지도자들에게 자금지원을 해왔다. 그러나 베네수엘라의 야권 세력이 정부쪽에 의해 거듭해서 결정적으로 패배당한 상태에서 미국이 머지않아 차베스의 권력을 약화시키는 방식으로 베네수엘라의 정치에 성공적으로 개입하기란 거의 불가능할 것이다. 베네수엘라의 야권 세력은 유권자들에게 크게 불신당하고 있는데다가 분산돼 있어 정치적 대안이 되기 어렵다. 부시 행정부의 정치적 위상이 국내적으로도 국제적으로도 약화됐음을 감안하면 미국이 베네수엘라를 군사적으로 침공하거나 개입할 가능성도 거의 없다고 볼 수 있다. 강대국은 아니지만 '바나나 공화국(banana republic, 바나나 수출에만 의존해 살아가는 하찮은 공화국이라는 뜻으로, 중남미나 아프리카에 있는 나라를 경멸조로 이르는 말. 미국의 작가 오 헨리가 온두라스를 이렇게 호칭한 데서 유래한 말이라고 함—옮긴이)'도 아닌 나라인 베네수엘라에 대한 모험적인 행동은 적어도 가까운 미래에는 먹히지 않을 것이다. 미국의 병력과 재원은 이미 지구상의 다른 여러 전선들에 투입되고 있다. 반면에 베네수엘라는 오늘날 카리브공동체(Caricom), 미주기구(OAS), 남미공동시장(메르코수르)과 같은 중남미의 지역적 국제기구 회원국들의 지지와 공감을 얻고 있고, 이로 인해 그런 국제기구에서 베네수엘라의 위상을 약화시키려는 미국의 시도가 저지되고 있다.

이렇게 볼 때 베네수엘라의 국내에서 비판을 억제하고 모두 단합해 차베스의 개인적 권력을 지지해야 할 필요가 있으며 그렇게 하지 않으면 적의 계획을 돕는 결과를 초래할 것이라는 견해를 받아들이기가 어렵다. 이보다는 그 자신이 군사적 훈련을 받았고 피델 카스트로를 존경한다는 차베스가 쿠바를 본떠 집중화되고 개인화된 사회주의 기획을 선호하고 있다고 보는 것이 더 합리적인 판단일 것이다. 그러나 쿠바에서도 정치적 관용의 공간이 닫히기보다는 열리고 있는데 베네수엘라가 '쿠바화'로 나아간다면 그것은 터무니없는 일이라고 지적하는 사람들도 있다.

권력의 집중화와 정치적 불관용은 국내의 막강한 경제적 집단에 대항해 혁명을 강화하는 전략으로서도 합리화되기 어렵다. 2001년과 2004년 사이에 경제적 영향력을 지닌 집단들이 거의 모두 차베스 정권을 무너뜨리기 위한 야권의 반정부 행동에 협력했던 것은 사실이지만, 그런 행동에서 실패한 뒤로는 대부분의 경제적 집단이 현실의 상황을 받아들이고 경제적 발전이 이루어지는 시기에 각자 자신의 사업이나 돌보겠다는 입장으로 돌아섰다. 다만 사적으로 소유된 몇몇 미디어들은 여전히 정치에 적극적으로 관여하고 있다. 중남미에서 가장 재산이 많은 부자들 가운데 한 명이자 '채널 4(Channel 4)'라는 베네수엘라의 텔레비전 방송국을 소유하고 있고 중남미 지역 내 여러 기업의 대주주이기도 한 베네수엘라의 재벌 구스타보 시스네로스(Gustavo Cisneros)의 처신이 대표적인 사례다. 시스네로스는 2004년의 국민투표 때까지만 해도 야권의 전략을 지지했지만, 그 뒤에는 자신이 그동안 많은 재산손실을 입었다고 생각해 차베스 대통령 쪽과 타협을 하고 채널 4를 정치적 논란과는 거리는 두는 방식으로 운영했다.

석유산업이 큰 비중을 차지하는 나라인 베네수엘라는 국가 자체가 석유산업을 운영하는 사업체와 같은 성격을 오래전부터 가져왔음을 잊지 말아야 한다.

폐데베사의 소유자인 국가는 이 나라에서 가장 강력한 사업체나 다름없다. 베네수엘라의 국가는 또한 전력회사, 저수지, 그리고 베날룸(Venalum)과 보크시벤(Bauxiven)과 같은 광업회사의 대부분을 소유하고 있다. 사실 최근의 국유화 조치는 그리 새삼스러운 일이 아니다. 국제유가가 급등했던 1970년대에 오히려 더 많은 국유화 조치가 취해졌다. 카를로스 안드레스 페레스 대통령에 의해 실시된 당시의 국유화 조치는 '국가자본주의'로 지칭됐다. 지금까지 차베스 대통령이 국유화한 기업들에 대해 실시한 보상은 합법적이었고, 그런 기업들의 기존 소유자도 대부분 만족스럽다고 생각하고 보상을 받아들였다. 몰수된 대규모 토지에 대해서도 비슷한 보상이 이루어졌다. 토지몰수 조치를 선언한 차베스 대통령의 연설은 매우 공격적이었지만 그런 조치의 실행은 법을 지키고 신속하게 보상을 해주는 방식으로 진행되고 있다. 그리고 지금까지 금융부문과 수입업계는 상당히 높은 이윤을 누렸다.

사적으로 소유된 대중매체는 볼리바르 프로젝트에 가장 끈질기게 맞서는 세력 가운데 하나다. 채널 2의 소유자이자 1980년대에 신자유주의 이데올로기에 입각한 정치적 조직을 설립하기도 했던 베네수엘라의 사업가 마르셀 그라니에르(Marcel Granier)는 시스네로스와 달리 2004년의 국민투표 이후에도 차베스와 대화를 하거나 그의 정부와 협상을 하려고 하지 않았다. 그러자 차베스 대통령은 21세기의 사회주의로 가는 과정을 단축하는 것과 관련된 일련의 행동 가운데 하나로 군부대에서 군복을 입은 채로 한 연설에서 2007년 5월 27일로 계약기간이 끝나는 채널 2의 사업권을 갱신해줄 생각이 없다고 선언하고 후속조치에 착수했다.

이런 그의 행동은 다양한 영역에서 다양한 동기를 가진 다양한 주체에 걸쳐 복잡한 상황을 초래했다. 이미 양극대치의 상태가 된 사회가 더욱 양극화됐고, 이런 양극대치의 상태가 국제적인 영역으로도 확대됐다. 이로 인해 국제적인 영역에서 각급 정부, 정당, 대중매체 등이 각자의 이해관계에 따라 편을 가르는 상황이 전개됐다.

베네수엘라 정부는 법에 의해 방송사업권을 갱신해주지 않을 권한을 갖고 있다. 또한 정부가 참여적 민주주의를 심화시키는 데 필요한 메커니즘과 관련해 다원성과 다양성을 내세워왔음을 고려하면, 채널 2에 대한 사업권 갱신 불허는 방송의 민주화를 위해 방송사업권에 대한 새로운 정책을 실시하는 것이라고 하는 정부의 주장이 타당한 것일 수도 있다. 그러나 공식적인 제도상의 절차를 밟기보다는 군부대에서 군복을 입고 공격적인 언어를 사용하며 채널 2의 사업권을 갱신해주지 않겠다고 선언한 차베스의 방식, 채널 2와 마찬가지로 쿠데타를 지지했던 채널 4에 대해서는 같은 날에 기존 사업자에게 사업권을 갱신해주었다는 점, 그리고 차베스가 새로운 임기에 들어서면서 권력을 자기 개인에게 집중시키고 정치적으로 다른 견해를 관용하지 않는 경향을 보이기 시작했다는 사실 등은 양극대치 상태의 대결을 더욱 부추기는 작용을 해왔다. 그러한 차베스의 조치가 그의 정치적 위상을 약화시켰는지의 여부는 분명치 않지만, 여론조사 결과를 보면 그러한 조치가 언론의 자유를 침해하는 경향을 강화시킬 것이라는 우려가 폭넓게 존재하는 것으로 나타난다.

차베스 대통령이 볼리바르 계획을 급진화하는 내용의 선언을 한 뒤로 조성된 이런 갈등은 상황을 불안정하게 만들어 미래예측을 어렵게 만들고 있다. 차베스는 강력한 국민적 지지와 정권의 합법적 정통성을 계속 누리고 있으며, 이는 곧 그가 의사결정권을 자신의 수중에 집중시키는 것을 통해 변화의 과정을 최대한 가속화하는 전략을 고수해나갈 것임을 시사한다. 그러나 차베스 대통령과 동맹관계에 있는 부문들과 야권과 동맹관계에 있는 부문들 모두에서 보이는 베네수엘라 사회의 조직적, 참여적 동력이 차베스로 하여금 일부 측면에서는 정책을 수정하게 만들 수도 있다. 2006년 5월 말에는 대학생 운동권을 비롯한 일부 주체들이 과거보다 덜 대결적인 방식으로 자신들의 불만과 요구를 표현하기 위한 행동에 나섰다. 차베스주의자들 내부에서도 새로운 움직임이 일어나고 있다. 예를 들면 친정부 정당들 가운데 일부는 베네수엘라 통합사회당에 논의 없이 무조건 참여하라는 차베스 대통령의 요구를 수용하기를 거부했고, 스스로 해산하지도 않았다. 차베스 대통령도 개헌이 최종 승인까지 1년 이상의 시간이 걸릴 수도 있다고 말했다. 이 모든 사실은 차베스 대통령의 여러 제안들에 대한 저항이 베네수엘라 사회에 존재하고 있음을 보여주는 것일 수 있다.

개혁이나 정책이 최대한 폭넓게 국민에게 참여의 문호를 개방하는 방식으로 추진된다면 그 개혁이나 정책은 더 큰 활력을 띠게 되고 국민의 지지도 더 확고하게 얻게 되면서 소망스러운 방향으로 나아갈 것이다. 그리고 그 과정이 보다 정당한 절차로 이루어질수록 더 낫고 더 깊은 참여적 민주주의라는 목표의 달성이 그만큼 더 확실해질 것이다.

주석

1 예를 들어 다음 자료들을 보라. Miriam Kornblith, Venezuela en los 90. La crisis de la democracia, Caracas: Ediciones UCV—IESA, 1998; Ángel Eduardo Álvarez, ed., El sistema politico venezolano: crisis y transformaciones, Caracas: Ediciones de la Universidad Central de Venezuela, 1996; Steve Ellner and Daniel Hellinger, eds., La politica venezolana en la época de Chávez, Caracas: Nueva Sociedad, 2003; Margarita López Maya, Del Viernes Negro al Referendo Revocatorio, Caracas: Alfadil, 2005.

2 석유산업과 석유산업의 개혁을 둘러싸고 빚어진 갈등의 자세한 내용에 대해서는 Luis E. Lander, ed., Poder y petróleo en Venezuela, Caracas: FACES UCV—PDVSA, 2003을 보라.

3 Jonah Gindin, 'Chavistas in the Halls of Power, Chavistas on the Street', NACLA Report on the Americas, 38(5), 2005에 들어있는 Roland Denis의 증언과 관련 논의를 참고하라. 이 자료는 www.venezuelanalysis.com에서도 볼 수 있다.

4 이 선거와 관련된 통계 등의 자료는 Consejo Nacional Electoral(www.cne.gov.ve)에서 볼 수 있다.

5 〈표 1〉과 〈표 2〉는 다음 책에서 가져온 것이다. Margarita López Maya and Luis E. Lander, 'Venezuela: las elecciones presidenciales de 2006, hacia el socialismo del siglo XXI?'. Paper presented in the Seminar América Latina 2006: Balance de un año de elecciones II at CEPC—Universidad de Salamanca, Madrid, Spain, 12~13 December 2006.

6 'PDVSA', in Últimas Noticias, 21 January 2007.

7 Gregory Wilpert, 'The Meaning of 21st Century Socialism for Venezuela', 11 July 2006, available at www.venezuelanalysis.com.

8 같은 글.

9 El Nacional, 27 August 2006.

10 Ernesto Laclau, La razón populista, Buenos Aires: FCE, 2005.

11 'Hugo Chávez Frias: Discurso sobre el Partido Socialista Unido de Venezuela', speech at Teatro Teresa Carreno, Caracas, 15 December 2006, transcription of TV Prensa, December 2006, in Venezuela Analitica, available at www.analitica.com.

12 같은 자료.

13 'Vamos rumbo a la República Socialista de Venezuela', in Aporrea, 8 January 2007, www.aporrea.org; 'Discurso del Presidente en la juramentacion del 10 de enero de 2007', 10 January 2007, available from www.minci.gov.ve.

14 이때 차베스는 내각개편의 내용도 발표했다. 이 내각개편으로 호세 빈센테 랑겔(José Vicente Rangel), 헤세 차콘(Jesse Chacón), 아리스토불로 이스투리스(Aristóbulo Istúriz) 등

차베스의 이전 임기 동안에 중요한 자리에 있었던 여러 인물이 퇴진했다. 차베스가 왜 이런 내각개편을 했는지에 관한 정보는 알려진 것이 없다. 그러나 특히 차베스의 이전 임기에 핵심적인 역할을 했던 랑헬과 이스투리스와 같은 사람들이 새 내각에서 배제된 점에서 이 내각 개편에 대해 많은 논평이 나왔다. 계속 내각에 남았거나 새로 내각에 기용된 사람들 가운데는 랑헬이나 이스투리스, 또는 몇 달 뒤에 역시 정부를 떠난 알리 로드리게스(Ali Rodriguez)만큼 차베스와 동등한 입장에서 말을 주고받을 수 있는 사람은 하나도 들어있지 않았다.

15 'Presidente Chávez juró cumplir su mandato dentro del contexto del socialismo', in Agencia Bolivariana de Noticias, 10 January 2007, available at www.abn.info.ve.

16 '내생적 핵심(Endogenous nuclei)'은 정부가 지역별로 사회경제적, 지리적, 환경적 조건을 활용한 생산활동을 촉진하기 위해 설정하는 지역적 단위다. 이런 지역적 단위는 새로운 종류의 경제에서 일할 새로운 종류의 사회주의적 인간을 발전시키는 과정에서 핵심이 되며, 따라서 정부는 이런 지역적 단위에 속하는 사람들이나 지역사회에 대해서는 다양한 보조와 지원을 해준다는 것이다. 그동안 설정된 '내생적 핵심'들은 아직까지는 정부의 재정에 의존하고 있다.

17 'Juramentación del Presidente de la República Bolivariana de Venezuela, Hugo Chávez Frias (periodo 2007~2013)', 15 January 2005, available from www.mci.gob.ve.

18 같은 자료.

19 Comisión de la Facultad de Ciencias Jurídicas y Políticas, UCV, 'La Ley Habilitante, por ser una "Ley de plenos poderes", está totalmente viciada de inconstitucionalidad', Caracas, February 2007, available from www.juri.ucv.ve를 보라.

20 비례대표제는 이른바 모로차스(morochas, 직역하면 '쌍둥이'라는 뜻이지만, 베네수엘라에서는 예를 들어 어느 한 정당이 비례대표 후보를 내는 선거구에는 다른 한 정당에서 비례대표 후보를 내지 않고 개인자격 후보만 내는 방식으로 복수의 정당이 서로 담합해 마치 하나의 정당인 것처럼 선거구별로 후보를 조정하는 것을 이르는 말로 사용된다—옮긴이)로 인해 이미 훼손됐다.

21 Jesús Rojas, Interview in Caracas, 28 November 2006.

22 Bastidas in El Nacional, 5 February 2007.

23 'Gobierno asignó Bs 4 billones para los consejos comunales', El Nacional, 19 January 2007.

24 Josh Lerner, 'Communal Councils in Venezuela: Can 200 Families Revolutionize Democracy?', 19 March 2007, available at www.venezuelanalysis.com.

베네수엘라에서 오가는 공세와 반격

마르타 아르네케르

2002년 4월에 베네수엘라에서 군사쿠데타가 일어났을 때 군 장성 가운데 80퍼센트 이상은 차베스와 헌법에 대한 충성을 유지했다. 이 군사쿠데타의 실패는 반대파에게는 최초의 큰 패배였고, 차베스에게는 의미 있는 선물이었다. 이로 인해 전개된 새로운 상황은 다양한 주체들의 본모습을 노출시켰고, 국민이 훨씬 더 높은 수준의 정치적 이해력을 갖게 했다. 군의 간부나 민간의 지도자 가운데 누가 믿을 만하고, 누가 믿을 만하지 않은가가 분명해졌다. 군의 숙정을 추진하기에 유리한 여건이 조성됐고, 반대파는 분열됐다. 또한 그 전에는 정부의 정책에 반대하던 중산계급 가운데 점점 더 많은 사람들이 차베스를 밀어낼 경우에 초래될 혼란에 대해 우려하게 됐다.

2002년 12월 2일에 나라를 마비시키고자 했던 시도의 좌절은 반대파에게 두 번째의 큰 패배였다. 그들은 나라를 마비시키지 못했다. 차베스는 그들의 압력에 굴복하지 않았다. 그러나 더욱 중요한 것은 석유산업이 진정으로 베네수엘라 국가의 통제를 받게 됐다는 점이다. 이 점은 반대파가 차베스에게 준 두 번째의 큰

선물이었다. 그들의 전복적이고 파괴적인 태도로 인해, 페데베사를 실질적으로
통제하면서 정부에 반대하던 1만 8천 명의 중상층 관리자들을 합법적으로 해고
할 수 있는 여건이 조성됐다.

2004년 8월 15일의 국민투표에서 차베스 대통령이 재신임을 받게 되기까지의
과정은 세계 역사상 전례가 없는 것이었다. 차베스 대통령에 대한 유권자들의 재
신임은 차베스의 정부를 종식시키려고 했던 반대파에게 큰 패배를 안겨주었다.
그 국민투표에서 차베스가 큰 표차로 승리한 것은 반대파가 그에게 준 세 번째의
큰 선물이었다. 국제사회에서 베네수엘라로 와서 투표과정을 예리하게 감시한
수백 명의 참관인들은 이구동성으로 투표결과를 승인했다.[1]

유명한 작가이자 참관인 가운데 한 사람이었던 우루과이의 에두아르도 갈레
아노(Eduardo Galeano)가 말했듯이, 그러한 국민투표 결과는 민주주의가 빈곤의
문제를 해결하지 못했다는 사실 때문에 민주주의의 위상이 많이 떨어진 이 세계
에 '낙관주의를 주입한 것'과 같았다.

그것은 한 개인의 승리가 아니라 국제적인 영역과 국가적인 영역 모두에서 인
본주의와 연대에 기반을 두고 이 나라가 추진해온 프로젝트, 즉 탐욕스럽고 약탈
적인 신자유주의 모델에 맞서는 대안의 모델, 즉 내생적 발전과 사회적 경제의
모델로 떠오른 이 나라의 프로젝트가 거둔 승리였다. 그것은 전 세계에서 유일하
게 대통령에 대한 소환투표(재신임투표—옮긴이)를 실시할 수 있다고 규정한 현
행 베네수엘라 헌법의 승리였다. 무엇보다도 그것은 국민, 민중조직, 달동네 주
민의 승리인 동시에 선거운동을 이끄는 조직의 부름을 기다리지 말고 스스로 주
도력을 발휘해 자율적인 조직화에 나서달라는 대통령의 호소에 응한 이 나라 중
산계급의 승리였다.

국민투표 이후의 새로운 국면

차베스가 국민투표에서 승리함으로써 볼리바르 혁명 과정의 새로운 국면이 시작됐다. 대중매체를 이용해 정부에 도전하던 사람들은 탄약이 다 떨어졌다. 반대파는 정체가 노출됐고, 그들의 신뢰도는 추락했다. 분파 간의 내부갈등이 격화됐다. 그러나 비록 전투에서는 반대파가 패배했지만 전쟁에서는 아직 차베스를 지지하는 세력이 승리하지 못한 게 분명하다. 우리는 2600만 명이 사는 나라에서 400만 명 가까이가 차베스의 대통령직 임기를 중단시키는 데 찬성하는 표를 던졌다는 점을 잊지 말아야 하겠지만, 600만 명이 그렇게 하는 데 반대하는 표를 던져주어 우리가 승리함으로써 창출된 기대도 잊지 말아야 할 것이다. 이러한 새로운 국면에서 우리가 감당해야 할 과제는 정치, 경제, 제도, 의사소통 등 여러 영역에 걸쳐 매우 다양하다.

첫째, 볼리바르 혁명의 과정은 민중의 주체적 참여라는 측면에서 질적인 도약을 해야 한다. "권력이 민중에게 주어지지 않는다면 빈곤은 제거될 수 없다"는 것이 차베스 대통령의 가장 중요한 사상이며, 이런 그의 사상은 조직적인 형태와 구체적인 참여로 실현돼야 할 필요가 있다. 그러한 실현이 실제로 시도되고 있다. 그것은 주민자치위원회라는 개념의 부상과 관련이 있다. 대체적인 추정에 따르면 베네수엘라에는 5만 2천 개의 지역사회가 존재한다. 그 각각의 지역사회에 지역공동체 정부의 역할을 할 조직이 수립돼야 할 필요가 있었다. 그래서 수립된 것이 주민자치위원회라고 불리는 조직이다. 이미 수립된 주민자치위원회의 대부분은 지역사회가 우선과제로 삼은 소규모 프로젝트를 시작하는 데 필요한 재원을 정부로부터 지원받았다.

둘째, 자본주의에 대한 대안으로서 새로운 생산모델의 발전을 추구하는 것도 중요했다. 이런 일은 이미 진행되고 있다. 석유산업에서 거두는 세입과 원자재 수출에 의존해 생존해나가는 국가였던 베네수엘라가 대중적으로 소비되는 재화와 서비스를 생산하고 공급하는 농업을 비롯한 산업기반을 견고하게 갖춘 나라로 변화하고 있다. 그것은 연대, 협력, 상호보완, 상부상조, 그리고 경제적, 금융적 지속가능성의 원칙에 입각해 사회적 생산을 하는 기업들을 발달시킴으로써 임금노동을 자본의 착취에서 해방시키는 새로운 사회적 생산관계에 토대를 둔 모델이다. 또한 그것은 인구의 75퍼센트가 집중돼 있어 주거문제가 심각한 5개 대도시가 퇴화하는 문제를 극복하기 위해 지역 간 균형과 조화롭고 질서 있는 지역개발을 지향하는 모델이자 기초적인 재화를 생산함으로써 내생적 발전을 심화시키는 데 기여하는 새로운 세대의 기업들을 토대로 한 모델이다. 새로운 세대의 기업으로 설립된 것으로는 코니바(Coniba, 국영 기초산업회사; National Company of Basic Industries)와 11개에 이르는 그 자회사들, 그리고 페퀴벤(Pequiven, 베네수엘라 석유화학공사; Venezuelan Petrochemical Corporation)이 있다. 이런 기업들을 설립한 목적은 국내에서 생산되는 원자재를 고부가가치 제품으로 전환시켜 수입대체와 수출다변화를 실현하는 데 필요한 기술혁신 능력을 강화하는 데 있다. 이 밖에도 정부는 통신과 같은 전략적 산업과 식품안전 및 식품주권과 관계가 있는 산업에도 투자해서 통신분야에서는 CVG통신(CVG Telecom), 식품분야에서는 CVA(베네수엘라 농업공사; Venezuelan Agrarian Corporation)를 각각 설립했다. CVA는 농업부문에서 새로 설립된 다른 기업들의 모기업 역할도 하고 있다. 그런가 하면 메리다 주의 전력산업과 볼리바르 주의 알루미늄 기업인 알카사(ALCASA)는 노사간 공동경영(co-management)을 시도해 주목받고 있다. 또한 문을 닫은 공장을 노동자들이 인수하는 사례도 늘어나고 있다.

이와 동시에 우리는 고용의 문제를 해결해야 할 필요가 있었고, 이것은 우리의 주요 과제 가운데 하나가 됐다. 정부는 이런 목적을 염두에 두고, 정부에서 제안한 내생적 발전과 사회적 경제의 프로젝트에 기꺼이 협력하고자 하는 민간 산업부문을 다시 활성화시키는 작업에 나섰다. 정부가 민간산업 부문과 체결할 협정의 틀이 마련됐다. 이 틀에는 민간 산업부문의 기업이 자사의 이익 가운데 적어도 10퍼센트를 인접한 지역사회가 가장 절박하게 필요로 하는 것이 그 지역사회에 공급되도록 지원하는 데 지출하기로 하는 등 사회적 책임을 떠맡아 수행한다면 정부가 그 기업에 저리의 융자를 제공한다는 내용도 포함됐다.

국민투표 이후에는 제도의 영역에서 여러 세력 간 상관관계에 눈에 띄는 개선이 이루어졌다. 주지사와 시장을 뽑는 선거의 결과는 정부에 매우 긍정적이었다. 이제 반대파는 24개 주 가운데 단지 2개 주만을 지배할 수 있게 됐다. 의회도 모두 볼리바르 혁명 지지자들로 채워졌다. 반대파 후보들은 질 것이 뻔하다고 예상하고 모두 다 선거에서 발을 뺐다. 물론 이는 의회에 대한 불신을 조장하려는 시도이기도 했다.

볼리바르 혁명 과정의 취약점

이상과 같은 힘의 양적인 축적은 질적인 축적으로 전환돼야 했다. 정부가 선포한 프로젝트와 이니셔티브를 모두 추진하기 위해서는 효율성, 다시 말해 각자가 맡은 책임과 관련해 더 나은 성과를 올려야 한다는 점을 강조해야 했다. 그러나 그러한 성과는 나타나지 않았다. 옛 국가주의 모델이 여전히 남아있을 뿐만 아니라, 변화를 일으키려고 하는 차베스의 여러 시도에도 불구하고 그 모델이 여전히 매우 강력한 위력을 발휘하고 있다. 부패문제의 경우에도 사정이 똑같다.

2006년 12월 3일에 실시된 대통령선거 이전에는 볼리바르 혁명이 설정한 큰 과제들에 더 잘 부응할 수 있는 정치제도의 형성이 거의 또는 전혀 이루어지지 않았다. 볼리바르 혁명 주도세력의 다양한 층위에서 논쟁이 계속됐고, 논쟁의 열기가 더욱 강화됐다. 대통령선거 과정을 이끌어나갈 조직으로 구성된 '미란다 선거운동본부(Miranda Electoral Command)'는 제5공화국운동(MVR, Movimiento

V República, 우고 차베스가 1997년에 결성한 정당으로 2007년 10월에 베네수엘라 통합사회당에 통합됐다—옮긴이)이 주도했고, 이로 인해 볼리바르 혁명의 과정을 지지하는 다른 정당들은 물론이고 일반인들 사이에도 불만이 일어났다. 어쨌든 볼리바르 혁명의 과정은 노동자들의 통일된 조직을 건설하는 데서는 발전하기보다 퇴보하는 모습을 보였다. 오늘날에는 그 과정이 점점 더 분산되는 양상을 보이고 있다. 그리고 옛 방법들이 계속 동원되고 있다.

미디어의 대다수를 차지하는 반대파의 미디어들은 정부의 오류와 약점을 크게 과장하고 정부의 프로젝트를 왜곡해 전달함으로써 반정부 분위기를 조장하면서 베네수엘라 국민 가운데 상당부분에 영향을 끼치고 있다. 물론 이런 반정부 캠페인의 배후에는 차베스를 골칫거리로 여기는 미국정부의 손길이 지속적으로 작용하고 있다.

게다가 미디어를 통한 매일매일, 시시각각의 공격에 더해 이제는 2006년 12월의 선거에 반대파의 대통령 후보로 나섰던 인물인 마누엘 로살레스를 중심으로 반대파가 마침내 결집하기 시작했다. 로살레스는 대통령선거에 출마하기 직전까지 줄리아 주의 주지사였다. 줄리아 주는 가장 인구가 많은 주인 동시에 콜롬비아와 국경을 맞대고 있다는 점에서 전략적으로도 중요한 주다. 대통령선거 때 로살레스는 잘 조율된 선거운동을 펼쳤다. 그는 차베스 정부가 민중을 위해 해놓은 좋은 것은 전부 다 그대로 보존할 것이라고 약속했고, 석유산업 부문의 이익이 나라 밖으로 빠져나가 다른 나라 국민들에게 넘어가도록 놔두지 않고 그 이익으로 모든 가난한 가정의 은행계좌에 상당한 액수의 돈을 넣어주겠다는 선동적인 선언을 했다.

이런 모든 제약조건과 장해물을 의식하게 된 차베스 대통령은 선거일을 불과 몇 주일 앞둔 시점부터 선거운동을 직접 지휘하기 시작하면서 전국을 쉴 틈 없이 돌아다녔다. 선거운동 기간 중 마지막 두 주일 동안에 그는 청년들을 선거운동의 주축으로 내세웠고, 그들의 도덕적인 힘으로 이전 세대들을 오염시킨 악덕을 극복해야 한다고 주장했다.

그동안 베네수엘라 국민이 볼리바르 정부 덕분에 얻은 것들을 감안할 때 차베스가 이길 것임은 아무도 의심하지 않았으나, 위에서 열거한 갖가지 이유 때문에 볼리바르 정부를 이끌어온 차베스가 국민투표의 결과보다 더 나은 선거결과를 얻을 수 있을 것 같지는 않았다. 여론조사 결과도 이런 상황진단을 뒷받침했다. 여론조사 결과는 그가 약 20퍼센트의 표차로 선거에서 승리할 것으로 나왔는데, 20퍼센트의 표차는 2년도 더 전에 그가 얻었던 차점자와의 지지도 격차와 같은 수준이었다. 그러나 국제사회에서 온 수백 명의 참관자들이 주의 깊게 감시하는 가운데 이 나라 정치의 역사상 투표불참 비율(25퍼센트 미만)이 가장 낮을 정도로 유권자들이 적극적으로 참여해 깨끗하게 치러진 이 선거의 결과는 차베스의 압도적인 승리로 나타났다. 이 선거에서 차베스는 2004년의 국민투표 때 얻은 지지표보다 100만 표가 더 많은 700만 표를 얻었고, 로살레스를 후보로 내세운 반대파는 400만 표를 얻어 기존의 지지표를 유지하는 수준에 그쳤다. 차베스가 이렇게 확실한 승리를 거둔 탓에 미국정부도 차베스의 승리를 인정하지 않을 수 없었다. 미국정부는 베네수엘라에 민주적인 정치가 존재한다는 사실을 공공연하게 인정하면서 새로 선출된 베네수엘라 정부와 긍정적이고 건설적인 관계를 맺는 데 관심이 있다고 밝혔다.[2]

이것은 차베스의 네 번째 큰 승리였다. 그러나 반대파가 네 번째의 큰 패배를 당한 것이라고 할 수는 없다. 왜냐하면 그들이 지기는 했지만 그 싸움의 과정에서 강해졌기 때문이다. 그들의 주요 지도자들은 품위를 지키며 패배를 인정하는 성숙된 태도를 보이면서 앞으로는 볼리바르 헌법에 규정된 게임의 규칙 안에서 싸움을 해나갈 뜻을 밝혔다. 차베스 대통령도 이런 그들의 선언에 긍정적인 반응을 보이면서 "조건을 달거나 흑색선전을 하지 않는다면", 그리고 자기에게 원칙을 버리기를 기대하지 않는다면 자기도 대화에 나설 용의가 있다고 밝혔다. 그는 "21세기의 사회주의는 우리의 목표이며, 앞으로도 계속 그럴 것"이라고 재확인했다.

새로운 '혁명의 정당' 창당

차베스는 선거 직후에 한 연설에서 "사회주의로 가는 베네수엘라의 길에서 볼리바르 혁명을 심화시키고 확장시키는 것"을 '전략적 기본노선'으로 제시했다. 그러면서 그는 베네수엘라의 정치적 과정이 지닌 취약점에 대한 인식이 반영된 세 가지 기본적 선언을 했다. 그것은 부패와 싸우겠다는 것, 관료주의와 싸우겠다는 것, 그리고 통합된 혁명의 정당을 만들겠다는 것이었다.[3]

차베스가 자기의 새로운 임기 중에 추진할 양대 전략적 목표를 내세운 앞의 두 가지 선언은 그리 놀라운 것이 아니었다. 이미 그는 그 전의 몇 달 동안 거듭해서 그러한 문제에 대해 심사숙고하고 있음을 밝혀왔기 때문이다. 그러나 그가 국민과 정치권에 호소하는 식으로 내놓은 세 번째 선언, 즉 '베네수엘라 통합사회당'이라는 이름의 새로운 정당을 창당하겠다는 선언은 놀라운 것이었다. 그가 그동안 그러한 문제를 거론하지 않았다고 해서, 또는 그를 지지하는 다른 정당의 지도자들과 그러한 문제에 대해 논의하지 않았다고 해서 놀라웠던 것이 아니다. 이 선언이 사람들을 놀라게 한 이유는 차베스가 깊이 있는 논의를 거치지도 않고 그런 선언을 했다는 점, 그리고 적어도 처음에는 그것이 공산당처럼 오랜 역사적 궤적을 갖고 있는 정당을 비롯한 기존의 정당들을 신속하게 해체시키는 새로운 정치적 수단이 되기보다는 여러 기존의 정당들을 아우르는 일종의 '전선'이 될 것으로 보였다는 점에 있었다.

그러나 차베스는 매우 명확한 태도를 보였다. 그는 '두문자 약칭들의 잡탕'과 같은 것을 거부하고, 풀뿌리 대중으로부터 새롭게 선출된 인물들로 새로운 정당을 건설해야 할 필요가 있다고 강조했다. 자기가 생각하는 새로운 정당은 좌파 정치집단 출신의 전투적인 인물이든, 사회운동 조직에서 활동하던 사람이든, 기존의 사회운동 조직에 가입하지 않은 동지든, 사회운동 조직에 가입해 활동하다가 그 일탈행위와 오류에 실망해 탈퇴한 사람이든 베네수엘라의 사회주의 건설

을 위해 투쟁할 의지를 가진 모든 사람을 중심으로 뭉친 정치조직이라고 말했다.[4]

　이런 새로운 정치적 프로젝트의 일환으로 차베스가 '촉진자들(promoters)'이라고 부른 활동가 수만 명이 전국을 돌아다니면서 베네수엘라의 역사상 가장 큰 정당이 될 통합사회당의 당원이 되기를 원하는 사람들의 등록을 받았다. 등록접수 마감일보다 일주일 전인 6월 3일까지 500만 명 이상이 통합사회당의 당원으로 등록했다. 그런데 유감스럽게도 모든 정황으로 미루어보건대 이렇게 많은 사람을 등록시키려고 하다 보니 부정행위와 강압행위가 적잖이 이루어진 것이 분명했고, 이는 등록활동의 결과에 대해 정확한 평가를 내리는 데 방해가 되는 동시에 많은 사람들에게 불만을 초래했다. 차베스 대통령은 그러한 행위를 비난할 것을 모든 사람에게 호소하면서 "등록절차를 신중하게 운영해야" 하고, 미래에 많은 손상을 초래할 수 있는 일탈행위에 대해서는 "적절한 시간 안에 비난을 해야 한다"고 말했다.

　한편 차베스 대통령은 일요일인 6월 10일에 텔레비전 방송의 '알로 프레시덴테(Aló Presidente; Hello President, 차베스 대통령이 출연하는 주례 토크쇼—옮긴이)' 프로그램에 출연해 등록은 등록일 뿐이고 새로운 정당의 구성원은 나중에 필요한 절차를 거쳐 선별될 것임을 분명히 밝혔다. 새로운 정당의 지도부는 소수이더라도 검증된 투사들로 구성돼야 한다고 그는 말했다. 그러나 이때까지도 누가 어떻게 선별작업을 수행할 것인가는 논의되지 않았다. 이때 국가선거위원회(CNE; National Electoral Council)가 등록자들에 대한 검토작업을 벌이고 있었다. 나중에 당원으로 확정되는 사람들은 '사회주의 대대(socialist battalion)'라고 불리는 200명 단위의 조직으로 편성되게 돼있었다. 단위조직의 규모가 이렇게 설정된 것은 모든 사람이 실질적으로 민주적인 참여를 할 수 있게 하는 동시에 밑으로부터 최선의 인재들이 창당대회에 참석할 대변자들(voceros; spokespeople)로 선출되도록 하기 위한 것이었다. 당원 수가 약 400만 명이 될 것으로 추정됐으므로 '사회주의 대대'는 약 2만 2천 개가 구성돼야 했고, 그 각각에서 한 명씩을 대변자로 선출해 지역대회에 참석하게 하고 다시 지역대회에서 전국대회에 참석할 대변자를 선출하게 돼있었다. 따라서 전국대회는 각 지역에서 선출돼 올라온 2200명가량의 대변자들로 구성되는 것이었다. 그런데 등록자 수가 예상보다 많은 500만 명 이상으로 늘어남에 따라 계산을 다시 해야 했다. 아울러 이와 같은 공식만으로는 어느 한 지역사회에서 여러 명이 동시에 지도자로 인정받는 경우는 어떻게 처리해야 할지를 알 수가 없었다.

창당대회는 참석자들이 정강정책과 조직의 형태, 당원의 유형 등 새로운 정당과 관련된 여러 쟁점을 비롯해 베네수엘라를 어떤 종류의 나라로 건설해나갈 것이냐 하는 문제 등 온갖 쟁점에 대해 토론을 벌이며 3개월 동안 계속 진행되는 행사로 계획됐다. 그 사이에 일정한 회기가 끝날 때마다 전국대회에 참석한 대변자들이 각각의 지역으로 돌아가 풀뿌리 집회에서 그곳 당원들에게 전국대회에서 토론된 내용을 알려주고 지역 차원의 토론을 심화시키는 역할을 담당하게 돼있다. 새로운 정당의 각급 지도부는 바로 이런 지역별 풀뿌리 집회로부터 선출해 올리는 방식으로 구성될 예정이다. 따라서 지역에 지지기반을 갖고 있지 않은 사람은 이 새로운 정치적 조직 안에서 어떤 자리도 맡을 수 없다. 이런 메커니즘을 통해 지역사회의 사업, 일터, 학습조직으로부터 그동안 알려지지 않았던 새로운 인물들이 수천 명 규모로 떠올라 새로운 지도부를 형성하게 될 것으로 기대되고 있다.

다섯 개의 원동기

차베스는 개헌 후 두 번째 임기의 대통령에 취임한 뒤인 2007년 1월 10일에 또 하나의 중대한 선언을 했다. 그는 21세기의 사회주의로 나아가는 일은 '다섯 개의 원동기'에 의존하게 될 것이라고 밝혔다. 그 가운데 첫 번째 원동기는 사회주의로 이행하는 속도를 높이기 위해 필요한 분야에 대해서는 행정부가 입법권을 갖도록 해주는 수권법이었다. 두 번째 원동기는 무엇보다도 경제나 정치의 영역에서 앞으로 건설될 사회주의 사회에 관한 기획에 부합하지 않는 헌법조항을 수정하기 위한 개헌이었다. 1999년에 제정된 볼리바르 헌법이 혁명의 과정에 비추어 너무 협소한 것이 됐다는 사실은 놀랄 일이 아니다. 이는 아이가 자라면 그 아이가 입었던 옷이 작아지는 것과 똑같다.

세 번째 원동기는 '도덕과 계몽'이라는 이름 아래 추진될 도덕적, 경제적, 정치적, 사회적 교육이며, 이는 일터에서만이 아니라 주민자치위원회를 비롯한 지역 기반의 조직들에서도 추진되는 것으로 상정됐다. 차베스 대통령이 '권력의 기하학'이라고 부른 네 번째 원동기는 나라의 정치적, 영토적 배치를 수정하는 것이며, 이는 정치적, 경제적, 사회적, 군사적 권력이 전국에 걸쳐 보다 공평하게 재분배되도록 도시와 행정구역의 체제를 재구축하게 될 것이다. 마지막인 다섯 번째이지만 가장 중요한 원동기는 '지역사회의 힘을 혁명적으로 폭발시키는 것'이며, 이는 주민자치위원회를 비롯해 민중권력과 관련된 모든 것의 활성화를 목표로 하고 있다. 차베스 대통령에 따르면 이 다섯 개의 원동기가 '볼리바르 사회주의 기획'을 추동할 것이다.

국유화의 진전

최근 몇 개월 동안에 이루어진 기업 국유화 조치는 그 전 9년 동안보다 더 많았고, 이는 이 나라가 경제주권을 회복하는 데서 큰 진전을 이루었음을 뜻한다. 전력부문에서 가장 덩치가 크고 기업가치가 9억 달러에 이르는 회사인 카라카스전력(Electricidad de Caracas)이 국유화됐다. 미국의 다국적기업인 AES는 이 회사에 대한 82.14퍼센트의 지분을 베네수엘라 정부에 넘기기로 하는 계약에 서명했다.[5] 2007년 5월 1일에는 베네수엘라 정부가 세계에서 가장 중요한 원유매장지

가운데 하나인 '오리노코 석유지대(Orinoco Oil Belt)'의 유전을 국유화하는 조치를 취함으로써 에너지주권도 되찾았다. 오리노코 강의 유역에 있는 이곳에서는 하루에 40만 배럴에 가까운 양의 원유가 채취되고 있고, 필요하면 하루 채취량을 60만 배럴까지 늘릴 수도 있다. 국유화 조치로 인해 이 지역에서 활동하는 석유컨소시엄의 힘이 위축됐다. 이 조치는 다수의 외국기업들에 영향을 끼칠 것이다. 가장 큰 영향을 받을 외국기업은 미국의 셰브론, 엑손모빌, 텍사코, 코노코필립스, 프랑스의 토탈, 노르웨이의 스타트오일, 영국의 브리티시퍼트롤리엄 등일 것이다. 이 지역 석유컨소시엄에 적은 지분으로 참여해온 베네수엘라의 페데베사(PDVSA)에게는 상황이 역전된 셈이 됐다. 이 컨소시엄에 대한 페데베사의 지분이 이제는 60퍼센트가 됐기 때문이다.[6]

2007년 6월 8일에는 베네수엘라에서 가장 크고 1991년까지는 국영기업이었다가 민영화됐던 전화회사 CANTV(Compañia Anónima Nacional Teléfonos de Venezuela; National Anonymous Telephone Company of Venezuela)가 다시 국유화됐다. 다시 국유화될 즈음에 이 기업은 인터넷 시장의 83퍼센트, 국내전화 시장의 70퍼센트, 국제전화 시장의 42퍼센트를 점유하고 있었고, 300만에 가까운 가입회선과 10만 개의 공공전화를 보유하고 있었다.[7] 이 기업을 다시 국유화한 조치를 계기로 베네수엘라 정부는 전략적인 통신부문에 대한 통제범위를 확대시켜나갔다. 다시 국유화된 CANTV는 전국의 모든 지역에 전화선이 연결되도록 전화선 설치를 확대하고 있다. 이 기업은 특히 2년 안에 광케이블이 설치된 지역의 범위를 세 배로 늘리고, 외진 농촌지역의 대부분에서도 전화 서비스를 이용할 수 있게 할 계획이다. 또한 이런 서비스의 확장뿐만 아니라 전화료를 낮춤으로써 가장 빈곤한 계층도 전화 서비스를 이용할 수 있게 할 방침이다.

베네수엘라의 청년들과 RCTV를 둘러싼 싸움

베네수엘라에서 가장 강력한 반대파 텔레비전 방송국인 RCTV(Radio Caracas

Television)의 방송사업권이 5월 27일 밤에 종료됐다. 이것은 2003년에 석유에 대한 국가의 통제권이 회복된 것에 이어 두 번째로 커다란 혁명적 계기였다는 베네수엘라의 정치평론가 블라디미르 아코스타(Vladimir Acosta)의 견해에 나는 동의한다.[8] 민영이었던 방송채널을 공영으로 전환시키는 것은 미디어에 대한 반대파의 헤게모니에 강한 타격을 주는 것일 뿐만 아니라 '지구적 세력의 심장'을 찌르는 조치이기도 하다. 왜냐하면 오늘날 지구적 세력은 대중매체에 크게 의존하기 때문이다. 지구적 세력은 콘센서스를 조작하기 위해 대중매체에 대한 독점력을 활용하는데, 이런 독점력이 제거되면 그들의 지구적 힘의 우위가 크게 약화된다.[9] RCTV의 사업권 종료에 대해 지구적 수준에서 보수적인 반발이 격렬했던 이유가 바로 여기에 있다.

그와 같은 조치는 몇 달 전에 이미 차베스에 의해 선포됐다. 반대파는 곧바로 대응에 나설 준비에 들어갔다. 반대파는 시민들로 하여금 그 조치로 인해 표현의 자유가 치명적인 손상을 입게 될 것이며, 정부가 독재체제로 가는 길을 서두르고 있다고 믿게 만들려고 했다. 그들은 인구 중 성인부문을 다양한 방식으로 동원하려고 했지만 기대한 정도의 규모로 성인부문이 동원되지 않았다. 그러던 중에 카라카스의 시내 길거리에 새로운 정치적 주체가 등장했다. 대부분 사립대학의 학생인 수천 명이 거리로 쏟아져 나와 RCTV의 사업권 종료를 '폐쇄'라고 부르며 항의시위를 벌였다. 그들의 의도는 평화적인 것이었지만, 그들 가운데 일부가 길거리에 횃불을 피우고 교통을 차단함으로써 경찰로 하여금 질서의 회복을 위해 개입하게 만드는 등 혼란을 일으켰다. 학생들과 경찰이 대치하는 모습이 베네수엘라 정부의 권위주의적 성격을 입증해주는 것인양 전 세계에 방송됐다. 대치하는 과정에서 발생한 부상자의 대부분이 경찰이었다는 사실은 보도되지 않았다. 경찰은 스스로 도발당하지 않도록 경계하면서 품위 있는 태도를 지켰다.

학생들이 왜 그런 행동을 했을까? 그들 자신과 반대파의 대중매체가 국민에게 주장한 것처럼 그들의 행동은 단지 비정치적인 운동이었는가? 반대파의 전략은 한편으로는 학생들을 '단합한 대중'으로 그리면서 다른 한편으로는 자기들은 그런 학생들의 운동과 관계가 없다고 주장했다. 이는 학생들의 운동이 독립적이고 자발적인 행동이라고 강조하기 위한 것이었다.[10] 그러나 학생들을 '단합한 대중'으로 그리는 그들의 전략은 정부의 조치를 지지하는 학생들에 의해 곧바로 무력화됐다. 정부의 조치를 지지하는 학생들도 대규모로 거리로 쏟아져 나왔던 것이다. 학생들의 운동을 독립적이고 자발적인 행동으로 주장하는 반대파의 두 번째 전략과 관련해서는 그들이 배후개입을 했다는 새로운 증거가 매일같이 터져나왔다는 사실을 지적해야겠다. 그들이 학생들을 정치적인 목적에 이용하려고 했음을 드러내주는 전화대화나 전자메시지 기록이 폭로됐을 뿐만 아니라 학생들 자신의 지도자들 가운데 한 명이 그런 사실을 입증해주는 반박할 수 없는 증거를 내놓았다.

차베스주의자들이 표현의 자유를 해치고 있다는 대중적 선전에 현혹되어 RCTV의 '폐쇄'에 항의하고 나선 학생들의 지도자 몇 명이 의회에 청문회를 개최할 것을 요구하기로 했다. 그러한 요구는 거부될 것이라고 확신한 가운데 그들이 내린 결정이었다. 그런데 놀랍게도 그들의 확신과 반대되는 일이 일어났다. 의회의장인 실리아 플로레스는 그들의 요구를 오히려 더 확대시켜 수용했다. 그는 반대파에 동조하는 학생들과 정부의 조치를 지지하는 학생들이 서로 토론을 하게 하는 방향으로 의회의 청문회를 열기로 했다. 의회는 학생들이 얼마든지 의회에 와서 토론에 참여할 수 있도록 의회의 문을 개방하는 전례 없는 조치를 취했다. 그리고 그는 양쪽에 각각 10분씩의 발언시간을 주었다. 반대파의 학생들은 붉은색 셔츠를 입고 의회에 등장했다. 붉은색은 차베스주의자들을 상징하는 색이라는 점에서 그들이 그렇게 한 것은 기묘한 일이었다. 그 이유는 나중에 밝혀졌다. "그것은 안전을 위한 선택이었다기보다는 전문적인 미디어 전략의 중요한 부분이었다."[11] 지배엘리트 계층의 자녀만 받아주는 대학으로 알려진 메트로폴리타나대학(Universidad Metropolitana)의 학생인 더글라스 바리오스(Douglas Barrios)가 먼저 연단에 올랐다. 그는 국민적 화합을 호소하는 것 외에는 별다른 내용이 없는 연설을 하더니 "나는 똑같은 유니폼을 입지 않은 국민도 배려되는 나라를 꿈꾼다"는 말로 연설을 마쳤다. 바로 그때 그와 반대파 학생들은 입고 있던 붉은색 셔츠를 일제히 벗어버려 그 안에 입고 있던 흰색 셔츠를 노출시켰다. 거기에는 RCTV를 옹호하는 다양한 슬로건이 가득 씌어있었다.

그 학생이 연설원고 가운데 마지막 한 장을 연단에 놔두지 않았다면 그 모든 것이 창의적이고 극적인 항의의 행동이었다고 해석될 뻔했다. 거기에는 그들이 의회에서 어떻게 행동해야 하는지에 관한 상세한 지시가 적혀 있었다. 그리고 그 끝에는 2002년 4월의 쿠데타에 연루됐던 글로보비시온(Globovision) 그룹의 자회사인 에이아르에스 퍼블리시티(ARS Publicity)의 서명이 있었다. 그들은 붉은색 셔츠를 벗어버린 뒤에 단 한 번의 발언만 하고 곧바로 의회를 떠났다. 이 모든 행동은 지시문에 적혀있는 내용 그대로였다. 그들의 마지막 행동, 즉 의회를 떠나는 행동은 그 다음의 연설이 끝나기까지는 저지됐다. 차베스를 지지하는 학생들과 의원들이 그들에게 떠나지 못하도록 압력을 가했기 때문이다. 민주주의의 수호자를 자처한 학생들이 민주적인 토론을 하는 능력을 갖추고 있지 못했던 것이다. 그들은 연설 도중에 단 한 번만 발언을 했고, 연설이 끝나자 곧바로 의회를 떠났다. 독립적인 입장이라던 학생들이 알고 보니 글로보비시온에 볼모로 잡힌 학생들이었다. 그러나 우리는 RCTV의 사업권을 갱신해주지 않은 결정에 반대하고 나선 학생들 모두가 그들의 지도자들만큼 위선적이었다고 가정해서는 안 된다. 그런 학생들도 대부분은 건전한 토론을 할 줄 알 뿐만 아니라 차베스 대통령의 지도 아래 추진되는 볼리바르 프로젝트에 대한 자기들의 입장을 재검토할 줄도 안다고 봐야 할 것이다.

의회에서 벌어진 일은 반대파의 전략을 뚜렷하게 부각시켰을 뿐만 아니라 더욱 중요하게는 베네수엘라에서 수면 위로 떠오른 학생들의 세력을 분명하게 인식하게 해주었다. 반대파의 학생들이 의회를 떠난 뒤에 정부의 조치를 지지하는 10명의 학생들이 차례로 연단에 올라 신선함, 창의성, 그리고 무엇보다도 설득력을 갖춘 연설로 반대파의 주장을 하나하나 무너뜨렸다. 예를 들어 반대파의 학생에 이어 두 번째로 연단에 오른 안드레이나 타라손(Andreina Tarazón)이라는 이름의 베네수엘라중앙대학(Universidad Central de Venezuela) 여학생의 주장을 누가 논박할 수 있겠는가? 이 여학생은 토론에 정정당당하게 임하지 않는 반대파 학생들의 태도를 비판하면서 그들의 태도를 미주기구(OAS)의 회의에서 연설만 하고 곧바로 퇴장한 콘돌리자 라이스 미국 국무부 장관의 태도에 견주었다.

모든 방송채널을 통해 생중계된 이런 광경을 텔레비전으로 본 사람들은 반대파 학생들이 보여준 질적으로 낮은 수준의 행동을 보고 강한 충격을 받았을 것이다. 그들은 그 광경을 곧바로 인터넷을 통해 전 세계에 전파했다. 전 세계 곳곳의 수많은 사람들이 안드레이나와 그녀의 동지들이 한 연설에 감명을 받았을 것이다. 그녀는 베네수엘라를 위해 가장 훌륭한 대사의 역할을 한 셈이다. 그러나 대중매체에 타격을 가한 좌파의 행동이 응징되지 않을 리 없었다. 아니나 다를까, 의회에서 벌어진 일이 담긴 비디오 클립을 전 세계에 전달하는 창구였던 유튜브(YouTube)의 계정, 즉 사용자 이름이 'Lbracci'인 계정이 폐쇄당했다.[12]

그러나 다른 한편으로 베네수엘라 전국의 구석구석에서 새로운 토론의 장이 열리고 있다. 청년들은 베네수엘라에 민주주의가 살아있음을 실질적으로 보여주고 있다. 반대파가 또 한 차례 시도한 공격이 오히려 볼리바르 혁명의 과정에 매우 긍정적인 결과를 낳아준 것이다. 그것은 바로 힘과 이상이 넘치는 청년들이라는 새로운 사회적 행동주체가 정치적 영역에 등장한 것이다. 정부를 지지하는 학생들이 이길 것임은 의심할 나위가 없다. 왜냐하면 그 정부는 보다 인간적이고 연대에 기반을 둔 나라를 건설하는 프로젝트를 추진하고 있기 때문이다. 그리고 그 프로젝트에 따라 정부는 불평등을 제거하는 데 모든 노력을 기울이고, 부패의 폐단에 대항해 투쟁하는 활동에 대해 사회적 통제를 더 많이 행사해줄 것을 국민에게 호소하고 있으며, 조국의 주권을 되찾고 있다. 베네수엘라의 청년이라면 누구도 이런 프로젝트에 대해 무관심할 수가 없을 것이다.

이 글은 원래는 '2007 Abiven Yearbook'에 싣기 위해 스페인어로 작성된 것을 영어로 번역한 것이며 www.venezuelanalysis.com에도 게재됐다.

1 유럽연합(EU), 카터센터(Carter Center), 미주기구(OAS)도 참관단을 보냈다. 이 국민투표에서 차베스는 600만 명 정도의 지지를 얻었고, 차베스를 불신임한 유권자는 400만 명이었다.

2 미국은 국무부 대변인인 숀 맥코맥을 통해 볼리바르 정부와 '긍정적'이고 '건설적'인 관계를 맺고 싶다는 희망을 밝혔다. 맥코맥은 "우리는 이번 선거기간 동안에 베네수엘라 국민이 보여준 태도를 높이 평가한다"면서 "차베스 대통령의 정부와 협력하게 되기를 바란다"고 말했다. 이는 불과 얼마 전까지만 해도 미국정부가 차베스를 '중남미 지역을 불안정하게 만드는 세력'으로 분류했던 것에 비하면 커다란 입장변화를 나타낸 것이었다.

3 2006년 12월 15일에 Act of Recognition for the Miranda Command에서 한 연설.

4 Hugo Chávez, 'Nota introductoria al libro El discurso de la unidad', 15 December 2006, Ediciones Socialismo del Siglo XXI, No. 1, Caracas, 2007.

5 Salim Lamrani, 'Se abre una nueva era en Venezuela', 26 February 2007, www.rebelión.org.

6 Salim Lamrani, 'Soberania petrolera, reformas sociales e independencia económica en Venezuela', 15 May 2007, www.rebelión.org를 보라.

7 Agencia Bolivariana de Noticias, 'Queremos que Cantv sea una empresa tan eficiente como PDVSA', 11 January 2007; Agencia Bolivariana de Noticias, 'gobierno nacional dio primer paso hacia nacionalización de la Cantv', 12 February 2007.

8 Vladimir Acosta, 'La no renovacion de RCTV es un hecho revolucionario porque toca al corazón del poder mundial', Interview by Marcelo Colussi, Argenpress, June 2007.

9 '콘센서스를 조작한다(fabricate consensus)'는 말은 월터 리프먼(Walter Lippmann)이 Public Opinion, London: Allen and Unwin, 1932에서 사용한 표현이고, 노엄 촘스키(Noam Chomsky)는 Cómo nos venden la moto, Barcelona: Icaria, 1996, p. 14에서 이 말을 사용했다. 촘스키는 '콘센서스를 만들어내기(Manufacturing Consent)'라는 제목의 책을 쓰기도 했다.

10 Georges Ciccariello-Maher, 'Who's Pulling the Strings behind Venezuela's "Student Rebellion"', Counterpunch, 9/10 June 2007, available from http://counterpunch.org.

11 같은 자료.

12 Carlos Martinez, 'Antena 3 y YouTube censuran un debate sobre la no renovación de la concesión a RCTV', 12 June 2007, available from http://mrzine.monthlyreview.org.

10
브라질의 계급투쟁_무토지농민운동의 관점

조앙 페드로 스테딜레_아틸리오 보론과의 인터뷰

아틸리오 보론 〈소셜리스트 레지스터〉는 오래전부터 브라질의 무토지농민운동(MST)과 이 운동의 지도자로서 당신이 하는 역할을 높게 평가해왔습니다. 우리는 〈소셜리스트 레지스터〉의 독자들이 특히 신자유주의의 침탈에 저항하는 무토지농민운동의 전략과 전술에 대해 보다 많이 아는 것이 매우 중요하다고 생각합니다. 따라서 우리는 브라질에서 카르도주의 정부와 룰라의 정부가 시행해온 신자유주의 정책에 대해 무토지농민운동이 어떻게 대응해왔는가 하는 점에 인터뷰의 초점을 맞추고자 합니다. 그러나 물론 이 문제를 적절한 역사적 맥락 속에 위치시키기 위해서는 현대 브라질에서 전개돼온 계급투쟁의 내력에 관한 개괄적인 설명을 먼저 당신에게 여쭈어야 하겠지요.

조앙 페드로 스테딜레 무토지농민운동과 비아 캄페시나(Via Campesina)는 브라질에서 자본주의가 전개돼온 과정에 대한 공통의 이해와 해석을 발전시켜왔습니다.[1] 우리는 식민자본주의가 부과한 이른바 '농업수출 모델'을 400년이나 겪어왔습니다. 산업자본주의는 1930년대에 비로소 이식되기 시작했습니다. 플로레스탄 페르난데스(Florestan Fernandes, 1920~1995, 브라질의 사회학자—옮긴이)가 말했듯이 그것은 종속적인 산업화 모델이었습니다. 왜냐하면 그것은 해외 자본에 크게 의존하는 것이었기 때문입니다.[2] 그것은 지역적 축적의 결과가 아니었습니다. 그리고 그것은 1980년대 초까지 지속됐고, 50년에 이르는 그 기간 동안에 브라질의 경제가 연평균 7.5퍼센트의 속도로 성장했다는 점에서는 매우 성공적이었습니다. 그러나 브라질의 경제는 1980년대 초에 위기에 빠졌고, 그것은 종속적인 산업화 모델 전체의 위기 가운데 일부였습니다. 많은 사람들이 그 위기가 아직도 해결되지 않았다고 말하고 있습니다. 그 뒤로 27년 동안에 걸쳐 브라질의 경제가 전반적으로 마비된 상태를 벗어나지 못하면서 성장률이 연평균 2 내지 2.5퍼센트에 그쳤기 때문입니다. 또 어떤 사람들은 브라질의 지배계급들이 새로운 경제모델, 즉 신자유주의 모델을 들여앉히는 데 성공했다고 말합니다. 그것은 사실 브라질의 경제를 국제자본, 특히 국제 금융자본에 종속시키는 모델임을 우리는 알고 있습니다. 그래서 우리는 최근 10년 사이에 또 다른 이행을 겪었다고 나는 생각합니다. 지금 브라질에는 국제자본, 은행, 국내 대기업집단 사이의 동맹관계를 대변하는 200개의 대기업이 주도하는 수출산업 부문이 연평균 7퍼센트의 성장률을 보이며 가장 역동적인 모습을 보이는 경제모델이 가동되고 있습니다. 이들 200개 대기업이 브라질 경제의 52퍼센트와 수출의 78퍼센트를 차지하고 있습니다. 이상이 역사적으로 본 브라질 경제의 내력이고, 지금은 신자유주의로의 이행이 낳은 경제가 지배하고 있습니다. 이로 인해 20년 전부터 위기가 계속되는 가운데 양극화가 빠르게 진행돼왔고, 민중 전체와 관련된 경제문제와 대자본의 이해관계 사이의 모순이 심화돼왔습니다.

그러나 이와 다르게 브라질의 역사를 읽을 수도 있습니다. 바로 계급투쟁의 관점에서 역사를 읽는 방법이지요. 특히 무토지농민운동과 비아 캄페시나는 과거에 레닌이 이해했던 바대로의 계급투쟁의 파도 또는 그 주기적 변화에 관한 이론에 부합하는 운동입니다. 지난 세기에 브라질에서 전개된 계급투쟁의 역사를 잠깐만 살펴봐도 농업수출 모델이 위기에 빠지면 중요한 민중적 소요의 파도가 일어났음을 알 수 있습니다. 그럴 때면 중요한 사회적 세력이 많이 생겨났습니다. 노동조합도 생겨났고, 사회주의 정당이나 공산주의 정당과 같은 좌파 정당도 생겨났지요. 그리고 중요한 행동도 일어났습니다. 그러한 행동의 한 예로 루이스 카를로스 프레스테스(Luis Carlos Prestes, 1898~1990, 1920년대에 혁신파 장교단의 봉기와 농민들의 봉기를 이끌었던 좌파 지도자이자 정치인—옮긴이)가 1920년대에 5~6년 동안 브라질의 농촌지역을 돌면서 농민들을 폭넓게 규합했던 '대장정(Long March)'을 들 수 있습니다. 이런 모든 움직임은 '민족해방동맹'이라는 대규모 대중조직을 낳았습니다. 폭넓은 노동계급의 공세를 대표한 민족해방동맹은 자본에 반대하고 대안의 기획을 추구했습니다. 민중운동의 활성화는 결국 1935년에 민중운동 세력과 지배계급 세력 사이의 충돌로 이어졌습니다. 그때는 이미 산업화 모델이 자리를 잡은 뒤였고, 그래서 바르가스(Vargas, 제툴리우 도르넬레스 바르가스, 1882~1954, 두 차례 대통령을 역임하며 독재정치를 폈던 정치인—옮긴이)의 지도 아래 부르주아가 쿠데타를 일으켜 모든 사회운동과 노동자운동을 탄압했습니다. 사회운동과 노동자운동의 지도자들은 투옥되거나 망명하거나 사살됐습니다. 첫 번째 민중행동의 파도를 이끌었던 위대한 지도자 프레스테스는 1936년부터 1945년까지 비인간적인 대우를 받으며 감금돼 있었습니다.

계급투쟁의 퇴조기였던 그 패배의 시기는 1945년에 끝났습니다. 이차 세계대전 직후에 유럽에서 사회주의 세력을 비롯한 진보적인 세력이 부상한 것이 브라질에 영향을 끼쳤고, 이에 따라 브라질에서 새로운 대중운동의 파도가 일어났습니다. 공산당이 부활하고, 농민동맹이 결성되고, 노동자조직의 중심이 복원되는 등 사실상 모든 계급적 조직이 재건됐습니다. 그 결과로 격렬한 계급투쟁의 시기가 시작됐고, 그 시기는 1964년까지 계속됐습니다. 1964년에 민중세력과 지배계급 세력 사이의 충돌이 일어났고, 그 충돌에서 우리는 다시 패배했습니다. 이 패배는 군사독재로 이어졌고, 그 결과로 대중운동이 쇠퇴하고 그 조직이 파괴되는 국면으로 넘어갔습니다. 그리고 똑같은 과정이 되풀이됐습니다. 레오넬 브리졸라, 루이스 카를로스 프레스테스, 아폴로니우 카르발류, 카를로스 마리겔라와 같은 지도자들이 나라 밖으로 추방되거나 투옥되거나 사살됐습니다. 운동의 하강 국면은 1978~1979년까지 계속됐습니다. 그때 산업화 모델이 위기의 징후를 처음으로 드러내기 시작하면서 노동계급이 다시 조직화해서 우선은 독재에 대항해, 그 다음에는 산업화 모델에 대항해 싸움에 나설 수 있는 객관적인 여건이 조성됐습니다. 1979년 이후에는 사회적 투쟁의 새로운 맥박이 뛰는 것을 느낄 수 있었고, 노동계급의 조직들이 다시 생겨났고, 새로운 노동자들의 정당으로 노동자당(PT)이 창당됐고, 새로운 노조 조직인 중앙단일노조(CUT; Central Unica dos Trabalhadores)가 결성됐습니다. 무토지농민운동(MST)은 그 전의 시기에 일어났다가 1964년에 패배한 뒤 사라져버린 농민운동을 역사적으로 계승하는 운동이기도 하지만 1979년 이후 계급투쟁의 새로운 상승기에 대중운동의 일부로 태어난 것이기도 하다는 점이 중요합니다.

계급투쟁의 주기에서 새로운 상승국면이었던 이 시기는 1989년까지 계속됐습니다. 이 시기에 우리의 힘이 가장 크게 축적된 정점은 ‘디레타스 자!(diretas já!, 당장 직접선거를!—옮긴이)’ 운동이었습니다. 대통령선거의 직선제를 요구한 거대한 사회운동인 이 운동은 1984년부터 1989년까지 모두 200만 명이 참여한 가운데 거리시위로 전개됐습니다. 그때 이 나라에서는 대중적 참여와 정치적 열기가 대단했습니다. 결국은 디레타스 자 운동이 승리를 거두어 1989년에 대통령선거가 실시됐습니다. 그 선거는 공약으로 제시된 두 개의 프로젝트 가운데 하나를 선택하는 차원을 넘는 것이었습니다. 그 선거는 두 개의 상이한 계급적 프로젝트의 충돌이었습니다. 한쪽에는 위기를 해결하기 위한 민중적 기획의 상징인 룰라가 있었고, 다른 한쪽, 즉 지배계급 쪽에는 신자유주의를 중심으로 뭉친 세력을 대변하는 콜로르 데 멜루(Collor de Melo)가 있었습니다. 그러므로 1990년에 우리가 패배했을 때 그 패배는 단순히 선거상의 패배에 그치는 것이 아니었습니다. 콜로르의 승리는 그 이상의 의미, 즉 계급투쟁의 상승국면이 종식됐다는 의미를 갖는 것이었습니다. 그것은 민중적 기획의 패배였고, 이는 그 뒤에 페르난두 엔히크 카르도주(Fernando Henrique Cardoso)가 두 번이나 연거푸 선거에서 승리한 것에 의해 더욱 분명해졌습니다.

이 새로운 계급투쟁의 하강국면은 오늘날까지 17년 동안이나 이어지고 있습니다. 그 사이에 어느 정도라도 저항을 할 수 있었던 민중부문은 농민운동 세력뿐이었습니다. 그 이유는 우리의 농민운동이 라티푼디우(대농장)에 대항하여 우리의 토지를 지키는 데 초점을 둔 것이었고, 그래서 처음에는 농민운동이 금융자본에 문제가 되는 것으로 보이지 않았기 때문입니다. 우리의 행동은 처음에는 금융자본을 방해하지 않았고, 그들은 우리를 그다지 주목하지 않았습니다. 그들은 "농촌의 가난한 자들이 라티푼디우와 싸운다니 지켜보자"는 태도를 취했고, 그 덕분에 우리의 운동은 계급투쟁의 하강국면에서도 성장할 수 있었습니다. 모두 사기가 꺾여 물러나 앉아 있을 때 우리만 유일하게 투쟁을 계속 해나갈 수 있었습니다. 우리는 실제의 모습 이상으로 크게 보였고, 바로 이 때문에 우리는 널리 알려져 유명하게 됐습니다. 사실 MST는 브라질의 조직화된 노동자세력으로서는 그 규모가 아주 작습니다. 우리는 400만 명에 이르는 브라질 전체의 토지 없는 노동자들 모두를 조직화하지도 못했습니다. 그러나 다른 노동자들은 싸우지 않았고, 우리는 계속해서 싸웠습니다. 우리는 마치 프리미어 리그에서 새로 뛰기 시작한 작은 축구팀과 같았습니다! 우리만이 언제든지 지배계급에 맞서 싸울 자세를 갖고 있었지요. 물론 노동자계급 가운데 일부 작은 부문들도 그렇게 해보려고 했습니다. 특히 1995년에 페르난두 엔히크 카르도주가 선거에서 이긴 직후에 그랬습니다. 그때 국영 석유회사의 노동자들이 파업에 들어갔고, 그 파업은 20일 동안 계속됐습니다. 그러자 카르도주가 병력을 보내 정유시설을 전부 점령해서 갈등을 군사화하면서 노동자들을 진압했습니다. 이 파업은 결국 노동계급이 신자유주의에 패배당했음을 상징하는 사건이 돼버렸습니다.

보론 영국에서 대처 정부가 광부들의 파업에 대해 취했던 조치와 똑같았군요.

스테딜레 그렇습니다. 그러나 브라질의 경우에 더 나쁜 점이 있었습니다. 왜냐하면 브라질에서 벌어진 일은 우리가 보기에 패배의 국면을 상징하는 것이었고, 영국의 광부들에 비해 브라질의 석유부문 노동자들이 더 고립된 상태였기 때문입니다. MST를 제외하고는 누구도 그들의 투쟁을 지지해주지 않았습니다. 룰라와 당시 중앙단일노조(CUT; Central Unica dos Trabalhadores)의 위원장이었던 빈센티뉴(Vicentinho)마저도 "지금은 파업을 벌일 때가 아니다"라는 성명을 발표했고, 이런 사실이 모든 신문에 보도됐습니다. 그래서 우리는 이미 그때에 노동계급 중에서도 신자유주의에 반대할 용기를 가진 마지막 부분까지도 이념적으로 동요하면서 자포자기의 상태에 빠지고 있음을 알았습니다. 그리고 석유부문 노동자들의 패배는 노동계급 운동에 재앙이었습니다. 왜냐하면 그것은 생산과정에서 노동의 유연화와 아웃소싱이 시작됨을 의미하는 것이었기 때문입니다. 파업이 일어나기 전에 8만 명의 노동자를 고용하고 있었던 페트로브라스(브라질의 국영 석유회사—옮긴이)는 파업이 진압된 뒤에 그 가운데 절반의 노동자를 해고했습니다. 지금은 페트로브라스에서 일하는 노동자가 1만 5천 명뿐입니다. 그 나머지 모두, 즉 전체적으로 약 8만 명에 가까운 일자리는 '아웃소싱' 됐습니다. 바꿔 말하면, 그것은 노동계급에게 크나큰 패배였습니다.

보론 그렇다면 룰라의 승리는 어떻게 설명해야 합니까?

스테딜레 해외에서 온 사람이면 누구나 던지는 고전적인 질문이군요. 해외에서 온 사람들은 2002년 선거에서 좌파 후보인 룰라가 승리한 것을 어떻게 설명할 수 있느냐고 묻곤 했습니다. 대중운동의 하강기에 실시된 선거에서 룰라와 같은 후보를 내세워 승리하는 게 어떻게 가능했느냐는 것이지요. 에릭 홉스봄(Eric Hobsbawm)도 우리를 방문했을 때 똑같은 질문을 했습니다. 20세기 노동운동을 연구한 역사가인 그는 대중운동의 고양기에만 좌파가 선거에서 이길 수 있고, 그 이유는 그때에만 선거가 계급투쟁의 참호로 전환되기 때문이라고 말했습니다. 세계의 어느 곳에서도 대중운동이 하강국면에 있을 때에 노동자들이 선거에서 승리를 거둔 적이 없다는 것이지요. 올해(2007년—옮긴이) 프랑스에서 치러진 선거도 그랬습니다. 스페인의 사파테로(호세 루이스 로드리게스 사파테로, 스페인의 총리—옮긴이)도 아스나르(호세 마리아 아스나르, 스페인의 전 총리—옮긴이)에 반대하는 수십만 명이 거리로 나서지 않았다면 선거에서 이길 수 없었을 겁니다. 그들은 거리에서 우파를 무찔렀습니다. 대중이 거리를 장악할 때에는 가장 진보적인 정당들이 선거에서 이길 수 있지요.

그렇다면 2002년 선거에서 룰라가 승리한 것은 어떻게 설명할 수 있을까요? 이 비정상적인 사건을 설명해주는 요인이 몇 가지 있습니다. 룰라가 2002년 선거에서 이길 수 있는 여건을 만들어준 이념적, 정치적, 경제적 요인들은 무엇이었을까요? 그 요인들은 거의 그대로 2006년 선거에서도 룰라가 이길 수 있게 해주었습니다.

그중 첫 번째 요인을 알기 위해서는 아르헨티나에서 수십만 명이 손에 냄비나 프라이팬을 들고 거리로 쏟아져 나와 벌인 카세롤라소(집에서 갖고 나온 냄비나 프라이팬을 두들기며 벌이는 시위—옮긴이)로 대통령이 축출된 사건과 연관시켜 브라질의 2002년 선거를 바라볼 필요가 있습니다. 브라질의 부르주아는 아르헨티나의 봉기를 보고 공포를 느꼈고, 이는 자신들이 내세워온 경제모델이 아르헨티나의 부르주아가 내세워온 경제모델과 똑같다는 점을 잘 알고 있었기 때문입니다. 그들은 아르헨티나의 위기에 경악했습니다. 바로 이런 이유에서 그들이

세라(Jose Serra, 2002년 대통령선거 때 브라질사회민주당(PSDB)이 내세운 후보
—옮긴이)보다는 룰라의 편을 들기로 결정했습니다. 그들은 만약 세라가 선거에
서 이겨서 신자유주의 정책을 심화시킨다면 그로 인해 초래되는 결과는 아르헨
티나의 경우와 똑같을 텐데 그것은 너무 위험하다고 생각했던 것입니다. 아르헨
티나는 지배계급, 중산계급, 노동계급이라는 자본주의적 계급구조에 따라 조직
화돼 있지만 브라질은 그런 식의 계급화가 이루어지지 않았기에 위험하다는 것
이었습니다. 한마디로 말해 아르헨티나는 조직화된 사회이지만 브라질은 그렇지
않습니다. 브라질에는 조직화되지 않은 상태로 가난하게 사는 사람들이 1억 4천
만 명이나 됩니다. 그들이 들고일어나 반기를 들기로 결심한다면 누구도, 심지어
는 예수 그리스도라 하더라도 그들을 통제할 수 없을 겁니다. 이 나라의 부르주
아는 바보가 아니므로 이 점을 아주 잘 알고 있습니다. 그런데 계급투쟁의 고양
기에 우리의 지식인이었던 사람들 가운데 다수가 페르난두 엔히크 카르도주의
부상과 더불어 신자유주의로 개종한 것이 그들을 도왔습니다. 카르도주를 비롯
해 프란시스쿠 웨포르트, 주제 아르투르 기아노티 등 이전에 마르크스주의 지식
인이었던 많은 사람들이 계급과 계급투쟁에 관한 마르크스주의의 개념과 이론을
활용할 줄 아는 능력을 지닌 채 편을 바꿔 정부에 참여해서 부르주아에게 자문을
해주는 역할을 맡았습니다.

　두 번째 요인은 브라질의 부르주아 가운데 일부가 신자유주의의 주된 목표인
대규모 전략적 국유기업의 사유화(민영화—옮긴이)가 이미 달성됐다는 사실을
새삼 인식하게 됐다는 점입니다. 산업과 금융에서 매우 중요한 역할을 하는 기업
들을 이미 장악한 부르주아 가운데 가장 총명한 부분이 실용적이고도 객관적인
방식으로 룰라와 동맹을 맺었습니다. 이것은 선거에서 룰라를 지지하는 정치적
인 동맹이기도 했지만 재정상의 동맹이기도 했습니다. 이 점을 잘 보여주는 것이
선거운동 자금입니다. 1998년의 대통령선거 때 룰라의 선거운동 캠프는 8백만
헤알을 쓰는 데 그쳤습니다. 그때에는 자금이 없어서 룰라의 선거운동이 매우 소

박했고, 활동가들을 동원하는 방식에 크게 의존했습니다. 선거가 끝난 뒤에는 6백만 헤알의 빚이 남았고, 노동자당(PT)은 의원들과 일반 활동가들의 헌금으로 그 빚을 갚아야 했습니다. 그런데 2002년의 선거 때는 노동자당이 8천만 헤알을 썼습니다. 당시 헤알의 환율이 달러당 1헤알이었음을 감안하면 아주 많은 돈이었습니다. 그 돈이 어디서 나왔을까요? 바로 룰라를 지지하기로 결심한 부르주아들이 낸 돈이었습니다.

세 번째 요인, 그러나 앞서 말한 두 가지 요인의 근거가 됐기에 가장 중요했다고 말할 수 있는 요인은 브라질 좌파의 헤게모니 세력인 노동자당이 민중적이며 사회주의적인 기획을 버리고 중도 쪽으로 이동했다는 점입니다. 노동자당의 이런 이념적 개종은 지배계급이 노동자당에 대해 아직 품고 있었던 마지막 두려움, 즉 노동자당이 자신들에게 위협적인 무엇인가를 대변할지 모른다는 두려움까지 날려버렸습니다.

보론 그러면 지금과 같은 상황에서, 특히 브라질의 농업에 그동안 일어난 큰 변화를 고려할 때 MST가 새로이 직면하게 된 도전은 어떤 것들인가요?

스테딜레 그 문제는 MST가 이미 계급투쟁에 참여해온 방식에 비추어 생각해야 합니다. 보다 구체적으로 말하면, 우리는 계급투쟁의 고양기에 등장했고, 그 뒤 계급투쟁의 하강기에도 싸움을 계속했습니다. 우리가 명성을 얻은 것은 바로 이 때문이고, 그래서 우리의 명성이 우리의 실제적인 힘보다 더 큰 것입니다. 라티푼디우에 대항하는 투쟁의 시기가 마무리된 지금 MST는 훨씬 더 큰 도전에 직면하고 있습니다. 사실 우리는 그야말로 정치적 기로라고 할 수 있는 곳에 와있습니다. 왜 그러냐고요?

MST가 탄생한 뒤 1990년대 초를 거쳐 카르도주 정부 때까지 우리의 으뜸가는 정치적 테제는 MST는 민주적이고 공화주의적인 농업개혁을 위해 싸워야 한다는 것이었습니다. 다시 말해 MST 운동은 농촌사람들 모두가 각자 자신의 땅을 가질 권리를 확보함으로써 그 땅에서 자신을 위해 일하면서 자신이 먹을 것을 생산하고 가족을 부양할 수 있게 한다는 목표 아래 농촌의 가난한 사람들을 조직화하는 것이었습니다. 농촌사람이 땅을 소유하고 그 땅에서 일할 권리는 공화주의적인 것이지 사회주의적인 것이 아닙니다. 엄밀하게 말하면, 우리가 주장해온 농업개혁은 공화주의적 기획이었고, 중남미의 모든 곳에서 그것을 위한 싸움이 전개돼왔습니다. 물론 그것이 부르주아적인 것은 아닙니다. 왜냐하면 부르주아는 자신들을 위해 사유재산권을 옹호하기만 할 뿐이지 생산수단의 민주화를 주장하지는 않기 때문입니다. 그것이 공화주의적이라고 하는 것은 땅은 노동의 결과물, 다시 말해 고전적인 의미의 생산수단이 아니라 자연의 선물이므로 일정한 삶의 영역을 가진 사회구성원들은 모두 다 땅에 대한 권리를 당연히 갖는다는 의미에서입니다.

그렇다면 지난 8년 내지 10년간의 변화는 어떤 것이었을까요? 그 변화는 브라질 사회 전체에 영향을 끼쳤지만 속도가 느려 거의 알아차릴 수 없게 진행된 과정이었고, 따라서 그 변화를 올바르게 이해하기가 어렵습니다. 우선 우리의 적이 옛 라티푼디아리우(라티푼디우 소유자—옮긴이)들, 즉 우리에게서 토지이용권을 박탈한 대지주들이 아니게 됐다는 점을 그동안의 변화로 꼽을 수 있습니다. 지난 10년 동안에 땅과 농업이 신자유주의의 지배를 받게 되어 땅도 농업도 거대한 초국적기업과 대형 금융자본의 축적과정에 포섭됐습니다. 금융자본은 세계 도처에서 농업에 종사하는 기업이나 경제단위에 침투하기 시작했습니다. 이런 일은 브라질에서만 일어난 것이 아니라 세계적으로 일어난 현상이었습니다. 선진 자본주의 국가들에는 금융자본의 과잉이 생겨났습니다. 그것은 1980년대와 1990년대에 개도국의 외채를 비롯한 모든 재원이전 체계를 통해 축적된 과잉이었습니다. 어떤 추정에 따르면 1990년대에만 중남미에서 미국으로 1조 달러의 순이전이 일어났다고 합니다. 그 전에는 금융자본이 핵심 자본주의 국가들 안에서만 순환했습니다. 그러나 이제는 금융자본이 여러 개도국의 증권거래소에서 주식을 사는 방식으로 개도국 농업부문의 기업이나 법인에 침투하기 시작했습니다. 몬샌토(Monsanto)를 예로 들어봅시다. 금융자본, 그중에서도 특히 미국의 금융자본은 농업활동에 종사하는 기업 여러 개의 주식을 사들이기 시작했습니다. 그 가운데는 종자를 전문으로 취급하는 기업도 있었고, 제초제를 생산하는 기업도 있었으며, 농산물 무역에 특화한 기업도 있었지요. 이렇게 해서 짧은 기간에 금융자본이 농업의 상이한 여러 분야에 종사하는 20개 내지 30개 기업을 소유하게 됐습니다. 금융자본은 그 기업들의 지배주주가 된 뒤에 "이제 너희들은 다 몬샌토"라고 말했습니다. 오늘날 우리가 알고 있는 몬샌토는 농업에서 스스로 축적을 한 결과가 아니라 금융자본이 만들어낸 것입니다. 금융자본이 주축이 되어 기존의 기업 30개가량을 합쳐 오늘날의 몬샌토를 만든 것입니다. 나는 그 기업들의 명단을 갖고 있습니다. 그런데 오늘날 몬샌토의 '주인'은 누구입니까? 과거처럼 이 가문, 저 가문이 아닙니다. 오늘날 몬샌토의 주인은 금융자본입니다.

금융자본의 등장은 곧바로 농업에 종사하는 기업들에 두 가지 중대한 변화를 일으켰습니다. 그 가운데 하나는 기업의 집적이 매우 빠른 속도로 일어나 부문별로 아주 적은 수의 기업만 남게 된 것이고, 다른 하나는 자본의 집중이 가속화된 것입니다. 이렇게 해서 애초에는 콩의 무역에만 종사하던 몬샌토가 오늘날에는 약 30개의 상이한 농업분야에 관여하게 됐습니다. 몬샌토는 제초제와 살충제의 생산을 통제하고 콩, 옥수수, 밀, 해바라기 씨, 가축용 의약품 등을 사고팝니다. 몬샌토의 이런 활동과 관련해 눈에 띄는 다른 큰 기업은 파이저(Pfizer)입니다. 파이저는 인간용 의약품도 만들고, 가축용 의약품도 만듭니다. 그런데 몬샌토는 파이저의 주요 주주이고, 거꾸로 파이저도 몬샌토의 주식을 많이 소유하고 있습니다. 무엇 때문에 이 두 거대기업이 손을 잡게 된 것일까요? 금융자본의 작용 때문입니다. 금융자본이 두 거대기업을 사들인 뒤에 법률적 통합은 아니었다 하더라도 실제적인 통합을 하도록 했던 것입니다. 그러므로 몬샌토는 금융자본의 충동을 받으면서 여러 분야에서 활동하는 거대 복합기업이라고 봐야 합니다.

지난 5년 동안 브라질의 농업에서 이렇게 자본이 집적되고 집중되는 과정이 전개된 결과로 생겨난 새로운 생산양식이 바로 우리가 지금 '농산업'이라는 이름으로 알고 있는 것입니다. 농업과 관련된 사업을 하는 기업들이 협회를 창설했을 때 그들은 그 협회에 '브라질 농산업협회(Associacao Brasileira de Agribusiness)'라는 이름을 붙였습니다. 그런데 등기소가 그런 이름으로는 안 된다면서 협회의 등록을 받아주기를 거부했습니다. '농산업(Agribusiness)'은 포르투갈어에서 사용되는 말이 아니라는 이유에서였습니다. 그러자 그들은 이 말을 '아그로네고시우스(Agronegócios)'라고 번역해서 등록을 마쳤습니다. 이 번역은 많은 혼란을 초래했습니다. 왜냐하면 포르투갈어 사전을 보면 '아그로네고시우스'는 농산품과 관련된 상업적 활동 전부를 가리키는 낱말이기 때문이었습니다. 언론, 정부, 다국적기업, 학계의 많은 사람들이 "브라질의 농민은 누구나 농산업에 종사하고 있다!"는 위선적인 주장을 한 것도 이 때문이었습니다. 그러나 이런 주장은 터무니없는 것입니다. 브라질에서 지금 농산업이라고 불리는 것은 단순히 옥수수나 밀을 거래하는 것을 훨씬 넘어서는 것이기 때문입니다. 농산업은 농업에 새로 등장한 생산양식입니다. 참고로 이야기하자면, 식민지 시대를 연구하는 사회학자와 역사학자들은 노예노동이 사용되던 당시의 생산양식을 설명하기 위해 '플랜테이션'이라는 개념을 만든 바 있습니다. 농산업이라는 개념은 브라질에 적용될 경우에는 거대한 초국적기업들이 주역이 되는 것이 특징인 자본주의 농업의 생산양식을 가리키는 것입니다.

주로 외국인 소유인 농산업 분야의 기업들이 하는 역할은 생산에 필요한 투입재를 공급하는 것입니다. 그들은 농업에서 착취를 하는 데 필요한 트랙터(브라질의 트랙터 제조업체들은 모두 다 외국인 소유입니다)와 중장비, 그리고 비료, 제초제, 종자 등을 공급하고 농산물의 시장을 보장한다고 말합니다. 그들은 "걱정하지 말라. 당신들이 생산하는 것을 우리가 다 사겠다"라고 말합니다. 그런데 농산품의 가격은 그들, 즉 한 줌의 거대한 초국적기업들에 의해 결정됩니다. 그것은 시장이 아닙니다. 그들은 생산자인 농민들이 생산해낸 상품의 판매를 보장한다고 하지만, 가격은 바로 그들에 의해 결정되는 것입니다. 게다가 그들끼리만 행동통일을 하는 것도 아닙니다. 브라질의 지주들, 즉 농장주(파젠데이루)인 농업자본가들이 그들에게 중요한 협력자가 됩니다. 다국적기업들은 브라질의 지주들에게 이렇게 말합니다. "당신들이 땅을 대고 농민과 농촌의 노동자, 트랙터 기사를 비롯해 모든 노동력을 마음껏 착취해라. 자연환경에 대해서도 우리는 아무 상관도 없으니 당신들이 하고 싶은 대로 해라. 우리는 다만 필요한 모든 투입재를 공급하겠다. 그 대가로 우리에게 당신들이 생산한 것을 주기만 하면 된다." 브라질에 농산업을 탄생시킨 것은 바로 이런 동맹, 즉 초국적기업들이 투입재를 공급하는 동시에 생산물의 판매를 보장하고 그 나머지는 모두 지주들이 제공하는 방식의 동맹입니다.

덧붙여 말하자면, 초국적기업들이 종자를 공급하기 때문에 법률적인 관점에서 볼 때 지주들은 브라질의 특허법에 의해 손발이 묶이게 됩니다. 우리가 사용하는 보통의 종자, 즉 '크리올 종자(creole seed, '크리올'은 과거에 서인도제도와 중남미로 이주한 에스파냐인이나 프랑스인의 후손을 가리키는 말—옮긴이)'라고 불리는 것들은 공공재이지만, 대기업들이 공급하는 유전자조작 종자는 특허가 등록된 사유재산입니다. 이는 그 자체가 허무맹랑한 일입니다! 기술에 대한 특허를 등록했다는 것만으로 그 특허와 관련된 생물의 소유자가 될 수 있다는 게 말이나 됩니까? 종자도 생물입니다. 물론 지금도 누구나 크리올 종자만을 사용할 수 있습니다. 반드시 유전자조작 종자를 구매해야 할 필요는 없습니다. 그런데 크리올 종자를 사용하는 경우에도 로열티를 내야 합니다. 내가 사는 곳인 리우그란데두술 주에서는 콩 농사를 짓는 농민들이 유전자조작 종자를 사용하지 않습니다. 그러나 그들이 콩을 생산해 내다팔 때면 몬샌토가 그 콩을 검사해보고 만약 그 콩의 종자가 자사에서 사간 것이 아니면 8퍼센트의 로열티를 부과합니다. 리우그란데두술 주의 농민들이 종자에 대한 로열티로 내는 돈이 매년 8천만 달러에 이릅니다!

한편으로는 브라질의 농장주들이 노동력을 과잉착취하게 됩니다. 예를 들어 어떤 농장주가 고용한 트랙터 기사가 600헤알(약 300달러)의 월급을 받는다고 가정해봅시다. 이 트랙터 기사는 주위를 돌아보고는 스스로에게 "수백만 명이 실업자 신세이거나 아주 적은 월급밖에 받지 못하는 이 나라에서 나는 그래도 괜찮은 편이니 이대로 만족해야 한다"고 말할 겁니다. 그러나 이런 생각은 자신의 노동이 극도로 착취당하고 있다는 사실을 바로 보지 못하게 하는 허구적인 관념입니다. 이 점을 이해하는 데는 종속이론의 설명이 도움이 됩니다. 초국적기업과 국내 지주 사이의 동맹에 의해 콩이 생산되어 국제시장에서 팔린다고 해봅시다. 그 콩의 가격은 국제적으로 결정될 것이고, 따라서 콩의 국제적인 평균가격과 콩산업의 세계적인 평균수익률이 존재하게 됩니다. 국제시장에서 우리의 콩은 다른 나라들에서 생산된 콩과 경쟁을 하게 됩니다. 그런데 트랙터 기사의 월급이 미국에서는 1000달러, 프랑스에서는 2000달러, 아르헨티나에서는 500달러인 데 비해 브라질에서는 300달러입니다. 그렇다면 우리의 노동력은 과잉착취를 당하는 셈이 됩니다. 왜냐하면 콩의 가격이 국제적으로 동일하게 결정된다면 브라질의 콩산업에 종사하는 트랙터 기사의 임금도 미국과 프랑스를 비롯한 모든 다른 나라의 트랙터 기사들이 받는 임금의 평균과 비슷해야 하지만 실제로는 그보다 훨씬 낮기 때문입니다.

환경에 대한 과잉착취의 경우도 다르지 않습니다. 선진국의 자본가들과 마찬가지로 브라질의 농장주들도 수익성을 높이기 위해 노동사용을 줄이는 기술을 채용하고, 토지를 집약적으로 사용하기 위해 기계를 투입하고 토지를 오염시키는 살충제를 많이 뿌리는 등 농업기술을 약탈적인 방식으로 활용합니다. 기계나 살충제를 덜 쓰고 그 대신 농민이나 농업노동자를 더 많이 고용할 수도 있지만 그들은 그렇게 하고자 하지 않습니다. 그들은 점점 더 낮은 위치에 있는 토지와 그곳을 흐르는 지하수를 서서히 오염시키게 될 독극물을 사용합니다. 게다가 이런 유형의 생산은 예를 들어 콩과 같은 작물 하나만 재배하는 단작농업으로 이어져 생물다양성을 억압하게 됩니다. 그런데 콩은 다른 종류의 식물에 공생을 허용하지 않는 종류의 작물이라는 문제가 있습니다. 그래서 콩의 단작농업은 환경에 갖은 종류의 유해한 영향을 끼치게 됩니다. 식물의 다양성은 하늘에서 내린 빗물이 지표면에 흡수되도록 돕습니다. 그러나 단작농업은 지표면에 흡수되는 빗물의 양을 훨씬 적게 해서 강물의 범람에 의해 홍수가 일어나게 하거나 토지가 빗물에 씻겨 내려가게 만듭니다. 생물다양성이 억압되면 강우의 주기가 바뀔 수도 있고, 지구온난화가 더 심해질 수도 있습니다.

이처럼 브라질의 농업에 농산업 모델이 부과되는 일이 벌어졌고, 레닌의 용어를 빌려 말하면 그 모델은 19세기의 자본주의에 부과됐던 '융커의 길(융커(Junker)는 프로이센의 토지귀족을 지칭하는 말이며, 융커의 길(Junker Road)은 대지주의 자본가화를 중심으로 전개되는 자본주의로의 이행을 가리킴—옮긴이)'과 다르지 않습니다. 생산방식이 구식이고 자본이 부족한 탓에 목축에 전념하던 후진적인 라티푼디아리우들이 이제는 초국적기업들로부터 종자와 트랙터 등을 공급받는 동시에 자본도 공급받고 있습니다. 초국적기업들은 그 막대한 자본을 어디서 얻은 것일까요? 은행들로부터, 다시 말해 이 모든 일에서 기본적인 역할을 하는 금융자본으로부터 얻은 것입니다. 금융자본이 아니고서는 몬샌토조차도 우리의 라티푼디아리우들에게 그렇게 많은 돈을 선지급할 정도의 자본은 갖고 있지 못할 겁니다. 이와 같은 점으로 미루어볼 때 브라질은 일종의 '융커의 길'을 걸어가고 있으며, 그 과정에서 우리의 옛 지주계급이 자본주의 기업가들로 변신하고 있다고 말할 수 있습니다. 과거에는 MST가 후진적인 지주들에 대항해 싸워서 그들의 토지를 점거했습니다. 그것은 토지에 대해 그들을 탈전유(disappropriation) 상태로 만드는 것을 목표로 한 기나긴 과정을 시작하기 위해서였습니다. 우리가 MST 운동에서 탈전유라는 용어를 사용한 것은 우리가 추구하는 것이 '몰수(expropriation)'가 아님을 분명히 하기 위해서였습니다. 우리는 애초에 지주들이 토지를 '전유'하게 된 것이 부당하다고 생각했으므로 '탈전유'를 추구하게 된 것입니다. 그러나 이제는 MST가 새로운 영역에서 새로운 적을 상대로 싸우고 있습니다. 우리는 후진적인 라티푼디아리우들과 싸우는 것만으로 충분한 게 아님을 깨달았습니다. 왜냐하면 그들이 자본주의 농업의 확장되는 전선에 편입되면서 그 성격이 변했기 때문입니다.

리우그란데두술 주의 경우를 예로 들어봅시다. 이 주는 목축을 하는 라티푼디우(대농장)가 많으며, 어떤 면에서는 아르헨티나의 습윤한 팜파스(대초원)와 비슷합니다. 거기에서 우리는 라티푼디우의 토지를 점거했습니다. 20년에 걸친 투쟁을 통해 우리는 10만 헥타르의 토지를 점거했고, 거기에 1만 가족이 정착했습니다. 그러나 셀룰로스를 생산하고자 하는 새로운 농산업체들이 지난 5년 동안에 30만 헥타르의 토지를 사들였습니다. 우리가 밤에 라티푼디우를 점거하면 그 다음날 농장주가 나와 보고 우리의 힘이 자기의 힘보다 더 세다는 것을 알고는 가까운 도시로 가서 점거당한 자기의 토지를 초국적기업에 팔아넘기곤 했습니다. 그래서 우리가 나중에 그 토지를 다시 점거하기 위해 가 보면 거기에는 이미 유칼립투스가 가득 심어져 있곤 했습니다. 유칼립투스를 심은 토지는 농업생산성이 거의 제로가 되어 경작지로는 쓸모가 없게 된다는 것을 농민들은 너무도 잘 압니다. 그런 토지는 노력과 돈을 엄청나게 들여도 다시 생산적인 토지가 되려면 여러 해가 지나야 하는데다가 그렇게 된다고 해도 과일나무를 비롯한 몇몇 종류의 나무들만 심을 수 있을 뿐 곡식을 재배하지는 못하기 쉽습니다.

토지를 새로 개척해 유칼립투스와 콩은 물론이고 여기 상파울루에서처럼 에탄올을 생산하기 위해 사탕수수까지 재배하는 자본주의 동맹에 대항해서도 우리는 싸우고 있습니다. 미국의 부시 대통령이 최근 브라질을 방문해서 바이오연료 생산을 촉진하기 위한 미국과 브라질 간 '동맹관계'를 선전한 바 있습니다. 그의 태도를 보건대 아마도 그들의 동맹은 전속력으로 달려도 좋다는 신호를 받은 것

같습니다.[3] 상파울루만 해도 그들이 확보한 사탕수수 재배면적이 400만 헥타르에 이르지만, 지금 그들은 앞으로 3년 안에 이보다 50퍼센트 이상 더 넓은 660만 헥타르로 재배면적을 늘릴 계획을 갖고 있습니다. 이 모든 것이 사탕수수를 이용해 에탄올을 생산하기 위한 것입니다.

보론 그런 여러 가지 중대한 변화와 관련해 룰라의 첫 번째 임기 동안에 어떤 일이 일어났고, 당신들은 어떻게 대응했습니까?

스테딜레 고전적인 신자유주의 정책을 구사한 페르난두 엔히크 카르도주의 집권 기간에도 MST는 투쟁을 계속했고, 그때 우리의 목표는 공화주의적인 유형의 고전적인 농업개혁이었습니다. 그러나 우리는 상황이 아주 빠르게 변하기 시작했음을 알아차렸습니다. 카르도주는 아주 명민한 사람이어서 MST가 브라질 사회의 지지를 받고 있으며 우리가 강력하다는 사실을 인식했습니다. 그래서 그는 세계은행에 조언을 구한 뒤에 사회적 보상 정책을 실시하기 시작했습니다. 그는 고전적인 농업개혁을 위한 정책을 채택하지 않았습니다. 그런 개혁의 모델은 역사의 변화에 뒤처진 것임을 알고 있었기 때문입니다. 우리가 조직화해서 농장을 점거하자 그는 다음과 같은 방식으로 사회적인 문제의 해결에 나섰습니다. 그는 우리의 점거행동 가운데 일부를 기정사실로 받아들이고 해당 농장주에게 바로 현금을 지급하기 시작했습니다. 그것은 농업자본가들에게 매우 유리한 거래였습니다. 농업자본가들은 정부가 지급해준 돈으로 다른 곳으로 가서 더 나은 땅을 새로 구입하거나 다른 사업에 투자했습니다. 카르도주의 집권기간에 벌어진 일은 바로 이런 것이었습니다.

룰라가 대통령이 된 뒤에도 여전히 우리는 고전적인 농업개혁을 마음속에 두고 있었습니다. 브라질에서 가장 훌륭한 지식인들 가운데 한 사람이자 노동자당(PT)의 창당멤버 가운데 한 사람인 플리니우 데 아후다 삼파이우(Plinio de

Arruda Sampaio)에게 고전적인 노선의 농업개혁안을 작성하는 일이 맡겨졌습니다. 그가 2003년에 정부에 제출한 농업개혁안은 4년 안에 100만 가족을 정착시키는 것을 목표로 삼았습니다. 이 농업개혁안에 대한 열띤 토론이 정부 안에서 벌어졌습니다. 당시에 재무장관이었던 안토니우 팔로시(Antonio Palocci)가 이끌게 된 정부의 경제팀은 농업개혁안에 대해 비용이 너무 많이 드는 안이라는 이유로 반대했습니다. 오늘날까지도 신자유주의적 사고가 지배하는 이 경제팀은 개혁안대로 재정지출을 하게 되면 '일차적 재정적자'[4]가 늘어나 정부의 재정이 위험해질 것이라면서 개혁안을 비난했습니다. 그들은 정부의 재정형편으로는 8만 가족을 정착시키는 정도만 목표로 삼을 수 있다고 주장했습니다. 그러자 룰라는 그동안 노조의 협상가로서 늘 해오던 대로 그 나름의 검증된 공식을 적용했습니다. 그는 "절반으로 줄입시다"라면서 40만 가족을 정착시키는 선에서 절충하겠다고 말했습니다. 우리는 물론 이 절충안을 받아들였습니다. 우리는 그 전의 20년에 걸친 투쟁을 통해 40만 농민가족을 정착시켰는데 정부가 약속을 지켜주기만 한다면 그 후에는 불과 4년 만에 그와 같은 수인 40만 농민가족을 추가로 정착시키게 되는 것이니 MST로서는 큰 성취였기 때문입니다.

그 뒤로 4년가량이 지났는데, 그동안 룰라의 정부에서 어떤 일이 벌어졌을까요? 재무부를 보루로 한 정부 내 신자유주의 분파와 고전적인 농업개혁 프로그램을 여전히 마음속에 품고 있는 농업개발부 사람들 사이에 갈등이 계속됐습니다. 이 시기에 우리는 "40만 가족의 추가 정착을 원한다"고 계속 말하면서 농업개발부와 연대했습니다. 그런데 팔로시가 농업개발부의 예산을 제한했고, 농업개발부의 관료들은 정부가 빠져든 정치적 위기를 고려하면서 정책을 추진했습니다. 결국 농업개발부는 38만 가족을 추가로 정착시켰다고 주장하게 됩니다. 38만 가족이라면 원래의 목표치에 가까운 숫자이지만, 그 가운데 64퍼센트는 아마존 강 유역으로 보내졌습니다. 이렇게 아마존 강 유역을 이용하는 것은 옛 지주들이 '탈전유'를 피할 수 있는 방법이었습니다. 정부는 아마존 강 유역의 공유지 중에서 일부를 골라 우리의 농민가족들에게 분배했습니다. 이렇게 해서 38만 가족이 정착했지만 그 과정은 농업개혁과 무관했고, 정착한 가족들은 계급투쟁에서 완전히 벗어났습니다. 그것은 농업의 관점에서 보면 변방이자 시장과 도시에서도 멀리 떨어진 곳의 공유지를 분배한 것이었으니 오히려 식민화의 과정이라고 할 만한 것이었습니다. 설상가상으로 아마존 강 유역에 정착한 농민들이 이번에는 목재기업들과 싸워야 하는 처지가 됐습니다. 목재기업들이 정착촌 가운데 한 곳에서 우리의 농민들과 함께 일하던 수녀 한 분을 청부살해했을 정도로 횡포가 심하기 때문입니다. 우리의 농민들은 아마존 강 유역의 삼림 속에 갇힌 상태에서 적대적인 환경에 직면하게 되어 어찌해야 할지를 모르고 있습니다. 거기에는 그들이 생산한 것을 내다팔 소규모 시장도 없습니다. 그들 외에 MST 가족들 가운데 20퍼센트는 이미 정착했던 가족들, 즉 토지를 점거했지만 그 토지에서 경작을 할 능력은 갖고 있지 못했던 가족들로부터 넘겨받은 토지에 정착했습니다. 이와 같은 사정들을 고려해 엄격하게 말한다면, 룰라의 첫 번째 대통령 임기 중에 정착한 농민가족 수는 8만 가족뿐이며, 이는 애초에 팔로시가 결정한 목표치와 정확하게 일치합니다.

오늘날 우리는 룰라와 어떤 점에서 갈등하고 있을까요? 우리는 아마존 강 유역에 정착한 농민가족이 정확하게 몇 가족이냐를 놓고, 또는 룰라가 약속을 해놓고 지키지 않은 것을 놓고 계속 싸우기를 원하지 않습니다. 우리는 그에게 이렇게 말하고자 합니다. "룰라, 현실을 직시하십시오. 브라질의 농민들이 미래에 대한 희망을 갖고 살아갈 수 있게 하려면 농산업 문제에 대응해야 합니다. 바로 이것이 지금 중요한 일입니다. 농민들을 아마존 강 유역으로 보내면서 빈곤의 문제를 해결하고 토지를 적절하게 재분배하고 있다고 주장하는 것은 무의미한 자기기만일 뿐입니다." 실제의 상황은 그런 주장과 정반대입니다. 우리가 갖고 있는 실증적 자료들은 카르도주의 집권기간 4년과 룰라의 집권기간 4년을 더해 지난 8년 동안에 브라질에서 토지소유의 집적이 크게 진전됐음을 보여줍니다. 그리고 농장주들이 토지를 사들이는 가운데 토지의 가격이 상승함에 따라 토지소유의 집중도 진전되고 있음을 보여주는 실증적 자료도 있습니다. 지금 우리의 눈앞에서 전개되고 있는 상황은 토지가 재분배되기보다는 오히려 점점 더 집적돼가는 반 농업개혁입니다. 상황을 더욱 악화시키는 요소가 하나 더 있습니다. 그것은 지난 2년 동안에 그 심각성이 입증된 에탄올 문제입니다. 이 문제로 인해 엄청나게 많은 토지가 외국인들의 손으로 빠르게 넘어가고 있습니다. 한 오래된 가문의 소유지이자 상파울루에서 가장 큰 농장이었고 그 규모가 3만 6천 헥타르에 이르는 토지를 카길(Cargill)이 사들였습니다. 그 토지는 바이오연료를 생산하는 데 사용되고 있습니다. 그 농장의 이름은 바뀌지 않아 예전 그대로이며, 그 농장에 무슨 일이 벌어졌는가를 아는 사람은 별로 없었습니다. 많은 사람들은 그것이 지금도 여전히 브라질의 농장이라고 생각하지만, 사실은 그렇지 않습니다. 우리 MST의 여성들이 국제 여성의 날인 3월 8일에 이제는 카길의 농장이 된 그곳을 점거했을 때에야 비로소 진실이 세상에 알려졌습니다! 물론 우리는 그 농장을 '탈전유' 시킬 힘을 갖고 있지 못합니다. 그렇지만 우리는 그 농장이 이제는 카길의 소유지임을 말하고, 브라질에서 토지를 사들이고 있는 몇몇 농산업체들에 부시의 가문이 관여하고 있다는 사실을 말하면서 지금의 상황을 비난할 수는 있습니다.

부시가 브라질에 왔을 때 그는 룰라를 단지 하나의 알리바이로 이용했습니다. 정부의 관리들은 그 어떤 의정서나 협정도 조인된 바 없다는 점을 들면서 부시와 합의한 것은 전혀 없다고 말했습니다. 그러나 부시는 기업가들과 만나는 데 36시간을 들인 반면에 룰라와는 그저 한번 사진을 찍기만 한 게 전부입니다. 부시가 묵었던 호텔은 그가 묵는 동안에 브라질의 노동자는 단 한 명도 고용하고 있지 않았습니다. 부시가 떠날 때까지 그 호텔에서는 브라질의 노동자를 전혀 볼 수 없었습니다. 미국인들이 어떤 사람이나 기업들이 자기들과 거래하러 오는지를 브라질 사람들이 알게 되기를 원하지 않았고, 그래서 부시가 체류하는 동안에 그 호텔에서 일하는 직원들이 모두 미국인 일색이었던 겁니다. 부시가 룰라와 만나 사진을 찍은 것은 그 모든 작전을 보이지 않게 가리기 위한 알리바이였습니다. 이런 사실은 자본가들이 자기들의 사업을 발전시키는 데 브라질의 정부를 반드시 필요로 하지는 않는다는 점을 보여주었습니다.

보론 민족부르주아도 있지 않습니까?

스테딜레 이 나라 브라질에서는 그 누구보다도 먼저 플로레스탄 페르난데스가 민족부르주아의 쇠퇴를 예견했고, 그의 분석이 우리에게 도움이 됐습니다.[5] 브라질에는 강력한 자본가 계급이 계속 존재해왔고, 그들은 그야말로 강력하고 부유합니다. 그러나 그들은 더 이상 브라질의 국민적 기획을 구상하거나 촉진하는 계급이 아닙니다. 그들의 기획은 제국주의에 완전히 종속돼있고, 제국주의 자본에 끔찍하다 할 정도로 굴종적인 태도를 보이고 있습니다. 이런 점과 관련해서는 루이 마우루 마리니(Ruy Mauro Marini, 1932~97, 브라질의 경제학자—옮긴이)의 학문적 기여와 종속이론이 상황파악에 크게 도움이 됩니다.[6]

　문제의 핵심을 분명히 하기 위해 한 가지 예를 들겠습니다. 세계에서 가장 큰 셀룰로스 공장인 베라셀(Veracel)은 바이아 주의 남부에 있습니다. 베라셀은 누구의 소유일까요? 사프라 은행(Banco Safra)를 통해 브라질의 금융부문에서 가장 강력한 가문들 가운데 하나와 밀접하게 연결돼 있는 기업인 아라크루스(Aracruz), 브라질의 공업부문에서 가장 강력한 가문들 가운데 하나가 소유하고 있는 보토란팀 그룹(Groupo Votorantim), 그리고 스웨덴과 핀란드의 합작 복합기업인 스토라 엔소(Stora Enso)가 베라셀의 지분을 동등하게 나눠 갖고 있습니다.[7] 베라셀의 셀룰로스 공장이 준공되어 가동식을 열었을 때 브라질 출신인 스웨덴 여왕이 참석하기도 했습니다. 이 공장을 짓는 데는 기계와 건물에만 8억 9천만 달러가 들었다고 합니다. 그 돈을 누가 댔을까요? 4억 5천만 달러는 유럽의 은행들이, 나머지 4억 4천만 달러는 브라질의 국영 개발은행이 댔습니다. 브라질 국민이 저축한 공공자금이 이렇게 민족부르주아에 의해 사용되고 국제자본에 대출되는 것입니다. 게다가 8억 9천만 달러 가운데 8억 5200만 달러는 유럽에서 기계를 들여오는 데 지출되어 우리의 시장이 아닌 유럽의 시장에 기여했습니다. 못, 나사, 너트, 볼트까지도 수입됐고, 생산은 모두 다 수출을 위한 것입니다. 이 공장의 설립과 운영에서 브라질의 민족부르주아가 한 역할은 필요한 자금의 절반을 끌어다주고, 기계를 수입하고, 생산물을 유럽으로 수출하는 것이었습니다! 이 공장은 모두 700명의 인력을 고용했고, 그들은 높은 임금을 받고 있습니다. 이 공장을 위해 유칼립투스 나무를 베는 사람은 브라질 사람일 겁니다. 물론 그는 스웨덴에서 훈련을 받았을 것이고, 한 개당 5명의 노동자가 달라붙어야 하는 전동톱(power saw) 80개와 같은 위력을 가진 거대한 기계를 사용하고 있을 것입니다. 다시 말해 그 기계는 하나당 노동자 400명의 일자리를 없앱니다.

이것은 종속이론의 사례연구 대상으로 적당합니다. 그 공장이 있는 지역은 찢어지게 가난한 곳이었고, 그 지역에는 베라셀의 노동자 700명의 아이들이 다닐 초등학교도 없었습니다. 그래서 스웨덴 여왕이 그 지역에 초등학교를 지을 돈을 기부했습니다! 그 기부는 가난한 사람들을 위한 유럽의 원조로 선전됐습니다. 그러나 그 지역의 다른 주민들과 달리 베라셀의 노동자들은 한 달에 1천 달러나 버는 노동귀족입니다. 공장을 운영하기 위해 베라셀은 인근의 토지를 8만 헥타르나 사들였고, 그 과정에서 이 나라에서 가장 낙후한 그 지역의 농민 1200가족을 쫓아냈습니다. 쫓겨난 농민들은 토지에 대한 법률적 권리를 갖고 있지 않았기에 도시로 가서 '파벨라두(favelado, 판자촌 거주민—옮긴이)'로 살아가고 있습니다.

보론 지금 시점에 룰라가 특히 농산업 분야에서 국제자본과 국내자본 간의 그와 같은 동맹에 맞설 가능성이 있다고 생각하십니까? 그리고 이런 측면에서는 MST가 어떤 전략을 갖고 있습니까?

스테딜레 룰라는 초국적기업들과 계속 거래를 할 것입니다. 우리가 정부에 기대하는 것은 아무것도 없습니다. 우리의 전략은 저항입니다. 저항을 통해 계급투쟁에서 우리 편에 속하는 사회적 세력을 축적해나갈 것입니다. 적어도 당분간은 우리의 전략이 공세적이기보다는 방어적일 것입니다. 왜냐고요? 계급투쟁의 주기적 변화에 대한 우리의 이론이 계급투쟁의 하강기에는 공세적인 전략을 취하는 것은 불가능하다고 말해주기 때문입니다. 노동계급 전체가 새로운 상승세에 들어서서 자본에 대해 공세를 취하는 국면이 전개돼야 비로소 그때에나 우리가 농산업에 패배를 안겨줄 수 있을 겁니다. 그때에만, 오직 그때에만 우리는 농산업, 제국주의, 신자유주의에 대한 공격을 본격적으로 시작할 것입니다. MST는 홀로는 농산업에 맞서 싸울 힘을 갖고 있지 않습니다. 농산업을 물리칠 힘은 물론이고 그것에 맞설 힘도 없습니다. 그렇다면 우리가 취해야 할 전략은 저항하고 비난하는 것일 수밖에 없습니다. 우리가 카길을 '탈전유'시킬 수 없다 해도 적어도 언제든 카길의 농장들 가운데 하나를 점거해서 그 농장이 카길의 것임을 모든 사람에게 알리는 행동은 할 수 있습니다.

룰라가 할 수 있는 일이 무엇이겠느냐고요? 그는 카길을 '탈전유'시킬 수도 있고, 외진 아마존 강 유역이 아니라 시장과 가까운 곳에 농민들의 정착촌이 자리 잡게 할 수도 있습니다. 아니면 우리의 식량을 우리가 소유함으로써 식량주권이 확보되도록 농민협동조합을 건설하는 일을 그가 도와줄 수도 있습니다. 우리 자신의 낙농업을 발전시키지 않는다면 우리는 네슬레, 다논, 파르말라트에 대한 의존을 결코 떨쳐버릴 수 없을 겁니다. 우리가 그런 낙농기업들과 경쟁할 수 있는 체제를 갖추려면 500만 달러의 자금이 필요합니다. 이 정도의 자금도 얻지 못한다면 우리가 어떻게 저 낙농기업들에 맞설 수 있겠습니까? 진보적인 정부라면 비록 아무도 그 정부에 큰 변화를 기대하지 않는다 하더라도 매우 의미 있는 역할을 할 것입니다. 그리고 그러한 진보적인 정부의 역할은 우리편이 사회적인 힘을 축적해가는 과정에서 우리에게 도움이 될 것입니다.

룰라가 할 수 있는 일이 또 하나 있습니다. MST는 브라질의 여러 상이한 지역을 대상으로 각 지역의 대표적인 바이오매스(biomass)에 초점을 맞춘 생태적 영농방법을 가르치고 배우기 위한 5개의 영농교실을 운영하고 있습니다. 그 목적은 우리의 이념과 우리의 기술을 갖춘 영농전문가 집단을 형성하는 것입니다. 정부가 MST를 어떻게 도울 수 있느냐고요? 이러한 영농교실이 전국의 모든 주에 개설되도록 정부가 지원해준다면 우리가 다음 단계의 투쟁에 대비해 사회적인 힘과 과학적인 지식을 축적해나가는 데 도움이 될 것입니다. 지금의 농산업 모델은 환경적으로 지속가능하지 않으며 그리 멀지 않은 미래에 심각한 위기에 봉착해 무너지게 돼있음을 우리는 잘 알고 있습니다. 히베이랑프레투(상파울루 주에 있는 도시—옮긴이)의 주변지역은 브라질의 캘리포니아로 불리지만 이 지역에는 이미 그런 위기가 찾아왔습니다. 이 지역은 과거에는 소규모 농가들이 커피, 채소, 과일 등 여러 가지 작물을 재배하는 곳이었는데, 최근 20년 사이에 재배작물이 사탕수수 하나로 바뀌고 다른 작물은 모두 다 사라졌습니다. 또한 생물다양성이 상실됨에 따라 비가 두세 시간만 내려도 홍수가 납니다. 이런 변화가 일어나기 시작할 때만 해도 5만 명에 불과했던 히베이랑프레투의 인구는 그 사이에 30만 명으로 늘어났고, 그 가운데 10만 명은 지금 파벨라(판자촌—옮긴이)에 삽니다. 브라질에서 부유한 곳으로 손꼽히는 이 지역에 10만 명이나 되는 판자촌 인구가 생겨난 것입니다! 그러나 감옥에 들어가 있는 사람 수가 3813명인 데 비해 들에서 일하며 살아가는 사람 수는 고작 2400명뿐입니다. 들에서 사는 사람보다 감옥에 들어가 있는 사람이 더 많습니다. 게다가 이것은 어린이들까지 포함한 숫자입니다. 이제 농업인구라는 것은 없습니다! 이런 식이라면 자본에게만 좋은 경제모델이라고 말할 수밖에 없습니다.

보론 제가 '악마의 대변자(논의를 더 진전시키기 위해 고의적으로 반대론을 펴는 사람—옮긴이)' 노릇을 해야겠군요. 현실적으로 룰라가 뭔가 다른 정책을 펼

수도 있지 않았겠습니까?

스테딜레 그렇습니다. 선택의 여지가 없었다고 말하는 이들은 자본에 대한 통제를 원하지 않는 사람들입니다. 자본가들이나 신자유주의자들과 동맹관계에 있는 사람이라면 그렇게밖에 말할 수 없을 겁니다. 그런데 룰라도 바로 그런 선택을 했습니다. 룰라가 만약 노동계급과 동맹관계를 맺기를 선택했다면 그 선택은 노동자들이 세력판도에 변화를 일으키고 자본가들에 맞서 싸우기 위해 자기들의 조직을 개선하고 자기들의 정치적 힘을 강화하는 데 도움이 됐을 겁니다. 그러나 룰라 정부는 그런 선택을 하지 않았습니다. 대안이 없다는 주장은 룰라 정부가 취한 선택, 즉 노동자가 아닌 자본과 동맹관계를 맺기로 한 선택을 정당화해주는 논리일 뿐입니다.

보론 룰라의 국제정책은 어떻게 보십니까? 그것은 그를 지지하는 많은 지식인들이 말하는 대로 진보적입니까?

스테딜레 그런 측면이 있습니다. 정치적인 관점에서 보면 룰라의 국제정책은 진보적이었고, 나라의 자율성을 어느 정도는 회복했습니다. 이전에는, 다시 말해 카르도주 정부 때는 이타마라티궁(브라질 외무부의 본부 청사)은 미국 국무부의 지부나 다름없었습니다. 참으로 딱한 일이었습니다! 외무장관인 셀수 라페르는 브라질 국민의 이익을 지키기보다는 국제자본의 이익을 지키는 데 훨씬 더 신경을 썼습니다. 카르도주의 외교정책은 미국인들에게 완전히 굴종하는 것이었습니다. 그러므로 그동안 이타마라티궁이 어느 정도의 자율성을 회복한 것은 긍정적인 일입니다.

그러나 지금은 브라질의 국제 경제정책이 초국적기업들에게 완전히 굴종적입니다. 이 점에서 룰라 정부는 모순에 빠져 있습니다. 브라질 정부는 외교적으로 어떤 말을 할 수 있는지를 이제는 더 이상 미국에 묻지 않을 정도로 자신감을 회복한 것으로 보이지만, 경제문제에 있어서는 초국적기업들과 완전히 일치하는 태도를 취하고 있습니다. 세계무역기구(WTO)에서 브라질 정부가 수행하는 역할은 창피할 정도입니다. 대규모 수출기업들의 이익을 보살피는 역할만 하고 있기 때문입니다. 룰라 정부는 카르도주 정부에 의해 제정된 칸디르법(Kandir Law)을 폐지할 용기도 갖고 있지 않습니다. 카르도주 정부 때 계획부 장관이었던 사람의 이름을 따서 명명된 칸디르법은 원료와 농산물을 수출하는 기업들에게 세금을 면제해주는 내용을 담고 있습니다. 그런데 브라질에서 어떤 기업들이 콩을 수출하고 있습니까? 몬샌토, 카길, 붕게 등입니다. 브라질이 연간 2800만 톤의 콩을 수출하고 있다지만, 이들 기업은 단 한 푼의 세금도 내지 않습니다. 이것이 진보적인 외교정책입니까? 룰라는 그런 수출업체들이 해외매출액 가운데 50퍼센트를 해외에 놔둘 수 있도록 허가했습니다. 이것은 도둑질입니다! 브라질의 콩 수출액은 연간 150억 달러에 이르는데 수출업체들이 그 가운데 절반에 해당하는 돈을 국내로 들여오지 않고 해외에 그냥 놔둘 수 있습니다. 이런 조치는 자본도피를 조장하고 외화반출을 숨겨주는 것입니다. 이것은 또한 외환시장과 국내 금융시장에서 투기를 부추기는 유인이 되고 있습니다.

보론 그러나 미주자유무역지대(FTAA)가 좌초한 것은 룰라의 결단 덕분이라고 많은 학자들이 말하고 있습니다. 이런 견해에 대해서는 어떻게 생각하십니까?

스테딜레 그런 견해가 있다는 것을 나도 알고 있습니다. 그리고 그렇게 된 것은 외무장관인 셀수 아모링의 정치적 입장 때문이기도 했습니다. 그는 대륙 전체에 걸치는 협정이라면 그것이 어떤 종류의 것이든 반대한다고 했습니다. 그런데 브라질 정부는 FTAA의 규정으로서는 거부한 것을 WTO의 새로운 협상에서는 수용했습니다. 그런데도 브라질 정부는 유럽연합과는 합의를 이루지 못했는데 이는 MST가 WTO의 새로운 협정에 반대하는 운동을 시작하면서 대규모 시위를 벌였기 때문이라고 정부 쪽에서는 말합니다. 정부의 관리들은 유럽 사람들이 요구하는 것이면 무엇이든 다 양보할 태세였습니다. 유럽 쪽의 우리 동지들은 최근에 우리와 만난 자리에서 요즘 유럽의 정책노선이 점차 WTO에서 벗어나고 있으며, 그 이유는 국제적인 법규와 규범이 유럽 기업들의 활동을 제약하기 때문이라고 말했습니다. 그래서 유럽 정부들은 단일의 국가 또는 단일의 국가집단(블록)과의 양자 간 협정에 관심을 두게 됐다는 것입니다. 그들이 브라질로부터 얻어내고자 하는 것은 은행, 금융서비스, 전화, 전력, 수송을 비롯한 서비스와 첨단기술 분야의 시장개방입니다. 그들은 이런 분야에서 유럽 기업들의 활동을 제한하게 될 규제나 조세를 원하지 않습니다. 유럽연합이 그 대가로 브라질에 제시하는 것은 유럽의 농산물 시장에 대한 접근입니다. 브라질이 콩이나 에탄올, 또는 모든 종류의 알곡을 얼마든지 유럽에 수출할 수 있도록 허용해주겠다는 것입니다.

유럽 농민운동의 관점에서 말한다면, 산업과 금융을 지배하는 유럽의 부르주아는 브라질 등 중남미의 농업 부르주아를 포함한 해외의 농업 부르주아와 동맹을 맺고 있습니다. 그러나 브라질의 농업 부르주아는 예속적이며, 자율성을 갖고 있지 못합니다. 브라질에서 유럽으로 콩을 수출하는 주체는 누구일까요? 붕게, 카길, 몬샌토 등 외국기업들이지 우리 기업들이 아닙니다. 그리고 유럽에서는 이런 동맹이 그곳 농민들을 파탄시키는 결과를 낳고 있기도 합니다. 유럽의 농민들은 이차대전 이후에 수적으로 위축되긴 했지만 식량주권과 관련된 중요한 이념적 싸움에서는 승리를 거두었습니다. 그래서 유럽에서는 필요한 식량을 스스로 생산한다는 원칙이 정립된 겁니다. 그러나 오늘날에는 유럽이 자체적으로 필요한 식량만 생산하는 것이 아니라 수출하기 위한 식량도 생산하고 있고, 유럽 각국의 정부들이 서서히 식량주권에 관한 전후의 콘센서스를 버리고 있으며, 더 나아가 해외에서 활동하는 자국의 기업들에게 식량공급에 관한 모든 일을 맡길 태세입니다. 유럽의 정부들은 값싼 먹을거리가 공급되기를 원하고 있고, 값싼 먹을 거리를 확보하기 위해서는 자국의 농민들이 파산하는 것도 방치하려는 자세를 취하고 있습니다.

이에 대한 룰라의 입장은 무엇일까요? 완전한 동의입니다! 부디 당신네 농산물 시장을 개방해서 우리가 농산물을 수출할 수 있게 해달라는 식입니다. 그렇게 되는 것이 브라질에 좋은 일이라고 룰라는 생각하고 있습니다. 거대 초국적기업들만이 그런 정책의 수혜자라는 사실을 간과하고 있는 것입니다. 우리의 정부는 유럽의 정부들과 동맹관계를 맺음으로써 우리의 국민에게만이 아니라 유럽의 농민들에게도 등을 돌리고 있는 겁니다. 이런 상황에는 이제 브라질에 더 이상 민족부르주아는 없다는 사실이 반영돼있습니다. 한 가지 예를 들어봅시다. 브라질의 국민은 고기를 쉽게 사먹지 못합니다. 우리는 일인당 연간 7킬로그램의 쇠고기를 소비하는데, 이 수치는 아르헨티나의 70킬로그램과는 비교도 되지 않습니다. 브라질은 국토가 아주 넓고 인구도 매우 많은 나라이므로 소를 더 많이 기를 수 있고, 그렇게 하는 것이 절대적으로 필요합니다. 사실 우리는 이미 북동부 지역만 제외하면 전국의 모든 지역에서 소를 기르고 있고, 그 수는 거의 2억 마리에 이릅니다. 그러나 그 대부분은 수출을 위해 기르는 것입니다. 그런데도 쇠고기 수출액은 30억 달러에 불과합니다. 이에 비해 항공기 제작업체인 엠브라에르(EMBRAER)는 1700명의 노동자만 갖고도 25억 달러어치를 수출했습니다. 이것이 모델이라는 겁니다. 그러나 엠브라에르는 민영화되어 지금은 미국과 캐나다의 자본가들에 의해 지배되고 있고, 30퍼센트 정도의 지분만 브라질 민간자본의 소유로 돼있습니다. 요약하자면 우리 정부는 국제자본에 굴종하는 경제외교정책을 펴고 있고, 이런 경제외교정책은 국내 경제정책과도 일맥상통합니다.

보론 양자 간 무역협정을 통해 여러 개의 '소규모 FTAA'를 구축하려는 미국의 전략에 대해서는 어떤 생각을 갖고 있습니까?

스테딜레 미국의 전략은 분명합니다. 미국은 FTAA를 달성하지 못했습니다. 룰라 정부가 반대하기도 했지만, FTAA 자체가 30개가 넘는 나라들로 하여금 단 하나의 매우 복잡한 무역협정에 완전히 동의하게 해야 하는 것이라는 점에서 과욕의 기획이기 때문입니다. 그 기획은 전면적인 굴종을 요구하는 것이지만, 오늘날의 세계에서 그렇게 굴종하는 나라는 없습니다. 설령 룰라가 그것을 받아들였다고 하더라도 베네수엘라의 반대만으로도 그것을 탈선시키는 데 충분했을 겁니다. 그것은 신자유주의의 지배가 절정에 이른 1995년에 미국인들이 품게 된 과대망상적인 욕구였습니다. 미국인들은 그것을 통해 중남미 전역에서 신자유주의에 대한 전면적인 동의를 얻어내려고 했던 것입니다. 물론 쿠바만은 미국인들의 그런 기획에서 제외됐습니다. 그런데 이제는 미국인들이 FTAA로 추구했던 것과 똑같은 목표를 다수의 양자 간 무역협정을 통해 달성하려고 애쓰고 있고, 그 목표를 달성하기 위한 두 번째 경로로는 국제금융기구들을 통해 자본의 자유로운 활동에 대한 모든 구속을 제거해줄 새로운 법률적 틀의 수립을 밀어붙이고 있습니다. 이에 더해 우리는 지금 거대한 미국기업들과 중남미 각국의 강력한 기업들 사이에 협정이 체결되고 있는 상황을 목격하고 있습니다. 그 협정은 각국의 국가기구를 우회하는 자본가들 간의 동맹입니다. 당신이 〈소셜리스트 레지스터〉 2006년판에 기고한 글[8]에서 보여주었듯이, 어떤 면에서는 중남미 국가들의 시장 통제 능력이 크게 훼손됐습니다. 그래서 앞에서 내가 말한 대로, 부시가 브라질을 방문했을 때에 룰라에 대한 그의 관심은 오로지 함께 사진을 찍는 데만 있었습니다.

보론 브라질의 민중적 조직들과 관련된 문제, 그리고 브라질의 정당 및 노조와 MST 간 관계와 관련된 문제로 넘어갑시다. 노동자당(PT)이 쇠퇴하고 중앙단일노조(CUT)의 역할이 흐릿해진 사실에서 얻어야 할 교훈이 있다면 무엇이라고 생각하십니까?

스테딜레 일단 노동자당과 중앙단일노조가 둘 다 좌절해 지금은 방어적인 입장에 있다는 말씀을 드리는 것으로 시작하겠습니다. 왜 이렇게 됐을까요? 이에 대해서는 몇 가지 가설이 있습니다. 노동계급에 대해서는, 초국적기업과 금융자본에 유리한 방향으로 진행된 자본주의의 구조조정으로 인해 노동의 위상이 저하되는 결과가 초래됐다는 점을 지적할 수 있습니다. 이 점은 브라질 노동계급의 구성에 일어난 변화만 봐도 확연합니다. 공업부문의 노동자 수가 가장 많았던 1980년에는 그 수가 450만 명이었습니다. 그때부터 2007년까지 전체 인구는 40퍼센트 늘어났지만 공업부문의 노동자 수는 420만 명으로 줄어들었습니다. 행동의 주체인 노동계급이 패배하게 된 데는 생산성의 증가가 매우 중요한 요인으로 작용했습니다. 노동계급이 패배했는데 중앙단일노조와 각급 노조를 비롯한 노동계급 조직들이 어떻게 전진을 할 수 있었겠습니까?

노동자당의 경우에는 정치적 스펙트럼에서 중앙으로 이동해 그 중앙을 장악했습니다. 그러는 과정에서 노동자당은 사회적 투쟁과 기간조직 구축을 포기하고 제도적 영역, 즉 지방의원, 의회의원, 대통령을 뽑는 선거에 집중함으로써 결국은 제도권 정당이 됐습니다. 제도권 정당은 의도하든 의도하지 않든 질서를 중시하는 정당이 됩니다. 의원의 역할은 혁명을 하는 것이 아니라 기존질서의 규칙을 보존하는 것입니다. 의원 중에는 농민들도 있습니다. 그러나 그들이 하는 역할도 전혀 다르지 않음을 우리는 알고 있습니다. 그들도 제도적 기존질서의 한계 안에서 움직입니다. 제도권 내 투쟁만을 우선시하는 쪽으로 태도를 바꾸었기에 노동자당이 부르주아에게 패배한 것입니다. 국가는 완전히 자본에 의해 통제되기 때문에 제도권 내 투쟁은 보통사람들의 문제를 해결하지 못한다는 것을 우리는 알고 있습니다. MST가 위기에 빠지지 않았다고 한다면, 그것은 우리의 운동이 의원을 선출하는 일에만 전념하지는 않은 덕분이라고 말할 수 있습니다. 만약 의원을 선출하는 일에만 전념했다면 우리는 오늘날 심각한 위기에 빠져 있었을 겁니다.

하지만 모든 것을 균형 잡힌 시각으로 바라봐야 한다는 말을 덧붙이고 싶습니다. MST 운동을 하는 우리는 노동자당과 중앙단일노조의 건설을 도왔습니다. 나는 여전히 노동자당의 당원입니다. 그리고 나는 노동자당이 우리를 버렸거나 배반했다고는 말하지 않습니다. 문제는 정치적 수단이 되는 이 두 개의 조직이 패배한 이유를 이해하는 것입니다. 이것은 특정한 사람들과 관련된 문제가 아니라 계급투쟁의 맥락에서 봐야 할 문제입니다. 계급투쟁의 새로운 물결은 언제나 그 자신의 조직적 수단을 창출합니다. 1945년부터 1964년까지는 브라질 공산당(PCB), 노동자총연맹(CGT), 그리고 프란시스쿠 줄리앙(Francisco Julião)이 이끈 농민동맹(Ligas Camponesas)이 바로 그러한 조직적 수단이었습니다. 노동자당, 중앙단일노조, 그리고 MST는 대중운동의 고양기였던 1978년과 1979년에 탄생했으나, 그 가운데 노동자당과 중앙단일노조는 패배했습니다. 이제 우리에게 남은 희망은 무엇이겠습니까? 그것은 다시 노동계급이 상승기를 타는 국면이 오면 투쟁이 필요로 하는 것에 더 잘 부응할 수 있는 새로운 조직적 수단이 창출되리라는 희망입니다. 이런 희망은 어느 한 지도자가 원해서 실현되는 것이 아니라 투쟁이 필요로 하는 것 자체가 시대적 과제에 대응하는 데 적합한 조직적 수단의 창출을 촉진함으로써 실현되는 것입니다. 그러므로 우리는 계급투쟁의 새로운 고양기가 시작될 때를 대비하는 데 관심을 쏟고 있습니다. 그때가 오면 MST보다 더 나은 새로운 조직적 수단이 창출될 수 있을 것이고, 새로운 지도부도 형성될 수 있을 것입니다.

물론 나도 그렇게 되기를 바랍니다. 나는 룰라의 흠을 잡는 데 시간을 낭비하고 싶지 않습니다. 우리가 해야 할 일은 브라질에서 대중적 투쟁, 사회적 투쟁을 강화시켜 부르주아에 대한 제 세력의 관계에 변화를 일으키는 것입니다. 바로 그러한 대결의 과정에서 새로운 지도자들이 등장할 것이고, 새로운 형태의 투쟁이 일어날 것이며, 새로운 조직적 수단들이 필연적으로 창출될 것입니다. 그 조직적 수단들은 국가의 제도적 틀에 들어맞는 정치적인 것이어야 합니다. 물론 여기서 정치적이라는 말은 오늘날 통용되는 정치적이라는 말과는 다른 뜻입니다. 의원 선출에만 몰두하는 정당은 쓸모가 없습니다. 우리에게는 계급투쟁의 수단이 될 수 있는 정당, 그래서 경제모델과 국가에 맞서서 브라질에 구조적 변화를 가져올 수 있는 정당이 필요합니다.

보론 그러한 투쟁을 수행해나가기 위한 전국적, 국제적 동맹에 관한 MST의 전략은 무엇입니까?

스테딜레 전국적인 차원의 투쟁이 핵심적으로 중요합니다. 사회적 세력들이 서로 단합해야 할 필요가 있지만, 민중투쟁이 오랜 기간에 걸쳐 하강기에 있었기 때문에 우리가 그렇게 하기란 아직은 매우 어렵습니다. 민중투쟁의 하강기에는 사회적 세력들이 흩어지는 경향이 있습니다. 우리는 사회적 세력들이 그렇게 완전히 흩어진 상태로 15년의 세월을 보냈습니다. 이제 기나긴 터널의 끝에서 아직은 희미하지만 우리로 하여금 기대감을 갖게 하는 빛이 비치고 있습니다. 이념적으로 친근한 정도에 따라 세력 간 결집이 시작되고 있음을 보여주는 네 가지 조류가 있습니다. 첫째로 노동자당에서 이탈한 사람들이 결성한 사회주의자유당(P-SOL; Partido Socialismo e Liberdade)과 관계가 있는 트로츠키주의자들의 그룹인 콘루타스(Conlutas; Coordenacao Nacional de Lutas, 전국투쟁조정기구, 2004년에 결성된 노조연합체—옮긴이)가 있습니다. 둘째로 중앙단일노조에 소속된 소수의 전투적 노동운동 지도자들과 노조들이 있습니다. 사회주의 세력과 관계를 맺고 있는 이들은 중앙단일노조의 내부에서 이 노조를 비판하고 있을 뿐 아니라 전투성이 강하다는 이유로 따돌림을 당하고 있지만 이 노조와 결별하지는 않으려고 합니다. 셋째로 사회운동조정기구(CMS; Coordination of Social Movements)가 있습니다. 이 조직은 원래는 대중전선을 지향했지만 이제는 중앙단일노조, 비아 캄페시나, MST와 같은 대규모 운동들의 행정조직이 되면서 결국은 일종의 정점형 조직이 되고 말았습니다. MST도 이 조직의 일원이지만, 우리가 이 조직에 대해 만족하는 것은 아닙니다. 넷째로 민중의회(Popular Assembly) 운동이 있습니다. 지난해에 시작됐고 아직도 건설 과정에 있는 이 운동은 기독교 교회의 강력한 영향 아래 브라질의 모든 사회운동을 결집하고 있습니다. 브라질에서는 기독교 교회가 매우 중요합니다. 왜냐하면 기독교 교회는 모세혈관과 같은 조직망 덕분에 폭넓은 민중적 기반을 갖고 있기 때문입니다.

이 네 가지 조류가 세력결집을 하고 있다는 것은 긍정적인 뉴스입니다. MST는 이 네 가지 조류와 관련된 거의 모든 영역에 참여하고 있다는 점에서 그 통합을 촉진하는 접착제의 역할을 하고 있다고 할 수 있습니다. '지붕이 없는 사람들'이라는 뜻의 '셈 테투(Sem Teto)'라는 이름을 내건 홈리스 운동단체도 민중의회에 참여하고 있습니다. 우리는 이런 모든 세력을 통합시켜 정부의 사회보장제도 개편 시도와 경제정책에 대항하고 3차 노동법 개정안에 대해 반대하고자 합니다. 3차 노동법 개정안은 우파 정당들이 노동자 인권과 관련된 제도의 완전한 유연화를 촉진하기 위해 입법을 시도해온 것입니다. 룰라가 중앙단일노조의 압력을 받고 이 개정안에 대해 비토권을 행사했지만, 우파 정당들이 의회에서 3분의 2 이상의 지지를 얻기만 하면 상황이 뒤집힐 수 있습니다. 그런 일이 실제로 일어난다면 자본가들은 그 어떤 직무규정도 두지 않고 그 어떤 사회적 권리도 보장하지 않은 채 노동자를 개인별로 고용할 수 있게 됩니다.

그래서 우리는 제 사회세력의 결집을 촉진하는 역할을 맡아야 하는 것입니다. 우리는 그 어떤 국제적 활동에 앞서서 우리가 그동안 확보해온 위상을 이용해 브라질 국내의 사회적 좌파가 단결하는 과정에 힘을 보태고 있습니다. 이런 단결이 없이는 우리는 위기를 피할 수 없습니다. 우리의 목표는 대중운동의 성장을 촉진하는 것입니다. 물론 이념적, 전술적 차이가 존재합니다. 예를 들어 콘루타스의 전술은 룰라 정부를 패퇴시키는 것을 목표로 하고 있습니다. 그들은 브라질에 신자유주의가 뿌리를 내리게 된 것의 책임은 주로 룰라에게 있다고 생각하고 있고,

그래서 룰라를 패퇴시키는 것을 목표로 삼고 있는 것입니다. 그런가 하면 사회운
동조정기구(CMS)는 룰라의 첫 번째 임기 중에 그를 지지하면서 그의 정부가 우
파에 의해 전복되는 것을 막고자 우파에 대항해 행진과 시위를 벌였습니다. 지금
은 그들이 룰라에 대해 '비판적 지지'의 입장을 취하고 있습니다. 민중의회는
"정부를 잊어버리고 민중을 조직화하자!"고 말합니다. 그러므로 우리가 룰라 정
부에 관심의 초점을 맞춘다면 그것은 민중의회의 노선에 동의하지 않는 게 됩니
다. 그렇지만 미래에 대한 견해에서는 상당한 정도의 단합이 이루어져 있습니다.

보론 국제무대에서는 MST가 어떤 전략을 취하고 있습니까?

스테딜레 첫째, 우리는 비아 캄페시나와 역사적인 동맹관계를 맺고 있고, 농민의
세계에서 그 동맹관계를 더욱 확장시키려고 노력하고 있습니다. 또한 우리는 이
동맹관계를 환경주의자들, 소비자단체, 여성운동조직에 더 긴밀하게 접합시키려
는 노력을 기울이고 있습니다. 128개국의 대표단이 참석한 가운데 2007년 2월 말
리에서 열린 세계식량주권포럼(World Forum on Food Sovereignty)은 바로 이
러한 노력의 성과물입니다. 이 포럼은 환경주의자들, 소비자단체, 여성운동조직
외에 어민들, 목축민들과 같은 다른 여러 사회적 집단까지도 우리의 투쟁에 끌어
들였습니다.

　둘째, 우리는 세계사회운동총회(World Assembly of Social Movements)라고
부를 수 있을 만한 국제적인 조직을 구축하는 데 많은 노력을 기울이고 있습니
다. 그동안에는 국제적인 조직을 구축하는 일이 세계사회포럼(World Social
Forum)의 틀 안에서 추구돼왔습니다. 하지만 우리는 세계사회포럼이 그 고유한
성격 때문에 신자유주의에 저항하는 세력들을 제대로 대변하지 못한다고 느끼게
됐습니다. 이 포럼의 내부 상황은 좀 혼란스럽습니다. 당신도 알고 있겠지만, 세
계사회포럼 안에는 해결되지 않은 논쟁이 하나 있습니다. 한편으로는 이 포럼이

세계적인 투쟁을 이끌 수 있도록 그것을 새로운 '인터내셔널'로 전환시키기를 원하는 사람들이 있고, 다른 한편으로는 이 포럼은 사람들이 서로 만나 의견과 경험을 교환하는 장소일 뿐이라고 생각하는 사람들이 있습니다. 우리는 이런 두 가지 극단적인 견해 모두에 반대하며, 민중세력이 투쟁의 구체적인 의제에 대해 합의를 이루어가야 한다는 신념을 갖고 있습니다. 어쨌든 우리는 세계사회포럼에 대해 조금은 실망하고 있습니다. 이 포럼이 열릴 때 그곳에 가보면 유럽의 조직들, 특히 유럽 비정부기구(NGO)들의 참여비중이 확연하게 높다는 것을 알 수 있습니다. 유럽의 조직들은 포럼에 직접 참석하거나 사람들에게 초청장을 보내고 항공권을 제공하는 데 필요한 자금을 갖고 있기 때문입니다. 그런데 유럽의 사회운동은 그 어떤 형식이나 조직, 그리고 세력 간 연결도 거부하는 아나키즘의 사고방식이 지배하고 있습니다. 그들은 사회운동의 유기적 통합을 강화시킬 수 있는 상호조율, 규칙, 조직형태를 결코 받아들이지 않습니다. 조직화를 하지 않고 어떻게 신자유주의를 패퇴시킬 수 있다는 것인지 알 수 없습니다. 그들은 심지어 이번 포럼과 다음번 포럼 사이에 연락중심의 기능을 수행할 사무국을 설치하자는 제안에도 반대합니다. 우리는 꿈을 갖고 있습니다. 우리는 환상을 품지 않으며, 우리의 꿈을 실현하는 것이 얼마나 어려운 일인지를 잘 알고 있습니다. 그렇다고 하더라도 우리는 민중운동의 세계총회를 창설한다는 우리의 꿈을 버리지 않습니다.

국제적인 영역에서 우리가 내딛고 있는 세 번째 경로는 ALCA(미국이 후원하는 '미주자유무역지대(FTAA)'를 중남미에서 가리키는 약칭―옮긴이)에 대항해 대안으로 ALBA(베네수엘라가 후원하는 '미주볼리바르대안')의 결성을 추진하는 과정에서 베네수엘라 정부와 협력하는 것입니다. 우리에게 ALBA는 하나의 명칭에 그치는 것이 아니라 중남미 대륙 전체의 민중적 통합을 위한 구체적인 메커니즘이 창출될 가능성을 의미합니다. 그 메커니즘은 다양한 형태를 취할 수 있을 것입니다. 우리는 쿠바의 아바나에 본부를 두고 베네수엘라에 지부를 둔 '라틴아메리카 의과대학(ELAM)'이 수행할 수 있는 기본적인 역할에 대해 그동안 논의해왔습니다. 이 의과대학은 중남미 전역에서 600명의 학생을 받을 예정이고, 그중에는 브라질 학생도 100명이 포함될 겁니다. 쿠바는 이 의과대학의 학생 수를 더 늘릴 계획입니다. 그리하여 학기당 500명에 이르게 될 이 의과대학의 입학생들은 기초교육을 잘 받은 민중계층 출신으로만 구성될 것이고, 이 의과대학에서 공부를 하면서 기간조직의 간부나 지도자가 되는 데 필요한 훈련도 받을 것입니다. 그 결과로 중남미 대륙 전역에 걸쳐 똑같은 교육과 훈련을 받은 기간조직 간부층이 형성되기 시작한다면 중기적으로 그것은 다음번의 정치적 투쟁을 위한 매우 중요한 토대가 될 것입니다.

그러나 의학 외에 더 많은 분야의 코스가 필요합니다. 우리에게는 생태적 농업에 대한 비전과 대안의 경제모델을 마음속에 품고 우리의 농민들과 함께 일할 농경전문가도 필요합니다. 이런 전문가가 많이 생겨나면 그들은 우리의 기술적 기간간부가 될 것입니다. 이런 일은 미래를 위해 매우 중요한 일입니다. 중남미 전역에 걸쳐 비슷한 이념과 기술이 존재하게 될 것이기 때문입니다. 이런 일은 크리올 종자를 되살리는 공통의 기획을 발전시키는 데도 중요한 역할을 하게 될 겁니다. 크리올 종자를 되살리는 일의 경우에는 브라질에 많은 경험이 축적돼있습니다. 우리는 다른 나라의 농민들이 초국적기업들과 그들이 선전하는 유전자 조작 종자의 지배에서 벗어날 수 있도록 조언과 기술교육을 통해 도와줄 수 있습니다. 우리의 토양에 맞게 종자를 개량하기 위한 협동조합도 필요합니다. 베네수엘라의 경제사회개발은행(BANDES)이 조금만 도와준다면 우리는 중남미 지역 전역에 걸쳐 협동조합의 네트워크를 구축할 수 있을 것입니다. 그 협동조합의 망은 새로운 사회적 기간조직이 될 것이며, 단기적인 관점에서보다는 언제나 중기적인 관점에서 구축될 것입니다.

넷째로, 우리는 아시아와도 동맹을 맺으려고 노력하고 있습니다. 인도네시아, 스리랑카, 한국, 태국, 필리핀을 비롯해 동남부 아시아의 전역에서 신자유주의와 제국주의에 반대하는 대중운동이 강력하게 전개되고 있습니다. 브라질은 아직 계급투쟁의 하강기에 있지만 아시아는 그렇지 않습니다. 그리고 아시아 사람들은 대중동원과 대중조직, 그리고 선전선동의 기법을 잘 알고 있고, 특히 무슬림들의 영향력이 큰 나라에서는 종교적 정서에 호소하는 방법도 잘 알고 있습니다. MST와 브라질의 비아 캄페시나는 그러한 아시아의 운동조직들이 우리와 생각과 경험을 나눌 수 있는 이상적인 파트너라고 생각합니다. 반면에 아프리카는 악몽과 같습니다. 아프리카의 운동조직은 조직화의 수준이 매우 낮을 뿐만 아니라 매우 빈곤하기도 하며, 아직도 부족이나 지역의 수준에 머물러 있는 경우가 많습니다. 국민적 수준의 운동이 존재하는 나라는 거의 없습니다. 오직 모잠비크에만 프렐리모(Frelimo, 모잠비크 해방전선)가 있기에 국민적 수준의 운동이 존재한다고 할 수 있습니다. 기니의 경우는 매우 작은 나라임에도 불구하고 서너 개의 운동조직이 있지만 그 가운데 어느 조직도 국민적인 기반을 갖고 있지 못합니다. 아프리카에는 농민운동이 아예 존재하지 않는 나라가 많습니다. 게다가 수단, 나이지리아, 앙골라와 같이 석유를 생산하는 나라들에서는 민중운동이 완전히 정부에 종속돼있습니다. 아프리카에 사는 아랍계 농민이 3억 명에 이르지만, 그들은 거주국 정부에 완전히 의존하고 있습니다. 유감스럽게도 아프리카는 세계적인 세력관계와 국제적인 사회투쟁에서 거의 배제돼있습니다. 아프리카가 유럽계 제국들의 지배에서 벗어난 뒤에도 아프리카의 석유는 여전히 유럽계 제국들과 미국의 차지였습니다. 더구나 지금 새로운 제국이 아프리카의 천연자원을 수탈하기 시작했습니다. 그 새로운 제국은 중국입니다. 중국은 자국의 경제성장을 떠받치기 위해 아프리카에서 석탄, 나무, 온갖 종류의 광물, 먹을거리 등 모든 것을 다 가져가고 있습니다. 만약 아프리카에서 다시 반제국주의 봉기가 일어난다면 이번에는 중국이 그 대상이 될 것 같습니다.

보론 사회운동이 유럽이나 미국에서도 일어나서 개도국에서의 투쟁에 도움을 주는 상황이 전개될 수 있다는 희망은 혹시 갖고 있지 않습니까?

스테딜레 그런 희망은 거의 갖고 있지 않습니다. 파리의 주변부 지역에서 젊은 이주자들이 목소리를 높이는 흐름이 있다는 점을 거론해볼 수는 있을 겁니다. 그러나 그것은 유럽에서조차도 일반화될 수 있는 운동이 아닙니다. 미국의 경우에는 흑인들이 더 이상 전투적인 성향을 보여주지 않으므로 이주노동자들에 주목해볼 수 있을 겁니다. 미국에는 800만 명에 이르는 멕시코인 이주자들이 있고, 그들이 송금해주는 돈으로 멕시코에 남아있는 가족들이 먹고 산다고 합니다. 그러나 그들은 매우 불리한 세력관계에 직면해 있습니다. 왜냐하면 미국, 멕시코, 캐나다의 자본주의 세력이 융합됨에 따라 그들과 같은 이주자들의 투쟁이 어느 한 나라의 국경 안에 머물 수 없게 됐기 때문입니다. 이제는 그들의 투쟁이 멕시코 정부, 미국 정부, 캐나다 정부, 그리고 이 세 나라 모두의 부르주아에 대해 동시에 전개돼야만 하는 상황이 됐습니다. 그러나 이주자들은 그러한 구조를 변화시키려는 투쟁에 나서고 있지 않습니다. 그들의 투쟁은 해방적 기획의 투쟁이 아닙니다. 노동허가증만 손에 쥐어주면 그들은 투쟁을 끝냅니다.

보론 석유정점(peak oil)의 도래와 생태위기에 대한 자본주의적 대응의 하나로 토지를 바이오연료의 생산에 이용하는 것에 대항하는 투쟁이 제국주의에 반대하는 세력들을 통합시킬 수 있을까요?

스테딜레 아니오, 그렇게 되지 않을 겁니다. 나라마다 워낙 다른 특징을 갖고 있기 때문에 브라질과 콜롬비아에서는 그것이 문제가 되지만 볼리비아, 페루, 에콰도르에서는 그것이 전혀 문제가 되지 않습니다. 볼리비아, 페루, 에콰도르는 바이오연료 생산에 참여하는 데 필요한 농경지가 그리 많지 않습니다. 미국인들은 소수의 몇 나라만 선정해 그런 투자를 하겠다고 말했습니다. 우리가 반제국주의 전선을 통합하려면 이것 말고 다른 이슈를 찾아내야 할 필요가 있습니다. 반제국주의 세력을 결집시키는 데는 아마도 에탄올보다는 은행 또는 전화회사가 더 나은 이슈가 될 수 있을 겁니다.

말리에서 열린 '세계식량주권포럼'에서 우리는 무엇으로 전 세계의 농민을 단합시킬 수 있겠느냐는 질문을 던졌습니다. 그 결과로 우리는 매년 10월 16일을 초국적기업들에 대항하는 국제적인 투쟁의 날로 정했습니다. 그런데 초국적기업 일반을 상대로 그런 투쟁을 벌이기가 불가능하다는 것을 우리는 깨달았습니다. 그래서 우리는 세계의 모든 나라에서 활동하는 6개 초국적기업을 초국적기업 일반의 상징으로 내세우는 것이 어떨까 하는 생각을 했습니다. 여기서 6개 초국적기업은 네슬레, 코카콜라, 월마트, 카길, 몬샌토, 붕게입니다. 브라질에는 이 6개 기업이 다 들어와 있지만, 그 가운데 3개 내지 4개만 들어와 있는 나라도 있습니다. 그러나 이들 6개 기업은 전 세계의 모든 나라에 걸쳐 활동을 하고 있으므로 우리는 이들에게 우리의 화력을 집중시킬 것입니다. 이들 6개 초국적기업은 우리에게 구체적인 투쟁의 표적이 될 것이고, 이들에 대한 투쟁이 우리의 집결지가 될 것입니다.

이 인터뷰는 2007년 5월 5일에 브라질의 상파울루에서 포르투갈어로 2시간 동안 진행됐다.

1 브라질의 무토지농민운동(Landless Workers Movement)은 포르투갈어로 Movimento dos Trabalhadores Rurais Sem Terra(MST)라고 한다. 1984년에 시작된 이 운동은 중남미에서 가장 큰 사회운동이며, 브라질의 27개 주 가운데 23개 주에 걸쳐 모두 150만 명의 무토지 농민 또는 노동자 회원을 갖고 있는 것으로 추정된다. 비아 캄페시나(Via Campesina)는 1993년에 시작된 국제적인 운동조직으로 아시아, 미주, 유럽의 중소생산자, 농업노동자, 농촌여성, 원주민 마을 등으로 구성된 농민조직들의 운동을 조율하고 있다.

2 Florestan Fernandes, Mudanças sociais no Brasil: aspectos do desenvolvimento da sociedade brasileira, São Paulo: Difusão Européia do Livro, 1960 and Sociedades de classes e subdesenvolvimento, Rio de Janeiro: Zahar, 1968을 보라.

3 브라질의 대중매체는 미국과 브라질이 두 나라를 회원국으로 한 '에탄올의 오펙(OPEC of ethanol)'을 결성하게 됐다고 허풍을 떨 정도로 부시의 브라질 방문을 요란하게 보도했고, 룰라는 부시에게 "우리는 에탄올의 주된 원료인 사탕수수를 재배하는 농장의 면적을 3배 이상으로 늘렸다"고 자랑했다. 2007년 3월 7일자로 MSNBC의 인터넷 판에 실린 기사 '브라질의 에탄올 정책이 아마존을 잠식할 수도 있다(Brazil's Ethanol push could eat away at Amazon, http://www.msnbc.msn.com)'와 2007년 3월 9일에 백악관이 배포한 보도자료 '부시 대통령과 브라질의 룰라 대통령이 바이오연료 기술을 논의하다(President Bush and President Lula of Brazil Discuss Biofuel Technology, http://www.whitehouse.gov)'를 보라.

4 일차적 재정적자(primary fiscal deficit)는 중앙정부의 명목 재정적자에서 공공부문의 부채에 대한 이자지급 금액을 차감한 것을 가리킨다. 이것은 공공부문의 부채가 지탱될 수 있는 가능성이 얼마나 되는가를 보여주는 지표의 하나이며, 공공부문이 채무이행을 하지 못하는 상태(디폴트)에 빠질 위험도를 추정할 때 대용변수(proxy)로 흔히 사용된다. 반대로 일차적 재정수지가 흑자라면 그 흑자가 명목 재정적자를 없애지 못하는 수준이라고 하더라도 공공부문이 부채의 이자 가운데 적어도 일부는 갚아나가고 있음을 의미한다. 이런 상황에서는 원칙상 공공부문의 부채가 지탱될 수 있다.

5 Florestan Fernandes, Revolução burguesa no Brasil: ensaio de interpretação sociológica, Rio de Janeiro: Zahar, 1974를 보라.

6 R. M. Marini, 'Brazilian Interdependence and Imperialist Integration', Monthly Review, 17(7), 1965 and 'Brazilian Subimperialism', Monthly Review, 23(9), 1972를 보라.

7 아라크루스(Aracruz)는 세계 최대의 유칼립투스 표백펄프 및 종이 제조업체다. 사프라 은행(Banco Safra)은 오스만 제국에 자금을 공급하던 유서 깊은 유대계 금융가문이자 1950년대에

베이루트에서 브라질로 이주한 가문이 설립한 은행이다. 총자산 기준으로 브라질의 민간 금융기관 서열 6위인 이 은행은 중남미와 카리브 연안은 물론이고 미국, 유럽, 중동에도 걸치는 폭넓은 국제적 영업망을 갖춘 사프라 금융그룹의 일원이다. 보토란팀 그룹(Grupo Votorantim)은 브라질의 주요 기업집단 가운데 하나로 최근에 스위스 국제경영개발원(IMD)에 의해 '세계 최우량 가족기업(family company)'으로 선정된 바 있으며, 주로 종이와 셀룰로스 부문에서 사업활동을 벌이고 있다.

8 Atilio Boron, 'The Truth About Capitalist Democracy', Socialist Register 2006.

우리는 오로지 땅을 원할 뿐이다
_볼리비아의 농촌개혁

웨스 엔시나

내가 며칠 전(2006년 8월)에 만난 코레이노 마르티네스는 혁대를 끌러 바지를 내리고, 배꼽에서 팬티의 허리끈 아래까지 길게 난 흉터를 내게 보여주었다. 그리고는 이렇게 말했다. "이것이 그들이 쏜 총탄이 뚫고 지나간 곳이에요. 고성능 소총으로 발사된 총탄이 여기 배로 들어왔지요." 그의 옆에 서있던 안헬리카 쿠마세로라는 여성의 팔과 손은 화상의 흔적으로 덮여 있었다. 그녀는 마르티네스의 말을 받아 이렇게 덧붙였다. "그때 나는 아이를 안고 오두막 안으로 숨었어요. 그런데 그들이 그 오두막에 불을 질렀지요."[1] 마르티네스와 쿠마세로는 볼리비아의 토지 없는 농촌노동자들의 운동조직, 즉 MST(Movimiento Sin Tierra)의 일원이다. MST는 사용되고 있지 않은 토지를 점거하고 거기서 일하며 살아가는 전투적 농민들의 전국적 조직이다. 마르티네스와 쿠마세로는 2000년 10월 4일에 준군사적인 성격의 무장병력이 타리하(볼리비아 남부에 있는 도시—옮긴이)의 그란차코(대평원—옮긴이)에 있는 토지점거자들의 공동체인 로스 소토스(Los Sotos)를 공격한 사건을 이야기한 것이다.[1]

나로서는 타리하를 방문했을 때 이런 이야기를 처음 들었지만, 그동안 볼리비아에서 이와 비슷한 사건이 드물지 않게 일어났다고 한다. 토지 없는 농민들의 운동은 종종 냉대를 받거나 무력에 의한 탄압에 직면해왔다. 정부의 무관심한 태도와 지주들의 폭력에 의해 그들이 희생당해온 것이다. 그런데 최근에 토지 없는 농민들의 운동이 새로운 조명을 받고 있다. 2006년 5월 2일에 에보 모랄레스 대통령이 대규모 토지개혁을 선언했기 때문이다. 토지개혁의 목표는 볼리비아의 총인구 900만 명 가운데 250만 명에 이르는 토지 없는 농민들에게 2000만 헥타르(4900만 에이커)의 토지를 재분배하는 것이다. 이 나라에서는 400명의 개인들이 전국의 생산성 있는 토지 가운데 70퍼센트를 소유하고 있다. 이들이 한 사람당 평균 10만 헥타르 이상의 토지를 소유하고 있는 셈이다. 또한 3500명의 개인들이 2000만 헥타르 이상의 토지를 소유하고 있다.[2] 이런 나라에서 '토지를 전혀 갖고 있지 않거나 갖고 있긴 하지만 부족한 농민이나 원주민에게만'[3] 토지를 재분배하는 토지개혁이 선언된 것이다. 이 나라에서는 농업이 GDP의 15퍼센트가량을 차지하며, 이 나라의 토지 없는 농민들에게 토지개혁은 숙원이었다. 특히 모랄레스가 내세운 목표는 토지 없는 농민들에게 큰 희망을 안겨주었다.[4] 모랄레스는 가난한 농민의 집안에서 태어나 야마(라마, 중남미에서 사육되는 소목 낙타과의 동물—옮긴이)를 기르고 코카나무를 재배하는 일을 하다가 코카나무 재배노동자들의 노조인 '6대 열대연맹(Six Federation of the Tropics)'의 지도자가 되면서 명성을 얻었다. 볼리비아에서 신자유주의에 저항하고 원주민들의 전국적 투쟁을 지지하는 민중운동이 일어나자 그는 이 운동의 일환으로 벌어지는 시위에 참여하곤 했고, 지속적이면서도 매우 효과적이었던 이 운동이 시작된 지 5년 만에 그는 대통령으로 선출됐다. 이 운동은 코차밤바 시에서 '물 전쟁(Water War)'이 일어난 2000년부터 엘알토 시에서 '가스 전쟁(Gas War)'이 일어난 2005년 10월까지의 기간에 두 명의 신자유주의 대통령을 나라 밖으로 축출했고, 흔히 '10월 의제(October Agenda)'로 지칭되는 논리정연한 반신자유주의 강령을 만들어냈다. 그래서 싱클레어 톰슨(Sinclair Thomson)과 포레스트 힐턴(Forrest Hylton)은 이 기간을 "볼리비아의 역사상 세 번째의 주요 혁명기"라고 불렀다.[5] 모랄레스는 대통령에 취임한 뒤에 농민운동의 요구를 그대로 받아들여 "볼리비아에서 라티푼디오(대농장—옮긴이)는 불법이며, 비생산적인 라티푼디오는 제거돼야 한다"고 말했다.[6]

모랄레스 정부는 세 가지 정책을 중점적으로 추진했다. 그것은 ① 석유와 가스 산업의 '국유화' ② 국가의 헌법을 개정하기 위한 '제헌의회'의 소집 ③ 대규모 토지개혁의 실시다. 모랄레스가 이 세 가지 정책을 실제로 추진해왔다는 사실은 그가 어느 전임 대통령보다 훨씬 더 사회적 변화를 일으키는 일에 몰두하고 있음을 보여주는 동시에, 그는 진정으로 혁명적인 대통령이고 그가 이끄는 사회주의운동당(MAS; Movimiento al Socialismo)은 진정으로 혁명적인 정당임을 그의 지지자들에게 입증해주었다. 그러나 2000년에 시작된 혁명을 모랄레스가 지금도 계속 밀어붙이고 있는가에 대해서는, 또는 혁명의 시기였던 2000년과 2005년 사이에 민중운동이 요구했던 바를 그가 충족시키고 있는가에 대해서는 이 나라 안에서 의견이 엇갈리고 있다.

국제적으로는 언론이 볼리비아의 토지개혁을 제대로 다루지 않았지만, 이 나라의 혁명적 기획에서 토지개혁은 석유산업의 국유화나 제헌의회의 소집과 똑같은 정도로 중요하다. 모랄레스는 토지개혁을 실시하는 것과 식민주의의 유산을 물리치는 것 사이의 연관성에 대해 분명한 인식을 갖고 있다. 그래서 그는 "라티푼디오를 제거하는 것은 볼리비아의 모든 농촌지역에서 식민주의를 완전히 패퇴시키는 일"[7]이라고 말한 것이다. 이 말은 식민주의의 사회경제적 유산 중 하나인 게 분명한 라티푼디오 또는 아시엔다(hacienda, 라티푼디오와 같은 말—옮긴이)가 여전히 존재하고 있다는 주지의 사실을 다시 상기시키는 것이다. 그리고 사회주의운동당으로서는 어쨌든 유권자들 가운데 주요부분을 만족시키기 위해서는 실효성이 있으면서도 충분한 깊이가 있는 농촌개혁을 추진해야 한다. 한 분석가는 이렇게 지적했다. "석유와 가스 산업에 대한 통제력을 확보하는 것이 모랄레스가 추진하는 정책의 핵심이라고 하지만 … 다수가 토지를 갖고 있지 못한 원주민과 농민들 사이에 그가 갖고 있는 지지기반을 유지해야 한다는 측면에서는 오히려 토지개혁이 훨씬 더 중요할지도 모른다."[8] 그런데 토지개혁은 모랄레스 정부에 대한 보수파의 반격을 촉발시킬 가능성을 안고 있다. 볼리비아의 동부지역에서 광적인 우익들이 사회주의운동당의 개혁에 대항해 자기들의 토지를 '방어'하려고 준군사적인 무장민병대를 조직하고 간헐적으로 내전을 벌이려는 태도를 취하기까지 하는 등 위협적이고 격렬한 행동을 보여온 것도 토지개혁 문제 때문이다.

따라서 오늘날 볼리비아의 정치상황을 폭넓게 파악하기 위해서는 현재 사회주의운동당이 추진하고 있는 토지개혁에 대한 이해가 핵심적으로 중요하다. 그러나 사회주의운동당의 토지개혁에 대한 비판적인 분석은 드물다. 그 이유는 부분적으로는 토지개혁이 아직 진행 중에 있고 그 주요 과정이 아직 다 펼쳐지지도 않았다는 데 있다. 그러므로 내가 이 글에서 내리는 결론을 포함해 그 어떤 결론도 잠정적인 것일 수밖에 없다. 그러나 토지개혁을 위한 노력의 역사를 살펴보고, 토지개혁을 위해 싸워온 한 중요한 운동, 즉 MST 운동과 지주들의 반대, 그리고 토지개혁 그 자체의 구체적인 내용에 초점을 맞춘다면 토지개혁이라는 중대한 노력에 대해 더 잘 이해할 수 있을 것이다.

한 MST 정착촌의 현황

로스 소토스(Los Sotos)의 토양은 비옥하다. 내가 가본 차코(Chaco, 볼리비아의 남부, 아르헨티나의 북부, 파라과이의 중앙부에 걸쳐 있는 대평원—옮긴이)의 다른 곳들은 땅이 모래로 덮여 있었지만, 이곳의 땅은 짙은 색을 띠고 있어 기름져 보였다. 초가지붕을 이고 있는 오두막들이 여기저기 산재해 있었고, 소들은 나무를 듬성듬성하게 얽어 세운 울타리 안에 갇혀 있었지만 닭들은 제멋대로 아무데나 돌아다니고 있었다. 그리고 여기저기에 옥수수 줄기가 높게 자라나고 있었다. 로스 소토스의 한가운데에는 널찍한 공간이 있었고, 거기에서 돔 형태의 밀짚지붕을 볼 수 있었는데 그 지붕의 가장 높은 곳은 높이가 10미터가 조금 넘는 것 같았다. 그것은 거대한 오두막이었고, 그 앞에는 역시 거대한 종이 하나 설치돼 있었다. 그 종은 비상사태가 벌어지거나 정기적인 집회 또는 회의가 열릴 때 사용된다고 한다.

로스 소토스는 MST에 의해 점거된 곳으로, 일종의 분쟁지역이다. 2000년 5월에 75명가량의 볼리비아인들이 이곳의 토지 1090헥타르(2700에이커)를 점거했다. 그들은 대부분 대규모 아시엔다의 노동자로 여러 해 일해오던 이들이었고, 이곳 토지를 점거하기 직전에는 임차한 작은 땅에서 농사를 짓거나, 도시에서 식모나 육체노동자로 일하거나, 농사와 도시에서의 노동을 오락가락하며 하던 사람들이었다. 이곳은 목재를 생산하기 위한 벌목으로 인해 벌거숭이가 된 뒤에 버려진 땅이었다. 그들이 점거하기 위해 왔을 때에 이곳은 불모지나 다름없었고, 나무밑동만 여기저기 남아있을 뿐이었다. 따라서 이곳에 어떤 작물이라도 심으려면 여러 달에 걸친 개간작업이 필요했다.

농민들은 이곳을 점거하고 거기에 '로스 소토스'라는 이름을 붙였다. 그러고는 그곳에 작물을 재배할 수 있도록 땅을 개간하는 작업을 벌였다. 잠을 자기 위한 오두막도 여러 채 짓고 집회를 하기 위한 높은 지붕의 거대한 공용 오두막도 세웠으며, 나중에는 우물도 파고 가축을 가둘 우리도 설치했다. 지금은 이곳에 25가족이 살고 있다. 대부분은 처음에 이곳을 점거할 때 중요한 역할을 했던 이들이다. 그들은 주로 옥수수, 밀, 콩, 감자를 기른다. 그중 절반은 먹고살기 위한 것이고, 나머지 절반은 시장에 내다판다. 이 마을의 사람들은 가족별로 각자 자기 가족의 오두막을 짓고 살지만 토지를 개간하거나 관리하는 일과 토지를 지키는 일은 공동으로 한다. 여자들은 아이를 돌보는 일의 대부분을 맡아 하고, 남자들은 육체적으로 힘이 드는 일의 대부분을 맡아 한다. 마을에서 생산되는 농산물과 그것을 팔아 얻는 이익(한 달에 약 100달러)은 고르게 분배된다.

로스 소토스는 볼리비아에 있는 100개 이상의 유사한 MST 정착촌 가운데 하나다. 그리고 사실상 그 전부가 각 지역의 부유한 지주들이 배후에서 조종하는 준군사적인 습격이라는 형태의 폭력을 당했다. 예를 들어 마르티네스와 쿠마세로가 이야기해준 2000년 10월 4일의 습격에서는 무기를 든 남자들이 정착민들을 공격해서 여러 명의 남자, 여자, 아이들에게 총을 쏘아 상처를 입혔다.[9] 2000년 5월에 농민들이 로스 소토스의 토지를 점거한 직후에도 이와 비슷한 폭력적 공격이 있었다. 근처에 있는 '파난티'라는 정착촌에는 2001년 11월 9일에 그 지역 지주들과 그들이 고용한 남자들 40명 정도가 총과 몽둥이로 무장하고 습격해왔다. 토지점거자들을 몰아낼 작정으로 습격해온 그들의 손에 MST 회원 6명이 죽고 20명이 크게 다쳤다. 습격해온 자들 가운데 몇몇이 체포됐다. MST 의장인 앙헬 두란(Angel Duran)은 그 지역의 경찰과 군의 장교들이 습격자들에게 무기를 내주었다고 주장했고, 행정장관인 레오폴도 페르난데스는 두란의 이런 주장이 사실임을 인정했다. 그럼에도 체포된 습격자들에게 내려진 처벌은 가장 엄한 것도 고작 집행유예 3년형이었을 뿐이다. 그런데 나중에 이 습격사건의 현장지휘자를 뒷골목에서 만나 그를 때려 죽게 한 MST의 회원들은 집행유예 없는 8년형을 선고받았다.[10]

혁명과 개혁, 그리고 계속 유지되는 라티푼디오

볼리비아는 토지를 둘러싼 유혈투쟁의 긴 역사를 갖고 있다. 그 역사는 식민지 시대까지 거슬러 올라간다. 2000년과 2005년 사이의 기간이 '볼리비아 역사상

세 번째 주요 혁명기'였다고 한다면, 첫 번째와 두 번째의 혁명기에도 토지를 둘러싼 투쟁이 중요했다. 첫 번째의 주요 혁명기는 아이마라 족과 케추아 족(둘 다 안데스 산맥 지역에 거주하는 원주민 부족임―옮긴이)이 봉기해서 스페인 사람들을 몰아내겠다고 위협한 1780~81년이었다. 두 번째 주요 혁명기는 1952년의 혁명이 일어났을 때였는데, 그 즈음에는 볼리비아의 토지분배가 본질적으로 봉건적인 상태였으므로 거대한 농장에서 대부분 원주민인 농민들이 농장주의 소유지 가운데서 일부 작은 땅뙈기를 빌려 거기서 자기가 먹을 것을 기를 수 있도록 허용 받는 것 외에는 아무런 다른 대가도 없이, 게다가 흔히는 퐁과헤(ponguaje)라고 불리는 갖은 노역의 의무까지 대가 없이 수행하면서 농장주를 위해 일하며 살아가는 경우가 많았다. 라티푼디오라고 불리는 그러한 거대한 농장이 당시에 가장 흔한 토지소유 형태였다. 1950년에 실시된 한 조사에 따르면, 당시에 볼리비아에서 경작이 가능한 토지 가운데 95퍼센트를 라티푼디오가 점유하고 있었지만 그 가운데 실제로 경작이 이루어지는 토지는 0.8퍼센트에 불과했다.[11] 1952년에 민족혁명이 일어났고, 그 다음 해부터 토지개혁이 실시됐다. 이 민족혁명은 대대적인 토지개혁의 실시와 농촌개혁위원회의 창설을 통해 바로 그러한 봉건적인 토지소유제를 혁파하는 것을 목표로 삼았다. 그리고 농촌개혁위원회의 목적은 합법적인 절차로 라티푼디오를 해체하고, 우선적으로 토지가 없는 농민들에게 토지를 나누어주어 그들이 자기 땅에서 경작을 할 수 있게 하는 것이었다. 이런 목적을 달성하기 위해 농촌개혁위원회는 재산소유에 관한 법률을 크게 바꾸고, 헌법 166조에 토지의 '사회경제적 기능'에 관한 규정을 명시했다. 그것은 "토지는 그 토지를 경작하는 사람의 것"이라는 규정이었다. 이는 곧 토지에 대한 소유권을 취득하고 유지하는 주된 방법은 그 토지를 직접 경작하는 것이어야 한다는 의미였다.

그런데 개혁의 목표는 그야말로 급진적이었으나 새로운 법률의 시행은 전국에 걸쳐 불균등하게 이루어졌다. 서부의 고지대에서는 개혁이 어느 정도 성공적

으로 진행되어 라티푼디오들이 수백 개의 '미니푼디오(minifundio, 소규모 라티
푼디오—옮긴이)'들로 쪼개졌다. 그러나 동부지역에서는 혁명의 결과가 아주 달
랐다. 오늘날에는 동부지역에 전체 인구의 절반에 해당하는 450만 명이 살고 있
지만, 혁명 당시의 동부지역은 대부분 사람들이 모여 사는 마을이 없는 산림이나
평원이었고, 원주민 부락만 여기저기 흩어져 있을 뿐이었다.[12] 서부지역에서 라
티푼디오의 해체가 진행되고 있을 때 빅토르 파스 에스텐소로(Victor Paz
Estenssoro, 1907~2001, 세 차례에 걸쳐 대통령을 역임한 볼리비아의 정치인—
옮긴이) 정부는 1953년부터 시작된 토지개혁을 이용해 동부지역을 내부식민지
화하고자 했다.[12] 이런 목적을 위해 정부는 서부지역의 토지 없는 농민들에게 동
부지역의 소규모 토지를 제공하면서 거기에 정착하도록 권장하는 동시에 국내외
엘리트계층에게는 동부지역에서 대규모 농장을 운영하도록 권장했다. 그래서 서
부지역의 토지 없는 농민들은 자기의 토지를 갖기 위해 동부지역으로 대거 이주
하기 시작했고, 이러한 이주가 금지된 1988년까지 이주의 움직임이 계속됐다. 하
지만 이렇게 서부지역에서 동부지역으로 이주한 농민들이 동부지역에서 소유하
게 된 토지의 비중은 2000년 현재 동부지역의 토지 전체의 4퍼센트에 지나지 않
는다.[13]

그 사이에 동부지역의 대규모 농장은 급속한 속도로 확대됐다. 특히 1970년대
에 볼리비아를 장악한 독재정권은 1953년부터 시작된 토지개혁의 메커니즘, 특
히 농촌개혁위원회를 이용해 정실주의와 정치적 연고주의의 방식으로 토지를 배
분했다.[14] 최근에 사회주의운동당(MAS)의 대변인인 알렉스 콘트레라스(Alex
Contreras)는 농업에 사용하기에 알맞은 나라 전체의 토지 가운데 90퍼센트가
1953년과 1992년 사이에 부패한 방식으로 배분됐다고 주장하기도 했다.[15] 그러
나 그 당시의 상황에 대해 감을 잡는 데는 이러한 숫자보다는 아마도 전형적인
사례를 들여다보는 것이 더 나을 것 같다. 1977년에 독재자인 우고 반세르(Hugo
Banzer)는 이주 담당 차관인 구이도 스트라우스(Guido Strauss) 박사에게 남아프

리카공화국과 로디지아에 사는 부유한 백인들을 볼리비아로 이주하도록 유인해서 동부지역에 정착하게 하는 임무를 맡겼다. 이를 위해 정부는 80만 헥타르(190만 에이커)의 토지를 무상으로 제공하는 동시에 1억5천만 달러의 자금을 지원했다. 이 자금 가운데 일부는 이주자용으로 지정된 동부지역의 토지에 이미 거주하고 있는 12만 명의 원주민 농민들을 억압하는 데 사용될 돈이었다. 스트라우스는 아프리카에 거주하는 백인들을 볼리비아로 이주하도록 유인하기 위해 그들에게 유리한 조건을 보장했고, 그들에게 보낸 편지에 "우리의 인디언들이 당신네 흑인들보다 더 멍청하거나 더 게으르지 않다는 사실을 분명히 알게 될 것입니다"라고 쓰기까지 했다.[16]

이리하여 볼리비아는 라티푼디오를 모두 없애는 것을 명시적인 목표로 한 토지개혁을 1953년에 시작했지만, 동부의 저지대에서는 이 개혁의 메커니즘이 군부독재자들의 부패와 결합되면서 새로운 라티푼디오들을 창출하는 역할을 했다. 1990년대에 이르면 재분배된 토지 가운데 80퍼센트가 전체 지주 가운데 10퍼센트의 수중에 다시 집중된 상태가 된다.[17] 라파스 시에 있는 토지재단(Fundacion Tierra)의 사무국장인 미겔 우리오스테는 이 기간의 토지개혁 결과를 다음과 같이 요약했다. "이 나라의 토지재분배 과정은 군부독재자들에 의해 찬탈됐고 … 결국 동부지역에 라티푼디오 체제를 탄생시켰다."[18]

1982년에 민주주의가 회복된 뒤에도 같은 양상이 계속됐다. "민간정부들도 동부지역의 토지를 자의적으로 배분하는 관행을 그리 교정하지 않았고, 이로 인해 권력자의 가족이나 집권당에 충성을 바치는 자들의 인적 네트워크를 통해 동부지역의 토지가 배분되고 집중됐다"[19]는 것이다. 1985년에 다시 대통령에 선출된 에스텐소로는 '21060호 명령(Decree 21060)'을 통해 농촌지역의 양극화를 심화시킬 전면적인 신자유주의적 개혁을 위한 입법에 나섰다. 21060호 명령은 수입에 대한 규제를 모두 폐지했고, 그 결과로 볼리비아 전역의 농민들이 고통을 겪게 됐다. 해리 새너브리아(Harry Sanabria, 중남미에 연구초점을 두고 있는 미

국의 사회인류학자—옮긴이)는 이렇게 썼다. "1985년의 신자유주의적 개혁 이
후에 주로 농민들에 의해 생산되는 주요 작물의 교역조건이 크게 악화됐다. 생산
비용이 올랐고, 주요 작물은 값이 더 저렴한 수입품과 경쟁을 할 수가 없었다. 그
결과로 1985년과 1988년 사이에 농업생산이 17퍼센트 줄어들었다." 1998년에 이
르면 볼리비아의 농업생산이 1985년 이전에 비해 45퍼센트나 줄어들게 된다.[20]
새너브리아는 "신자유주의적 정책은 농민들의 생산활동을 경제적으로 '주변적
인 역할'만 하는 처지로 전락시켰다"[21]는 결론을 내렸고, 유엔의 국제농업개발기
금(IFAD)은 1992년에 발간한 연구보고서에서 볼리비아의 '경제기적' 7년 만에
이 나라의 농촌인구 가운데 97퍼센트가 빈곤선에 못 미치는 상태가 됐고 이는 전
세계에서 농촌의 빈곤율로는 가장 높은 수준이라고 밝혔다.[22]

볼리비아의 신자유주의적 개혁은 동부지역의 라티푼디오를 강화시킴으로써
농민들의 곤경을 더욱 심화시켰다. 동부지역의 라티푼디오는 화학비료와 세계은
행을 비롯한 국제금융기구의 자금을 더 많이 사용하게 된데다 나라의 경제가 수
출에 맞춰졌고 자체적으로도 이미 산업적 체제를 갖춘 상태였기에 수출을 위한
단작농장으로 전환하기에 매우 유리한 입장이었다. 노동농업개발연구센터
(CEDLA; Center for the Study of Labour and Agricultural Development)의 한
조사보고서는 볼리비아의 신자유주의 혁명으로 농업분야에서 이익을 본 부문은
중규모 내지 대규모의 농장들뿐이라고 확인했다.[23]

간헐적인 항의시위를 비롯해 폭넓게 퍼진 불만의 표출에 대응해 곤살로 산체
스 데 로사다(Gonzalo Sanchez de Lozada) 대통령은 1996년에 '1715호 법률
(Law 1715)'을 제정하고 국가농촌개혁청(INRA; National Institute for Agrarian
Reform)을 설립했다. 국가농촌개혁청이 내건 목표는 국가소유의 토지, '사회경
제적 기능'에 부합하지 않는 민간소유의 토지, 그리고 부패를 통해 취득된 토지
를 토지 없는 농민들에게 재분배하기 위해 우선 토지소유에 대한 대대적인 재검
토를 실시한다는 것이었다. 그러나 국가농촌개혁청의 실제 활동은 실망스러웠

다. 구체적으로 보면, '토지는 그것을 경작하는 사람의 것'이라는 1953년의 원칙에 예외를 두는 방식으로 새로운 개혁이 추진되는 것을 많은 사람들이 문제점으로 지적했다. 새로운 개혁은 토지는 그것에 대한 세금을 납부하는 사람의 것이 될 수도 있는 방향으로 추진됐다. 게다가 그 세금은 토지의 재산가치에 비해 1퍼센트에 불과했고, 토지의 재산가치 자체가 지주에 의해 결정되는 방식이었다. 마누알 모랄레스 다빌라(사회주의운동당 소속의 정치인—옮긴이)를 비롯한 많은 사람들이 그런 식의 개혁이라면 1953년에 시작된 토지개혁의 정신에 반하는 것이라고 생각했다. 왜냐하면 그런 식의 개혁은 부재지주의 토지소유, 토지에 대한 투기, 대규모의 휴경농지 소유를 합법화해주는 것이며, 이는 국가농촌개혁청의 주장처럼 농민들에게 이로운 것이 아니라 부유한 지주들이 바라는 것이기 때문이었다.[24] 많은 농민들에게 국가농촌개혁청의 실패는 헛된 약속의 기나긴 역사에서 마지막으로 놓친 지푸라기와 같은 것이었다.

이에 따라 농민들 사이에 행동의 물결이 일어났다. 이 물결은 1996년 8월에 볼리비아에서 가장 오래된 농민노조 중 하나인 '볼리비아 농촌노동자연맹(CSUTCB)'이 이끈 '영역, 토지, 정치적 권리, 발전을 위한 행진'으로 시작됐다. 전국 방방곡곡에서 농민들이 행진을 시작해 36일 만에 라파스 시에 있는 정부청사 앞에 도착했고, 거기서 그들은 무엇보다도 농민의 정부참여 확대, 원주민과 농민의 정착을 위한 자금지원 확대, 그리고 국가농촌개혁청의 노선 수정을 요구했다.[25] 그 후 수백 건의 행동을 거쳐 4년 뒤인 2000년에는 더욱 전투적이 된 농민들이 9월과 10월에 걸쳐 전국 고속도로의 모든 주요 지점을 차단하는 시위를 통해 반세르 대통령에게 농민대표들과 만나 개혁에 관한 논의를 하도록 강요했다. 볼리비아의 MST 운동은 바로 이 시기의 전투적 농민운동이 발단이 되어 등장했다.

MST의 역사

볼리비아의 MST는 2000년에 탄생한 뒤로 거의 농민조직 자체의 힘만으로 토지
점거 운동을 벌여왔다. 이 운동은 각 지역과 국가의 관료들을 압박해 그들로 하
여금 토지소유권의 재조정과 토지의 재분배를 실행하게 하려는 것이다. 특히 동
부지역의 토지집중이 심하기 때문에 MST의 조직은 타리하와 산타크루스에서
가장 강력하고 라파스, 베니, 코차밤바에서도 큰 영향력을 갖고 있다. 볼리비아
농촌노동자연맹을 비롯한 다른 농민노조나 농민단체와 달리 MST의 회원구성은
그 출신배경과 노동경력 면에서 매우 다양하며, 그 가운데는 도시로 가서 상당히
오랜 기간 농업노동이 아닌 도시의 노동에 종사했던 사람들도 많다. 그래서 MST
의 회원들은 '농민의 자식'이기는 하지만 전적으로 농민으로서의 자기정체성을
갖고 있지는 않다고 MST의 한 지도자는 말했다.[26]

MST가 탄생한 이래 이 조직의 성격을 규정해온 핵심적인 요소는 토지점거 행
동이다. 사실 이 조직은 바로 점거행동을 통해 탄생했다. 2000년 2월 20일에 토지
없는 농민들의 작은 집단이 그란차코의 토지를 점거했다. 그로부터 10개월 뒤에
는 수백 명의 토지 없는 농민가족이 타리하 시 안에 있는 파난티(Pananti) 지역의
토지를 평화적으로 점거하고 그곳에서 경작을 하기 시작했다.[27] 이런 초기의 점
거는 많은 전략적 고려를 하는 가운데 이루어졌다. 점거행동에 나선 농민들은 오
랜 기간 사용되지 않은 토지, 따라서 '사회경제적 기능'에 부합하지 않는 토지를
표적으로 삼았다.

이런 직접행동 전술은 당장의 목표와 보다 장기적인 전략적 목표를 동시에 갖
고 있다. 당장의 목표는 토지를 점거하고 거기에서 살면서 경작을 하는 것, 다시
말해 거주하고 농작물을 재배할 땅을 획득함으로써 즉각적으로 빈곤을 경감시키
는 것이다. 이런 의미에서 토지점거는 강력한 정치적 행동이다. 점거된 토지에서
는 공동체적 노동이 실천되므로 그곳은 농민들이 개인적으로도 집단적으로도 자

기변혁을 이루면서 연대의식을 강화하는 공간이 되는 동시에 착취적이지 않고 유쾌한 생산관계를 예시하는 공간이 된다. 이런 점은 MST가 수평적으로 조직되고 기능해야 하며 외부권력에 예속되거나 포섭되지 말아야 한다는 MST 내부의 분명한 바람에 부응하는 것이다. 코야나(Collana)라고 불리는 한 MST 정착촌의 사무국장인 디오니시오 마마니는 이렇게 말했다. "우리는 이러한 방식이 옳다고 생각한다. MST의 회원이나 지도자들이 비정부기구(NGO)나 정당, 또는 정부의 문을 두드리는 일에 익숙해지지 않아도 되기 때문이다."[28]

토지점거는 장기적인 전략적 기능도 갖고 있다. 점거는 관계당국과 예속적인 관계를 맺지 않아도 되는 방식이고, 그러면서도 정부에 대해 행동에 나서도록 압력을 가하게 된다. MST의 토지점거는 지방정부와 중앙정부를 압박해 그들로 하여금 지주들의 소유권이 1953년도 토지개혁과 법적으로 부합하는지를 재평가하게 함으로써 토지재분배로 나아가는 길을 닦는다. 게다가 토지에 대한 권리를 주장하는 사람들이 해당 토지를 이미 점거하고 있다면 그 사람들에게 실제로 토지가 합법적으로 재분배될 가능성이 높다는 사실도 그동안 입증됐다.[29]

MST는 창설된 뒤 처음 몇 개월 사이에 주요 라티푼디오 가운데 경작이 이루어지지 않고 있는 곳 18개 내지 20개를 확인했다. 그 가운데 가장 규모가 큰 파난티 라티푼디오에서는 농민가족 200가구가 3천 헥타르의 토지를 점거하고 정착하는 데 성공했다.[30] 2006년 초 현재 MST는 빠른 속도로 토지점거를 계속 확대해 나가고 있다. MST는 2000년에는 타리하, 산타크루스, 코차밤바, 라파스에 모두 3천 명의 회원을 두고 있었고, 그 뒤에 베니와 판도에도 회원이 생겼다. 그런데 2004년에는 100여 군데의 정착촌 주민들과 정착할 곳을 찾는 농민들을 포함해 MST의 회원수가 5만 명에 이르렀다. MST 조직의 이런 급속한 성장은 토지점거라는 전술의 성공과 관련이 있는 것이 분명하다. 예를 들어 토지점거와 시위 등 MST의 행동은 2003년 11월에 정부로 하여금 현지조사를 해본 다음 모두 3만 1천 헥타르(7만 6천 에이커)의 토지에 대한 이용권을 14개 정착촌에 부여하게 했다.

이와 관련해 이런 논평도 나온 바 있다. "토지소유권 재검토에 관한 MST의 요구는 매우 정밀한 내용을 담고 있었다. 그것은 MST가 집중적으로 압력을 가한 대상이 사법기구, 그 가운데서도 특히 토지문제를 담당하고 있는 사법당국이었기 때문이다." MST의 전술은 성공을 거두었지만 그 과정에서 근본적인 모순을 드러내게 된다. 토지점거 자체는 고도로 대결적인 직접행동 전술이지만 그것이 MST에 의해 이용될 때에는 합법성도 갖추어야 하기 때문이다. 이런 모순은 MST 내부에 갈등을 일으키는 요소가 되었고, MST가 사회주의운동당을 통해 정부와의 의사소통을 강화할 수 있게 됨에 따라 더욱 심화되고 있다. MST는 자율성을 원하지만 이와 동시에 법률적 인정도 받고자 하기 때문이다. 알바로 가르시아 리네라(Alvaro Garcia Linera, 볼리비아의 부통령—옮긴이)가 "정부에 대한 MST 지도자들의 태도는 온통 모순과 애매함으로 휩싸여있다"고 말한 것도 바로 이 때문이다.[31]

이러한 갈등의 요소는 MST 내부에서 간혹 실제로 갈등을 일으키기도 한다. 2004년 1월에 MST 내부에 분열이 일어나 의장이 앙헬 두란에서 모이세스 토레스(Moises Torres)로 바뀌었다. 이 분열은 MST가 사회주의운동당에 정치적 기대를 얼마나 많이 걸어야 하는가를 둘러싼 의견대립에서 촉발됐다. 이런 의견대립이 그 전부터 MST 내부에서 점점 가열되더니 마침내 의장의 경질로 이어진 것이다. 이에 따라 이제는 MST에 두 개의 분파가 존재하게 됐다. 그러나 두 분파가 서로 적대적인 관계에 있는 것은 아니며, 21세기에 들어서도 MST 운동은 계속되고 있다. MST는 다른 농민조직들도 이미 요구해온 국가농촌개혁청의 노선수정 내지 노선변경, 토지의 재분배, 신자유주의 정책의 폐기에 초점을 맞추어 일관성 있는 요구목록을 작성해 제시했다.

이 요구목록은 1952년 혁명 직전의 몇 년간을 제외하고는 2000년과 2004년 사이에 수백 건에 이를 정도로 역사상 가장 크게 열기를 띤 토지점거 행동과 더불어 MST 운동과 토지 없는 농민들의 운동 전반에 급진주의가 싹트고 있음을 보여준다. 특히 MST의 회원들이 도시와 농촌을 오가며 살아본 경험이 농민운동을 급진화시키는 요소가 된 것으로 보인다. 이미 오래전부터 농촌에서 도시로 이주하는 것이 농촌노동자들의 생존전략이 되기는 했지만, 1985년의 신자유주의적 개혁으로 인한 농작물 가격의 폭락이 특히 소규모 농민들 사이에 이런 이주를 급증시켰다. 그러나 공교롭게도 같은 시기에 도시지역에서는 농촌에서 이주해온 농민들이 취업할 수 있는 일자리가 줄어들고 있었다. 이에 따라 도시로 이주했다가 다시 농촌으로 내려가 농사일에 복귀한 경험과 농민으로서의 자기정체성 둘 다를 MST의 회원들이 공유하게 된 것이다. 볼리비아의 언론인인 빅토르 오르두나(Victor Orduna)가 말하는 '재농민화(re-campesinazation)'라는 표현도 바로 이런 점을 가리키는 것이다. 그도 도시와 농촌 간 이주의 경험이 삶의 근거를 잃은 농촌노동자들을 급진화시킨 주된 요인이라고 지적했다. 2006년 8월에 내가 인터뷰한 치리모얄(Chirimoyal) 정착촌의 한 주민은 다음과 같이 말했다.

"나는 1998년에 건설공사장의 일자리를 찾아 엘알토(El Alto)로 갔습니다. 형은 이미 거기서 일하고 있었지요. 그러나 나는 엘알토에서 일자리를 구할 수 없었습니다. 하루하루 생존하는 데 필요한 만큼의 돈도 벌 수 없었지요. 나는 그 전에도 그 도시에 간 적이 있습니다. 그때는 거기서 일을 해서 번 돈으로 우리 가족에게 도움을 주기도 했습니다. 그런데 이번에는 그러기에 충분한 일자리를 구할 수 없었어요. 그래서 나는 결정을 해야 했습니다. '좌절해서 농촌으로 돌아갈 것이냐, 아니면 그래도 도시에 남아 돈을 버는 노력을 계속해야 하느냐.' 나는 결국 이렇게 결정했습니다. '농촌으로 돌아가자. 그러니 좌절한 것은 아니다.' 사실은 좌절한 게 아니라기보다는 투쟁을 하겠다는 작정이었지요. 이제 나는 농촌에서 우리가 착취를 당하는 원인을 더 잘 알게 됐으니까요. 나는 '돌아가자. 그리고 더 나은 삶을 위해 땅을 되찾아야 한다'고 생각했습니다. 그렇게 하는 것이 생존하기 위한, 인간으로서의 존엄성을 유지하며 생존하기 위한 유일한 방법이라고 생각했던 겁니다."

그는 도시를 떠나 농촌으로 돌아가서 지금 치리모얄 정착촌이 있는 곳의 토지를 점거하는 행동에 참여했고, 곧이어 MST에도 가입했다.

지주들의 반격

MST가 토지개혁을 요구하는 행동에 나섰을 때 동부지역 농촌의 지배엘리트 집단은 토지 없는 농민들의 정착촌 형성에 대항하기 위한 행동에 나섰다. 최근에는 그들이 사회주의운동당의 토지개혁 정책에 대해서도 반대하고 있다. 그들의 권력과 이념적 응집력은 그들이 소유하고 있는 거대한 토지에서 나온다. 앞에서도 말한 바 있지만, 사실 볼리비아의 동부지역에 그들이 하나의 계급으로 새로이 정착하게 된 것은 1970년대, 1980년대, 1990년대의 부패한 이주정책 덕분이었다.

동부지역에 새로 들어서게 된 라티푼디오들이 정부로부터 보조금을 받아가며 농작물을 생산하고 수출해서 부유해지는 동안에 농장노동자들의 임금은 억눌리고 노동조건도 전반적으로 나빠졌다. 라티푼디오의 노동자는 주로 동부지역의 원주민들이나 서부지역에서 온 농민들로 충원됐다. 동부지역의 원주민들은 라티푼디오 조성을 위한 벌목이 이루어지거나 소사육 농장이 설치되는 과정에서 토지를 빼앗긴 사람들이었고, 서부지역에서 온 농민들은 토지에 대한 권리를 주겠다는 약속(대부분은 지켜지지 않았다)을 믿고 이주해온 사람들이었다. 이들 노동자의 노동조건은 열악했다. 해가 뜰 때부터 해가 질 때까지 일하고 하루에 1달러 41센트를 받았다고 말하는 사람도 있고,[32] 임금이 체불되는 상태에서 일터에서 감독자에게 두들겨 맞았다고 말하는 사람도 있다.[33] 그러나 이렇게 증언된 사례들도 동남부 지역 농산업 농장들의 경우에 비하면 아무것도 아니다. 2005년에 동남부 지역의 한 라티푼디오에서는 과라니족 인디언 600가족(3천 명)이 지주의 노예로 살고 있다는 사실이 폭로된 적이 있다.[34]

토지 없이 가난하게 사는 농민들이 수출경제를 떠받치고 있다는 사실을 라티푼디오의 소유자들이 모를 리가 없다. 그런 농민들이 너도나도 토지점거 운동에 참여하겠다고 나서면 노동자 공급이 어려워진다는 점을 그들은 알고 있다. 그러므로 노동자들이 어느 한 라티푼디오에서 이탈해 다른 지주의 토지를 점거하면 보통은 점거된 토지가 누구의 것인가와 상관없이 모든 지주들이 단결해서 그곳의 정착촌을 공격하곤 한다. 이런 폭력행위는 다른 제3세계 국가들의 경우도 마찬가지이겠지만 볼리비아의 농업경제에서도 라티푼디오의 소유자와 같은 대지주들과 소규모 농민들은 이해관계가 정반대된다는 단순한 사실을 분명히 알게 해준다. 1952년 혁명 당시에 라티푼디오의 불법화가 농민들의 주된 요구였던 것도, 오늘날 MST를 비롯한 농민조직들이 라티푼디오의 제거를 요구하는 것도 바로 이 때문이다. 점거된 토지가 누구의 소유인가와 상관없이 라티푼디오의 소유자들이 그 토지를 점거한 땅 없는 농민들을 공격하거나 죽이려고 하는 이유도 바로 여기에 있다.

라티푼디오가 반농민적 폭력의 가장 중요한 온상이라는 점은 농업분야의 지배엘리트가 보여주는 행동에서 분명히 드러난다. 예를 들어 모랄레스가 2006년 5월 2일에 토지개혁 계획을 발표하자 산타크루스의 농산업자 단체인 동볼리비아 농업회의소(CAO; Agricultural Chamber of Eastern Bolivia)는 자기들의 토지를 지키기 위해 '무장방어위원회(armed defence committees)'를 구성하겠다고 선언했다.[35] 공공토지에 대한 전유권을 여러 차례 갱신해가며 갖고 있었던 산타크루스 인근 농촌지역의 한 군수는 공공연하게 나서서 열광적으로 무장방어위원회의 구성을 지지한다고 밝혔다. 그는 "토지를 불법적으로 점거하는 사태가 일어날 때마다 피를 흘릴 각오가 돼있다"고 말했다.[36] 또 일종의 백인우월주의와 분리주의의 이념을 중심으로 뭉친 산타크루스의 강력한 지배엘리트 단체인 '나시온 캄바(Nación Camba)'와 이 단체의 청년조직(Unión Juvenil Cruceñista)도 예로 들 수 있다. 이 청년조직은 폭력적 공격행위를 여러 차례 저지른 여러 유사한 조직들 가운데 하나이며, 이들의 폭력적 공격행위는 농민들의 토지점거 행동에 대한 볼리비아 동부지역 지배엘리트 집단의 인종주의적, 지역주의적 증오심을 대변한다. '비데오 우르헨테(Video Urgente)'라는 그룹이 만든 영상기록물을 보면 나시온 캄바의 청년조직 단원들이 포함된 한 무리의 폭도가 산타크루스 시내의 광장에서 MST의 지도자인 실베스트레 사이사리(Silvestre Saisari)를 폭행하는 광경이 나온다. 이 폭행사건은 그 지역의 언론에서 취재했으나 보도되지는 않았다. 또 다른 영상기록물에서는 나시온 캄바의 청년조직 단원들이 한 나이든 농민을 추격해서 그를 매질한 다음에 땅바닥에 누워있는 그에게 발길질을 하고 그의 얼굴을 짓밟는 광경이 나온다.

'나시온 캄바'라는 이름 자체가 '캄바(Camba)'들, 다시 말해 볼리비아 동부지역의 백인 정착민들이 그곳의 원주민 인디언들보다 자기들이 우월하다고 생각하는 사고방식에서 유래한 것이다. 그들은 자기들이 갖고 있는 '에스파냐'적인 문화와 유산이 자기들의 우월성을 입증해준다고 생각한다. 나시온 캄바에서 펴낸 문헌들은 농촌의 원주민을 흔히 가부장적이고 인종주의적인 호칭인 '코야(colla)'로 부르고 있다. 나시온 캄바의 청년조직 단원들은 북미의 언론인인 벤 댕글(Ben Dangl)에게 '코야'들보다 '캄바'들이 더 친절하고 깔끔하다고 말하고는 자기들도 모르게 다음과 같이 속마음을 드러냈다고 한다. "어쩌면 지금 우리는 흑백 간 인종문제와 관련된 인권운동이 일어나기 전의 미국과 같은 상황에 놓여 있는 것인지도 모릅니다."[37]

캄바들은 자기들이 안데스주의의 헤게모니와 '안디노마니아(Andinomania, 안데스 문화를 극단적으로 중시하는 태도—옮긴이)'에 희생당하고 있는 피억압 집단이라고 주장하면서 인종적 배타주의에 기반을 둔 자기들만의 나라를 건설하고자 한다. 그들은 서부지역의 토지 없는 농민들이 동부지역으로 이주해온 것을 상기시키려고 다음과 같은 말을 한다. "캄바들이 얼마나 오래 더 다문화, 다인종의 볼리비아 사회에서 배출되는 것을 받아주는 '쓰레기통'이어야 하고, 이 나라에서 추방되는 다양한 요소가 버려지는 곳이어야 하는가? … 이러한 상황 때문에라도 우리의 나라를 세울 필요가 있다고 우리는 믿는다."[38] 캄바들의 이러한 정치적 기획은 전면적인 분리독립까지 주장하는 것은 아니더라도 자원에 대한 지역적 통제, 즉 '자율성'을 주장하는 것이어서 동부지역의 백인들 대부분에게 호소력을 발휘하고 있다. 라티푼디오 소유자들은 소수의 지배엘리트 집단일 뿐이지만, 산타크루스를 비롯한 동부지역의 주민들 가운데 상당한 비중(아마도 50퍼센트에 육박할 것이다)을 차지하는 백인들이 농업분야의 이들 지배엘리트 집단과 가치관 및 정치적 열망을 공유하고 있다. 2004년도 미스 볼리비아가 다음과 같은 말을 해서 빈축을 산 것도 같은 맥락에서 볼 수 있다. "우리가 모두 다 가난하고, 키가 아주 작고, 인디언인 것은 아니에요. 저는 우리나라의 다른 쪽, 즉 동쪽에서 왔어요. … 그곳 사람들은 키가 크고, 백인이고, 영어로 말할 줄 알아요."[39]

이런 식의 캄바 이데올로기는 동부지역에 퍼져 있는 반 모랄레스 정서를 정신적으로 강력하게 뒷받침하면서 모랄레스의 정책에 대한 토론이나 반대 목소리의 인종주의적 틀이 되고 있다. 또한 그것은 모랄레스의 정책에 대한 경제적, 정치적 비판을 폭넓게 존재하는 인종주의적 견해와 결합시키는 작용을 하고 있다. 캄바 이데올로기의 관점에서는 모랄레스 정부는 경제적, 정치적으로 반대해야 할 것인 동시에 문화적으로 거부감을 불러일으키는 것이기도 하며, 따라서 볼리비아의 '안데스화(Andeanization)'는 토지개혁이나 가스자원의 국유화만큼이나 물리쳐야 할 대상이 된다. '코야'들을 배척하고 그들과 분리되는 것이 모랄레스 정부가 동부지역의 주민들 사이에 불러일으킨 경제적, 정치적, 문화적 우려에 대한 적절한 해결책이 될 수 있다는 생각은 2006년 6월에 실시된 자율화에 대한 국민투표에서 여실히 드러났다. 이 국민투표에서 동부지역 주민들 가운데 다수가 지역별 자율화에 찬성표를 던졌다. 자율화를 찬성한 비율이 타리하에서는 65퍼센트, 베니에서는 73퍼센트, 산타크루스에서는 75퍼센트에 이르렀다.

여기서 우리는 '나시온 캄바'의 정치적 기획과 라티푼디오주의의 경험 사이에 존재하는 유사성을 눈치 채지 않을 수 없다. 가르시아 리네라는 보수파의 정치적 기획으로서 '자율화' 구호가 폭넓게 등장하기 전인 2004년에 쓴 선견지명 있는 글에서 "라티푼디오의 재산을 지키기 위한 준군사적 조직이 점점 더 많이 형성되고 있으며, 이 때문에 정부가 법에 규정된 대로 토지소유권에 대한 재검토를 실행하는 조치를 취하기까지는, 아니 라티푼디오가 해체되기 전에는 라티푼디오는 계속해서 마치 국가적 주권을 가진 작은 국가인 것처럼 기능할 것이다."[40]

모랄레스의 토지개혁

역사적으로 볼 때 동부지역의 지배엘리트 집단인 지주계급은 토지 없는 농민들에 의해 자신들의 이익이 위협받을 조짐이 보이면 언제든 그들을 탄압하기 위한 무장행동에 나설 수 있는 능력을 갖고 있고, 그렇게 할 준비가 돼있음을 보여주었다. 그러나 동부지역에 소집의 나팔소리를 가장 크게 울리면서 동부지역의 지주계급으로 하여금 역사상 가장 전투적인 행동에 나서도록 한 촉발요인은 다름 아닌 모랄레스 정부의 등장과 이 정부가 추진한 토지개혁이다.

모랄레스 정부의 토지개혁은 2006년 5월 2일에 일련의 포고령과 더불어 공식으로 시작됐고, 긴장이 크게 고조된 가운데 2006년 11월 28일에 정식으로 입법화됐다. 이 토지개혁의 목표는 2011년까지 볼리비아 국토의 5분의 1에 해당하는 2000만 헥타르(4900만 에이커)를 토지 없는 농민들에게 재분배하는 것이다. 토지개혁 관련법에는 토지재분배 과정에서 여성이 가장인 가족에 우선권을 주기 위한 절차가 규정됐고, 원주민과 농민들의 지역사회를 재분배 행정에 참여시키는 절차도 규정됐다. 또한 농민들에게 기술적 지원을 제공하는 것도 토지개혁의 목표 중 하나로 규정됐다. 1953년에 토지개혁이 시작됐던 곳인 우쿠레나(Ucurena)에서 2006년 8월 2일에 MST와 볼리비아 농촌노동자연맹의 지도자들을 포함한 2만 명의 농민들이 모인 가운데 정부가 농민들에게 650대의 트랙터와 700장의 토지권리증서를 전달하는 행사가 열렸다. 사회주의운동당의 당가가 울려 퍼지는 가운데 열린 이 행사에서 모랄레스는 그 특유의 거칠고 투박한 목소리로 자기의 입장을 이렇게 밝혔다. "우리는 식민주의를 종식시키고 라티푼디오를 제거하려고 합니다. 오늘 우리는 농촌혁명을 더욱 광범하게 진척시키고 있습니다."

토지개혁을 위해 제정된 새로운 법률은 대체로 국가농촌개혁청의 노선에서 벗어나지 않았지만 몇 가지 중요한 수정은 가해진 것이었다. 우선 지주가 자기의 소유지에 부과되는 세금을 납부하는 것으로 '사회경제적 기능'이라는 조건을 충족시킬 수 있도록 허용함으로써 농민들의 분노와 증오를 산 '1715호 법률의 예외조항'이 새로운 법률에 의해 제거됐다. 윤작이나 생태보존 등을 위한 휴경지를 제외하고는 '사회경제적 기능' 조건을 충족시키지 못하는 토지와 불법적으로 취득된 것으로 판정된 토지는 국가가 몰수하도록 규정됐다. 새로운 법률은 토지소유권를 재검토하고 토지에 대한 권리를 재조정하는 일을 관장할 정부조직으로 농업개혁위원회(Agrarian Reform Council)를 새로 설치하도록 했다. 이 위원회는 원주민들의 조직, 정부의 관련 기관과 부서, 산타크루스에 기반을 둔 대규모 지주들의 단체인 콘페아그로(CONFEAGRO) 등의 대표들로 구성하기로 결정됐다. 또 헌법에 규정된 조건을 충족시키지 못하는 토지는 보상 없이 몰수하고, 그 밖의 모든 토지에 대해서는 몰수될 경우에 시장가치로 보상하는 것으로 규정됐다. 더 나아가 새로운 법률은 정부의 관리나 그 가족에게는 토지를 분배할 수 없으며, 토지가 없는 사람들에게만 토지를 분배할 수 있다고 규정했다. 소규모 농민과 원주민에 대해서는 재산세를 모두 면제해주는 대신에 그 밖의 모든 농촌의 지주에게 0.25퍼센트의 세금을 추가로 물리고 이를 통한 추가세입의 75퍼센트를 농촌의 기간시설과 보건의 개선을 위해 사용하도록 규정했다. 새로운 법률은 50

헥타르(120에이커)를 넘는 규모의 토지소유에 대해서만 조사를 실시하며, 환경 친화적인 농업생산을 촉진하는 것도 토지개혁의 목적으로 삼도록 규정했다.[41]

이 모든 측면에서 모랄레스의 토지개혁은 1996년도 개혁법의 연장이자 그 내용을 분명하게 하면서 그 개혁법의 목표를 보다 효율적으로 달성하기 위해 수립된 정책으로 여겨질 수도 있었다. 코차밤바에 본부를 두고 있는 온라인 매체인 '안데스 정보망(Andean Information Network)'은 2006년 12월에 "새로운 법률의 내용은 곤살로 산체스 데 로사다 정부의 첫 번째 임기에 제정된 1996년도 농촌개혁법(INRA)을 업데이트하고 수정한 것일 뿐"이라고 보도했다. 이 매체는 이어 "그럼에도 정치적 반대파와 대지주들이 이 법률에 대해 우려하고 있는 것은 과거에는 부패와 정실주의에 오염되면서 효과를 내지 못했던 정책을 이 정부는 실제로 시행하려고 하는 것으로 보이기 때문"이라고 지적했다.[42]

그러나 사회주의운동당은 그동안의 열렬한 웅변과 달리 오늘날까지도 그 새로운 법률의 집행에서는 신중한 태도를 취하고 있다. 사회주의 운동당의 대변인인 알렉스 콘트레라스는 거의 사용되고 있지 않은 토지를 4만 8천 헥타르(12만 에이커)나 소유하고 있는 지주를 비롯해 새로운 법률에 어긋나는 주요 지주들의 이름을 열거한 '타격대상 명단'을 발표했지만, 오늘날까지도 사회주의운동당이 라티푼디오의 토지를 몰수한 실적은 거의 없다. 그동안 재분배된 토지는 브라질인의 소유로 돼 있다가 환수된 토지를 제외하고는 거의 대부분이 삼림보존지역의 토지를 비롯한 국유지다. 또한 토지가 몰수됐다고 하는 극소수의 사례를 들여다보면 사실은 정부가 시장가치로 해당 토지를 매입한 것임을 알 수 있다.

토지개혁 정책의 수위가 낮아졌음에도 불구하고 지주들은 그 정책이 순조롭게 입법화되도록 방치하지 않았다. 모랄레스는 2006년 5월에 농업개혁 법안을 의회에 제출했지만, 사회주의운동당의 의석이 과반에서 3석 모자란 상원에서 이 법안이 처리되지 못하고 계류됐다. 이러한 교착상태에 대한 항의로 전국 방방곡곡에서 수천 명의 토지 없는 농민들과 원주민들이 시위행진을 시작해 11월에 라파스에 있는 의회건물 앞에 도착했다. 그러자 그 즉시 보수적인 정당들이 상원에서 철수함으로써 또 다시 표결을 유예시키려고 했다. 이때 볼리비아의 신문들이 산타크루스의 농업분야 지배엘리트 집단이 라티푼디오의 토지를 지키고 모랄레스 정부를 와해시키기 위해 용병을 고용하려고 스페인에 2명의 대표를 파견한 사실이 드러났다고 보도했다. 표결에 불참했던 반대파 상원의원들 가운데 3명이 막판에 입장을 바꿨고, 이에 따라 2006년 11월 28일에 토지개혁 법안이 상원을 통과해 정식 법으로 성립됐다.

이런 갈등에도 불구하고 개혁의 노력은 진전됐다. 2006년 8월까지 사회주의 운동당은 원주민이나 토지 없는 농민들에게 350만 헥타르(900만 에이커)의 토지를 재분배했고, 약속한 재분배 총량인 2천만 헥타르 가운데 200만 헥타르(550만 에이커)의 토지를 추가로 재분배하기 위한 준비작업에 들어갔다. 가장 의미가 깊은 사례는 푸에블로 우니도스(Pueblos Unidos) 정착촌이다. 모랄레스 정부가 세운 최초의 MST형 정착촌인 푸에블로 우니도스의 주민들은 대체로 다른 정착촌에서 거주하다가 쫓겨난 MST 회원이다. 모두 626가족으로 구성된 이 정착촌은 산타크루스의 외곽에 있는 1만 6천 헥타르(4만 에이커)의 토지 위에 세워졌다. 이 정착촌은 외부와의 교통이 불편하고 기초적인 서비스도 제대로 공급되지 못하고 있지만, 모랄레스의 개혁이 추진되는 과정을 주의 깊게 바라보고 있는 볼리비아의 토지 없는 농민들에게는 개혁의 진전을 보여주는 하나의 강력한 신호가 되고 있다.

토지개혁 대 '안데스 자본주의'

모랄레스의 개혁이 지금까지 거둔 성취에도 불구하고 그 결점에 대해 상당한 비판이 제기돼왔다. 푸에블로 우니도스의 주민들이 여전히 한계농지에서 힘겹게 농사를 짓고 있다는 점에서부터 라티푼디오의 토지 가운데는 사회주의운동당이 몰수하거나 재분배한 토지가 사실상 전혀 없다는 점까지 다양한 문제점들이 지적됐다.[43]

　아마도 가장 설득력 있는 비판은 라파스에 있는 독립적 연구소인 노동농업개발연구센터(CELDA; Center for the Study of Labour and Agricultural Development)가 내놓은 비판일 것이다. 농촌문제와 도시노동문제에 대해 연구를 하고 관련 활동을 벌이는 이 연구소는 "대규모 토지소유가 존속하고 있다는 사실은 모랄레스의 개혁이 라티푼디오가 중심적인 역할을 하는 농산업 위주의 신자유주의적인 수출지향 발전모델에 계속 의도적으로 의존하고 있음을 보여주는 것"이라고 주장했다. 이 연구소는 〈국가개발계획은 민족주의적인 것도, 반신자유주의적인 것도 아니다〉라는 제목의 보고서에서 정부의 '국가개발계획 2006~2010'에서 핵심은 정부가 스스로 표현한 대로 '수출부문의 경쟁력을 유지하는 것'이라고 지적했다.[44] 그렇다면 정부의 정책은 국내수요의 억제를 계속 강조할 것이고, 따라서 '국내 봉급생활자들의 구매력이 억제되고, 노동력에 대한 과도한 착취가 보장되는' 결과를 초래하리라는 것이었다.[45] 노동농업개발연구센터는 이런 점과 함께 농업부문에 대한 투자를 포함해 외국인직접투자를 더 많이 유인해 GDP 대비 외국인직접투자의 비율을 2006년의 0.8퍼센트에서 2011년까지 8.6퍼센트로 높이겠다고 정부가 내건 목표를 근거로 "국가개발계획은 특정한 부문들에 대한 국가의 참여를 확대시키긴 하겠지만 … 결국은 신자유주의를 보존하려는 계획"이라는 결론을 내렸다. 노동농업개발연구센터의 토지연구 분야 주임인 엔리케 오르마체아(Enrique Ormachea)는 다음과 같이 총괄평가를 내렸다. "사회주의운동당이 국가개발계획을 통해 제시한 농업개발 모델은 수출형 농업을 육성하고 국내시장보다 대외부문에 특혜를 주는 것에 토대를 두고 있다. 이 모델에서 성장을 이끌 핵심적인 생산단위는 라티푼디오다. 이 점은 앞으로도 바뀌지 않을 것이다."[46]

가르시아 리네라 부통령은 2007년 5월 28일에 "농업수출형 개발모델을 다시 강화하기 위해서는 산타크루스의 지주들과 협력해야 한다"고 말했다.[47] 이 발언은 노동농업개발연구센터의 분석이 타당함을 공공연하게 인정한 것이나 다름없다. 정부의 개발전략 수립을 주도한 리네라의 설명에 따르면 사회주의운동당의 전략은 '현대적 공업경제, 도시의 가족형 소기업, 공동체적 농민경제'가 결합된 '다원적 현대화'를 지향하는 '국가의 개입이 확대된 자본주의'에 기초를 두고 있다고 한다. 이런 자본주의를 가리켜 리네라는 '안데스 자본주의(Andean capitalism)'라고 부른다.[48] 정부정책이 신자유주의적 개발모델에서 벗어나지 않을 것임을 재확인해준 또 하나의 사례는 모랄레스 정부가 향후 토지개혁의 여러 국면을 뒷받침하기 위해 세계은행과 교섭 중인 새로운 차관의 성격이다. 2007년 6월 현재 이 차관교섭은 아직 마무리되지 않은 상태이지만, 필자가 입수한 관련 문서는 이 차관이 '토지은행'의 소액신용(마이크로크레디트)을 지원하는 데 사용될 것임을 시사하고 있다. 이런 소액신용 프로그램은 이미 브라질에서 시행된 바 있지만 브라질의 MST를 비롯한 진보진영으로부터 폭넓은 비판을 받았던 것이다.[49]

볼리비아에서 현재 진행되고 있는 토지개혁은 농산업 부문의 대규모 수출업체들에 의존하는 개발모델이라는 큰 구도에 가난한 농민들을 통합시키기 위해 국가가 가난한 농민들을 지원함으로써 계급 간 조화를 추구하는 것에 토대를 두고 있다.[50] 여기서 가장 위험한 점은 농민들이 그런 개발모델에 의미 있는 수준으로 통합되거나 소규모 영농을 바탕으로 한 대안의 농업개발 경로가 탐색되기보다는 농민들이 '안데스 자본주의'라는 전체 그림 속에서 전통적이면서도 경제적으로 특이한 이질적 요소로 전락하게 되리라는 데 있다. 사회주의운동당의 개발계획은 이처럼 애매모호한 성격을 갖고 있긴 하지만 토지 없는 농민들에게 가시적인 편익을 일부 가져다준 것도 사실이며, 사회주의운동당은 대단히 친농민적이고 친원주민적인 수사와 상징조작을 통해 그 같은 편익을 강조해왔다. 사회주의운동당의 정치적 기획이 성공한 반면에 토지 없는 농민들의 운동은 내부적 갈등에 휩싸이게 된 탓에 사회주의운동당의 토지개혁은 중대한 결점들을 갖고 있음에도 불구하고 광범한 지지를 받았고, MST도 그것을 지지했다. MST 지도부는 2006년 5월 이후에는 정부가 주도하는 합법적 재분배의 과정이 교란되지 않도록 토지점거 행동은 더 이상 하지 말아 달라는 사회주의운동당의 요구를 존중하는 태도를 보여왔다. MST 지도부의 이런 태도는 MST 회원들이 연대적인 상호관계를 축적해나가면서 평등주의에 기초를 둔 새로운 정치적 공동체를 건설해온 과정 자체도 중단시켰다. 이와 함께 MST의 활동이 전적으로 합법적 영역에만 집중하는 방향으로 전환됐다. MST는 그동안 대중적 행동을 통해 법원에 압력을 가하는 전술을 구사해왔을 뿐 아니라 이런 전술에서 특히 유능함을 입증해왔지만 이제는 MST의 주된 투쟁의 장이 토지 없는 농민들에게 심각하게 불리한 합법적인 영역으로 옮겨갔다.

농민운동 진영에 행동을 자제할 것을 요구하는 사회주의운동당의 태도를 정당화하는 대표적인 논리는 사방에서 강력한 반대의 압력을 받고 있는 사회주의운동당의 권력을 보다 튼튼하게 굳혀야 할 필요가 있다는 것이었다. 사회주의운동당은 그동안 수많은 위협에 잘 대응해왔고, 정당으로서 사회주의운동당의 생존은 그러한 대응을 잘 하는 데 달려 있는 것이 사실이다. 특히 소규모 농민들이 생산성의 위기에 처해 있음을 고려하면 농업생산과 농촌개발의 전망에 대한 우려가 근거 없는 것은 아니다. 중규모 내지 대규모의 라티푼디오를 해체하고 그 토지를 소규모 농민들에게 재분배한다면 볼리비아의 국가경제가 어떤 영향을 받게 될까? 만약 국가경제가 부정적인 영향을 받게 된다면 모랄레스 정부가 계속 통치력을 발휘할 수 있을까? 아니 권력을 유지하는 것 자체가 불가능해지지 않을까? 우익에서 대규모로 폭력을 자행할 위험이 상존한다는 점도 모랄레스 정부의 취약성을 증대시키는 또 하나의 요인으로 작용하고 있고, 국제금융기구에 대한 국가의 의존(이런 의존은 일부 측면에서는 줄어들고 있으나 다른 대부분의 측면

에서는 그대로 지속되고 있다)으로 모랄레스 정부의 운신공간을 제약하고 있다.[51]

사회주의운동당이 계급 간 조화를 추구하고 있는 것에 대해 톰슨과 힐턴(중남미 역사 연구자—옮긴이)은 다음과 같은 결론을 내렸다. "모랄레스 정부는 혁명의 전개를 현 단계에서 잠정적으로 마감시켰다. 모랄레스 정부는 '10월 의제' 가운데 주요 요구사항들을 부분적으로 실현시켰다. 특히 국유화 및 제헌의회와 관련해서 모랄레스 정부는 행정적인 과정을 신속하게 밟아나가는 것을 통해, 그리고 행정부에서 가장 높은 부분에 권력을 집중하는 것을 통해 '10월 의제'의 요구를 실현시켰다. … 현재의 개혁은 모랄레스 정부가 민중이 위임한 바에 부응하는 것이기도 하지만, 이와 동시에 국가의 헤게모니를 장악하려는 것이기도 하다. … 이로 인해 사회주의운동당의 집권을 가능하게 한 운동진영이 분열되면서 그 행동력이 감퇴되는 결과가 빚어졌다."[52]

사회주의운동당이 불리한 정치적 환경을 헤쳐 나가는 방식은 대체로 보아 국내에서는 반발의 행동에 나선 동부지역의 보수적 지배엘리트 집단에 대항하는 개혁주의 정당으로서의 불안한 자신의 지위를 반영하는 것이고, 대외적으로는 지구적 자본주의 경제 속에서 국제금융기구들에 대해 상대적으로 취약하고 의존적인 자신의 입장을 반영하는 것이다. 그렇다고 해서 볼리비아가 선택할 수 있는 유일한 대안이 '안데스 자본주의'라고 말할 수는 없다. 인종주의, 폭력, 불평등과 싸우겠다고 공언해온 사회주의운동당이 토지를 독점한 채 그런 것들의 주된 원천으로 계속 작용하고 있는 라티푼디오를 지원하는 방향으로 너무 많이 나아간 것으로 보인다. 물론 사회주의운동당의 농업개발 계획을 대체할 수 있는 확실한 대안이 존재하지 않는 것도 분명하다. 그러나 사회주의운동당은 이처럼 대안이 없는 상황이 빚어지는 데 적어도 부분적으로는 공모자 역할을 했다. 사회주의운동당 정부는 '복종하는 것을 통해 통치한다'는 사파티스타의 언어를 채용했지만, 실제 행동은 대체로 이와 정반대였다.[53] 예를 들어 사회주의운동당은 모랄레스 정부의 정치적 권력을 튼튼하게 굳힌다는 명분 아래 추진한 제헌의회 구성에서 사실상 모든 풀뿌리 조직의 직접적인 참여를 배제하려고 해서 많은 비판을 받았다. 충분히 발전시키지는 못했지만 농업개혁에 대한 나름의 대안을 제시해온 MST도 사회주의운동당이 처음에 그렇게 제헌의회 구성에서 배제하려고 한 조직 가운데 하나였다. MST에 토지점거 행동을 중단해달라고 요구할 때에도 사회주의운동당은 토지를 점거한 농민들의 자율적인 정착촌을 지배계층의 관점에서 바라보고 있었고, 이 때문에 그러한 정착촌이 농민들의 창조적 재활을 가져올 원천이 되므로 정부에서 지원해야 한다고 생각하기보다는 정착촌을 중단돼야 할 것으로 간주했다. 라켈 구티에레스(Raquel Gutierrez, 멕시코 출신의 중남미 사회운동가―옮긴이)는 이렇게 지적했다. "오늘날 볼리비아에서는 사회운동이 점차 약화되고 있다. 국가는 사회운동의 대화상대가 되기보다는 사회운동을 복속시키려고 하고 있다."[54]

이렇게 분석하는 구티에레스와 달리 파블로 스테파노니(Pablo Stefanoni, 볼리비아의 언론인이자 사회과학 연구자―옮긴이)와 에르베 도 알토(Hervé Do Alto, 4차 인터내셔널 프랑스지부의 기관지인 〈루즈〉의 볼리비아 주재 통신원―옮긴이)는 볼리비아의 사회운동 진영에서 대다수가 사회주의운동당과 이 당이 추진하는 개혁주의 정책을 지지하고 있다고 정확하게 지적했다. 스테파노니와 알토는 볼리비아의 사회운동 진영이 사회주의운동당보다 더 좌파인 것은 아니며, 본질적으로는 양쪽이 똑같은 정치적 열망을 갖고 있다고 주장했다. 그들은 "온건파와 급진파를 가르는 경계선에는 많은 구멍이 뚫려 있으며, 그 경계선이 사회주의와 자본주의가 대치하는 지점과 정확히 일치하는 것도 아니다"라고 썼다. 온건파와 급진파를 가르는 가장 중요한 문제는 석유와 가스의 국유화라는 것이 그들의 생각이다. 이런 분석에 따르면 급진파는 '급진적인 형태의 국가자본주의'를 지지하는 사람들이고, 온건파는 '국가의 통제 아래 이루어지는 외국인 직접투자의 지속적 유인'을 지지하는 사람들이다.[55]

그러나 자본주의 대 사회주의라는 이분법을 극복하기 위한 그러한 시도에는 뭔가 잘못된 점이 있다. 왜냐하면 그러한 시도는 자본주의 대 사회주의라는 이분법을 자유주의적 자본주의 내지 사회민주주의적 자본주의 대 신자유주의적 자본주의라는 이분법으로 바꿔놓는 것일 뿐인 게 사실이기 때문이다. 볼리비아의 사회운동 진영이 품을 수 있는 희망, 또는 이 나라가 선택할 수 있는 현실적 대안이 오로지 사회민주주의적 국가자본주의(급진파의 입장) 또는 신자유주의적 자본주의(온건파의 입장)일 뿐이라는 말인가? 사회주의운동당이 집권한 이후에 이루어낸 변화가 아무리 인상적이라고 하더라도 전통적인 의미의 사회주의는 현 정부의 의제에 올라있지 않은 것이 분명하다. 이는 2005년 말에 가르시아 리네라가 "볼리비아는 앞으로 50년이나 100년 뒤에도 여전히 자본주의 국가일 것"[56]이라고 한 말로도 확인됐다. 그러나 사회주의가 볼리비아 정부의 의제에 올라있지 않다는 말이 볼리비아에 사회주의에 대한 실질적인 열망이 존재하지 않는다는 뜻은 아니다. 볼리비아에 사회주의에 대한 열망이 존재하지 않는다는 주장은 2000년과 2005년 사이에 이 나라의 사회운동 진영이 요구해온 바와 어긋날 뿐만 아니라 나 자신이 MST를 취재하면서 직접 보고 겪은 바와도 어긋난다.

주석

호세 안토니오 루세로, 엔리케 오르마체아, 카이틀린 에스치에게, 그리고 장 프리드먼-루도프스키와 MST의 친구들, 그 가운데서 특히 야키바와 몬테로에서 잠깐 나를 안내해준 후스티노에게 감사를 드린다. 그들의 도움이 없었다면 이 글은 씌어지지 못했을 것이다.

1 2006년 8월에 필자가 한 인터뷰.

2 Doug Herztler, 'Bolivia's Agrarian Reform Initiative', Andean Information Network, 28 June 2006; 'Propuesta para acabar con "latifundio ocioso" encuentra apoyo politico', El Diario, 22 May 2006.

3 Decreto Supremo 28733, Republica de Bolivia, 2 June 2006.

4 World Bank, Bolivia Land for Agricultural Development Project, Washington: World Bank, forthcoming, p. 136.

5 Forrest Hylton and Sinclair Thomson, 'The Chequered Rainbow', New Left Review, 35, September–October 2005.

6 Fernando Cabrera, 'Interview with Evo Morales', Radio Nederland, 1 December 2006.

7 Speech in Ucurena, 2 August 2006.

8 Michael Weinstein, 'Bolivia's Evo Morales Launches His Movement Toward Socialism into the Political Trenches', Power and Interest News Report, 15 June 2006.

9 Equipo Nizkor, 'Antecedentes de la matanza de los campesinos sin tierra de Bolivia', 9 November 2001, available from www.rebelion.org.

10 'Landowners Massacre Squatters', 18 November 2001, www.americas.org 'Massacre Verdict Protested', 24 November 2002, www.americas.org.

11 Silvia Cusicanqui Rivera, Oprimidos pero no vencidos, La Paz: Aruwiyiri, 2003, p. 110.

12 이 부분을 쓰는 데는 산타크루스, 타리하, 베니의 인구를 더한 통계를 토대로 삼았고, 관련 자료는 Instituto Nacional de Estatistica, Republica de Bolivia에서 구했다.

13 Álvaro Garcia Linera, Marxa Chávez León and Patricia Costas Monje, Sociologia de los movimientos sociales en Bolivia: estructuras de movilización, procesos enmarcadores y accion politica, La Paz: Diakonia, 2004, p. 546; Cabrera, 'Interview with Morales'.

14 Miguel Urioste, La Revolucion Agraria de Evo Morales, La Paz: Fundacion Tierra, August 2006.

15 Alex Contreras, El Diario, 24 November 2006.

16 June Nash, We Eat the Mines and the Mines Eat Us, New York: Columbia University Press, 1979, p. xxi.

17 Cabrera, 'Interview with Morale'.

18 Urioste, 'La Revolucion Agraria de Evo Morales'.

19 Linera, León and Monje, Sociologia de los movimientos sociales, p. 570.

20 Ibid., p. 545.

21 'The Antinomies of Bolivian Neoliberalism', Comparative Studies in Society and History, 41(3), July 1999, p. 539.

22 Duncan Green, Silent Revolution, New York: Monthly Review Press, 2003, p. 74.

23 Mamerto Luna Perez, Apertura Comercial y Sector Agricola Campesino – la otra cara de la pobreza del campesino andino, La Paz: CEDLA, 2003.

24 Manuel Davila Morales, INRA, La Paz: U.P.S. Editorial, August 2005.

25 Linera, León and Monje, Sociologia de los movimientos sociales, p. 120.

26 Jean Friedsky, 'Land War in Bolivia', Narco News, 13 October 2005에서 재인용.

27 Linera, León and Monje, Sociologia de los movimientos sociales, p. 547.

28 Ibid., p. 558.

29 For a discussion of this, see Friedsky, 'Land War in Bolivia'.

30 이 부분에서 인용되는 발언이나 데이터는 Linera, León and Monje, Sociologia de los movimientos sociales, pp. 548 ff에서 가져온 것이다.

31 Ibid., p. 576.

32 'Landless Step up Occupations', 18 March 2006, available at www.americas.org.

33 Personal Interview, August 2006.

34 Luis Crespo, 'Bolivia: Guaranies "Desamparados"', 13 May 2005, available at www.BBCMundo.com.

35 'Agro del oriente crea Comités de Defensa y amenaza con violencia'. Los Tiempos, 31 May 2006.

36 Ibid.

37 Benjamin Dangl, The Price of Fire, Oakland: AK Press, 2007, p. 212.

38 S. R. A. Gutierrez, 'Somos los Cambas una Nacion Sin Estado?', 2 October 2006, available from www.nacioncamba.net.

39 'Paupérrima imagen deja Miss Bolivia en el Miss Universo', 26 May 2004, available at www.bolivia.com.

40 Linera, León and Monje, Sociologia de los movimientos sociales, p. 571, my emphasis.

41 Andean Information Network, 'Bolivian Congress Passes Agrarian Reform During Tension', 1 December 2006, available from http://ain-bolivia.org.

42 Ibid.

43 푸에블로스 우니도스(Pueblos Unidos)에 대해 제임스 페트라스(James Petras)는 이렇게까지 말했다. "시장, 교통시설, 신용기관과 멀리 떨어져 있고 토양이 열악한 외진 곳에 정부에 의해 조성된 정착촌이라는 점에서 그 정착촌은 그와 비슷한 과거의 다른 사례와 마찬가지로 실

패할 것이다." 'A Bizarre Beginning in Bolivia', Counterpunch, 4/5 February 2006.

44 Lorgio Orellana 'El Plan Nacional de Desarrollo no es nacionalista ni antineoliberal', Alerta Laboral, 46, September 2006, p. 7에서 재인용.

45 Ibid.

46 2007년 6월에 필자에게 보낸 개인적인 서신에서.

47 'Las élites se redistribuyen el poder', Econoticias, 28 May 2007.

48 'We want a capitalism with a big state presence', Pablo Stefanoni interview with Álvaro Garcia Linera, 18 May 2007, available from www.greenleft.org.au.

49 World Bank, Bolivia Land for Agricultural Development Project.

50 Jeffery Webber, 'Bolivia: Evo Morales' First 100 Days', 21 December 2006, available from www.solidarity-us.org.

51 이런 점은 한편으로는 사회주의운동당 정부가 미주볼리바르대안(Bolivarian Alternative for the Americas)에 참여하면서 세계은행의 국제투자분쟁해결센터(International Centre for the Settlement of Investment Disputes)에서 탈퇴한 데서, 다른 한편으로는 토지개혁을 위한 차관을 얻기 위해 세계은행과 교섭을 하고 있는 데서 볼 수 있다.

52 Forrest Hylton and Sinclair Thomson, Revolutionary Horizons, London: Verso, p. 158.

53 모랄레스는 2006년 1월 22일에 '나는 복종하는 것을 통해 통치하겠습니다'라는 제목으로 연설을 했다.

54 Interview with Raquel Gutierrez by Veronica Gago, 'La seduccion del chavismo', Brecha, 28 September 2006.

55 Pablo Stefanoni and Herve Do Alto, Evo Morales: de la coca al Palacio, La Paz: Malatesta, 2006, p. 115.

56 Interview with Alvaro Garcia Linera by Pablo Stefanoni, 'MAS is of the Centre-Left', IV Online Magazine, 373, December 2005, available at www.internationalviewpoint.org.

중남미에서 나타나는 저항의 형태에 대해
_그 토착적인 요소

아나 에스테르 세세냐

최근 15년 동안 중남미에서는 매우 상이한 종류의 여러 저항과 투쟁이 펼쳐져 왔다. 각각의 경우는 보편성과 특수성을 동시에 갖고 있었고, 그 모두가 지배체제의 주요 단층선, 지역적인 권력구조와 탈취의 관행, 자결과 자율에 기반을 둔 정치적 조직화가 두루 응결된 결과였다. 또한 각각의 투쟁에 참여한 사람들은 그들 나름의 표현수단을 갖고 있었고, 그들 나름의 기획을 발전시키고 정립할 공간을 갖고 있었다. 어떤 경우에는 사람들이 거리로 쏟아져 나와 광장이나 학교를 점거하거나 도로를 차단했고, 어떤 경우에는 사람들이 침묵, 불참, 신분은닉의 방법을 써야 했다. 얼굴이 보이지 않도록 가면을 쓰는 경우도 있었고, 맨얼굴로 행동에 나서기도 했다. 철제무기를 사용하기도 했고, 나무막대기를 들기도 했고, 인쇄된 그림의 힘을 동원하기도 했다. 시위행진, 단식투쟁, 토지점거, 출근거부도 있었다. 시위는 그 형태가 다양한 만큼이나 그 이유도 다양했다. 투쟁의 상황이나 동기에 따라 뭉쳤다가 흩어져간 개인들만큼이나 시위는 복합적이고 복잡했다. 이러한 다양성으로 인해 모든 것이 얼마든지 바뀔 수 있었다. 모인 사람들이 서로 간에 너무나 달라서 가장 기본적인 것에만 서로 동의하는 데 만족해야 했다. 그리고 사람들이 너무 많이 모여서 모두가 서로를 바라보며 놀라기도 했다.

이 때문에 중남미에서는 신자유주의가 사회적 분열과 억압을 초래하는 충격을 한 차례 가한 뒤에는 점점 더 고조되는 불만에 직면해야 했다. 조금씩 실제적인 사회적 대안들이 등장하기 시작했다. 그것들은 재구축된 옛 조직과 새로이 행동에 나서게 된 개인들이 결합하는 형태로 등장했다. 그 개인들은 공식적인 조직에 속하지 않은 경우가 많았고, 정당의 규율에 얽매이지 않거나 심지어는 그런 규율 자체를 혐오했으며, 세계를 새로운 방식으로 이해하고 새로운 상상력을 발휘하면서 투쟁에 나섰다. 도시와 농촌의 이런저런 집단들, 불안정하기 짝이 없는 일을 할 수밖에 없게 된 사람들, 살던 곳에서 내쫓긴 사람들, 비공식부문의 노동자들, 유목민 집단 등 온갖 배경을 가진 남자와 여자들이 서로 연결되면서 새로운 주체성의 규범과 새로운 형태의 공동체를 만들어냈다. 이 모든 과정에서 사람들로 하여금 단합하도록 압박한 요인들로는 물 공급의 문제, 열대우림 파괴, 벌거벗게 된 산림, 토지를 이용할 수 없는 처지, 환경오염, 미주자유무역지대(FTAA), 국제통화기금, 세계은행, 미국, 다국적기업, 푸에블라―파나마 계획(Puebla―Panama Plan, 멕시코 정부가 미주개발은행(IDB)의 후원 아래 멕시코의 남부와 중미지역을 경제적으로 통합시키고 발전시킨다는 목표를 내걸고 2001년에 6월에 정식으로 출범시킨 대규모의 장기적인 개발 프로젝트―옮긴이), 군사화, 외채문제, 자결권에 대한 부정 등을 들 수 있다. 이런 압박요인들에 대항해 자율성, 문화적 다원주의, 토지개혁, 직접민주주의, 자연과 다른 관계 맺기, 민중주권 등이 열대지역에서 빙하지역까지 중남미의 여기저기에서 거듭 주장되고 있다.

봉기는 특정한 지역에 뿌리를 둔 지역사회에서 시작되곤 했다. 사파티스타나 다수의 농민운동과 같은 원주민 운동의 시작도 대체로 그랬다. 코차밤바의 경우처럼 도시에서 일어난 봉기도 마찬가지였다. 그러나 그러한 봉기를 초래한 원인은 세계적인 문제였고, 그 문제는 지리적으로 서로 멀리 떨어져 있는 사람들이 똑같이 겪는 문제였다. 바로 이 때문에 투쟁에 참여하는 지역사회들 사이에 네트워크가 형성됐고, 통합조정의 기능을 수행하는 위원회가 수립됐다. 투쟁에 이미 참여하고 있는 지역사회들은 비슷한 상황에 놓여 있는 다른 지역사회들이나 똑같은 문제를 염려하고 있는 다른 사람들과 연합했고, 때로는 매우 먼 곳에서 살고 있는 사람들과도 연합했다. 이리하여 '코차밤바의 물과 삶을 지키기 위한 통합조정위원회(Coordinating Committee for the Defence of Water and Life in Cochabamba)'는 물과 관련해 벌어지는 모든 투쟁이 융합되는 중심점이 됐고, 이런 관계망은 전 세계적인 네트워크의 형성으로 이어졌다. 매우 특수한 도전, 예를 들어 사파티스타만의 고유한 도전으로 보이는 것에서도 같은 일이 벌어졌다. 이에 따라 예를 들어 사파티스타의 목표에 공감하는 유럽 및 한국의 젊은이들과 멕시코 치아파스 주의 원주민들이 서로 크게 다른 배경을 갖고 있는데도 단합하기도 했고, 사파티스타는 아주 오래전부터 유일한 실제의 혁명주체로 여겨져 온 도시의 임금노동자들을 대변하는 조직이 아닌데도 나이든 세대의 중남미 활동가들이 사파티스타를 지원하기도 했다.

이런 경험들로부터 하나의 대륙 전체에 걸친 운동이나 적어도 복수의 국가에 걸친 지역적 범위를 가진 운동들이 생겨났고, 그 운동들은 각각 특정한 지리적 영역을 갖고 있으면서 똑같은 정서를 공유했고, 이렇게 공유된 정서는 어떤 중심적인 주제에 대한 집중적 관심에 토대를 둔 응집력을 상당부분 뒷받침했다. 그리고 중심적인 주제가 된 것은 미주자유무역지대(FTAA) 또는 자유무역협정 일반에 대항하는 투쟁, 군사력의 증대나 외채상환에 대한 반대, 전 세계에 걸친 외국군대 주둔의 폐지 요구, 정부의 형태 또는 자연과 산업에서 생산된 것의 사용에 대한 자결권 요구 등이었다. 이런 경험을 통해 해방에 대한 새로운 개념이 발견되거나 조립됐다. 그 개념은 때로는 유토피아적이기도 했으나 투쟁의 과정에서 바로 그런 유토피아적 개념대로 삶을 꾸려나가려는 시도가 생겨났다. 사파티스타, 코차밤바의 물을 지키기 위한 싸움에 나선 사람들, 석유자원에 대한 통제권을 잃지 않으려고 투쟁에 나선 에콰도르 사람들, 브라질의 토지 없는 농민들, 조직적으로 고속도로를 차단한 아르헨티나의 피케테로들, 500년 전부터 지금까지 예속에 반대해 싸워온 미주대륙 남쪽 끝부분의 마푸체족(칠레와 아르헨티나에 거주하는 원주민 부족―옮긴이), 군사적 무장의 해제를 요구하는 모든 사람들, 그리고 사람들의 눈에 띄는 정도는 서로 다르지만 상이한 규모의 조직들에서 이제 막 가시화되고 있는 '다른 세계(other world)'의 건설에 다양한 방식으로 참여하고 있는 많은 사람들…. 그들 모두가 지금 중남미 전역에서 전개되고 있는 거대한 해방의 물결을 구성하고 있으며, 그 물결이 새천년을 내다보는 비전과 지금 당장의 목표를 결합시키면서 중남미 지역이 다시 품위 있는 모습으로 일어서고 있다.

투쟁의 무대에 일어난 변화

중남미에서 공업화에 따라 발달된 노동계급의 투쟁이 농촌과 토지, 그리고 원주민과 농민의 삶에 관한 문제를 보이지 않게 가리기도 했지만, 최근 노동계급의 투쟁 그 자체도 노동의 지구적인 재조정으로 인해 크게 약화됐다. 국제적으로 공장생산의 양식이 재편되고, 공장이 현대화되고, 공장에서 고용규모의 축소가 진행되면서 공장에 기반을 둔 조직형태는 효력을 잃었고, 노동자들의 일자리는 점점 더 불안정해지거나 비공식화되고 있다. 이에 따라 노동자 조직화의 초점이 공장으로부터 실업자들이 사는 곳, 즉 '변두리'로 흔히 알려져 있는 곳으로 점차 옮겨가고 있다. 이제는 일터에 근거를 두고는, 적어도 일터에만 근거를 두고는 민중의 삶에서 가장 중요한 조직화를 추구하는 것이 불가능하게 됐다. 일터의 특성이 과거와 달라지면서 공적인 삶과 사적인 삶, 노동과 여가, 생산과 재생산을 각각 구분하는 경계선에 변화가 일어나고 있기 때문이다.

이처럼 투쟁의 무대가 일상적인 삶의 영역 쪽으로 이동함에 따라 투쟁과 사회변혁의 주체로서 노동자들이 갖고 있었던 중심성이 약화되면서 노동자가 아닌 다른 사회구성원 집단이 투쟁에서 주된 역할을 맡게 될 가능성이 높아졌다. 여기서 다른 사회구성원 집단이란 여성, 농민, 인디언(원주민의 후손이라는 중남미적 의미의 인디언), 학생, 이주노동자, 각양각색의 피고용자, 미등록노동자 등을 말한다. 이들 사회구성원 집단은 억압을 받은 경험, 구체적인 견해와 주장, 현실에 대한 인식, 적응하거나 반발하는 방식, 역사와 기억 등에서 서로 다른 특징을 갖고 있다.

이 모든 새로운 투쟁의 주역 가운데 가장 의미심장한 집단이 중남미의 인디언, 즉 아메리카 원주민이다. 그들은 지배, 강탈을 통한 자원전유, 환경에 대한 약탈에 근거를 둔 문화 또는 세계운영 방식과 부단히 상호작용하는 과정에서 은근하게 '일상적' 저항을 해왔다. 그동안에는 그들의 저항이 반드시 분명하고 명시적이지는 않았다. 그러나 최근에는 그들의 투쟁이 중남미 대륙 전체에 걸쳐 주도적인 역할을 떠맡는 경향을 보이고 있고, 이런 그들의 역할에는 삶의 의미에 대한 새로운 관점과 사회적 관계에 대한 새로운 개념이 반영돼있다. 최근에 중남미의 인디언들이 보여주는 행동들은 여러 중요한 측면에서 서로 다른 특징을 갖고 있지만 기존질서에 대한 도전이라는 측면에서는 모두 비슷하다. 그들은 자본주의의 난입으로 중남미에 발생한 '문화적 파괴'에 초점을 맞추는 관점을 갖고 있고, 그러한 자본주의의 난입은 길게 보아 하나의 일시적 사건일 뿐이라는 역사관을 갖고 있다. 그들이 볼 때 서구의 역사, 즉 유럽이 등장한 역사도, 유럽과 미국에서 축적된 역사와 연결된 나머지 세계의 역사도 아메리카 원주민의 역사가 아니다. 이보다는 여러 세기에 걸쳐 전제적 통치를 받으며 살았던 경험과 그 과정에서 학습을 하고 저항을 했던 경험이 그들의 역사다. 그 역사는 탈취와 축적의 역사적 과정보다 훨씬 더 오래된 생각, 문화, 세계관을 갖고 먼 곳에서 온 사람들의 역사이고, 500년 동안이나 좌절당한 상태에서도 집단적 기억을 잃지도, 이상향을 구상하기를 멈추지도, 저항하기를 중단하지도 않으면서 살아온 역사다. 그것은 또한 깊은 역사적 뿌리를 갖고 있기에 지금의 현실을 넘어서서, 역사의 종언이 아닌 역사의 개방적 가능성을 내비치기 시작한 지평선 너머를 내다볼 줄 아는 사람들의 역사다. 그들은 자본주의의 역사가 종식될 것이라는 생각을 갖고 있고, 실제로 그것을 종식시키기 위해 싸울 줄 알기에 그런 역사의 가능성을 볼 수 있는 것이다.

아메리카 원주민 가운데 다수가 도시와 공업의 세계를 알게 됐고, 건설공사장이나 섬유공장에서 일해 본 경험이 있고, 미국으로 이주했다가 거기서 임금노동 및 프롤레타리아의 투쟁과 관련된 문제에 부닥쳐본 적이 있다. 그럼에도 불구하고 그들의 뿌리 깊은 원래의 정체성이 멕시코 치아파스 주의 사파티스타로 대표되는 봉기로 그들을 이끌었다. 그 봉기는 새로운 역사적 시대를 건설하고, 이제 더 이상 땜질하기도 어려운 지금의 세계 대신에 새로운 세계를 창조하는 길로 나아가기 위한 것이다. 이러한 재건설, 재창조의 길로 나아가려면 다양성이 사회적 관계에 근본적인 존재론적 요소가 됨을 인정함으로써 달성되는 보다 풍부한 새로운 문화 속에서 지역공동체를, 다수의 지역공동체들을 재구축해야 한다. 그리고 그 새로운 문화는 다양한 차이는 존재하지만 배제는 없는 사회를 전제로 하며, 그러한 원칙에 근거를 둔 사회는 필연적으로 '수평적'인 성격을 갖게 된다는 점에 주목하는 가운데 사회구성원들이 서로를 인정하고 새로운 연대의 관계를 맺도록 한다.

오늘날의 봉기들은 지리적으로 분산된 형태로 일어나고 있고 서로 간에 연결되는 일이 드물지만 지난 500년에 걸친 역사의 흔적을 갖고 있기에 많은 유사성을 보여준다. '인디언과 흑인의 대중적 저항운동(MRINP)'이라는 조직을 결성한 아마존 숲 속의 원주민들은 "아프리카 출신의 원주민들을 착취하고 그들의 가족을 희생시키거나 그들로부터 우리를 떼어놓는 노예사회의 야만성에 대항해, 그리고 민중을 그동안에도 해쳤고 지금도 매일같이 해치고 있는 흉악한 잔혹행위에 대항해 싸우고 있다"[1]고 말한다. 멕시코 치아파스 주의 라칸도나 숲 속에서는 원주민으로서 깊은 뿌리를 갖고 있는, 즉 '멕시코 프로푼도(México profundo; Deep Mexico)'인 사파티스타가 이렇게 선언했다. "다양한 국가와 문화를 파괴하는 세계질서가 우리를 단합시킨다. 거대한 국제적 범죄자인 돈은 이제 권력은 새로운 것을 창조할 능력이 없다는 뜻을 내포한 이름(신자유주의—옮긴이)을 갖고 있다. 오늘날 우리는 하나의 새로운 전쟁을 겪고 있다. 그것은 모든 인민, 모든 인간, 모든 문화, 모든 역사를 적으로 한 전쟁이다."[2]

코차밤바에서는 봉기에 참여한 사람들이 스스로를 원주민이라고 생각하지 않지만, 그럼에도 그들도 원주민의 권리와 비자본주의적인 사회적 관계를 강조한다. "도시와 농촌의 노동자들, 그리고 지역사회와 원주민 마을들은 수십 년 또는 수백 년 동안 신자유주의가 아닌 방식으로 공유재를 관리해왔고, 집단적 권력을 운영해왔고, 지역사회와 노조, 그리고 마을의 민주주의를 실천해왔다. 그들의 제도는 모든 사람의 직접적이고도 영속적인 참여를 가능하게 하고, 권력의 집중을 억제하며, 부패에 잘 물들지 않는다."[3] 그들은 이처럼 저항의 깊은 뿌리와 지역사회 조직의 관행을 내세우면서 사람들이 완전한 강탈을 당하는 현실에 대해 항의하고 있다. 그 현실은 이제 사람들이 감내하기 어려울 정도에 이르렀다. "신자유주의 체제는 국가경제를 제거했다. 이제 자연자원은 우리의 것이 아니다. 물, 토지, 철도, 석유, 가스가 모두 누군가의 노동으로부터 이윤을 뽑아내겠다는 욕망만 갖고 있는 외국인 사업가들의 손으로 넘어갔다. … 이제 우리에게는 일자리도, 돈도, 투자도, 성장도 없다."[4]

지난 500년간 이어져온 지배와 약탈이 오늘날에는 삶의 조건 그 자체까지 강탈하는 정도에 이르렀다. 이제 토지는 자원착취의 무대로 바뀌었고, 자연은 실험실에서 유기체를 재구성하게 해주는 부호의 체계 또는 수천 년간에 걸친 실험의 결과로 얻어진 지식으로서 회로설계 기술에 적용돼야 할 것으로 바뀌었고, 식물은 의약품의 효능이 있는 요소로서만 의미가 있는 것으로 바뀌었고, 광물은 삶의 터전을 제공해주는 지구의 능력을 제거하는 기계를 돌리기 위한 에너지로 바뀌었고, 물은 상품으로 바뀌었다. 이제 사람들은 일자리를 구하기 위해 다른 나라로 이주하도록 강요되고 있고, 미등록의 존재로 전락해 자기가 사는 나라에서 사회적 이방인으로, 법률적으로 존재하지 않는 존재로 살아가고 있다.

사람들은 일자리나 임금이 위협받고 있다고 느끼는 이상으로 문화, 역사, 정신적 정체성도 위협받고 있다고 느끼고 있다. 사람들이 자기들의 사회를 독립적으로 이어나갈 능력은 약화되고 있고, 자기들이 사는 지역의 미래를 비롯해 자기들에게 중요한 그 어떤 것에 대한 결정에서도 배제당하고 있다. 신자유주의는 오랜 기간 계속돼온 강탈의 과정을 극단으로 밀어붙이고 있고, 이로 인해 인간의 존재 자체가 완전히 부정당할 지경에 이르렀다.

가능성의 한계에 일어난 이런 변화에 직면해 이 체제의 희생자들이 모두 그들 자신의 생존을 위해 들고일어나 싸우기 시작했고, 생존을 위해서는 자본주의를 극복해야 한다는 점이 오늘날 점점 더 분명해지고 있다. 이러한 도전이 대중적 자살로 이어지지 않고 반역의 봉기로 이어진 데는 두 가지 요인이 작용했다. 그 가운데 하나는 사람들로 하여금 스스로 선택한 이유 때문이라면 기꺼이 죽을 수도 있다고 생각하게 하는 인간으로서의 존엄성이고, 다른 하나는 사람들로 하여금 집단적 기억에 토대를 두고 더 나은 미래의 역사적 가능성을 만들어내게 하는 희망이다.

지평선과 유토피아

지평선과 유토피아, 그리고 꿈은 언제나 변하기 때문에 본질상 도달할 수 없는 것들이다. 그러나 상상으로 미래의 모습을 그려보는 것은 현재를 그 미래의 모습대로 건설해나가는 것을 가능하게 한다. 유토피아는 실제로 현실이 되고, 꿈을 꾸다보면 삶이 꿈대로 된다. 신자유주의적 실용주의는 유토피아나 꿈이 허무맹랑한 것이기를 원하지만 그것들은 허무맹랑한 것이 아니라 지금 여기에서 미래를 건설해나가게 해주는 미래에 대한 계획이다. 바로 이런 이유에서 그것들은 사람들을 물러나 앉아 있게 하기보다 나아가야 할 길을 보여주고 삶에 의미를 부여해주어 사람들로 하여금 다양한 형태의 저항, 조직화, 투쟁을 뒷받침할 대안의 문화, 즉 대안의 행동과 세계에 대한 대안의 이해방식을 창출하게 해서 일상생활의 비루함에 대응할 수 있게 해준다. 그것들은 다른 시대와 다른 세계의 역사에 대한 기억이나 상상을 이상적인 욕구와 열망에 결합시킨다.

중남미 사람들의 유토피아와 꿈은 그들이 지금 살고 있는 곳을 기준으로 해서 토지 및 자연과 상호주체적인 관계를 유지하면서 자본주의의 역사를 미래로 더 길게 연장시키기도 하고 짧게 축소시키기도 한다. 이와 관련해 존 버거(John Berger, 1926~, 영국의 소설가, 미술비평가, 사회비평가—옮긴이)는 다음과 같이 썼다.

"이 두 가지 움직임, 즉 과거로의 움직임과 미래로의 움직임은 처음에는 반대되는 것으로 보일지 모르지만 실제로는 그렇지 않다. 왜냐하면 기본적으로 농민은 시간을 주기적인 과정으로 보기 때문이다. 이 두 가지 움직임은 하나의 원을 도는 서로 다른 방법이다. 농민은 세기의 흐름이 이어지는 것을 받아들이면서도 그런 이어짐을 절대시하지 않는다. 시간을 단선적인 것으로 보는 사람들은 시간을 주기적인 순환으로 보는 관념을 받아들일 수 없다. 그들의 도덕 전부가 인과관계에 토대를 두고 있으므로 그러한 관념은 그들에게 도덕적 혼란을 초래하기 때문이다. 시간을 주기적인 순환으로 보는 사람들은 회전하는 바퀴의 자국 같은 것인 역사적 시간 속에서 형성되는 관습을 쉽게 받아들인다."[5]

중남미의 혼혈적, 메스티조적, 바로크적인 문화가 만들어낸 유토피아는 단선
적이지 않다. 그것은 풍요의 유토피아가 아니라 유한성과 상호존중의 요소를 가
진 유토피아다. 중남미의 그러한 문화 속에서 사는 사람들로 하여금 운동에 나서
게 하는 것들은 그들에게 기본적인 생존의 조건을 허용하지 않고, 더 나아가 그러
한 조건을 그들 스스로 창출할 기회도 허용하지 않는 세계 속에서는 생존을 유지
하는 것이 불가능하다는 사실과 관련돼 있다. 그럼에도 그들이 품고 있는 신념이
있고, 그 신념은 긍정적인 것, 다시 말해 그들의 유토피아로부터 자라 나온다. 그
유토피아는 사람들이 일을 하면서 각자 자신의 능력을 발휘해 삶을 건설해 나갈
수 있는 사회의 모습을 그들에게 보여준다. 다시 버거의 글을 인용해보자.

"평등에 대한 부르주아의 이상도, 마르크스주의자의 이상도 풍요한 세계를
전제로 한 것이다. 그 이상은 지식의 발전과 과학에 의해 실현될 풍요에 대해
모든 사람이 동등한 권리를 갖게 할 것을 요구한다. … 평등에 대한 농민적 이
상은 결핍의 세계를 인정하고 그 결핍에 대항해 싸우는 과정에서 서로 간에
형제애에 입각한 도움을 주고받고 노동이 생산해낸 것을 공평하게 나눌 것을
약속한다. 농민이 아직 생존을 유지하고 있는 입장에서 결핍을 인정하는 것은
인간의 무지함을 인정하는 것과 통한다. 이런 농민은 지식과 지식의 열매를
찬양할지는 모르지만 지식이 쌓인다고 해서 인간이 알지 못하는 것의 범위가
축소된다고는 결코 생각하지 않는다. 그에게는 인간이 알지 못하는 것과 인간
이 아는 것이 비적대적인 관계에 있으며, 이런 점은 왜 그의 지식 가운데 일부
가 외부로부터 미신이나 마법으로 규정되는지를 설명해준다. 그로 하여금 궁
극적인 원인에 대한 믿음을 갖도록 할 만한 것이 그의 경험 속에는 전혀 존재
하지 않으며, 이는 그의 경험이 매우 폭넓기 때문이다."[6]

유토피아 자체가 사람들을 행동에 나서게 하는 동원력을 갖고 있다고 생각하

는 것은 문제가 있음을 나는 잘 알고 있다. 유토피아는 적어도 명시적이거나 분명하게는 그런 동원력을 갖고 있지 않다. 오늘날에 일어나는 봉기는 어떤 특정한 좌절의 상황, 다시 말해 관습과 법을 거스르는 것이거나 코차밤바에서처럼 도덕적 경제를 거스르는 것이라고 사람들이 당연히 생각하는 어떤 특정한 상황 때문인 경우가 많다. 또 신자유주의와 같이 어떤 추상적인 관계구조의 수준에서만 설명될 수 있는 일련의 다양한 문제들의 결과로 봉기가 일어나는 경우도 많으며, 이 경우에는 그러한 문제들이 서로 연결관계를 갖고 있지도 않은 여러 상이한 지역들에서 유사한 반응을 불러일으킨다.

사람들이 유토피아를 불러내는 것이 항상 의식적인 행동인 것은 아니지만, 신자유주의에 대한 투쟁에서처럼 도덕적 경제를 회복하려는 노력에서도, 아니 적어도 도덕적 경제의 상태를 재검토해보는 노력에서도 유토피아가 등장한다. 어느 쪽의 경우든 과거에 대한 기억과 미래에 대한 꿈이 존재하고, 어떤 다른 세계에 대한 특정한 이상이 존재한다. 때로는 그 이상이 단지 힐끗 보이는 조그마한 가능성이거나 아직은 모호한 전망일 뿐이지만, 그렇더라도 그 이상은 에두아르도 갈레아노(Eduardo Galeano, 우루과이의 저널리스트, 작가―옮긴이)가 말한 대로 우리에게 길안내를 해준다. 희망을 품지 않은 투사란 있을 수 없고, 현재의 상황에 변화를 일으키겠다는 생각을 갖고 있지 않으면서도 조직화에 나서는 민중은 더더욱 있을 수 없다. 그러나 모든 운동이 다 유토피아의 코드를 풀어내는 과제를 떠맡고 나서지는 않으며, 보건서비스의 민영화나 물을 비롯한 자원의 사유화와 같은 특정한 좌절의 상황에서 생겨난 운동의 경우도 그렇다.

소망하는 미래의 모습을 분명하게 하는 데 그리 주의를 기울이지 않았거나 매우 개략적 또는 피상적인 방식으로만 그렇게 했던 봉기의 사례들이 역사 전체에 걸쳐 아주 많이 존재한다. 어떤 경우에는 봉기에 나선 집단이 공유하는 가치가 표현되는 방식이나 그 가치를 표현하는 데 사용되는 언어가 민중에게는 낯선 것이어서 그 가치가 민중에게 제대로 이해되지 못했고, 어떤 경우에는 봉기에 나선 집단 자체의 문화 속에서조차 명백해지지 않은 가치가 그 집단에 내재하고만 있었다. 이러한 종류의 운동을 이해하기 위해서는 어떻게 해야 하는지를 에드워드 톰슨(Edward Thompson, 1924~1993, 영국의 역사가—옮긴이)은 다음과 같이 말했다.

"사람들이 인형을 불태우거나 종이옷을 입거나 장화를 목에 거는 등의 상징적인 시위를 벌이는 것을 묘사하는 것만으로는 충분하지 않다. 그러한 상징적 행동의 의미를 보다 넓은 상징의 세계에 연관시켜 파악하고, 그럼으로써 힘센 자들의 헤게모니에 대한 도전이자 다중이 품고 있는 기대의 표현으로서 그러한 상징적 행동이 갖고 있는 힘을 파악해야 한다."[7]

어떤 봉기의 의미를 이해하려면 대두된 문제에 대한 상이한 인식들이 상이한 속도로 형성된다는 데 주목하고 그 상이한 인식들을 파악하는 것도 필요하다. 그 문제는 매우 많은 수의 규정요인들에 의해 형성되고 수많은 의미요소들로 구성된, 하나의 전체적으로 복잡한 의미를 가진 문제일 것이 분명하고, 그러한 규정요인과 의미요소들이 어떤 하나의 중요한 지점에서 만나 겉으로 표현되면서 보다 폭넓은 의미를 갖게 된 것인 게 분명하다. 어떤 봉기든 그 의미는 결코 사소한 것이 아니며, 공개적으로 제기되는 요구에만 주목해서는 그 의미를 제대로 파악할 수 없다. 봉기의 숨겨진 코드, 역사의 깊숙한 곳에서 전달되는 메시지, 문화, 봉기에 참여한 사람들이 공유하는 가치와 유토피아 등을 밝혀내는 것이 반드시 필요하다. 우리는 역사를 다루는 장인들의 끈기 있는 작업의 결과를 기다릴 수가 없다. 우리는 주저하지 말고, 그러나 허영심도 갖지 말고 그러한 일을 지금 당장 시작해야 할 필요가 있다.

저항의 새로운 징후들

신자유주의 단계의 자본주의는 기존의 기술적, 조직적, 정치적, 개념적 패러다임
에 큰 변화를 일으키고 있다. 계급투쟁의 사회적, 정치적, 지리적 배경이 변하고
있다. 현대에 일어난 대부분의 봉기에서 거듭 발견되는 가장 중요한 변화로는 다
음과 같은 것들을 꼽을 수 있다.

1. 이질적이고 다양한 행동주체들이 동시에 봉기에 나선다.

'모호한 계급'이라고 불릴 만한 새로운 행동주체들이 등장하고 있다. 그들은 노
사관계에서만 자라나오는 지배체제보다 훨씬 더 복잡하고, 따라서 훨씬 더 식별
해내거나 인식하기 어려운 지배체제를 다양하게 경험하는 데서 도출되는 현실인
식을 갖고 있지만, 하나의 계급으로서 그들 자체의 특징은 아직 분명하지 않다.
봉기를 일면적인 관점에서 바라보거나 특권층과의 갈등이라는 측면에서만 생각
하기가 어려워지고 있다. 코차밤바의 봉기자들은 이렇게 선언했다. "이제는 노
동자들의 노조운동이 주된 논의의 장이 될 수 없다. 조직화의 새로운 모델과 구
조, 거리에서의 대중적 질의, 도로차단, 연대를 강화하기 위한 집회와 회의는 이
제 새로운 노동의 세계에서 창출된다."[8] 노예제나 임금노동제와 공존하면서 가
장 큰 잔혹행위와 약탈행위를 합리화하는 기능을 해온 인종적 갈등이나 성적 지
배체제는 노자관계에 비해 결코 덜 중요하지 않다. 오늘날 이 모든 측면들이 서
로 융합되면서 복잡하고 다면적인 종류의 저항이 생겨나고 있고, 그 저항은 과거
의 저항처럼 분절돼있거나 위계적이지 않으며, 저항의 여러 부분들이 서로 접촉
하고 서로 인정하는 경향이 강하게 나타나고 있다. 이런 현상은 투쟁의 경험을
통해 계급의 재구성이 일어나고 있음을 보여주는 것으로, 다음과 같은 사파티스
타의 잊을 수 없는 슬로건과도 부합한다. "우리가 앞으로 나섰지만 우리와 당신
들은 같다(behind us we are you). 다 똑같이 잊혀진 남자와 여자들이고, 다 똑

같이 배제된 사람들이고, 다 똑같이 관용되지 못하는 사람들이고, 다 똑같이 박해받는 사람들이다. 우리는 당신들과 똑같은 사람들이다."[9]

　이러한 행동주체들이 전반적으로 계급이 재구성되는 과정에서 새로운 하나의 계급이 되고 있는 것인지는 확실하게 알 수 없다. 그러나 어쨌든 우리는 '계급'과 '계급들'이라는 것의 성격과 의미에 대해, 그리고 이런 개념을 계속 유지하는 것이 적절한지에 대해 진지하게 다시 생각해볼 필요가 있다. 운동에 나선 많은 집단들이 '시민사회'라는 말을 사용한다. 그것은 그들 자신을 권력구조 속에 있는 정치인들이나 기업인들과 차별화하고, 정당이든 노동계급의 조직이든 모든 권력의 통로에 맞서 자기들의 다양성과 집단적 독립성, 그리고 저항적 태도를 강조하기 위한 것이다. 그런가 하면 '일하는 사람들'이라는 말을 사용하는 운동집단도 많다. 이 말은 곧 일하는 사람들이 다양한 부문에 걸쳐 있다는 뜻이자 하나의 집단적 정체성을 상징하는 말이며, 자기들은 권력집단과 거리를 두고 있다는 뜻이기도 하다. 그러나 어떤 경우에서든 오늘날 봉기에 나서는 행동주체들은 분명하게 정의된 과거의 협소한 틀, 다시 말해 흔히 '계급'이라는 집단적 개념에 부합하지 않는 것만은 분명한 것 같다. 왜냐하면 무엇보다도 오늘날 봉기에 나서는 개인들은 대체로 농촌이나 아르만도 바르트라(Armando Bartra, 멕시코에 있는 마야농촌개발연구소(Institute of Studies for the Mayan Rural Development)의 사무국장—옮긴이)가 '도시주변부'라고 부른 곳 출신이기 때문이다. 마르크스주의자들은 농촌이나 도시주변부를 흔히 진보에 방해가 되는 곳, 심지어는 반혁명적인 곳으로 보는 경향이 지배적이었다.[10]

2. 정치제도에 대해 근본적인 질문을 던지면서 정치적 표현의 새로운 수단과 공간을 탐색한다.

봉기가 일어나는 것 자체가 정치적 대의제가 완전하지 못하거나 효과적이지 못함을 보여주는 현상이다. 대체로 보아 봉기가 일어나는 이유는 전체 인구를 구성하는 부문들이 서로 아무리 갈등하는 관계에 있다고 하더라도 모든 부문들을 다 포괄하는 하나의 사회계약을 만들어낼 능력을 정치제도가 결여하고 있다는 데 있다. 봉기는 대부분 정치의 제도나 메커니즘에 대한 거부이자 사회적 삶의 한 구분된 영역으로서의 정치 또는 정치적인 것이라는 개념 자체에 대한 거부다. 예를 들어 봉기에 나선 사파티스타는 정치가 지배를 위한 무기가 아니라 콘센서스를 형성하는 수단이 되도록 깊이 있는 문화적 변혁을 이루는 것이 바로 새로운 세계를 건설하는 것이라고 생각한다. 그들은 다른 사람들과 접촉하고, 만나고, 대화하는 과정에서 실질적인 사회의 변혁이 이루어진다고 생각한다. 그것은 중재자나 대표자가 없고 비밀협정이나 서두름도 없는 정치의 새로운 방식이며, 소수자가 배제되지 않는 가운데 모든 사람이 힘을 보태는 형태로 집단적 합의의 견고한 토대를 구축하는 과정이다.

3. 전위를 거부하고 수평적인 관계를 형성한다.

이런 생각도 하나의 유토피아다. 그러나 그 유토피아에는 '민중적'이거나 '좌파적'으로 보이는 정당이나 대표자들이 흔히 참여하는 정치제도에 대한 매우 적절한 질문이 담겨 있다. 그것은 봉기한 좌파의 조직이 담당해야 할 새로운 역할을 찾고자 하는 노력이며, '시민사회'나 '민중' 쪽으로 초점을 옮긴다는 의미를 갖고 있다. 국가와의 대화는 계속되지만 그 성격이 바뀐다. 숙의를 하는 과정에서 결정이 내려져야 하며, 이는 곧 의사결정이 집단적으로 이루어져야 한다는 뜻이다. 직접민주주의, 다양성 속의 통일, 차이에 대한 인정과 존중이 주장되고, 이는 사파티스타 민족해방군의 표현을 빌리면 '모두 다 다르기 때문에 모두 다 평등한' 숙의의 실천을 요구하는 것이다. 그러므로 사파티스타는 권력에 토대를 둔 관계의 재생산을 중단시키는 유일한 방법은 아무도 다른 누구보다 더 중요하지 않으며 평등한 사람들 사이의 관계는 수평적일 수밖에 없음을 분명히 하는 것이라고 주장한다.

4. 세계에 대한 관념과 문화의 완전한 혁명을 통해 새로운 다른 세계를 건설한다.

봉기의 움직임에 앞장서는 주역들은 착취당해온 사람들이기보다는 배제당해온 사람들인 경우가 훨씬 더 많다. 그들은 없어도 되는 사람들로서 배제당해왔고, 쓸모없는 사람들로서 배제당해왔다. 현재의 체제는 세계인구의 대다수에게 줄 수 있는 것을 전혀 갖고 있지 않다. 세계인구 가운데 일부는 시장의 힘에 의해 불필요한 존재가 돼버렸고, 또 다른 일부는 그야말로 얼마 안 되는 임금만을 받고 일한다. 둘 중 어느 경우에 해당되든 그들은 점차로, 그러나 반드시 경제적 집단 학살의 희생자가 돼가고 있는 것으로 보인다. 기존의 체제는 지금 지구상의 현실에 존재하는 빈곤의 수준을 낮출 방도를 전혀 제시하지 못하고 있고, 그 체제가 내세우는 진보와 발전의 계획은 빈곤의 존재와 도적질에 근거를 두고 있다. 이런 상황은 정치적 통제권의 장악과 그에 수반되는 군사화에 의해 재앙으로 지속되고 있다. 배제와 물질적 전유는 사람들과 문화를 배제하고 강탈하는 것, 사람들의 역사와 유토피아를 빼앗는 것, '역사의 종언'이라는 숙명주의를 퍼뜨리는 것에 의존해 이루어진다. 지금의 사회는 삶 그 자체가 위험하게 된 극단적인 상황에 처해 있는 것으로 보인다.

그렇다면 집단적 자기결정권을 회복하는 것은 곧 역사, 기억, 상상력을 복원하는 것이 된다. 문화, 전통의상, 축적된 지식, 희망, 그리고 새로운 다른 세계를 상상하는 능력은 다양한 얼굴을 가진 해방의 기획을 생성시킬 씨앗이다. 그 해방의 기획은 그 실행에 필요한 구체적인 자원은 거의 갖고 있지 않지만 한 가지 확실한 요소는 늘 갖고 있다. 그것은 이 세계는 재창조돼야 하며, 그렇게 되기 위해서는 과거로부터 전해진 오래된 지식, 인간적인 관대함, 인내심, 상호존중의 태도, 상상력이 활용돼야 한다는 생각이다. 그리고 그 과정에는 피부색이 서로 다른 모든 인종, 모든 경험, 모든 문화가 같이 참여해야 한다. 그 궁극적인 목적지는 세계 전체와 모든 투쟁, 그리고 모든 유토피아가 각각 차지할 자리가 있는 세계의 창조다.

서로 다른 다양한 장소들에서 매일같이 그러한 목적지를 향한 움직임이 형성되고 있다. 때로는 코차밤바에서처럼 물을 지키고 삶을 보존하기 위한 투쟁이 전개되면서 새로운 관계가 생겨나고, 온갖 다양한 사람들이 서로 돕는 가운데 우리가 희망하는 세계를 구상하고 만들어가는 새로운 방법이 시도되고 있다. 때로는 중남미의 여러 도시들에서 신자유주의에 대항하는 행진, 행동, 운동이 펼쳐지면서 한 걸음 한 걸음 새로운 관계와 새로운 전선이 형성되고 있다. 그런가 하면 때로는 한때 잊혀져 있었지만 지금은 개발대상지로 각광을 받고 있는 깊숙한 산림 속에서 자율권 확보 투쟁이 펼쳐지고, 그러한 투쟁이 거대한 약진을 이루기도 한다.

주석

1 Indian, Black and Popular Resistance Movement (MRINP), 'Brasil: 500 anos de resistência indigena, negra e popular', 1995.

2 Zapatist National Liberation Army (EZLN), Documents and Reports, Mexico: ERA, 1995, p. 440.

3 Coordinating Committee for the Defence of Water and Life (CDAV), Declaración de la Coordinadora de Defensa del Agua y de la Vida, 2000.

4 Ibid.

5 John Berger, Pig Earth, New York: Pantheon, 1979, p. 201.

6 Ibid., p. 202.

7 E. P. Thompson, Tradición, revuelta y consciencia de clase. Estudios sobre la crisis de la sociedad preindustrial, Barcelona: Critica, 1989, p. 46.

8 CDAV, Declaración.

9 EZLN, 'Discurso inaugural de la Mayor Ana Maria', Chiapas, 3, 1996, pp. 102~103.

10 Armando Bartra, 'La llama y la piedra. De cómo cambiar el mundo según John Holloway', Chiapas, 15, 2003.

멕시코의 오악사카 공동체

리처드 로먼, 에두르 벨라스코 아레기

이 글은 멕시코의 오악사카 공동체(Oaxaca Commune)라는 특별한 경험을 살펴보기 위한 것이다. 풀뿌리 민중의 봉기이자 자치체인 오악사카 공동체는 '권력을 장악하는 것'에 반대하고 '선거에 참여하는 것'에 무관심하거나 반대한다는 점에서 민주혁명당(PRD)의 선거주의 투쟁모델이나 사파티스타의 '다른 운동(Other Campaign, 사파티스타 민족해방군이 멕시코를 지배하는 신자유주의적 자본주의에 대항하기 위해 내세운 운동전략―옮긴이)' 모델과는 다른 대안의 투쟁모델을 제시하고 있다. 2006년 봄에 일어난 '오악사카 봉기'는 오악사카 주의 다른 지역에도 반향을 불러일으키기는 했으나 사실 하나의 도시에서 일어난 봉기였다. 이 봉기는 조직화, 투쟁, 자치의 새로운 참여적 형태를 발전시켰고, 특히 1870~71년에 파리의 민중이, 1905년과 1917년에는 러시아의 노동자들이 그랬듯이 민주적인 조직화를 위해 '민중회의' 형태의 직접민주주의를 발전시켰다. '오악사카 민중회의(APPO; Asamblea Popular de los Pueblos de Oaxaca)'는 민중봉기의 투쟁기구인 동시에 자치기구가 됐다. 오악사카 봉기는 노동계급이 다른 부문들의 강한 지원 아래 일으켰다. 이 봉기는 전국 수준의 본부는 부패하고 권위주의적이며 연방정부와 연결돼 있는 교사노조의 전투적인 제22지부가 벌인 파업에서 시작됐다. 2006년 6월 14일에 정부가 교사노조 제22지부의 파업을 무자비하게 탄압하는 조치를 취하자 오악사카 시의 민중이 들고일어나 정부관리들을 시 밖으로 쫓아냈다. 이후 5개월 동안 자치와 저항이 계속되자 정부는 2006년 11월 25일에 이곳 민중을 상대로 대규모 공격에 나섰다. 이 도시에 계엄령이 선포됐고, 수백 명이 체포되거나 실종되거나 고문당했다. 이에 따라 오악사카의 민중운동은 큰 패배를 당했으나 전쟁에서 진 것은 아니었다. 그 운동은 공개적으로 다시 일어나 전투를 계속 이어가고 있다. 이 글에서는 오악사카에서 일어난 봉기와 공동체 운동의 전개과정과 배경, 그리고 그 강점과 약점을 살펴본다.

오악사카 봉기는 새로운 사회를 꿈꾸는 반체제적인 운동으로 발전했지만, 그 구체적인 행동은 혁명적이라고 할 수 없는 국가적 상황의 맥락 속에서 현실주의에 입각해 전개됐다. 이 봉기는 인간의 존엄성을 내세웠고, 민중의 의식을 높였으며, 자본이 주장하는 권리에 도전했다. 그러면서도 이 봉기는 정당성의 위기를 겪고는 있지만 손상 없이 멀쩡하게 존속하는 국민국가와 늘 교섭했거나 교섭하고자 했다. 홉스봄(Hobsbawm)이 '봉기를 통한 집단적 교섭(collective bargaining by riot)'이라고 부른 방식으로 시도된 그 실용주의적 교섭은 그러나 자체적인 모순을 안고 있었다. 국민국가 안의 한 지역에만 국한된 혁명이 관용되는 것은 국민국가가 나름대로 때를 기다려야 한다고 판단하고 있거나 자신의 전술적 또는 전략적 목표에 그 혁명이 기여해주는 바가 있다고 믿고 있을 때뿐이다. 오악사카 운동이 정치적, 사회적으로 폭을 넓히게 되자 정부는 온건파와 과격파를 구분해 대처하려고 노력하겠다는 식의 제한적이고도 모호한 약속을 하고 나섰지만, 이 운동을 통합시키는 주된 요구이자 이 운동에 참여한 사람들이 협상의 대상이 될 수 없다고 한 요구, 즉 문제가 된 주지사를 해임하라는 요구에는 응할 수도 없었고 응하려고 하지도 않았다.

멕시코의 지역적 민중운동이 만성적으로 안고 있는 문제점은 지역 수준의 운동과 전국 수준의 운동 사이에 틈새가 생긴다는 것이다. 민중운동이 지역 수준에서 봉기의 형태로 계속되는 경우에는 그 운동이 회유되거나 주변화되거나 파괴당한다. 지역 수준의 운동이 얻어낸 것을 확고하게 굳히거나 지역 수준에서라도 변혁을 이루려고 한다면 그 운동은 전국적인 운동으로 발전돼야만 한다. 그렇지 않으면 지역적 승리와 지역 수준의 변혁은 유지되기 어렵고, 나라 전체에서 일어나는 상황의 변화에 휘둘리다가 결국은 좌절하게 된다.

멕시코의 통치위기

멕시코는 통치위기에서 벗어나지 못하고 있다. 멕시코의 통치체제는 권위주의적인 일당체제이지만 과거의 '대중주의 국가'에서는 벗어나고 있다. 과거의 통치체제는 인구 중 일부에게는 복지국가의 측면을 갖고 있었고, 인구 중 다수에게는 자신이 사회적으로 배제되지 않을 것이라는 희망을 품게 하는 측면을 갖고 있었는데, 멕시코의 통치체제가 이런 식의 대중주의 국가에서는 벗어나고 있는 것이다. 그러나 멕시코의 통치체제가 앞으로 어디로 갈 것인지는 몇 가지 방향이 서로 경합하며 혼재하고 있어 아직 분명하지 않다. 선거제도가 부분적으로 민주화되는 것과 민중계급에 대한 권위주의적 통치체제가 국가와 연결된 상태로 지속되고 있는 것 사이에 긴장이 존재하고 있다. 그런가 하면 보통사람들의 삶과 권리에 대한 신자유주의의 공격이 민중 사이에 폭넓은 불만을 야기해왔다. 멕시코의 위기는 신자유주의와 대륙 수준의 신자유주의적 통합, 옛 지배체제의 쇠퇴, 민주주의로의 이행과 생활수준 개선에 대한 희망의 좌절, 그리고 일자리의 질, 소득, 사회적 권리, 국가적 자산의 계속적인 악화 등이 가져온 효과에 폭넓게 뿌리를 두고 있다. 최근에는 부의 집중이 크게 가속화됐다. 2007년 현재 전체 인구

중 0.3퍼센트가 유형의 부 전체에서 50퍼센트를 차지하고 있다.[1] 단체협약의 보호를 받아 가장 벌이가 좋은 노동자들도 1995년과 2007년 사이에 실질임금이 18퍼센트 줄어들었고, 같은 기간 동안 최저임금의 실질가치는 34퍼센트 축소됐다. 멕시코의 전체 인구 가운데 단지 13퍼센트만이 정기적인 급여를 받고 있고, 나머지는 모두 일자리가 불안정하다. 멕시코 국민 가운데 70퍼센트는 인구가 10만 명이 넘는 도시에 살고 있으며, 이런 도시들에는 빈민촌이 늘어나고 있다.[2] 기아임금이 농촌에 대한 신자유주의의 공격과 결합되면서 수백만 명의 멕시코 사람들을 북쪽에 있는 미국으로 밀어내고 있다. 국가의 억압적인 통치와 부패는 완화될 줄 모르고 계속되고 있다. 700명당 1명은 과도한 부를 누리고 있지만 8천만 명은 극심한 빈곤에 시달리고 있다. 새로 들어선 지배집단은 합법적 권위의 새로운 양식을 굳힐 수 없었고, 이에 따라 지배권을 유지하기 위해 점점 더 대담한 정치적 사기행위와 국가를 통한 테러에 의존해왔다. 그러나 이와 같은 통치위기가 혁명적인 상황을 가져오지는 않았다. 멕시코의 민중이 준제도적인 위기해결에 대한 희망을 완전히 잃지는 않았고, 대중에 기반을 둔 좌파의 기획들은 그 자체의 개량주의적 목표로 인해, 그리고 아직 손상되지 않은 국가가 강압적인 권력을 독점하고 있는 상태에서는 변혁적 기획이 부닥치게 마련인 딜레마로 인해 여전히 제한을 받고 있기 때문이다.

70년 이상 유지돼온 제도혁명당(PRI)에 의한 일당체제를 다른 종류의 체제로 바꾸면 민주주의로의 이행이 이루어지리라는 기대가 있었지만, 빈센테 폭스 정부(2000~06년)는 이런 기대에 찬물을 끼얹었다. 기존의 정치적 지배구조를 무너뜨리기 위해 전통적인 우파 가톨릭 정당인 국민행동당(PAN)에 전략적인 지지표를 던져야 한다고 주장하고 나선 사람들은 우파의 승리는 산업계의 우파와 제도혁명당의 신자유주의자들 간 동맹세력의 힘을 유지시킬 것이라는 점에 주목하지 못했거나 주목하기를 원하지 않았다. 결국은 그러한 동맹세력의 힘에 우파 가톨릭 세력의 힘이 가세했다. 이에 따라 신자유주의 정책이 계속될 수 있었고, 제도혁명당 안의 지배적인 분파인 신자유주의 분파와 국민행동당 사이에 형성된 사실상의 동맹관계가 유지될 수 있었다. 거대한 부패, 노동자와 농민에 대한 부단한 공격, 범죄조직 두목과 같은 노조 지도자들에 대한 지원이 국민행동당 소속의 폭스 대통령에 의해 계속됐다.

이 새로운 권력집단의 주된 목표인 석유의 민영화와 노동법의 개정은 이에 반대하는 민중의 압력과 의회의 정치적 교착상태로 인해 달성되지 못했다. 민주혁명당(PRD) 소속의 멕시코 시장인 로페스 오브라도르(López Obrador)의 대단한 대중적 인기가 그동안 우파의 지속적 기획이었던 이 두 목표의 달성에 큰 장애물로 작용했다. 간소한 생활을 하는 오브라도르는 가난한 사람들과 나이 든 노인들에 초점을 맞추어 상당한 수준의 복지제도 개혁을 실행했고, 자본과 제휴해 도시 재개발 사업을 추진하면서도 가난한 사람들에게 연대의 뜻을 밝혔다. 새로운 권력집단과 그 정치조직은 오브라도르가 대통령이 될 가능성을 차단하기로 결심했다. 만약 오브라도르가 대통령이 된다면 그들 자신의 보다 과격한 목표는 추진하지 못하게 될 뿐 아니라 자칫하면 그들 자신이 부패혐의로 조사를 받게 될 수도 있기 때문이었다.

로페스 오브라도르가 대통령이 되는 것을 막은 2006년 7월의 부정선거는 새로운 권력집단이 자기들의 지배체제를 확실하게 유지하기 위해 취한 여러 차례의 시도 가운데 마지막 시도였을 뿐이다. 그들이 첫 번째로 서투르게 시도한 것은 '탄핵'이었다. 이것은 허구적인 작은 사건을 이유로 법률적 절차를 진행해 오브라도르의 대선출마 자격을 박탈하려는 시도였지만 그 의도가 너무 뻔했던데다가 민중의 반대가 거세게 일어남에 따라 성공하지 못했다. 그러자 그들은 부르주아 민주주의의 제도를 이용하기로 하고 옛 제도혁명당이 흔히 사용하던 수법을 동원했다. 양대 민영 텔레비전 방송인 아스테카(Azteca)와 텔레비사(Televisa)가 그를 멕시코의 안정을 파괴할 극좌파이자 멕시코판 차베스라고 비방하기 시작한 것이다. 두 방송은 집권여당과 보조를 맞춰 공포 분위기와 안정희구 심리를 조장하고자 했다.

결국은 펠리페 칼데론(Felipe Calderón)이 대통령으로 당선됐다. 그는 IMF 체제에 강한 억압이 덧붙여진 것과 같은 인물이었다. 새로 내무장관에 임명된 프란시스코 라미레스 아쿠냐(Francisco Ramirez Acuña)는 할리스코 주의 주지사로 있을 때 인권탄압을 자행해 널리 비난을 받은 바 있는 사람이었다. 그는 2004년 5월 28일에 과달라하라 시에서 기업주도 세계화에 반대하는 시위가 벌어졌을 때 자기가 그 시위를 강경하게 다룬 것에 대해 자부심을 갖고 있었다. 그러나 인권단체들은 그가 시위를 다루는 과정에서 가혹행위, 자의적인 인신구속, 고문 등을 저질렀다고 비난했다는 점에 주목해야 한다. 경제계 지도자들은 아쿠냐가 내무장관에 임명된 것을 환영하면서 시위 등 무질서를 초래하는 행위는 강경하게 다루어야 한다고 말했다. 칼데론이 2006년 12월 1일에 대통령에 취임하기 불과 며칠 전에 당국이 오악사카의 민중운동을 진압하려고 나서서 극단적인 무력사용, 자의적인 체포, 고문을 서슴지 않은 것도 아쿠냐가 칼데론과 함께 내린 결정에 따른 것이었던 게 분명하다. 경제각료의 자리는 모두 극단적인 신자유주의자들에게 돌아갔다. '시카고 보이'로 IMF의 고위직에 있던 아구스틴 카르스텐스(Agustin Carstens)가 재무장관에 임명됐고, 1997년부터 2000년까지 에너지장관을 지낸 뒤 2003년 12월부터 칼라일 그룹의 전무로 재직해온 루이스 테예스(Luis Téllez)가 정보통신장관에 임명됐다. 사회정책 분야의 각료직은 가톨릭 극우파로 채워졌다. 새 정부는 이같은 내각구성은 물론이고 말과 행동으로 노동법의 개정과 석유 및 전력의 민영화를 포함한 신자유주의 개혁을 심화시키겠다는 의도를 분명히 했다.

2006년 7월 2일의 부정선거에 대해 항의하는 행동이 곧바로 시작됐다. 수십만 명이 전례 없는 규모의 거리시위에 나섰고, 이 거리시위는 몇 주일 동안 계속됐다. 사람들은 도시의 주요 지점들을 점거하고 텐트촌을 형성했고, 그런 곳에서는 격렬한 정치토론과 문화활동이 펼쳐졌으며, 음식물 공급은 공동체적인 방식으로 이루어졌다. 이런 행동 가운데 일부는 해당 지역의 정치단체에 의해 조직됐으나, 그 대부분은 동네나 일터에 이미 존재하고 있었거나 새로 생겨난 풀뿌리 민중조직에 의해 조직됐다. 오브라도르 진영의 지도부는 전국민주주의대표자회의(CND, Convencion Nacional Democratica)라는 조직을 결성하고 이를 통해 멕시코 시의 한가운데 있는 소칼로 광장에서 대규모 집회를 두 차례 열었다. 2006년 9월 16일에 열린 첫 번째 집회에서는 100만 명 이상이 모여 오브라도르가 대통령이라고 선언했고, 2006년 11월 20일에 열린 두 번째 집회에서는 수십 만 명이 모여 '합법적인 대통령'인 오브라도르와 그가 지명한 '각료진'의 취임을 선언했다.

오브라도르 진영의 지도부는 민중의 행동이 지배엘리트 집단의 주요 부분을 압박하는 효과를 내어 결국은 선거관리위원회가 전면적인 재개표를 실시하기로 결정하게 될 것이라고 낙관했다. 그리고 그들은 재개표가 실시되면 오브라도르가 선거에서 승리했음이 확인될 것이고, 민중의 압력으로 인해 정치적 기득권자들도 민주혁명당의 승리를 받아들일 수밖에 없을 것이라고 확신했다. 그러면서도 그들은 지배엘리트 집단의 주요 부분을 안심시킬 필요도 있다고 생각했다. 멕시코 시의 행정을 담당하는 과정에서는 물론이고 선거운동 과정에서도 그랬듯이, 자기들은 집권한 뒤에 '책임성 있게' 통치를 할 것이고 민중의 행동이 일정한 한계를 벗어나지 못하게 할 것이라고 지배엘리트 집단의 주요 부분이 믿게 해야 했다. 따라서 오브라도르는 나라를 통치불능의 상태로 몰고 가지 못하는 범위 안으로 대중적 운동을 제한시키는 데 신경을 썼다. 오악사카 봉기에 대한 그의 태도도 마찬가지로 조심스러웠다. 그는 이처럼 지배엘리트 집단의 주요 부분에 위협이 될 만한 것은 하고자 하지 않았을 뿐만 아니라 제도혁명당과의 관계가 차단되는 것도 원하지 않았다. 제도혁명당은 오악사카 주정부를 장악하고 있었고, 민주혁명당의 대선 승리에 대한 제도혁명당의 인정을 받아내는 일이 필요하기도 하고 가능하기도 하다고 생각했기 때문이다. 주지사 중 절반이 넘는 16명이 제도혁명당 소속이었고, 따라서 오브라도르는 자신이 정식으로 대통령이 될 경우 그들의 협조를 얻지 않고는 통치하는 데 심각한 문제에 부닥칠 수도 있다고 생각했다. 이처럼 이 시기의 운동을 이끈 정치적 지도부는 체제의 변혁을 추구하기보다는 단지 정부의 권력을 획득하기 위한 투쟁을 벌였을 뿐이다.

이 시기의 운동에서 유일하게 새로 형성된 공식적인 조직은 전국민주주의대표자회의(CND)다. 국민투표제적 직접민주주의의 지향을 가진 이 조직은 이름에는 '대표자회의'라는 표현이 들어갔지만 실제로는 '자발적 집회'에 가까웠고, 오브라도르에 의해 위로부터 통제됐다. 부정선거에 대항한 이 시기의 운동에는 두 가지 정신이 그 바탕에 깔려 있었다. 하나는 협상과 민주주의를 중시하는 엘리트층의 정신이었고, 다른 하나는 참여를 중시하는 민중의 정신이었다. 이 두 가지 정신이 선거부정에 맞선 대중운동을 이끌었다. 그리고 이 운동의 참여적이고 연대적인 측면이 고갈된 것을 오로지 오브라도르의 관점과 목표가 지닌 한계 탓으로만 돌릴 수는 없다.

좌파는 선거부정에 맞선 이 운동이 보다 급진적인 사회적, 정치적 이념을 갖도록 할 만큼 강력하거나 응집력을 갖고 있지 않았다. 그리고 결국 이 운동은 대통령선거에서 회수된 투표지의 재개표라는 목표를 추구하는 데 국한됐다. 좌파는 선거부정에 맞선 이 운동을 2006년 6월에 이미 시작된 오악사카의 봉기와 연결시킬 만큼 강력하거나 응집력을 갖고 있지도 않았다. 좌파는 심하게 분열돼있었고, 오악사카 민중회의(APPO)와 같이 밑으로부터 민중회의 형태로 조직화하는 방식에 대해 모든 좌파가 다 지지하는 것도 아니었다. 급진적인 조직과 사회운동을 이끌어본 옛 좌파와 그 지도자들 가운데 일부는 세월이 흐르면서 민주혁명당과 멕시코 시의 민주혁명당 정부에 들어갔고, 그 뒤로는 보다 신중한 제도주의적이고 선거주의적인 관점을 갖게 됐다. 그런가 하면 사파티스타의 지도부와 같은 다른 일부의 좌파 지도자들은 제도혁명당 출신의 지도부와 선거주의에 의해 오염된 것으로 보이는 운동에는 참여하지 않겠다는 태도를 취했다. 민중계급이 행동에 나서고 정치세력화하는 보기 드문 상황이 전개된 시기에 오브라도르의 온건한 목소리는 강하게 울려 퍼졌지만 좌파의 목소리를 허약하고 분열돼있었다.

사파티스타는 처음부터 오브라도르의 선거운동을 지원하기를 거부했고, 부정선거를 비난했지만 부정선거에 대항하는 운동에 참여하는 것은 거부했다. 사파티스타는 선거의 시기에 맞춰 '다른 운동(Other Campaign)'이라는 그들 나름의 운동을 시작했고, 이를 통해 다른 방식과 다른 비전을 제시했다. 그들은 민주혁명당과 오브라도르를 거세게 공격했다. 그들은 정당정치와 선거과정을 경멸하기까지 한 것은 아니더라도 회의하는 태도를 보였고, 암묵적으로 투표불참을 지지했다. 선거가 치러지는 동안과 선거 이후에 부정선거에 대항하는 운동이 펼쳐지는 동안에는 사파티스타가 대체로 눈에 띄지 않았다. 그동안 그들의 운동은 주요한 위기와 투쟁이 전개되는 장소에서 멀리 떨어진 여러 곳에서 지역사회나 그 지역의 운동단체와 회의를 갖거나 토론을 하는 방식으로 진행됐다.

한편으로는 오브라도르와 민주혁명당의 지도부 가운데 일부 사이의 관계에 대한, 다른 한편으로는 오브라도르를 지지하는 민중운동의 대중적 기반에 대한 사파티스타의 정치적 판단에 문제가 있었다. 사파티스타는 오브라도르 자신과 마찬가지로 그가 대통령으로 선출될 것이라고 예상했고, 대통령이 된 뒤에 그는 보다 민족주의적인 성격과 보다 인간의 얼굴을 갖춘 자본주의 체제를 추구할 수는 있겠지만 기본적으로는 신자유주의적 자본주의 체제를 그대로 유지하려고 할 것이라고 생각했다. 어쨌든 그가 멕시코 시장으로 일하면서 보여준 정책과 실적은 바로 그러한 성격의 것이었다. 그러나 오브라도르도, 사파티스타도 예견하지 못한 것이 있었다. 그것은 오브라도르가 대통령에 선출되는 것을 멕시코의 우파가 허용하지 않을 것이라는 점이었다. 사파티스타가 민주혁명당의 배신에 대항해 싸울 준비를 하는 동안에 우파는 선거쿠데타, 대륙 수준의 신자유주의적 통합, 사회적 항의를 통제하기 위한 군사력 사용의 확대 등을 준비하고 있었다.

오브라도르와 민주혁명당에 대한 사파티스타의 비판 가운데는 타당한 측면이 많았다. 하지만 사파티스타는 이 시기의 민주화 운동 전반에 내재된 역동성과 모순성을 간과했다. 민주혁명당은 그 운동의 중추이긴 했지만 그 운동에 참여한 각 부문의 운동과 여건을 충분히 통제해낼 수는 없었다. 민주혁명당이 민중운동을 통해 선거에서의 지지기반을 확대하고자 하는 선거지향의 조직이었다고 한다면, 이보다 폭넓은 민주화운동 진영은 좌파의 진보적인 노조와 사회운동조직의 대부분이 각각 상당한 정도의 자율성을 갖고 움직이면서 유연하게 연대하는 거대한 공간이었다. 민주혁명당은 1987~88년과 2006~07년에 정점에 이른 권위주의적이고 신자유주의적인 체제에 대항하는 민주적인 평민의 반발을 전국적인 차원에서 표현하는 가장 중요한 창구의 역할을 여전히 하고 있었다. 민주혁명당은 1987~88년에 출범한 뒤로 늘 모순에 휩싸여 있었다. 민주혁명당은 옛 지배정당에서 이탈했지만 정치적으로 온건한 성향을 가진 인물들이 지도부가 되어 위로부터 지휘하는 정당이지만, 멕시코와 멕시코의 자원을 미국이라는 제국에 신자유주의적으로 통합시키는 움직임에 맞서기 위한 민족주의적인 정강정책을 갖고 있다. 민주혁명당은 그동안 평민들 사이에서는 사회적으로 정의로운 공화국에 대한 희망을 담아내는 그릇이었다. 그러나 민주혁명당 내부에서 급진파, 온건파, 보수파 사이의 갈등이 계속돼왔고, 그동안에는 민주혁명당이 국가적인 권력을 확보하지 못했기 때문에 그러한 갈등이 폭발하지 않았을 뿐이다. 민주혁명당이 지닌 이런 복잡하고도 모순적인 성격을 그 주요 지도자들 몇몇의 정치로 환원시켜 이해할 수는 없다.

민주혁명당에는 제도혁명당 출신들도 포진하고 있지만 제도혁명당이라는 정당에 대해서는 물론이고 '제도혁명당주의(PRIismo)'로 불리는 부패, 기회주의, 억압의 정치문화에 대해서도 오랜 세월 맞서 싸워온 흐름과 운동에 몸담았던 사람들도 포진해 있다. 민주혁명당의 창설에는 개량적인 좌파에서 혁명적인 좌파에 걸쳐 다수의 좌파세력이 참여했다. 그런데 선거 이후에 펼쳐진 부정선거 대항운동에는 민주혁명당의 기반보다 훨씬 더 폭넓고 훨씬 더 이질적인 요소들이 참여했다. 민주혁명당과 부정선거 대항운동의 대중적 기반은 강력한 반신자유주의, 반제국주의, 반자본주의의 요소까지 포함할 정도로 이념적 이질성과 다양성이 컸다. 게다가 이렇게 다양하게 다른 분위기, 희망, 가치, 조류가 극단적으로 유동적인 상황 속에서 공존하고 있었다. 사파티스타로서는, 그리고 모든 좌파로서는 이 운동의 온건한 지도부에 포섭되지 않으면서 이 운동을 통해 일어난 대중적 열기에 스스로 일부분이 되어 동참하려면 어떻게 해야 하느냐는 문제에 부닥쳤다. 하지만 민주혁명당의 잠재력을 이해하는 데는 그 유망한 일부 지도자들의 정치적 행동에 주목하는 만큼이나 그 내부의 갈등과 모순, 즉 위로부터 아래로 명령이 전달되고 선거에서 기회주의적인 성향을 보이는 조직으로서의 민주혁명당의 구조와 그 대중적이고 평민주의적인 기반 사이의 갈등과 모순에도 주목해야 했다. 이와 같은 갈등, 즉 적응, 개량, 혁명 사이의 갈등이나 지도자 중심의 수직적 구조와 수평적 민주주의 사이의 갈등은 민중운동에 속하는 조직들에도 존재하고 있었다.

오악사카 공동체

멕시코혁명이 시작된 1910년 이래 가장 심각한 '선거 후 위기'인 위와 같은 상황 속에서 오악사카 봉기가 일어났다. 그것은 1994년에 사파티스타의 봉기가 일어난 지 12년 만의 일이었고, 1987년에 민주화운동이 시작된 지 20년 만의 일이었다. 위에서 설명한 것과 같은 특징을 지닌 전국적 위기가 오악사카 봉기에 추진력을 부여하고 이 봉기가 성장할 공간을 열어주었지만, 이와 동시에 그 가능성을 제약하기도 했다. 오악사카 주는 멕시코에서 가장 가난한 3개의 주 가운데 하나다. 또한 이 주에는 모두 370만 명에 이르는 '오악사카 원주민' 가운데 약 67퍼센트가 살고 있어, 멕시코에서 이 주의 원주민 인구비중이 가장 높다. 오악사카 원주민 가운데 25만 명은 멕시코시티에 거주하고 있고, 정부 추산에 따르면 오악사카 원주민 가운데 30만 명 이상이 최근 15년 사이에 미국으로 이주했다. 또한 오악사카 주와 인접한 푸에블라 주와 베라크루스 주, 그리고 농산업과 마킬라도라가 집중돼있는 시날로아 주와 바하칼리포르니아 주에도 오악사카 원주민이 많이 건너가 살고 있다. 오악사카 원주민은 다양한 부족으로 구성돼있고, 지역적으로나 국제적으로 널리 퍼져 살고 있다. 오악사카 원주민은 오악사카 주 안에서뿐만 아니라 멕시코시티 지역, 북쪽의 농산업 지역 및 마킬라도라 지역, 미국의 서부연안 지역 등에서도 노동을 하며 살아가고 있다. 이처럼 오악사카 원주민은 멕시코와 미국 두 나라에 걸쳐 거주하고 있고, 이 두 나라의 정부와 그들이 거주하는 지역의 주정부로부터 괴롭힘과 억압을 당하고 있다. 미국에 거주하는 오악사카 원주민은 대개 미등록 노동자의 신분이어서 점점 더 범죄자 취급을 받고 있다. 오악사카 주 안에 거주하는 오악사카 원주민도 사회적 항의와 시민적 운동에 참여한다는 이유로 주정부와 중앙정부로부터 범죄자 취급을 받아왔다. 오악사카 주 안의 원주민 마을들은 북쪽으로 이주한 오악사카 원주민 노동자들의 송금에 의존하고 있다. 돈뿐만 아니라 고향과 가족을 그리워하는 마음도 북쪽에서 남쪽으로 흐른다. 그러면서 개인적, 집단적인 삶의 투쟁에 관한 이야기와 경험, 그리고 '교훈'이 공유된다. 오악사카 원주민들의 네트워크는 다른 이주자들의 네트워크와 마찬가지로 경험이 전달되는 통로인 동시에 지역적인 것, 국가적인 것, 지구적인 것의 성격과 그 교차점에 대한 해석과 재해석이 거듭 이루어지는 장이다.

오악사카 주는 또한 멕시코의 남부와 중미지역의 자원이 국제자본의 착취에 노출되는 과정에서 중요한 장소이기도 하다. 폭스 정부는 '푸에블라-파나마 계획'을 통해 중미지역의 7개 나라와 더불어 멕시코 남부와 동남부의 9개 주를 '세계화' 과정에 편입시킴으로써 멕시코의 이 지역이 안고 있는 빈곤과 저개발의 문제를 해결하겠다고 했다. 그러나 사실 이 지역은 이미 오래전에 '엔클레이브 경제(enclave economy)'를 통해 국제 자본주의에 편입됐고, 이로 인해 이 지역에 빈곤과 '후진성'이 창출되고 재창출돼왔다. 폭스 정부가 내놓은 계획은 이런 통합을 더욱 심화시키고, 더 나아가 이 지역의 자원을 자본에 개방할 뿐 아니라 석유나 전력과 같이 아직 공공부문으로 남아있는 산업도 민영화하겠다는 것이었고, 이는 민중적 저항을 크게 불러일으켰다. 세계은행은 이미 여러 해 전부터 멕시코의 오악사카 주를 비롯한 4개 주와 중미지역을 대상으로 '생물종의 다양성을 촉진하기 위한 계획'을 수립해 갖고 있었다. 그러나 이 지역의 주민들 가운데 다수는 이것은 오히려 '생물해적질(biopiracy)'을 위한 계획이라고 생각하고 있다. 오악사카 주의 남부에 있는 테우안테펙 지협을 가로지르는 고속철도를 놓는다는 계획도 있다. 그러나 이 계획은 아시아에서 온 상품을 북미로 신속하게 수송하기 위한 것이어서 오악사카 주가 필요로 하는 바와는 거의 아무런 관계가 없다.

오악사카 주의 주민들은 오래전부터 정치의식이 높았다. 또한 오악사카 주에는 마을 수준의 참여적 자치를 비롯한 원주민의 전통이 풍부하게 남아있다. 19세기에 근대 멕시코가 탄생하는 과정에서 가장 중요한 역할을 한 두 인물도 사포텍(Zapotec) 족과 믹스텍(Mixtec) 족이라는 오악사카의 두 원주민 부족 출신이었다. 사포텍족 출신인 베니토 후아레스(Benito Juárez)는 1858년부터 1872년까지 무려 다섯 차례의 임기에 걸쳐 대통령을 지냈다. 그는 멕시코의 역사에서 국민의 존경을 가장 많이 받은 대통령이었고, 프랑스의 멕시코 점령에 맞서 민족해방전쟁을 이끌었다. 이 민족해방전쟁의 주요 군사지도자들 가운데 한 명인 포르피리오 디아스(Porfirio Diaz)는 믹스텍 족 출신이었다. 그는 1876년부터 1910년까지 대통령과 독재자로서 멕시코의 자본주의적 근대화를 주도했다.[3] 오악사카 주는 전제정치에 대한 민중적 저항의 긴 역사를 갖고 있기도 하다. 멕시코혁명에 참여한 아나키즘 세력의 가장 중요한 두 지도자인 플로레스 마곤(Flores Magón) 형제가 오악사카의 원주민이었다. 전국적인 대규모 파업과 대대적인 정부의 탄압으로 이어진 1958년의 철도노조 파업도 오악사카 주 남부의 일반 철도노동자들의 운동에 의해 주도됐다.

오늘날 오악사카 주에는 불만요소들이 많다. 전통적인 착취에 최근의 신자유주의적 강탈이 겹치면서 계속되고 있는 빈곤, 주정부 선거에서의 부정행위, 주정부에 의한 인권침해와 억압의 긴 역사, 일당지배가 부단히 계속되면서 오랜 세월에 걸쳐 축적된 부패…. 이런 불만요소들은 2004년부터 2010년까지가 임기인 울리세스 루이스(Ulises Ruiz) 주지사의 재임초기 3년 동안에 더욱 심화됐다. 제도혁명당의 중앙당과 오악사카 지역당 내부의 분열이 심화된 이 기간에 오악사카 주정부의 탄압이 이전보다 훨씬 더 강화됐다. 그 과정에서 더욱 궁핍해진 교사들의 불만이 기존의 대중적 불만과 결합됐다. 이 지역의 교사들은 가난한 마을들과 아주 강한 유기적 관계를 맺고 있었고, 이미 30년가량이나 권위주의적인 교사노조 전국본부에 반발해오고 있었다. 제도혁명당의 분열, 울리세스 루이스 주지사의 탄압 강화, 대통령선거가 진행되는 가운데 국가체제가 취약해진 상황, 그리고 대통령선거에서 민주혁명당이 승리할 가능성 등으로 인해 이 지역의 반발이 더욱 강해질 시간과 공간을 갖게 됐다. 이전에 일당지배 체제가 상대적으로 안정된 상태였을 때에는 주정부에 대한 민중적 도전이 성공할 가능성이 거의 없었다. 왜냐하면 집권당이 자기 당 소속의 주지사를 보호하기 위해 필요하다면 그 어떤 무력이라도 사용하려고 했기 때문이다. 그러나 이제는 전국적인 3개의 정당 간에는 물론이고 제도혁명당 내부에서도 여러 가지 복잡한 균열이 생겨나고 있었다. 이에 따라 취약해진 국가체제의 상태와 제도혁명당의 치열한 내분이 이 지역에 역사적으로 누적된 불만 및 이 지역 주정부의 유달리 잔혹한 성격과 결합되면 누구도 그 폭발력을 예상할 수 없는 민중봉기가 일어날 것 같았다.

오악사카의 봉기는 전국 교사노조의 제22지부가 2006년 5월 초에 일으킨 파업에서 시작됐다. 제22지부의 교사들은 오래전부터 민중운동에 대해 '유기적 지식인'의 역할을 수행해왔고, 이와 동시에 전투적 노조활동을 하면서 노조와 노동자들 사이의 폭넓은 연대를 실현시키는 촉매의 역할을 해왔다. 그들은 또한 권위주의적인 전국 교사노조 안에 존재하는 민주적인 교사들의 전국적 연대에서 핵심적인 부분을 차지하고 있었다. 그들이 오악사카 주의 곳곳에 포진해 있다는 점, 학부모들과 곳곳의 마을들과 연결돼 있다는 점, 아이들을 위해 더 나은 학교를 짓고 학용품과 식사를 공급하라는 것을 자기들의 요구사항에 포함시켜 주장해왔다는 점 등으로 인해 민중계급 사이에 그들의 영향력이 컸고, 그들에 대한 민중계급의 신뢰도가 높았다. 그들은 교사의 봉급을 올려달라는 요구와 가난한 학생들에게 학자금 보조를 해달라는 요구를 함께 내걸었다. 협상이 완전히 깨지자 교사들은 자기들에게 동조해주는 사람들과 함께 중앙광장과 그 주변의 도로에서 점거농성에 들어갔다. 점거농성은 파업에 흔히 수반되는 전통적인 항의시위 방식이었다. 이번의 점거농성도 참가자가 3만 5천 명 내지 6만 명에 이르러 규모가 컸다는 점 외에는 예전의 통상적인 점거농성과 다를 게 없었다. 이미 노조를 탄압해온 이력을 갖고 있는 주지사가 노조의 요구를 완강하게 거부하고 오악사카 주의 관례를 무시하고 있었기에 교사들의 투쟁이 빠른 속도로 정치화됐다. 주지사의 해임이 중심적이면서도 협상이 불가능한 요구가 됐다.

교사들을 지지하는 시위행진이 자주 일어났고, 그 규모가 점점 더 커졌다. 6월 2일에는 8만 명이 교사들의 운동을 지지하는 시위행진을 벌였고, 6월 7일에는 12만 명이 시위행진에 나섰다. 그러나 6월 14일에는 교사들과 그들의 자녀들, 그리고 동맹자들이 아직 잠에서 깨어나지 않은 이른 새벽에 주정부 당국이 점거농성장에 경찰을 투입해 무자비한 공격을 가했다. 교사들과 그들의 지지자들은 맞대응하고 나섰다. 점거농성장 주위에 사는 주민들이 재빨리 점거농성장으로 달려와 교사들을 도왔다. 그들은 4시간가량의 싸움 끝에 경찰병력을 도심 바깥으로 몰아냈다. 주지사는 중앙정부에 병력지원을 요구했다. 그러나 중앙정부는 7월 2일의 선거를 앞두고 있는 시점에서 어떤 일도 새로 벌이고 싶지 않았기에 주지사의 요구를 들어주지 않았다. 운동진영은 경찰차를 비롯해 수송 등에 사용하기 위해 징발한 관용 차량과 상업용 차량으로 바리케이드를 치는 등 도심의 방어벽을 강화했다. 경찰이 점거농성장 공격에 실패한 지 이틀 만인 6월 16일에 중앙계곡(오악사카 시와 그 주변 일대) 지역의 가난한 민중 대부분이 참여한 가운데 대규모 시위행진이 벌어졌다. 오악사카 시는 온통 시위대로 뒤덮였다. 교사노조와 민중운동 진영은 6월 17일부터 21일까지 열린 집회에서 '오악사카 민중회의(APPO)'를 결성하고 이 조직이 오악사카 주의 최고 권한당국이라고 선언했다. 주정부와 제도혁명당도 그들 나름의 대중시위를 조직했지만 2만 명을 동원하는 데 그쳤다. 오악사카 민중회의는 6월 28일에 오악사카 주의 역사상 최대 규모의 시위행진을 벌였다. 오악사카 주의 7개 구역 모두에서 수만 명씩 모여든 사람들이 중앙계곡 지역의 가난한 민중과 합세했다. 이날의 시위행진은 중앙계곡 지역과 오악사카 주의 7개 구역에 거주하는 사람들로부터 압도적인 지지를 받았다. 주정부는 오악사카 시에서 철수하지 않을 수 없었고, 다른 곳으로 가서 행정업무를 수행하는 시늉만 할 수 있게 됐다. 이리하여 오악사카 민중회의가 오악사카 시의 행정을 떠맡았다.

이 민중운동에서는 라디오와 텔레비전 방송을 둘러싼 투쟁이 중요했다. 교사들은 '점거농성 라디오(Radio Planton)'라는 방송국을 설립했다. 그러나 그 가청거리는 2킬로미터에도 못 미칠 정도였다. 정부는 6월 14일에 이 방송국을 습격하고 방송시설을 파괴했다. 이에 대응해 '베니토 후아레스 데 오악사카 자율대학(UABJO)'의 학생들이 교사들의 봉기를 지지하는 행동으로 이 대학의 라디오 방송국을 점거했다. 그 방송국의 송출력은 '점거농성 라디오'보다 훨씬 강력했다. 공중파 방송을 둘러싼 투쟁은 이렇게 시작되어 오악사카 공동체가 존속하는 동안 계속되게 된다. 투쟁이 진행되는 기간 내내 정부의 통제를 받는 라디오와 텔레비전 방송국들과 민영 방송매체는 이 민중운동을 무시하거나 왜곡보도하거나 비방했다. 8월 1일에는 여성들이 '오악사카 민중회의'를 지지하는 대규모 시위행진을 벌였다. 여성들은 냄비와 주전자 등을 두드리며 행진했고, 그 가운데 일부는 공영 라디오 방송국과 텔레비전 방송국으로 가서 진실한 보도를 할 것과 민중운동 진영의 견해를 사람들에게 전달할 방송시간을 제공해줄 것을 요구했다. 방송국 쪽이 이 요구를 퉁명스럽게 거부하자 화가 난 여성들이 평화적인 방식으로 그 방송국을 접수했다. 이 방송국은 오악사카 주 전역에 방송전파를 보낼 수 있을 정도의 송출능력을 갖고 있었다. 이 방송국은 8월 1일부터 21일까지 민중과 민중운동의 목소리 역할을 했다. 오악사카에서 벌어진 일에 대한 토론이 멕시코 국내의 다른 지역들과 전 세계의 다른 나라들에서도 이루어지기 시작했다. 방송을 통해 보통사람들이 자기의견이나 불만사항을 이야기했다. 그러나 정부가 이 방송국의 송출시설을 파괴했고, 그러자 오악사카 민중회의에 소속된 다양한 집단들이 12개의 민영 방송국을 습격했다. 그들은 12개의 민영 방송국 가운데 2개만 남겨두고 나머지 10개는 그 다음날 소유주들에게 돌려주었다. 오악사카 민중회의는 남겨둔 2개의 민영 방송국을 계속 통제하면서 여러 달에 걸쳐 운동진영의 목소리를 사람들에게 알리는 수단으로 사용했다. 오악사카의 민중운동은 이렇게 평화적으로 방송국을 접수함으로써 철의 장막과도 같았던 미디어 과점체제에 구멍을 냈다. 이런 일이 가능했던 것은 오악사카 시에 정부의 힘이 미치지 못한 덕분이었다. 미디어는 민중의 목소리가 됐고, 모든 계급을 넘나드는 다원적인 미디어가 오악사카 시에 실현됐다.

교사들과 오악사카 민중회의는 그 뒤 몇 달 동안 교사노조의 요구, 보다 정치적인 오악사카 민중회의의 요구, 그리고 주지사를 해임하라는 요구와 관련해 중앙정부와 해결책을 찾기 위해 협상을 벌이는 데 힘을 쏟았다. 그 과정에서 정부는 오악사카의 운동을 포섭하거나 분열시키기 위한 다양한 시도를 했으나 그리 성공적이지 못했다. 또한 정부는 일부 요구에 대해서는 수용하는 태도를 보였지만(그러나 대체로 보아 정부가 수용하겠다고 한 약속은 충분히 지켜지지 않았다) 주지사를 해임하라는 기본적인 요구는 수용하기를 거부했다. 오악사카 민중회의가 오악사카 시를 통제하고 운영하는 가운데 간간이 중앙정부와 협상을 벌이는 상태가 5개월간 지속됐다. 그 기간에 주정부는 주의 수도인 오악사카 시에 돌아올 수 없었지만 준군사조직을 동원해 오악사카 시에서 선별적으로 테러행위를 자행했다. 이때 오악사카 시는 '봉기를 통한 집단교섭'과 '이중권력 상태'가 애매하게 공존하는 상황이 이어졌다. 행동과 협상이 번갈아가며 이어졌고, 중앙정부가 당연히 협상의 상대방으로 간주됐다.

오악사카 민중회의(APPO)는 시민단체, 노조, 이웃 간 친목단체, 원주민단체, 그리고 바리케이드 위원회와 같은 새로운 결사체 등 다양한 운동과 조직으로 구성됐다. 그 가운데는 전혀 민주적이지 않은 조직도 있었고, 이전의 정부와 타협적인 관계를 가졌던 조직도 있었으며, 공식적으로 민주적인 체하지만 참여적인 태도를 보이지 않는 조직도 있었다. 그러나 거리로 쏟아져 나온 대중이 정부의 탄압에 맞서 싸우고, 라디오와 텔레비전 방송국을 장악해서 운영하고, 바리케이드를 지키고, 토론을 해서 의사결정을 하고, 스스로를 조직화하면서 치안에 협조하기 시작하자 오악사카 민중회의 자체의 구성에 변화가 일어났다. 판자촌 거주자들이 운동에 참여하면서 스스로 조직화하기 시작했고, 이미 조직화돼 있었던 원주민 마을들도 참여하기 시작했다. 상대적으로 보아 처음에는 수직적이고 공식적인 성격의 노조와 좌파 조직들이 오악사카 민중회의의 핵심이었으나 점차 민중조직들의 영향력이 커졌다. 그 가운데는 오래된 조직도 있었고 새로 결성된 조직도 있었지만 어쨌든 민중조직들의 영향력이 커짐에 따라 오악사카 민중회의의 운동이 새로운 에너지를 얻게 되고, 공식적인 조직의 한계를 넘어서는 성격을 갖게 됐다. 또한 오악사카 민중회의가 대중적 봉기와 자율적 조직화의 중심으로 발전함에 따라 이 조직을 통제하는 데 한계가 있게 됐다.[4] 루이스 에르난데스 나바로(Luis Hernández Navarro, 멕시코의 언론인―옮긴이)는 오악사카 민중회의가 다양한 운동과 조직들의 결합이라는 점에 대해 다음과 같이 설명했다. "오악사카 민중회의는 민중집회에서 생겨난 지역적 정치문화, 교사들의 노조운동, 원주민들의 공동체주의, 도시의 자치, 기독교의 공동체적 행동주의, 급진적 좌파, 지역주의, 인종적 다양성이 두루 종합된 조직이다. 더 나아가 오악사카 민중회의는 오악사카에서 평화적인 민중봉기를 통해 창출된 새로운 결사의 형태들을 보여준다. 오악사카 시와 그 주변 지역에 거주하는 가난한 사람들의 이웃 간 조직, 자유분방한 청년들의 네트워크, 바리케이드를 중심으로 형성된 조직 등이 그것이다."[5]

오악사카 민중회의는 주지사와 그의 정치기구에 대항하는 오악사카 주민들 대다수가 광범하게 참여하는 운동의 중심이자 프롤레타리아화한 교사들을 중심으로 다양한 계급들이 뭉친 조직이 됐다. 오악사카 민중회의는 노조원인 노동자, 노조원이 아닌 노동자, 비공식부문 노동자, 영세한 사업자, 지식인, 대학교수, 대학생 등의 지지를 받았다. 오악사카 민중회의는 폭넓은 민중연대였고, 그 안에서 다양한 종류의 노동자집단이 핵심적인 역할을 수행했다. 오악사카 민중회의의 힘은 주로 지지층의 폭이 사회적, 정치적으로 넓다는 데서 나왔다. 오악사카 민중회의의 운동은 교사들의 투쟁에서 시작됐고, 곧이어 학부모들과 모든 종류의 노동자들도 이 운동에 가담했다. 중산층에서도 이 운동에 참여하는 사람들이 나왔고, 오악사카의 제도혁명당(PRI) 당원이나 국민행동당(PAN) 당원들 가운데 불만을 가진 사람들도 이 운동에 참여했다. 그들 가운데는 민주화, 억압적 통치의 종식, 사회적 정의의 실현이라는 이 운동의 의제에 이끌려 동참한 사람들도 있었지만, 민중운동이 추구하는 것을 지지한 전력도 없고 단지 대중적 항의에 편승해 정치권력의 사다리를 오르고자 해서 참여한 사람들도 있었다. 이런 폭넓고 다양한 구성은 그 자체가 오악사카 민중회의의 운동에 부담이 되는 동시에 이 운동의 내부에서 갈등의 원인이 되기도 했고, 앞으로도 계속 그럴 것이다.

맺음말

오악사카에서 전개된 준혁명적인 운동은 혁명적인 형태의 투쟁과 점점 더 급진화하는 개혁요구가 결합된 일종의 반체제적 개혁운동이다. 오악사카의 투쟁모델은 멕시코를 변혁시키려는 기존의 운동 또는 새로 등장하는 운동의 담론과 구상에 영향을 끼칠 잠재력을 갖고 있다. 그것은 민주혁명당과 로페스 오브라도르가 대중적 압력의 뒷받침을 받으면서 이끈 부정선거 대항투쟁에 대해 대안의 투쟁모델이 될 수 있고, 사파티스타가 2001년에 원주민들의 권리를 주장하며 전국적인 행진을 벌인 이래 지금까지 선택해온 투쟁의 경로에 대해서도 대안의 투쟁모델이 될 수 있다. 오악사카 시에, 그리고 조금 약한 형태이기는 했으나 오악사카 주 전체에도 형성됐던 이중권력의 상태를 포함해 오악사카의 운동이 보여준 투쟁과 조직화의 형태가 던져주는 교훈은 부정선거 대항운동의 기반 중 상당한 부분, 기존의 노조에 불만을 품은 노동자들, 그리고 사파티스타가 이끄는 '다른 운동'의 기반 등에 급진화의 움직임을 일으키는 영향을 미칠 것이다. 그러나 지금 시점에서 오악사카의 투쟁을 혁명적 국면의 시작으로 보는 것은 오류일 것이다. 신자유주의적 개혁이 계속 심화되고 민중에 대한 억압이 계속 강화된다면 멕시코에 혁명적 국면이 올 수도 있다. 그러나 아직은 상황이 거기까지 가지 않았다.

부정선거 대항운동을 벌이는 오브라도르의 진영과 오악사카 민중회의 진영은 서로 거리를 두면서 경계하고 있고, '다른 운동'을 내세운 사파티스타는 오브라도르 진영과 오악사카 민중회의 진영 양쪽 모두에 대해 그러한 태도를 취하고 있다. 오브라도르는 반체제적 성격을 가진 밑으로부터의 대중봉기와는 거리를 두고 있고, 오악사카 민중회의가 중앙정부와 오악사카 주에는 어느 정도의 변화를 가져오겠지만 중앙정부를 정당화시켜줄 절충을 하지나 않을까 우려하고 있다. 오악사카 민중회의는 전국적인 부정선거 대항운동에 참여하지 않았고, 국민행동당 정부와 기꺼이 대화하고자 했다. 또한 오악사카 민중회의의 내부에 존재하는 국민행동당 당원들과 제도혁명당 당원들은 정치적인 이유에서 부정선거 대항운동을 지지하지 않았고, 선거주의에 반대하면서 오브라도르의 위계적 방식에 대해 의구심을 품은 사람들도 오악사카 민중회의 안에 존재했다. 이 때문에 부정선거 대항운동 진영에서 많은 사람들이 오악사카 민중회의를 지지했고, 거꾸로 오악사카 민중회의의 기반을 이루는 사람들 가운데 다수가 부정선거 대항운동을 지지했지만, 두 조직 자체는 서로 거리를 유지했다. 두 조직 사이에 상징적인 연대의식의 표현은 있었지만 실질적인 동맹은 이루어지지 않았다. 그리고 사파티스타는 두 조직 모두와 거리를 유지했다. 사파티스타가 부정선거 대항운동과 거리를 둔 것은 그 운동을 이끄는 정치적 지도부의 성격 때문이었다. 사파티스타는 오악사카 민중회의 운동을 높게 평가했지만, 그러면서도 그 운동과 거리를 유지했다.

멕시코의 국가적 상황이 혁명적인 국면이 아니라는 사실은 오악사카 민중회의에 심각하고도 객관적인 딜레마를 안겨주고 있다. 하나의 도시, 하나의 주에서 일어난 봉기인 오악사카 민중회의 운동은 멕시코 전역에 반향을 불러일으켰지만, 그 하나의 도시, 하나의 주를 제외한 나머지 다른 모든 곳에서는 그 운동이 반체제적 봉기의 의미를 갖지 못하고 있다. 그리고 중앙정부는 이 운동의 영향을 아직은 받고 있지 않다. 심각하고도 점점 더 커져가는 불만을 품은 사람들까지 포함한 다수의 멕시코 국민은 대중적 항의와 선거 관련 활동을 결합하면 멕시코를 지금의 심각한 위기에서 구해낼 수 있다고 아직도 믿고 있다. 멕시코 국민 중 다수가 지금의 대통령에 대해서는 불법적인 대통령이라고 생각하고 있지만, 기존의 선거제도 자체에 대해서는 불법적인 것이라기보다는 근본적인 개혁이 필요한 것이라고 생각한다. 그리고 각급 선거의 과정이 과거에 비해 상대적으로 민주화된 덕분에, 의회제도의 바깥에 대중적 압력이 존재해야 할 필요는 있겠지만 의회제도를 비롯한 기존의 정치체제 안에서도 변화가 일어날 수 있다는 기대가 국민 사이에 유지되고 있다. 이와 같은 비혁명적 국면, 다시 말해 국가의 강제력이 손상되지 않은 상태로 보존되고 있고 민중은 준제도적인 절차를 통한 변화가 가능하다는 기대를 버리지 않고 있는 국면은 오악사카 민중회의의 전략과 목표에 당연히 큰 영향을 미치고 있다.

오악사카 민중회의가 대중적 봉기와 중앙정부와의 협상을 결합시켜온 것은 국가적 상황을 고려한 현실주의적 태도에 따른 것이었던 게 분명하다. 그러나 대중운동이 대통령의 합법성을 문제로 삼고 있는 국가적 맥락에서 보면 오악사카 민중회의의 그러한 현실주의는 딜레마를 안고 있다. 2006년에 실시된 선거 가운데 상원의원과 하원의원을 뽑은 선거는 논란의 대상이 되지 않은 반면에 대통령을 뽑은 선거는 지금도 여전히 뜨거운 논란의 대상이 되고 있다. 부정선거 대항운동 진영은 대중적 행동을 통해 부정선거로 당선된 대통령의 취임을 막겠다고 선언했다. 그러나 그때 오악사카 민중회의 진영은 주지사를 해임할 헌법적 권한을 갖고 있는 상원에 오악사카 주지사를 해임하라는 압력을 가하는 동시에 대통령선거에서 중도좌파 후보가 당선되는 것을 가로막은 과정과 깊숙이 얽혀 있는 퇴임 대통령과 신임 대통령 두 사람 모두와 협상을 벌였다. 오악사카 민중회의의 요구와 부정선거 대항운동 진영의 요구를 연결시키려는 시도는 많은 어려움과 딜레마에 부닥쳤다. 양쪽 모두 다양한 경향들을 내포한 복잡한 운동이었고 중요한 개혁의 요구를 내걸고 있었지만, 오악사카 민중회의는 오악사카 주지사를 해임시키기 위해 상원에 압력을 가하고 퇴임 대통령과 신임 대통령 모두와 협상을 벌이는 데 집중했다. 혁명적인 정서와 전략을 공유했다 하더라도 두 운동은 비혁명적인 상황에서 급진적인 요구를 해야 했으므로 손상되지 않은 국가권력과의 정면충돌을 피하면서 실질적인 이득을 얻어야 했을 것이고, 이와 동시에 운동의 일부나 그 지도부가 국가권력에 포섭되는 것을 피해야 하는 딜레마에 계속 직면했을 것이다. 이런 딜레마는 본질적으로 해결하기가 어려운 것이지만, 그래도 그것을 해결하려고 한다면 권력과 국가에 대한 명확한 이해가 필요하다.

오악사카 민중회의와 부정선거 대항운동은 둘 다 노동계급에 토대를 둔 대중운동이었지만 각각의 내부구조와 내적동학은 크게 달랐다. 오악사카 민중회의는 멕시코의 다른 대부분의 운동과 마찬가지로 지도자 중심주의의 소지도 갖고 있긴 했지만 기본적으로 참여적이고 수평적인 운동이었다. 부정선거 대항운동은 위로부터 통제되는 구조를 갖고 있었고, 다만 그러한 구조의 한계를 극복하고 보다 수평적이고도 참여적인 운동으로 발전할 수 있을 만큼 민중의 에너지가 넘치고 민중의 참여가 활발한 운동이었다. 두 운동 사이의 이러한 차이와 상대방의 목표에 대한 의심, 정부와의 협상에서 오악사카 민중회의가 처한 입지, 투쟁이 직면한 딜레마를 해결하고 운동진영 간 간극을 메울 정치적 지도력 내지 정치적 정서의 부재 등이 두 진영 사이의 협력을 어렵게 만들었다. 지역에서 전국까지 각급의 운동을 하나의 전국적인 세력으로 합쳐야만 지역적으로 분열된 운동의 조직적 위기를 극복하고 혁명적인 상황을 실현할 수 있었지만 두 운동진영은 그렇게 하지 못했다. 반면에 정부는 불만이 심화되고 확산되는 것의 위험성을 매우 잘 알고 있었다. 정부는 군사적, 국가적 테러를 점점 더 많이 실행하는 것을 통해 선제적으로 반혁명적 대응에 나섰다. 반정부 운동진영의 계속적인 분열은 정부가 쉽게 이런 식의 대응을 할 수 있게 해주었다.

1910년대에 일어난 원조 사파티스타의 봉기에서부터 1990년대에 일어난 사파티스타의 봉기에 이르기까지 멕시코의 여러 봉기들이 공통적으로 갖고 있었던 약점은 지역 수준의 급진적 변화는 오로지 국가 수준의 근본적 변화를 토대로 해서만 확고해질 수 있다는 점을 인식하지 못했다는 데 있다. 국가적 정치권력의 문제도 고려하는 관점이 반드시 필요한 것이다. 오늘날 치아파스 주에 존재하는 사파티스타 공동체의 권력이든 2006년 봄과 여름에 오악사카 주에서 활동한 오악사카 민중회의의 권력이든 지역 수준의 권력은 중앙정부가 그것의 지속을 방치할 때에만 지속될 수 있다. 지역 수준의 저항운동이 국가 수준의 저항운동으로부터 분리된 상태에서는 국가 수준의 정부가 상당한 정치적 비용을 지불하는 일이 있더라도 그 지역 수준의 저항운동을 얼마든지 분쇄할 수 있다.

오악사카의 민중운동 진영과 오악사카 지역의 좌파 진영은 모든 정당에 대해 의심하고 회의하는 분위기도 갖고 있긴 하지만 전체적으로 보면 선거제도 자체에 대해 반대하는 입장은 아니고, 정부권력을 획득하려는 노력에 대해 반대하는 입장도 아니다. 오히려 그들은 지역 수준과 전국 수준의 선거가 변화를 위한 투쟁수단의 전부는 아니라고 하더라도 그런 투쟁수단은 된다고 본다. 오악사카의 교사들과 오악사카 민중회의는 2006년 선거 때 제도혁명당과 국민행동당에 반대하는 '항의투표'를 해줄 것을 유권자들에게 호소하고 부정선거를 방지하는 노력을 기울이는 방식으로 사실상 선거에 참여했다. 그와 같은 항의투표는 민주혁명당을 지지하는 의미를 갖는 것이었고, 실제로 오악사카에서는 민주혁명당의 대통령 후보가 득표 1위를 차지했을 뿐 아니라 11개의 하원의원 자리 중 9개와 2개의 상원의원 자리 모두를 민주혁명당이 확보했다. 오악사카 민중회의가 등장하기 전만 해도 오악사카 주에서는 제도혁명당의 후보들이 대체로 이길 것으로 예상되고 있었다는 점을 고려하면 이와 같은 실제의 선거결과는 민주혁명당의 극적인 압승이라고 할 수 있었다.

오악사카의 봉기는 의회제도 바깥의 투쟁, 선거참여, 반체제적 활동을 봉기 그 자체의 자치공동체적 측면과 결합시켰다. 오악사카의 봉기는 한편으로는 '집중화된 통합조정', 다른 한편으로는 '자발적인 조직화와 행동'이 맞서며 서로 갈등을 빚는 양상을 드러냈다. 그러면서도 오악사카의 봉기는 참여적인 자율적 조직화와 밑으로부터의 항거라는 측면에서 놀랄 만한 창의적 잠재력을 보여준 동시에 하나의 도시, 하나의 주에서만 일어난 봉기의 한계와 국가 수준의 운동으로 연결되지 못한 봉기가 직면하는 딜레마도 보여주었다. 오악사카의 민중이 대항해야 했던 적들은 제도혁명당의 정부와 그 지역적 도당(정치적 보스들), 멕시코의 중앙정부와 부르주아, 미국, 지구적 자본 등으로 막강했다. 그러나 끈질김, 민주적이고 평등주의적인 정신, 그리고 전투성에서 볼 때 오악사카의 민중도 막강했다. 그리고 소수의 예외는 있었지만 오악사카의 민중은 국가가 여전히 중요하다는 점을 알고 있었다.

오악사카의 운동은 다양성과 갈등요소를 안은 채 선거에 초점을 맞춘 투쟁과 선거제도 바깥의 투쟁을 결합시키는 동시에 원주민이나 프롤레타리아와 관련된 사회적, 정치적, 경제적 요구를 모두 결합시킬 수 있는 길을 찾고 있다. 오악사카의 운동은 기존의 자본주의적 국가기구를 관리할 수 있기를 희망하거나 아예 그것을 무시하는 것 중에서 전략적인 양자택일을 해야 한다고 생각하는 것이 오류임을 보여주는 영웅적이고 가능성 많은 운동모델이다. 그러한 양자택일은 잘못된 이분법에 근거를 둔 것이다. 민중적인 항거와 밑으로부터의 조직화를 통해 권력의 성격을 변혁하는 것이 전략적 과제가 돼야 한다. 그리고 이렇게 하는 것이 민중이 사회를 변혁함으로써 스스로를 통치하고 스스로를 변혁할 수 있는 유일한 방법이다. 이 점을 1870~71년의 파리 시민, 1905년과 1917년의 제정러시아 노동자, 2006년의 오악사카 민중은 실천 속에서 이해했다. 이 점에 대해서는 마르크스도 《프랑스의 내전》에서 언급했다. 오악사카 공동체는 민주적 항거와 민중적 통제의 모습을 재현했다. 멕시코에서 또 다시 봉기가 일어난다면 최근에 오악사카 공동체가 보여준 모습과 수사, 그리고 경험이 더욱 폭넓게 재현될 것이다. 그리고 신자유주의의 공격이 부단히 계속되고 있는 점으로 미루어 멕시코에서는 또 다시 봉기가 일어날 것이다.

주석

1 El Financiero, Mexico, 31 May 2007.

2 Gómez Carlos and Vázquez Rivera, Evolución Demográfica y Potencial de Desarrollo de las Ciudades de México, México: Consejo de Población, 2006.

3 1880년부터 1884년까지는 포르피리오 디아스(Porfirio Diaz)가 대통령이 아니었지만 이 기간에도 그는 배후에서 대통령이나 다름없는 권력을 행사했다. 따라서 지금 유포돼있는 신화와는 달리 에보 모랄레스는 중남미 최초의 원주민 출신 대통령이 아니다.

4 Gustavo Esteva, 'APPOlogia', La J, 18 December 2006.

5 Luis Hernández Navarro, 'La APPO', La J, 21 November 2006 (our translation).

아르헨티나에서 민주적 신자유주의가 보여주는 모순
_새로운 아래로부터의 정치일까?

에밀리아 카스토리나

아르헨티나에서 1970년대 후반부터 부과되고 1990년대의 경제적, 제도적 개혁에 의해 보강된 신자유주의적 자본축적 모델은 2001년 말에 이르자 심각한 사회적, 경제적, 정치적 한계에 부닥쳤다. 외채는 1976년의 78억 달러에서 2001년에는 1280억 달러로 늘어났고, 실업률은 2001년에 18퍼센트, 2002년에는 22퍼센트라는 기록적인 수준으로 높아졌으며, 부에노스아이레스 일대의 빈곤선 이하 인구의 비중은 2002년에 54퍼센트에 이르렀다.

민주적으로 선출된 정부가 아르헨티나의 역사상 처음으로 '아르헨티나소(Argentinazo, 2001년 12월에 부에노스아이레스에서 일어난 대중소요―옮긴이)'로 불리게 되는 민중봉기에 의해 전복됐다. 아르헨티나는 '케 세 바얀 토도스(Que se vayan todos!, 모두 물러가라!)'라는 구호를 내걸고 일어난 대규모의 자발적 민중봉기로 인해 2001~02년에 세계에서 가장 심각한 금융위기를 겪었다. 이로 인해 태환정책(달러화 대 페소화의 환율을 1대1로 고정시킨 외환정책―옮긴이)과 경제적 성공에 대한 믿음에 기초해 수립됐지만 다소 위태로웠던 신자유주의적 헤게모니를 위협하는 사회적 불안정이 확산됐다. 폭넓은 자유화 정책과 민주주의가 이례적으로 결합된 덕분에 1990년대에 시장지향적 경제개혁의 모범국가라는 칭찬을 받던 아르헨티나가 이제는 국제통화기금(IMF)에 의해 '가망 없는 나라'로까지 여겨지게 됐다. 칠레나 다수의 남아시아 국가들의 경우와 같은 권위주의 체제, 페루의 경우와 같은 '자작쿠데타(집권자가 입법부를 해체하고 독재적인 권력을 수립하는 쿠데타—옮긴이)', 볼리비아의 경우와 같은 가혹한 노동탄압과 계엄령 등이 없이도 철저한 안정화 정책을 시행할 능력을 가진 나라로 아르헨티나를 찬양하던 사람들에게 2001년 이후의 이 나라 상황은 실망스러운 것이었을 게 분명하다. 아르헨티나는 하룻밤 사이에 IMF의 정책을 곧이곧대로 따르는 '착한 학생'에서 말썽꾸러기로 전락했다.

2001년 12월의 봉기에서 여러 가지 요구가 한꺼번에 제기됐다. 가장 가난한 사회계층은 먹을 것, 일자리, 실업수당을 달라고 요구했고, 중산계급은 비상 금융조치로 동결된 은행예금을 돌려줄 것과 부패한 정치인이나 판사에 대한 처벌을 요구했다. 특히 모든 계층이 이구동성으로 제기한 한 가지 요구는 질서를 옹호하는 사람들을 당황스럽게 했다. 그것은 지배체제 전체에 대해 책임이 있는 사람들은 모두 다 물러가라는 요구였다. 피케테로 운동, 봉기, '아르헨티나 중심노조(CTA)'로 대표되는 독립적인 노조 등 신자유주의에 대한 민중적 저항의 기존 형태들과 버려진 공장 접수, 마을집회, 전국에 걸친 협동조합 등 2001년 12월의 사태에서 발전한 민중적 행동의 새로운 형태들이 합쳐지면서 하나의 새로운 사회적 세력이 됐다. '도로차단에서 프라이팬 두드리기까지 투쟁은 하나'라는 슬로건은 바로 이러한 사회적 세력을 표현하는 말이었다. 1990년대에 태환체제에 대해 보여준 중산계급의 보수적인 태도에 비추어 이러한 사회적 세력의 응집은 예상하기 어려운 것이었고, 그런 만큼 그것은 정치적 불안정을 더욱 심화시켰다. 2002년에는 제도적 위기가 더할 나위 없이 심각했다. 1년도 안 되는 사이에 대통령이 네 번이나 바뀌었고, 정치인들은 격렬한 공격을 받거나 '노출'당했고,[1] 의회도 습격의 대상이 됐고, 도로에 설치된 차단시설이 2001년에는 1383개, 2002년에는 2336개에 이르렀다.[2] 외채에 대한 지불정지가 공식으로 선언됐고, 주요 정당들은 혼란에 빠졌다. 2002년은 파탄과 절망의 분위기가 팽배한 해였다.

IMF와 세계은행의 관점에서부터 보다 자유주의적인 학자들의 관점에 이르기까지 주류의 제도주의적 관점을 가진 사람들은 한 목소리로 이번의 위기는 '정치적'인 것이라기보다는 '경제적'인 것이라고 주장했다. 1990년대에 실시된 경제정책의 '내용'이 문제인 것이 아니라 그 경제정책이 실시된 방식이 비효율적이었던 게 문제라는 것이었다.[3] 이렇게 논평하는 사람들에게는 통화주의의 복음이 여전히 살아 있었다. 즉 그들은 부패와 정치는 너무 많은 비용을 초래함으로써 재정적자의 부담을 키우고 이어 외채를 늘리게 되며, 이런 과정은 정치적 불안정으로 인해 외국인투자자들이 아르헨티나에 대한 신뢰를 버리면 더욱 심화될 것이라고 주장했다. 이런 주장은 위기의 원인을 전적으로 재정적자에 돌리는 분석과 같은 맥락이었다. 이런 식의 분석은 1990년대의 거시경제적 상황 전체를 가져오고 위기를 조장한 IMF의 책임을 줄여준다는 점에서 그들에게는 매우 편리한 것이었음은 물론이다. 그러나 이보다 더 중요한 측면은 그와 같은 분석이 아르헨티나를 '좀처럼 공고화되지 못하는 민주주의'[4] 또는 '제도화가 취약한 상태인 민주주의'의 나라로 보는 관점을 더욱 부추긴다는 점이다. 이런 관점에서는 아르헨티나에서 불안정한 상황이 거듭 발생하고 공식적인 규칙의 강제가 이루어지지 않는 것은 이상적인 '대의제 민주주의'로부터 일탈한 비정상적인 현상이 된다.

한편 이와 전혀 다른 관점을 가진 진보적인 지식인과 활동가들이 신자유주의에 대해 공식적인 사망선고를 내리는 데 긴 시간이 걸리지 않았다. 그들은 신자유주의의 매장을 선언하고, '밑으로부터'의 새로운 정치에 기반을 둔 일련의 새로운 예언을 내놓았다. 전통적인 좌파[5]에서부터 '새로운 사회적 주체'를 지지하는 사람들[6]에 이르기까지 넓은 범위의 참여자나 관찰자들이 정치가 이루어지는 방식에 근본적인 변화가 일어나고 있다고 생각했다. 게다가 그들 모두는 자본주의적 생산양식의 극복을 지향하는 새로운 형태의 정치적 행동을 예고하는 태도를 보였다. 국제적으로도 아르헨티나는 '다중',[7] '반권력(anti-power)',[8] 또는 자본주의 사회를 전복시킬 수 있는 '새로운 사회적 주체'[9]라는 모호한 개념의 등장을 상징하는 사례로 여겨졌다. 이러한 낙관적인 견해를 내세우는 사람들은 대체로 정당정치는 자본주의 극복이라는 과제를 수행하는 데 적합하지 않으므로 사회운동을 촉진해야 한다는 데 초점을 맞추었다.

보다 냉정한 관찰자들도 아르헨티나의 상황을 혁명적인 국면으로 보는 견해는 일축했지만 새로운 사회운동은 아르헨티나의 정치문화에 근본적인 변화가 일어날 것임을 미리 알려주는 전령이라고 생각했다. 전통적인 진단은 모두 같았다. 즉 2001년의 위기는 '정치의 위기', '국가의 위기', '대의제의 위기', '정당정치의 위기', '정당성의 위기'라는 것이었다. 또한 보다 강한 요구를 하는 시민세력이 등장하고 있으며, 그 시민세력이 민주적 대의정치라는 기존의 이상을 재정의하면서 정부의 책임성에 대한 시민적 우려를 불러일으키고 있다는 것이었다.[10] '밑으로부터'의 새로운 정치에 관한 점점 더 늘어나는 연구들은 새로운 형태의 조직화, 새로운 상상력, 새로운 종류의 민주적 주체성을 탐색하는 데서 가장 역동적인 모습을 보이는 사회운동으로 피케테로, 공장점거, 민중집회, 물물교환클럽 등 네 가지를 주로 거론했다.[11]

진보적인 학자들은 각자 나름의 분석을 내놓으면서도 정치인의 정치이자 국가, 부패, 은고주의(clientelism)에 뿌리를 둔 '낡은 정치'는 위기에 빠진 대신 사회운동의 정치라는 '새로운 정치'가 등장하고 있다는 생각을 공유하고 있는 것으로 보인다. 그러나 그들 사이의 이러한 콘센서스는 세 가지 문제점을 안고 있다. 첫 번째 문제점은 카레라(후안 이니고 카레라, 아르헨티나의 경제학자—옮긴이)가 지적한 대로 아르헨티나 국민들 사이에 고조되고 있는 것으로 보이는 정치적 의식 그 자체가 전반적인 자본축적 과정에 근본적인 변화를 일으킬 것이라는 환상에 있다.[12] 두 번째 문제점은 '수평적' 조직화가 '수직적'인 형태인 전통적 조직에 도전하는 데 효과적인 방법이 된다는 관념에 있다. 이런 관념에는 민중적 조직은 당연히 수직적 형태에서 벗어나 수평적 형태를 취하고 있다고 보는 태도가 전제돼 있다. 세 번째 문제점은 민주주의가 이미 '흉내'나 '속빈 강정'이 되어 공식적인 규칙이 무시되거나 간과되는 경우가 많다는 생각과 '민중', '시민', '시민사회', '다중', 또는 '일하는 계급'이 해방적 기획에 걸맞은 새로운 종류의 민주주의를 건설할 것이라는 가정에 있다.

공교롭게도 다양한 종류의 좌파가 주류의 제도주의자들과 마찬가지로 '허약한 민주주의'에서 원인을 찾는 진단에 과도하게 의존하고 있다. 물론 주류의 제도주의자들은 그들이 늘 갖고 있는 폭민에 대한 두려움 때문에 그렇게 하고, 좌파는 근본적인 사회변혁에 대한 희구 때문에 그렇게 한다. 그러면서 양쪽 모두가 아르헨티나의 민주주의는 깨지기 쉽고, 불안정하고, 허약하다고 생각한다. 물론 그 이유에 대한 설명은 각각 다르다. 저항의 급진화를 주장하는 사람들은 시장지향의 정책이 민주주의를 훼손했다고 주장하는 반면에 질서를 옹호하는 사람들은 정치문화가 '후진적'인 것이 아니라면 부패한 정치인들이 민주주의를 훼손한 것으로 봐야 한다고 주장한다.

2002년 중반부터 전개된 실제의 역사적 과정은 진보적인 좌파의 예언과 제도주의자들의 두려움 둘 다와 어긋나지는 않았다 하더라도 둘 다에 대해 의문을 제기하게 한다. 2003년의 대통령선거는 자본주의적 민주주의 내지 신자유주의적 민주주의의 한계 안에서 사회적 투쟁의 근본적인 재편을 가져왔다. 일부 좌파의 예언자들은 선거불참이나 무효표 만들기가 지배적인 항의의 행동으로 나타날 것이며, 그러한 행동은 민중이 제도화된 대의제 민주주의를 넘어섰음을 의미하거나 적어도 정당성을 갖춘 대의정치가 존재하지 않는 상황에 대한 항의의 표시일 것이라고 말했다. 그러나 일부 학자들이 지적했듯이 무효표의 비율은 2001년의 선거 때는 20퍼센트에 이르렀으나 2003년의 선거 때는 1.6퍼센트에 불과했다. 투표를 하지 않은 기권자 수도 2001년의 선거에 비해 훨씬 줄어들었다. 백지투표는 1946년의 선거 이후로 가장 적었고, 검표하는 과정에서 취소된 투표는 무시할 수 있을 정도였다.[13] 2003년의 선거가 지닌 여러 가지 특징에도 불구하고 이 선거의 결과는 세 명의 페론주의 후보의 득표를 모두 더하면 좌파가 '낡은 정치'로 규정한 모든 것에 다 해당되는 페론당(PJ, 정의당)이 압도적인 과반수의 득표를 한 것으로 나타났다. 심지어는 10년의 통치기간 중에 가혹한 구조조정 정책을 실시해 '케 세 바얀 토도스!' 운동의 상징적 표적이 된 메넴(카를로스 사울 메넴, 1989년부터 1999년까지 대통령을 역임한 페론당 소속의 정치인—옮긴이)이 1차 투표에서 무려 24퍼센트의 득표율로 1위에 오르기도 했다.[14] 전통적인 정당에 속하는 정치인에 대해 사회적 분노가 퍼부어진 뒤에 다시 전통적인 정당이 선거에서 승리를 거둔 것은 아르헨티나에서 새삼스러운 현상이 아니었다.[15]

2001년 12월의 봉기 및 이와 관련된 위기 이후 몇 년에 걸쳐서 상당한 정도의 체제적 변화가 일어났다. 아르헨티나의 경제는 눈에 띄게 회복됐다. 두알데 대통령(2002~03)과 키르치네르 대통령(2003~07)은 전례 없는 채무감축 요구를 내걸고 IMF와 채무재조정 협상을 벌였다. 이는 아르헨티나 정부가 2001년에 수동적으로 채무이행 중단 선언을 했던 입장과는 달라진 모습이었다. 국내총생산(GDP) 성장률은 2003년에 8퍼센트, 2006년에는 8.5퍼센트를 기록했다. 투자도 늘어났고, 대외신인도도 개선됐다. '국가주권'을 내세우는 키르치네르의 수사, 수입대체 투자의 증가, 물가상승, 재정정책과 금융정책의 방향 등을 보면 이때의 새로운 경제확장 국면은 '대중주의(포퓰리즘)'나 케인스주의적인 성격을 띠게 될 것처럼 보였다. 특히 금융정책은 환율을 유동화하되 외환거래에 대해 최소한도의 통제를 실시하고 중앙은행이 외환시장에 개입해 수출경쟁력을 저해하지 않는 수준으로 페소화의 가치를 유지하고 물가를 안정시키려는 것이어서 IMF의 전통적인 통화주의적 처방과는 크게 달라졌다. 그러나 태환화 이후의 거시경제 체제를 신자유주의에 반하는 성격을 가진 것으로 보는 것은 잘못이다. 그 체제는

오히려 금융적 세계화라는 기존의 신자유주의적 경제구조 속에서 경제의 안정
화, 특히 국내 금융시장의 안정화를 추구한 것으로, 내용상 이질적인 요소가 혼
재돼 있으면서도 실용적인 전략이었다고 봐야 한다. 이 시기에 아르헨티나 정부
가 실시한 경제정책 가운데는 이미 다른 수출지향 시장경제에서 실시돼온 것들
이 많았을 뿐만 아니라 노동시장의 유연화, 공익산업의 민영화, 연금기금과 상호
기금에 대한 규제완화, 구조적 실업의 유지 등 신자유주의적인 사회적 구조조정
의 '황금률'이 손상되기는커녕 오히려 준수됐다는 점에 주목해야 한다. 사실
'경제회복'에 실질적인 토대가 된 것은 통화의 평가절하와 인플레이션을 통한
실질임금 인하였고, 이는 노동시장의 유연화와 관련이 있는 것이었다. 또한 경제
의 전반적인 재활성화에 따라 실업률이 22퍼센트에서 12퍼센트로 낮아졌다고는
하지만 구조적 실업은 여전히 상당한 수준으로 존재하고 있었다.[16] 이 체제는 재
정흑자를 늘렸음에도 재분배정책은 갖고 있지 않았다. 그래서 빈곤과 배제가 극
복되지 못했고, 사회적 불평등이 증대했다. 새로운 경제회복이 '성공적'이었다
고 말할 수 있는 것은 태환체제가 더 이상 유지될 수 없게 된 상황에서 '관리해낼
수 있고 경쟁력도 제고해주는 거시경제적 여건'의 범위 안으로 신자유주의적 금
융화를 억제했다는 측면에서뿐이다.

게다가 정치인들은 그 어떤 심각한 탄핵의 대상도 되지 않았고, 이에 따라 '낡
은 정치'에 속하는 많은 인물들이 공직에 복귀했다. 사실 2003년 이후의 시기가
보여준 정치적 현실은 진보적 지식인들의 낭만적 기대와는 크게 다른 것이었다.
첫째, '치안불안'에 대해 항의하는 우파의 시위가 두 차례에 걸쳐 각각 10만 명
이나 동원할 수 있었다. 유괴된 아들의 몸값을 유괴범에게 지불했는데도 결국 그
유괴범에 의해 아들이 살해된 한 시민이 앞장선 이 시위는 통제와 '안전'을 증대
시켜야 한다는 쪽으로 대중의 여론과 언론의 논조를 돌려놓았고, 그 과정에서 가
난하거나 사회적으로 배제된 사람들은 점점 더 범죄자나 '사회구성원을 위협하
는 존재'로 취급됐다. 이런 상황은 2001년의 위기가 가장 고조됐을 때에 기존의

'민주주의 체제'를 함께 거부했던 중산계급과 민중계급의 동맹관계를 결정적으로 해체시켰다. 둘째, 라마탄사(La Matanza, 부에노스아이레스 권역에 속하는 한 구역의 지명—옮긴이) 지역의 피케테로들이 페론주의로 기울어지면서 키르치네르 정부의 대중적 지지도를 상승시켰다. 키르치네르는 전임 대통령인 두알데와 구체적인 공직인선, 사회정책, 지역개발과 영세기업을 지원하기 위한 재원조달 문제 등에 대해 대화를 하고 협상을 벌였다. 특히 사회정책 분야에서는 처음에는 '가구주 지원계획(Plan Jefas y Jefes de Hogar)', 나중에는 '고용 지원계획(Planes Trabajar)'이라는 이름으로 불리게 되는 '사회적 비상조치' 성격의 정책이 협의됐고, 실업자들과 그들의 가정을 대상으로 한 이 정책의 혜택을 받을 인구는 200만 명에 이를 것으로 예상됐다. 키르치네르 정부가 적극적인 정치적 지지를 해줄 것을 요구하며 내놓은 이 같은 정책은 피케테로들로서는 거부하기 어려운 것이었다. 전체적으로 보면 언론은 사회적으로 배제된 사람들을 범죄자나 사회적 안전을 위협하는 존재로 취급하는 보도태도를 보였고, 키르치네르 정부는 기존의 체제를 불안정하게 만드는 데 주된 역할을 한 실업자들 모두와 몇몇 사회 지도자들을 정부 편으로 끌어들이는 능력을 발휘했다. 그리고 이 두 가지가 결합되면서 '케 세 바얀 토도스!'라는 구호가 요구했던 바와는 반대되는 상황이 전개됐다. '낡은 정치'가 되살아난 것이다.

2003년과 2006년 사이에 사회운동 진영이 상당히 축소됐고, 그들의 투쟁도 크게 줄어들었다. 사회적 항의는 늘 주기적인 기복을 보인다면서 이러한 사회운동의 위축은 자연스러운 현상이라고 주장하는 사람들도 있다. 그러나 이런 주장은 진보세력의 예상과 달리 아르헨티나에서 혁명은 물론이고 보다 폭넓은 사회적 개혁으로 나아가기 위한 어떤 대안의 움직임도 일어나지 않은 이유가 뭔지를 설명해주지 못한다. '케 세 바얀 토도스!'는 어디로 간 것일까? 메넴 정부의 말기에 기세 좋게 일어나 데 라 루아 정부에 점점 더 강력하게 맞섰던 새로운 사회적 행동의 주역들은 다 어디로 갔기에 키르치네르 정부가 들어선 뒤에 사회적 행동이 점차 가라앉은 것일까? 아르헨티나의 현재 상황에서 이러한 사회운동의 감퇴는 무엇을 말해주는 것일까? 그것은 일부 좌파 활동가들이 믿고 있는 대로 보다 폭넓은 '혁명 이전'의 과정 속에서 일어난 일시적인 퇴각을 뜻하는 것 뿐일까? 아니면 키르치네르 정부를 지지하는 일부 사람들이 주장하듯이 이 정부가 사회적인 문제들을 정말로 해결하고 있는 '신자유주의 이후'의 정부라는 뜻일까? 그것도 아니라면 아르헨티나의 현재 상황은 신자유주의가 정치적으로 재구성되는 보다 복잡한 과정인 것일까? 보다 중요한 질문으로는, 신자유주의적 민주주의가 그토록 '허약'했는데 어떻게 해서 그것이 여러 가지 문제점들을 극복하고 살아남을 수 있었을까 하는 질문이 제기될 수 있다.

이 모든 질문은 아르헨티나의 '신자유주의적 민주주의(neoliberal democracy)'에 대해 종래의 이론이 제시해온 해석보다 더 복합적이고 동적인 이해를 해야 할 필요가 있음을 말해준다. 아르헨티나의 '신자유주의적 민주주의' 체제는 '허약'하거나 '퇴화', '부패', '종국적 위기'의 과정에 있다는 견해가 그동안 일반적이었다. 반면에 하나의 지배체제로서 아르헨티나의 '민주적 신자유주의(democratic neoliberalism)'는 2001~02년의 신자유주의적 위기를 정치적으로 재구성하는 과정에서 매우 강력하게 작용했음이 입증됐다. 사실 이 체제는 '밑으로부터'의 도전에 대응하는 데서 상당한 능력을 보여주었고, 그러한 도전의 요구에 굴복하지 않는 동시에 기존 지배집단의 이익이 위협받게 하지 않으면서 그러한 도전을 매우 성공적으로 순치시켰다. 이렇게 된 데는 다음과 같은 서로 연관된 두 가지 이유가 있었다.

① 좌파의 낙관적인 예언과 달리 '낡은 정치'는 결코 '소진'되지 않았다. 사실은 키르치네르 정부가 메넴 정부 시절에 '밑으로부터'의 새로운 정치에 대응해 구축된 정치구조, 즉 은고주의와 후견체제를 토대로 하층계급을 포섭, 비활성화, 비정치화하는 정치구조에 의존할 수 있을 정도로 페론주의 정치가 되살아났

다. 그 결과로 위기의 타격을 입은 '희생자'나 '패배자'들에게 권력과 부를 많이 재분배하지 않고도 다시 안정화를 추진하는 것이 가능했다.

② 새로운 사회세력들은 '위로부터'의 포섭에 효과적으로 저항할 수 있을 만한 '밑으로부터'의 통합되고 가망성 있는 대안을 구축하는 데 필요한 정치적 능력을 갖고 있지 않았다. 그 이유는 주로 새로운 사회운동 세력의 정치적 분열이 점점 더 확대된 데 있었고, 이런 현상은 '정치의 재창조'를 보여주는 것이기는커녕 오히려 좌파의 정치 내부에서 오래전부터 끈질기게 지속돼온 딜레마, 다시 말해 개량주의자들, 혁명가들, 자율주의자들 사이의 결코 새롭다고 할 수 없는 정치적 분열을 보여주는 것이었다. 이런 현상은 피케테로 운동에서 전형적으로 나타났다.

아르헨티나의 상황에 대한 이런 가설은 그동안 대체로 무시돼왔거나 잘못 생각돼온 보다 폭넓은 이론상의 문제들, 특히 민주주의와 신자유주의 사이의 특수한 관계라는 문제를 부각시킨다. 넓게 보아 2001~02년에 아르헨티나가 겪은 위기에 대한 일반적인 설명은 자본주의적(신자유주의적) 발전이 지닌 문제점과 이에 수반되는 저항의 형태에 초점을 맞추거나 공식적인 체제로서의 민주적 제도에 내재된 문제점에 초점을 맞추는 다소 기계적인 것이었다. 그러나 그러한 두 가지 주제를 통합적으로 고려해 '밑으로부터'의 새로운 정치가 보여주는 부침을 설명하고, 그렇게 함으로써 오늘날 아르헨티나의 민주주의가 지닌 제도적 약점보다는 우선 그 정치적 강점을 설명하기 위해 민주적 신자유주의에 대한 체계적인 이론화를 시도해보려는 노력은 거의 없었다.

이런 점은 2001~02년의 경제위기가 왜 혁명으로 이어지지 않았는가에 대한 결정론적 마르크스주의자들의 설명에서 전형적으로 드러난다. 그들에게 아르헨티나의 위기는 '객관적인 여건'이 조성돼있었음을 증명해주는 것이고, 따라서 그들은 그저 '그 기회를 살리지 못했다'는 결론을 내리고 만다.[17] 이런 설명은 마

치 그 기회라는 것이 권력관계와 이념투쟁의 복잡한 조합과는 무관한 것처럼 생
각하는 것과 같다. 계급투쟁에 보다 결정적인 역할을 부여하는 마르크스주의자
들은 2001년에 아르헨티나에 발생한 위기에 대해서도 그런 관점에서, 그리고 네
그리(Negri), 홀러웨이(Holloway), 클라크(Clarke), 클리버(Cleaver)의 저작을 인
용해가면서 분석하지만, 태환체제의 위기를 계급투쟁의 결과로서 설명하는 데서
는 그들의 분석도 만족스럽지 못하다.[18] 일부 비평가들이 지적했듯이 이런 종류
의 접근법은 대체로 자본주의적 생산력에 대한 그 어떤 종류의 구체적인 분석에
도 뿌리를 두지 않은 채 계급투쟁에 대한 다소 허구적인 관념에 의존하는 경향이
있다. 그래서 계급투쟁과 사회적 관계가 마치 그 어떤 물질적인 조건에도 얽매이
지 않는 듯이, 다시 말해 '허공' 또는 사람들의 의식 속에서 형성된 것인 듯이 그
려진다. 그리헤라(Grigera)가 주장했듯이, 이런 분석의 틀 속에서는 옆길로 샐 위
험이 전혀 없다. "이런 종류의 계급투쟁이 최후의 해결사인 것처럼 출몰하면서
자본축적, 체제의 종식, 정치적 위기 등을 모두 설명해주지만, 계급투쟁은 예측할
수 없는 것인 동시에 도처에 존재하는 것이기 때문에 투쟁의 밀물 때 일어나는
사건도, 투쟁의 썰물 때 일어나는 사건도 모두 사후적으로만 설명해준다."[19] 그
러므로 이런 식의 비판적 접근은 '결정론적'이기도 하지만 민주주의가 계급투쟁
의 위협을 특정한 한계 안에 가둘 수 있는 정도를 과소평가하고, 신자유주의적
헤게모니의 근본적인 측면을 파악하지 못한다.

사회운동에 대한 많은 연구들도 자유민주주의에 도전하고 그것을 집단적, 수
평적인 방향으로 돌려 인류의 발전을 추구하는 기획으로 전환시키려는 새로운
사회적 주체의 의지를 과대평가하는 이와 같은 전통에서 벗어나지 못하고 있
다.[20] 사회운동을 연구하는 사람들과 '밑으로부터'의 새로운 정치를 옹호하는
사람들은 일반적으로 특히 신자유주의에 대한 여러 가지 형태의 저항과 관련해
신자유주의가 정치를 급격하게 변화시킨 정도를 강조할 뿐 아니라 지나치게 강
조하는 경우가 매우 흔하다. 그러나 아르헨티나에서 위기가 일어나고 그 위기가

정치적으로 재구성돼온 과정은 위로부터의 '낡은 조직'과 아래로부터의 '새로운 조직'을 칼로 자르듯 확실하게 구분하는 이분법의 위험성을 경고한다. 최근에 일부 학자들이 주장했듯이 피케테로를 비롯해 오늘날의 아르헨티나에서 가장 역동적인 사회운동은 오래된 것과 새로운 것 모두의 중요한 요소들을 결합시킨 형태다.[21] 경험적인 증거를 들여다볼수록 가난하거나 사회적으로 배제된 사람들의 항의나 생존은 페론주의자인 지역지도자들이 핵심적인 역할을 하는 은고주의 네트워크와 후견에 기반을 둔 구조에 크게 의존하고 있으며, 그러한 사람들의 항의나 생존의 형태들은 미세한 차이를 보이며 서로 중첩돼있음을 알 수 있다.

더 나아가 사회운동에 대한 연구들은 개발체제의 변혁은 '총체적인 구조적 변혁'에서 오기보다는 일상의 관행과 신념의 수정을 통해 자기정체성과 더 큰 자율성을 실현해가는 데서 올 것이라는 전망을 제시함으로써 신자유주의적 개발에 대항해 대안을 구축하는 과정을 그 본래의 맥락에서 떼어내어 엉뚱한 맥락 속에 집어넣는 경향이 있다. 이런 사고방식은 《형평과 개발(Equity and Development)》(세계은행이 펴낸 2006년도 〈세계개발보고서〉—옮긴이)에 나타난 세계은행의 접근방식과 닮았다는 점에서 특히 문제가 있다. 《형평과 개발》에서 세계은행은 가난하거나 주변화된 사람들은 궁극적으로 자신들에 대한 다른 사람들의 '인식'을 개선시키는 것을 통해, 다시 말해 '희구하는 능력'이나 '몰두하는 능력'을 갖추는 것 등을 통해 불평등을 극복할 수 있다고 주장했다.[22] 이런 접근방식으로는 자기정체성, 자율성, 풀뿌리 민중계층의 주도성이 자본주의적, 신자유주의적 개발체제를 변혁시키기보다는 그러한 개발체제의 지속가능한 형태에 의해 포섭되고 재구성될 수 있다는 점과 그러한 포섭과 재구성이 이루어지는 방식을 제대로 이해하지 못한다.

다른 한편으로 민주주의를 체계적인 방식으로 이론화한 사람들은 대체로 자본주의 또는 신자유주의를 당연한 것으로, 어느 정도는 자연적으로 주어진 것처럼 간주한다. 개발도상국의 민주화에 대한 대부분의 연구가 근대화 이론의 유럽

중심적이고 단선적인 개발관에 뿌리를 두고 있다는 점을 고려하면 그들이 그러한 관점을 갖고 있다는 것은 사실 놀랄 일도 아니다. 근대화 이론의 개발관에 따르면 미래에 주변부 국가들에 실현될 민주주의는 지금 중심부 국가들에 존재하는 근대적인 '대의제 민주주의'다. 이런 관점에서는 새로운 민주적 체제가 지금의 선진국 민주주의와 같이 완전히 발달된 민주주의, 즉 효율적이고 안정된 민주주의가 되기 위해서는 '이행'과 '공고화'를 비롯한 일련의 필요한 단계들을 거쳐야 하는 것으로 간주된다. 민주화에 대한 이러한 접근법은 규범적이고 목적론적인 관점에서 개발도상국을 선진국에 맞춰나가자는 것이며, 중남미에서 신자유주의적 기획이 추진되는 과정과 관련해 '사회갈등에 대한 민주적 통제'나 '민주적 지배구조'를 이야기하는 세계은행의 담론과 연결되는 것이기도 하다. 또한 이러한 접근법은 정치적으로 편리한 기획이 된다. 왜냐하면 이러한 접근법은 '안정'되고 '효율적'이며 '정당'한 민주주의를 실현시키려면 조합주의(corporatism), 대중주의(populism), 정실주의(favouritism)를 비롯해 개발단계의 국가에서 나타나는 온갖 종류의 부조리한 요소들을 제거하고, 민주주의를 사회적 진보의 '자코뱅적' 수단으로 이용할 수 있는 그 어떤 형태의 대중적 개입도 제거해야 한다는 생각에 토대를 두고 있다는 점에서 분명한 한계를 갖고 있기 때문이다.[23]

그러나 공식적인 제도의 설계를 과도하게 강조하는 태도는 그동안 민주화에 대한 연구를 지배해오긴 했지만, 일련의 보다 복잡한 정치적 문제들에 대해서는 점점 더 그 설명력을 잃어왔다. 시장의 규율, 구조조정정책, 불평등의 증대, 사회적 양극화, 배제, 실업을 비롯한 온갖 종류의 사회적 탈구현상(social dislocation)이 벌어지고 있는 상황에서 로버트 달(Robert Dahl)의 고전적 정의에 따른 다두제(polyarchy)의 제도들, 즉 비밀투표, 모든 성인의 보통선거권, 정기적인 선거, 공개경쟁, 집단적인 인식과 접근, 책임성과 관련된 제도들이 불평등과 배제의 원천을 변화시키지 않으면서, 또는 군사적 억압 없이 '사회적 갈등을 처리'할 수 있는 것일까? 바꿔 말하면, 대규모의 사회적 배제가 존재하는 상황에서, 그리고 보다 중요하게는 민주적 제도들에 대한 실망이 증가하는 상황에서 '다두제'를 지속가능하게 만드는 것은 무엇인가?

아르헨티나의 경우 협소하게 공식적인 민주주의만을 강조해서는 공식적인 제도적 설계를 넘어 정치적 힘의 복잡한 영역에 가 닿는 '현실에 존재하는 민주주의'의 정치적 작동을 설명할 수 없다. 아르헨티나에서 역사적으로 전개된 실제의 민주화 과정을 고려할 때 1990년대에 사회적 구조조정이 전개되는 와중에서 신자유주의적 민주주의가 지배구조상의 큰 문제를 겪지 않을 수 있게 해준 구체적인 메커니즘을 분석하는 것이 훨씬 더 흥미를 끈다. 그리고 그 과정에서 그러한 메커니즘이 새로운 모순을 만들어냈는지의 여부와 2001~02년의 위기는 어느 정도나 그 새로운 모순의 표현이었는가를 따져볼 필요가 있다. 아르헨티나의 민주주의는 2001~02년의 위기를 겪은 뒤에 안정을 회복할 수 있을 정도로 강력한 것으로 입증됐는데 왜 그러하고, 어떻게 그렇게 될 수 있었는지를 이해하기 위해서는 민주화의 기획 전체를 살펴보고, 덜 가시적이지만 보다 끈질긴 형태의 권력관계에 주목함으로써 민주화의 기획에 내재된 모순을 파악해볼 필요가 있다.

다시 말해 신자유주의적 민주화의 기획이 대중주의, 은고주의, 후견체제, 당파성, 부패, 정실주의 등을 제거하지 않으면서 지속가능성을 갖추기 위해서는 이런 것들을 어느 정도나 '재조합'해야 하느냐는 질문을 던져볼 필요가 있다. 그리고 이런 '비자유주의적'인 비공식의 관행에 점점 더 많이 의존하는 것은 '변칙현상'이거나 민주주의의 이상형으로부터의 '일탈'로 봐야 할 것이 아니라 시장 규율의 한 조건으로 봐야 하며, 따라서 아르헨티나와 같은 주변부 국가의 신자유주의적 자본주의 발전의 '지구력'을 구성하는 한 측면으로 봐야 하는 것 아닐까? 이런 생각은 '효율적인 민주주의'라는 것에 대한 자유주의적, 다원주의적 수사에 위협이 된다. 왜냐하면 오도넬(O'Donnell)의 표현을 빌리면 위와 같은 '다른 제도화(other institutionalization)'가 작동하는 방식을 면밀하게 살피다 보면 거기에서 정치적으로 효과적인 신자유주의적 지배의 형태를 발견할 수도 있기 때문이다. 위와 같은 생각은 또한 폭넓게 존재하는 가정, 즉 신자유주의와 '대중주의' 정치(은고주의, 후견체제 등)가 양립할 수 있다는 가정과 배치되는 것일 수도 있다.

여기서 지속가능성이라는 개념은 계급과 국가의 구성형태에 관한 기획의 정치적 생명력을 가리킨다. 이런 관점에서 우리는 민주화를 어떤 하나의 '궁극적(윤리적)인 목표'를 향해 나아가는 일련의 단계로 이해할 것이 아니라 사회적, 정치적인 경합이 이루어지는 하나의 과정으로 이해해야 한다. 이렇게 이해한다면 중립적인 공간으로서 공식적인 제도가 지닌 약점이나 강점과 관련된 문제가 중요한 것이 아니라 민주적인 조건 아래서 자본과 노동 사이에 형성되는 권력관계와 관련된 문제가 중요하게 된다. '허약한 민주주의'와 관련된 일반적인 관점은 대체로 보아 오늘날의 선거제도보다 더 깊숙한 곳에 있는 사회적 관계로서의 국가에 대한 개념을 결여하고 있는 것으로 보인다.

예를 들어 신자유주의는 시민들 사이에 정치적 냉담과 무관심의 태도를 만들어내고 시민들과 그들의 대표들 사이의 간극을 확대시키기(이른바 '대의제의 위기') 때문에 민주주의를 '훼손'한다는 주장은 만약 자유주의적 민주주의에 대한 객관적인 이해가 전제되지 않을 경우에는 잘못된 판단으로 이어질 수 있다. 대의제 민주주의는 '민중의 의지'를 '공공의 의지'로 옮기는 것으로는 결코 생각된 적이 없다. 오히려 이와 반대로 대의제의 이론에서 지배적인 접근방식은 슘페터의 고전적인 요약대로 지배엘리트 집단이 내린 결정에 대한 민중적 동의를 확보하는 것과 명시적인 관련이 있다. 이런 이유에서 신자유주의적 민주화 기획은 다이아몬드(Sara Rose Diamond, 미국의 사회학자—옮긴이)의 표현을 빌리면 '시민들이 정치에 관심을 갖긴 하지만 그리 많은 관심을 갖지는 않는' 체제를 지향한다고 보는 경우에 가장 이해하기 쉽다. 집중된 자본분파와 달리 보통의 시민들은 정부의 정책결정에 대해 무관심하거나 영향력을 갖고 있지 못하다는 사실은 신자유주의적 민주화 기획의 취약성이나 실패를 보여주는 것이라기보다는 그 기획의 정치적 성공이나 강점을 보여주는 것으로 봐야 한다. 왜냐하면 그 기획은 하위 종속계급을 정치적으로 무력하게 만드는 기획이자 진보적 개혁이나 혁명적 변화를 공공연하게 선제적으로 가로막는 제도적 메커니즘이기 때문이다.

많은 비판적 학자들이 일관되게 주장해왔듯이 개도국에서의 신자유주의적 민주화의 기획은 국가의 개혁과 권력관계의 재편에 관한 전략을 포함한다. 이는 곧 그것이 새로운 형태의 계급적 지배에 토대를 둔 자본주의적 구조조정의 기획이라는 뜻이다.[24] 사회주의와 대중주의 이데올로기를 압도하게 된 신자유주의적 민주주의 이데올로기는 반정치적, 반국가적 성격을 강하게 띠고 있으며, 정치권력을 이해하는 방식과 정치권력에 도전하는 전략에 결정적으로 그런 방향의 영향을 끼쳐왔다. 아르헨티나의 정치과정에 대한 오해의 대부분은 그것이 '위로부터'의 민주주의 기획에서의 오해든, 그 기획에 대해 '아래로부터' 도전하고자 하는 사람들의 마음속에서의 오해든 간에 그 핵심에 국가가 위기에 처해 있거나 퇴각 중이라는 관념이 자리 잡고 있다. 신자유주의자들은 '세계화'의 기구로서의 국가를 간과하고, 따라서 그들은 우리 시대의 동학이 기술이나 '시장'과 같은 비인격적이고 필연적인 힘에 의해 가동된다고 생각하며, 기술이나 '시장'도 어느 정도는 원래부터 '민주적'이라고 여긴다. 이와 동시에, 그리고 어쩌면 현 단계의 자본주의에 대한 신자유주의적 해석을 무비판적으로 받아들인 결과이겠지만 '밑으로부터'의 정치를 촉진하는 사람들과 '새로운 사회운동'에 관한 연구문헌의 대부분은 저항과 변혁의 장으로서의 국가를 간과하고 있다.[25] 이런 태도는 2000년대 초에 아르헨티나가 겪은 것과 같은 위기의 상황에서 활성화되는 사회운동을 통제하고 새로 등장하는 사회적 행동주체를 규율하는 국가의 권력에 대한 과소평가로 이어질 수 있다.

그러나 실제로 신자유주의가 낳는 것은 국가의 '퇴각'이 아니라 국가의 변형, 그리고 그에 따른 계급 간 역관계의 변형인 경우가 많다. 국가와 세계화에 관한 논의에 가담한 몇몇 비판적 마르크스주의 학자들은 신자유주의적 개혁을 하나의 지배전략으로 이해해야 하며, 그것이 사물화된 개념으로서의 '국가'로부터 역시 사물화된 개념으로서의 '시장'으로 단순히 권력이 이동하는 결과를 가져오는 것은 아니라고 주장한다.[26] 신자유주의 아래에서 변화된 것은 오히려 국가가 경제에 개입하는 방식과 새로운 개입형태에 대한 이데올로기적 정당화의 논리라는 것이다.

그러므로 아르헨티나에서의 민주화 기획을 이해하려면 노동에 대한 자본의 공세적 전략이 지닌 구체적인 내용의 관점에서 국가, 계급, 민주주의 사이의 관계를 재검토해야 한다. 민주적 신자유주의는 축적의 물질적 조건과 격리된 규칙과 절차에만 의존하는 '정치적' 체제도 아니고 단지 '경제적' 체제인 것만도 아니다. 민주적 신자유주의는 정치적인 것과 경제적인 것의 구체적인 역사적 접합이며, 민주적인 조건 또는 적어도 선거주의적인 조건 아래에서 진화하는 자본주의(신자유주의)의 특수한 한 형태다. 신자유주의적 측면을 단지 수식용 형용사로 삼은 '신자유주의적 민주주의'라는 개념과는 분명히 다른 '민주적 신자유주의'라는 개념은 정치적인 것과 경제적인 것 사이에, 다시 말해 보편적인 자유의 정치적인 형태와 시장에 기반을 둔 자본주의 사회에서 나타나는 불평등의 반민주적인 구조 사이에 원래부터 존재하는 모순을 부각시킨다.[27] 민주적 신자유주의는 역사적이고 헤게모니적인 '해법'에 의존하는 사회적 지배의 특수한 한 형태이고, 여기서 '해법'은 영구적인 것이 아니라 사회적으로 대체될 수 있는 것이다. 그러므로 민주적 신자유주의는 '국가의 위기'를 가져온다기보다는 신자유주의 아래에서 통합적인 지배모델을 변화시키고, 그 모델 안에서 콘센서스 및 사회적 규율을 창출하는 구체적인 양식을 변화시키며, 이는 곧 헤게모니를 변화시킨다는 뜻이다. 그람시(Gramsci)와 풀란차스(Poulantzas)의 용어로 말한다면, 이런 변화는 국가가 지배계급을 정치적으로 조직화하는 요소인 동시에 하층계급을 정치적으로 비조직화하는 요소로 기능하는 것을 통해 자본주의와 민주주의 사이의 갈등을 관리하는 정도에 일어나는 변화다.

아르헨티나의 경우에 이런 변화는 노동자들을 기반으로 하는 전통적인 정당 (페론주의)과 민주주의 사이의 역사적 관계에 일어난 변화와 밀접한 관련이 있다. 전통적인 페론주의든 신자유주의적 페론주의든 페론주의는 노동계급의 언어를 구사하지만 노동계급을 예속시키고 규율하는 데 효과적인 장치라고 봐야 한다. 이와 관련해 개념적으로 파악해야 할 것은 오늘날의 페론주의가 전통적인 대중주의(polpulism)와는 다른 방식으로 노동계급을 예속시키고 규율해온 구체적인 메커니즘이다. 레비츠키(Steven Levistky, 하버드대학에 재직 중인 미국의 정치학자—옮긴이)는 최근에 발표한 연구에서 페론당은 노조의 참여와 관련된 전통적 메커니즘을 해체하고 그 대신에 노조에 기반을 둔 은고주의(clientelism)적 관계를 들여앉히는 것을 통해 조직화된 노동자들과의 관계를 재조정하는 탁월한 능력을 바탕으로 신자유주의 시대에 성공적으로 적응했다면서 다음과 같이 설명했다.

"(노동계급의 힘이 감퇴되고 실업이 증가하는 상황에서) 은고주의적 관계의 공고화는 페론당이 도시노동자 및 하층계급과 연결관계를 유지할 수 있게 해주는 새로운 토대가 됐다. 탈공업화로 인해 창출된 도시의 실업자, 자영업자, 비공식부문 노동자 등 이질적인 요소들이 혼합된 계층에 대해서는 노조보다 은고주의적 조직이 더 큰 호소력을 발휘한다. 높은 구조적 실업률이 특징인 도시지역에서는 노조가 주변적으로 존재하거나 아예 존재하지 않는 경향이 있으며, 따라서 집단적 대표제가 효과적이지 못하다. 이러한 곳에서는 지역적 조직, 특히 수혜대상이 구체적으로 정해진 혜택을 분배하는 것에 토대를 둔 지역적 조직이 더 효과적일 수 있다."[28]

그렇다면 신자유주의 아래에서 변한 것은 하층계급을 흡수하고 재통합하는 메커니즘이라고 할 수 있다. 옛 페론주의적 대중주의가 사회적 권리 및 노동자의 권리와 '보편적' 분배조치의 통합을 토대로 한 것이었다면, 신자유주의적 페론주의는 초점이 보다 분명한 빈곤경감 전략을 토대로 한다. 로버츠(Kenneth M. Roberts, 코넬대학에 재직 중인 미국의 정치학자—옮긴이)가 실증분석을 통해 중남미에서 신자유주의와 대중주의의 양립 가능성을 증명하면서 일관되게 주장해왔듯이 신자유주의적 정책조정은 선별된 특정한 집단들에 물질적 편익을 집중적으로 제공하는 방식을 취하며, 이렇게 제공되는 물질적 편익은 지역별 은고주의적 거래의 토대가 될 수 있다. 이렇게 수혜대상을 특정하는 방식의 정책은 보편적인 정책보다 재정에는 부담을 덜 주지만, 두 가지 방식 다 물질적 보상과 정치적 지지를 교환하고자 하는 것이라는 점에서 그 정치적 논리의 작동은 똑같다. 로버츠는 더 나아가 다음과 같이 지적했다.

"수혜대상을 특정하는 방식의 정책은 비용이 적게 든다는 장점도 있지만 직접적이고 얼른 눈에 띄기 때문에 정부의 지도자들이 물질적 이득을 가져다준 것은 자기들이라고 주장할 수 있게 해준다는 장점도 있다. 이런 선별적인 정책은 정부의 지도자들로 하여금 지역적인 기획을 추진하거나 특정한 수혜대상자들에게 물질적 편익을 제공할 수 있게 해주기 때문에 지도자 개인과 대중 사이의 대중주의적 관계와 매우 잘 들어맞는다. … 왜냐하면 집단적인 행동을 유도하는 데는 공공재보다 선별적인 인센티브가 더 강력한 유인이 되고, 보편적으로 제공되는 편익, 특히 가격보조금이나 외환통제와 같이 정치적 의미가 얼른 드러나지 않는 편익보다는 선별적으로 제공되는 편익이 더 강력한 은고주의적 유대를 창출할 수 있기 때문이다."[29]

이런 정책은 신자유주의에 대항하는 하층계급의 행동공간을 축소시키는 경향이 있을 뿐만 아니라 선거에서 승리하기 위해 필요한 대중적인 정치적 지지기반을 창출하는 데 도움을 주기도 한다. 그래서 페론당은 선거에서 지지표를 가장 많이 얻을 수 있는 방향으로 은고주의와 후견체제에 기반을 둔 관계의 폭넓은 비공식 네트워크를 가동한다. 전통적 대중주의에서 후견의 관행이 없었던 적은 없으나 득표를 최대화할 목적으로 물질적 편익을 제공하는 것이 주된 전략이 됐던 적은 드물다. 이는 1955년부터는 페론주의가 선거의 영역에서 배제됨에 따라 정당조직을 갖추지 못하고 일종의 대항문화로 존재했던 경험에 주로 기인한 것이다. 대항문화로 존재하던 기간에 페론주의자인 지역지도자들이 지역주민들 가운데 친분관계가 있거나 페론주의에 대한 충성심 또는 페론주의 이념을 갖고 있는 사람들과 긴밀한 관계를 유지했다. 이와 달리 신자유주의적 페론주의의 기반은 탈정치화한 형태의 새로운 사회적 행동주의이며, 여기에서는 은고주의적 지역지도자들이 보다 기업가적인 성격을 띠게 되면서 후견조직이 마치 일종의 기업처럼 운영된다.[30] 키르치네르는 선거에서 이길 목적으로 전통적인 페론주의나 메넴주의적 페론주의에서 가능했던 수준을 넘어서는 광범위한 선거연대를 구축함으로써 페론주의를 훨씬 더 신축적으로 활용했다. 그가 구축한 선거연대는 피케테로, 인권단체, '라디칼스 카(Radicals K, 키르치네르를 지지하는 사람들—옮긴이)'라고 불린 급진당(UCR; Union Civica Radical) 당원 등을 '승리전선(Frente para la Victoria, 키르치네르의 정치전선이자 선거연대 조직—옮긴이)'의 산하에 집결시킨 것이었다. 승리전선은 2005년의 의원선거에 대비해 결성된 정치조직으로, 그 선거에서 키르치네르의 부인인 크리스티나 키르치네르를 상원위원으로 당선시켰고, 2007년의 대통령선거에서는 아마도 그녀를 대통령에 당선시키는 역할을 하게 될 것으로 보인다(2007년 10월에 실시된 대통령선거에서 크리스티나 키르치네르는 실제로 대통령에 당선됐다—옮긴이).

페론당이 하층계급을 위(국가)로부터 통제하는 주목할 만한 능력을 새롭게 보여주었다는 사실은 빈곤과 사회적 불평등의 증대가 진보적 대안을 찾는 민중적 반발을 필연적으로 불러일으킴으로써 신자유주의적 민주주의를 '훼손'할 것이라는 단순한 가정이 옳지 않음을 입증하는 것일 수 있다. 이런 가정과는 반대로 아르헨티나의 경우는 신자유주의가 "그 어떤 진보적 대안에도 필수적인 요소가 되는 대중적, 집단적인 행동주체의 약화와 분열에 원인이 되는 동시에 그 결과이기도 했다."[31]

그러나 하나의 지배형태로서의 신자유주의적 민주주의는 일련의 모순을 낳는다는 점을 고려하면 그것이 비용이 들지 않는 것이라고 말할 수 없다. 첫째, 신자유주의의 배제적 성격은 문민정부의 첫 대통령이 된 라울 알폰신(1983년부터 1989년까지 재임—옮긴이)의 유명한 취임연설에서 제시된 민주주의의 약속("민주주의는 먹을 것을 가져다주고, 병을 고쳐주고, 교육을 시켜준다")과 어긋난다. 민주적 신자유주의는 사회적 재화를 공급하겠다는 약속을 하지만, 그러면서도 그렇게 하는 데 필요한 제도를 해체한다. 게다가 민주적 신자유주의 체제는 '성공적'인 경제적 결과(메넴 정부의 경우에는 통화의 안정, 키르치네르 정부의 경우에는 GDP의 지속적인 증가)라는 토대 위에 구축된 것이라는 점도 모순을 낳는다. 왜냐하면 이런 점은 시민사회의 상업화가 증대하는 상황에서 정치적 강점의 원천이 될 수 있지만, 이와 동시에 성공적인 경제적 결과가 실현되지 못할 경우에는 커다란 취약성의 원천이 되기도 하기 때문이다. 이는 알폰신 정부가 초인플레이션의 위기와 더불어 무너지고 데 라 루아 정부가 태환체제의 종식과 더불어 무너진 데서 입증된다.

둘째, 배제된 사람들 가운데 점점 더 많은 사람들이 '자유선거', '책임성' 등에 의존하기보다는 은고주의와 후견체제에 점점 더 의존하게 되는 경향이 있으며, 이런 경향은 공식적인 제도와 일상의 생존전략 사이에 깊은 균열을 초래할 수 있다. 셋째, 페론주의자들은 비페론주의 정당들에 비해 후견체제를 활용하는 데 더 능숙하며, 이런 점은 사실 최근에 '아르헨티나 정치의 새로운 철칙'으로 규정돼왔다.[32] 이런 점에서 정치체제의 안정은 페론당이 민중계급의 행동을 억제하는 비공식 네트워크를 지속시킬 수 있는 능력을 얼마나 갖고 있으며, 그렇게 하는 데 필요한 국가의 재원을 얼마나 활용할 수 있는가에 의존하게 된다. 따라서 1998년에 시작된 경기침체와 같이 길게 이어지는 경기침체가 국가재정에 제약을 가할 경우, 또는 1999년과 2001년 사이에 데 라 루아 정부를 뒷받침했던 정치동맹(일자리, 정의, 교육을 위한 동맹— 옮긴이)과 같은 비페론주의 정당이 집권여당이 됨에 따라 위와 같은 페론당의 능력이 위축될 경우에는 실업자들, 일반적으로는 체제의 '희생자들'이 행동과 조직화를 위한 다른 경로를 찾는 경향이 있다. 사실 1997~98년 이후로 아르헨티나에서는 민주주의의 약속이 실현되지 않자 제도정치와는 완전히 별도로 신자유주의 정책에 대항하는 대중적인 형태의 행동과 저항이 분출되는 특이한 상황이 전개됐다. 이는 곧 파업, 시위, 도로차단, 점거를 비롯한 다양한 방식의 직접적인 의사표현과 평등권에 대한 요구가 민주주의의 '숨겨진', 또는 대중적인 면모가 될 경우에만 부분적, 일시적으로 제한적인 형태의 민주주의가 '민중부문을 길들이는 것'이 가능함을 뜻한다.[33]

그러므로 아르헨티나의 민주적 신자유주의는 기본적인 모순 아래 존재하고 있다고 주장할 수 있다. 한편으로는 아르헨티나의 민주주의를 구성하는 후견체제 및 은고주의의 전략과 결합된 전통적인 정치관행에 대한 실망이 오히려 자본주의의 지배엘리트(초국적 지배엘리트와 국내 지배엘리트) 집단이 얻어낸 권력을 확고하게 굳히고 그 권력에 도전하는 세력을 확고하게 배제하거나 탈정치화시키려고 하는 신자유주의적 정치기획에 크게 도움이 돼왔다. 이와 동시에 다른 한편으로 이러한 실망은 배제된 사람들이 반대의 행동에 나서고 새로운 형태의 투쟁과 조직화를 해나갈 수 있는 공간을 새롭게 열어주었다.

하층계급의 탈정치화와 재정치화라는 이중의 흐름이 존재한다는 점은 국가에 대한 자율성과 의존성 사이의 복잡한, 그리고 변증법적인 관계에 토대를 둔, 위와 같은 새로운 형태의 정치가 제기하는 도전의 성격과 범위에 대해 근본적인 질문을 던지게 한다. 또한 이와 같은 재구성의 흐름은 진보적 정치에 다소 혼란스러운 결과, 즉 위기를 통한 정치적 재생산과 은고주의의 확장이라는 결과를 가져올 수 있다. 사실 아르헨티나의 위기가 창출한 새로운 '희생자'와 실업자들은 더

욱 더 취약해져서 국가적인 비상대책과 그 혜택을 배분하는 재량적인 방식에 의
존하게 되고, 그럼으로써 배제된 사람들에게 페론주의의 은고주의가 영향을 미
치는 범위가 확대되고 있다.

이렇게 되는 이유는 주로 피케테로로 상징되는 실업자들의 운동이 생겨나고
전개되는 과정이 모순적이라는 데 있다. 애초에 실업자들을 집단행동에 나서게
하는 데 중요한 역할을 했던 운동의 이질적 구성과 자율성이 동시에 정치적 취약
성의 원천이 되기도 한다는 점이 확인됐다. 실업자들의 운동은 처음에는 공식 노
조(CGT, 노총)와 정당, 그리고 그 어떤 정치적 지도부의 개입도 거부함으로써 전
통적인 형태의 정치에 공공연히 맞서면서 등장했다. 그리고 그 운동은 직접적인
정치적 행동(도로차단)이나 전통적으로 수직적인 피라미드 형태인 페론주의 노
조의 구조와는 다른 직접적이고 수평적이며 민주적인 의사결정절차(집회)를 통
해 형성된 밑으로부터의 새로운 정치를 선도했다. 이런 새로운 정치의 무대는 공
장이 아니라 지역공동체였다. 피케테로 운동은 점점 더 거주구역(바리오,
barrio) 단위의 공동체적 경험이 정치화하는 과정의 통로가 됐고, 이로써 새로운
형태의 조직화와 자치를 촉진했다. 그리고 이렇게 결성된 조직들은 '플라네스
트라바하르(Planes Trabajar; 실업자에게 매달 일정액을 지급하는 대신에 공공기
관에서 일을 하게 하는 방식의 실업자 생계지원 제도—옮긴이)'를 비롯한 구호
형태의 지원을 무료급식소나 공공병원에 음식을 공급하는 협동조합형 농장과 빵
가게와 같이 사회적 필요를 충족시키는 생산적인 사업을 지원하거나 학교나 주
택과 같은 공공건축물을 짓는 사업을 지원하는 형태로 전환시켰다.

다른 한편으로 조직적 자율성을 중시하는 피케테로 조직들의 입장은 그들이
국가의 정책적 지원에 완전히 의존하고 있다는 사실과 어긋나는 것이었다. 그들
이 지속적으로 투쟁한 결과로 그러한 국가적 지원이 이루어지게 된 것이긴 하지
만, 이 때문에 그들이 생산과 조직에서 자율성을 누릴 수 있는가가 궁극적으로는
국가가 그들에게 보조금을 지급할 능력이 있는가에 의존하는 상황이 된 것이다.

플라네스 트라바하르에 대한 요구를 중심으로 피케테로 운동이 점점 더 제도화된 것은 실업자들로 하여금 새로운 형태로 '밑으로부터'의 정치화를 해나갈 수 있게 했지만, 이와 동시에 그들이 은고주의적 통합과 정치적 분열에 취약해지게 만들었다. 사실 플라네스 트라바하르는 실업자들을 국가에 의존하는 집단으로 만들면서 그들을 통합하는 데는 물론이고 그들을 분할통치하는 데도 효과적인 전략이었다. 왜냐하면 점점 더 많은 실업자 조직들이 정부와 어느 정도 협력을 하는 것이 다소나마 이익을 확보하는 데 가장 효과적인 방법이라는 결론을 내렸기 때문이다.[34]

피케테로 조직들의 분열은 2001년까지는 문제가 되지 않았다. 그때까지는, 특히 데 라 루아 정부 아래에서는 피케테로 조직들 사이의 협력이 유지되고 있었기 때문이다. 그러나 국가지원의 수혜대상 범위가 크게 확대(30만 명에서 200만 명으로)되면서 정치적, 이념적 차이에 따른 분파 간 경쟁과 갈등이 생겨났다.[35] 이런 점은 피케테로 운동이 '피케테로 전국대회'라는 전국적인 조직을 창출하려는 시도에서 거듭 실패한 이유를 부분적으로 설명해준다. 피케테로 운동은 개량주의자들(노조의 전통을 가진 '토지 및 주거 연합(FTV)'과 '계급의식과 전투의 조류(CCC)' 등), 혁명주의자들(트로츠키주의자들, 게바라주의자들, 공산주의자들, 민족주의자들, 사회주의자들을 비롯해 적어도 10개 이상의 분파), 자율주의자들(사파티스타의 경험에 의해 고무된 실업노동자운동(MTD) 조직들)로 나뉘어졌고, 운동의 주도권을 둘러싼 이들 사이의 갈등이 운동 전체의 통합을 가로막았다.

피케테로 운동에서 특징적으로 나타난 정치적 분열은 좌파 정치 내부의 변화와 지속성 사이의 복잡한 관계를 보여주는 동시에 민주적 신자유주의에 맞서 아래로부터 형성된 새로운 형태의 정치가 지닌 근본적인 한계도 보여준다. 피케테로 운동은 수평적이고 반제도적인 조직형태와 수직적인 조직형태 사이의 갈등을 보여주는 동시에 하층계급을 지도하는 역할을 둘러싸고 페론주의와 좌파적 대안들 사이에 생겨나게 된 특수한 갈등도 보여준다. 피케테로 운동의 사례는 신자유주의 안에서 실업자인 상태나 실업자가 될 수 있는 가능성이 발휘하는 규율효과, 자율적인 전략의 유효성, '밑으로부터'의 새로운 정치가 단지 생존의 정치가 아닌 사회변혁의 정치가 되는 정도, 애초에 배제를 창출한 권력구조를 변혁하지 않고도 생존전략을 유지할 수 있을 가능성 등과 관련된 중요한 질문을 던지게 하며, 궁극적으로는 노동계급의 이념적, 정치적 분열이 노동계급의 능력을 강화시키는 원천이 될지, 아니면 약화시키는 원천이 될지에 관한 질문을 던지게 한다.

피케테로 운동의 사례는 자본의 정치적 통합체, 즉 국가에 도전할 수 있는 세력으로서의 노동자들(실업자들도 포함) 사이에 일어나는 정치적 분열을 보여준다. 이런 현상은 '좌파'에게 이론적, 철학적, 이념적 문제인 것만이 아니다. 그것은 정치적, 물질적 문제이기도 하다. 왜냐하면 페론주의는 하층계급 사이에 자신의 권력기반을 유지하는 데 필요한 국가의 재원을 이용할 수 있는 특권을 누리고 있으며, 좌파는 이런 페론주의와 경쟁을 할 능력을 갖고 있지 않은 것으로 보이기 때문이다. 국가에 도전할 수 있는 세력으로서의 노동자들이 보여주는 정치적 분열은 궁극적으로는 위기에 처한 정치적 전략의 문제를 부각시킬 뿐만 아니라 민주적 신자유주의가 그 자신의 모순을 관리가능한 범위 안으로 유지시키는 데서 제도적인 유연성을 발휘한다는 점도 부각시킨다.

주석

1 여기서 '노출'이란 '에스크라체(escrache)'라고 불리는 시위의 한 형태를 말한다. 이는 실종된 사람의 자식들이 처음 시작했다. 그들은 실종된 부모를 탄압했던 사람의 집에 표시를 하거나 달걀 등을 던지는 행동을 통해 탄압자의 소재를 '노출'시켰다.

2 Edward Epstein, 'The Piquetero Movement of Greater Buenos Aires: Working Class Protest During the Argentine Crisis', Canadian Journal of Latin American and Caribbean Studies, 28(55/56), 2003.

3 예를 들어 다음 자료들을 보라. G. Perry and L. Serven, The Anatomy of a Multiple Crisis. Why was Argentina special and what can we learn from it?, Chief Economist Office, LAC, World Bank, 2002; M. Mussa, Argentina and the Fund: From Triumph to Tragedy, Washington: Institute for International Economics, 2002.

4 Larry Diamond, Developing Democracy. Towards Consolidation, Baltimore: The Johns Hopkins University Press, 1999; Philippe Schmitter, 'Transitology: The Science or the Art of Democratization?', in Joseph S. Tulchin (with Bernice Romero), ed., The Consolidation of Democracy in Latin America, Boulder: Lynne Reinner, 1995.

5 Jorge Altamira, El Argentinazo. El Presente como Historia, Buenos Aires: Rumbos, 2002; Rubén Dri, La Revolución de las Asambleas, Buenos Aires: Ediciones Diaporias, 2006; the Journal Cuadernos del Sur.

6 R. Zibechi, Genealogia de la revuelta. Argentina, Sociedad en Movimiento, Buenos Aires: Letra Libre, 2003; Ana Dinerstein, 'The Battle of Buenos Aires. Crisis, Insurrection and the Reinvention of the Political in Argentina', Historical Materialism, 10(4), 2003; Alberto Bonnet, 'Que se vayan todos. Crisis Insurrección y caida de la convertibilidad', Cuadernos del Sur, 33, 2002; the Journal Colectivo Situaciones.

7 Toni Negri et al., Dialogo sobre la globalizacion, la multitud y la experiencia argentina, Buenos Aires: Paidos, 2003.

8 John Holloway, 'Argentina: Que se vayan todos', Herramienta, 20(VII), 2002.

9 James Petras and Henry Veltmeyer, 'Argentina: entre la desintegracion y la revolución', in Petras and Veltmeyer, eds., Las Privatizaciones y la Desnacionalizacion de América Latina, Buenos Aires: Prometeo, 2004.

10 Enrique Peruzzoti, 'Demanding Accountable Government: Citizens, Politicians and the Perils of Representative Democracy in Argentina', in Steve Levitsky and Victoria Murillo, eds., Argentine Democracy: The Politics of Institutional Weakness, University Park: Penn State University Press, 2005, p. 230.

11 Juan Grigera, 'Argentina: On Crisis and a Measure for Class Struggle', Historical Materialism, 14(1), 2006.

12 Juan Iñigo Carrera, 'Argentina: The Reproduction of Capital through Political Crisis', Historical Materialism, 14(1), 2006.

13 Ernesto Calvo, 'Una fuerte participación enterró el voto bronca y dio paso al voto útil', Clarin, 28 April 2003, p. 12; Carrera, 'Argentina'; Alberto Bonnet, 'Que se vayan todos!: Discussing the Argentine Crisis and Insurrection', Historical Materialism, 14(1), 2006.

14 2차 투표에서는 키르치네르(Kirchner)가 22퍼센트의 득표율로 1위를 차지했다. 하지만 이런 결과는 2차 투표에서 키르치네르가 압승할 것으로 예상한 메넴이 경쟁에서 물러난 상태에서 투표가 실시된 데 따른 것이었다.

15 예를 들어 1993년에 산티아고 델 에스테로(아르헨티나의 북부에 있는 도시—옮긴이)에서 임금체불과 대규모의 공무원 해고에 대한 항의로 사람들이 지방의회, 법원, 주지사의 관사 등에 불을 지르는 상징적인 소요가 일어났지만, 그 직후에 이 도시에서 실시된 선거에서 페론당이 63퍼센트의 득표를 했다. 티에라 델 푸에고(남미대륙의 남쪽 끝 부분에 있는 섬—옮긴이)에서는 그 지역의 지방정부에 대한 대규모 항의시위 과정에서 한 노동자가 살해된 뒤에 선거가 실시됐는데도 페론당이 61퍼센트의 득표를 했고, 후후이(아르헨티나의 북서쪽에 있는 도시—옮긴이)에서는 몇 차례의 항의시위와 민중봉기를 거친 뒤였는데도 페론당이 47퍼센트의 득표를 했다.

16 아과스 아르헨티나스(Aguas Argentinas, 물기업)와 코레오스 아르헨티나스(Correos Argentinos, 우편서비스기업)와 같은 공익사업체 몇 개를 다시 국유화하려는 노력이 시작됐지만, 이런 노력은 아직은 1990년대의 민영화 과정을 체계적, 구조적으로 역전시킬 정도에는 이르지 못하고 있었다.

17 James Petras, 'Argentina: valoración tras dieciocho meses de lucha popular', in Petras and Veltmeyer, eds., Las Privatizaciones.

18 Dinerstein, 'The Battle of Buenos Aires'.

19 Grigera, 'Argentina', pp. 2~3.

20 예를 들어 다음 자료들을 보라. Arturo Escobar, 'Imagining a Post-developmental Era', in Jonathan Crush, ed., Power of Development, New York: Routledge, 1995; G. Cieza, Argentina: Ideas para el debate sobre los nuevos movimientos socials autónomos. Paper presented at the Taller Autogestionado sobre Reconstrucción del Movimiento Popular at the Foro Social-Buenos Aires, 2002, available at http://www.lahaine.org.

21 Javier Auyero, La Politica de los Pobres. Las Prácticas Clientelistas del Peronismo, Buenos Aires: Manantial, 2001.

22 World Bank, Equity and Development, Washington: World Bank, 2006.

23 프랜시스 후쿠야마(Francis Fukuyama)의 상징적인 표현을 옮기면, 신자유주의적 예언자들은 이러한 제한된 형태의 민주주의가 "인류가 걸어온 이념적 진화의 종착점이자 인간이 운

영하는 통치체제의 마지막 형태"라고 주장해왔다. The End of History and the Last Man, New York: Free Press, 1991, p. xi.

24 예를 들어 다음 문헌들을 보라. B. Gills et al., Low Intensity Democracy: Political Power in the New World Order, London: Pluto Press, 1993; W. Robinson, 'Globalization: Nine Theses on our Epoch', Race and Class, 38(2), October~December 1996; J. Saul, 'Globalism, Socialism and Democracy in South African Transition', Socialist Register 1994.

25 이런 태도는 네그리와 하트(A. Negri and M. Hardt, Empire, Cambridge: Harvard University Press, 2000), 홀러웨이(J. Holloway, Change the World without Taking Power, London: Pluto Press, 2002), 이른바 '개방적 마르크스주의(Open Marxism)'를 주장하는 사람들, 에스코바르(A. Escobar, 'Imagining a Post-Development Era')를 비롯한 중남미의 많은 '포스트 구조주의(post-structuralist)' 학자들, 아르헨티나의 라울 시베치(Raúl Zibechi, Genealogia de la Revuleta, La Plata: Letra Libre, 2003), 레우코윅스(I. Lewcowicks, Pensar sin Estado, Buenos Aires: Paidos, 1994) 등에게서 볼 수 있다.

26 예를 들어 Leo Panitch, 'Globalisation and the State', Socialist Register 1994를 보라.

27 여기서 민주적 신자유주의(democratic neoliberalism)라는 개념은 A. Borón, 'The Truth about Capitalist Democracy', Socialist Register 2006에서 제시된 '민주적 자본주의(democratic capitalism)'라는 개념을 부분적으로 응용한 것이다.

28 S. Levitsky, 'Crisis and Renovation: Institutional Weakness and the Transformation of Argentine Peronism, 1983~2003', in Levitsky and Murillo, eds., Argentine Democracy, p. 195.

29 K. Roberts, 'Neoliberalism and the Transformation of Populism in Latin America: The Peruvian Case', World Politics, 48(1), 1996, p. 91.

30 S. Levitsky, Transforming Labour-Based Parties in Latin America. Argentine Peronism in Comparative Perspective, Cambridge: Cambridge University Press, 2003, p. 207.

31 K. Roberts, 'Neoliberalism and the Transformation of Populism', p. 115.

32 Ernesto Calvo and Victoria Murillo, 'The New Iron Law of Argentine Politics? Partisanship, Clientelism and Governability in Contemporary Argentina', in Levitsky and Murillo, eds., Argentine Democracy.

33 J. Saul, 'Globalism, Socialism and Democracy'.

34 J. Wolff, '(De-)Mobilising the Marginalised: A Comparison of the Argentine Piqueteros and Ecuador's Indigenous Movement', Journal of Latin American Studies, 39, 2007, p. 23.

35 이러한 분열에 대한 자세한 분석은 M. Svampa and S. Pereyra, Entre la Ruta y el Barrio. La Experiencia de las Organizaciones Piqueteras, Buenos Aires: Biblos, 2003에서 볼 수 있다.

반혁명에 대한 반혁명_오늘날의 동유럽

G. M. 타마스

헝가리에서는 1989년 이전에는 공산당 청년동맹의 비서였다가 그 뒤에 억만장자 사업가가 된 재능 있는 젊은 정치지도자인 페렌츠 주르차니가 2006년에 사회당과 자유당의 동맹세력을 이끌고 선거에서 승리해 총리직을 유지했다. 2006년의 선거에서 그는 좌파 대중주의적 공약에 토대를 둔 선거운동을 전개했지만, 그 스스로 자신이 소속된 정당에서 비밀리에 한 연설에서 그 공약은 교묘한 거짓말들을 합쳐놓은 것이었다고 말했다. 이 연설의 내용이 누설되자 부다페스트에서 소요가 일어났고, 거짓말의 상징으로 지목된 국영 텔레비전 방송국 본부가 방화됐다. 1956년의 헝가리혁명 50주년 기념일인 2006년 10월 23일에는 며칠 전의 소요 때 패배를 당한 경찰이 이미 붙잡혀 감옥에 갇힌 시위자를 구타하고, 자기들의 길을 가로막는 행인도 가리지 않고 구타하는 방식으로 보복을 가했다. 이때 자유주의 지식인들은 경찰의 테러행위를 옹호함으로써 영원한 오명을 남겼다.

항의시위는 급속히 격렬해지면서 몇 달간 계속됐다. 이 시위를 지배한 상징물은 화살십자당(Arrow—Cross) 표시였다. 화살십자당은 1944년에 포위당한 부다페스트 안에서 반유태인 테러행위를 저지른 것으로 유명한 헝가리의 나치당이다. 이 시위는 빅토르 오르반 전 총리가 이끄는 의회 내 우파세력의 교묘한 공작에 의해 진압됐다. 집권여당 세력은 강한 긴축조치, 세금인상, 보건분야에 대한 지출을 비롯한 사회적 지출의 축소, 병원 폐쇄(보건분야의 혼란으로 인한 사망자가 이미 발생한 상황에서), 학교와 문화시설 폐쇄, 각종 보조금의 삭감이나 중단, 병원과 철도, 전력공급, 도시행정 등에 대한 민영화 계획 추진, 의약품 가격을 비롯한 각종 물가의 자유화, 공무원인 의사를 방문하는 환자에게 방문할 때마다 진찰료를 물리는 제도의 도입, 대학생들에 대한 수업료 부과, 대중교통수단 요금의 두 배 인상, 임금과 연금의 동결 등을 밀어붙이고 있다. 이 모든 조치는 공공부채와 무역적자를 줄이기 위한 것이다. 유로통화권에 가입하고자 하는 국가에 대해 유럽연합(EU)이 의무적인 준수사항으로 부과하는 이른바 '수렴조건'이 그것을 요구하고 있기 때문이다. 유권자들보다도 오히려 스탠더드 앤드 푸어스와 같은 국제 신용평가회사들이 이 나라 정부의 정책에 더 큰 영향력을 행사하고 있다.

이 모든 것에 대해 외국인혐오주의, 반유태주의, 반서구주의, 반이주민주의(헝가리에는 이주노동자가 사실상 존재하지 않지만, 지금 공직에 있는 뿌리 없는 '세계시민'들이 쫓겨나지 않는 한 앞으로 언젠가는 헝가리에도 이주노동자가 존재하게 될 것이다. 그러니 여기에 반이주민주의도 포함됐다 해서 이상할 것은 없다)의 성격을 지닌 반공산주의 선동자들이 목소리를 높여 반대하고 있다. 여론조사는 의회 안에서 중도좌파가 사라질 수도 있음을 보여주고 있고, 정부를 지지하는 사람들은 공공연하게 위협당하고 있다. 정부의 조치들 가운데 가장 인기가 없는 것들에 대한 국민투표가 의회 내 우파의 주도로 추진되고 있고, 이 국민투표의 결과는 사회당과 자유당의 연립정부인 현 정부에 또 하나의 큰 패배를 안겨줄 것이 틀림없다. 경찰권 남용이 문제가 되어 경찰 수뇌부 3명, 비밀경찰 수장, 법무부 장관이 책임을 지고 불명예 퇴진을 했다. 부패가 만연해 있고, 도로나 지하철 공사는 흐지부지되고 있는 상황이다. 업무지역에 지어지고 있던 고층 사무실 건물은 공사가 중단됐고, 기존의 사무실 건물은 텅텅 비어 있다. 공적인 시설과 제도의 신뢰도는 땅바닥에 떨어진 상태다.

베르마흐트(이차대전 당시의 독일군—옮긴이)의 군모를 흉내 낸 모자를 쓰고, 자기들이 소속된 단체의 공식 이름인 '고이 바이커스(Goy Bikers, 고이(Goy)는 비유태인이라는 뜻임—옮긴이)'를 가죽잠바에 과시하듯 새겨 넣은 수천 명의 오토바이족이 나치와 화살십자당의 문양을 그려 넣은 깃발을 오토바이에 꽂고 부다페스트 도심의 주요 도로를 이리저리 달리면서 엄청난 소음을 내고 배기가스를 흩뿌리고 있다. 이 나라에는 지금 정당과 무관한 비선출직 인사들로 구성되는 상원을 설치하고 주권을 인민이 아닌 전통적인 왕실에 부여하는 헌법을 제정할 것을 요구하는 집회와 시위가 끊이지 않고 있다.

이러한 정치적 광기의 폭발을 어떻게 봐야 할까? 1953년(동베를린), 1956년(부다페스트), 1968년(프라하), 1981년(그다니스크)의 혁명적 격동과 달리 1989년에 동유럽에서 일어난 체제변화는 더 순수하고 더 나은 사회주의, 노동자위원회, 자율관리를 의미하는 것도, 더 많은 임금을 의미하는 것도 아니었다. 그것은 '정상적인 상태'를 되살리고 역사적 연속성을 재수립하는 것이자 '서구'에 대한 무조건적인 추종, 의회민주주의, '시장'이라는 3중의 옛 교리를 재수립하는 것으로 여겨졌다.

내가 이미 다른 곳에서 주장했듯이,[1] 이런 연속성의 개념은 신기루에 불과하다. 동유럽에는 그와 같은 체제가 존재했던 적이 없다. 동유럽에 존재했던 체제는 허약한 대농장에 토대를 둔 후진적인 농업사회, 대체로 영락한 지주계급의 자식들로 충원되고 언제든지 쿠데타를 일으킬 수 있는 군부가 주도하는 권위주의적인 정치질서, 적대적인 것으로 인식되는 '서구'에 대한 격렬한 반대가 지배하는 공적생활 또는 지적생활 뿐이었다. 그동안 존재했던 근대성의 요소들은 레닌주의적 사고방식을 가진 계획가나 근대화 추진자들이 피와 고통, 결핍, 독재, 검열 등의 큰 대가를 치르기를 강요하면서 역동성, 도시화, 정교분리, 공업화, 문맹의 감축, 보건위생의 개선, 인프라 구축, 핵개발, 노동규율 등을 실현한 결과다.

그 결과는 새로운 시장자본주의과 다원적 민주주의가 수립되는 데 토대가 됐다. 그리고 그 시장자본주의와 다원적 민주주의는 허구인 자유주의적 과거의 재발견이 아니라 역사상 처음으로 명령에 의해 도입된 것이었다. 그리고 아주 이상적인 정치에서도 피할 수 없는 속임수와 사기행위를 제쳐놓고 이야기한다면, 그 명령은 나도 열광적으로 참여했던 행진, 집회, 회의에 동참했던 사람들, 즉 당시에는 '인민'으로 여겨졌지만 사실은 실제 인민 가운데 기껏해야 5퍼센트에 불과했던 사람들 사이에서는 매우 인기 있는 것이었다. 그렇지만 몇십 명의 반역자들만 모이던 음침한 비밀회합 장소에서 벗어나 환하게 햇빛이 비치는 열린 공간으로 나온 우리에게는 십만 명 정도의 사람들도 '대중'으로 보였다. 소수인 '인민'들은 분산돼 있었던 관계로 1848년과 1968년의 결합이라고 할 수 있는 정치적 태도와 세계관을 갖고 있었다. 다시 말해 그들은 권위주의, 문화적 억압과 성적 억압, 규율, 청교도주의에 대한 혐오감과 뒤섞인 민주적 민족주의와 입헌적 자유주의의 사고방식을 갖고 있었다.

이런 이데올로기적 현상은 당시의 우리에게는 깊이가 있고 흥미로우며 견고한 것으로 보였지만 사실은 일시적인 것이었고, 거의 모든 관찰자들이 매우 느리게만 이해할 수 있었던(이해한 것을 포괄적으로 표현하는 것은 훨씬 더 느렸다) 상황이 반영된 것이었다.[2] '현실사회주의'에 대해 좌파 내 반대파에서 제기한 대부분의 비판에 대해서도, 1968년적인 성격을 가진 1989년의 자유지상주의적 감성에 대해서도 만족스러운 설명이 나오지 않았다. 심지어는 가장 뚜렷하고 분명한 설명방식일 수 있는 역사적 비교도 이루어지지 않았다. 내가 가장 묘하다고 생각하는 점은 동구와 서구에서 복지국가 위기의 발생이 시기적으로 일치했는데도 이런 사실에 대한 관심이 거의 일깨워지지 않았다는 것이다. 소련진영이 스스로를 '사회주의'라고 선언했으므로 그것은 사회주의인 것이 틀림없다는 식으로 그저 믿어버리는 태도로 인해 역사적, 정치적 상상력이 마비된 것이었다. 그리고 보다 중요한 점은, 바로 이 때문에 다양한 색채의 서구열강이 모두 그들에게 부단히 싸움을 걸었다는 것이다.

여기서 몇 가지 분명히 해둬야 할 것이 있다. '현실사회주의'는 특이한 종류의 국가자본주의였다는 데 대해 그 어떤 의문도 있을 수 없다고 나는 생각한다.[3] 그것은 정치적 표현에 대한 전반적인 금지는 물론이고 상품생산, 임금노동, 사회적 분업, 자본의 실질적인 노동 포섭, 축적의 강제, 계급지배, 착취, 억압, 강제적 획일화, 위계체제, 불평등, 대가 없는 가사노동, 노동자의 시위에 대한 금지, 파업의 불법화 등을 내용으로 가진 체제였다. '조율되는 시장'이 아직 실현되지 못했다는 것이 남아있는 문제였고, 이 때문에 시장이 정부의 계획을 대체하지 못했다. 이런 체제에 대해 말할 때 '사유재산'이라는 용어는 오해를 불러올 수 있다. 왜냐하면 사유재산이란 프롤레타리아가 생산수단으로부터 분리됨을 가리킨다는 점에서 중요한 용어인 것인데, 이런 의미에서는 국유재산도 사유재산으로 볼 수 있기 때문이다. 국유재산과 사유재산 사이에 존재하는 현저한 차이를 무시하려고 해서는 안 되겠지만, 그럼에도 불구하고 둘 사이에는 이처럼 같은 점도 있다. 또한 사유재산이 그 법률적인 의미대로 통제를 의미하는 것이라고 해도 국유재산은 사유재산이 된다. 그 누구도 소련식 체제에서 노동자들이 생산, 분배, 투자, 소비를 통제했다고 주장하지는 못할 것이다.

스탈린이 죽은 뒤에 소련진영과 유고슬라비아에서 일종의 권위주의적 복지국가를 수립하려는 시도가 전개됐던 것도 사실임은 의심할 나위가 없다. 대체로 1956년부터 1989년까지 전개된 이런 시도가 추구한 권위주의적 복지국가는 서구의 그 어떤 복지국가에도, 즉 사회민주주의적 복지국가든 기독교민주주의적 복지국가든 드골주의적(또는 뉴딜적) 복지국가든 서구에 존재해온 그 어떤 복지국가에도 내재된 문제점과 매우 유사한 문제점을 가진 것이었다(파시즘이나 나치즘 체제의 복지주의적 국가자본주의의 요소가 아무리 적절한 비교대상이 된다 하더라도 이것은 제쳐놓겠다).

굴라그(옛 소련의 정치범 수용소—옮긴이)가 폐쇄된 스탈린 사후의 '현실사회주의'를 포함해 어떤 복지국가도 그 사회적 목적은 경기순환을 상쇄시키는 수요관리를 통해 소비를 떠받치고, 노동자가 비용을 부담할 수 있는 수준의 주택, 교통, 교육, 보건을 제공하는 것을 통해 그렇지 않으면 저항에 나설 수 있는 노동계급을 포섭하고, 유급휴일과 대중적 관광, 값싼 대중오락, 적절한 가격의 유행의류, 자동차 등으로 구성된 일종의 '여가사업'을 창출하는 것이었다. 여기서 '이었다'라고 과거형으로 말한 것은 그렇게 말하는 것이 안전할 것 같아서이며, '여가사업'은 뉴딜정책을 입안하거나 지지한 사람들이 칭송한 바 있는 무솔리니의 '여가사업단'에 빗댄 표현이다. 1930년대에 소련에서 상연돼 전무후무한 관객 동원 기록을 세운 뮤지컬 〈즐거운 아이들(The Merry Kids)〉은 소년선봉대를 다룬 작품인데 견딜 수 없을 정도의 행복감을 표현한 것으로, 젊은 여성의 맨 다리를 부각시키지 않는 등 선정성이 덜하다는 점 말고는 할리우드의 영화산업이나 독일 제3제국의 우파(UFA; Universum Film AG, 나치스가 1937년에 국영화해 선전에 활용한 영화제작소—옮긴이)가 제작한, 사람들을 웃게 만드는 영화들과 잘 구분되지 않는다.

이와 동시에 동유럽의 '사회주의권'에는 동남아시아의 기업복지를 연상시키는 요소들도 있었고, 유럽의 사회민주주의에서 전승받아 일반화, 의무화한 요소들도 있었다. 동남아시아의 기업복지를 연상시키는 요소들로는 회사가 소유하고 있는 호텔이나 따로 설치한 캠프를 일반인들에게도 개방하지만 자사 종업원들에게는 무료로 이용할 수 있게 해주거나 그러한 호텔이나 캠프를 노조로 하여금 관리하게 한 것, 종업원들이 탁아소나 보육원을 무료로 이용할 수 있게끔 기업에서 조치를 취해준 것 등을 꼽을 수 있고, 유럽의 사회민주주의에서 전승받은 요소들로는 장서를 잘 갖춰놓고 도서를 빌려주는 도서관과 책을 할인가에 판매하는 서점을 사업장마다 설치한 것, 비교적 저렴한 비용으로 좋은 책이나 연극과 영화의 티켓을 공급하고 더 나아가 노조를 통해 책을 구입하거나 연극과 영화의 티켓을

사는 사람들에게는 이미 할인된 가격의 절반에 그것들을 제공한 것, 대학입학이
나 일자리의 안정성, 기본적인 식품의 저렴한 공급, 술과 담배의 가격과 다수의
대중교통수단 요금의 할인, 아마추어 스포츠나 스포츠 빅게임을 관람할 기회를
주는 데서 노동계급의 젊은이들을 우대한 것 등을 꼽을 수 있다. 지배계급이 과
시적인 사치는 말할 것도 없고 두드러진 부도 누리지 못한 것, 물자부족 상태가
거듭되는 가운데 소비자의 선택폭이 매우 축소된 것, 성적인 청교도주의, 긴 군
복무기간, 젊은이들이 '대중적 기계기술'과 우주비행을 숭배한 데서 엿볼 수 있
듯이 힘든 일을 오히려 해내고자 한 정신, 모든 사람이 각종의 도구와 괭이, 갈퀴
를 어떻게 다루는지를 안다고 가정하는 평민적이고 '집단주의적'인 체제의 성격
등은 평등의 분위기를 촉진했다.

　그것이 하나의 분위기이자 하나의 정서였던 것도 사실이지만, 실제로 당시의
사회가 오늘날보다는 훨씬 더 평등했던 것도 사실이다. '현실사회주의' 아래서
국민국가들은 소수인종을 억압했고, 특히 스탈린 사후에 러시아 이외의 지역에
서 특히 그러했다. 국민국가들은 소수인종에 대해 '통합'과 '조화'를 강조하고
오래된 문화적 갈등의 종식을 내세우면서 동화될 것을 요구했다. 1960년대 초에
헝가리에서 경찰과 군병원의 의료진이 방랑하던 집시 가족들을 데려와 치욕적인
상태에서 억지로 이를 드러내고 웃게 만들면서 강제로 목욕시키고, 그들의 머리
를 깎고, 그들의 옷에서 이를 털어내는 모습을 담은 영화를 사회적 노동을 하는
사람들과 지방의 관료들에 대한 교육용으로 제작해 이용했던 사실은 당시의 분
위기를 잘 보여주는 사례다. 농민들이 도시의 공업지역으로 옮겨간 과정은 19세
기와 달리 비교적 조직적으로 진행됐고, 물자결핍의 상황이 전개되기 시작한
1970년대 이전에는 도시로 이주한 농민들에게 고층 아파트가 제공됐고, 보건서
비스와 문화를 포함한 사회적 서비스도 곧바로 폭넓게 제공됐다. 지금도 루마니
아나 옛 체코슬로바키아 지역의 나라들에서는 도시인구의 절반 이상이 아직도
'공산주의' 시절에 지어져 이제는 낡아진 아파트에 살고 있다.

그 사회들이 용납할 수 없을 정도로 권위주의적이고 억압적이었던 것은 틀림없지만, 이제 우리는 그 사회들이 얼마나 통합되고, 응집력이 있고, 평화롭고, 범죄가 없고, 잘 제도화된 사회였는지를 새삼 인식하고 있다. 이런 인식은 프티부르주아적인 꿈이겠지만 꿈인 것은 틀림없다. 게다가 그 사회들은 '수직이동', 즉 사회적인 지위상승이 빠르고 보편적이었다. 우리는 지금 애초에는 후진적인 농민사회였던 사회들을 이야기하고 있으므로 그 사회들에서의 빠른 수직이동은 농촌마을에서 도시로, 등골 빠지는 들판의 고역에서 공장의 기술적인 노동으로, 기아와 불결함, 그리고 비참에서 괜찮은 카페에서의 식사, 온수와 실내급수로의 변화를 가져왔고 그 변화는 놀랄 만한 것이었던 게 틀림없다. 문화적 변화도 극적이었다. 사람들이 시계의 문자판도 읽을 줄 모르던 문맹의 상태에서 벗어나 브레히트(Bertolt Brecht, 1898~1956, 독일의 극작가―옮긴이)의 작품을 읽고 바르토크(Bela Bartók, 1881~1945, 헝가리의 작곡가)의 음악을 들을 줄 알게 되는 데 걸린 시간은 놀라울 정도로 짧았다. 여기서 잠깐 첨언을 하자면, 이런 변화는 문화적 욕구가 제도나 체제와 얼마나 밀접한 관련을 갖는지를 알게 해준다는 점에서 교훈적이다. 사회적, 이데올로기적 상황이 바뀌어 진지한 문학작품을 읽거나 고전음악을 듣는 것이 간편하지도 않고 의미도 잃게 되자 불과 몇 년 사이에 하나의 대륙 중 절반에 거주하는 사람들이 갑자기 그렇게 하기를 중단했다. "상황은 결코 그대로 있지 않는다"[4]는 말이 맞는 모양이다.

필자가 다소 공적인 역할을 맡아 참여했고, 지금 회고하면 필자의 마음속에 상반된 두 가지 감정을 불러일으키는 1989년의 체제변화 이후에 '국유재산'이 세계시장 가격으로 실시되는 민영화의 습격을 받았고, 국유재산을 팔아넘기는 자산약탈이 일어났고, 아웃소싱이 확대됐고, 경영진에 의한 기업매수가 전개됐고, 다국적기업들이 그렇게 경영진이 매수한 기업들을 사들인 뒤 자기들 입장에서 경쟁을 최소화하고 확고한 고객층을 새로 창출하기 위해 그 기업들을 아예 폐쇄했다. 그리고 이 모든 것은 전례 없는 수준의 물가앙등, 실질임금과 생활수준의 추락, 대규모 실업이라는 결과를 가져왔다. 시장의 자유화는 그동안 보호되고, 완충되고, 기술적으로 뒤떨어진 지역적 산업들이 소매시장에서의 격화된 경쟁을 견디지 못하게 된다는 것을 의미했고, 덤핑과 비슷한 작용을 하는 경쟁기술에 저항하지 못한 지역별 산업은 그 기반이 무너져버렸다. 일자리 전체의 거의 절반이 사라졌다. 다원적인 정치적 경쟁과 엄청나게 확대된 표현의 자유에 대한 환호는 궁핍화와 불안정해진 생활, 그리고 상업적인 대중문화와 광고, 황색저널리즘의 지배가 점점 더 강화되면서 무색해졌다. 처음에는 다채로운 것으로 여겨지던 것이 차츰 진부해지면서 그 참신한 매력이 사그러들자 사실은 그것이 그저 겉만 번지르르한 것이었음이 드러났다.

불운한 동유럽 사람들에게는 그 모든 것이 그야말로 파국으로 여겨졌지만, 그들은 그 파국의 의미를 제대로 알기 어려웠다. 다만 이전의 체제에 대항해 싸웠고, 그 체제가 무너진 뒤에도 상당한 기간 동안 그 체제의 유령과 계속 싸워온 현장의 정치적 집단들은 약간의 비판적 의식을 갖고 있었다. 그들은 표현의 자유, 입헌주의, 낙태권, 동성애자의 권리, 반인종차별주의, 반교권주의, 반민족주의와 같은 이차대전 이후의 자유주의 아젠다를 밀어붙이고자 했다. 그 아젠다는 싸움의 명분으로는 충분한 가치가 있는 것이었지만 다른 관점을 갖고 있는 대중적 계급들에게는 당황스러운 것이었고, 그 아젠다를 밀어붙이고자 한 사람들은 빈곤과 사회적, 문화적 혼란의 확산에는 주목하지 않았다. 이런 정치적 집단들은 자유주의 좌파의 '인권' 담론을 신보수주의적 우파의 '선택할 자유' 수사와 결합시킨 뒤 18년이 지난 지금까지도 그렇게 하고 있다. 그들은 국가를 재분배의 무기로 무장한 전능한 존재이자 격퇴해야 할 적으로 간주했고, 민영화는 그러한 국가를 해체하는 것이라고 생각했으며, '의존의 문화'는 사회국가(Sozialstaat)의 신민이 '자유를 사랑하는 독립적이고 자율적인 시민'으로 변모하는 것을 가로막는 이데올로기상의 적이라고 생각했다. 1990년부터 1994년까지 헝가리의 의원을 지낸 나는 당시에 의회에서 공화국의 문장(紋章)을 어떤 것으로 정해야 하는지를 놓고 토론이 벌어졌던 일을 기억하고 있다. 그것은 공화국의 문장 안에 왕관을 집어넣어야 하느냐의 여부에 관한 토론이었고, 결국은 왕관을 집어넣자는 편이 이겼다. 당시 헝가리 의회에서 이런 토론이 5개월 동안이나 계속됐다. 그러나 총인구가 1천만 명뿐인 작은 이 나라에서 200만 명분의 일자리가 사라졌는데도 실업문제에 관한 의미 있는 토론은 전혀 이루어지지 않았다.

복지주의적 성격을 가진 '후방방어 활동'의 과업은 이제는 용납되기 어려운 정치세력에게 돌아갔다. '공산주의' 조직의 기능관료에 대한 공식적인 차별이 존재하거나 이전에 지배정당 소속이었던 사람들이 자기를 보호하고 체제변화로 인해 입은 상처를 치료하기 위해 서로 뭉쳐야 했던 나라들, 예를 들어 동독이나 체코공화국과 같은 나라들에서는 이른바 '공산주의 이후의 좌파'가 그러한 과업을 떠맡았고, 그 밖의 다른 나라들에서는 대개 극단적인 민족주의 정당이나 '기독교' 정당이 그러한 과업을 떠맡았다. 이전의 지배정당인 '공산주의' 정당의 친시장적 개혁주의 분파와 그들에게 자문을 해주던 대학, 연구기관, 국영은행의 전문가 집단에는 인적인 연속성이 있었고, 그들은 적절한 시기에 적절한 위치에 있었던 덕분으로 민영화 과정에서 두둑한 이익을 챙겼다. 이 때문에 '변한 것은 아무것도 없다'는 대중적인 이론이 겉보기에는 타당한 것처럼 보였다. 다시 말해 그 모든 변화가 알고 보니 불신당한 옛 지배계급의 지배체제를 연장시키기 위한 음모였을 뿐이라는 생각이 옳은 것 같았던 것이다. 그러나 그 변화는 워낙 거대한 것이었기에 노멘클라투라(옛 공산주의 국가의 특권적 지배층—옮긴이) 가운데서 자본주의적 모사꾼으로 변신할 수 있었던 사람들은 일부에 지나지 않았던 것이 사실이다. 궁극적인 승자는 국내에 있는 게 아니었다. 궁극적인 승자는 다국적 기업들, 미국이 주도하는 군사동맹, 그리고 유럽연합(EU)의 관료집단이었다.

그렇지만 '변한 것은 아무것도 없다'는 대중적인 이론에도 일말의 진실이 들어있었던 것이 사실이다. 즉 계획적 국가자본주의, 다시 말해 '현실사회주의'와 자유주의적 시장자본주의 사이의 차이는 1989년에 엄숙하게 선언됐던 만큼 크지는 않은 것 같다는 생각은 타당한 것이었다. 이와 같은 대중적 이론이 도시지역을 중심으로 편집중적인 전설로 정식화된 것은 이해할 만하지만 그것은 분석을 대체할 수도 없고, 대체해서도 안 된다. 다만 그 대중적 이론에 담겨 있는 정치적 의미는 인정해야 한다. 특히 이전의 '공산주의' 조직을 잇는 다수의 후계정당들이 지금 신보수주의적 복음을 내세우면서 아직 남아있는 복지국가의 요소들을 마지막 한 톨까지 다 쓸어내려고 하고 있기에 더욱 그러하다. 방금 '신보수주의적(neoconservative)'이라는 표현을 쓴 것은 '신자유주의(neoliberal)'라는 용어가 잘못된 명칭이기 때문이다. 그 어떤 상상력을 동원하더라도 오늘날의 극단자본주의자들과 시장근본주의자들을 자유주의자들로 보기 어렵다. 어쨌든 위와 같은 이유로 동유럽의 일부 나라들에서는 '공산주의자들'과 '자본가들'이 기묘하게도 동일시되고 있다. 우리에게 이 모든 짓을 저지르고 있는 자들은 대개 이전의 '공산주의자들'이고, 저 꼭대기에 있는 자들은 변함없이 그 사람이 그 사람이고, 민주주의적 변화라는 것은 사기였고, 이 모든 일이 유태인과 볼셰비키의 음모라는 식의 생각이 퍼져 있는 것이다.

이제는 사회주의와 자본주의를 동일시하는 것이 나치스의 상투수법이었다는 사실이 잘 알려져 있다. 나치스는 사회주의와 자본주의 둘 다 인종적으로 외래적인 것이라고 주장했다. 그러나 상황은 결코 그대로 머물러 있지 않는다. 사회주의와 자본주의는 전혀 다른 것일 수 있다. 어쨌든 간에 1920년대와 1930년대에는 공산주의자들과 사회민주주의자들이 자본주의와 독재에 대해 통합적으로 반대를 한다는 허구적인 의식에 입각해 단결했다. 그리고 허구적인 의식을 갖고 있다고 해서 반드시 진지하지 않은 것은 아니었다. 그런데 21세기 초에는 옛 공산주의 정당들이 사회주의뿐만 아니라 노동계급의 가장 기초적인 이익과도 상반되는 입장에 서게 됐다. 이것이 새로운 현상인 것은 아니며, 동유럽(내가 말하는 '동유럽'에는 드골 장군의 용어법과 마찬가지로 옛 소련의 유럽부분도 포함된다)에만 한정된 현상인 것도 아니다. 그러나 예를 들자면, 영국에서 대처 총리가 집권하기 2년 전에 이미 이탈리아 공산당과 그 지도자인 엔리코 베를링게르가 내핍조치를 취하면서 그 내핍조치에 순응하는 것이 프롤레타리아의 의무라고 주장한 바 있다.[5] 게다가 옛 이탈리아 공산당 내 우파를 잇는 좌파민주당(DS)은 60년간 적이었던 기독교민주당에 최근 합당을 제안하기도 했다. 그러므로 사회주의와 자본주의를 동일시하는 나치스의 상투수법이 그동안 더 진실에 가까워진 것은 결코 아니지만, 역사적인 보복의 측면에서는 그런 수법이 이용되는 것이 공평하고도 공정하다고 봐야 하는 것이 아닐까?

이것이 바로 이차대전 이전의 민족주의적, 군국주의적 우파와 맥락을 같이 하는 형태의 저항이 지금 신보수주의적 반혁명에 대항하고 있는 이유이자 그 방식이다. 그리고 그 저항은 종종 공공연한 파시즘적 수사나 상징과 뒤섞이기도 하고, 옛 소련 지역에서는 스탈린주의와 파시즘을 통합하려고 하는 극단적인 절충주의의 형태로 나타나기도 한다. 러시아의 주요 야당인 '러시아연방 공산당'은 과거에 콜차크 장군(1873~1920, 러시아혁명 당시의 반혁명군 지도자—옮긴이)과 브랑겔 남작(1878~1928, 제정러시아 백위군의 장군—옮긴이)의 정치적 참모진을 대표하던 백위군 소속의 광적인 이데올로그들이 남긴 영향을 받고 있다. 정치적 해법은 다양하게 나타나고 있다. 폴란드에서는 옛 공산당 출신인 크바스니예프스키 대통령의 '신자유주의적' 또는 신보수주의적 정권이 선거에서 패배한 뒤에 가톨릭 극우파인 카친스키 쌍둥이 형제(일란성 쌍둥이인 카친스키 형제 가운데 동생인 레흐 카친스키는 2005년에 크바스니예프스키의 뒤를 이어 폴란드의 대통령이 됐고, 형인 야로슬라브 카친스키는 2006년부터 2007년까지 폴란드의 총리를 지냈다—옮긴이)의 통치는 처음에는 우스꽝스럽게 보였을지 몰라도 대단히 성공적이었다. 카친스키 형제는 극단적인 사회적 보수주의와 반동성애, 반여성, 반소수인종, 반러시아인, 반독일인, 반유태인, 그리고 무엇보다도 반공산주의에 대한 집착을 정통적인 통화주의, 친부시적(부시 미국 대통령의 정책에 동조적—옮긴이) 군사주의, 모든 좌파에 대한 탄압, 검열, 야만적인 인종주의적 선전과 결합시켰다. 그들은 좌파에 대한 탄압의 하나로 심지어는 1930년대의 스페인 내전 당시 국제여단에 참여했던 사람들 가운데 소수의 생존자들에 대한 연금지급을 중단시키기까지 했다. 그런가 하면 의회의 다수파에 속하는 41명의 의원들이 예수 그리스도를 폴란드의 명예 대통령으로 선출하자는 법안을 제출하기도 했다(일부 의원들은 예수 그리스도를 명예 대통령이 아니라 아예 명예 국왕으로 선출하자는 내용으로 법안을 수정하고자 했다). 의장이 기술적인 문제점을 들어 이 법안을 기각함으로써 표결까지 가지는 않았다. 그러나 표결까지 갔다면 이 법안은 통과될 수도 있었다.

슬로바키아의 로베르트 피초 정부는 피초 총리 자신이 설립한 좌파 정당인 사회민주당과 블라디미르 메치아르가 이끄는 민족주의 정당, 그리고 술주정꾼으로 악명이 높은 얀 슬로타가 이끄는 준파시즘 정당 사이의 연립정부다. 피초 총리는 연금지급액을 늘리고, 대중교통수단의 요금을 인하하고, 기본적으로 무료인 국영 보건의료 및 공교육 서비스의 와해를 중단시키는 대담한 조치를 취했다. 피초 총리의 정부는 대단한 대중적 인기를 누리고 있다. 친러시아의 성향과 반체코, 반헝가리의 민족주의를 결합한 대외노선도 이 정부의 대중적 인기를 강화시키는 요소가 되고 있다. 이 밖에 체코공화국, 루마니아, 세르비아에서는 국정을 주도해나갈 의회 내 다수파가 형성되지 못하고 있는 것으로 보이고, 발트해 연안의 작은 나라들에서는 반러시아인 감정이 고조된 가운데 러시아계 소수인종에 대한 아파르트헤이트식의 실질적인 차별조치가 취해지고 있고, 동유럽의 곳곳에서는 집시들에 대한 박해와 격리가 저질러지고 있고(루마니아의 대통령은 휴대전화를 들이대고 즉석 인터뷰를 시도하는 여기자의 휴대폰을 몰수하듯 빼앗았다가 되돌려주었는데, 그 휴대전화에 "너 같은 집시 계집애한테는 한 마디도 말하지 않겠다"는 대통령의 발언이 녹음된 사실이 뒤늦게 밝혀지기도 했다), 기세등등한 '국제사회'에 의해 '국가화'된 보스니아, 코소보, 몬테네그로, 몰도바/트란스니스트리아(트란스니스트리아는 몰도바 안에 있는 준독립 지역—옮긴이) 등 인종적인 섬과 같은 지역들은 완전히 붕괴된 상태이고, 슬로베니아에서는 옛 유고슬라비아인들이 내쫓기고 있다. 이 모든 것을 다 합친 것이 바로 '새로운 민주주의 국가들'이나 '자발적인 의지를 가진 나라들의 동맹(coalition of the willing, 미국의 조지 부시 행정부가 자국의 테러와의 전쟁을 지지하는 나라들을 지칭하는 데 사용한 말—옮긴이)', 또는 럼스펠드(미국의 전 국방장관—옮긴이)와 체니(미국의 부통령—옮긴이)가 말한 '새로운 유럽'의 모습이다.

자유주의 논평가들은 근대성에 대한 반발을 이야기한다. 그러나 그런 이야기는 터무니없는 것이다. 신보수주의(또는 신자유주의)의 반혁명은 그동안 다음 두 가지 측면에서 국민국가와 특히 중산계급을 공격했다.

첫째, 신보수주의의 반혁명은 사회복지제도가 국민적 정체성의 근간이며, 자본주의의 전통을 갖고 있지 않은 자본주의 국가에 유일하게 남아있는 원칙인 사회적 응집의 원칙을 무시했다. 그 결과는 생계수단의 상실로 나타났을 뿐만 아니라 자존감의 상실, 다시 말해 국가로 대표되는 사회공동체에 의해 자기가 보살펴지고, 보호되고, 존중되고 있다는 느낌의 상실로도 나타났으며, 이는 국가 자체가 위기에 처한 상황과 관련이 있다. 계획적 복지국가의 가장 큰 성취는 사회적 상향이동의 가능성이었고, 이런 가능성은 동적인 평등으로 내부화됐었다. 계급적 지위의 상실(이는 중동부 유럽에서 "굶주리는 박사도 신사"라는 식으로 대학학위가 존중되는 현상으로 상징된다) 또는 상인과 공무원, 교사, 의사의 자손도 다시 육체노동을 하거나 어딘가 다른 곳으로 불법이주를 하게 되는 처지로 전락할 수 있다는 느낌은 견디기 힘든 위협이다. 동유럽에서 나타나고 있는 반발은 국민국가와 계급적 소속의 상실에 대항하는 중산계급의 저항이다.

둘째, 공산주의자들에 의해 수립된 복지국가의 보루와 진지는 이데올로기상 중산계급이 받아들일 수 없는 것이다. 공산주의는 패배와 과거를 상징하는 것이므로 그 복지국가를 받아들이는 것은 체면이 크게 깎이는 일이고, 근대적이지 않거나 성취, 발전 등의 신화에 의해 뒷받침되지 않은 프티부르주아는 사실 의미가 없는 존재다. 중산계급은 애초에 자기들에게 자존감을 심어준 제도, 다시 말해 농민이었던 자기들을 관료나 지식인으로 만들어준 제도를 공공연하게 옹호할 수가 없다. 왜냐하면 그렇게 하는 것은 농촌 출신인 자기들의 부끄러운 과거를 인정하는 것과 같고, 마찬가지로 부끄러운 '공산주의적' 유산을 자기들이 여전히 갖고 있음을 인정하는 것과 같기 때문이다. 그래서 그들은 신보수주의(또는 신자유주의)에 의한 파괴를 공산주의자들의 소행이라고 말한다. 그렇게 하면 수치심을 갖지 않아도 되고, 1989년 이전의 제도를 옹호하는 것이 가능하기 때문이다. 예전에 공산당의 당원이었거나 공산주의 청년조직의 간부였던 사람들은 자기가 그러한 과거의 제도적 질서에 속해 있었던 적이 없다고 말할 수도 없고, 그 질서로부터 감사해야 할 만한 혜택을 받았던 적이 없다고 말할 수도 없다. 그러니 그들은 그 질서를 해체하는 것은 오류의 수정이라고 선언하지 않을 수 없다. 이 때문에 그들은 잘못을 저지를 수 있는 기회주의자로 비치고 있을 뿐 새로운 시대나 자유 등을 예고하는 선구자가 될 수가 없다.

따라서 지금의 새로운 반혁명은 좌파의 반혁명인 동시에 우파의 반혁명이기도 하다. 또한 그것은 민영화 추진자, 통화주의자, 공급측면 경제이론을 신봉하는 자, 세계화 지지자 등이 된 '공산주의자'들에 대항하는 철저한 '반공산주의자'들의 반혁명이기도 하다. 그들은 볼셰비키에 의해 수립된 복지국가를 옹호하면서도 그 복지국가가 볼셰비키가 만든 게 아니라고 말할 수 있다. 왜냐하면 볼셰비키는 '인터내셔널(공산주의자들의 국제조직—옮긴이)'에서 '멀티내셔널(다국적기업—옮긴이)'로 넘어갔는데 인터내셔널에 대해서도, 멀티내셔널도 대해서도 '독립된 주권국가 안에서 신념이나 인종과 무관하게 모든 시민에 대해 보장되는 법적, 정치적 평등을 토대로 했던 고전적인 민족주의'와는 아주 다른 성격의 전투적 민족주의로 맞설 수 있다고 그들은 생각하기 때문이다.

동유럽에서 일어나고 있는 이러한 정치적 광기의 흐름은 서구에서 일어나고 있는 새로운 사회운동의 반자본주의적 흐름과 마찬가지로 신보수주의적 또는 신자유주의적 세계화에 대한 방어적인 대응이라는 점에서 우리는 이 두 가지 흐름의 유사성에 대해 검토해볼 필요가 있다. 먼저 둘 다 대체로 보아 상징적인 투쟁이다. 내가 지금 이 글을 쓰고 있는 동안(2007년 6월—옮긴이)에 하일리겐담(독일의 휴양도시—옮긴이)에서 열리고 있는 선진8개국(G8) 정상회의에 반대해 전개되고 있는 시위를 예로 들어보겠다. 시위자들이 '승리'를 거두어서 이 회의에 참석한 정상들과 그들을 수행하는 관료들을 메클렌부르크폼메른(하일리겐담이 위치한 독일의 주—옮긴이)에서 쫓아내게 됐다고 가정해보자. 그럴 경우에 어떤 일이 벌어지겠는가? 정상들과 수행원들은 약간의 타박상만 입고 각자 자기 나라로 돌아가 원래 앉아 있었던 자리에 다시 앉을 것이고, 이것으로 이야기는 끝날 것이다. 시위에서 구체적인 요구는 전혀 제기되지 않았다. '자본주의를 역사로 만들자'는 것은 구체적인 요구가 아니다. 그렇다면 시위자들은 '부르주아 정치'를 그것이 설계되고 실행되는 수준에서 만난 것이 아니고, 시위자들 가운데 온건파가 내건 구체적인 요구는, 아니 사실상은 구체적인 '요청'이라고 할 만한 몇 가지 사항들(예를 들어 탄소배출, 이주노동, 지적재산권 등과 관련된 요구)은 부르주아 정치의 틀을 벗어나지 않는 것들이다. 따라서 그것들은 혁명적인 것이 아니며, 시위자들의 요구가 즉각 수용될 가능성이 거의 없긴 하지만 그들의 요구가 수용된다고 하더라도 궁극적으로 그 요구는 부르주아 정치, 즉 주류의 자유주의 정치와 얼마든지 양립할 수 있다. 시위자들이 '체제'에 맞섰기 때문에 폭력행위가 일어난 것이기도 하지만, 그 체제라는 것이 G8 회의에 존재하는 것은 아니다. G8 회의와 같은 자리에서는 정상들이 실제로 자기들의 법적인 권력을 행사하지 않기 때문이다. 공산주의 혁명이나 사회주의 혁명의 경우와 달리 이 경우에는 정권교체가 아니라 혼란이 그들의 걱정거리가 된다. 혼란은 경찰이나 군병력에 의해 진압되거나 제거될 수는 있을지 몰라도 탄압의 대상이 되지는 않는다. 왜냐하면 대항권력만이 탄압의 대상이 될 뿐인데 시위는 그러한 대항권력이 아니기 때문이다. 그러나 탄압은 혼란으로 이어질 수 있다. 어쨌든 지금의 권력은 고전적인 혁명에, 특히 과거 유럽의 혁명에서 보았던 것과 같은 대항권력에 맞닥뜨리고 있지 않다.

그러나 서유럽 젊은이들의 항의에 담긴 시대정신과 동유럽 젊은이들의 항의에 담긴 시대정신은 매우 다르다는 점을 인식하는 것도 중요하다. 서유럽 젊은이들이 팔레스타인산 스카프와 수건을 흔들고, 두건과 마스크를 쓰고, 돌을 던지는 등 갖가지 시위방식을 구사하는 모습을 텔레비전에서 보고 부러워하던 동유럽 젊은이들이 아무리 그런 모습을 흉내 낸다고 하더라도 그들의 흉내와 결합되는 것은 권위주의와 인종주의 같은 것들이라는 점에서 다르다는 것이다. 동유럽의 젊은 중산계급 시위자들이나 가톨릭 정당, 인종주의 정당, 외국인을 증오하는 대중주의 정당의 전투적인 당원들이 가장 두려워하는 것은 사회적 지위를 상실해 낙오자가 되는 것이다. 이런 그들의 두려움은 1920년대와 1930년대에 중동부 유럽에서 극우파가 느끼던 두려움이나 1960년대에 운동권 학생들이 느끼던 두려움과 비슷한 점이 있다. 질서, 위계체제, 국가적 단결에 대한, 그리고 일탈행위로 간주되는 모든 것의 확실한 종식에 대한 그들의 요구는 마치 알아자르(이집트에 있는 이슬람 사원—옮긴이)나 바티칸의 칙명을 연상시킬 정도이며, 원칙적으로 고도화된 금융이나 뿌리 없는 보편적 세계화에 반대되는 것이다. 그렇다 하더라도 이런 요구를 내세움으로써 그들은 부지불식간에 인종적 증오, 군사주의, 동성애 혐오, 엄격한 질서에 대한 향수 등을 전혀 기피하지 않는 기존질서의 유지에 기여하게 된다. 그들이 저지르는 이런 오류를 서구나 다른 지역의 개도국들에서 전개되고 있는 새로운 사회운동은 저지르지 않는다.

한편으로 동유럽의 노동계급은 서구의 노동계급보다도 훨씬 더 조용하다. 파업도 거의 발생하지 않는다. 지금의 싸움은 초국적 자본과 그 대리인 역할을 하는 국내세력을 한편으로 하고, 지역과 인종 중심으로 결집된 중산계급과 인종주의자들, 그리고 교권주의적 사고방식을 가진 지식인들을 다른 한편으로 한 싸움이다. 권위 있는 진정한 좌파는 등장하지 않았다. 아직은.

주석

1 'Un capitalisme pur et simple', La Nouvelle Alternative, vol. 19 no. 60~61, March-June 2004, pp. 13~40; 'Ein ganz normaler Kapitalismus', Grundrisse: zeitschrift für linke theorie & debatte 22, Summer 2007, pp. 9~23.

2 다음 자료들을 참고하라. G. M. Tamás, 'Socialism, Capitalism and Modernity', in Larry Diamon and Marc F. Plattner, eds., Capitalism, Socialism and Democracy Revisited, Baltimore and London: Johns Hopkins University Press, 1993, pp. 54~68; 'The Legacy of Dissent: Irony, Ambiguity, Duplicity', in Vladimir Tismaneanu, ed., The Revolutions of 1989, London and New York: Routledge, 1999, pp. 181~197 (이 글은 원래 Times Literary Supplement, May 14, 1993에 게재됐던 것이다); 'Paradoxes of 1989', East European Politics and Societies, vol. 13, no. 2 (Spring 1999), pp. 353~358; 'Victory Defeated', in Larry Diamond and Marc F. Plattner, eds. Democracy After Communism, Baltimore and London,: John Hopkins University Press, 2002, pp. 126~131.

3 '국가자본주의(state capitalism)' 이론에 대한 탁월한 개관의 글로 Mike Haynes, 'Marxism and the Russian Question in the Wake of the Soviet Collapse' (formally a review of books by Michael Cox, ed.; Paresh Chattopadhyay; and Neil Fernandez), Historical Materialism, 10.4 (2002), pp. 317~362이 있다. 이 글은 형식상으로는 Michael Cox, ed.; Paresh Chattopadhyay; and Neil Fernandez에 대한 서평으로 씌어진 것이다. 내가 쓴 글인 'Un capitalisme pur et simple', loc. cit.과 다음 글들도 참고하라. Stephen A. Resnick and Richard D. Wolff, Class Theory and History: Capitalism and Communism in the USSR, New York and London: Routledge, 2002; Paresh Chattopadhyay's review, Historical Materialism, 14.1 (2006), pp. 249~270.

4 Bertolt Brecht, 'Die Dreigroschenoper', Stücke, I, Berlin: Aufbau-Verlag, 1975, p. 76. ('상황은 결코 그대로 있지 않는다.')

5 Ernest Mandel, From Stalinism to Eurocommunism, London: New Left Books, 1978, pp. 125~149를 보라. 이탈리아 공산당이 내부적으로 노골적인 부르주아 정치로 기회주의적 전환을 한 것은 이탈리아에 극좌파가 일찌감치 등장해 큰 영향력을 발휘한 이유를 설명해준다. Steve Wright, Storming Heaven: Class Composition and Struggle in Italian Autonomist Marxism, London: Pluto, 2002를 참고하라.

프랑스에서 신자유주의에 대응해 일어나는 저항

라구 크리슈난, 아드리앙 토마

2007년에 프랑스에서 실시된 대통령선거에서 극우파 후보인 니콜라 사르코지가 당선되자 세계가 다시 프랑스에 주목했다. 특히 영미권의 주류 언론매체와 학계의 논평가들은 사르코지의 승리는 프랑스가 신자유주의적 개혁을 실행할 절호의 기회를 열어준 것이라면서 환영했다. 그동안 그들은 프랑스가 여러 해에 걸쳐 겪어온 갈등과 정체에 대해 분노가 섞인 경종을 울려왔고, 그런 갈등과 정체에서 벗어나려면 프랑스가 신자유주의적 개혁을 실행할 필요가 있다고 주장해왔다. 이제 그들은 프랑스의 전체 인구 가운데 '과잉보호'된 부문이나 '보수적'인 부문에서 아무리 반대를 하더라도 사르코지 대통령이 자유시장 개혁의 과정을 계속 밀어붙이기를 열렬히 희망하고 있다.[1]

대통령과 의원을 뽑는 이번 선거의 결과로 인해 최근 몇 년간 신자유주의적 개혁에 반대해 거리로 쏟아져 나왔던 수백만 명의 남자, 여자, 학생, 청년 등의 요구에 배치되는 방향으로 세력관계가 더 기울어지게 됐지만, 프랑스에서 신자유주의가 결정적인 승리를 거두었다고 선언하는 것은 성급한 태도다. 사르코지는 두 가지 커다란 난관에 직면해 있다. 첫 번째 난관은 신자유주의에 대한 프랑스 국내의 폭넓은 저항, 그리고 지구적인 신자유주의적 기획이 지닌 정치적 정당성의 약화다. 이 글의 앞부분에서 우리는 프랑스에서 1995년 후반에 대규모 파업과 항의운동으로 시작된 신자유주의에 대한 투쟁 및 비판적 사고의 부침과 그 과정에서 드러난 반신자유주의 저항의 놀라운 탄력성에 초점을 맞추면서 신자유주의에 대한 프랑스 국내의 저항이 지닌 강점과 약점을 살펴볼 것이다. 사르코지가 직면하고 있는 두 번째 난관은 그의 승리가 지닌 특수한 성격이다. 사르코지가 프랑스 국내의 반신자유주의 정서가 지닌 깊이를 고려하다보니 그의 태도에서 신자유주의적 열정이 종종 외국인 혐오 및 권위주의 정서와 연결된 신보수주의적, 대중주의적 호소에 의해 밀려나곤 한다. 사실 그의 승리는 사회경제적 문제들을 보이지 않게 가리고 장 마리 르펜의 신파시즘적 국민전선을 지지하는 유권자들을 포섭하고자 한 전략에 크게 의존해 얻어진 것이다. 사르코지는 오래전부터 기득권 세력인 우파 정치집단에 소속돼있으면서 프랑스의 산업 및 언론 분야에서 가장 강력한 기득권 집단에 포획된 정치인이었지만, 위기와 실제로 존재하거나 머릿속에서 그려낸 갖가지 국내적, 대외적 위협으로부터 프랑스를 구해낼 수 있는 '아웃사이더'로 자기의 이미지를 형성하는 데 성공했다.

그와 같은 인물이 엘리제궁(프랑스 대통령의 관저—옮긴이)을 차지하고 의회의 다수파를 좌우할 수 있게 된 것은 매우 우려되는 일임에 틀림없다. 그러나 지난 사반세기에 걸쳐 좌파 정부 아래서도 우파 정부 아래서도 지속된 신자유주의 개혁에 의해 큰 타격을 받고도 아직 유지되고 있는 프랑스 복지국가의 주요 기둥들, 즉 강력한 공적 연금·보건·교육제도와 대다수의 노동자들에게 비교적 관대한 부가급여와 함께 적용되는 상대적으로 안정적인 장기적 고용계약과 같은 것들에 대해 사르코지가 마음껏 공격할 수 있을 것인지는 아직 분명하지 않다. 사르코지의 직설적인 화법과 '법과 질서'를 강조하는 대중주의적 태도에 휩쓸린 은퇴자나 노동자들도 선거 때 사회당의 후보인 세골렌 루아얄에게 표를 던진 수백만의 노동자나 중산층과 마찬가지로 아직 남아있는 프랑스 복지국가의 주요 제도들을 소중하게 여긴다.

사르코지는 선거운동의 막판에 놀라울 정도의 독기를 내뿜으면서 '법과 질서', '국민적 정체성', '도덕적 퇴화' 등의 문제를 제기해 나라 전체에 걸쳐 이런 문제를 둘러싼 양극분열을 가속화시켰고, 바로 이렇게 할 줄 알았던 그의 능력이 그가 승리하는 데 큰 기여를 했던 것은 말할 것도 없이 분명하다. 사르코지가 대권을 향해 나아가는 과정에서 중요한 역할을 한 사건으로는 2005년 11월에 여러 방리외(도시의 주변부—옮긴이) 지역들에서 일어난 충돌을 꼽을 수 있다. 당시의 충돌은 1968년 5월 이래 이 나라에서 가장 큰 규모의 사회적 소요로 인한 것이었다. 지금 와서 돌이켜보면 그 사건 전체가 사르코지의 연출에 따라 일어난 것은 아닌가 하는 생각이 들 정도다. 다시 말해 당시에 내무부 장관이었던 사르코지가 당시에 시라크 대통령이 자기의 후계자로 선호한 인물이자 총리였던 도미니크 드 빌팽이라는 여당 내 경쟁자를 따돌리기 위해 고의적으로 연출한 초현실적 무언극이었던 게 아닌가 하는 생각이 드는 것이다. 그러나 가장 가난한 곳인 방리외 지역들에서 봉기가 일어나게 된 저변의 이유를 살펴보는 것도 중요하다. 그 저변의 이유는 한편으로는 20년 이상의 세월에 걸쳐 우파 정부 아래서는 물론 좌파 정부 아래서도 계속된 신자유주의 정책으로 인해 초래된 분노와 좌절감의 깊이에 있었고, 다른 한편으로는 사회경제적인 문제들을 인종문제화하거나 범죄문제화하려는 우파와 극우파의 시도에 대해 좌파가 제대로 대응하는 데 거듭해서 실패했다는 데 있었다. 우리는 이 글의 뒷부분에서는 이런 점을 염두에 두면서 가장 가난한 곳인 방리외 지역들의 생활여건과 그곳에 상대적으로 많이 사는 젊은 비백인 이주노동자들에 대해 살펴볼 것이다.

'정상화'에 실패한 프랑스 사회

2005년과 2006년에 걸쳐 프랑스는 신자유주의에 대한 저항의 의미를 가진 세 개의 커다란 사건에 의해 흔들렸다. 그것은 2005년 5월에 실시된 국민투표에서 유럽헌법이 부결된 것, 2005년 10월과 11월에 걸쳐 방리외 지역들에서 발생한 소요, 그리고 2006년 2월부터 4월까지 최초고용계약(CPE; Contrat Première Embauche) 제도의 도입을 위한 노동법 개혁안에 대해 학생 주도로 전개된 반대운동이다. 이 세 가지 사건의 배경에는 프랑스에서 많은 사람들이 점점 더 심각해지는 사회경제적 곤경에 빠져있다는 사실이 깔려 있었고, 그와 같은 현실은 '프랑스적 사회모델'의 완만한 붕괴를 예고하는 것이었다. 프랑스적 사회모델은 '영광의 30년', 즉 이차대전 이후의 30년 동안에 구축된 것이었다. 프랑스는 이차대전 이후에 드골주의자들과 공산주의자들이 사회경제적, 정치적 타협을 이룬 뒤에 30년간에 걸쳐 경제성장과 생활수준 향상을 실현했고, 그 결과로 구축된 것이 '프랑스적 사회모델'이었다. 이 모델은 '사회주의로 가는 프랑스 나름의 길'을 닦는 것이라기보다는 자본주의적 사회질서를 재건하는 것이라는 성격을 훨씬 더 많이 갖고 있었고, 1968년 5월에 가장 극적으로 표출된 바 있는 사회운동세력의 반대에 종종 부닥쳤다. 그럼에도 불구하고 이 모델은 노동계급에게 여러 형태의 사회적 안전망을 제공했고, 이주노동자들에게는 프랑스 사회에 편입될 길을 열어주었다. 이 나라의 정치적, 경제적 지배엘리트 집단은 지난 25년 동안 프랑스의 '정상화(normalization)'와 '유럽─대서양 축'의 주류 간 연대 강화를 통해 이 모델을 해체하려고 했으나 광범한 계층의 강력한 저항에 거듭 부닥쳤다.

특히 1980년대 이후에는 중도좌파의 근대화 세력과 중도우파의 근대화 세력이 동시에 유럽의 통합을 '프랑스만의 예외적 상태(French exception)'에서 벗어날 수 있는 길이라고 생각하게 됐다. 그들이 폭넓게 공유한 이런 생각에 따르면, 자코뱅당에까지 그 기원이 거슬러 올라가는 '프랑스만의 예외적 상태'로 인해 한편으로는 전능한 국가가 존재하고 다른 한편으로는 얼마든지 격렬해질 수 있는 집단행동을 비합리적으로 분출하기 쉬운 비조직적인 시민사회가 존재하면서 이 둘이 서로 유해한 관계를 맺고 있고, 바로 이 관계에서 '프랑스병'이 생겨났다는 것이다.[2] '프랑스만의 예외적 상태'의 또 다른 특징은 정치적 좌파와 우파 사이의 '케케묵은' 적대이며, 이는 전문적인 관료집단에 의한 효율적인 정부 운영을 가로막는 장애물이라고 그들은 말했다. 프랑스의 지배엘리트들은 점점 더 영미식 모델로 수렴해가는 것으로 보이는 세계 속에서 이러한 '프랑스만의 예외적 상태'는 파괴돼야 한다는 주장을 거듭 해왔다.[3] 그들은 '프랑스만의 예외적 상태'의 주된 특징이던 드골주의와 공산주의 둘 다가 마침내 종식된 것은 유럽통합 과정의 가속화와 더불어 프랑스의 '정상화'가 전개될 무대가 놓여졌음을 보여주는 확실한 증거라고 주장했다. 그러나 유럽통합 노력이 이룬 최고의 성취로 제시된 문서, 즉 유럽헌법에 대한 국민투표가 역설적이게도 신자유주의적 유럽에 대한 대중적 거부 의사가 표출될 기회가 됐고, 국민투표 자체가 유럽헌법에 대한 투표이기보다 신자유주의에 대한 투표의 성격을 띠게 됐다. 프랑스에서 유럽헌법에 대한 토론이 진행되는 과정에서 좌파가 '자유주의 유럽에 반대표를 던지자'라는 구호를 내걸고 부결운동을 벌인데다가 투표결과가 실제로 부결로 나옴에 따라 '자유주의'라는 낱말은 정치적인 모욕의 말로 분명하게 굳어졌다.

유럽헌법이라는 기획의 목표는 신자유주의 경제정책의 주요 교리를 정전화하는 것이다. 그리고 유권자 중 55퍼센트의 반대로 유럽헌법이 거부된 것은 온갖 난관을 뚫고 실현된 결과다. 프랑스의 주요 정당과 언론매체들은 유럽헌법이라는 조약을 목소리 높여 지지했다. 반면에 부결운동 진영의 동맹은 의회를 비롯해 주류의 정치영역에는 대변자도 충분히 갖고 있지 못한 가운데 여러 이질적인 요소들이 한데 모인 집단에 불과했다. 그럼에도 불구하고 부결로 나온 국민투표 결과는 일반국민과 정치적 지배엘리트 집단 사이에 넓은 간극이 있다는 사실을 부각시켰다. 사회운동세력, 프랑스 공산당, 그리고 주로 트로츠키주의 극좌조직들의 지도자와 활동가들이 부결운동을 주도했고, 여기에 사회당과 녹색당 안의 소수파가 가세했다. 과거에 공산주의로 기울었던 프랑스 최대의 노조인 노동총동맹(CGT)도 반대투표를 지지하긴 했지만 내부적 분열로 인해 부결운동에 적극적으로 참여하지는 못했다. 중도우파의 주변적인 인물들과 극우파도 반대투표를 지지하고 나섰고, 이로 인해 일부 편벽된 대중매체들은 반대투표를 하려는 사람들은 외국인 증오심리 때문에 그러는 것이라고 보도하기도 했다. 그러나 유럽헌법에 반대하는 풀뿌리 운동의 역동적인 모습과 여론조사의 결과를 종합해보면, 반대투표를 한 사람들은 민족주의와 관련된 문제(이주노동자 문제나 터키의 유럽연합 가입 문제)보다는 사회적인 문제(실업과 아웃소싱의 증가 문제나 사회보장의 공백 문제)에 더 관심이 많았던 것이 분명하다.

유럽연합 헌법이 부결된 것은 프랑스의 지배엘리트들에게는 재앙으로 여겨졌다. 그들은 그것을 후진적인 대중이 외국인에 대한 증오심과 국가적 고립주의 성향을 표출한 것으로 해석했다. 국민투표가 실시된 지 며칠 뒤에 보수적인 역사학자인 르네 레몽(René Remond)은 라디오 방송에 나와 "나는 이번 국민투표 결과가 뮌헨협정(1938년에 영국, 프랑스, 독일, 이탈리아 등 4개국 정부가 체코슬로바키아의 주데텐 지역을 나치스 독일에 넘겨주기로 하는 내용으로 체결한 협정—옮긴이)만큼 나쁜 것이라고 말하고 싶다"고 밝혔다. 이제 다른 나라들에서와 마찬가지로 프랑스에서도 지배엘리트들이 유럽통합은 추진해봐야 대중적인 반대에 의해 모욕을 당하게 되기 십상인 사업이라고 여기게 됐다. 원래 유럽통합은 파시즘이란 대체로 대중의 기본적인 본능이 낳는 결과라고 생각한 보수적인 기독교민주당이 주도한 것이었다. 파시즘의 몰락과 이차대전, 그리고 전후의 사회적 격변을 거친 뒤에 기독교민주당은 지배엘리트 중심으로 유럽을 통합해서 식자층이 합리적이고 공평무사하게 정치적 의사결정을 하는 것이 민족적 이기주의를 극복하고 여러 나라에서 계급투쟁이 벌어지는 것과 같은 불편한 소란을 예방하는 하나의 길이 된다고 생각했다.

전후에 냉전의 상황 속에서 프랑스와 독일이 화해하게 되자 프랑스의 진보세력은 유럽통합이 기본적으로 보호막과 같은 역할을 해줄 것으로 기대했다. 하지만 보다 최근에는 유럽통합이 신자유주의 질서를 구축하기 위한 위협적이고도 파괴적인 무기가 된다고 여겨져 왔다. 유럽의 다른 어느 나라보다도 프랑스에는 자유시장 경제에 대한 회의적인 시각이 광범하게 퍼져 있다. 이런 사실은 여론조사에서도 확인되고,[4] 최근 신자유주의에 반대해 일어난 사회적 항의의 빈도와 강도에서도 확인된다.[5] 다른 한편으로 프랑스는 금융화와 해외투자의 자유화가 가장 진전된 선진국 가운데 하나다. 프랑스의 산업은 1980년대까지는 국가의 뒷받침과 주요 자본가들 사이의 안정적인 동맹 덕분에 국제경쟁으로부터 보호됐지만, 그 뒤로 세계화의 시대에 들어섰다. 신자유주의로의 이행과정은 프랑스 경제의 금융화를 수반했다. 파리 증권거래소에 상장된 기업들에 대한 외국인투자자들의 소유지분이 1985년에는 10퍼센트에 지나지 않았으나 2000년에는 44퍼센트로 늘어났다. 이런 비율은 같은 해 영국의 30퍼센트와 미국의 20퍼센트 미만에 비해 훨씬 높은 것이다.[6] 한편으로는 반자유시장의 정서와 사회운동이 보여준 탄력성, 다른 한편으로는 영미식 주주자본주의로의 급속한 전환이 프랑스 사회의 갈등을 심화시켰다.

프랑스 경제의 금융화는 임금의 정체 내지 하락, 새로운 노무관리 전략의 채택, 그리고 공공서비스의 민영화를 통한 시장관계의 확장과 병행됐다.[7] 그러나 노동과 자본 간 세력균형에 가장 파괴적인 영향을 끼친 것은 지속적인 고실업(지난 20년 동안 10퍼센트 전후의 높은 실업률이 계속됐다)과 불안정한 노동조건(파트타임 취업과 단기고용의 확대)이다. 실업자에 대한 생계지원의 축소와 더불어 워크페어(workfare, 웰페어(welfare)에 대칭되는 개념으로 취업을 하거나 직업훈련을 받는 것을 조건으로 이루어지는 실업자 지원제도—옮긴이) 모델에 토대를 둔 노동시장 규제완화 조치가 확대됨에 따라 실업자나 사회복지 수혜자를 멸시하는 풍조가 강화됐을 뿐 아니라 핵심 경제부문에서 고용이 불안정해졌다. 실업에 대한 두려움과 실업에 따르는 개인적, 사회적 결과가 사회 전반을 얼어붙게 만들었고, 실업에 대한 두려움은 고용주들이 생산을 해외로 이전할 수 있다고 위협하고 나서는 것에 의해 주기적으로 강화됐다. 고용주들은 이와 같은 해외이전 위협을 통해 노동자에게 금전적 보상을 하지 않거나 오히려 임금을 줄이면서도 노동시간을 늘릴 수 있게 됐다. 2004년에 전자제품 회사인 보슈(Bosch)가 리옹과 가까운 곳인 베니시외에 있는 자동차부품 공장을 체코공화국으로 옮기겠다고 위협했던 것도 이러한 경우에 해당된다.

고용과 사회복지의 불안정성이 증대하는 데 대항하는 행동이나 투쟁은 수많은 난관에 부닥쳤다. 실업자들은 강력한 조직화를 이루지 못해 서로 고립돼 있었고, 불안정한 종류의 일자리가 집중된 민간의 산업 및 서비스 부문들의 경우에는 노조가 매우 허약하다는 점을 감안하면 불안정한 일자리를 갖고 있는 임금소득자들도 고용주들이 가하는 압박을 피할 수 없는 상태인 것이 분명했다. 노조도 고용의 불안정성 문제에 관한 일반적인 운동이나 투쟁을 벌이기가 대단히 어려웠다. 연금개혁에 대한 2003년의 반대운동이 패배한 것은 프랑스의 노조가 공공부문 노동자들과 민간부문 노동자들을 단결시키기가 얼마나 어려운지를 보여주었다. 특히 교사를 비롯한 공공부문 노동자들은 대규모로 행동에 나섰지만, 민간부문에서는 주요 산업분야에서도 파업이 매우 제한적으로만 이루어졌다.[8] 2003년의 갈등, 그리고 2004년에 공공보건 제도의 개혁 문제를 놓고 일어난 운동이 싸움도 제대로 해보지 못하고 패배한 것은 프랑스의 노조가 점점 더 축소되는 공공부문의 몇몇 영역에서 갖고 있는 힘에만 의존해서는 유지될 수 없음을 보여주었다.[9] 이 모든 것이 노조의 본질적인 능력, 다시 말해 노동자들로 하여금 서로 연대해서 집단적으로 행동하게 하는 노조의 능력을 위협하고 있다.

이러한 맥락에서 보면, 젊은 노동자를 보다 쉽게 해고할 수 있게 해서 불안정한 고용의 새로운 범주를 만들어내려고 한 최초고용계약(CPE) 제도에 대한 반대투쟁을 통해 신자유주의적 노동시장 규제완화 기획을 저지시킨 2006년의 운동이 주로 학생들에 의해 주도됐다는 사실은 의미심장하다. 3개월에 걸쳐 CPE에 반대하는 젊은이들과 그들의 부모들이 학생조직과 노조의 지원 아래 거리로 쏟아져 나왔다. 대학생과 고등학생들이 주중에 대학과 고등학교 시설을 점거하고 집회를 열거나 거리에서 시위를 벌였다. 그들의 부모들과 일반 임금노동자들도 노조의 요청에 따라 그들의 대규모 주말시위와 몇몇 '행동의 날' 시위에 동참했다. 노동자들은 '행동의 날'에 전국적으로 부분파업을 벌이기도 했다. 시위는 2006년 4월 4일에 절정에 이르렀고, 이날 전국적으로 300만 명이 시위에 참여한 것으로 집계됐다.[10]

세계의 언론은 파리의 라틴구역(Latin Quarter, 센 강 남쪽의 소르본대학 주위 —옮긴이)에서 일어난 봉기에 크게 주목했으나, 그곳의 봉기가 CPE에 관한 갈등의 가장 중요한 측면은 아니었다. 소르본대학 주위에서 1968년 5월 상황이 상징적으로 재연된 것보다 훨씬 더 중요한 것은 학생들과 노조 사이에 형성된 연결관계와 이 운동의 놀랄 만큼 넓은 지리적 분포 및 조직화였다. 사실 가장 활기차고 지속적인 행동은 파리에서보다 오히려 소도시들에서 펼쳐졌다. 결국 이 운동은 처음에는 완강한 태도를 보이던 도미니크 드 빌팽 총리의 정부로 하여금 어쩔 수 없이 굴복하게 했다. 법안이 이미 의회를 통과한 상태에서 그 법안에 들어있는 CPE 계획이 철회된 것이다. 막판에는 고용주 단체들도 정부에 양보하라고 요구했다. 정부의 완강한 태도가 오히려 역효과를 내는 바람에 향후의 규제완화 계획마저 위태롭게 만들 수 있다는 판단에서였다.

신자유주의의 막다른 골목

프랑스가 탈규제 자본주의의 시대에 접어든 것은 '사회적 드골주의'와 사회민주

적, 케인스주의적 기획의 동반몰락을 의미하는 것이었다. '사회적 드골주의'는
국민과 지도자 개인의 직접적인 관계를 통해, 그리고 임금노동자들을 기업의 의
사결정 과정에 제한적으로 참여시키는 것을 통해 계급갈등을 극복하고 인프라
부문에 국가가 깊이 관여한다는 구도에 토대를 둔 것이었다. 중도우파가 안정적
인 '드골주의 이후의 정체성'을 확립하는 데 어려움을 겪은 것은 경제에 대한 국
가의 규제에 대한 국민적 집착이 계속 유지되고 있는 상황에서 신자유주의 개혁
이라는 의제를 밀어붙이기가 어려웠기 때문이다. 자크 시라크 전 대통령의 태도
돌변과 그 뒤의 상황은 바로 이 같은 어려움을 잘 보여준 사례다. 시라크는 1995
년의 선거에서 '사회적 분열'을 치유하겠다는 공약을 내걸었지만, 대통령에 당
선되고 나서는 신자유주의 모델에 대한 자기의 충성을 증명해보이고 싶었던지
공공보건 제도와 몇몇 공공부문 연금계획의 개혁을 주도했다. 이런 그의 태도돌
변은 1995년 11~12월의 '불만의 겨울'을 초래했고, 이때 철도파업이 일어나 온
나라가 마비됐다.[11] 사르코지가 자기의 신자유주의 의제를 시라크보다 더 잘 관
철할 수 있을지는 두고 봐야 알 일이다.

1995년에 복지국가에 대한 시라크의 정면공격이 반대에 부닥친 상황은 그 뒤
인 1997년의 의원선거에서 사회당(PS)이 승리하는 결과로 이어졌다. 그러나 사
회당은 신자유주의 정책이 부분적으로나마 철회될 것이라고 생각했던 유권자들
의 기대를 충족시키지 못했다. 사회당 자체가 패배한 우파 정부의 퇴행적 조치를
역전시키고자 하는 의지를 갖고 있지 않았을 뿐만 아니라, 리오넬 조스팽이 총리
로 있었던 1997년부터 2002년까지의 기간에 오히려 복지국가를 해체하는 정책을
펴서 사회당이 우파의 적절한 승계조직임을 스스로 입증했다. 사회당은 민영화,
공공서비스의 규제완화, 세금감면이라는 의제를 추구했고, 은퇴연령을 높이자는
의견(이는 프랑스의 재계가 연금비용 부담을 줄이기 위해 내세운 주장이었다—
옮긴이)을 수용했다. 그 결과로 사회당과 노동계급 유권자들 사이의 간극이 확대
됐다. 사회당은 임금수준이 높은 화이트칼라 노동자들, 특히 파리와 리옹의 번화

가를 누비는 화이트칼라 노동자들 사이에서는 지지도를 높일 수 있었지만 보다 넓은 계급동맹을 창출하는 데는 성공하지 못했다.

프랑스의 사회당과 노동계급 사이의 간극이 갈수록 확대돼, 심지어는 2002년의 대통령선거 때 피에르 모루아 전 사회당 소속 총리가 자기의 동지들에게 "잘 알겠지만, '노동자'는 금기어가 아닐세!"라고 경고해주어야겠다고 느낄 정도에 이르렀다. 사회당 당원들과 노동계급 사이에 거리가 생긴 것은 사회학적인 의미가 있는 현상이기도 하다. 사회당의 당원은 점점 더 중산계급, 심지어는 상층 중산계급에서 충원되고 있다.[12] 노동계급이 사회당으로부터 심정적으로 이탈하는 현상은 매우 뚜렷하게 나타나고 있다. 2007년 대통령선거의 1차투표에서 투표한 노동자들 가운데 세골렌 루아얄에게 표를 던진 비중은 25퍼센트에 지나지 않았다. 20퍼센트는 신파시즘 후보인 장 마리 르 펜에게, 또다른 20퍼센트는 사르코지에게 표를 던졌다.[13]

지금으로부터 거의 30년 전에 마거릿 대처와 로널드 레이건은 신자유주의를 일종의 유토피아로 제시할 수 있었다. 그러나 지금 사르코지로서는 그렇게 하는 것이 가능하지 않다. 오늘날에는 고삐 풀린 자본주의가 열광과 지지를 불러일으키지 못하며, 오히려 두려움과 분노를 불러일으킨다. 1980년대 중반에 프랑스에서 신자유주의가 펼쳐지고 있을 때에도 더 나은 세계에 대한 약속은 제시되지 않았다. 당시에 신자유주의는 국가가 통제할 수 있는 범위의 바깥에서 발생하는 경제위기와 경제적 변화에 대응하는 일시적인 조정으로 간주됐다. 내핍정책은 머지않아 철회되고 새로운 안정과 안전이 찾아올 것이라고 여겨졌던 것이다. 그러나 오늘날에는 신자유주의적 개혁이 안정된 질서를 새롭게 가져오지 못했음이 분명해진 상황이다. 오히려 하나의 신자유주의적 개혁은 다음번의 또 다른 신자유주의적 개혁을 위한 길을 닦는 것일 뿐이며, 그 과정에서 고용이 개선되는 일은 전혀 없다는 것이 분명해졌다. 신자유주의를 떠받치는 '역사적 블록(historic bloc)'이 자리잡지 못하는 것은 신자유주의가 광범한 계층에 여러 가지 형태의 사회적 전망을 제공해주지 못하기 때문이다.

전통적인 공장 형태의 일터와 일터의 집단적 조직이 해체되는 가운데 경제적 곤경이 심화됨에 따라 노동계급이 파편화되면서 노동자들의 계급적 연대와 계급의식이 약화됐다.[14] 개인적인 성공이 칭송되고 '패자'는 경멸을 당하는 상황이 펼쳐지면서 사회적 다원주의가 자리를 잡은 탓에 심지어는 노동계급 가운데 일부는 이주노동자들과 그들의 자녀를 고용과 사회적 편익에서, 더 나아가서는 프랑스라는 나라 자체에서도 배척해야 한다는 주장에 동조하기까지 한다. 바로 이런 정서 위에서 신나치즘, 근본주의 가톨릭, 그리고 프랑스의 옛 식민주의 제국에 대한 향수를 갖고 있는 그 제국의 잔존세력 등이 연합해 탄생시킨 신파시즘 성향의 국민전선이 장 마리 르펜의 주도 아래 1983년 선거에서 첫 승리를 거둔 이후 세력을 더욱 확장했고, 이 국민전선을 비롯해 이주노동자들에 대해 독설을 퍼붓는 세력이 힘을 얻기에 이르렀다. 그동안 국민전선은 '정신의 르펜화'라고 불리는 과정, 즉 프랑스 국민의 정신에서 이주노동자 문제가 사회경제적 복지의 문제를 밀어내는 과정을 지지해온 사람들의 전위 역할을 해왔다.

방리외 지역의 봉기

2005년에 방리외 지역에서 일어난 봉기는 오늘날 프랑스 사회에서 작동하는 저항과 파편화의 사회적, 정치적 과정을 잘 보여주는 강력한 사례다. 2005년 10월 27일의 늦은 오후에 파리의 외곽인 클리시수부아(Clichy-sous-Bois)에서 아프리카 말리에서 온 이주노동자의 아들인 부나 트라오레(Bouna Traoré, 15살)와 역시 이주노동자로 터키계 튀니지아인의 아들인 지에드 베나(Zyed Benna, 17살) 등 두 명의 십대 청소년이 경찰을 피해 한 변전소에 숨다가 감전사하는 사건이 일어났다.[15] 두 청소년의 사망에 자극되어 프랑스 내 여러 도시의 방리외 지역들에서 3주간에 걸쳐 소요가 일어났고, 경찰과의 충돌이 발생했다. 그것은 경찰 및 치안병력과 충돌한 소요로는 1968년 5월 이래 가장 심각한 것이었다.

방리외에서의 소요는 새삼스러운 일이 아니다. 1980년 초에 리옹의 변두리에서 처음으로 소요가 일어났고, 1990년대 중반 이후에는 그러한 소요가 더욱 빈번하게 일어났다. 방리외에서의 소요는 얼마든지 예상할 수 있는 정형화된 양상으로 전개된다. 먼저 경찰에 의해 청소년이 가혹행위를 당하거나 죽는 사건이 일어나면 그 사건이 불씨가 되어 청소년들과 경찰이 충돌하게 되고, 이어 자동차, 가게, 공공건물을 파손하는 행위가 발생한다. 그동안 이런 소요의 인적 피해는 대체로 경미해, 거리에서 직접 충돌한 청소년들과 경찰 양쪽에서 부상자가 몇 명 발생하는 정도로 끝났다. 2005년 11월의 소요도 다른 모든 점에서는 이런 정형화된 양상과 비슷했다. 다만 이번에는 소요가 더 광범하게 일어나고 더 길게 이어졌다는 점이 이전의 정형화된 양상과 뚜렷하게 달랐다.[16]

‘방리외의 폭발’을 일으킨 직접적이고 구체적인 정치적 이유에 초점을 맞춰보는 것이 중요하다. 지금 와서 돌이켜보면 2005년 11월의 소요는 결과적으로 대통령이 되는 데 성공한 사르코지의 대권가도에서 핵심적으로 중요한 계기였다. 그때는 정부가 유럽헌법에 대한 국민투표에서 굴욕적인 패배를 당한 뒤에 실시한 내각개편으로 사르코지가 내무부 장관으로 복귀한 뒤였다. 사르코지는 가난한 방리외 주민들을 고의적으로 모욕하고 도발하는 전략을 구사했다. 두 명의 청소년이 사망하고 소요가 계속되는 동안에도 그와 그의 여당 내 측근들은 사망한 청소년들에 대해 거짓주장을 해서 방리외 주민들을 자극했다. 또한 그는 두 명의 청소년이 사망한 데 대한 경찰의 책임을 인정하기를 거부했고, 소요를 진압하는 과정에서 마을의 이슬람 사원에 최루탄을 던지고 나서 최루탄 연기가 가득 찬 그 사원을 빠져나오는 여성들에게 인종차별적이고 성차별적인 모욕을 가하는 등 경찰이 지나친 행동을 한 데 대해 사과하라는 요구도 받아들이기를 거부했다.[17] 내무부 장관인 사르코지, 여당인 대중운동연합(UMP) 안에 있는 그의 측근들, 그리고 경찰의 공보관은 범죄조직, 외국인, 극좌파, 극단적인 이슬람주의자, 심지어는 일부다처주의자까지 다양하게 거론하며 그런 자들이 소요를 일으켰다고 주장했다.

그러나 정부에서 새나온 그해 11월 23일자 프랑스 정보기관(DCRG)의 내부보고서는 이슬람주의자, 범죄조직, 극좌파가 개입됐다는 주장이 근거가 없음을 확인해주었다. 이슬람주의자들은 조심스러운 자세를 유지하는 가운데 몇몇 경우에는 오히려 사태를 진정시키려고 했고, 극좌파는 봉기를 전혀 예상하지 못했으며, 범죄조직은 대체로 그들 자신의 일을 위해 조용하고 안정된 사회분위기를 필요로 하고 있었다. DCRG의 보고서는 방리외의 소요에 대해 "일종의 비조직적인 도시의 폭동이자 주거지역에서 지도자도 강령도 없이 발생한 대중적인 봉기이며, 소요에 가담한 젊은이들이 갖고 있는 자기정체성은 자기가 어느 인종에 속하고 지리적으로 어디 출신인가 뿐만이 아니라 프랑스 사회에서 배제된 사람으로서 자기가 처한 사회적 조건에도 토대를 두고 있다"고 설명했다.[18] 정부가 11월 8일에 1955년에 제정된 식민지시대의 법률을 되살려 비상사태를 선포하기로 결정했지만 그때는 이미 소요가 발생건수로 볼 때 정점을 지나 수그러들기 시작한 뒤였고, 11월 15일에 비상사태를 3개월 더 연장하기로 결정했지만 그때는 이미 소요사태가 상당히 가라앉은 뒤였다.[19] 정부로 하여금 소요지역들의 안정과 질서를 회복하는 데 필요한 수준 이상의 조치를 취하게 하는 정치적인 동학이 작동한 것이 틀림없다.[20]

방리외의 봉기는 프랑스적 사회모델의 실패를 보여주는 사례로 종종 제시돼왔고, 방리외의 상황이 몇몇 미국 도시의 도심 빈민지역보다 못하다는 비교도 종종 이루어져왔다. 그러나 이런 식의 분석은 오해를 낳을 소지가 있다. 방리외에서 봉기가 일어난 원인과 그 의미를 보다 깊이 있게 살펴볼 필요가 있다. 방리외가 사회경제적 위기, 탈식민주의적 위기, 정치적 대표성의 위기라는 세 가지 심각한 위기가 결합된 곳이 아니었다면, 사르코지의 냉소적인 대응에도 불구하고 클리시수부아에서 일어난 비극적인 죽음이 그와 같은 격렬한 반응을 불러일으키지 않았을 수도 있다.

사회경제적 위기는 신자유주의적 구조조정이 가장 가난한 도시외곽 지역에 끼치는 영향과 무관할 수가 없다. 이 점에서 프랑스는 1970년대의 경제위기 이후에 경제에 대해 대대적인 구조조정을 해온 다른 서구 선진국들과 다를 게 없다. 노동자들이 밀집해 사는 방리외에서는 이런 구조조정이 완전고용, 생활수준의 향상, 사회적 보호의 확대에 토대를 둔 사회구조 전체의 와해를 의미하는 것이었다. 게다가 1970년대 후반 이래 사회적 주거지원에서 사적 주택소유로의 정책방향 전환을 비롯한 주택시장 규제완화 정책이 가세하게 되자[21] 프랑스 공산당의 영향력이 강한 방리외 지역의 주된 사회적 세력이던 화이트칼라와 숙련노동자들이 방리외를 떠나기 시작했다. 프랑스 공산당과 이 당이 대변해온 자신감 넘치는 노동계급의 요새였던 방리외는 점차 사회적 분배의 악화가 낳은 가난한 노동자나 실업자들을 사회적으로 격리하는 장소가 됐다.[22] 한편 공업부문의 미숙련 또는 반숙련의 일자리가 점점 더 그 수가 줄어드는 동시에 안정성도 떨어지는 상황에서 그런 일자리를 놓고 노동자들 사이에 경쟁이 점점 더 치열해졌다. 1970년대 이후로 고등학교나 대학교에 등록하는 학생 수가 급증한 것은 그러한 공업부문의 미숙련 또는 반숙련 일자리를 점점 더 멸시하는 분위기가 반영된 현상이었다. 노동자들이 이제는 노동계급의 영웅이 되기를 바라지 않게 된 것이다.

2005년 11월에 소요가 발생한 곳들은 대부분 1996년 이래 도시민감구역(ZUS)으로 분류된 곳이었다. 모두 751곳에 이르는 도시민감구역에 거주하는 인구는 470만 명으로 프랑스의 전체 인구 가운데 8퍼센트에 해당된다. 도시민감구역 제도는 1990년대 초에 리옹과 파리 외곽의 방리외 지역에서 봉기가 일어나자 사회당 정부가 노동계급이 많이 거주하는 방리외 지역의 악화되는 생활여건을 개선하기 위해 도시계획의 연장으로 추진한 정책에 따라 도입된 것이다. 도시민감구역의 실업률은 전국 평균의 2배 내지 3배다. 저임금, 불안정한 일자리, 불완전 고용의 측면에서 본 도시민감구역의 상황은 실업률만으로 본 상황보다 훨씬 더 열악하다. 도시민감구역의 고등학교 중퇴자 비율 및 젊은층의 실업률은 흔히 30퍼센트 내지 40퍼센트에 이를 정도로 대단히 높다. 도시민감구역에서는 일반적으로 한 가구당 가족수가 많고 25살 미만의 인구가 전체 인구의 절반을 넘는 경우가 많다는 점을 고려하면 고등학교 중퇴자 비율 및 젊은층의 실업률이 이렇게 높다는 사실은 심각한 문제가 아닐 수 없다. 또한 주택이 부족해 거주밀도가 너무 높으며, 낡은 주택이 많다. 이 밖에 기물파괴, 도둑질, 싸움, 마약거래 등 일반적인 범죄의 발생률도 높다.[23]

정부의 대응은 대체로 이런 문제를 불충분한 '사회적 혼합(social mixing)'과 미흡한 도시계획에서 유래한 것으로 보는 관점에서 이루어져왔다. 그래서 정부는 쇠락하는 도시민감구역에 사회적으로 보다 '바람직한' 범주의 사람들이 이주하도록 유인하고, 도시민감구역이 전략적인 간선 교통망과 인접한 경우가 많다는 점에 착안해 도시민감구역에 투자하는 기업에 세금감면 등의 혜택을 제공하는 데 정책의 초점을 맞췄다. 또한 도시민감구역의 오래되어 낡은 주택을 헐어내고, 사회적 주택을 최소한의 수준으로만 유지하고, 민관제휴로 보다 근사한 민간주택을 짓게 하는 정책도 실시됐다. 이러한 정책은 1980년대와 1990년대에 주거환경이 열악해진 도심의 주거단지에 대해 실시했던 정책을 그대로 가난한 방리외 지역에 적용한 것이었다. 그러나 이런 정책이 실시된 도심의 주거단지에는 고급 주택, 고가의 사무용 건물, 안락한 관광용 숙박시설이 들어섰다는 점에 주목할 필요가 있다. 이러한 접근법은 방리외의 문제를 우회하거나 보이지 않게 가릴 수 있는 것인 동시에 소수의 부동산 개발업자나 투기꾼들만 부자로 만들어주는 것일 수 있을 뿐 방리외의 문제를 해결하지는 못한다. 더욱 심각한 문제점은 그것이 사회적, 인종적 '균형회복'을 명시적인 목표로 한 정책이라는 점에서 그 정책의 지원대상인 해당 지역의 생활이 불안정하고 주변화된 주민들을 더욱 원자화하는 동시에 그들에게 사회적 낙인을 찍는 경향이 있다는 것이다.[24]

이제 탈식민주의적 위기에 대해 살펴보자. 가난한 방리외 지역의 문제가 증폭되고 지속되는 것은 방리외 지역의 젊은이들, 특히 북아프리카나 사하라이남 아프리카에서 온 비백인 이주노동자들의 자손을 차별하는 기제가 된다. 1970년대 중후반 이후의 경제적 구조조정은 특히 북아프리카에서 온 미숙련 이주노동자들에게 가혹한 영향을 끼쳤다. 1970년대 중후반에는 그들이 1968년 이후에 프랑스 사회에서 전개된 투쟁 덕분에, 그리고 옛 식민지 신민이라는 지위상의 낙인이 흐려진 덕분에 이주노동자로서 감내한 노동과 희생의 결실을 일부 맛보기 시작하는 상태였다.[25] 그러나 경제적 구조조정이 그들의 자손에게까지 영향을 끼쳤다. 이런 경제적 구조조정의 영향에다가 이제는 새로운 구역지정으로 인한 사회적 격리의 효과까지 더해짐에 따라 그 자손인 젊은이들은 자기들이나 부모세대가 그동안 기대했던 사회적 신분상승의 기회를 박탈당하는 처지가 됐다.[26]

이 젊은이들은 삶의 모든 측면에서 차별에 부닥치고 있다. 학교체제 속에서 그들은 프랑스어를 능숙하게 구사하지 못하기 때문에 반편성 등에서 불이익을 당하고, 상대적으로 더 엄격한 규율을 적용받으며, 개인적인 문제와 가족의 일에 대해 학교당국의 간섭을 더 많이 받는다.[27] 노동시장에서 그들은 자격조건을 더 많이 갖추었어도 이주노동자의 자손이 아닌 다른 경쟁자에 비해 상대적으로 고용될 가능성이 더 낮다.[28] 그리고 그들 자신의 진술에서 거듭 밝혀지고 있지만, 공화국보안대(CRS)나 범죄대응여단(BAC)과 같은 특별보안부대나 경찰로부터 말로나 육체적으로 괴롭힘을 당하고 있다.[29]

그렇다고 해서 가난한 방리외가 미국에서 볼 수 있는 것과 같은 빈민가나 특정한 인종이 집중된 슬럼과 같은 곳이 됐다는 결론을 내리는 것은 잘못이다. 타일러 스토벌(Tyler Stovall, 미국 캘리포니아 버클리대학의 역사학부 교수—옮긴이)을 비롯한 대부분의 학자들은 방리외의 인종적 동질성은 결코 미국의 빈민가만큼 높지 않다고 말한다.[30] 실제로 방리외에는 노동계급에 속하는 백인들도 많이 거주하고 있고, 그들은 북아프리카와 사하라이남 아프리카에서 온 이주노동자들, 그리고 점점 더 늘어나고 있는 동남아시아 출신 이주노동자들과 어울려 살아가고 있다. 이에 대해 스토벌은 다음과 같이 설명한다.

> "미국의 빈민가에 비해 프랑스의 방리외에서는 폭력에 의한 사망이 일어나는 빈도가 훨씬 적고, 총기를 입수할 수 있는 가능성도 훨씬 낮다. 미국에서는 빈민가에서 투자가 철수되기도 하고 빈민가 자체가 공적인 관심의 대상에서 제외되기도 하지만, 개입주의 국가를 중시하는 태도가 어느 정도 남아있는 프랑스에는 그와 같은 현상이 존재하지 않는다."[31]

1950년대와 1960년대에 북아프리카에서 온 이주노동자들이 어떤 처지였는가를 생각해 보면, 1970년대와 1980년대에는 그들이 '빈민가 탈출'의 과정을 밟아 왔다고 말할 수도 있다. 1970년대 이후에는 그들과 그들의 가족이 예를 들어 보통의 공공주택에 입주할 권리를 더 많이 보장받게 되는 등 노동계급 주류의 일반적인 생활을 허용받기 시작했다. 그 전의 시기에 비하면 그것은 큰 발전이었다. 이주 초기에 그들은 판자촌이나 다름없는 빈민가에서 살았고, 그로부터 얼마 뒤에는 악명 높은 소나코트라(Sonacotra, 노동자주택건설청—옮긴이) 호스텔로 옮겼다. 1956년부터 소나코트라 호스텔이 지어지기 시작한 것은 식민주의 정책의 연장이었다고 할 수 있다. 소나코트라 호스텔은 모두가 가게, 각종 서비스, 교통편, 이웃으로부터 격리된 곳에 지어졌다. 그곳의 생활조건 자체도 열악했지만, 입주자들에게 더욱 굴욕감을 안겨준 것은 호스텔의 감독관들이 부과하는 가혹한 규칙이었던 것으로 보인다. 호스텔의 감독관 중에는 알제리전쟁(1954년부터 1962년까지 알제리의 민족주의 세력과 프랑스 사이에 벌어졌던 전쟁—옮긴이)에 참전했던 퇴역장교가 많았다.[32]

놓쳐버린 1980년대의 기회

이주노동자들이 프랑스 사회의 주변부에서 주류로 편입되는 과정은 공공교육이 확대되고 그들의 자녀가 점점 더 높은 기대와 자신감을 갖게 되면서 더욱 촉진됐고, 그 결과로 1980년대 초중반에 평등을 요구하는 전면적인 대중운동이 일어났다. 비극적인 점은 이러한 사회적 진보와 정치적 표현이 노동계급의 생활환경이 사회적, 정치적 위기로 빠져든 것과 시기적으로 일치했다는 것이다. 이로 인해 점점 더 늘어나는 식민주의 시대 이후의 젊고 전투적인 이주노동자들이 수는 점점 줄어들고 있었지만 가난한 방리외에 아직 남아있던 프랑스인 노동자들과 만나게 됐다. 그 결과는 올리비에 마스클레(Olivier Masclet, 파리5대학에 재직 중인 프랑스의 사회학자—옮긴이)가 '놓쳐버린 기회(rendez-vous manqué)'라고 부른 것으로 나타났다. 마스클레의 이 표현은 1980년대 초중반에 젊은층 사이에 정치적 의식을 갖춘 식민지 이후 세대가 등장함으로써 생겨난 기회를 좌파가 살리지 못했다는 뜻이다. 이런 실패로 인해 노동계급이 거주하는 지역에서 좌파의 세력이 더욱 약화됐고, 젊은층의 식민지 이후 세대에게 엄청난 좌절감과 절망감을 안겨주었다.

이런 실패는 전국적인 차원에서는 다른 형태로 나타났다. 1983년과 1985년 사이에 북아프리카에서 온 이주노동자의 자녀들이 지역적인 차원에서 목소리를 높이고 나선 것이 전국적인 차원에서는 평등을 요구하고 그 달성을 위한 자율적인 조직 틀을 만들어내는 것을 목적으로 한 전국적인 대중적 시위행진으로 이어졌다. 이 운동은 1981년에 리옹의 방리외에서 시작됐고, 1983년에 전국적으로 확산됐다. 1983년은 2년 전에 집권한 사회당 정부가 신자유주의로 방향전환을 하고, 국민전선이 여론조사에서 지지도가 높아지기 시작하면서 드뢰(Dreux) 시에서 처음으로 선거의 승리를 맛본 해였다. 이런 상황을 고려하면 이주노동자의 자녀들이 펼친 운동이 그들 자신이 통제할 수 있는 범위 밖에 있는 세력에 의해 포획된 것도 놀랄 일이 아니다. 여당인 사회당은 국민전선에 대항하는 세력을 폭넓게 결집시키는 데 초점을 맞추어 그럴 듯해 보이는 반인종차별주의를 내걸고 추상적이고 두루뭉술한 전선을 형성하는 데 이 운동을 이용함으로써 사회당 자신의 당세를 확장시키고자 했다. 그 과정에서 애초에 이 운동을 시작했던 식민주의 시대 이후의 젊은이들은 포섭되거나 곁다리가 됐고, 사회당과 그 청년조직의 작품이라고 할 수 있는 '에스오에스 라시슴(SOS Racisme, 인종차별 감시단체—옮긴이)'이 등장하면서 이주노동자 자녀들의 운동이 처음에 보여주었던 급진적 역동성은 약화됐다.[33] 전국 차원의 이런 경험이 지역 차원에 반영된 결과로 프랑스 공산당은 노동계급이 거주하는 방리외의 급진화한 젊은층 이주노동자들과 지나치게 가까워지는 것을 점점 더 꺼리게 됐다. 그렇게 되면 방리외 지역에서 국민전선의 지지도가 높아질 것이라고 우려했기 때문이다. 결국은 정치의식을 갖추게 된 식민주의 시대 이후 이주노동자 자녀들 한 세대 전부가 정치의 영역과 실질적으로 차단돼버린 것이다.

1980년대 말에는 당시 국내외의 상황에 따라 방리외의 식민지 시대 이후 이주노동자 사회에서 공화국, 세속주의, 이슬람교에 관한 토론이 일어났고, 그 토론은 때로는 격정적인 양상을 보이기도 했다. 그 전에는 근본주의적인 신앙과 활동은 말할 것도 없고 일반적인 종교적 감정도 공적인 영역에서는 주변적인 것에 불과했다는 점을 감안하면 그러한 토론은 뜬금없는 것이었다. 토론을 촉발시킨 것은 1989년 9월에 일어난 '히자브 사건', 즉 여중생 세 명이 학교에서 히자브를 벗기를 거부했다는 이유로 정학처분을 받은 사건이었다. 물론 그해 초에 아야톨라 호메이니가 영국의 작가 샐먼 루시디에 대해 내린 칙명(이슬람교를 모독한 작품 《악마의 시》를 쓴 루시디에 대한 처형을 명령한 것—옮긴이)으로 인해 프랑스 사회가 경악했다는 점, 그리고 전후에 동서로 구획된 유럽체제와 그 체제 속에서 프랑스가 누렸던 특별한 지위의 종식을 예고한 베를린장벽의 붕괴로 인해 프랑스 사회가 크게 흔들렸다는 점이 히자브 사건에 배경이 된 것은 사실이다.

그 뒤 몇 년간에 걸쳐 벌어진 사건이나 상황, 즉 1990년 10월에 리옹의 방리외인 불상벨랭에서 일어난 소요, 1991년의 1차 이라크전쟁에 대한 프랑스 사회당 정부의 지지, 1990년대 중반에 알제리에서 벌어진 유혈의 내전과 이와 관련해 프랑스 국내에서 일어난 테러사건, 이스라엘과 이스라엘의 점령지구에서의 갈등 심화, 2001년 9월 11일에 시작된 미국 주도의 '테러와의 전쟁', 2003년에 또 다시 일어난 '히자브 사건' 등은 프랑스가 유럽에서 가장 많은 무슬림 인구를 갖고 있다는 점과 관련된 토론을 더욱 격화시켰다.

이런 과정의 결과로 뵈르(Beur, 파리의 방리외 지역에서 아랍계 이주노동자의 자녀를 지칭하는 속어— 옮긴이)와 식민주의 이후 흑인 이주노동자 자녀에 대한 대중의 인식에 전반적으로 커다란 변화가 일어났다. 1980년대 초중반에는 대중에게 그들이 매력적이고 활기찬 친구들, 파시즘에 대항하는 보루, 늙어가는 인구를 가진 나라에 젊은 활력을 공급해주는 역동성의 저수지라는 식의 다소 온정주의적이긴 하지만 긍정적인 이미지로 비쳤다. 그러나 그로부터 20년의 세월이 지난 뒤에는 그들이 범죄를 저지르는 일탈자들의 집단, 젊은 이주노동자들을 통합시켜낼 공화국의 능력 결여를 보여주는 상징, 더 나아가 이슬람 극단주의와 내통할 수 있는 은밀한 내부세력 등으로 여겨지게 된다. 소련블록의 침체 및 붕괴에다 경제적 위기, 신자유주의로 돌아선 좌파의 방향전환, 이념적 혼란 등이 겹치게 되자 좌파의 상당부분과 진보적인 의견을 가진 사람들은 경직적이고 비역사적인 '공화주의적 가치'에서 위안을 찾으려고 했다. 이런 태도는 실제의 현실상황과는 거의 아무런 관계도 없는 것이었고, 식민주의 이후의 젊은이들이 부닥친 문제들과 그 문제들이 상징하는 보다 폭넓은 차원의 위기에 진지하게 대처하는 태도를 대체하는 것일 뿐이었다.

요약하면, 1970년대 이래로 우리가 프랑스에서 실제로 본 것은 여러 인종이 서로 섞이고 식민주의 시대 이후의 인구와 기존의 프랑스인 노동계급 사이의 사회적, 물리적 거리가 좁혀지는 현상이었지, 같은 기간에 미국에서 나타났던 것과 같이 흑백 간 간극이 확대되는 현상이 아니었다. 전통적으로 좌파에 대한 지지도가 높았던 방리외 지역[34]에 거주하는 프랑스인 노동계급 사이에 권위주의적이고 외국인을 증오하는 정치를 지지하는 태도가 강화된 것은 경제적 위기, 지정학적 긴장, 좌파의 방향감각 상실과 실패 등이 결합된 구체적인 상황적 맥락 속에서 일어난 일이다. 그리고 이런 흐름은 '식민주의 이후(post-colonialism)'라는 개념이 분석용으로 유용할 수는 있어도 프랑스의 식민주의적 과거와 오늘날 프랑스가 북아프리카와 사하라이남 아프리카 출신 이주노동자 가정의 젊은이들을 다루는 태도 사이에 직접적인 인과관계를 설정하는 데 이용될 수는 없음을 시사한다. 프랑스가 자국의 식민주의적 과거와 화해하는 데 대단히 큰 어려움을 겪어온 것은 분명하다.[35] 그리고 이런 점은 식민주의 이후의 인구와 이슬람교가 국내에서 하는 역할에 대응하는 데서 프랑스가 현재 부닥친 곤경을 이해하는 데 핵심적으로 중요하다.

그러나 방리외의 불의를 완전히 이해하기 위해서는 최근의 요인들과 아주 오래된 요인들에 동등한 주의를 기울일 필요가 있다. 우리는 앞에서 지난 사반세기에 걸쳐 작용한 요인들을 살펴보았다. 그것들보다 더 오래된 역사적인 요인들까지 살펴보는 것은 이 글의 범위를 벗어난다. 여기서는 다만 1789년부터 1794년까지 전개된 기초적인 혁명적 사건들이 외국인이나 외래적인 것과 관련된 문제에 대한 매우 특수한 접근태도를 프랑스에 유산으로 남겼다는 점을 지적해두는 것으로 족할 것이다. 프랑스혁명 이래 프랑스인들의 정치적 삶이 보여준 특징 가운데 하나로 역사적으로 중요한 국면마다 거듭 불거지는 분극화(polarization)를 꼽을 수 있다. 그것은 좌파와 우파의 분극화라는 점에서 정치적인 것이기도 했고, 자산소유계급과 노동계급의 분극화라는 점에서 사회적인 것이기도 했다. 한편으로는 그것이 지난 세기에 수백만 명의 이주노동자들과 그들의 자손을 대체로 노동운동과 좌파를 통해, 그리고 파시즘과의 싸움을 통해 프랑스 국가에 편입되게 하는 메커니즘으로 기능했다. 그런가 하면 다른 한편으로는 프랑스혁명이 지닌 근본적인 반귀족주의적, 평등주의적 내용의 핵심인 사회적, 인종적, 지역적, 종교적, 민족적 출신의 구분을 비롯한 모든 출신의 구분을 거부하는 태도와 새로 탄생한 공화국을 포위공격하는 외부 침략세력에 대항하기 위해 방어전선을 확고하게 긋는 태도가 곧 뒤얽혔다. 이런 두 가지 태도의 뒤얽힘은 좌파에 맹점을 만들어내는 경향이 있었고, 이런 경향은 특히 오늘날과 같은 대중적 퇴각의 시기, 다시 말해 사회적, 정치적 구분선이 흐릿해지는 시기에 두드러지게 나타난다. 이러한 시기에는 가장 급진적인 좌파를 포함한 모든 좌파가 좌파와 대중의 전진을 가능하게 했던 애초의 공화주의적 틀이 깨지지 않을까 하는 우려에서 체계적인 인종적, 민족적 차별에 대해 진지하게, 또는 구체적으로 문제 삼고 나서기를 꺼리는 것으로 보인다.[36]

우리가 앞에서 살펴본 다른 형태의 사회경제적, 정치적 탈구에 더해 위와 같은 상황이 전개됨에 따라 식민주의 이후의 인구 중 상당부분이 정치적, 사회적으로 분리된 상태에 처하게 됐고, 좌파는 노동계급의 현실로부터 더욱 격리된 반면에 우파는 더 큰 운신공간을 갖게 됐다. 이러한 상태를 극복하는 일이 좌파에게 복잡한 과업이 되고 있다. 한편으로 좌파는 좌파와 우파 사이, 그리고 노동계급과 자산소유계급 사이의 적대적 관계를 유지하고 확대시켜야 한다. 일반적으로 말해 이런 적대적 관계는 급진적 변화를 위한 그 어떤 기획에서도 활력을 불러일으키는 요소가 된다. 그리고 그동안 프랑스에서는 바로 이것이 생명력 있는 좌파의 생존 자체에 전제조건이 돼왔다. 다른 한편으로 2003년의 '히자브 사건' 때만 해도 좌파가 사회적 소외계층의 '피해의식'에 호소할 수 있었지만, 이제는 방리외 지역 주민들도 프랑스의 사회적 모델과 공화주의 기획이 낳아주는 이득을 불완전하나마, 그리고 사회의 다른 부분과는 다른 형태로나마 누리게 됨에 따라 좌파가 그렇게 할 수가 없게 됐다.[37]

2005년에 방리외 지역에서 일어난 봉기의 매우 긍정적인 효과는 도시 주변부에서 살고 있는 사람들이 직면하고 있는 곤경의 성격과 원인, 그리고 그것이 이제부터 시작돼야 할 좌파의 재건설과 쇄신이라는 작업과 관련해 갖는 의미에 대한 중요한 토론을 급진적 좌파 진영에 불러일으켰다는 것이다. 이런 토론의 과정에서 부각되고 있는 점은 방리외 지역에 거주하는 식민주의 이후 인구가 직면하고 있는 특수한 문제들에 각별한 주의를 기울여야 하고, 그러한 문제들 및 그로부터 가장 직접적으로 영향을 받는 비백인 젊은이들을 좌파의 전략, 운동, 조직에 편입하는 방식에도 특별히 주의를 기울여야 한다는 것이다.[38]

한 가지는 분명하다. 신보수주의의 조류를 역전시키고자 하는 사람들이 방리외 지역에서 또 다시 기회를 놓치지 않으려면 상황을 방관하는 여유를 부릴 수가 없다.

결론: 정치적 대표성의 위기

이상의 논의는 우리로 하여금 정치적 대표성의 위기로 눈길을 돌리게 한다. 그리고 우리는 이 문제에 대한 논의를 이 글의 결론으로 삼고자 한다. 프랑스 사회에 외국인 증오심리와 권위주의에 기반을 둔 정치세력이 다시 등장한 것은 비교적 최근의 일이다. 사회경제적인 문제를 범죄의 문제나 인종의 문제로 보는 이러한 태도는 근본적으로 경제정책의 방향이 신자유주의로 전환한 것, 그리고 신파시즘 정당인 국민전선이 부상한 것과 연관된 것으로 볼 수 있다. 신자유주의로의 경제정책 방향 전환은 1983년에 사회당 정부와 사회당 출신 대통령이 시작했고, 그 뒤로 좌파와 우파의 구분 없이 모든 정부가 더욱 심화시켰다. 이와 더불어 경제적 구조조정이 전개되면서 고실업이 끈질기게 지속됐고, 생산현장과 노동계급 거주지역에서 노조와 좌파의 영향력이 감퇴했으며, 주류의 좌파와 우파 모두에게서 민심이 전반적으로 이탈했다.

1995년 말에 대규모로 일어난 사회적 운동을 계기로 시작된 저항과 행동의 국면은 신자유주의와 자본주의에 반대하는 입장을 가진 좌파 세력이 정치의 영역에서 배제되는 대표성의 위기가 비교적 짧은 시간 안에 해결될 것이라는 기대를 키웠다. 유럽과 세계의 좌파 가운데 다수는 여러 중남미 국가에서 다시 등장한 급진세력과 더불어 프랑스도 신자유주의에 저항하는 싸움의 전선에 서 있다고 생각했고, 사실 그것은 옳은 생각이었다. 프랑스에서 유럽헌법에 대한 반대운동과 최초고용계약(CPE) 제도를 포함한 노동법 개정안에 대한 반대운동이 성공을 거두게 되자 일각에서는 프랑스가 머지않아 신자유주의 모델과 단절할 수 있을 것이라고 생각하는 사람들도 있었다.

그러나 니콜라 사르코지가 대통령에 당선됨에 따라 그러한 관점은 후퇴했다. 지금의 상황은 두려움을 불러일으키기도 하고, 조심스러운 낙관론을 뒷받침하기도 한다. 이런 점은 별도로 실시된 두 건의 여론조사 결과를 나란히 놓고 보면 아주 잘 드러난다. 2005년 11월에 프랑스의 여러 주요 도시의 가난한 방리외 지역에서 3주일에 걸쳐 소요가 계속된 뒤에 실시된 여론조사에서 응답자의 70퍼센트는 사르코지가 내무부 장관으로서 방리외 지역의 위기를 다룬 방식에 찬성한다고 답했다. 그런데 그로부터 4달 뒤에 실시된 여론조사에서는 응답자의 70퍼센트가 최초고용계약제 도입법안에 대한 학생 주도의 대규모 시위에 대해 공감을 표시했다.[39]

따라서 한편으로는 전후 프랑스의 사회적, 경제적 발전모델과 25년여에 걸친 신자유주의적이고 역행적인 개혁의 결과인 기록적인 수준의 고실업과 가난한 지역의 불안정하고 갈수록 악화되는 사회적 인프라가 초래한 갈등에 대해 프랑스 정부가 권위주의적이고 인종차별적인 대응을 하는 데 대한 상당한 정도의 지지가 존재하는 것으로 보인다. 그러나 이와 동시에 오랜 기간 이어져온 노동계급의 후퇴에도 불구하고 전체 인구 중 광범위한 부분은 거의 1세기에 걸친 노동계급의 투쟁이 가져다준 이득을 빼앗으려는 공격에 맞서 주기적으로 발생하는 대중적인 저항운동을 지지하고 그 저항운동에 동참할 준비가 돼 있는 것으로 보인다.

사르코지 대통령은 일관된 우파의 정치의제를 갖고 있다. 그것은 방리외 지역에 대한, 그리고 방리외 지역 내부의 불안감과 편견이 열어주는 상당히 넓은 운신공간을 활용하면서 다수의 전선에서 사회운동 진영, 좌파, 비백인 인구를 공격함으로써 대중적인 저항을 패퇴시키는 것이다. 이에 맞서는 방어적인 투쟁이 신자유주의와 그 대표자들에 대한 공세적인 역공으로 발전하기 위해서는 높은 수준의 대중적 행동이 필요하고 그 행동은 어떤 형태로든 정치적 대표조직을 가져야만 한다. 파편화된 사회운동 진영과 같은 정도로 파편화된 반신자유주의적, 반자본주의적 좌파 진영은 서로의 노력을 통합시킬 수 있는 공통의 틀을 찾아내야 한다. 최근 몇 차례의 선거에서 급진적 좌파가 분열한 것은 단합이라는 목표의 달성이 얼마나 어려운지를 보여준다. 이런 측면에서 대부분의 다른 나라들에 비해 훨씬 더 멀리 나간 프랑스가 얼마나 오랜 기간 좌파와 사회운동 진영을 재건설하고 쇄신하는 노력을 기울여야 정치적 대표성의 위기를 해결하고 신자유주의를 극복할 돌파구를 열 수 있을까? 당연히 이런 의문이 들 것이다. 그러나 단기적인 전망은 비록 음울하다 할지라도 프랑스가 갖고 있는 탁월한 저항의 능력이 소진된 것은 분명 아닐 것이다.

주석

1 'France's Presidential Election: Sarkozy's Moment and, Mercifully, a Fresh Start for France', The Economist, 10 May 2007; Timothy Smith, 'The Socialists are the Real Conservatives in France', The Globe and Mail (Toronto), 5 May 2007.

2 예를 들어 다음 책들을 참조하라. Pierre Birnbaum, Logique de l'Etat, Paris: Fayard, 1982; Michel Winock, La fièvre hexagonale. Les grandes crises politiques de 1871 à 1968, Paris: Calmann-Lévy, 1981; Samuel Barnes and Max Kaase, Political Action: Mass Participation in Five Western Democracies, London: Sage, 1979.

3 1988년의 프랑스혁명 200주년 기념일 전야에 프랑스의 역사학자인 프랑수아 퓌레(François Furet)는 발레리 지스카르 데스탱과 프랑수아 미테랑, 두 대통령 덕분에 '프랑스만의 예외적 상태'는 종식되고 '중도파의 공화국(Republic of the centre)'이 등장했다고 선언했다. François Furet, Jacques Julliard and Pierre Rosanvallon, La République du centre, Paris: Calmann-Lévy, 1988. 퓌레는 이어 1995년에는 "이제는 우리가 살아가고 있는 세계의 일원으로 살아가게 됐다"고 선언했다. Furey, Le Passé d'une illusion, Paris: Calmann-Lévy, 1995.

4 한 국제적인 여론조사에 따르면 세계의 미래를 구축할 토대로 '자유시장 경제'가 최선의 체제라고 생각하는 국민의 비중이 독일은 65퍼센트, 영국은 66퍼센트인 데 비해 프랑스는 36퍼센트에 불과하다(GlobeScan, June-August 2005).

5 Isabelle Sommier, Le renouveau des mouvements contestataires à l'heure de la mondialisation, Paris: Flammarion, 2003을 보라.

6 See Laurent Mauduit, Jacques le Petit, Paris: Stock, 2005, p. 162를 보라.

7 특히 새로 도입된 유연한 작업조직에 대해서는 Luc Boltanski and Eve Chiapello, The New Spirit of Capitalism, London: Verso, 2006을 보라.

8 Jean-Marie Pernot, Syndicats: lendemains de crise?, Paris: Gallimard, 2005, pp. 23~68을 보라. 프랑스의 노조조직률은 전체적으로는 8퍼센트이고, 민간부문은 5퍼센트 미만이다.

9 프랑스의 노조가 일부 공공부문에서 갖고 있다고 간주되는 힘이라는 것도 2004년에 에너지 부문의 민영화가 비교적 순조롭게 진행된 데서 알 수 있듯이 환상일 수 있다. Adrien Thomas, 'En apesanteur. La CGT face à la privatisation d'EDF et Gaz de France', Variations, 3, 2006, pp. 63~72를 보라.

10 최초고용계약제(CPE)에 대한 반대운동에 관해서는 Stathis Kouvelakis, 'From Revolt to the Alternative', 12 May 2006를 보라. 이 글은 www.europe-solidaire.org에서 볼 수 있다. CPE 반대운동에 대한 신자유주의 언론의 비난에 대해 상세하게 반박한 글로 David R. Howell and John Schmitt, 'Employment Regulation and French Unemployment: Were the French Students Right After All?', April 2006이 있다. 이 글은 www.cepr.net에서 볼 수 있다.

11 Daniel Singer, 'The French Winter of Discontent', Monthly Review, 49, July~August 1997; Raghu Krishnan, 'December 1995: The first revolt against Globalization', Monthly Review, 48, May 1996.

12 Rémi Lefebvre and Frédéric Sawicki, La société des socialistes. Le PS aujourd'hui, Paris: Editions du Croquant, 2006.

13 CSA-CISCO poll, 22 April 2007.

14 그 두드러진 사례로, 과거에 포디즘의 중심이었던 자동차산업에 대해 살펴본 글로 Stéphane Beaud and Michel Pialoux, Retour sur la condition ouvrière. Enquête aux usines Peugeot de Sochaux-Montbelliard, Paris: Fayard, 1999가 있다.

15 같이 있었던 또 한 명의 십대 청소년인 무히틴 알튠(Muhittin Altun)은 다행히 감전사를 모면했다. 이웃마을에서 축구시합을 한 뒤에 집으로 돌아가던 이들 세 명의 청소년은 도둑질을 하고 경찰에 쫓기는 다른 아이들을 만났다. 신분증을 갖고 있지 않았던 세 명의 청소년은 그 전에도 여러 번 신분증 검사를 당했던 기분 나쁜 경험을 되풀이하고 싶지 않았던데다가 경찰 가운데 한 명이 고무탄 총을 쏠 준비를 하는 것을 보게 되자 숨을 곳을 찾아 도망치기로 했던 것이다. 당시 내무부 장관이었던 사르코지는 두 청소년이 사망한 데 대해 경찰은 아무런 책임도 없다고 거듭 주장했다. 하지만 나중에 경찰 감찰부(IGS)는 이 사건을 조사한 뒤에 청소년들이 변전소의 담을 넘는 것을 경찰 한 명이 목격하고 상관에게 보고했지만 그도 그의 상관도 그 청소년들을 도와 그들이 위험에 처하지 않도록 하지 않았다는 결론을 내렸다.

16 Laurent Mucchielli and Abderrahim Aït-Omar, 'Les émeutes de novembre 2005: les raisons de la colère', in Véronique Le Goaziou and Laurent Mucchielli, eds., Quand les banlieues brûlent… Retour sur les émeutes de novembre 2005, Paris: La Découverte, 2006.

17 'Une grenade lancée à l'heure de la prière', L'Humanité, 2 November 2005.

18 'Le rapport explosif des Renseignements généraux', Le Parisien, 7 December 2005에서 재인용.

19 Stéphane Berger and Jérôme Leguay, 'Chronologie' in Collective, Une révolte en toute logique. Des banlieues en colère, Sainte Colombe: L'Archipel des pirates, 2006.

20 Nasser Demiati, 'Nicolas Sarkozy, ministre de l'Intérieur et pompier-pyromane', in Goaziou and Mucchielli, eds., Quand les banlieues brulent.

21 Olivier Masclet, La Gauche et les cités: enquête sur un rendez-vous manqué, Paris: La Dispute, 2003. 파리의 외곽에 있는 주네빌리에(Gennevilliers)의 주거단지가 진화해온 과정을 훌륭하게 서술해놓은 이 책은 우리가 방리외의 위기를 전체적으로 이해하는 데 큰 도움이 됐다.

22 Loïc Wacquant, 'La marginalité urbaine au nouveau millénaire', Contretemps, 13 May 2005.

23 이 부분의 통계는 모두 Laurent Mucchielli, 'Les émeutes de novembre 2005: les raisons de la colère', in Goaziou and Mucchielli, eds., Quand les banlieues brûlent에서 가져왔다.

24 Patrick Simon and Jean-Pierre Lévy, 'Questions sociologiques et politiques sur la "mixité sociale"', Contretemps, 13 May 2005.

25 Laure Pitti, 'Différenciations ethniques et luttes ouvrières à Renault-Billancourt', Contretemps,

16 May 2006.

26 Laurent Mucchielli, 'Immigration et délinquance: fantasmes et réalités', in Nacira Guénif-Souilamas, ed., La république mise a nu par son immigration, Paris: La Fabrique, 2006.

27 Laurent Ott, 'Pourquoi ont-ils brûlé les écoles?', in Goaziou and Mucchielli, eds., Quand les banlieues brûlent.

28 국제노동기구(ILO)는 최근에 2440개의 구인광고에 응모한 350명의 구직자들에 대해 조사한 결과를 포함한 연구보고서를 발표했다. 이 연구보고서에 따르면 67~80퍼센트의 경우에 고용주가 동일한 자격조건과 경험을 갖춘 응모자 가운데 북아프리카나 사하라이남 아프리카 출신보다는 '사회적 다수'에 속하는 응모자를 채용했다고 한다. E. Cediey and F. Foroni, 'Les Discriminations à raison de 'l'origine' dans les embauches en France', Genève: Bureau international du Travail, 2006을 보라.

29 'S'il y a des personnes qui arrivent à accepter ça, moi je n'accepte pas', in Collective, Une révolte en toute logique.

30 방리외 지역을 묘사한 영화를 봐도 이처럼 다양한 인종이나 민족이 공존하는 방리외 지역의 현실을 알 수 있다. 예를 들어 Mathieu Kassovitz, La Haine(1995); Abdel Kechiche, Games of Love and Chance(2003)를 보라.

31 Tyler Stovall, 'From Red Belt to Black Belt: Race, Class and Urban Marginality in Twentieth-Century Paris', in Sue Peabody and Tyler Stovall, eds., The Color of Liberty ─ Histories of Race in France, Durham: Duke University Press, 2003.

32 Mireille Ginésy-Galano, Les immigrés hors la cité ─ Le systéme d'encadrement dans les foyers (1973~1982), Paris: L'Harmattan, 1984.

33 Saïd Bouamama, 'De la visibilisation à la suspicion: la fabrique républicaine d'une politisation', in Nacira Guénif-Souilamas, ed., La république mise à nu par son immigration, Paris: La Fabrique, 2006.

34 Loïc Wacquant, 'Ghetto, banlieues, État: réaffirmer la primauté du politique', Nouveaux regards, 33, April~June 2006. 1980년대 초에는 사회당이 선거에서 승리한 데 대해 격분한 전통적 우파가, 그 다음에는 자기들의 미래를 걱정하게 된 소규모 사업자들이 방리외 지역을 정치적으로 활용하려고 했다. 전통적으로 좌파와 노동계급의 기반인 방리외 지역에서 국민전선이 처음으로 돌파구를 연 것은 1995년 선거 때였다. Nonna Mayer, Ces Francais qui votent Le Pen, Paris: Flammarion, 2002를 보라.

35 이런 점을 예시해주는 가장 최근의 사건은 각급 학교에 프랑스 식민주의의 '적극적인 역할'을 인정하도록 강요하는 법안이 2005년 2월에 의회를 통과한 것이다. 이 법안은 1년 뒤에 대통령이 폐기했다! 사람들을 불편하게 만드는 미카엘 하네케(Michael Haneke) 감독의 〈카셰(Caché)〉(2005, 영미권에서는 〈히든(Hidden)〉이라는 제목으로 상영됐다 ─ 옮긴이)는 프랑스의 식민주의 과거에 대한 억압된 기억, 그리고 그 기억과 식민주의 이후인 현재의 관련성을 다룬 영화다.

36 선구적인 저작인 Gérard Noiriel, The French Melting Pot—Immigration, Citizenship and National Identity, Minneapolis: University of Minnesota Press, 1996을 보라. 또한 Sophie Wahnich, Impossible citoyen, l'étranger dans le discours de la Révolution française, Paris: Albin Michel, 1997도 참고하라.

37 Denis Sieffert, Comment peut—on être (vraiment) républicain?, Paris: La Découverte, 2006에 프랑스의 공화주의와 좌파에 대한 흥미로운 관점이 제시돼 있다.

38 이와 같은 논의와 관련된 문제들을 전반적으로 살펴본 글로는 다음과 같은 것들이 있다. Didier Fassin and Eric Fassin, eds., De la question sociale à la question raciale? Représenter la société francaise, Paris: La Découverte, 2006; Karim Bourtel and Dominique Vidal, Le mal—être arabe, Marseille: Agone, 2005.

39 이처럼 두 건의 여론조사 결과를 나란히 놓고 본 것은 Dominique Mezzi, 'Une guerre de mouvement gagnée par la droite dure', 15 May 2007의 아이디어에 따른 것이다. 이 글은 www.europe-solidaire.org에서 볼 수 있다.

제국의 대가
_미국에서 전개되는 이주노동자들의 투쟁

킴 무디

1886년 5월 1일 미국 전역에서 많은 이주노동자들을 포함한 수십만 명의 노동자들이 파업을 벌였다. 이를 계기로 전 세계에 걸쳐 매년 5월 1일이 '국제 노동자의 날'이 됐으나, 공교롭게도 북미에서만 그렇게 되지 않았다.[1] 그로부터 120년 뒤인 2006년 5월 1일에 수백만 명의 이주노동자들이 미국에서 괴롭힘을 당하지 않고 일을 할 권리를 요구하며 파업을 벌였다. '이주노동자가 없는 날'로 선포된 이날 미국에서 가장 임금수준이 낮은 일터 가운데 많은 곳에서 하루 종일 또는 하루 중 몇 시간 동안 이주노동자들이 일손을 멈추었다. 이 파업에 참가한 이주노동자 수가 500만 내지 600만 명이라는 추계가 맞는다면 미국이 아닌 다른 나라에서 태어난 미국 내 이주노동자 2100만 명 가운데 4분의 1가량이 어떤 종류의 행동이든 행동에 나섰을 것이다. 1886년 5월 1일과는 달리 이날에는 노조가 나서서 노동자들에게 그런 행동을 하도록 호소한 것이 아니었다. 노조는 단지 행동에 나선 이주노동자들을 뒤에서 지원하는 역할만 수행했다. 5월 1일의 파업을 앞두고 3월과 4월에 전개된 일련의 시위들은 각각의 경우에 특별히 결성된 동맹조직이 주도했고, 그런 동맹조직과 더불어 600여 개의 권익단체 내지 지역사회단체의 네트워크가 가톨릭교회의 강력한 후원 아래 5월 1일 파업을 조직하는 근간이 됐다.[2] 도시마다 조직화의 양상이 달랐음을 감안하면 이 파업의 규모는 더욱 인상적이다. 어떤 곳에서는 조직화의 중심에서 보이콧이나 출근거부를 호소했지만, 로스앤젤레스의 로저 마호니(Roger Mahony) 추기경 같은 이들은 시위에 참가할 것 같은 노동자들에게 일자리를 잃게 될 일은 하지 말라고 경고했다.[3] 그럼에도 미국 전역의 도시들에서 수만 명씩 또는 수십만 명씩 파업에 참가했다.

그 과정에서 노조는 뒤에서 지원하는 역할을 수행했다. 예를 들어 로스앤젤레스에서는 노조가 8만 달러 이상의 자금을 들여 파업에 필요한 물자를 공급하는 일을 맡았다. 국제서비스노조(SEIU; Service Employees International Union)와 미국공무원노조연맹(AFSCME; American Federation of State, County and Municipal Employees)의 지도자들은 이주노동자 조직들과 연락을 취하는 의사소통의 통로 역할을 했고, 전미트럭운전사노조(Teamsters Union)는 시위행진의 앞에 세울 두 대의 대형 트럭을 제공했다.[4] 이러한 노조의 지원은 미국노동총동맹산업별회의(AFL-CIO)가 2000년에 '미등록 노동자들에 대한 사면' 요구를 공식으로 채택하기로 하는 극적인 정책변화를 단행한 덕분에 더욱 활기를 띠었다고 볼 수 있다. AFL-CIO의 이러한 정책변화는 워싱턴에서 '이주노동자들의 인권존중과 사면을 위한 전국동맹(National Coalition for Dignity and Amnesty for Immigrants)'의 주최로 1만 5천 명의 시위가 열린 뒤에 이루어진 것이었다. 사실 이 동맹조직은 1999년부터 매월 5월 1일에 시위를 벌여왔다.[5] 2003년의 '자유를 위한 이주노동자들의 차량행진(Immigrant Workers' Freedom Ride)'에서 몇몇 노조들이 중요한 역할을 한 것을 계기로 이주노동자 단체와 노조 사이의 상호관계가 더욱 가까워졌다. 이 차량행진 행사는 시위자들이 전국을 돈 뒤에 뉴욕에서 대규모 집회를 갖는 것으로 마무리됐다. 매우 가시적인 형태로 진행된 이 행사는 이주노동자의 권리라는 문제를 공적인 쟁점으로 부각시킬 수 있다는 자신감을

이주노동자들 사이에 확산시키는 데 도움이 됐다.[6]

2006년 5월 1일의 메이데이 행사에서는 여러 산업에 걸쳐 이주노동자들이 갖고 있는 전략적 위치(이는 그동안에는 간과돼 왔다)가 주목받게 됐다. 이날 미국에서 가장 큰 항구인 로스앤젤레스/롱비치 항구에서 일하는 멕시코 등 중미지역 출신 트럭기사들이 항구업무의 90퍼센트를 중단시켰고, 미국 전역의 축산물 가공공장 가운데 50퍼센트의 가동이 중단됐다. 또한 '전미 보육시설 및 정원관리업 협회(American Nursery and Landscaping Association)'는 회원사 종업원들 가운데 90퍼센트와 정원관리용품 창고의 노동자들 가운데 90퍼센트 정도가 파업을 벌였다고 밝혔다. 이날 캘리포니아 주의 벽체시공 노동자들을 비롯한 건설분야의 이주노동자들도 여러 지역에서 파업을 벌임에 따라 건설분야도 큰 타격을 입었다.[7] 이처럼 2006년 5월 1일에는 이주노동자들이 실직이나 심지어는 추방까지 당할 위험에도 불구하고 주체적으로 행동에 나설 의지와 능력을 갖고 있다는 사실이 과시됐을 뿐만 아니라 미국 경제의 중요한 부문들에서 이주노동자들의 힘이 커졌다는 사실도 부각됐다.

제국의 대가

미국의 이주민 인구는 1950년대에는 줄어들었고 1960년대에는 큰 변화가 없었다. 그러나 그 뒤로 미국이 아닌 다른 나라에서 태어난 인구가 1970년의 970만 명에서 2004년에는 3420만 명으로 늘어났고, 그 가운데 2100만 명은 2004년 현재 미국시민의 자격을 취득하지 못한 상태다.[8] 외국에서 태어난 피고용자 수는 2004년 현재 2000만 명이 넘으며, 이는 미국 내 피고용자 전체에서 14.5퍼센트에 해당된다. 이들 가운데 1200만 명은 미국시민이 아니다.[9] 2004년 현재 미국에 거주하고 있는 '그린카드(green card)' 소지자, 즉 합법적 취업이 가능한 영주권 취득자는 1160만 명이다. 이 가운데 멕시코 출신이 310만 명으로 가장 수가 많다. 그 다음으로는 필리핀 출신과 인도 출신이 각각 50만 명 정도이고, 이어 중국 출신, 도미니카공화국 출신, 베트남 출신이 각각 40만 명가량 된다.[10] 2002년부터 이민국을 대신해 이주에 대해 점검하고 통제하는 일을 맡은 국토안보부의 추계에 따르면, 2005년 현재 미국 내 '미인가' 이주민 또는 '미등록' 이주민은 1050만 명에 이른다. 이들 미등록 이주민 가운데 80퍼센트 이상은 1990년 이후에 미국으로 건너왔다고 한다.[11] 그러나 미등록 이주민 수가 2007년 현재 2000만 명에 이른다는 추계도 있다.[12]

이주민의 출신국가 목록을 살펴보면 최근에 미국으로의 이주가 늘어난 가장 근본적인 원인이 어디에 있는지를 알 수 있다. 인도만 제외하고 출신국가 목록의 상위에 속하는 나라들은 모두 과거에 미국이 경제적, 군사적으로 깊이 개입했던 곳이다. 멕시코, 중국, 쿠바, 필리핀은 미국의 제국건설이 시작된 100여 년 전부터 미국과 이런저런 관계를 맺은 나라이며, 쿠바를 제외하면 모두가 오늘날에는 미국의 기업이 진출한 곳이다. 한국은 물론 1950년대 초의 한국전쟁 때 미국의 세력권에 편입됐다. 베트남과 도미니크공화국은 1960년대에 미국이 군사적으로 개입한 나라이며, 다만 그 개입의 규모가 두 나라 사이에 큰 차이가 있었을 뿐이다. 엘살바도르 출신, 한국 출신, 쿠바 출신의 미국 내 영주권자 수는 각각 30만 명 정도 되며, 이들 세 나라는 최근의 반세기 동안 미국이 개입해온 곳이다. 멕시코, 도미니카공화국, 엘살바도르의 경우에는 미국으로 이주하는 인구의 가속적인 증가가 세계화의 영향 및 미국의 외교정책과 매우 분명한 상관관계를 갖고 있다.

카리브 연안지역과 마찬가지로 중미지역도 미국-스페인 전쟁(1898년에 쿠바섬에 대한 이권을 놓고 미국과 스페인이 벌인 전쟁— 옮긴이) 이후에 미국의 '뒷마당'이 됐다. 1920년에는 미국의 기업들이 유럽에 투자한 금액보다 중남미에 투자한 금액이 더 컸고, 그 대부분은 카리브 연안지역과 중미지역에 대한 투자였다. "1919년부터 1933년까지는 미국의 해병대가 다른 나라가 주권을 갖고 있는 곳에 개입하거나 그런 곳을 점령하지 않은 날이 단 하루도 없었다"[13]는 것은 주로 이 지역에 대한 미국의 군사적 개입을 가리켜 하는 말이다. 미국은 이차대전 이후에 바로 이러한 관행을 재개해 중남미 지역에 개입했다. 과테말라(1954년), 쿠바(1960년), 브라질(1964년), 도미니카공화국(1965년), 칠레(1973년), 그레나다(1983년), 파나마(1989년)로 이어진 중남미에 대한 미국의 군사적 개입은 은밀한 형태로 이루어지는 경우가 적지 않았다.[14] 그리고 쿠바의 경우만을 제외하면 모든 개입이 다 해당 국가의 국민에 의해 선출된 관리나 정부를 표적으로 한 것이었다.

수백만 명의 중남미 사람들이 고국을 떠난 이유가 미국의 공공연하거나 은밀한 군사적 개입에만 있었던 것은 아니었다. '주식회사 미국'이 선호하는 정책이자 지난 반세기 이상에 걸쳐 사실상 미국의 모든 역대 행정부가 선호해온 정책, 즉 자유무역 정책도 그 원인으로 작용했다. 정책으로서의 자유무역은 무역에 국한되지 않는다. 그것은 대기업의 투자에 모든 나라의 문호를 개방시키는 것과 관련된다. 많은 나라들이 수입과 외국인에 의한 소유로부터 자국의 국내산업을 보호하면서 발전시켜왔기 때문에 자유무역은 많은 나라들로 하여금 그러한 발전전략을 포기하게 해야 했다. 처음에는 미국 자본이 '자유무역지대' 개발을 통해 돌파구를 열었다. 자유무역지대에서는 해당국 정부의 노동이나 안전 관련 법규의 효력이 대체로 정지되면서 기업들이 자유로운 활동을 보장받았다. 그 다음으로 등장한 것이 멕시코 북부의 국경지대에 대한 개발사업이며, 이 개발사업으로 생겨난 마킬라도라 공장지역은 기본적으로 자유무역지대와 비슷하다. 1985년에는 레이건 행정부가 '카리브유역 개발계획(Caribbean Basin Initiative)'을 관련국들과 협상해 성사시켰고, 미국은 이를 통해 카리브 연안지역을 미국기업의 투자처로 개방시켰다. 이에 따라 멕시코와 카리브 연안지역에는 1992년까지 모두 200개의 자유무역지대가 설치됐고, 거기에 모두 3천 개의 공장이 들어서면서 73만 5천

명의 노동자를 고용하기에 이른다. 그러나 이 모든 것은 단지 북미자유무역협정
(NAFTA)의 리허설에 지나지 않았다. 북미자유무역협정은 같은 일을 더 큰 규모
로 벌이게 된다.[15]

그러나 이와 같은 일은 '자유무역'의 한 측면일 뿐이었다. 다른 한 측면은 뉴
욕과 런던 등지의 은행들이 제3세계에 투자를 하는 것이었다. 중남미에는 특히
뉴욕 시의 은행들, 즉 월스트리트의 은행들이 투자를 했다. 1970년대 초중반에
오일머니가 월스트리트의 은행들로 쏟아져 들어갔고, 그들은 그 돈으로 제3세계
국가들에 대한 저금리의 융자를 늘렸다. 그런데 1980년대 초에 이르자 인플레이
션과 고금리가 자리를 잡았고, 중남미 전역의 많은 나라들은 매년 이자를 갚아나
가기가 점점 더 어려워졌다. 이러한 중남미의 채무위기는 미국을 비롯한 선진국
들이 국제통화기금의 도움을 받아가며 투자에 대한 제3세계의 장벽을 제거하는
데뿐만 아니라 많은 제3세계 국가의 경제를 재구성하도록 말 그대로 강요하는 데
도 지렛대로 이용됐다.

멕시코가 대표적인 사례다. 신자유주의적 구조조정의 바람이 멕시코 경제를
휩쓺에 따라 1982년부터 1991년까지 평균 실질임금이 67퍼센트 감소됐고, 임금
수준이 약간 더 높은 공업부문 노동자들의 실질임금은 48퍼센트 감소됐다. 북미
자유무역협정이 발효되기 직전에 멕시코 국경지대의 임금은 하루당 4달러가 됐
다.[16] '자유무역'의 또다른 측면인 농산업 및 플랜테이션 농업에 대한 외국인투
자는 멕시코에서 수백만 명의 농민을 땅에서 쫓아냈고, 이렇게 쫓겨난 농민들은
더 이상 자기 땅에서 농사를 짓고자 하는 희망을 가질 수 없게 됐다. 이런 일은 멕
시코뿐만 아니라 중미지역과 카리브 연안지역 전체에 걸쳐 일어났다. 이로 인해
합법적 이주만 봐도 미국으로 이주한 멕시코인의 수가 1970년대의 64만 294명에
서 1980년대에는 165만 5843명으로, 다시 1990년대에는 354만 1700명으로 급증
했고, 2001년부터 2005년 사이에도 87만 6823명에 이르렀다.[17]

경제적 파장

이주노동자들이 미국에 경제적으로 중요한 요소임은 의심할 나위가 없다. 미국의 레이 마셜(Ray Marshall) 전 노동부 장관은 최근에 다음과 같이 썼다.

"이주민은 미국경제에서 각별한 중요성을 갖고 있다. 1990년대 미국의 노동인력 증가 중 절반 이상, 그리고 2000년부터 2005년까지 미국의 고용 증가 중 86퍼센트가 이주민이다. 원래의 미국인 가운데 일차 노동연령(25~54세)에 속하는 사람의 수가 앞으로 20년 동안 전혀 늘어나지 않을 것으로 예상되므로 이제 미국의 경제력은 경제정책과 사회정책에서 이주민을 어떻게 다루는가에 크게 의존하게 될 것이다." [18]

미국의 공식부문 경제에서는 이주노동자들이 미국 태생의 노동자들에 비해 서비스, 건설, 운송, 공장 분야에 상대적으로 많이 집중돼 있다. 이들 분야에서는 이주노동자의 수가 미국 태생의 노동자에 비해 76퍼센트에 이른다.[19] 이들 분야에서는 수백만 명의 이주노동자가 공식부문의 주변부나 점점 더 커지고 있는 비공식부문에서 미국 태생의 노동자에 비해 적은 임금만 받으며 일하고 있다. 이주노동자가 공급되지 않았다면 이들 분야에서 노동력 부족 문제가 심각해져 미국 태생 노동자들의 임금이 상승했을 것이지만, 이주노동자가 풍부하게 공급됨에 따라 이들 분야의 임금수준이 낮은 편이다. 이런 효과가 얼마나 되는지를 정확하게 측정할 방법은 없지만, 식품가공이나 서비스, 건설과 같은 산업들에서 이런 효과로 인해 나타난 비용절감 덕분에 미국인들의 생활비용이 상대적으로 낮아졌을 것이고, 일부 산업들의 국제경쟁력이 상대적으로 강화됐을 것이다. 1870년부터 1920년까지 일어난 대규모 이주의 물결과 마찬가지로 최근에 전개되고 있는 대규모 이주의 물결도 미국 내 자본축적에 기여하고 있는 게 틀림없다.

그렇다면 이러한 이주노동자의 유입이 미국에서 태어난 노동자의 임금에 전반적으로 부정적인 영향을 미쳤다는 말이냐는 질문이 나올 수 있다. 전반적으로 본다면 이 질문에 대한 답변은 "그렇지 않다"다. 왜냐하면 시기적으로 그런 인과관계가 성립되지 않기 때문이다. 감독직을 제외한 생산직 노동자들의 주당 실질임금이 하락한 것은 1973년부터였지만 이주노동자의 유입이 크게 늘어난 시기는 그로부터 한참 뒤인 1980년대와 1990년대였다. 생산직 노동자의 실질임금이 하락하게 된 원인은 1974~75년의 경기침체와 그 뒤에 시작돼 1980년대까지 계속된 '스태그플레이션', 그리고 1979년에 크라이슬러에 대한 구제조치와 더불어 전국적으로 시작되고 1980년대 초부터는 모든 산업으로 확산된 노동자들의 임금 양보에 있었다. 만약 이주노동자의 유입이 미국 내 노동자의 임금에 전반적으로 부정적인 영향을 미쳤다면 그러한 영향은 1980년대 중반부터 1990년대 내내, 그리고 그 이후에도 계속해서 나타났어야 한다. 그랬다면 그동안 실업률이 상승하고 임금이 계속 하락했을 것이다. 그러나 실제로는 1995년부터 2003년까지는 주당 실질임금이 상승했다. 주당 실질임금은 그 뒤에 다소 떨어졌지만 2007년 초에는 다시 상승했다.[20] 실질임금의 이런 변화는 이주노동자 유입의 흐름보다는 경제 전체의 흐름과 맥을 같이 하는 것이었다. 이처럼 2000년 이후에 미국의 노동인력 증가에서 이주노동자의 유입이 큰 비중을 차지했지만 그것은 이미 고용돼 있었던 노동자들의 임금에는 별다른 영향을 미치지 않았다. 다만 그것이 전반적인 평균임금 수준을 낮추는 '통계적 효과'를 미쳤을 가능성은 있다.

이주노동자들과 미국 태생의 노동자들 사이의 일자리 경쟁은 '인종별 집중화' 또는 '줄 잇기' 현상으로 인해 둔화되고 있다.[21] 다시 말해 이주노동자를 비롯한 저임금 노동자들은 다른 그룹의 노동자들이 산업의 구조조정이나 고용의 구조조정 과정에서 포기한 일자리에 진입하고 있는 것이다. 이와 관련해 다음과 같은 보고가 있다. "1970년대와 1990년대에 뉴욕, 로스앤젤레스, 마이애미, 샌프란시스코, 시카고에 흑인노동자들이 집중된 노동시장이 상당한 규모로 존재했던 것은 흑인노동자들과 이주노동자들 사이에 일자리 경쟁이 있음을 보여준 것이라기보다는 오히려 노동자그룹들 사이에 일자리가 인계인수되는 패턴을 보여준 것이다. … 흑인노동자들과 이주노동자들이 같은 일자리를 놓고 서로 경쟁을 벌이고 있다는 직접적인 증거는 없다.”[22]

그러나 새로 유입된 이주노동자들과 기존의 다른 노동자들 사이에 다소의 일자리 경쟁이 존재한다는 사실을 부정하는 것은 순진한 관점일 것이다. 일자리와 마찬가지로 도시 안의 거주공간도 유한하고, 어느 지역에서든 노동자그룹들 사이에 거주공간이 이전되는 과정에는 마찰이 있게 마련이다. 캐롤라이나 공정고용연맹(CAFE; Carolina Alliance for Fair Employment)의 한 활동가는 자신이 조직한 노동자센터의 주로 흑인인 회원들에 대해 다음과 같이 말했다. “자기들이 사는 동네를 히스패닉이 접수하고 있다는 말을 그들이 계속 하고 있다.” 이 활동가는 그들이 상황을 과장하고 있다고 말했지만, 마찰이 빚어지는 문제가 있는 것은 분명하다.[23] 노동자집단별 고용수준이 신축적으로 변하는 것은 마찰을 일으킬 수 있다. 그러나 그러한 마찰이 심각한 일자리 경쟁으로 이어지지는 않는다. 100년 전과 마찬가지로 오늘날에도 지역별로 보면 미국 태생의 노동자들이 떠났거나 떠나고 있는 직종이나 산업에는 특정한 인종집단이 집중적으로 진출하는 경향이 강하게 나타나고 있다. 예를 들어 로스앤젤레스에서 벽체시공 일을 하거나 부두에서 트럭을 운전하는 노동자들, 그리고 건물관리 일을 하는 노동자들을 보면 압도적으로 멕시코와 중미지역 출신이 많다. 뉴욕의 경우 야채가게, 음식점 주방, 건설공사장 등에서는 중남미 출신 노동자를 많이 볼 수 있고, 택시기사 중에서는 인도나 파키스탄 출신을 많이 볼 수 있다. 그런가 하면 로스앤젤레스나 뉴욕의 노동조건이 열악한 의류공장에는 중국이나 중남미 출신 여성노동자가 많다. 이런 사례들에서는 노동자그룹 간에 일자리 경쟁이 벌어지고 있다는 증거를 거의 찾을 수 없다.

이주노동자와 노조

이주정책연구소(Migration Policy Institute)의 추계에 따르면, 외국에서 태어난 미국의 이주노동자 가운데 노조에 가입한 사람은 1996년의 140만 명에서 2003년에는 180만 명으로 늘어났다. 미국의 전체 노조원 중 이주노동자의 비율은 8.9퍼센트에서 11.5퍼센트로 높아졌다. 이 비율이 이처럼 급상승한 것은 미국 태생의 노조원 수가 감소한 데 부분적인 원인이 있다.[24] 루스 밀크먼(Ruth Milkman, 미국 UCLA의 사회학 교수—옮긴이)은 "이주노동자 가운데 1990년 이후에 미국에 온 최근의 이주노동자들이 가장 낮은 노조가입률을 보이고 있다"며 "이들에 비하면 1980년 이전에 미국에 와서 이 나라에 오래 머무른 고참 이주노동자들의 노조가입률이 대략 두 배에 이르고, 캘리포니아 지역에서는 4배 이상"이라고 지적했다. 밀크먼은 이어 "사실 미국에 가장 잘 정착한 이주노동자들의 노조가입률은 미국 태생의 노동자들과 같은 수준이며, 그 가운데 일부 이주노동자그룹은 미국 태생의 노동자들보다 오히려 노조가입률이 높다"고 덧붙였다.[25] 다시 말해, 이주한 뒤 시간이 흘러 미국에서의 생활에 익숙해지고 등록노동자나 시민의 신분을 갖게 된 이주노동자는 미국 태생의 노동자만큼, 또는 그 이상으로 기존의 노조에 가입했거나 새로운 노조를 조직했을 가능성이 높다는 것이다. 2006년 5월 1일에 수백만 명의 이주노동자들이 거리로 쏟아져나와 행동에 나선 것은 그러한 행동에 대한 억압과 그러한 행동이 초래할 수 있는 실직의 위험에도 불구하고 더 나은 삶을 위해 싸우겠다는 의지를 그들이 갖고 있다는 신호였다. 이런 신호는 지금 또는 장래의 조직화를 위한 토대가 구축되고 있음을 보여주는 것이라는 점에서 대단히 중요하다. 미국의 노조는 역사적으로 외래적인 요소를 거부하는 태도와 관행을 보여왔지만, 이런 태도와 관행에도 변화가 일어나기 시작했다. 게다가 이주노동자들은 이미 다양한 방식으로 조직화를 시도하고 있다. 문제는 기존의 노조가 갖고 있는 전략과 조직구조가 이주노동자들의 조직화에 적합한가, 그리고 강한 교섭력을 발휘할 잠재력을 가장 크게 갖고 있는 이주노동자들을 기존의 노조가 주목하고 있는가다.

1990년에 신중하게 계획되고 실행된 건물관리 노동자들의 파업이 '비농업분야의 이주노동자들이 대중의 주목을 받기 위해 벌인 행동의 효시'라고 한다면, 캘리포니아 남부의 벽체시공 노동자 4천 명이 1992년에 벌인 파업은 '이주노동자들의 운동이 새로운 방향으로 돌아서고 있음을 보여준 것'이었다. 이 벽체시공 노동자들의 파업은 이주노동자들이 스스로 주도하고 꾸려나갔다. 그들이 목수들의 노조로부터 지원을 받고 결국은 그 노조에 가입하게 되긴 하지만, 건축분야의 이주노동자인 그들은 자신들의 파업을 스스로 조직화하고 실행함으로써 캘리포니아 남부의 건축산업을 5개월 동안이나 마비시켰다. 캘리포니아 남부뿐만 아니라 미국의 건축산업 전체에서 그동안에는 상당기간 노조의 활동이 없었다. 캘리포니아 남부의 경우에는 여러 해 전에 한 노조가 이곳의 건축산업 노동자들을 조직화하려고 하다가 포기한 적이 있었다. 바로 그 노조를 1992년에 파업을 벌인 벽체시공 노동자들이 이곳에 다시 불러들였다. 그 노조는 처음에는 벽체시공 노동자들을 단체협상의 포괄대상에 포함시키지 않으려는 태도를 보이기도 했다. 그래서 처음에는 그들의 파업이 조직되는 과정이 그들 가운데 수백 명의 고향마을인 멕시코의 엘마게이(El Maguey)에서 원격으로 진행됐다. 이런 양상은 다른 파업이나 조직화 활동에서도 거듭 되풀이됐다.[26]

이처럼 같은 고향 출신인 이주노동자들이 새로 이주해 살게 된 지역사회에서 같은 일을 하면서 단결하는 움직임이 그 지역사회의 미국 태생 노동자들 사이에 오랫동안 끊어졌던 관계도 다시 이어주는 효과를 내고 있다. 출신지역이 같다는 점, 같은 지역사회에 산다는 점, 똑같은 일을 한다는 점이 이주노동자 조직에 힘의 원천이 되는 경우가 많고, 1990년대에 일어난 건물관리 노동자들의 운동이 힘을 발휘하는 데도 이런 점이 한 가지 요인으로 작용했다.[27] 또한 그것은 이주노동자들 사이에 일어나고 있는 자율적 조직화의 많은 경우를 설명해준다. 캘리포니아 남부지역 항만의 트럭운전 서비스의 경우를 예로 들 수 있다. 이 지역의 트럭운전 서비스도 건축산업과 마찬가지로 1980년대에 대대적인 구조조정을 거쳤고, 그 과정에서 전미트럭운전사노조(Teamster)의 조합원들이 해고되고 대신 자기 소유의 트럭을 모는 독립적인 트럭운전사들이 고용됐다. 이로 인해 생겨난 빈 공간은 중남미 출신 이주노동자들이 메웠다. 중남미 출신 트럭운전사들은 1988년과 1993년에 각각 비공식적인 조직만 갖고 파업을 벌였다. 그 뒤로는 그들이 스스로 조직화를 진전시키기도 했지만, 미국통신노동조합(CWA; Communications Workers of America)의 9400지부가 그들을 돕기도 했다. 그들도 자기 소유의 트럭을 갖고 독립적인 계약 아래 트럭운송 서비스를 제공하는 입장이어서 노조를 결성하거나 파업을 벌일 법률적 권리를 갖고 있지 않았다. 그럼에도 그들은 자신들의 '고용자'를 설정해내는 것을 포함한 복잡한 전략을 구사하며 1996년에 다시 파업을 벌었다. 벽체시공 노동자들의 경우와 달리 그들의 파업은 실패했다. 그 이유는 주로 트럭운송 서비스 발주처의 대대적인 맞대응과 광범한 법률적 장벽에 있었다. 그러나 그들의 파업은 자율적인 조직화의 가능성을 다시 한 번 과시한 것으로 평가된다.[28] 트럭운전사들의 싸움은 1990년대에 끝나지 않았다. 그들은 2004년과 2005년에는 정부의 푸대접과 연료가격 문제를 놓고 파업을 벌였고, '이주노동자가 없는 날'로 선포된 2006년 5월 1일에는 수백만 명의 다른 노동자들과 함께 파업을 벌여 로스앤젤레스/롱비치 항구를 마비시켰다.[29]

노조원이었던 운전서비스 노동자가 자기 소유의 차량 또는 임차한 차량을 갖고 지입제 방식으로 일을 하는 입장으로 바뀐 것은 다른 모든 운수분야에서도 마찬가지다. 뉴욕의 경우에는 리무진인 '블랙 카(Black Car)'와 택시도 지입제 방식으로 바뀌어 운수회사의 운전사들이 이제는 피고용자가 아니라 자기가 모는 차량을 개인적으로 임차해야 하는 독립적인 하도급 서비스 제공자가 돼있다. 이런 일에 많이 진출한 이주노동자들은 장시간 운전노동을 해도 빈곤선에 가까운 소득밖에 올리지 못하는 상황을 개선하기 위해 스스로 조직화에 나섰다. 1970년대까지는 운행거리를 기준으로 정해지는 임금을 월급으로 받던 택시운전사들이 이제는 자기가 모는 택시를 직접 임차해야 하고, 운행에 필요한 연료도 직접 구입해야 한다. 그래서 그들은 매일 몇 시간씩은 그날의 택시 임차료를 낼 돈을 버는 데 투입해야 한다. 현재 택시운전사는 대부분 인도인이나 파키스탄인이다. 그들은 1998년에 그동안 운영해오던 민족적 성격의 단체를 '뉴욕 택시노동자동맹(New York Taxi Workers Alliance)'이라는 조직으로 전환시키고 영업용 택시운전사 모두에게 그 문호를 개방했다. 이 새로운 조직은 1998년 5월에 사실상 뉴욕 시의 택시운전사 전원이라고 할 수 있는 2만 4천 명에 이르는 택시운전사들의 파업을 성사시킴으로써 시 당국과 시민들을 놀라게 했다. 이 조직은 독립적인 운전서비스 제공자들의 조직이어서 단체교섭을 할 권리를 갖고 있지는 않지만, 약 5천 명의 회원들에게 사실상 노조의 역할을 해왔다. 이 조직은 2004년에 시 당국과 택시요금 인상에 관한 협상을 벌여 성공적인 결과를 얻어냈고, 특히 택시요금 인상분 중 70퍼센트를 운전사의 몫으로 확보했다.[30]

1만 2천 명에 이르는 뉴욕 시의 '블랙 카' 운전사들은 임원용이나 고객용으로 고급차를 원하는 기업고객을 갖고 있는 운수회사에 소속되어 일하는 입장이다. 택시운전사들과 마찬가지로 그들도 차량을 직접 임차해야 하는 독립적인 서비스 제공자다. 그들은 차량임차료와 기타경비를 제외하면 한 시간당 4달러 내지 6달러 정도를 번다. 블랙 카의 운전사들은 대부분 남아시아 출신이지만 동아시아와 중미지역 출신도 있다. 그들은 1995년에 조직화를 시작했다. 그들은 기계기사노조(International Association of Machinists)의 15지부를 찾아갔고, 15지부는 그들에게 자체적으로 조직을 꾸려 340지부를 운영하도록 허용했다. 그런데 기계기사노조는 다른 노조에서는 상상도 하지 못할 법적 승리를 거두었다. 1997년에 전미노동관계위원회(National Labor Relations Board)의 심의에서 운전사는 피고용자 신분이라는 판정을 얻어낸 것이다. 기계기사노조 340지부는 1999년에 대기업과의 첫 고용계약을 체결했다. 이에 대한 고용주들의 저항이 거셌고, 운전사 중에 무슬림이 많기 때문에 9.11 테러사건 이후에는 연방정부가 340지부를 여러 가지로 괴롭혔다. 그럼에도 불구하고 340지부는 2005년까지 조합원 수를 1천 명으로 늘렸고, 운전서비스 산업 전체에 걸친 조직화 노력도 계속되고 있다.[31]

그러나 유감스럽게도 자율적으로 조직화하려는 노동자들에 대해 기존의 노조가 늘 주목하는 것은 아니다. 대부분 멕시코 출신인 뉴욕의 채소가게 노동자들은 1990년대에 처음 조직화 노력을 시작했을 때에는 섬유의류노조(UNITE) 169지부의 도움을 받았다. 그러나 관할권 분쟁을 거쳐 식품상업연합노조(UFCW) 1500지부로 그들의 소속노조가 바뀌었고, 이 1500지부는 이주노동자인 그들의 요구에 특별한 주의를 기울이지 않았다. 뉴욕의 채소가게에서 배달 일을 하는 아프리카 출신 이주노동자들이 조직화를 위해 식품상업연합노조 338지부의 도움을 받으려고 했다가 비슷한 일을 당하기도 했다.[32]

공통된 고향, 거주지역, 일을 토대로 조직화가 이루어지는 현상이 대도시에서만 일어나는 것은 아니다. 이런 현상이 준농촌지역에서도 일어날 수 있음은 노스캐롤라이나 주의 모건턴(Morganton) 시에 있는 케이스팜스(Case Farms, 미국의 가금육 회사—옮긴이)의 닭고기 가공공장에서 일하는 과테말라 출신 이주노동자들의 사례가 잘 보여주었다. 과테말라의 한 지역 출신이자 마야족인 그들은 모두 500명인 이 닭고기 가공공장 종업원 중 절반 이상을 차지하고 있었다. 대부분의 다른 가금육 가공공장과 마찬가지로 이 공장도 노동조건과 안전성 면에서 열악하기 짝이 없었다. 이 공장의 노동자들은 1993년에 짧은 파업을 벌였다. 노동자국제연맹(Laborers' International Union, 미국의 대표적인 상급노조 가운데 하나—옮긴이)이 나서서 이 공장의 노동자들이 1995년에 다시 시도한 파업을 지원하고 그들의 노조가 인정받을 수 있도록 도우려고 했다. 그런데 알고 보니 그 공장에는 이미 다른 노동자조직이 있었다. 노동자국제연맹 관계자는 이렇게 말했다. "우리는 거기서 새로운 조직화를 전혀 하지 못했습니다. 우리가 도착하기 전에 이미 거기에는 노조가 있었습니다." 노동자국제연맹은 물론이고 이미 존재하고 있던 노조도 회사 쪽에 첫 번째 단체협약의 체결을 강요할 수가 없었다. 그래도 노동자국제연맹은 이 공장의 노동자들을 그냥 방치하지는 않았다. 노동자국제연맹은 이 공장을 포함해 노스캐롤라이나 주의 일부 지역에 거주하는 중미지역 출신 이주노동자들이 일터에서 부닥치는 문제들을 해결하기 위해 노동자센터를 설치해 운영할 수 있도록 자금지원을 해주기로 했다.[33]

이주노동자들 사이의 노조 조직화가 출신국가나 출신민족, 주거지역, 일 등의 공통성에 의거해 가능한 경우가 흔한 것이 사실이라면 그들 사이에 지금 진행되고 있는 조직화 움직임 가운데 다수가 지역사회를 기반으로 하고 있다는 점은 놀랄 일이 아니다. 봉사, 권익주장, 법적 권리의 옹호, 교육, 정치적 행동, 정책개발 등 여러 측면에서 이주노동자들의 조직화를 돕는 지역사회의 단체나 조직이 매우 폭넓게 존재하고 있다. 앞에서 보았듯이 이런 조직이나 단체 수백 곳이 2006년 5월 1일의 대규모 행동에도 참여했다. 이주노동자들을 위해 봉사하거나 그들에게 도움을 주는 이런 단체나 조직들 가운데 다수는 이주노동자의 권리나 사회복지라는 폭넓은 문제에 관심을 갖고 있는 중산계급 전문가들에 의해 운영되고 있다. 그 가운데 특히 이주노동자들의 일터에 초점을 맞추어 그들을 조직화하는 노력을 기울이는 조직인 노동자센터가 특히 우리의 관심을 끈다.

노동자센터

노동자센터(Worker center)는 일터의 문제에만 매달리는 것은 아니지만 주로 일터의 문제에 초점을 맞춘다는 점에서 지역사회 기반의 다른 조직들과 다르다. 대부분의 노동자센터는 봉사, 권익주장, 지도력 훈련, 조직화를 결합시키는 방식으로 운영된다. 노동자센터의 이 네 가지 기능은 주로 일터의 문제에 대해 발휘되는 경향이 있다. 여기서 일터의 문제란 임금 또는 체불임금, 건강과 안전, 이주노동자의 지위, 피고용자의 권리 등과 관련된 문제를 말한다. 그러나 노조의 조직화 및 사회운동과 정치운동의 발전에서 노동자센터가 중요한 역할을 할 수 있는 잠재력을 갖게 되는 것은 이 네 가지 기능 가운데 특히 조직화의 기능 덕분이다. 노동자센터는 지역사회를 기반으로 하는 조직이기 때문에 지리적인 한계를 갖는다. 노동자센터의 회원들이 고용된 일터 또는 직장의 대부분은 지역사회의 안이나 근처에 있다. 멀리 떨어진 곳에서 일을 하게 될 수도 있는 일용노동자나 농장노동자와 같은 경우에는 노동자센터의 활동초점이 해당 노동자들이 구직을 하는 장소, 다시 말해 길거리의 모퉁이나 도급업체, 또는 일자리 알선기관 등에 맞춰진다. 그리고 거의 모든 경우에 노동자센터가 의미를 갖게 되는 것은 고용자와 피고용자 사이의 관계에 노동착취가 개재하는 현실 때문이다.[34]

노동자센터라는 현상은 앞에서도 일부 서술했지만 지난 30여 년 동안에 일터에서 일어난 많은 변화에서 자라나온 것이다. 하도급 업체, 노동조건이 열악한 착취공장, 급속히 팽창하는 외식산업 및 접객산업, 장소를 옮기는 공장, 노조조직이 감퇴된 공장, 새로운 형태의 대규모 또는 소규모 소매점, 겉으로 드러나지는 않으나 확대되고 있는 비공식부문…. 고용의 원천이기도 한 이런 일터들의 공통점은 저임금, 빈약한 부가급여, 유색인종 노동자 고용 등이다. 이 가운데 유색인종 고용은 내용상 점점 더 이주노동자 고용이 되고 있다. 한 추계에 따르면 2005년 현재 미국에 존재하는 노동자센터는 137개이며, 이 가운데 122개가 이주노동자와 구체적인 관련이 있는 활동을 한다. 노동자센터에 참여하고 있는 이주노동자들을 출신지역별로 보면 40퍼센트가 멕시코와 중미 출신, 18퍼센트가 남미 출신, 15퍼센트가 동아시아 출신, 또 다른 15퍼센트가 카리브 연안 출신, 8퍼센트가 아프리카 출신, 3퍼센트가 유럽 출신, 1퍼센트가 동아시아 이외의 아시아 출신이다.[35] 노동자센터의 소재지를 보면 미국의 이주노동자들이 지역별로 어떻게 분포돼 있는지를 추정할 수 있다. 왜냐하면 노동자센터의 소재는 이주노동자들의 지역별 집중도를 반영하기 때문이다. 노동자센터의 수를 지역별로 보면 동북부에 41개, 서부연안에 36개, 남부에 34개, 동북중앙부에 17개가 있으며, 나머지는 서부에 흩어져 있다. 노동자센터에 참여하고 있는 노동자들 가운데 거의 80퍼센트가 이주노동자다. 남부에 상대적으로 많은 수의 노동자센터가 있다는 사실은 그동안 재편되고 하도급화한 식품가공업이나 자동차부품제조업과 같은 산업이 지리적으로 어떻게 분포돼 있는가를 엿볼 수 있게 해준다.

노동자센터의 개설은 일터의 재편 및 이주의 증감에 따라 세 차례의 물결과 같은 양상을 보여왔다. 첫 번째 물결에 해당되는 노동자센터는 1970년대 말부터 1980년대 초 사이에 노조조직과 어느 정도 관계를 갖고 있고 정치의식도 갖춘 활동가들의 주도로 개설됐다. 이때 개설된 초기의 노동자센터 가운데 하나로 뉴욕 시의 차이나타운에 문을 연 화인직공회(華人職工會, CSWA; Chinese Staff and Workers Association)를 들 수 있다. 화인직공회는 1978년에 호텔레스토랑종업원노조(HERE; Hotel Employees and Restaurant Employees Union)의 69지부가 뉴욕에 있는 중국음식점의 노동자들을 조직화하려고 한 활동에서 탄생했다. 중국음식점의 노동자들은 이 69지부에 가입했으나 그 조직에서 자신들이 소홀하게 취급되자 실망하게 됐다. 1979년에 이곳 차이나타운에 있는 대규모 중국음식점인 실버 팰리스(Silver Palace)의 노동자들이 나중에 화인직공회가 되는 조직의 지원 아래 투표를 거쳐 그들 자신의 독자적인 노조를 결성했고, 다른 중국음식점들도 곧 그대로 따라 했다. 화인직공회의 조직가들은 이렇게 생겨난 독립적인 노조들을 지역사회에 연결시켜주는 역할을 했고, 더 나아가 노조에 가입하지 않은 노동자들에게도 도움을 주고 주택문제와 같은 지역사회의 현안에도 관심을 기울였다. 화인직공회의 한 조직가는 조직화에 대한 견해를 이렇게 밝혔다. "우리가 조직화를 말할 때 그 의미는 단순히 노조에 가입하는 것만을 의미하는 게 아닙니다. 노조는 뭔가 더 큰 것을 조직해내기 위한 하나의 수단일 뿐이라고 우리는 생각합니다. … 우리는 우리가 일을 하면서 살아가는 곳을 조직화합니다."[36]

　이즈음에 화인직공회 외에도 여러 개의 다른 노동자센터가 개설됐다. 텍사스 주의 엘파소 시에 있는 '여성노동자(La Mujer Obrera; Woman Worker)'는 파라(Farah Clothing)라는 의류회사의 노동자들이 벌인 파업을 계기로 1981년에 결성됐다. 그러나 파라를 비롯한 이곳의 대규모 의류회사들이 문을 닫거나 국경 너머로 공장을 옮겨갔고, 노조도 이곳을 떠났다. 그 뒤로 이 노동자센터는 국경지대의 소규모 의류공장에서 일하는 여성들에 초점을 맞추어 활동해왔다. 그 여성들이 모두 이주노동자인 것은 아니다. 그들 가운데는 미국과 멕시코 간 국경을 이루는 리오그란데 강(멕시코 쪽에서는 '리오브라보 강'이라고 부른다) 유역에서 수십 년 동안 살아온 집안에 속하는 사람도 많다. 노스캐롤라이나 주의 로키마운트 시에 있는 '정의를 원하는 흑인노동자들(Black Workers for Justice)'은 케이마트(K-MART)의 인종차별에 대항해 싸우는 과정에서 결성됐다. 이것은 남부의 '흑인밀집지대(Black Belt)' 가운데 공업화된 지역에서 결성된 흑인노동자 조직이라고 할 수 있다. 이 조직은 로키마운트 시의 안과 주위에 있는 다수의 공장에서 일하는 노동자들을 지역사회 차원에서 결집시키고 있다.[37] 화인직공회, '여성노동자', '정의를 원하는 흑인노동자들'은 지역사회를 기반으로 한 노동자조직의 선례가 됐다. 뉴욕 시에서 1980년대에 결성된 '반아시아인폭력 대항 위원회(CAAV; Committee Against Anti-Asian Violence)'도 첫 번째 물결에 속하는 노동자센터로, 특히 아시아계 여성노동자를 보호하는 데 초점을 맞춰 활동해 왔다. 이 조직은 또 노동자센터의 세 번째 물결에 속하는 다른 조직을 적어도 두 개 이상 만들어냈다. 앞에서 말한 '뉴욕 택시노동자동맹'의 전신인 '차량임차운전사연맹(Lease Driver Coalition)'과 '가사노동자조합(Domestic Workers Union)'이 그것이다.[38]

　노동자센터의 두 번째 물결은 1980년대 말부터 일어나 1990년대 중반까지 계속됐다. 이는 주로 중미지역에 대한 미국의 외교정책이 낳은 결과인 전쟁, 암살

부대, 반혁명을 피하기 위한 이주의 물결과 관련이 있는 현상이었다.[39] 이 두 번째 물결의 초기에 결성된 노동자센터의 예로는 뉴욕 주 롱아일랜드의 교외에 문을 연 '일터 프로젝트(Workplace Project)'를 들 수 있다. 1992년에 개설된 이 노동자센터는 중미지역 출신 이주자들을 위한 한 봉사조직에서 갈라져 나온 것이다. '일터 프로젝트'는 롱아일랜드 교외지역의 음식점 종업원, 건설공사장 인부, 정원관리사, 건물관리 노동자 등을 조직화했다. 중미지역 출신으로 이런 일을 하고 있었던 사람들 가운데는 미등록 노동자가 많았고, 그들은 최저임금에 못 마치는 수준의 낮은 임금을 받고 있었다. 그중에는 자기를 고용해줄 사람을 기다리면서 길거리 모퉁이에서 서성거려야 하는 일용노동자도 적지 않았다. '일터 프로젝트'는 이주노동자들이 공통으로 부닥친 체불임금 문제를 해결하기 위해 법률적 소송을 시작했다. 그러나 이 조직의 창설자인 제니퍼 고든(Jennifer Gordon)은 그런 방식의 활동만으로는 이주노동자들의 힘을 강화하거나 안전을 확보하기가 어렵다고 생각했다. 그래서 그는 화인직공회와 '여성노동자'의 선례를 참고하고 엘살바도르 출신인 오마르 엔리케스(Omar Henriquez, 이주노동자 권익옹호 활동가—옮긴이)를 앞세워 집단적인 권익주장 활동에 나섰다. 이에 따라 특히 길거리 모퉁이에 모이는 일용노동자들이 나름의 조직을 갖추고 동일한 임금을 요구함으로써 소득을 상당히 늘리는 성과를 거두었다.[40]

두 번째 물결에 속하는 노동자센터 중에 '걸어서 길 내기(Make The Road By Walking)'라는 조직도 있다. 이 조직은 뉴욕에서 가장 가난한 마을에 속하는 브루클린의 부시위크(Bushwick)에 본부를 두고 있다. 1980년대와 1990년대에 이주노동자가 급증하면서 부시위크는 중남미 출신 이주노동자가 압도적으로 많이 거주하는 대표적인 라틴구역이 됐다. '걸어서 길 내기'는 일터에서 부닥치는 문제들 외에 주택, 교육, 지역사회 개발은 물론 더 나아가 게이와 레스비언의 문제에 이르기까지 다양한 쟁점을 두루 다룬다.[41] 이 조직의 가장 핵심적인 조직화 활동은 '행동하는 노동자들(Trabajadores en Accion)'이라는 프로그램이다. 이 프

로그램은 주로 이주노동자들을 고용하고 악명이 날 정도로 낮은 임금을 지급하는
이 지역의 의류공장이나 소매점을 활동의 타깃으로 삼고 있다. 다른 노동자센터
들과 마찬가지로 이 조직의 경우도 체불임금을 받아내는 것이 주된 과제 가운데
하나다. 이 조직은 불과 1년 만에 20만 달러의 체불임금을 받아내는 성과를 올렸
다.[42] 이 조직의 활동가인 데보라 액스트(Deborah Axt)는 미니맥스(MiniMax)라
는 이름의 한 가게에 대해 이렇게 말했다. "우리는 6만 5천 달러의 체불임금을 받
아냈습니다. 그러나 이보다 더 중요한 것은 지금 거기서 일하고 있는 노동자들의
노동조건을 변화시키기 위해 여성들이 조직화를 하고 있다는 것입니다. 우리는
병가기간 중의 임금을 받아낼 수 있었고, '가족질병휴가법(FMLA; Family and
Medical Leave Act, 노동자가 본인 또는 가족의 질병을 치료하기 위해 장기간의
무급휴가를 가질 권리를 보장하는 것을 주요 내용으로 해서 1993년에 미국에서
제정된 법률— 옮긴이)'과 비슷한 내용의 권리도 얻어낼 수 있었습니다. 또한 노
동자의 법적 권리 또는 일터에서 노동자에게 보장되는 권리의 목록을 공시하는
것도 실현했지요."[43] '걸어서 길 내기'는 '도소매점백화점노조(Retail, Wholesale
and Department Store Union)'와 협력해 운동화 체인인 푸트코(Footco)의 노동
자들을 조직화했고, 2006년 1월에는 이 체인의 노사가 첫 단체협약을 체결하도록
도왔다.[44]

　　노동자센터의 세 번째 물결은 2000년 이후에 일어났고, 이번에는 노조와 연결
된 노동자센터가 이전에 비해 상대적으로 더 많이 생겨났다.[45] 한 가지 사례로
'레스토랑기회센터(ROC; Restaurant Opportunities Center)'를 들 수 있다. 이
조직은 뉴욕의 세계무역센터 빌딩 안에 있었던 '세계를 내다보는 창문
(Windows on the World)'이라는 레스토랑에서 일하던 노동자들이 9.11 테러 이
후에 결성한 것이다. 이들이 소속돼 있었던 호텔레스토랑종업원노조(HERE) 100
지부는 9.11 테러로 직장을 잃은 이들의 요구를 받아들여 이들이 자구노력의 하
나로 '레스토랑기회센터'를 결성하도록 지원했다. 이것은 곧 과거에 호텔레스토

랑종업원노조가 접근하지 않았던 레스토랑 등 음식점의 노동자들까지 아우르는 조직화 프로젝트로 발전했다. 다른 노동자센터들과 마찬가지로 레스토랑기회센터도 노조원이 아닌 노동자들이 체불임금을 받아내고 유급휴가와 점심시간을 확보하는 등 노동조건을 개선할 수 있도록 도왔다. 레스토랑기회센터는 주로 이주노동자들로 구성된 자체적인 운영위원회를 두고 있으면서도 여전히 호텔레스토랑종업원노조 100지부와의 관계를 유지하고 있고, 이 100지부는 레스토랑기회센터의 재정적 후원조직의 역할을 하고 있다.[46] 레스토랑기회센터는 일시적으로 '배달요리 협동조합'의 형태로 유지되기도 했고, 2005년에는 '컬러스(Colors)'라는 이름의 정식 레스토랑을 열기도 했다. 세 번째 물결에 속하는 노동자센터의 또 다른 사례로 가사노동자조합(DWU; Domestic Workers Union)을 들 수 있다. 브루클린에 본부를 두고 있으며 다양한 이주노동자그룹을 포괄하고 있는 이 조직은 2003년에 뉴욕 시의회로 하여금 가사노동자권리법(Domestic Workers Bill of Rights)을 제정하게 하는 성과를 거두었다. 이 법에 따르면 뉴욕 시의 관계 당국은 가사노동자 고용에 관한 조건을 정해야 하고, 가사노동자의 고용주는 그 조건을 준수한다는 데 동의해야 한다.[47]

노동자센터에 대해 이야기할 때 빼놓을 수 없는 조직으로 1995년에 설립된 이모칼레 노동자동맹(CIW; Coalition of Immokolee Workers)을 꼽을 수 있다. 이모칼레 노동자동맹은 공업부문의 저임금 노동자들도 참여하고 있긴 하지만 주로 농장의 노동자들에 기반을 둔 농촌의 조직이라는 점에서 다른 대부분의 노동자센터와 다르다. 이모칼레는 플로리다 주의 토마토농장 지대의 한가운데 있는 매우 가난한 마을이다. 이모칼레 노동자동맹의 회원은 대부분 멕시코, 과테말라, 아이티 출신의 이주노동자들이다. 이 조직은 농장노동자연맹(UFW; United Farm Workers)이나 농장노동자조직화위원회(FLOC; Farm Labor Organizing Committee)와 연결돼 있지 않고, 스스로도 노조라고 생각하지 않는다. 그럼에도 이 조직은 요구사항을 관철하기 위한 운동에서 노조가 흔히 사용하는 보이콧 전술을 구사해 성과를 거두었다. 이 조직은 회원들의 노동으로 수확되는 토마토의 대부분을 구매하는 타코벨(Taco Bell, 멕시코식 패스트푸드 레스토랑 체인—옮긴이)로 하여금 토마토 1파운드당 1페니(이는 토마토를 수확하는 일을 하는 노동자들의 임금을 두 배로 올릴 수 있는 인상폭이었다)를 더 지불하게 하기 위한 투쟁을 벌일 때 보이콧 전술 외에도 여러 가지 다양한 전술을 동원했다. 이 조직은 세 차례에 걸쳐 파업을 벌였고, 2003년에는 30일 동안 단식투쟁을 벌였으며, 요구하는 바를 타코벨과 지역사회에 분명히 알리기 위해 플로리다 주를 누비며 380킬로미터를 행진했다. 이런 행동들도 임금인상이라는 성과를 거두는 데 기여한 것이 사실이다. 그러나 수백 명의 농장노동자들이 타코벨과 그 모회사이자 켄터키 프라이드치킨, 피자헛, 롱 존 실버스(Long John Silver's, 시푸드 퀵서비스 체인—옮긴이), A&W(패스트푸드 레스토랑 체인— 옮긴이) 등도 소유하고 있는 패스트푸드 대기업인 염브랜즈(Yum! Brands)와 싸워 놀라운 승리를 거둔 것은 결국 보이콧 전술 덕분이었다. 예전에 농장노동자연맹(UFW)이나 농장노동자조직화위원회(FLOC)가 주도한 보이콧 운동과 마찬가지로 이모칼레 노동자동맹의 보이콧 운동도 '정의로운 일터(Jobs with Justice)', 교회조직, 노조 등 다른 단체나 조직들로부터 폭넓은 지원을 받았다. '종을 발로 차버리자!(Boot the Bell!)'라는 구호를 내건 학생들의 운동은 실제로 타코벨(Taco Bell)이 굴복할 때까지 모두 22개의 대학 캠퍼스에서 타코벨 매장을 발로 차서 내쫓듯이 쫓아냈다.

이모칼레 노동자동맹의 운동이 전국적으로 확산되는 데 핵심적인 역할을 한 것은 미국 전역에 흩어져 있는 노동자센터들의 네트워크였다. 이런 사실은 노동자센터들이 하나의 전국적인 세력이 되고 있음을 알려준다. 이모칼레 노동자동맹이 이와 같은 노동자센터 네트워크의 지원을 받아 쟁취한 것은 이모칼레 노동자동맹의 회원들에게만 이득이 되는 것이 아니다. 염브랜즈는 토마토 구매가격을 인상할 때 구매가격 가운데 노동자들에게 돌아가는 부분의 비율을 두 배로 올리기로 하는 '이전지급(pass-through)' 조건에 동의했다. 이에 따라 타코벨은

이 이전지급 조건을 받아들이는 농장에서만 토마토를 사게 됐다. 또한 패스트푸드 산업에 식자재를 공급하는 업체들이 의무적으로 지켜야 할 행동규범을 제정하고 그 이행여부를 이모칼레 노동자동맹이 감시한다는 내용도 합의사항에 들어갔다. 그 전인 1990년대에 '아시아여성 이주노동자협회(Asian Women's Immigrant Association)'가 제시카 맥클리노크(Jessica McClinock, 여성용 의류 및 향수 업체 ―옮긴이)에 대해 거둔 승리를 비롯해 그동안 축적된 노동자센터의 승리에 이모칼레 노동자동맹의 승리가 추가됨에 따라 이제는 노동자센터가 미국 노동운동의 일부가 됐다고 하기에 손색이 없을 정도의 위상을 갖게 됐다.[48]

노동자센터의 강점과 약점

미국에서 노동자센터는 노동계급의 조직에 중요한 추가요소가 되고 있다. 하지만 노조와 마찬가지로 노동자센터도 나름의 한계와 구조적 문제점을 지니고 있다. 첫째, 노동자센터는 규모가 작다. 대부분의 노동자센터는 500명 이하의 회원만으로 구성돼 있다. 이보다 더 중요한 문제점은 노동자센터로서는 사회적 힘을 결집하기가 어렵다는 점일 것이다. '걸어서 길 내기'의 조직가인 스티브 젠킨스(Steve Jenkins)는 부닥친 불의의 내용이 같다고 해서 반드시 관련 노동자센터들을 통해 사회적 힘이 결집되는 것은 아니라고 지적한다. 또한 노조와 달리 노동자센터는 생산을 중단시킬 수 없다. 노동자센터는 집세 지불거부 운동이나 시민적 불복종 등을 통해서만 사회적 힘을 발휘할 수 있다. 노동자센터가 활동의 초점이자 타깃으로 삼아야 할 일터와 관련된 문제에 대해서도 정부당국이나 관계기관과 같은 기존의 제도적 기구에 호소하는 것 외에는 힘을 발휘할 방법이 없다. 시청에 가서 주거환경 개선을 요구하는 경우에도, 체불임금을 받아내기 위해 법원이나 정부기관에 가서 필요한 조치를 요구하는 경우에도 노동자센터의 노동자들은 전문가, 조직가, 법률가 등에 의존하는 경향이 있다. 또한 대부분의 노동자센터는 이런저런 공익재단의 자금지원을 받게 되는 경우가 많으며, 이 때문에 공익재단의 간부나 이사회, 그리고 자금지원 신청서를 잘 쓸 줄 아는 사람들에게 의존하게 되고, 결국은 노동자센터의 사무직원이 전적으로 그런 것은 아니지만 흔히 교육을 많이 받은 중산계급 출신으로 채워지게 된다.

현재 노동자센터 및 이와 비슷한 지역사회 기반의 조직들이 스스로 설정한 역할과 실제로 하는 활동을 들여다보면 위와 같은 한계를 무시할 수가 없음을 알 수 있다. 그러나 사회적 행동이 전반적으로 고조되는 시기에는 노동자센터를 비롯한 지역사회 기반의 조직들이 보다 폭넓은 대중적 행동의 발원지가 될 수 있다. 과거의 모든 사회적 격변에서 볼 수 있듯이 가난한 사람들의 힘은 세 가지 원천에서 나온다. 그것은 통상적인 기업활동을 교란시키는 것, 노조를 비롯한 다른 노동계급 조직으로 들어가거나 다른 노동계급 조직과 동맹을 맺는 것, 그리고 다수의 조직이라는 강점에 토대를 둔 정치적 행동을 하는 것이다. 이 가운데 첫 번째 원천인 통상적인 기업활동을 교란시키는 것은 피번과 클라워드(《가난한 사람들의 운동: 그들은 왜 성공하고, 어떻게 실패하는가(Poor People's Movements: Why They Succeed, How They Fail)》(1978)라는 책을 같이 쓴 프랜시스 폭스 피번(Frances Fox Piven)과 리처드 클라워드(Richard Cloward)—옮긴이)가 분석했듯이 모든 형태의 행동에서, 즉 도시 내 혼란 조성, 조율된 시민적 불복종, 집세 지불거부 운동, 일터에서의 대규모 파업 등에서 전통적으로 가난한 사람들이 이용해온 수단이다. 이와 같은 행동은 1960년대에 특히 많았다.[49] 두 번째 원천, 즉 노조에 가입하거나 노조와 동맹을 맺는 것은 다소 까다로운 측면을 갖고 있다. 노동자센터가 협력의 상대방으로 삼고자 한 노조와 결과적으로는 갈등관계에 놓이게 되는 일이 그동안 거듭돼왔다. 레스토랑기회센터(ROC)의 한 지도자는 호텔레스토랑종업원노조(HERE)에 대해 이야기하다가 "노조는 주도권을 잃게 되는 것을 싫어하는 것 같다"고 말했다.[50] 관료적인 노조는 관계를 맺기에 위험해

보이거나 익숙하지 않은 다른 조직과는 권한을 나눠 갖고자 하지 않는다. 그러나 노조와 노동자센터 사이에 협력이 이루어진 사례도 많다. 그리고 저임금 노동자를 무시하는 태도를 보이는 노조가 많지만, 최근에 노동자들이 거둔 성취 가운데는 한 곳에 모여서 일하기보다는 일의 성격상 여기저기 흩어져 일하는 저임금 노동자들에 의한 성취가 많다. 뉴욕 시와 캘리포니아 주의 재택건강관리(home health care) 서비스 일을 하는 노동자들의 경우가 그 대표적인 사례다. 노조의 관행과 관점도 바뀌어야 하겠지만 전반적인 사회적 분위기도 중요해서 저항과 행동의 분출이 폭넓게 전개되는 시기에는 노조와 노동자센터 사이의 협력이 보다 쉽게 이루어진다. 젠킨스는 노동자센터의 약점을 지적하면서도 다음과 같이 말한다.

"노동자센터는 비인간적인 노동조건에 처해 있으나 별다른 방책을 갖고 있지 못한 노동자들에게 유일하게 지원과 유용한 서비스를 제공해주는 오아시스 같은 존재다. 노동자센터 가운데는 진보적인 노조와 지역 기반의 조직화 노력이 연결되게 하는 데서 중심적인 역할을 하는 경우가 많으며, 이와 같은 연결은 노조와 지역사회 양쪽의 조직화를 동시에 촉진할 수 있는 잠재력을 갖고 있다. 이런 노동자센터의 역할은 일터에서의 투쟁을 노동계급의 지역사회까지 포함하는 폭넓은 투쟁으로 확장시킴으로써 노조를 통한 전통적인 조직화 모델을 개선해 더 나은 노동자 조직화의 새로운 전략을 창출시킬 가능성이 있다."[51]

바로 이와 같은 가능성을 보여주는 좋은 사례가 네브래스카 주의 오마하 시에 있는 4개의 대규모 육가공 공장에서 성공적으로 전개된 노동자 조직화 운동이다. 이곳에서는 육가공 산업이 급격한 구조조정을 거치면서 노조가 파괴됐고, 새로 들어선 육가공 공장은 최근에 멕시코와 중미지역에서 온 이주노동자들로 채워졌다. 이곳의 육가공 공장에서 일하는 노동자들이 처한 곤경에 가장 먼저 주목한 조직은 솔 앨린스키(Saul Alinsky, 1909~1972, 미국의 선구적인 지역사회 조직운동가—옮긴이)의 영향 아래 창설된 공업지역재단(IAF; Industrial Areas Foundation)의 회원조직이자 종교적인 성격을 가진 지역사회조직인 '오마하 하나되기공동체(OTOC; Omaha Together One Community)'다. 이 조직은 1999년에 육가공 공장의 열악한 노동조건에 대해 항의하기 위한 시위를 조직했고, 이 시위에 1200명의 노동자와 주민들이 참여했다. 이 조직은 노동자센터로서 요구사항을 발표하고 항의시위를 확산시킬 수는 있었지만 상황을 변화시키기에는 역부족이었다. 마침내 이 조직은 노조의 도움이 필요하다고 판단하고 2006년 6월에 식품상업연합노조(UFCW)와 공동으로 오마하 시의 육가공 공장 노동자 4천명을 조직화하겠다는 계획을 발표했다. 오마하 하나되기공동체는 한편으로는 지역사회를 동원하고 다른 한편으로는 노동자들의 참여를 독려하는 방식으로 이 계획의 실행에 나섰고, 결과는 성공적이었다. 이 운동은 식품상업연합노조의 조직력을 크게 강화시켜주는 동시에 노동자센터와 노조 간 협력이 좋은 결과를 낳을 수 있음을 보여주었다. 그러나 노조가 단체협약에 대한 협상을 시작하면서 문제가 발생했다. 노조의 간부들이 기본적으로 일선 노동자들의 말에 귀를 기울이려고 하지 않았다. 협상과정에서 노조는 노동자들이 가장 중요하게 생각하는 일터의 여러 문제점과 이주노동자의 지위에 관한 문제를 소홀히 취급했다.[52] 대부분의 노조가 갖고 있는 문화와 다수의 노동자센터가 갖고 있는 문화 사이에는 간극이 있으며, 이런 간극은 해결돼야 할 문제다. 특히 노조의 임원이나 집행부 간부는 노동자센터를 동일한 노동계급 운동의 일부이지만 그 나름의 독특한 기능을 하는 일부분으로 볼 필요가 있다.

식품상업연합노조의 지도자들은 오마하에서의 경험에서 뭔가 깨달음을 얻었던 모양이다. 그들은 2003년에 노스캐롤라이나 주에 노동자센터를 개설했다. 이 노동자센터는 식품상업연합노조가 이 주의 타르힐(Tar Heel, 블래든 카운티에

있는 마을의 이름—옮긴이) 지역에 있는 스미스필드(Smithfield, 미국의 돼지고
기 업체—옮긴이)의 돼지고기 가공공장에서 일하는 5500명의 노동자들을 조직
화하려는 장기계획의 일환으로 개설된 것이다. 이곳의 노동자들 가운데 약 60퍼
센트는 중남미에서 온 이주노동자이며, 식품상업연합노조는 장기적인 계획 아래
이들 이주노동자의 조직화에 나선 것이다. 노조는 지역사회 지도자와 활동가들
의 도움을 받아 2006년 5월 1일에 집회를 열었고, 다수의 공장과 마을에서 모두 5
천 명이 이 집회에 참석했다. 이날 이 지역의 공장은 대부분 문을 닫아야 했다. 6
월에는 미국 전역의 7개 도시에서 이와 유사한 집회가 열렸다. 이로써 노조, 노동
자센터, 기타 지역사회 기반의 조직과 단체들, 그리고 이주노동자들의 전국적인
행동이 하나로 뭉치게 된 것이다.[53]

　'이주노동자가 없는 날'로 선포된 2006년 5월 1일의 행사가 조직된 과정은 바
로 이러한 형태의 단합이 어떤 힘을 발휘할 수 있는가를 보여주었다. '미국의 거
대한 보이콧(The Great American Boycott)'이라고도 불린 이 행사는 대체로 도
시별, 마을별로 그 도시, 마을의 노동자센터, 시민단체, 풀뿌리 조직이 힘을 모아
공동으로 조직화 작업을 벌이는 방식으로 추진됐고, 많은 곳에서 가톨릭교회도
중요한 역할을 담당했으며, 일부 지역에서는 노조도 가담했다. 그런데 교회는 이
행사에 참여하는 문제를 놓고 내부적으로 분열되는 모습을 보였다. 이주노동자
들이 많이 거주하는 교구의 신부들은 저항의 정신을 갖고 있었지만, 교회의 상부
조직은 이 행사의 방식인 파업과 소비자 보이콧 행동에 대해 부정적인 태도를 보
였다. 이 행사는 3월 10일, 3월 25일, 4월 9일, 5월 1일에 연대행동에 나서기로 한
일정에 따라 진행됐고, 이를 통해 5월 1일의 행사 직전에 전국의 600개 조직이 모
이게 됐다. 물론 이런 대규모의 단합된 행동이 실현되는 데는 그 전 해인 2005년
에 공화당이 지배하는 하원이 통과시킨 '국경보호, 반테러주의, 불법이주 통제
법안(Border Protection, Antiterrorism and Illegal Immigration Control Act)'이
이주노동자들 모두에게 커다란 위협으로 느껴졌다는 점이 부분적으로 작용했다.

2006년 5월 1일의 대중적 궐기는 이 법안의 명줄을 끊어놓았다(상원에서는 이 법안이 처리되지 못했다—옮긴이).[54]

그러나 이런 성공은 곧 새로운 여러 가지 문제를 불러일으켰다. 그 가운데 하나는 국토보안부 산하의 이주관세청(ICE; Immigration and Customs Enforcement Agency)이 미등록 이주노동자들에 대한 가혹한 검거에 나선 것이었고, 또 하나는 운동 자체가 단일의 쟁점을 잃게 된 것이었다. 선거를 거쳐 민주당이 다수의 석을 차지하게 된 의회가 소집되기도 전에 내용이 완화된 새로운 법안들이 제시되기 시작했고, 이에 따라 어느 법안을 지지해야 하느냐를 놓고 운동조직들이 분열되기 시작했다. 서비스노조국제연맹(SEIU)과 유나이트히어(UNITE-HERE, 2004년에 섬유의류노조(UNITE)와 호텔레스토랑종업원노조(HERE)가 통합해 만든 연합노조—옮긴이), 그리고 몇몇 자유주의적 시민단체들이 주도하는 '우리는 미국(WE ARE AMERICA)'이라는 조직은 '초청노동자(guest-worker)' 조항이 포함된 케네디-맥케인 법안을 지지했다. 그러나 주로 풀뿌리 조직들에 의해 2006년 8월에 결성된 '이주노동자권리전국동맹(NAIR; National Alliance for Immigrant Rights)'은 억압적인 성격의 이주민정책에 대해 반대하면서 그 가운데 하나로 초청노동자 제도에 대해서도 반대하고 있다. 이 동맹은 '이주민과 난민의 권리를 위한 네트워크(Network for Immigrant and Refugee Rights)'를 비롯한 다른 기존의 이주노동자 권익단체들과 함께 모든 이주민의 합법화를 위해 계속 싸울 것이라는 입장을 밝히고 있다.[55] 전국적인 단일의 초점과 단합된 조직력이 결여됨에 따라 2007년 5월 1일 행사의 참가자 수는 전 해에 비해 훨씬 줄어들었다. 그래도 시카고에서는 경찰 추산으로 15만 명, 주최측 추산으로는 25만 명에 이르는 사람들이 참여해 대규모의 시위를 벌였다. 로스앤젤레스에서 두 군데로 나뉘어 열린 이날 시위에는 각각 10만 명이 참여했고, 뉴욕에서는 유니온스퀘어 광장으로 가는 두 개의 시위행진에 모두 2만 명이 참여했다. 로스앤젤레스에 본부를 둔 '이주민연대네트워크(Immigrant Solidarity Network)'의 추산에 따르면 이날 미국 전역의 100개 도시나 마을에서 모두 50만 명 정도가 시위에 참여했다.[56] 이날의 시위가 만약 이주노동자들이 벌인 최초의 시위였다면 이 정도의 참여도 대단한 규모로 평가됐을 테지만, 2006년 5월 1일의 시위가 눈부신 성공을 거둔 뒤여서 그런지 그다지 주목받지 못했다.

그럼에도 불구하고 미국에서 조직화된 노동자운동의 재활성화에 이주노동자들이 큰 역할을 하게 될 것은 분명해 보인다. AFL-CIO는 2006년 8월에 지역사회 기반의 일용노동자 조직들의 전국적 네트워크인 '전미 일용노동자 조직화 네트워크(National Day Laborer Organizing Network)'와 중대한 합의를 이루었다. 이 합의는 주 단위 또는 주 이하 지역 단위의 노동자위원회(labour council, 지역별 노조 간 협의체—옮긴이)에 노동자센터도 참여시킨다는 것으로, 노조와 노동자센터 사이의 단합을 촉진하게 될 것이다. 2006년 말에는 '뉴욕 택시노동자동맹'이 뉴욕 시의 중앙노동자위원회(Central Labor Council)에 참여하기로 했다고 발표했다. 또한 로스앤젤레스에서는 한인노동상담소(KIWA; Korean Immigrant Workers Alliance)와 건축노조의 '416 철공노동자지부(Ironworkers Local 416)'가 더 많은 이주노동자의 노조가입을 위해 협력하기로 했다.[57] 이런 움직임들은 노조와 노동자센터 사이의 협력관계를 강화하기 위한 다른 많은 지역별 시도들과 맥락을 같이 하는 것이다. 이와 같은 최근의 상황은 미국의 조직화된 노동운동 가운데 적어도 일부는 새로운 방향으로 변모하고 있음을 보여준다.

노동자센터도 한 요소로 포함하는 광범한 노동자운동의 맥락 속에서 노동자센터를 이해하는 것이 중요하다. 노조는 아직 큰 진전은 이루지 못하고 있긴 하지만 조직화의 새로운 방식을 여러 가지로 시도해보고 있다. 이와 마찬가지로 노동자센터도 현재의 성과와 한계라는 측면에서만 바라볼 게 아니라 잠재력이라는 측면에서도 바라볼 필요가 있다. 노동자센터는 스스로 지도자를 찾으려고 하고 자신들이 요구하는 바와 관심사에 대해 목소리를 내보려고 하는 노동자집단을 위한 훈련소가 될 잠재력을 갖고 있다. 노동자센터가 조직으로서 보여주고 있는 생존력은 그 잠재력이 어느 정도인지를 알게 해준다. 대중적인 사회운동이 대부분 쇠퇴하고, 조합원 수가 감소하면서 노조의 힘이 약해지고, 노동계급 일반과 특히 이주노동자들에게 대체로 불리하게 돌아가는 정치적 분위기 속에서도 노동자센터는 살아남아 오히려 활기를 띠고 있을 뿐만 아니라 새로운 노동자센터가 여기저기에 생겨나면서 그러한 정치적 분위기에 도전하고 있다.

주석

1 당시 시카고에서 일어난 시위가 한 대규모 농기구 제조공장에서 내쫓긴 노동자들을 지원하는 시위로 번졌고, 이어 피켓시위자들과 대체투입 노동자들 사이에 격렬한 싸움이 벌어졌다. 그 과정에서 두 명의 노동자가 경찰이 쏜 총에 맞았고, 노동자들이 헤이마켓 광장(Haymarket Square)에서 항의집회를 열었다. 이때 경찰의 대열 속으로 폭탄이 투척되는 일이 발생했고, 이에 경찰은 집회에 모인 군중을 향해 무차별 사격을 가했다. 이 사건으로 8명의 아나키스트 지도자들이 체포되어 재판을 거쳐 사형선고를 받았다(8명 중 3명은 나중에 사면됐다). 이 사건은 국제적인 항의를 불러일으켰고, 2차 인터내셔널에 소속된 새로운 사회주의 정당들이 1889년에 처음으로 연 총회에서 세계 각국의 노동자들에게 어떤 구체적인 개혁을 요구하기 위해서라기보다는 노동자들의 연대 및 노동계급의 힘을 과시하기 위한 연례행사로 매년 5월 1일에 파업을 벌이자고 제안했다. '메이데이(May Day)'는 유럽에서 새로운 대중적 노동계급 정당들이 급속히 성장한 결과이자 그러한 성장의 한 요소였다. 노동계급 정당들은 고용주와 각국 정부들로 하여금 이 '노동자들의 휴일'을 공식적으로 인정하게 만들었다. 그러나 미국 노동총동맹(AFL; American Federation of Labor)은 헤이마켓 사건 이후에 퍼진 '적색공포(red scare)'에 짓눌려 메이데이 행사를 벌이는 데 대해 반대하는 사람들의 편을 들었다. 그 대신 AFL은 1894년에 매년 9월의 첫 월요일을 '노동자의 날(Labor Day)'로 정한다는 그로버 클리블랜드 대통령의 행정명령을 수용했고, 캐나다도 곧 미국이 한 대로 했다.

2 New York Times, 12 April 2006, www.nytimes.com.

3 New York Times, 2 May 2006, www.nytimes.com; Brian Grow, 'May Day: The Fight Behind the Protest', Business Week online, 28 April 2006, www.businessweek.com.

4 Los Angeles Times, 3 May 2006, www.latimes.com.

5 Labor Notes, #253, April 2000, pp. 1, 14 and #273, December 2001, pp. 15, 16.

6 Immanuel Ness, Immigrants, Unions, and the New U.S. Labor Market, Philadelphia: Temple University Press, 2005, p. 43.

7 Labor Notes, #332, November 2006, p. 13.

8 1965년에 제정된 '하트-셀러스법(Hart-Cellars Act)'은 매우 차별적이었던 국가별 이주민쿼터 제도를 폐지하고 일정한 한계 안에서 제3세계에 대해 이주의 문호를 개방했다. 이에 따라 특히 미국에 친지가 있거나 미국에서 필요로 하는 기술을 갖고 있는 제3세계 사람들은 미국으로 이주하기가 상대적으로 더 쉬워졌다.

9 Bureau of Labor Statistics (BLS), News, 'Labor Force Characteristics of Foreign-Born Workers in 2004', USDL 05-834, 12 May 2005, Table 1, www.bls.gov/cps; U.S. Department of Commerce, Statistical Abstract of the United States 2006, Washington, DC: U.S. Department of Commerce, 2006, pp. 44, 45, 46.

10 Statistical Abstract of the United States 2006, p. 45; Bureau of Labor Statistics, 'Foreign–Born Workers: Labor Force Characteristics in 2005', News, USDL 06–640, 14 April 2006, Table 4, www.bls.gov.

11 U.S. Department of Homeland Security, 'Estimates of the Unauthorized Immigrant Population Residing in the United States: January 2005', Population Estimates, Office of Immigration Statistics, August 2006, p. 5.

12 Ray Marshall, 'Getting Immigration Reform Right', EPI Briefing Paper, Washington, DC: Economic Policy Institute, 15 March 2007, p. 1.

13 Sidney Lens, The Forging of the American Empire, New York: Thomas Y. Crowell Company, 1971, pp. 269~271; Juan Gonzales, Harvest of Empire: A History of Latinos in America, New York: Penguin Books, 2000, pp. 58~60.

14 Beth Sims, Workers of the World Undermined: American Labor's Role in U.S. Foreign Policy, Boston: South End Press, 1992, p. 6; Gonzales, Harvest of Empire, p. 77.

15 Kim Moody and Mary McGinn, Unions and Free Trade: Solidarity vs. Competition, Detroit: Labor Notes, 1992, pp. 1~11; Gonzales, Harvest of Empire, pp. 228~229.

16 Kim Moody, 'NAFTA and the Corporate Redesign of North America', Latin American Perspectives, 22(1), Winter 1995, p. 102; Gonzales, Harvest of Empire, p. 239.

17 INS, 1997 Statistical Yearbook, p. 26; DHS, Yearbook, Table 3, www.uscis.gov.

18 Marshall, 'Getting Immigration', p. 1.

19 BLS, 'Foreign–Born Workers', 2006, Tables 4 & 5, www.bls.gov.

20 Statistical Abstract, 2001, p. 386; Council of Economic Advisers, Economic Report of the President 2005, Washington, DC: US Government Printing Office, p. 266; BLS, 'Real Earnings in February 2007', News, USDL 07–0377, 16 March 2007, p. 1; Labor Research Association, 'Real Wages on the Downswing Again', 23 March 2001, www.workinglife.org.

21 Roger Waldinger, Still the Promised City? African–Americans and New Immigrants in Postindustrial New York, Cambridge, MA: Harvard University Press, 1996, pp. 94~136.

22 Janice Fine, Worker Centers: Organizing Communities at the Edge of the Dream, Ithaca: Cornell University Press, 2006, p. 69.

23 Ibid., p. 67.

24 Migration Policy Institute, 'Immigrant Union Members: Numbers and Trends', Immigration Facts, 7, May 2004, p. 4.

25 Ruth Milkman, ed., Organizing Immigrants: The Challenge for Unions in Contemporary California, Ithaca: Cornell University Press, 2000, p. 13.

26 Ruth Milkman and Kent Wong, 'Organizing the Wicked City: The 1992 Southern California Drywall Strike', in Milkman, ed., Organizing Immigrants, Ithaca: ILR Press, 2000, pp. 169~188.

27 Ibid., p. 111.

28 Ibid., pp. 122~126.

29 Labor Notes, #327, June 2006, pp. 1, 6.

30 Biju Mathew, Taxi! Cabs and Capitalism in New York City, New York: The New Press, 2005, pp. 1~7, 68~69, 196~197.

31 Ness, Immigrants, Unions, pp. 150~161.

32 Ibid., pp. 58~129.

33 Leon Fink, The Maya of Morganton: Work and Community in the Nuevo New South, Chapel Hill: University of North Carolina Press, 2003, pp. 2~6, 54~78, 96~97.

34 Fine, Worker Centers, pp. 2~3, 11~14.

35 Ibid., pp. 7~21.

36 Vanessa Tait, Poor Workers Unions: Rebuilding Labor From Below, Cambridge: South End Press, 2005, pp. 165~169, 173~174; Fine, Worker Centers, p. 9.

37 Tait, Poor Workers Unions, pp. 188~192; Fine, Worker Centers, p. 9.

38 Fine, Worker Centers, pp. 137~138, 174.

39 Ibid., pp. 10~11.

40 Tait, Poor Workers Unions, pp. 178~181.

41 Make The Road By Walking, 'Building Power in Brooklyn & Beyond', 2005 Annual Report, Brooklyn, NY, 2005, www.maketheroad.org.

42 Steve Jenkins, 'Organizing, Advocacy, and Member Power', Working USA: The Journal of Labor and Society, 6(2), Fall 2002, pp. 65~8.

43 Jane Slaughter, A Troublemaker's Handbook 2, Detroit: Labor Notes, 2005, pp. 262~263.

44 Make The Road By Walking, 2005 Annual Report, p. 12.

45 Fine, Worker Centers, p. 11.

46 Saru Jayaraman, 'In the Wake of 9/11: New York Restaurant Workers Explore New Strategies', August 2004, www.labornotes.org; Fine, Worker Centers, p. 17.

47 Fine, Worker Centers, pp. 174~175.

48 Labor Notes, #289, April 2003, p. 5; #313, April 2005, pp. 1, 14; Slaughter, A Troublemaker's Handbook 2, pp. 148~152; Fine, Worker Centers, pp. 104~107.

49 Frances Fox Piven and Richard Cloward, Poor People's Movements: Why They Succeed, How They Fail, New York: Vintage Books, 1979.

50 Jayaraman, 'In the Wake of 9/11', August 2003, www.labornotes.com.

51 Jenkins, 'Organizing, Advocacy', p. 72.

52 Fine, Worker Centers, pp. 120~125; Slaughter, A Troublemaker's Handbook 2, pp. 251~254.

53 Labor Notes, #329, August 2006, pp. 10~11.

54 Nativo V. Lopez, 'Strategy and Tactics for Immigrants' Rights in 2007', Against The Current, 127, March/April 2007, pp. 4~9.

55 Ibid., p. 9.

56 Immigrant Solidarity Network, 'Coverage of May Day 2007', Immigrant News Briefs, 10(12), 6 May 2007, www.immigrantsolidarity.org.

57 Labor Notes, #334, January 2007, pp. 1, 14.

18 심포지엄_신자유주의와 좌파

신자유주의에 대한
마르크스주의와 케인스주의의 비판

알프레두 사드-필류

신자유주의는 그 정치적 정당성의 상당부분과 그 대중적 호소력의 거의 전부를 최근 10년 사이에 잃어버렸다. 신자유주의적 개혁과 명시적으로 연관되는 민영화, 재정긴축, 고금리, 자본자유화, 노조타격과 같은 정책들에 대한 옹호론은 후퇴하고 있다. 1980년대와 1990년대에 기세 좋게 항진해 세계를 지배하기에 이른 신자유주의가 이제는 정치적인 부채가 됐다. 그 의기양양하던 웅변은 이미 지친 목소리가 됐고, 이제는 더 이상 유권자들의 표를 얻을 수 없다. 완전한 역전이 일어난 것이다. 신자유주의 정책강령은 이제 위장을 해야만 한다. 신자유주의의 정치적 위축은 특히 동아시아의 위기와 닷컴 거품의 붕괴 이후에 분명해졌다. 아들 부시(조지 부시 미국 대통령―옮긴이)의 정부 아래서 불거진 여러 부패 스캔들은 신자유주의 기획의 퇴행적 성격, 그리고 신자유주의 기획과 미국 제국주의의 재구성 작업 사이의 유기적 관계가 폭로되는 데 기여했다. 신자유주의의 정치적 퇴각은 큰 서점에 가 봐도 뚜렷하게 드러난다. 신자유주의 개혁을 옹호하고자 하는 책은 그 질에서나 판매에서나 급격히 후퇴한 반면에 그것에 대해 비판적인 책

은 대단히 많이 출판되어 점점 더 많은 독자에게 팔리고 있다.[1]

이러한 정치적 패배에도 불구하고 신자유주의는 여전히 경제정책을 지배하고 있을 뿐만 아니라 대부분의 나라에서 사회적, 경제적 재생산의 양태도 지배하고 있다. 이 때문에 신자유주의의 정치적 정당성은 감퇴했음에도 그 경제적 장악력은 더 강력해지고 있다는 주장이 쉽게 나올 수 있다. 이 글에서는 바로 이러한 단절을 하나의 특수한 각도, 즉 신자유주의에 대한 케인스주의의 비판과 마르크스주의의 비판이 무엇을 겨냥하고 있으며 그 의미와 정치적 함의가 무엇인가 하는 각도에서 살펴볼 것이다. 이런 논의는 두 가지 이유에서 〈소셜리스트 레지스터〉의 독자들에게 중요하다. 첫째 이유는 마르크스주의 이론이 정치적 행동과 절연된다면 그 적실성이 크게 상실될 것이 분명하다는 데 있다. 신자유주의에 대한 마르크스주의의 해석과 다른 해석들 사이의 차이를 명확히 해야 마르크스주의의 해석이 보다 강한 입지를 갖게 되고, 그 정치적 적실성과 대중적 호소력이 강화될 수 있다. 둘째 이유는 신자유주의가 하나의 탄력적인 체제여서 제풀에 붕괴하지도, 선거과정의 작동을 통해서 밀려나지도 않을 것이라는 데 있다. 신자유주의 시대에도 대중적 행동은 여전히 사회변혁에 필수적인 지렛대로 남아 있다. 그러나 신자유주의는 노동계급이 재생산되는 양태와 독립적인 노동계급의 행동범위에 변화를 가져왔다. 신자유주의의 지배에 도전하기 위해서는 정치적 참여의 새로운 형태가 찾아져야 하고, 조직화의 새로운 방식이 개발돼야 한다.

케인스주의와 신자유주의

신고전파 경제학의 이론과 신자유주의의 수사에 따르면 조정의 경로가 시장의 결함에 의해 막히지 않는 한 자본주의경제('시장경제')는 완전고용이 실현되고 자원이 가장 효율적으로 이용되는 상태로 이끌려간다고 한다. 여기서 시장의 결함이라는 것에는 잘못된 정부정책, 노조의 활동, 산업구조나 기술의 특이성, 그리고 궁극적으로는 실제의 세계를 고삐 풀린 자본주의의 옹호자들이 불러낸 신기루와 다르게 만드는 모든 '왜곡' 등이 포함될 수 있다.

존 메이너드 케인스의 가장 중요한 지적 업적 가운데 하나는 자본주의의 거시경제를 새롭게 개념화한 것이다. 케인스의 관점에서는 총생산과 총고용의 수준이 생산능력의 한계 안에서 총수요에 의해 제한된다. 예를 들어 투자자들이 이윤에 대해 부정적인 전망을 하거나 국가가 충분히 적극적인 재정정책이나 금융정책을 실시하지 못해 수요가 불충분하게 되면 기업들이 생산과 고용을 줄인다. 그러면 경기침체가 촉발될 수 있고, 경제는 저절로는 그 경기침체에서 벗어나지 못할 수 있다. 거꾸로 총수요가 너무 커지면 생산이 생산능력의 한계에 부닥치게 되어 인플레이션이 가속화하고 국제수지 적자가 발생하게 된다.

케인스는 대공황이 한창일 때에 이와 같은 근본적인 통찰이 담긴 이론을 개발했다. 그 이론에 따라 케인스는 선진 자본주의 경제에서는 실업률이 어떤 수준에 있더라도 그 실업률 수준에서 경제활동의 수준이 안정화될 수 있다고 믿게 됐다. 완전고용을 향해 나아가는 자동적인 경향이 존재하지 않는다면 경제는 높은 실업률을 언제까지든 무한정 끌어안고 있어야 하고, 그에 따른 경제적, 사회적 비용을 감수해야 한다. 이런 상태는 정치적 불안정을 불러올 수도 있다. 이 지점에서 케인스의 추론은 신고전파 경제학의 논리 및 그 논리의 정책적 함의와 확연하게 갈라선다. 케인스의 추론에 따르면 실업률은 불필요한 궁핍을 피하기 위해서는 너무 높지 않아야 하지만 인플레이션이 가속화할 가능성을 고려하면 너무 낮지도 않아야 하며, 그 중간의 소망스러운 실업률 수준에서 경제를 안정시키기 위해서는 정부의 개입이 반드시 필요하다. 케인스는 정부가 예컨대 조세와 정부지출의 수준과 구조를 조율하거나 금리를 올렸다 내렸다 하거나 노사관계를 규율하는 등 재정정책, 금융정책, 소득정책의 수단을 이용해 총수요를 정밀하게 조정한다면 완전고용과 저물가를 동시에 실현할 수 있다고 믿었다.

경제학자들은 케인스에게서 받은 영감에 따라 그럴듯한 기술적, 제도적 장치들을 개발했고, 그 장치들은 서구의 경제가 대공황을 되풀이하지 않아도 되게 해주었다. 그 전에 비해 상대적으로 보아 경제적 안정과 그에 따른 사회적, 정치적 안정이 장기간 실현된 것은 케인스주의의 승리였다. 케인스주의자들은 대대수의 자본주의 국가에서 높은 성장률, 완전고용에 가까운 고용, 소득수준의 상승, 전례없는 정도의 사회적 통합이 실현된 '전후의 황금시대'는 상당부분 자기들이 제시한 정책 덕분이었다고 주장한다. 그러나 케인스주의는 적어도 1970년대 중반 이후에는 퇴각하는 양상을 보였다. 미국과 영국을 비롯한 세계의 여러 나라에서 신자유주의적 정책전환이 케인스주의적 콘센서스의 중요한 측면들을 뒤집어놓았다. 새로 도입된 정책으로는 생산적인 국가자산의 민영화, 노조의 활동에 대한 관용의 감축, 노동계급의 재흡수 내지 복속화를 들 수 있으며, 이 가운데 특히 노동계급의 재흡수 내지 복속화는 고실업, 저성장, 자산과 소득의 집중, 복지국가의 부분적인 철회를 통해 추구됐다. 케인스주의적 콘센서스는 이제 사라진지 오래다. 오늘날의 자본주의는 그 대신에 신자유주의와 연관성이 있는 형태의 경제적, 사회적, 정치적 재생산 쪽으로 이미 옮아간 상태다.

케인스주의 경제학자들은 보통 케인스주의의 퇴각을 두 개의 주된 과정으로 설명한다.[2] 그들에 따르면 첫째, 전후의 시기에 케인스주의적 경제관리가 거둔 성공이 워낙 완벽했기에 선진국 경제에서 소득분배의 불평등과 대규모 실업의 문제도 완전히 해결된 것처럼 여겨졌다. 극심한 빈곤과 불평등의 징후가 사라진 데다가 자본주의의 안정화가 역전될 가능성도 없는 것처럼 보이게 되자 많은 사람들이 케인스주의적 정책, 제도, 경제관리는 이제 더 이상 필요하지 않다고 믿게 됐다. 둘째, 케인스주의자들이 상대적으로 보수적인 미국의 케인시언들과 상대적으로 좌파적인 영국의 포스트케인시언들로 양분됐다. 영국의 포스트케인시언들의 전통적인 본거지는 케인스, 스라파, 조앤 로빈슨, 그리고 이 세 사람의 제자들이 교편을 잡은 영국 케임브리지대학이었다. 오늘날에는 케임브리지대학의 경제학 교수진이 온통 신고전파 일색이다. 비주류 경제학자가 케임브리지대학에서 일자리를 얻기보다 길을 잃은 낙타가 백악관으로 기어들어가는 것이 더 쉬울 것이다. 케인시언들 사이의 이러한 분열은 대체로 보아 소득분배에 관한 이론의 차이에 따른 것이다. 미국의 케인시언들은 일반적으로 노동의 한계생산이라는 개념에 입각한 신고전파 분배이론을 고수했다. 물론 케인스도 수용했던 노동의 한계생산이라는 개념은 경쟁적인 경제에서 이루어지는 소득분배는 기본적으로 공정하므로 정부는 소득분배에 대해 약간의 손질만 하면 되고, 실질임금의 신축성이 고용의 수준을 높일 수 있다는 뜻을 내포하고 있다. 영국의 포스트케인시언들은 이러한 정책적 결론을 거부한다. 그들이 보기에는 소득분배는 주로 제도적인 변수와 힘의 관계에 의존한다. 또 영국의 케인시언들은 장기적인 동적 안정화와 기존의 불평등 경감에 초점을 맞추는 경향을 갖고 있는 반면에 미국의 케인시언들은 훨씬 더 협소하게 단기적인 경제관리에 초점을 맞추며, 그러한 단기적인 경제관리에서는 기업가들로 하여금 자신감을 갖게 해주는 안정적인 환경이 중시된다. 이러한 이론적 갈등은 케인스주의 전체를 마비시키는 데 기여했고, 궁극적으로는 명확한 케인스주의 이데올로기가 새로이 생겨나 1960년대 말과 1970년대에 점점 더 인기를 끌게 된 신자유주의적 수사에 대항해 경쟁을 벌이게 되는 것을 불가능하게 만들었다.

케인시언들 사이의 이러한 내부갈등은 특히 1970년대 초에 세계경제가 장기적인 하강국면에 접어들게 되자 문제가 됐다. 세계경제의 하강에 대해 케인시언들이 적절한 설명도, 적절한 대응도 하지 못하게 됐기 때문이다. 결국 케인스학파는 혼란에 빠져들었다. 1971년에는 리처드 닉슨 미국 대통령이 "지금 우리는 모두 케인시언이다"라고 말했지만, 그로부터 불과 5년 뒤인 1976년에는 영국이 IMF 위기에 빠진 상황 속에서 열린 노동당 전당대회에서 짐 캘러헌 영국 총리가 다음과 같이 인정하기에 이르렀다. "우리는 소비를 통해 경기침체에서 벗어날 수 있고, 세금을 인하하고 정부지출을 확대하는 것을 통해 고용을 늘릴 수 있다고 생각해왔다. 그러나 솔직하게 말하자면 이제 그러한 선택은 더 이상 존재하지 않는다."

신자유주의적 개혁은 실업을 상당히 증가시키고, 소득과 권력의 분배를 기업에 유리한 방향으로 바꾸고, 경제의 변동성을 키울 뿐이라고 케인시언들은 늘 주장해왔지만, 케인스주의가 퇴각함에 따라 바로 그러한 신자유주의적 개혁으로 가는 길이 열렸다. 만약 1970년대 초의 상황에서 케인스주의적 정책이 채택됐다면 그 정책은 소득과 사회적 권력분배의 균형을 되살리기 위해 국가의 경제개입을 늘리고, 공공재와 공공서비스를 더 풍부하게 공급하고, 나라의 경제체제 전체의 경쟁력을 강화하고, 새로운 기술을 널리 확산시켜 투자율과 저축률을 높이고, 총수요를 안정시키는 내용이었을 것이다.

마르크스주의적 대안

앞 절에서 개략적으로 살펴보았지만 신자유주의에 대한 케인시언들의 분석에는 중요한 통찰과 여러 가지 적절한 정책제안이 들어있다. 그러나 그 통찰과 정책제안은 충분히 발전된 것도 아니고, 충분한 깊이를 갖춘 것도 아니다. 이런 이유에서 그것은 헛된 희망을 제시하는 것이라고 말할 수도 있다. 이 절에서는 분석의 수준, 동기의 문제, 그리고 국가의 역할과 대안의 경제정책이 가능한 범위 등 세 가지 측면에서 케인스주의가 지닌 문제점을 살펴본다.

분석의 수준

앞 절에서 '황금시대'의 쇠퇴와 신자유주의의 등장에 대한 케인스주의의 설명에 대해 알아보았지만, 그 설명은 추상적이고 막연하다. 왜냐하면 1940년대 중반부터 1970년대 말까지 자본주의적 생산과 경제제도, 국가제도에 일어난 변화의 인과적 맥락을 제대로 짚어내지 못하고 있기 때문이다. 케인스주의의 분석은 오히려 사회집단들 사이나 국가들 사이의 수평적 분배갈등에 초점을 맞춘다. 미국, 서유럽, 일본 사이의 갈등, 정부와 민간부문 사이의 갈등, 금융과 산업 사이의 갈등, 산업자본과 노동자들 사이의 갈등도 그러한 수평적 분배갈등에 포함된다. 그러나 이러한 갈등이 자세히 설명되지는 않으며, 그것은 단지 국민소득이나 국가소득, 세계소득에서 차지하는 몫을 둘러싼 다툼으로만 묘사된다. 이런 식의 분석은 노동조건은 물론이고 일터 또는 사회 전체에서의 권력분배를 완전히 우회하는 것이라는 점에서 불충분하다. 간단히 말하면 케인스주의의 분석은 자본주의적 축적과정을 둘러싼 갈등을 묘사할 때 그 축적과정이 지닌 성격과 관련된 갈등을 드러내지 않고 오히려 가리거나 완전히 무시한다.[3]

그 결과로 1960년대와 1970년대에 임금이 너무 높게 올랐다는 점은 지적되지만, 그 시기에 수익성의 위기가 심화됐다는 점은 거의 언급되지 않는다. 선진국들에서 발생하는 반체제적인 사회적 투쟁이나 가난한 나라들에서 일어나는 반제국주의 투쟁을 분석에 포함시키려는 노력은 별로 눈에 띄지 않는다. 또한 1960년대와 1970년대에 자본관계의 정치적 정당성이 약화된 점에 대한 인식은 좀처럼 찾아볼 수 없다. 그래서 케인스주의의 분석은 신자유주의가 새로운 축적조건 아래서 자본의 헤게모니를 재구축하려는 기획임을 전혀 알아차리지 못했다.

케인시언들은 더 많은 잉여가치의 추출을 당연한 것으로 간주한다. 케이크가 더 커져야만 모든 사람이 더 큰 케이크 조각을 먹을 수 있다는 것이다. 이것 말고 다른 것은 모두 기술적인 세부사항일 뿐이다. 예컨대 케이크의 크림과 껍질 부분은 누가 가져가고 케이크 속의 빵은 어떻게 나누어져야 하느냐는 문제는 의회, 당사자 간의 상호협상, '중립적'인 국가의 중개에 의한 사회적 협약 등 고상한 방식을 통해 논의되고 결정될 수 있고, 이렇게 하면 모든 사람이 동시에 더 행복해질 수 있다는 식이다. 기본적으로 보아 잉여가치의 생산과 축적에 필요한 조건을 보존하려면 사회적 규율이 필요하고, 경제를 안정시키기 위해서는 체제의 정당성과 사회적 질서가 요구된다는 점은 케인스주의의 분석에서는 완전히 회피된다.

케인스주의의 분석은 자본주의적 축적의 성격에 대한 체계적으로 구조화된 설명과 자본주의적 축적에 내재된 불안정성에 대한 설명을 결여하고 있다. 이것은 미래는 알 수 없는 것이기 때문이거나 교환의 영역에서만 분배갈등이 일어나기 때문이 아니다. 이 두 가지를 이유로 든다면 초역사적인 현상에서 이유를 찾은 것이다. 케인스주의의 분석이 이런 결함을 갖게 되는 이유는 생산의 영역에 존재하는 근본적인 불확실성에 주목하지 않은 데 있다. 그 불확실성은 자본주의적 축적의 특정한 양식 속에서 일어나는 잉여가치의 추출을 둘러싼 갈등으로 인해 생겨난다. 케인시언들은 대체로 1940년대와 1970년대 사이에 자기들이 권고한 정책들이 자본축적의 과정과 왜 그리고 어떻게 상호작용했는가를 설명하지 못하며, 그러한 상호작용이 어떻게 해서 케인스주의 자체를 쓸모없게 만드는 추세를 낳고 신자유주의가 전진할 공간을 열어주었는지도 설명하지 못한다.

동기의 문제

두 번째 문제는 동기의 문제에 있다. 경제에 대한 케인스주의의 분석은 집단적인 행동을 결정하는 주된 요인으로 경제적 이익을 꼽는다. 그것은 개인 차원의 경제적 이익일 수도 있고, 이익집단 차원의 경제적 이익일 수도 있다. 이런 경제적 이익이 국가가 시장이나 사회로부터 따로 떨어져 존재하는 제도적 환경 속에서 서로 경합을 벌인다. 국가는 일시적으로는 특정한 이익집단에 의해 포획될 수 있다. 그래서 국가가 케인스주의 진영에 의해 포획됐다가 그 진영과 경합관계에 있는 신자유주의 진영에 의해 포획되기도 했을 것이다. 그러나 국가는 원래 본질적으로 중립적인 제도로 간주된다. 이런 관점이 민주주의의 변혁적 힘에 대한 케인시언들의 믿음을 뒷받침한다. 케인시언들은 신자유주의의 권세를 제거하고 안정적인 성장과 발전의 조건을 복구하는 데 민주주의의 변혁적인 힘을 이용하는 것이 가장 좋은 방법이라고 생각한다.

그러나 신자유주의는 이런저런 경제적, 사회적 정책들의 집합일 뿐인 것이 아니며, 따라서 민주적인 과정을 통해 대안이 될 수 있는 경제적, 사회적 정책들의 집합으로 쉽게 대체될 수 있는 것이 아니다. 신자유주의에 의해 밀려난 케인스주의와 마찬가지로 신자유주의도 나름의 특수한 물질적 토대를 갖고 있다.[4] 신자유주의는 축적전략, 사회경제적 재생산의 양식, 국가권력의 체계적 이용에 입각한 착취와 사회적 지배의 양식 등을 나름대로 결합시키고 이를 통해 사회적 삶의 모든 영역에 걸쳐 자본의 지배를 재구축하는 헤게모니적 기획을 관철하며, 단지 그 과정에서 비개입주의라는 이데올로기적 가면을 쓰고 있을 뿐이다. 자본의 지배를 재구축하려는 신자유주의의 기획은 자본의 국제적인 재생산이 우선적으로 요구하는 바에 의해 인도되며, 자본의 국제적인 재생산이 우선적으로 요구하는 바를 가장 분명하게 대표하는 것은 금융시장의 이익과 미국자본의 지구적 이익이다.

신자유주의 아래에서 국내정책은 축적과정('시장')을 대중의 요구로부터 격리시켜야 할 필요성에 의해, 그리고 특히 국제경쟁력을 확보하기 위해 노동을 통제해야 할 절박한 필요성에 의해 엄격한 제한을 받게 됐다. 이런 제한으로 인해 사회정책의 여지가 크게 축소되어 대다수의 나라에서 실업률의 상승과 고용의 불안정이 초래됐다. 뿐만 아니라 같은 이유에서 축적이 소득을 집중시키는 작용을 하게 됐다. 이런 축적의 작용은 지엽적인 케인스주의적 개입으로는 다소 완화될 수는 있겠지만 역전될 수는 없다.

이와 같은 각도에서 볼 때 신자유주의적 개혁이 높은 수준의 투자와 GDP 성장률을 떠받칠 능력이 없다는 주장은 타당성이 없다. 어쨌든 그동안 소득을 집중시키고 소비자신용을 늘리는 신자유주의의 작용을 통해 인구 중 최상층은 그 전보다 훨씬 높은 소비수준을 누릴 수 있게 됐다. 신자유주의적 개혁이 산업을 희생시키면서 금융자본의 수익을 늘려주었다는 케인스주의자들의 주장도 초점을 흐리는 것일 뿐이다. 왜냐하면 신자유주의적 개혁의 목적은 성장을 촉진하는 것도, 인플레이션을 억제하는 것도 아니고, 더 나아가 금융기관에게 투자자산 구성의 선택폭을 넓혀주는 것도 아니기 때문이다. 신자유주의적 개혁의 목적은 국내의 노동계급과 자본축적 과정을 국제적인 자본의 요구에 종속시키고, 자본순환 회로의 미시경제적 통합을 촉진하고, 경제 내부에서 이용되는 세 가지 주된 자본의 원천(국가재정, 국내저축, 국내외 자본 간 연결관계)에 대한 금융자본의 통제를 확대, 강화하는 것이다.

미국의 주도 아래 긴밀하게 통합된 금융기관들의 중개를 통해 자본축적의 지렛대가 국제자본의 손으로 넘어가게 됐고, 이에 따라 미국이 통제하는 국제금융기구들이 그 지렛대를 좌우하게 되면서 신자유주의의 물질적 토대가 전 세계적으로 확고해졌다. 금융부문이 전면에 부각된 것은 부문별 자본가들의 이익이 자본 전체의 이익에 포섭됐다는 뜻이다. 정책의 관점에서 말하면, 이러한 포섭으로 인해 자본축적이 부문별 자본동맹에 의해 그때그때 규제되기보다는 자본가계급 전체에 의해 규제될 수 있게 됐고, 이런 변화는 가난한 나라에서 더욱 분명하게 나타났다.

특히 신자유주의 아래에서는 생산과 금융 사이의 '적대적'인 관계가 애초부터 존재한다고 생각하거나 산업자본이 금융자본에 대해 '반역'을 하고 나서서 케인스주의의 복원을 추구할 것이라고 기대하는 것은 얼토당토않다. 산업자본도 신자유주의 모델에서 이익을 얻으며, 그 모델의 재생산에 구조적으로 기여한다. 자본순환 회로의 국제화와 국가재정에 대한 금융시장의 통제로 인해 투자와 이윤의 실현이 세계시장의 조건과 국제자본의 이익에 의존하게 됐다. 이런 상황은 신자유주의체제로부터 홀로 떨어져 나갈 경우에 부담해야 하는 비용을 크게 늘렸고, 사실 그렇게 하는 것은 기업의 사업적 관점에서 매력적인 것이 아니다.

국가의 역할과 대안의 경제정책이 가능한 범위

세 번째 문제는 국가의 역할과 대안의 경제정책이 가능한 범위에 있다. 케인스주의에 따르면 국가는 사회로부터 분리된 존재이고, 케인스주의 정부는 신자유주의 아래서 국가를 탈취한 부문별 이해관계를 넘어 금융자본보다는 생산적 자본의 이익에 부합하는 동시에 보다 평등주의적인 정책을 실행할 수 있다.

이러한 케인스주의의 가설은 정치적으로는 호소력을 발휘할 수 있을지 모르지만 분석의 차원에서는 결함을 갖고 있다. 국가가 사회로부터 분리된 존재라고 한다면, 그런 국가가 과연 자본축적과 고용창출을 극대화하거나 금융위기를 회피하기 위한 정책을 굳이 시행하려고 할까? 이 문제는 아무래도 상관없다고 생각하는 사람들도 있을 것이다. 그들은 진보진영이 선거에 임해 단결하고 행동통일을 하기만 하면 충분하다고 생각할 것이다. 그러나 국가와 국가를 구성하는 제도는 기술, 이데올로기, 계급관계, 갈등, 물질적 이해관계 등에 의해 형성되고 좌우된다. 이런 복잡한 상황 속에서 선거과정만을 통해 국가의 사회적 기반을 변혁시킬 수 있다고 기대하는 것은 절망적일 정도로 순진한 태도다. 신자유주의는 그 자신의 물질적 토대를 발전시켜왔고, 그래서 단순히 선거과정만을 통해서는 그 것을 물리칠 수 없다.

이와 같은 신자유주의의 물질적 토대에 비추어 점진적인 처방은 지금의 질서를 무너뜨리기는커녕 오히려 미세한 조정을 가하면서 그 질서를 더욱 확고하게 만드는 경향을 나타낼 것이다. 케인스주의적 처방은 이런 점을 이해하지 못한 상태에서 제시되는 처방이다. 예를 들어 개방적인 지역주의와 자유주의적 개입주의는 적극적인 산업정책과 무역정책의 여지를 축소시키고, IMF와 세계은행에 가입하는 것은 금융과 국제수지에 대한 통제조치를 취하지 못하게 만들고, WTO를 지지하는 것은 거시경제의 안정과 장기적으로 지속가능한 성장에 반드시 필요한 '물자조달의 내부화'를 진전시킬 수 있는 가능성을 차단한다. 신자유주의는 오늘날 자본주의가 취하고 있는 형태이며, 따라서 안정적인 자본축적은 이제 신자유주의 아래에서 이루어지는 자본축적과 같은 말이 됐다. 지배적인 축적체계에 근본적인 도전이 되는 것은 무엇이든 불안정을 초래하게 된다. 그러한 근본적인 변화가 필요하지만, 그러한 변화가 순조롭거나 아무런 비용도 없이 이루어질 수는 없다.

결론

마르크스주의의 관점에서 신자유주의의 물질적 토대를 살피다 보면 케인스주의의 여러 가지 한계가 드러난다. 그런 한계 가운데 특히 두 가지가 중요하다. 첫째, 케인시언들은 거시경제가 불안정하고 금융위기나 국제수지위기가 종종 발생하는 것은 신자유주의의 근본적인 결함을 보여주는 것이라고 주장하곤 한다. 이는 "경제위기란 자본주의가 결함이 있는 생산양식임을 보여주는 것"이라는 추상적인 진술이 뜻하는 바와 똑같은 의미에서는 맞는 말이다. 그러나 위기는 자본주의적 축적에 균형을 회복할 기회를 제공한다. 이런 의미에서는 신자유주의 아래에서 발생하는 위기가 건설적인 역할을 하기도 하며, 더 나아가서는 위기 자체가 신자유주의적 축적의 한 구성요소가 되기도 한다. 위기는 정부에 정책상의 규율을 부과하는 데 도움이 되고, 자본가와 노동자로 하여금 신자유주의적 재생산을 뒷받침하는 방식으로 행동하도록 강요하는 데도 도움이 된다. 역설적이지만 경제위기나 금융위기는 신자유주의 체제가 잘 작동하고 있음을 보여주는 것일 뿐 아니라 장기적으로 그 체제가 더욱 순조롭게 작동할 수 있도록 돕는다. 둘째, 대안의 정책을 도입하겠다고 약속한 정부들이 대부분 실패했다는 사실이 널리 알려져 있다. 이런 실패는 신자유주의를 극복하는 것이 어렵고 비용도 많이 드는 일이라는 점을 분명히 보여준다. 보다 깊숙이 들여다보면 이런 실패는 신자유주의에서 벗어나거나 신자유주의를 넘어서는 것이 '올바른' 산업정책, 금융정책, 통화정책을 선택하는 주관적인 문제가 아니라는 점을 일깨워주는 것이기도 하다.

신자유주의를 극복하기 위해서는 대안의 축적체계를 건설하는 것을 통해서만 이루어낼 수 있는 경제적 변혁과 정치적 변혁 둘 다가 필요하다. 이런 기획은 일련의 근본적으로 재분배적이고 민주적인 경제정책 이니셔티브들을 통해 신자유주의의 물질적 토대를 체계적으로 해체하는 작업을 요구한다. 그리고 그러한 정책은 소득, 부, 권력의 분배구조가 보다 덜 불평등한 형태로 결정적으로 전환되는 과정을 뒷받침함으로써 민주주의의 기본적인 조건을 실현할 것이다. 이러한 정책의 실행을 단순히 정부에 일임할 수는 없다. 이러한 정책은 정치적으로 재조직된 노동계급이 그 자신을 경제적으로 재구성하는 주된 방법의 하나로 밀어붙여야 한다. 문제는 그와 같은 선순환이 실현되기를 바라고만 있어서는 실현되지 않는다는 데 있다. 그러한 선순환이 실현되기 위해서는 신자유주의 아래에서 살아가는 노동계급의 존재양식에 부응하는 동시에 노동계급의 재생산 양식이 새롭게 발전하도록 뒷받침해주는 새로운 정치적 대의구조가 발전돼야 한다. 이 과제는 이론으로만은, 또는 순수한 개념적 분석으로만은 해결될 수 없다. 그것은 정치적인 문제다. 그것은 신자유주의 시대에 맞는 새로운 노동계급 운동을 등장시킬 투쟁의 과정에서 전략적으로 다뤄져야 할 문제인 것이다.

주석

1 예를 들어 다음 책들을 보라. D. Harvey, The New Imperialism, Oxford: Oxford University Press, 2005; D. Harvey, A Brief History of Neoliberalism, Oxford: Oxford University Press, 2005; D. Harvey, Spaces of Global Capitalism: Towards a Theory of Uneven Geographical Development, London: Verso, 2006; K.S. Jomo, ed., Globalization under Hegemony: The Changing World Economy, Oxford: Oxford University Press, 2006; K.S. Jomo and B. Fine, ed., The New Development Economics after the Washington Consensus, Oxford: Oxford University Press, 2006; R. Kiely, Empire in the Age of Globalisation: US Hegemony and Neoliberal Disorder, London: Pluto Press, 2005; R. Kiely, The New Political Economy of Development: Globalization, Imperialism, Hegemony, London: Palgrave, 2006; and J. Stiglitz, Globalization and Its Discontents, Harmondsworth: Penguin, 2003.

2 예를 들어 다음 글을 보라. T. Palley, Keynesianism: What it is and why it still matters, 2005. 이 글은 www.thomaspalley.com에서 찾아 볼 수 있다.

3 더 자세한 설명은 A. Saad-Filho, 'Monetary Policy in the Neoliberal Transition: A Political Economy Review of Keynesianism, Monetarism and Inflation Targeting', in R. Albritton, B. Jessop and R. Westra, eds., Political Economy of the Present and Possible Global Futures, London: Anthem Press, 2007을 참고하라.

4 다음 자료를 참고하라. A. Saad-Filho, 'Introduction' in Saad-Filho, ed., Anti-Capitalism: A Marxist Introduction, London: Pluto Press, 2003; A. Saad-Filho and D. Johnston, 'Introduction' in Saad-Filho and Johnston, eds., Neoliberalism: A Critical Reader, London, Pluto Press, 2005.

신자유주의의 뿌리

엘마르 알트파터

자유주의의 현대판인 신자유주의는 대처 총리와 레이건 대통령 시절에 시작됐다. 대처와 레이건은 서구의 케인스주의 국가가 위기에 처하고, 개발도상지역의 '계획주의 국가'가 해체되고, 동구의 계획경제가 붕괴한 뒤에 밀턴 프리드먼 (Milton Friedman)이 의기양양하게 '신자유주의 반혁명'을 선언할 수 있도록 정치적 토대를 놓아주었다. 그러나 신자유주의의 뿌리는 이와 같은 지난 30년간의 시기보다 훨씬 더 과거로 거슬러 올라간다. 지금 신자유주의의 이론적 태도에서 가장 두드러지는 요소들 가운데 일부는 18세기 초의 초기 자유주의 사상, 즉 애덤 스미스, 데이비드 흄, 버나드 맨더빌 등의 사상에서 이미 나타났다. 맨더빌은 《꿀벌의 우화》에서 개인적인 악덕이 공적인 이익이 되고, 자유시장에서의 경쟁이 사회적 균형을 가져옴을 증명하려고 했다. 이런 논리는 훗날 레옹 발라스와 빌프레도 파레토 등의 '최적(optima)'에 관한 논문에서 수학적으로 정식화된다. '실제로 존재하던' 사회주의가 붕괴한 뒤에 후쿠야마가 '역사의 종언'에 관한 유명한 말을 했지만, 그보다 훨씬 오래전에 앙투안 쿠르노(Antoine Augustin

Cournot, 1801~1877, 프랑스의 경제학자, 수학자, 철학자—옮긴이)가 '최적'의 상태는 경제적 과정의 결과이므로 그것을 위해 정치질서와 그 통치원칙을 바꿀 필요가 없다고 주장했을 때 이미 후쿠야마가 한 말과 거의 같은 말을 했다.

일각에서는 21세기 신자유주의의 기원을 1938년에 프랑스 파리에서 열린 한 회의에서 찾는다. 그 회의에서는 특히 프리드리히 하이에크(Friedrich Hayek)와 발터 오이켄(Walter Eucken)이 소련이나 나치독일의 '중앙관리경제'에 대응해 유일하게 실질적인 대안이 될 수 있는 경제체제로 '자유시장경제'를 제시했다. 모든 계획체제는 '노예의 길(road to serfdom)'로 가게 될 것이라고 하이에크와 오이켄은 주장했다. '노예의 길'이라는 표현은 나중에 이차대전이 끝날 무렵에 출간돼 매우 큰 영향력을 발휘한 하이에크의 저서에 표제로 사용되기도 했다. 사회주의와 자본주의적 계획체제에 대한 하이에크와 오이켄의 공격은 몇 년 뒤인 1951년 말에 출간된 한나 아렌트(Hannah Arendt)의 전체주의에 관한 저서를 예고한 것이기도 했다.

그로부터 30여 년 뒤에 레이건이 임명한 미국의 유엔대사인 진 커크패트릭(Jeane Kirkpatrick)이 위와 같은 흐름을 약간 바꾸어놓았다. 그녀는 미국 외교정책의 기본원칙을 정식화하는 과정에서 전체주의 체제와 권위주의 체제를 구분했다. 그녀에 따르면 정치적으로 권위주의 체제보다 덜 독재적이고 억압적이라고 하더라도 공적재산이나 국유재산을 폭넓게 갖고 있는 계획경제 체제라면 그게 어떤 형태이든 다 전체주의 체제이며, 이와 달리 권위주의 체제는 자본주의 시장 경제 속에서 사유재산을 유지하고 보호한다는 것이었다. 따라서 그녀가 보기에 피델 카스트로가 통치하는 쿠바는 '전체주의' 체제였고, 피노체트가 통치하는 칠레는 단지 '권위주의' 체제였을 뿐이다.

이런 구분의 배후에 깔린 중심적인 사고방식은 이미 1930년대에 특히 발터 오이켄을 중심으로 프라이부르크 학파에서 전개한 '질서자유주의(Ordo-Liberalism)' 이론에 의해 형성되어 전승된 것이었다. 오이켄의 관점에서는 사유재산권, 자유시장에서 규제를 받지 않는 가운데 결정되는 가격, 기업경영자가 국가나 노조에 구애받지 않고 자유롭게 내리는 의사결정, 소비자주권, 독점의 부재, 통화적 안정 등이 사회질서의 기본원칙이었다. 이런 기본적인 경제원칙이 실현될 때에만 그 정치질서가 '자유'로울 수 있다는 것이었다. 오이켄은 '질서들 사이의 상호의존'이 현대사회의 특징이기 때문에 자유시장 경제와 효율적인 사유재산제가 유지되지 않는 한 자유롭고 민주적인 정치질서는 성립될 수 없다고 주장했다.

이러한 사고방식의 영향은 이차대전이 끝난 뒤에도 강력했고, 전후 독일의 첫 경제장관인 루트비히 에르하르트(Ludwig Erhard)와 그의 참모인 알프레트 뮐러-아르마크(Alfred Müller-Armack)도 그 영향을 받은 사람이었다. 그러나 에르하르트는 옛 '제3의 길' 이론가인 프란츠 오펜하이머(Franz Oppenheimer)의 제자이기도 했고 뮐러-아르마크는 '사회적 시장경제(Soziale Marktwirschaft)'라는 말을 만들어낸 인물이라는 사실을 고려할 때 분명한 것은, 만약 그 당시에 신자유주의를 기반으로 해서 일관된 경제정책이 수립됐다면 그 정책은 1970년대 신자유주의의 반혁명 과정에서 그러한 정책이 보여준 것과 같은 극단적인 성격은 갖지 않을 수도 있었다는 점이다. 사실 1970년대도 "이제 우리는 모두 케인스주의자"라는 리처드 닉슨 미국 대통령의 발언과 더불어 시작됐던 점은 기억해둘 만하다. 케인스주의는 고정환율제도와 통화의 태환성에 토대를 둔 전후의 국제통화체제 아래에서 경제이론과 경제정책 양쪽에 걸쳐 헤게모니를 확보했다. 국제적인 자본흐름의 규모가 비교적 작았던 덕분에 각국의 정부와 중앙은행은 상당한 자율성을 누렸고, 이에 따라 경제성장, 완전고용, 물가안정, 국제수지 균형이라는 우선적인 목표들 사이의 균형을 달성하기 위한 재정정책과 금리정책을 실시할 수 있었다. 이리하여 이차대전 직후의 사반세기 동안의 상황은 앤드류 숀필드(Andrew Shonfield, 1917~1981, 영국의 경제학자—옮긴이)가 1965년에 출간한 자신의 유명한 저서이자 미국, 영국, 프랑스, 독일, 이탈리아 등 선진 시장경제를 다룬 책인 《현대 자본주의(Modern Capitalism)》의 독일어 번역판을 1968년에 내면서 그 제목을 '계획자본주의(Geplanter Kapitalismus)'라고 바꾸어 단 것도 납득이 되는 분위기였다.

그러나 케인스주의에 토대를 둔 자본주의의 '황금시대'에 이미 서구에 신자유주의 사상이 퍼지고 있었고, 지금 돌이켜보면 '구자유주의(paleoliberalism)'라고 부를 수도 있을 만큼 단순하던 초기 자유주의의 현대화가 이 시기에 진행됐다. 이리하여 시장경쟁이 개인의 이기적 행동을 모두에게 이익이 되는 최적의 사회복지로 전환시키는 수단이 될 것이라는 약속이 등장했고, 이런 약속의 가장 간단한 표현은 "자유로운 경쟁의 질서를 수립하면 그 질서가 국민에게 최선의 결과를 낳아줄 것"이라는 것이었다. 이러한 사상은 기업들과 부유한 개인들로부터 자금지원을 많이 받은 고도로 정교한 조직들에 의해 널리 퍼졌다. 신자유주의자들의 국제무대인 몽펠르랭협회(Mont Pelerin Society)가 설립됐고, 독일의 '사회적시장경제협회(Aktionsgemeinschaft Soziale Marktwirtschaft)'를 비롯한 국가별 조직들도 설립됐다. 이런 조직들은 수십 년 뒤인 1983년에 유럽연합(EU)의 기업계가 신자유주의를 지향하는 로비활동을 통합조정할 목적으로 설립한 '유럽라운드테이블(European Round Table)' 등의 선구라고 할 만한 것이었다. 이런 일은 대기업들로부터 후원을 받아 자금이 풍부해진 미국과 유럽 각국의 정책연구 재단들이 복지국가와 개입주의 국가에 대항해 조율된 정책노선을 수립하고 자유시장 정책을 퍼뜨리기 위해 서로 간의 협력을 강화한 결과로 이루어진 것이었다. 그러나 이들이 전 세계의 정치적 의사결정권자들에게 보다 폭넓은 영향력을 행사하기 위해서는 국제통화기금, 세계은행, 관세무역일반협정(GATT, 세계무역기구(WTO)의 전신)과 같은 국제기구에서도 신자유주의가 헤게모니를 장악하는 것이 특히 중요한 과제로 떠올랐다. 이런 국제기구들의 사무국은 이미 미국의 일류대학에서 공부한 신자유주의 경제학도들로 채워져 있었고, 그들은 이제 제3세계 국가들의 정부자문관이 되거나 심지어는 비정부기구(NGO)의 활동가가 되어서도 워싱턴 콘센서스의 규칙에 따라 제3세계 국가들에 구조조정 정책을 부과하는 일에 앞장서기 시작했다.

하지만 1970년대에 세계경제에 큰 변화가 일어나지 않았다면 신자유주의의 전세계적 헤게모니를 수립한다는 이들의 전략이 성공하지 못했을 수도 있다. 무엇보다도 지구화된 금융시장에서 환율이 차츰 자유화되더니 고정환율제도와 함께 브레턴우즈 체제가 무너짐에 따라 각국의 경제정책을 감싸고 있던 케인스주의라는 틀이 말 그대로 산산조각이 나버렸다. 이어 세계경제의 핵심적인 가격인 환율과 금리에 대한 결정권이 각국의 정부당국과 관료의 손에서 떠나 국제은행, 투기적 투자펀드, 초국적기업 등의 손 안으로 들어갔다. 이것 자체가 그 뒤로 전세계를 휩쓸게 되는 민영화의 첫 사례였다고 말할 수도 있다. 새로이 세계경제의 무대에 등장한 민간 행위주체들은 즉각 자기들이 확보한 새로운 자유를 활용해 새로운 금융수단을 만들어내서 더 많은 이익을 올리는 동시에 금융시장의 규제완화에서 뒤처진 나라들에 대해 '금융억압'을 포기하라고 강요하고 나섰다. 이는 결국 금융시장이 이 나라 저 나라를 돌며 각 나라의 사회를 억압하는 작용을 하게 됨을 의미하는 것이었다. "사회라는 것은 없다"라는 마거릿 대처의 말대로 금융시장이 사회를 염려해야 할 입장은 사실 아니었다.

또 하나의 극적인 변화가 신자유주의를 더욱 확산시켰다. 이번의 변화는 민간 조직에만 한정된 것도 아니었고, 세계경제에서 중요한 가격의 결정방식에 관한 것도 아니었다. 1973년 10월에 브레턴우즈 체제가 최종적으로 붕괴한 지 몇 달 만에 석유수출국기구(OPEC)가 결성됨으로써 국제유가가 결정되는 방식에 커다란 변화가 일어났고, 이 변화는 선진국들과 '제3세계' 사이의 관계에도 연쇄적인 변화를 일으켰다. 자유화된 금융시장은 석유수출국기구 국가들에 의해 축적된 이른바 '석유달러'를 제3세계의 석유수입 국가들로 환류시켰다. 이에 따라 제3세계 국가들에 거대한 규모의 채무가 누적됐고, 그로부터 얼마 지나지 않은 1980년대에 제3세계 국가들은 잇따라 채무위기에 빠졌다. 이때 국제통화기금과 세계은행은 제3세계 국가들에 부채상환을 가장 우선하는 정책을 강요했고, 이는 나중에 스티븐 길(Stephen Gill, 캐나다 요크대학의 정치경제학 교수―옮긴이)에 의해 '규율적 신자유주의(disciplinary neoliberalism)'라고 적절하게 불리게 되는 것의 표현이었다. 이리하여 역설적이게도 브레턴우즈 체제가 무너진 뒤에 브레턴우즈 기구들은 오히려 더욱 강력해졌다. 브레턴우즈 기구들의 역할은 고정환율체제를 보호하는 데서 부유한 민간 채권자, 다국적기업, 금융기관 등의 이익에 맞게 자본의 흐름을 보호하는 쪽으로 바뀌었다.

또한 케인스주의의 위기와 더불어 생겨난 인플레이션 압력과 재정위기의 와중에서 새뮤얼 헌팅턴(Samuel Huntington)과 삼각위원회(Trilateral Commission, 1973년에 미국의 사업가이자 정치가로서 당시에 미국 외교협회 의장이었던 데이비드 록펠러의 주도 아래 미국, 유럽, 일본이라는 3자 간의 긴밀한 협력을 도모한다는 목적으로 결성된 국제적인 민간 협의조직―옮긴이)가 말한 '통치가능성의 위기(crisis of governability)'라는 것에 대응해 1975년에 프랑스 랑부예에서 '선진6개국 정상회의(G6)'가 시작됐고, 이 회의는 나중에 G7으로, 그리고 다시 G8으로 확대된다. 이것은 주요 자본주의 국가 정상들 사이의 연례회의이며, 카를 슈미트(Carl Schmitt, 1888~1985, 독일의 법학자, 정치이론가―옮긴이)라면 '국민국가들의 가변적인 다중우주(pluriverse, 단일우주(universe)에 대칭되는 개념으로 카를 슈미트가 자신의 정치이론을 전개하면서 사용한 개념―옮긴이)'라고 불렀을 법한 것의 대단히 가시적인 표현이었다. G6의 출범은 전 세계에 걸쳐 적용되는 비공식적인 정치적 규율이 새로이 생겨났음을 의미하는 것이었다. 나중에 1990년대가 되면 '지구적 지배구조(global governance)'라고 불리게 되는 이 비공식적인 정치적 규율은 케인스주의적인 정책을 국가 간에 서로 조율하는 것보다는 '시장의 신호'에 선진국들이 집단적으로 대응하는 것을 중요시했다. 이와 같은 국가의 국제화는 국제관계의 체제뿐만 아니라 국민국가의 형태도 변화시켰다.

그러나 1970년대에 일어난 변화 가운데 가장 중요한 것은 완전고용이 종식되고 전 세계에 걸쳐 산업예비군 집단, 즉 실업자들이 새롭게 생겨난 것이라고 할 수 있다. 선진국에서 실업은 이제 구조화되어 많은 노동자들에게 운명처럼 됐다. 그런가 하면 제3세계에서는 '비공식 경제'에서 새로운 형태의 노동이 생겨났다. 선진국의 노동자들이 고용돼 있는 상태에 결코 미치지 못하는 수준으로만 공식 부문에 고용돼 있던 제3세계의 노동자들 가운데 다수가 '공식적인 실업상태'에 있는 것도 아닌 상태가 된 것이다. 이런 노동자들은 '비공식 노동자'라고 불리게 된다. 이 개념은 원래는 국제노동기구(ILO)가 1970년대 초에 아프리카 동부지역에 대해 사용했던 것이지만, 그 뒤로 놀라울 정도로 쓰임새가 넓어졌다. 35년 뒤에는 아프리카의 노동자 가운데 거의 90퍼센트, 중남미의 노동자 가운데 거의 60퍼센트, 그리고 OECD 국가의 노동자 가운데 30퍼센트 가까이가 비공식 노동자로 분류되기에 이른다. 비공식 노동자들로 구성된 '프리캐리아트(precariat, 불안정계급)'라는 새로운 계급의 일원으로 살아가는 것이 노동자들의 '정상적'인 상태가 된 것이다. 이제 공식 노동자로 살아가는 것은 전 세계적으로 오직 소수의 노동자들에게만 가능한 현실이 됐다.

위와 같은 변화들은 이차대전 이후에 케인스주의를 토대로 전개됐던 '황금시대'가 끝나고, 경쟁이 지배하는 지구적 공간 속에서 각 지역의 생산단위는 물론이고 '워크페어(workfare, 복지혜택의 대가로 노동을 요구하는 방식의 복지제도 — 옮긴이)'까지도 경쟁력 강화를 요구하는 압력을 받는 신자유주의 시대가 시작됐음을 의미하는 것이었다. 이러한 시대전환의 과정에서 경제발전, 사회생활, 정책개념에 대한 과거의 주요 규율요소들이 급속하게 파괴됐다. 이리하여 전후의 경제적, 사회적 케인스주의 복지국가 모델이 위기에 빠졌고, 이로 인해 생겨난 빈 공간에 신자유주의 이데올로기가 들어앉게 됐다. 밀턴 프리드먼이 케인스주의에 대한 '반혁명'으로 해석될 수 있는 발언을 하고 나설 수 있었던 것은 바로 이와 같은 상황이 배경이 돼주었기 때문이다. 그는 '통화주의'를 유일한 대안의 경제정책 개념으로 내세웠다.

　신자유주의의 교리는 다음과 같은 것이라고 요약할 수 있다. 먼저 기본적인 가정은 민간부문은 근본적으로 안정적이라는 것이다. 불안정이나 위기의 경향이 생겨난다면 그것은 시장의 법칙을 위반하고 무책임한 행동을 하는 정치적 행위자나 제도 때문일 뿐이다. 인플레이션이나 통화가치의 하락은 그러한 무책임한 행동 때문에 일어나는 것이고, 실제의 경제적 과정과는 아무런 관계도 없다. 그러므로 독립적인 중앙은행이 인플레이션의 가속화를 막는 것만을 유일한 우선과제로 삼아 추구해야 한다. 그러나 중앙은행이 유통 중인 통화량을 조절하는 것도 부작용을 일으킬 수 있으니 조심해야 한다. 장기적으로 보면 재정정책은 성장률과 고용에 아무런 영향도 미칠 수 없다. 따라서 재정정책도 통화적 안정에 기여하는 데만 신경을 써야 하고, 완전고용 같은 것을 정책목표로 삼아서는 안 된다. 실업자가 늘어나는 것은 노동의 비효율적인 배분과 노조의 노동공급 과점 때문에 임금이 경제적으로 정당화될 수 없는 수준까지 올랐기 때문이다.

　이런 교리를 가진 신자유주의가 전 세계적으로 완전한 승리를 거두는 데 방해가 되던 최후의 장애물이 1980년대 말에 제거됐다. 이때 소련이 무너지면서 여러 개의 새로운 국가들로 쪼개짐과 동시에 중동부 유럽에서 '벨벳혁명(velvet revolution)'이 일어난 것이다. 신자유주의의 최종적인 승리를 과시하는 데 사용된 슬로건 중에서 가장 유명한 것은 역시 마거릿 대처의 작품일 것이다. 대처는 "대안은 없다(There is no alternative)"고 선언했다. 무엇에 대한 대안이 없다는 말이었을까? 신자유주의적 세계질서에 대한 대안이 없다는 말이었다. 신자유주의의 정치적 승리를 표현한 말 가운데 이론적으로 보다 야심차고 누구나 주목하지 않을 수 없게 만든 것은 역시 후쿠야마의 '역사의 종언(the end of history)'이었다. 이때쯤에는 신자유주의가 사회과학에서도, 정치의 영역 중 사회민주주의 부분에서도 지배적인 이데올로기가 돼가고 있었다. 녹색운동과 녹색당도 때로는 부분적으로, 그러나 더 흔하게는 전적으로 신자유주의적 태도를 취했다. 이런 움직임을 대표하는 사람들은 기업, 신자유주의적 재단, 로비단체 등의 대변자 역할을 맡아 했다. 그들은 스스로 의식하고 있었든 의식하고 있지 않았든 간에 모두 신자유주의 헤게모니의 화신이었다.

신자유주의는 인류가 모든 문제에 대한 해결책을 다 찾아낼 수 있다고 가정한다는 점에서 대단히 낙관적인 이데올로기다. 그러나 신자유주의가 실제로 낳은 결과들을 보면 그런 가정을 결코 신뢰할 수 없다. 신자유주의의 정치적 실천은 일련의 단순한 규칙들을 따르며, 그 규칙들은 모두 지구적 자본주의에서의 경쟁을 가리키고 있다. 신자유주의의 정치적 실천이 이루어지려면 민주정치의 영향을 축소하고, 그 대신에 민간의 강력한 자본주의적 요소들이 시장권력을 행사할 수 있도록 국가가 보장해줘야 한다. 그러나 신자유주의 아래에서 거의 모든 나라의 실업률이 상승했다. 대다수의 나라에서, 그리고 세계 전체를 봐도 소득과 부의 분배는 더욱 불평등해졌다. 전 세계의 지니계수는 2005년 현재 0.892다. 이는 전 세계 인구의 10퍼센트 정도가 전 세계 부의 90퍼센트 정도를 차지하고 있고, 나머지 90퍼센트는 전 세계 부의 10퍼센트만을 차지하고 있다는 뜻이다. 경제발전 과정은 도처에서 위기에 시달리고 있다. 1980년대의 부채위기에서부터 1990년대의 금융위기에 이르기까지 위기가 계속 이어지면서 금융시장 자유화가 각국의 사회를 하나하나 불안정하게 만들어가고 있다. 사회와 분리된 시장이라는 세계적인 규칙은 사회의 얼개와 조직에 지극히 파괴적임이 입증됐다. 이런 점은 역설적으로 "사회라는 것은 없다"는 마거릿 대처의 왜곡된 주장이 황당하게도 더 그럴듯하게 들리게 만들고 있다.

시장을 통해 모든 문제에 대한 해결책이 찾아질 것이라는 관념이 환경문제에까지 적용될 수 있다고 가정된다. 하이에크가 거듭 주장했듯이 시장은 새로운 발견을 해내는 데 최선의 가능한 방법이며, 따라서 기술적, 조직적 혁신을 하는 데도 최선의 가능한 방법이기 때문이라는 것이다. 배출권 거래라는 개념을 내세운 사람들은 이산화탄소 배출을 감축하는 데 가장 효과적인 수단으로, 일각의 주장으로는 유일한 수단으로 배출권 거래제를 제시하고 제도화하는 데 성공했며. 대기오염권이 거래되는 시장을 창설하자는 제안은 주류의 학계, 정치권, 기업계, 금융계에는 물론이고 녹색당, 시민단체, 노조에도 폭넓게 수용됐다. 오직 소수의 좌파 학자와 정치적 운동조직만이 배출권 거래가 지닌 생태적 의미에 대해 의문을 품었다. 기업과 금융회사들은 이 새로운 투자분야와 새로운 시장거래에서 이윤을 올릴 수 있다고 보았다. 배분받는 배출권에 대해 비용을 지출해야 할 필요가 없었기에 배출권은 위험부담을 전혀 지지 않고도 이윤을 올릴 수 있게 해주는 허가증이나 다름없었다.

녹색당을 대표하는 사람들이나 환경을 염려하는 생태학자들이 왜 이런 제도를 지지하는 것일까? 일부의 경우에는 그저 순진한 생각에서 그러는 것이겠지만, 대부분의 경우에는 시장만이 문제를 해결해줄 수 있다는 일종의 신념체계가 그렇게 하도록 하는 것이다. 그런데 시장은 몇 가지 중요한 전제조건이 충족돼야만 작동한다. 그 전제조건에는 사유재산권이 설정돼야 한다는 것과 공적인 재화든 사적인 재화든 모든 재화가 상품화돼야 한다는 것이 포함된다. 또 증권화된 '오염권'이라는 매우 낯선 상품이 유통될 수 있으려면 지구적인 금융시장이 필요하다. 이런 복잡한 전제조건들은 그 자체가 민영화, 자유화, 금융적 지구화를 더욱 촉진하는 강력한 수단이 되기도 한다. 이렇게 해서 대기오염이 이중의 측면을 갖게 됐다. 한 측면은 실제로 대기 속으로 이산화탄소를 배출하는 것이고, 다른 한 측면은 시장에서 배출권을 거래하는 것이다. 이런 이중성은 신자유주의의 이상세계에 완벽하게 들어맞는다. 지구적 공유자산임을 누구도 부인하지 못할 대기도 결국은 점점 더 사유화될 것이다. 왜냐하면 이산화탄소를 내다버리는 공간으로 대기를 사용할 권리가 이미 각국과 국제기구에 의해 합법화됐기 때문이다. 오염권이라는 새로운 상품이 거래되는 자유주의적인 시장이 이미 만들어졌고, 금융회사들과 투자자들은 정치적으로 만들어진 이 시장에서 혁신적이고 수익성 높은 투자수단을 만들어 거래하면서 전 세계의 과잉유동성을 일부 거둬들이며 이익을 챙기고 있다. 이산화탄소 배출을 줄이기 위해 설계된 배출권 거래가 이제는 금융적 투기의 새로운 수단이 되고 있다. 신자유주의는 '사회라는 것은 없다'는 것도, '자연이라는 것은 없다'는 것도 잘 알고 있다. 신자유주의는 자연을 시장에서 거래하기 위해 증권화할 때에만 자연에 눈길을 보낼 뿐이다.

사회와 자연을 멸시하는 신자유주의의 태도는 공간도, 시간도, 자연에 의한 조율도 없는 세계 속에서 합리성을 발휘하는 '경제적 인간(호모 에코노미쿠스)'들이 살아간다고 보는 세계관에서 유래한 것이다. 그러나 여기서 경제적 인간이라는 인조물은 괴테의 《파우스트》에 나오는 '호문쿨루스(난쟁이 인조인간)'와 다를 게 없다. 시간 또는 역사와 공간 또는 영역의 구체성을 전혀 고려하지 않는 신자유주의의 신념체계는 마르크스가 《정치경제학 비판 요강》에서 "공간으로 시간을 없애고, 시간으로 공간을 없앤다"고 한 자본주의의 작용이 가장 완전하고도 열광적인 형태로 표현된 것일 뿐이다. 이러한 단순화를 바탕으로 해서 신자유주의는 '워싱턴 콘센서스'와 같은 메뉴를 개발해 모든 시기의 모든 나라에 똑같이 적용할 수 있었던 것이다. 그리고 워싱턴 콘센서스를 적용하는 관점에서는 모든 나라가 오직 두 가지 특징만 갖고 있다고 간주된다. 그것은 빚을 많이 지고 있다는 것과 지구적 금융시장의 규칙에 따라야 한다는 것이다.

사회와 자연이 고려되지 않기 때문에 신자유주의 아젠다는 금융자본의 요구에 부응하기 위해 필요하다면 얼마든지 무자비하게 적용될 수 있다. 주주들은 20퍼센트 또는 그 이상의 높은 투자수익률을 원한다. 지구적 금융시장에서 전개되는 경쟁으로 인해 금리와 투자수익률이 상승하고, 결국은 노동과 자연을 과도하게 착취하는 것을 통해서만 달성될 수 있는 수준까지 투자수익률에 대한 기대가 높아진다. 모든 곳에서 모든 것에 대한 자유시장을 수립하는 것을 통해 국제적 분업을 확장하고 심화시키면 모든 나라의 국부가 다 증가할 것이라고 과거에는 구자유주의자들이 약속했고 오늘날에는 신자유주의자들이 약속하고 있지만, 바로 위와 같은 이유에서 그들의 그런 약속은 점점 더 공허해지고 있다. 수십 억 명의 사람들이 실제로 겪어본 신자유주의는 노동을 해서 먹고 사는 사람들에게 피해를 끼칠 뿐만 아니라 지역적, 지구적 생태계를 파괴하기도 하는 약탈적인 질서다. 게다가 신자유주의는 세계의 평화를 위협하고 있다. 왜냐하면 잉여가치를 뽑아내어 사유화하기 위해서는 군사력을 포함한 강제력을 이용해 세계의 대중으로부터 그들이 갖고 있던 것을 빼앗는 경제적 메커니즘을 유지해야 하기 때문이다. 21세기에 들어서서는 신자유주의자들과 신보수주의자들이 부시와 체니가 추구하는 유형의 정치경제적 기획을 만들어내는 데 초점을 맞추어 활동했다.

그 기획은 애덤 스미스의 구자유주의 사고방식과 크게 다르지 않다. 자유무역을 열렬하게 지지한 애덤 스미스는 보호무역주의의 성격을 띤 항해법(Navigation Act), 귀족적 노블레스 오블리주에 토대를 둔 '문명국가' 끼리만의 외교관계, '야만인'에 대한 '문명국가'의 군사적 탄압 등도 지지했다. 그러나 그가 지구 전체를 자본주의의 가치사슬에 편입시키고 인간다운 노동과 삶, 그리고 자연을 지키려는 사람들을 억누르는 부르주아적 사명을 추구하는 사람들을 지지한 결과가 어떤 것이었는지는 19세기와 20세기에 걸쳐 부르주아적 기획에 대항해 일어난 민중의 봉기로 충분히 확인됐다. 21세기에 신자유주의를 내세우는 사람들도 자신들의 선조인 구자유주의자들과 마찬가지로 조만간 자신들이 해놓은 일에 이의를 제기하는 항의의 태풍을 만나게 될 것이다.

신자유주의와 불만

그레고리 앨보

1970년대 말에 하나의 정치적 기획으로 신자유주의가 등장했을 때에는 좌파의 대부분이 그것은 정치적으로나 경제적으로나 지속될 수 없는 것이라고 생각했다. 로널드 레이건, 마거릿 대처, 헬무트 콜, 브라이언 멀로니 등을 내세우며 새로 등장한 신우파 정권들이 계급 간 갈등을 심화시키고 시장포퓰리즘(market populism) 이데올로기를 퍼뜨릴 수 있다는 점은 지적됐지만, 그 정권들이 오래가는 제도적, 정치적 유산을 남기지는 못할 것이라는 생각이 지배적이었다. 그 정권들이 전면에 내세우고 국제금융기구의 정책에 도입시킨 통화주의 및 자유시장주의 정책은 전후의 호경기를 종식시킨 경제적 문제들을 증폭시키기나 할 것이라고 여겨졌다. 포드주의 이후에 점점 더 복잡해진 기술과 조직은 자본주의적 시장과 기업이 제공할 수 있는 제도적 공간보다 훨씬 더 큰 제도적 공간을 요구했다. 게다가 시민사회 운동이 점점 더 강화되면서 전통적인 노조 및 정당과 정치적 합의를 만들어내고 있었고, 이에 따라 '새로운 시대'가 과거에 억압받던 사회적 주체들을 포용할 수 있도록 평등주의적인 정책이 새롭게 수립되고 있었다.

당시에 정치적 과제로 떠오른 것은 에릭 홉스봄(Eric Hobsbawm)이 선두에 서서 주장한 바와 같이 선거와 정책에서 '합리적 좌파'의 의제를 만들어 내세우는 것이었다. 단련된 노조, 새로운 사회운동, 공산주의자들의 지지를 받는 사회민주주의 정당 등의 동맹에 토대를 둔 '인민전선(popular front)'형 정부가 신자유주의로 인해 생겨난 간극을 메우는 작업에 받침대가 돼줄 것이라는 기대가 있었다. 지금으로부터 20여 년 전인 1986년에 이미 홉스봄은 영국에 관한 이야기를 하다가 "대다수 사람들의 마음속에서 신자유주의자들의 실적은 완전히 불신당하고 있다"면서 "세계와 영국의 문제를 해결하는 방법으로 '폐허 속에서도 더 부자가 될 부자의 권리'를 내세우며 민영화를 강조하던 부유층의 '자유시장' 이데올로기는 불신의 대상이 됐으며, 신자유주의자들이 그동안 기회를 얻었으나 그 결과가 무엇인지는 이제 누구나 다 안다"고 말했다.[1]

홉스봄이 '합리적 좌파'에 걸었던 기대의 내용은 신우파 정부들이 패퇴하고 사회민주주의 정당들이 다시 집권하게 되면 진보적인 개혁의 의제들이 다시 강조되리라는 것이었다. 그러나 이런 전략은 실패했고, 그 실패의 교훈은 아마도 신자유주의가 좌파에게 가져다준 가장 고통스러운 정치적 교훈 중 하나일 것이다. 영국의 블레어 정부와 독일의 슈뢰더 정부에서부터 남아프리카공화국의 음베키 정부와 브라질의 룰라 정부에 이르기까지 1990년대에 집권한 사회민주주의 정부들은 신자유주의를 전 세계적으로 촉진하는 데서 그 전의 신우파 정부만큼이나 강력했다. 사회민주주의 정부들 아래에서 신자유주의가 정부정책을 인도하는 이데올로기적 틀로 굳어졌고, 사회민주주의 정부가 관리자의 역할을 하는 가운데 신자유주의가 '정당성이 인정되는' 정책의 범위를 규정했다. 이런 양상은 미국의 빌 클린턴 정부 아래에서도 똑같이 나타났다. 그리고 실제로 벌어진 상황은 다음과 같다. 더욱 공격적으로 된 서구 제국주의의 군사적, 경제적 개입이 지구 전체에 걸쳐 확대되는 동시에 강화됐고, 특히 중국과 동유럽을 비롯해 새로이 자본축적의 중심지로 떠오른 곳들이 자본의 지구적인 순환회로에 편입됐고, 사회적 불평등이 증대하고 공적 인프라가 무너지는 가운데서도 조세삭감과 사회적 내핍이 지속됐고, 20세기 말에는 다수의 선진 자본주의 국가에서 중도우파 정치 세력이 정부에 복귀했다.

그람시(Gramsci)는 지배계급은 위기가 닥치면 다음과 같이 행동한다고 지적했다. "훈련된 기간요원을 많이 갖고 있는 지배계급은 인력을 교체하고 정책을 수정해서 잠시 잃었던 통제력을 회복하며, 통제력을 회복하는 속도에서 지배계급은 피지배계급을 능가한다. 그 과정에서 지배계급은 희생을 당하게 될 수도 있고 선동적인 약속을 내세워서 불확실한 미래의 위험을 무릅쓰게 될 수도 있지만, 권력만큼은 확실하게 확보하고 강화시킨 다음 적을 물리치고 자기편의 주요 기간요원들을 널리 배치하는 데 그 권력을 이용한다."[2] 신자유주의도 바로 그렇게 인력과 정책을 변경했고, 선동적인 약속을 했고, 권력을 행사했다. 신자유주의는 정치적, 경제적 권력의 중심부에서 지속적으로 놀라운 정치적 탄력성을 보이고 있고, 국가기구 안에 이미 제도화된 상태가 됐고, 금융자본가와 산업자본가들이 경제적 계산을 하는 틀이 되고 있고, 노조와 시민사회 조직의 행동규범 및 전략적 대응 속에도 내재화됐다. 신자유주의의 정책은 불신당하고 있다고 볼 수도 있고, 신자유주의 아래에서 불만을 품는 사람들의 수가 늘어나고 있다고 볼 수도 있다. 그러나 정치권력의 판도는 누구든지 '신자유주의 이후'의 시기에 대해 진지하게 이야기할 수 있는 방향으로는 아직 바뀌지 않았고, 정치적 투사들은 상황이 이러함을 더욱 분명하게 느끼고 있다.

신자유주의 국가

신자유주의를 정치적으로 잘못 읽은 것은 극복되기 어려운 개념적 오류 때문이었다. 자본, 시장, 정보, 기술이 모두 국민국가의 용량보다 커졌는데도 신자유주의는 너무 작은 규모로 국민국가를 축소시키려고 하며, 이 때문에 신자유주의는 '나쁜 정책'이라는 것이 신자유주의에 대한 좌파 진영의 표준적인 비판으로 여전히 유지되고 있다. 이런 비판과 대조되는 견해로, 신자유주의는 노동자들의 저항에 대한 자본가 세력의 으뜸가는 전략적 대응이지만, 그것이 실제로 노동자들의 저항을 꺾을 수 있을지는 몰라도 계속 전개되는 자본주의의 위기를 해결하지는 못한다는 주장이 있다. 이 가운데 어느 견해도 신자유주의의 지구력을 설명하거나 좌파가 처한 곤경에 대한 전략적 통찰을 하는 데는 그다지 도움이 되지 않는다. 정치적 사고를 하는 데는 의지를 너무 강조하는 사고방식과 숙명론 둘 다 쓸모가 없다.

따라서 첫째, 신자유주의를 좌파의 도전에 대응하는 지배계급의 정치적 강령으로 이해해야 할 필요가 있다. 1970년대의 위기에 대한 대응에서 처음에는 좌파가 정치적 주도권을 잡았던 사실을 상기해보는 것이 필요하다. 당시에 좌파의 대응은 리플레이션(reflation, 침체된 경제를 되살리기 위해 통화량을 늘리거나 세금을 인하하는 정책―옮긴이), 재분배, 사회화를 겨냥한 전략을 구사하는 형태를 취했고, 구체적으로는 스웨덴의 메이드네르 계획(Meidner Plan, 흔히 렌-메이드네르 모델(Rehn-Meidner Model)로 불리는 스웨덴의 사회복지 정책. 경제학자 요스타 렌(Gosta Rehn)과 루돌프 메이드네르(Rudolf Meidner)가 개발하고 사회민주당 정부가 1950년대부터 실시해온 정책모델―옮긴이) 채택, 험프리-호킨스 완전고용법(Humphrey-Hawkins Full Employment Bill, 미국의 민주당 소속 상원의원인 허버트 험프리(Hubert Humphrey)와 하원의원인 오거스터스 호킨스(Augustus Hawkins)가 발의하고 1978년에 상하원을 통과해 대통령의 조인을 거쳐 발효된 고용확대법―옮긴이)에 대한 미국 내 민권운동 세력의 지지, 캐나다의 좌파 민족주의 강화, 영국의 벤주의 좌파(Bennite Left, 영국 노동당 좌파를 대표하는 정치인인 토니 벤(Tony Benn) 전의원의 노선을 따르는 영국의 좌파―옮긴이), 그리고 유로코뮤니즘의 등장과 개발도상국들에서의 혁명적, 민족주의적 봉기 등으로 나타났다.[3] 이런 움직임들과 그 주축이 된 조직과 인물들을 물리쳐야 할 필요가 있다고 생각한 사람들이 추진한 정책이 바로 신자유주의 였다.

이차대전 이후에 케인스주의와 복지국가에 대해 신자유주의자들이 반대하는 목소리가 부단히 이어졌다. 특히 하이에크, 프리드먼, 뷰캐넌은 케인스주의와 복지국가를 가리켜 '노예의 길'이라고 하면서 자신들의 저작을 통해 반대의 목소리를 냈다. 무역, 통화정책, 조세에 대한 이들의 견해는 특히 영국과 미국의 제도권에서 벌어지는 정책토론에서 늘 한 자리를 차지했다. 정치적 실천으로서의 신자유주의는 점점 더 커지는 좌파의 요구를 제한하기 위해 통화적 규율과 자유시장의 확대를 지향하는 정책으로 시작됐다. 1980년대의 신우파 정부들은 전진하는 노동계급을 돌려세우기 위한 '수동적 혁명(passive revolution)'이라는 그들 자신의 의제를 추구하는 과정에서 사실상 국가의 모든 활동영역이 정치에 포괄되도록 정치의 틀을 넓혔다. 1980년대에 계속된 경제침체는 사회적 불평등의 확대 및 자본주의적 사회관계의 국제화와 결합되면서 '경쟁력 강화를 위한 내핍'을 일반화시켰다. 임금에 대한 억압, 사회적 프로그램의 감축, 자유화된 시장 속에서의 수출주도 성장과 같은 신자유주의 정책이 이 나라 저 나라에서 잇달아 채택됐고, 이런 움직임은 그 나라의 집권여당이 어떤 정당인가와는 관련이 없었다.[4] 신자유주의는 이제 잃어버린 입지를 회복하고자 하는 지식인들이 내세우는 일련의 구상이나 신우파의 '시장포퓰리즘' 정당들이 채택하는 정치적 전략에 국한되지 않게 됐다. 1990년대에는 신자유주의가 시장의 강제를 통해 사회적 삶을 규율하기 위한 훨씬 폭넓은 기획이 됐다. 이와 더불어 기존의 소득분배와 자산분배, 그리고 세계시장이 부과하는 한계를 받아들이면서 '진보적 경쟁력(progressive competitiveness)'을 추구한다는 '제3의 길' 전략까지 신자유주의에 포섭됐다. 그러면서 신자유주의는 그 안에서 국가의 지역 및 전국 수준에서, 그리고 국제적인 국가체제 전체에 걸쳐 정치적, 사회적 관계를 재생산하는 정치적 틀이 됐다.

둘째, 신자유주의를 20세기 말에 자본의 일반적 순환회로에 일어난 중대한 변화와 관련시켜 보아야 할 필요가 있다. 특히 새로이 전개된 자본축적의 불균등한 속도와 불균등한 공간적 분포가 주목된다. 미국의 자본주의가 재부상하고 동아시아 국가들과 일부 걸프만 산유국들이 빠른 속도로 성장한 반면에 이차대전 이후 세계경제의 균등화에 기여했던 유럽과 일본의 경제권은 상대적으로 성장속도가 느려졌다. 중남미, 아프리카, 동유럽은 성장의 대열에서 뒤처지거나 심지어는 '마이너스 축적(disaccumulation)'의 국면에 접어들기도 했다.

이러한 불균등 발전은 신자유주의 아래에서 세계시장에 관철되는 가치흐름의 비대칭성을 반영하는 것이다. 그리고 이러한 사실은 1980년대 초부터 미국의 경상수지 적자가 부단히 증가하는 반면에 동아시아 국가들과 걸프만 산유국들에서는 그만큼 경상수지 흑자가 늘어나면서 중앙은행의 금고가 가득 차게 됐다는 점, 국제 금융거래와 국제적인 부채의 규모가 무역과 생산의 확대보다 더 빠르게 늘어났다는 점, '생산자서비스(광고, 콜센터, 컴퓨터 작업 및 데이터 처리, 전문인력 공급, 컨설팅, 보안, 법률, 회계 등)'를 포함한 서비스산업 전체가 제조업 및 원료가공 부문에 비해 상대적으로 빠르게 성장했다는 점, 글로벌화된 주요 도시들에 집중된 새로운 형태의 금융자본들에 의해 통제되는 가운데 자본이 전반적으로 더욱 더 집중화되는 경향이 나타났다는 점 등에서 확인된다. 다시 말해 신자유주의는 금융에 의해 주도되는 외향적 성장을 지배적인 성장패턴으로 만들었고, 이 성장패턴은 새로운 가치의 실현을 미국의 부채 증가와 중국의 시장경제화가 지구적 축적을 떠받치는 중심적인 보루의 역할을 하는 세계시장에 점점 더 많이 의존하고 있다.[5]

셋째, 세계시장의 형태가 이렇게 변화된 가운데 그 속에서 새로운 지배계급 동맹이 구축돼왔다는 점에 주목해야 한다. 물론 지구적 체제의 중심부에 속하는 사회구성체의 지배계급 동맹과 주변부에 속하는 사회구성체의 지배계급 동맹은 그 내용이 다르다. 이차대전 이후의 시기에는 금융자본이 신용과 투자의 흐름을 통제하는 가운데 산업자본과 상업자본이 동맹을 맺었고, 이런 동맹이 그 시기의 토대가 됐다. 이런 동맹은 자신의 축적영역으로 국내경제를 보호하면서 외국자본이나 제국주의 자본의 활동영역을 제한했고, 이를 통해 '민족부르주아' 세력의 역할을 했다. 이런 동맹은 이제 더 이상 존재하지 않는다.

신자유주의는 권력집단에 대한 금융자본의 헤게모니라는 새로운 형태의 헤게모니를 형성시켰다. 기업의 자본자산에 대한 처분권을 갖고 있는 경영자들의 실질적 기업지배와 주주들의 법률적 기업소유 사이의 틈새가 더욱 벌어지면서 기업의 조직구조가 새롭게 바뀌었다. 헤지펀드나 사모펀드와 같은 새로운 금융주체들은 물론이고 은행, 증권회사, 신탁회사와 같은 전통적인 금융주체들도 산업자본을 좌지우지할 수 있는 힘을 갖게 됐다. 또한 산업자본도 자체적으로 넓은 범위의 금융활동을 추가로 벌일 수 있는 조직역량을 확보했다. 이렇게 해서 등장한 기업의 새로운 형태는 국제적인 생산의 네트워크 속으로 산업자본과 상업자본이 새롭게 재편입되는 과정을 촉진했다. 자본이 국제화되면서 대부분의 나라에서 자본축적의 다양한 부문 전체에 걸쳐 외국자본이 자금, 기술, 경영기법 등을 공급하는 역할을 맡게 됐다. 이런 상황은 근본적인 정치적 의미를 갖고 있다. 이제는 외국자본이 주변적인 요소이거나 민족자본가 계급에게 외부로부터 부과되는 어떤 것이 아니다. 신자유주의 세력은 국내 권력집단의 한 구성요소인 '국내 부르주아 계급'의 일원이 됐다. 이 때문에 신자유주의 아래에서는 홉스봄이 말한 '합리적 좌파'의 정치경제적 토대가 없어지게 된 것이다.[6]

신자유주의 기획에서 주목해야 할 네 번째 측면은 자본의 순환회로에 국가가 개입하는 방식에 변화가 일어났다는 점이다.[7] 이것은 시장의 영역과 비교해 국가의 영역이 어느 정도로 한정됐느냐는 문제가 아니다. 이것은 자본의 가치증식 및 계급투쟁과 비교해 국가정책이 어떻게 재구축됐느냐는 문제와 관련된다. 거시경제 관리 분야를 보면 국가부문의 긴축적인 재정정책과 부채관리 정책이 독립적인 중앙은행의 인플레이션 타기팅(inflation-targeting) 정책과 결합되고 있다. 이런 정책들은 디플레이션적인 편향을 갖고 있고, 이런 편향은 부분적으로는 민간부문의 신용팽창과 자산인플레이션에 의해 상쇄돼왔다. 산업정책과 상업정책, 그리고 그 정책을 수행하는 조직적 장치들도 국제경쟁력을 떠받치고 자본의 국제화를 후원하는 방향으로 재편성돼왔다. 거시경제정책과 산업정책은 자유화된 자본과 무역의 흐름 및 자유화된 환율을 전제로 해서 수립되고 시행되며, 자유화된 자본, 무역, 환율은 그 자체가 대부분 신자유주의적 국가정책의 결과다.

이런 정책의 결과로 생산이 상업적 교환가치에 점점 더 묶이게 됐고, 자본이 사회적 목표나 사회적 보호를 희생시키면서 조세와 환경의 측면에서 특혜를 보려고 하는 규제 아비트리지(regulatory arbitrage)를 구사할 능력을 갖게 됐고, 기업의 투자수준을 유지하기 위해 보조금을 지급하고 노동조건을 완화하는 조치가 더 많이 이루어졌다. 이 모든 것은 사회적 잉여를 사용하는 측면에서 민주적 역량을 위축시키는 반면에 자본의 지배를 강화시키고 있다. 이런 추세는 시간의 측면에서 보면 현재의 소비와 미래의 투자 사이에서, 부문별로 보면 생산의 구성상 공적 부문과 사적 부문 사이에서 동시에 나타나고 있다.

실제의 신자유주의를 이해하는 다섯 번째 방법이자 중요한 방법이기도 한 것은 신자유주의를 국가 내부의 지배구조 및 관리행정의 제도적 틀로 바라보는 것이다. 선진 자본주의 국가가 자본의 재생산 구조에 깊숙이 편입돼있음을 볼 때 '자유방임주의'적 최소국가를 내세우는 신자유주의 이데올로기는 상상 속의 허구적인 가정에 토대를 둔 것일 뿐이다. 현실에서 실제로 일어난 변화는, 국가의 복지기능과 재분배기능이 지방정부로 '내려간' 반면에 자본의 국제화를 후원하고 사유재산권을 보호하는 정책은 유럽연합, 북미자유무역협정과 같은 국제기구나 다국적 조직으로 '올라갔다'는 점에서 '국가의 공동화'였다는 주장이 있다. 그러나 '국가의 공동화'라는 표현은 오해의 소지가 있다. 이 표현은 특히 중앙국가가 권위주의적으로 공고해지고 그 행정조직이 새롭게 재편성되는 추세를 파악하지 못하게 한다.

　정치권력의 행사는 정당, 노조, 시민조직과 같은 민주적 행위주체에 비해 상대적으로 중앙국가로 점점 더 많이 집중되고 있다. 이런 양상은 특히 일방적이고 무책임한 행정부의 권력에 비해 의회의 위상이 하락하는 데서 드러난다. 국가권력의 공고화는 전쟁을 수행하고 국가안보를 내세우는 세력이 강화되는 데서 분명히 볼 수 있고, 이제는 국제적인 협정, 계약, 약속과 관련된 행정부의 수많은 조치들로 이어지고 있다. 정부의 부서조직도 신자유주의 정책을 밀어붙이는 중앙국가의 역할을 뒷받침하는 방향으로 재편성되고 있다. 예산을 통제하고 경제를 국제화시키는 업무를 담당하는 부서는 강화되는 반면에 노동문제나 사회적 정의에 관한 업무를 담당하는 부서는 주변화되고 있다. 군, 보안경찰, 감옥 등과 관련된 국가조직은 그 권력이 상대적으로 더 커지면서 국제관계에 대해서뿐만 아니라 시민들의 항의에 대해서도 국가가 어떤 태도를 취해야 하는지에 점점 더 큰 영향을 미치고 있다. 경제문제를 다루는 정부기관의 운영상 자율성을 높임으로써 그런 정부기관을 민주적 책임성에서 격리시키는 행정적 조치도 이와 같은 맥락이라고 볼 수 있다. 이러한 전략은 특히 중앙은행, 규제당국, 경제개발 관련 조직 등의 '독립성'을 확보하는 작업으로 나타나고 있다. 아울러 규제완화, 민영화, 시장화를 행정부에서 주도하는 방식도 비슷한 효과를 낳고 있다.[8]

　마지막으로 여섯 번째로 지적해야 할 점은 신자유주의적 경제개입이 특히 노동시장을 규제하는 법률의 개정을 통해 자본과 노동 사이의 새로운 착취관계를 수립해왔다는 것이다. 바로 이런 조치가 흔히 '사회적 양극화'로 불리는 분배양태를 뒷받침해왔다. 이로 인해 연간 임금상승이 인플레이션율과 생산성 증가율의 합계보다 낮은 수준으로 유지되면서 순소득 중 이윤의 비중이 확대돼왔다. 예비 노동인력의 증가, 노동시간의 연장, 노동시장에서의 인종차별, 비공식 노동과 불안정한 일자리의 증가 등은 노동계급 내부의 불평등이 확대되고 있음을 의미한다. 복지급여는 특히 여성과 이주노동자의 경우에 크게 감축돼왔고, 신용의 배분은 현재와 미래의 생활수준에 점점 더 많이 의존하게 됐고, 기반시설 비용의 사용자 부담과 민영화는 공공서비스에 대한 평등한 이용권을 침해하고 있다. 이에 따라 사람들은 일상생활의 모든 측면에서 시장에 더 많이 의존해야 하는 입장이 되고 있는 것이다.

신자유주의에 맞서 싸우기

신자유주의의 시대에 좌파는 큰 역사적 패배를 겪어왔다. 그 패배는 일반적으로 좋든 나쁘든 권위주의적 공산주의가 종식되고 시장과 기존의 분배관계를 점점 더 많이 수용하는 방향으로 사회민주주의가 재조정됐다는 측면에서 조명돼왔다. 그러나 신자유주의와 연관된 구조적 변화는 좌파의 정치적 대안을 떠받치는 조직적 토대도 바꾸어놓았다는 데 주목해야 한다. 고용은 생산과정의 네트워크화와 서비스 공급의 분산화에 부합하는 방향으로 그 성격이 바뀌었고, 자본의 국제적 순환회로는 확장됐고, 국가는 재편성됐고, 노동계급은 내부적으로 차별화되고 계층화됐다. 이런 변화는 일터의 조직, 정치적 리더십, 이념적 창의성의 측면에서 노동계급의 역량에 영향을 끼쳤다. 신자유주의가 거둔 가장 큰 정치적 성취는 민영화, 세계화, 금융화가 아니라는 점을 강조해둘 필요가 있겠다. 이보다는 오히려 지배계급이 신자유주의에 적응함으로써 좌파와 노동계급 운동을 패퇴시키고 고립시키고 개인화하기 위한, 그리고 노동계급 운동의 조직을 해체하기 위한 '위로부터의 계급투쟁'을 벌일 수 있게 됐다는 점이 신자유주의가 거둔 가장 큰 정치적 성취일 것이다.

그동안 신자유주의에 맞서 싸울 정치적 무대를 포착하는 것은 대단히 어렵고 복잡한 일이었다. 한 가지 대응은 구체적인 대안의 정책으로 반신자유주의 기획을 구축하는 것이었다. 그러나 이런 대응은 1980년대에 홉스봄이 말한 '합리적 좌파'의 인민전선 전략을 적용할 여지를 더욱 좁히는 것이었다. 연금의 상품화에 대한 로빈 블랙번(Robin Blackburn, 영국의 역사학자, 사회학자—옮김이)의 날카로운 분석이 '책임성 있는 자본축적'을 강조하는 온건한 호소로 마무리된 것도 이와 같은 맥락으로 볼 수 있다. 호베르투 웅게르(Roberto Unger, 브라질 출신의 하버드대학 법대 교수—옮긴이)가 현대 자본주의 속에서 실현가능한 대안의 민주적 제도를 모두 열거해본 배경에도 이와 비슷한 실용주의가 깔려 있다. 또한 신자유주의적 세계화에 대한 수많은 비판도 대부분 지구적 지배구조의 민주화를 내세우는 자유주의적 호소로 귀결되고 있다.[9] 그러나 이러한 경제적 논리와 정치적 사고로는 정책과 제도의 측면에서 좌파가 진출할 공간을 더 넓게 열 수가 없다.

반세계화 운동은 전 세계의 방방곡곡에서, 주요 시위들에서, 그리고 세계사회포럼과 그 파생조직을 통해서 신자유주의에 대해 불만을 품은 사람들을 모아냈다. 반세계화 운동은 '밑으로부터'의 반신자유주의 기획으로, 다시 말해 정당도, 정책강령도, 규율이 있는 기간조직도, 정치노선도 필요로 하지 않으며 지도자도 없는 운동으로 이론화돼왔다. 심지어는 좌파의 조직적 혼란 그 자체가 혁신의 주된 원천으로 간주되기도 했다. 마이클 하트(Michael Hardt)와 안토니오 네그리(Antonio Negri)는 '다중(multitude)'이 지금의 신자유주의적 정치공간과 탈중심화된 '제국'의 새로운 권력논리에서 벗어나 지금의 현실 속에서 대안의 세계질서를 형성할 것이라고 내다보았다. 존 홀러웨이(John Holloway)는 정치권력에 맞서 싸울 능력의 결여를 거꾸로 뒤집어 '권력탈취 없이 세계를 변화시키는 방법'을 이론화했다. 나오미 클라인(Naomi Klein)은 조직의 심화를 호소하는 반세계화 운동에 대해 그런 호소는 새로이 형성되고 있는 '잠재적 가능성'을 죽이게 된다고 반박했다. 그녀의 글을 그대로 옮겨보자. "바퀴살과 같은 방사형의 혼란스러운 네트워크로부터 아마도 뭔가가 생겨날 것이다. 그것은 어떤 유토피아적인 새로운 세계에 대한 청사진이 아니라 다수의 세계들이 실현될 가능성을 보호해주는 계획일 것이다. 그것은 사파티스타가 말했듯이 '다수의 세계들을 품고 있는 하나의 세계'일 것이다. 아마도 신자유주의 세력과 정면으로 충돌하게 되기 보다는 다수의 운동들로 구성된 이 운동이 모든 방향에서 신자유주의 세력을 우회하게 될 것이다."[10]

그러나 신자유주의는 자신의 입지를 지켜내고 있다. 그 결과로 신자유주의 아래에서 좌파의 정치가 한편으로는 사회적 침탈이 더 확대되는 것을 막기 위한 단기적인 정치적 계산, 그리고 다른 한편으로는 전면적인 사회경제적 혼란까지는 아니더라도 경제적 위기를 예언하는 정치(이런 정치는 사실 좌파의 세력과 그 조직이 취약함을 반영한 것이다) 사이를 왔다갔다했다. 그러나 바로 이 점 때문에도 사회주의 좌파는 무엇보다도 새로운 정치적 행동주체의 형성을 촉진하는 작업에 적극적으로 나서야 한다.

이러한 작업에서 필수적인 한 가지 요소는 노조를 다시 활성화시키는 것을 통해, 그리고 양성 간, 인종 간 평등을 위해 투쟁하는 사람들이나 '정규적'인 노동과정의 바깥에 있는 주변화된 사람들과 같은 새로운 부문의 노동자들과 노조를 연결시키는 것을 통해 계급 차원의 혁신을 이루는 것이다. 또한 독립적 좌파, 시민적 조직, 그리고 사회민주주의 세력 내부에서 변혁적 기획을 고수하고 있는 부문 등의 조직적 융합을 시도해볼 필요가 있다. 이러한 혁신을 위해 교육, 의사소통, 문화의 차원에서 21세기에 적합한 '새로운 사회주의'를 실현하는 데 필요한 자원을 확보하는 작업, 다시 말해 그러한 정치적 역량과 인적 역량을 구축하는 작업이 우선 필요할 수 있다.[11] 그리고 신자유주의의 특정한 기도를 물리치고 신자유주의 전체에 균열을 내기 위해 싸우는 과정에서 위와 같은 혁신이 '유기적'인 것이 되게 하려면 구체적인 반신자유주의 동맹이 형성돼야 할 것이다.

신자유주의는 정치적 발화지점을 계속 만들어내고 있고, 그러한 정치적 발화지점은 신자유주의의 흡인력을 약화시키고 지배계급으로 하여금 어쩔 수 없이 지구적 야망의 수준과 내용을 재조정하게 만들고 있다. 세계무역의 불균형, 군사적 점령의 모순, 소득과 고용의 사회적 불평등, 사유화된 공공자산의 비효율성과 독점화, 지구적 생태위기의 문제를 해결하는 데서 탄소거래제를 비롯한 오염권 거래시장이 보여주고 있는 실패…. 이 모든 것이 신자유주의에 대항하는 사회적, 정치적 투쟁을 불러일으키고 있고, 그 가운데는 우리에게 새로운 영감을 주는 투쟁도 적지 않다. 그러나 좌파가 생명력 있는 집단적이고 민주적인 조직화의 역량을 새롭게 기르지 않는 한 지구적 신자유주의라는 야만은 지구의 모든 곳에서 앞으로도 매일같이 공포를 야기할 것이다.

주석

1 Eric Hobsbawm, Politics for a Rational Left, London: Verso, 1989, p. 177.

2 Antonio Gramsci, Selections from the Prison Notebooks, New York: International Publishers, 1971, pp. 210~211.

3 Donald Sassoon, One Hundred Years of Socialism, New York: New Press, 1996; Daniel Singer, Whose Millennium? Theirs or Ours?, New York: Monthly Review Press, 1999.

4 David Harvey, A Brief History of Neoliberalism, Oxford: Oxford University Press, 2005.

5 Gerard Dumenil and Dominque Levy, Capital Resurgent: Roots of the Neoliberal Revolution, Cambridge: Harvard University Press, 2004; Leo Panitch and Sam Gindin, 'Finance and American Empire', in Socialist Register 2005.

6 William Carroll, Corporate Power in a Globalizing World, Oxford: Oxford University Press, 2004.

7 Alfredo Saad−Filho and Deborah Johnson, eds., Neoliberalism: A Critical Reader, London: Pluto, 2005; Ray Kiely, The New Political Economy of Development, New York: Palgrave, 2007.

8 Colin Leys, Market−Driven Politics: Neoliberal Democracy and the Public Interest, London: Verso, 2001.

9 Robin Blackburn, Banking on Death, London: Verso, 2003; Roberto Unger, Democracy Realized: The Progressive Alternative, London: Verso, 1999; Daniele Archibugi, ed., Debating Cosmopolitics, London: Verso, 2003.

10 Michael Hardt and Antonio Negri, Multitude: War and Democracy in the Age of Empire, New York: Penguin, 2004; John Holloway, Change the World Without Taking Power, London: Pluto, 2005; Naomi Klein, 'Farewell to the "End of History": Organization and Vision in Anti−Corporate Movements', in Socialist Register 2002, p. 13.

11 Michael Lebowitz, Build It Now: Socialism for the 21st Century, New York: Monthly Review Press, 2006.

지은이와 엮은이 소개

[지은이]

바시르 아부-마네(Bashir Abu-Manneh)

미국 뉴욕에 있는 바너드대학(Barnard College) 영문학과 교수.

질베르 아슈카르(Gilbert Achcar)

영국 런던대학 부설 동양아프리카대학(SOAS)의 개발학부 교수. 세네갈 출신으로 중동지역과 미국 외교정책에 관한 책을 노엄 촘스키와 같이 쓰기도 했다.

아이자즈 아마드(Aijaz Ahmad)

인도 첸나이에서 발간되는 격주간지 〈프론트라인(Frontline)〉의 선임편집고문 겸 델리에 있는 네루기념박물관의 현대연구센터 연구원.

그레고리 앨보(Gregory Albo)

캐나다 토론토에 있는 요크대학의 정치학부 교수.

사바 알나세리(Sabah Alnasseri)

캐나다 요크대학 정치학부 강사.

엘마르 알트파터(Elmar Altvater)

독일 베를린자유대학 오토주어연구소(Otto Suhr Institute)의 정치학 교수.

에두르 벨라스코 아레기(Edur Velasco Arregui)

멕시코 시의 시립자치대학(UAM) 경제학 교수.

일디즈 아타소이(Yildiz Atasoy)

캐나다 밴쿠버에 있는 사이먼프레이저대학 사회학인류학부의 사회학 교수.

아세프 바야트(Asef Bayat)

네덜란드 레이덴에 있는 국제현대이슬람연구소(ISIM)의 연구이사.

아틸리오 보론(Atilio Boron)

아르헨티나 부에노스아이레스대학의 정치학 교수.

에밀리아 카스토리나(Emilia Castorina)
캐나다 요크대학 정치학부 박사과정.

아나 에스테르 세세냐(Ana Esther Ceceña)
멕시코 국립자치대학(UNAM) 경제연구소 교수.

웨스 엔시나(Wes Enzinna)
볼리비아 코차밤바에 거주하는 탐사저널리스트.

마르타 아르네케르(Marta Harnecker)
쿠바 아바나에 있는 중남미연구소(MELDA)의 소장.

라구 크리슈난(Raghu Krishnan)
캐나다 토론토에 거주하는 번역가.

마르가리타 로페스 마야(Margarita López Maya)
베네수엘라 카라카스에 있는 베네수엘라중앙대학의 개발연구센터 역사학 연구원.

킴 무디(Kim Moody)
영국 하트퍼드셔대학 고용문제연구소의 선임연구원.

윌리엄 로빈슨(William Robinson)
미국 캘리포니아 샌터바버라대학의 사회학 교수.

리처드 로먼(Richard Roman)
캐나다 요크대학 정치학부 교수.

알프레두 사드-필류(Alfredo Saad-Filho)
영국 런던대학 부설 동양아프리카대학(SOAS)의 개발학부 교수.

조앙 페드로 스테딜레(João Pedro Stédile)
브라질 무토지농민운동(MST)의 전국위원 겸 비아 캄페시나의 브라질지부 전국위원.

G. M. 타마스(G. M. Tamas)
아탁(ATTAC)의 헝가리지부 부의장. 1989년부터 1994년까지 헝가리 의원을 지냄.

아드리앙 토마(Adrien Thomas)
프랑스 파리1(팡테옹 소르본)대학의 정치학 박사과정.

[엮은이]

리오 패니치(Leo Panitch)
캐나다 요크대학 정치학부 교수. 저서로《의회제 사회주의의 종언(The End of Parliamentary Socialism)》《사회주의의 혁신(Renewing Socialism)》등이 있다.

콜린 레이스(Colin Leys)
캐나다 퀸스대학 정치학부 명예교수. 저서로《개발이론의 흥망(The Rise and Fall of Development Theory)》《신식민주의의 정치경제학(The Political Economy of Neocolonialism)》등이 있다.

세계의 발화지점들
_제국주의와 신자유주의에 대한 반발

엮은이 | 리오 패니치, 콜린 레이스
옮긴이 | 이고성

1판 1쇄 펴낸날 | 2008년 6월 16일

펴낸이 | 이주명
출력 | 문형사
종이 | 화인페이퍼
인쇄 | 한영문화사
제본 | 한영제책사

펴낸곳 | 필맥
출판등록 | 제2003-63호
주소 | 서울시 서대문구 충정로2가 184-4 경기빌딩 606호
홈페이지 | www.philmac.co.kr
전화 | 02-392-4491
팩스 | 02-392-4492

ISBN 978-89-91071-55-1   03300

잘못된 책은 바꾸어 드립니다.
값은 뒤표지에 있습니다.

이 도서의 국립중앙도서관 출판시도서목록(CIP)은 e—CIP홈페이지(http://www.nl.go.kr/cip.php)에서
이용하실 수 있습니다. (CIP제어번호 : CIP2008001596)